D1927969

FRANZ HERRE

Bismarck – Die Biographie

Franz Herre

Bismarck – Die Biographie

Albatros

Titel der Originalausgabe:
Bismarck, Der preußische Deutsche
© 1991 by Kiepenheuer & Witsch, Köln

Bibliographische Information der Deutschen Bibliothek
Die Deutsche Bibliothek verzeichnet diese Publikation
in der Deutschen Nationalbibliographie;
detaillierte bibliographische Daten sind im Internet
über http://dnb.ddb.de abrufbar.

Genehmigte Lizenzausgabe
© 2004 Patmos Verlag GmbH & Co. KG
Albatros Verlag, Düsseldorf
Alle Rechte vorbehalten.
Umschlaggestaltung: butenschoendesign, Lüneburg
Umschlagmotiv: Franz von Lenbach, Otto Fürst von Bismarck, um 1889
ISBN 3-491-96118-1
www.patmos.de

»Daß die Weltgeschichte von Zeit zu Zeit umgeschrieben werden müsse, darüber ist in unsern Tagen wohl kein Zweifel übriggeblieben. Eine solche Notwendigkeit entsteht aber nicht etwa daher, weil viel Geschehenes nachentdeckt worden, sondern weil neue Ansichten gegeben werden, weil der Genosse einer fortschreitenden Zeit auf Standpunkte geführt wird, von welchen sich das Vergangene auf eine neue Weise überschauen und beurteilen läßt.«

Goethe

Inhalt

Der Junker

Bismarck als 17jähriger Student. Gemälde von Philipp Petri, 1833

Jahrgang 1815

»MIR SCHEINT, daß niemand den Stempel wieder verliert, den ihm die Zeit der Jugendeindrücke aufgeprägt«, erklärte der 1815 geborene Otto von Bismarck 1860, als er sich anschickte, das fortgeschrittene 19. Jahrhundert nach Eindrücken zu bewerten und zu gestalten, die er bei dessen Anbruch gewonnen hatte.

In seinem Geburtsjahr wurde Napoleon I. entthront, der das Säkulum mit Posaunenstößen eröffnet hatte, welche die Mauern der alten Welt einstürzen ließen: des europäischen Systems, des römisch-deutschen Reiches und des preußischen Staates.

Ottos Vater, der preußische Landadelige Ferdinand von Bismarck, konnte es nicht vergessen, daß 1806, nach der preußischen Niederlage bei Jena und Auerstedt, französische Soldaten sein Schloß Schönhausen heimgesucht und seine Frau Wilhelmine bedroht hatten. Ottos Onkel, Friedrich von Bismarck, der als Offizier den Rückzug nach Ostpreußen mitgemacht hatte, bejammerte das Friedensdiktat von Tilsit, das Preußen halbiert und das auf dem rechten Elbufer gelegene Schönhausen zu einem Grenzort gemacht hatte: »Zerrissen der preußische Staat, gekränkt, gedemütigt alles, was preußisch heißt, gesunken der preußische Ruhm.«

Der Sohn und Neffe, zu dessen prägenden Kindheitserinnerungen die Schilderungen von »Preußens tiefster Erniedrigung« gehörten, bemerkte später: »Es ist menschlich natürlich, daß die Unterdrükkung und schändliche Behandlung unsres Landes durch den ersten Napoleon in allen, die es erlebt haben, einen unauslöschlichen Eindruck hinterlassen hat und daß in deren Augen das böse Prinzip, welches wir in Gestalt der Revolution bekämpfen«, sich in der Person Napoleons, des Erben und Vollstreckers der Revolution, verkörpert habe.

Doch Napoleons Beispiel – und dies konnte zwar bedauert, aber nicht geleugnet werden – hatte selbst im Königreich Preußen gezündet. »Demokratische Grundsätze in einer monarchischen Regierung

– dieses scheint mir die angemessene Form für den gegenwärtigen Zeitgeist«, bemerkte der preußische Minister Karl August von Hardenberg 1807, im Jahre des Tilsiter Friedens, und verlangte »eine Revolution im guten Sinne«, von oben, ohne Eingriff von außen und Umsturz im Innern, mit dosiertem und kontrolliertem Fortschritt – eine Reform.

Hardenberg suchte, nahe am französischen Beispiel, das fortzusetzen, was der vorabsolutistischen Zuständen verhaftet gebliebene Freiherr vom Stein mit Gewährung persönlicher Freiheit für die Bauern und der Einführung einer städtischen Selbstverwaltung begonnen hatte. Als er in die Besitzverhältnisse des Feudaladels zugunsten der Bauernschaft eingriff, stieß er auf den Widerstand des nach wie vor ersten Standes im Staate.

An dem in der Vergangenheit errungenen Landbesitz und den damit verbundenen Privilegien gedachten auch die Bismarck festzuhalten, noch Otto von Bismarck, der 1849 erklärte: »Ich bin ein Junker und will auch Vorteile davon haben.«

Die preußischen Reformer versuchten, dem Gemeinnutz den Vorrang vor dem Eigennutz zu geben, Vorrechte des Adels dem Existenzrecht des Staates unterzuordnen. Die Agrarreform wie die – ebenfalls adelige Vorrechte beschneidende – Militärreform sollten durch Modernisierung des Staatswesens und Mobilisierung der Volkskräfte Preußen für den Befreiungskampf gegen Frankreich instand setzen.

»Sieben meiner Familie nahmen teil am Kriege, wovon drei auf dem Schlachtfelde blieben, vier mit dem Eisernen Kreuz in die Heimat zurückkehrten«, bilanzierte Otto von Bismarck. Sein 42jähriger Vater blieb zu Hause. Bereits 1794 hatte er die Uniform abgelegt und sich nach Schönhausen zurückgezogen. Nun organisierte er den Landsturm, widmete sich der Bewirtschaftung seines Gutes und zeugte einen Sohn, der auch ein Landwirt werden sollte und überdies ein Staatsmann wurde.

Als er am 1. April 1815 im Herrenhaus von Schönhausen geboren und am 15. April 1815 in der Ortskirche auf den Namen Otto Eduard Leopold getauft wurde, schien die feudale und monarchische, die preußische Welt wieder heil geworden zu sein. Aber der Keim der Auflösung war ihr eingeimpft worden. Wenn es noch ein Jahrhundert dauerte, bis er sein Zerstörungswerk vollendet hatte, dann lag dies nicht nur an der Widerstandkraft des Organismus, sondern auch an dem Bismarck des Jahrgangs 1815, der die alte Ordnung unter Zuhilfenahme neuer Kräfte aufrechterhielt.

Die Umstände seiner Herkunft, die vorgegeben waren, und die Zustände seiner Zeit, in die er hineingeboren wurde, prägten den Mann und bestimmten sein Werk.

Mit seinen Zeitgenossen war ihm die Frage gestellt, ob 1813 bis 1815 ein Befreiungskrieg oder ein Freiheitskrieg geführt worden sei, und die Beantwortung markierte den Standpunkt in der Gegenwart. Bismarck beharrte auf der königlich-preußischen Auffassung, daß es nur um die Erlösung von fremdem Joch und nicht – wie deutsche Liberale und Demokraten meinten – um eine Erkämpfung von Errungenschaften gegangen sei, die in der bekämpften Fremde ihren Ursprung hatten: im Frankreich der Großen Revolution und des allgewaltigen Empereurs.

Im Geburtsjahr Bismarcks wurde der Umstürzer der europäischen Staatenwelt gestürzt und die alte Staatenordnung restauriert. Preußen nahm wieder seinen Platz unter den Mächten ein, die Europa – wie gehabt – durch ein Gleichgewicht der Kräfte und – das war neu – durch eine antirevolutionäre Ideologie im Lot zu halten suchten. Die preußische Monarchie holte sich die geraubten Gebiete zurück und bekam, am Rhein und in Westfalen, weitere hinzu.

Doch die neue Größe verschärfte das geopolitische Problem eines Staates, der nun von Memel bis Saarbrücken reichte, ohne ein zusammenhängendes Staatsgebiet zu besitzen; Hannover, Kurhessen und weitere Mitglieder des alten Reiches und des neuen Bundes standen der preußischen Staatseinheit im Wege. Die Vermehrung des territorialen Besitzes verminderte die geistig-politische Substanz des alten Preußens; denn Rheinländer und Westfalen, die direkt an französischen Errungenschaften teilgehabt hatten, blieben dem Westen zugewandt, bildeten eine Avantgarde des industriellen, bürgerlichen und liberalen Fortschritts.

Der Junker Bismarck wurde mit dem Dualismus zwischen Ostelbien, dem er angehörte, und Westelbien, das ihm fremd blieb, konfrontiert, und es wurde eine Aufgabe seines Lebens, ihn zu Nutz der Staatseinheit und zu Frommen der Monarchie und des Adels zu lösen.

Im Rückblick sprach er von einer »künstlichen Neubildung Preußens« im Jahre 1815, einem zugeteilten Gewicht, das »nicht seiner geistigen Bedeutung und seiner Leistung« im Kampfe gegen Napoleon entsprochen habe. Bismarck nahm sich vor, dem Königreich mehr Körpergewicht und damit Machtgewicht zu verschaffen, sich dabei an das Kompositionsgesetz Preußens, Vergrößerung durch Eroberung, zu halten und sich bei der inneren Vereinheitlichung nach altpreußischem Muster – wie er 1847 erklärte – nicht von »banalen aufgeputzten Phrasen der rheinischen Weinreisenden-Politik« aufhalten zu lassen.

Das territorial zersplitterte, wirtschaftlich, sozial und politisch in Ostelbien und Westelbien zweigeteilte Preußen von 1815 war keine Macht geworden, die mit ihren Partnern im europäischen Mächtesystem auf gleicher Stufe stand, denselben Rang einnahm und genausoviel Einfluß wie Österreich, Rußland, England und selbst das besiegte, aber glimpflich behandelte Frankreich besaß. »Unsere Politik wurde abwechselnd in Wien und in Petersburg gemacht«, stellte Bismarck rückschauend fest. Das System von 1815 – Balance of power und Heilige Allianz – »gewährte seinen Teilnehmern eine Sicherheit, aber eine abhängige, wenigstens für Preußen«. Solange Preußen ihm angehörte, habe es auch »den unglücklichen Zuschnitt, der ihm im Jahre 1815 zuteil geworden«, ertragen, »mit seinem Kommißbrot eben zufrieden sein« müssen.

Preußen glich Sparta, nicht Athen. Gegen die Ungunst der Geographie und die Mißgunst der Umwelt war es von seinen Königen und deren Junkern geschaffen und geprägt worden. Mehr als andere, vom Schicksal begünstigte Staaten bedurfte das immer noch unfertige und unvollendete Preußen der Aufbietung und Sammlung aller Kräfte, eines schlagkräftigen Heeres und einer leistungsfähigen Beamtenschaft, damit es zustande kommen und zusammengehalten werden konnte.

Schöpfer und Bewahrer Preußens war das Königtum. »Meine Vorfahren haben erst eine Nation machen müssen; denn wir Preußen sind keine geborene, sondern eine gemachte Nation«, erklärte der Hohenzoller Wilhelm I. Am Ende des 18. Jahrhunderts geboren, behielt er bis gegen Ende des 19. Jahrhunderts das Beispiel Friedrichs des Großen vor Augen, der gesagt hatte: »Soll die monarchische Regierung sich der republikanischen überlegen zeigen, so ist die Richtschnur für den Herrscher gegeben: Er muß tätig und rein

von Charakter sein und all seine Kräfte zusammenfassen, um die Aufgabe zu erfüllen, die ihm vorgezeichnet ward.«
Seit der Amerikanischen und erst recht seit der Französischen Revolution war die Monarchensouveränität von der Volkssouveränität herausgefordert. »Früher war es der König von Gottes Gnaden, um den sich alles gruppierte«, erklärte der preußische Historiker Ranke, »jetzt tauchte die Idee auf, daß alle Gewalt von unten aufsteigen müsse.« Im Jahre 1815 schien die Volkgewalt zurückgedrängt, die Königsgewalt wiederbefestigt worden zu sein. Doch die Idee, daß alle Macht vom Volke ausgehen müsse, war nicht mehr aus der Welt zu schaffen, und die Auseinandersetzung zwischen dem monarchischen und dem demokratischen Gedanken wurde ein Thema auch der deutschen Geschichte des 19. Jahrhunderts.
In diesem Konflikt stand Bismarck von Anfang an im Lager der Monarchie, an der Seite des konkreten Königs von Preußen und nicht im Gefolge eines abstrakten Monarchismus, wie er im Zeichen der Heiligen Allianz gepflegt wurde. Sein König – ob nun Friedrich Wilhelm III., Friedrich Wilhelm IV. oder Wilhelm I. – war für ihn eine aus der Geschichte kommende, in der Gegenwart vorhandene und für die Zukunft zu erhaltende reale Person. Ihm war er »treu bis in die Vendée« ergeben, für ihn wollte er »bis in die Vendée« gehen, wie die Anhänger Ludwigs XVI. den Kampf gegen die königsfeindlichen Revolutionäre aufnehmen.
»Ich bin in erster Linie Royalist«, bekannte Bismarck gegen Ende seines Lebens. Dieser Konfession kam eine zweite gleich: »Ich bin als Junker geboren.« Sein Junkertum ging mit seinem Royalismus zusammen, aber ihre Beziehung glich nicht einer neuzeitlichen Verbindung von Herrscher und Untertan, sondern einem mittelalterlichen Verhältnis von Lehnsgeber und Lehnsnehmer. »Ich fühle mich wie ein kurbrandenburgischer Vasall, der seinen Lehnsherrn in Gefahr sieht«, sagte Bismarck zu Wilhelm I., als die Königsherrschaft von der Parlamentsherrschaft bedroht wurde.
In dieser Auseinandersetzung des 19. Jahrhunderts standen Monarch und Junker nebeneinander an der Front. Ehedem war dies anders gewesen. Der Landadel im allgemeinen und die Bismarck im besonderen standen in Fronde gegen den Kurfürsten und den König, der ständische Rechte beschnitt und den Zentralismus gegen den Provinzialismus durchsetzte.

Altmärkische Junker opponierten lange und heftig der »schwäbischen Familie« der Hohenzollern, die, wie noch Otto von Bismarck grollte, »nicht besser ist als meine«. Friedrich Wilhelm I., der seine »Souveraineté wie einen rocher de bronce« festigte, instruierte seinen Nachfolger: »Die altemerckische Vassallen sein schlimme ungehorsame leutte«, denen man »den Daum auf die augen halten und mit Ihnen nicht guht umbgehen« dürfe, namentlich mit den Schulenburg, Knesebeck, Alvensleben und Bismarck.
Im Zeitalter des Absolutismus schloß der König einen Kompromiß mit dem Adel: Er nahm politische Rechte und garantierte wirtschaftliche und gesellschaftliche Privilegien. Dem ersten Stand blieben die wichtigsten Offiziersstellen und Beamtenpositionen vorbehalten. »Der Gegenstand der Politik des Herrschers in diesem Staat ist es, den Adel zu schützen«, erklärte Friedrich der Große. »Denn welcher Schicksalswechsel auch eintritt, er wird vielleicht einen reicheren, aber niemals einen wertvolleren und treueren Stand zur Verfügung haben.«
In der Reformzeit schien Friedrich Wilhelm III. diese Mahnung seines großen Vorfahren vergessen zu haben, eher an die Bauern zu denken und schon auf die Bürger zu setzen. Aber es stellte sich bald heraus, daß dem Monarchen die Reformen hauptsächlich als Mittel zum Zweck gegolten hatten, alle Kräfte für den Befreiungskampf aufzubieten. Als er gewonnen war, wurde der Erneuerungsprozeß angehalten und in altpreußische Bahnen abgelenkt. Der König, dem die staatserhaltende Rolle des Adels bewußtgeblieben war, sorgte dafür, daß dessen wirtschaftliche und gesellschaftliche Basis eher gestärkt als geschwächt wurde.
In der Restauration von 1815 schien der Feudalismus noch einmal auferstanden zu sein. Im Zeichen der Heiligen Allianz erschien der Monarch in der Gloriole des Gottesgnadentums, im Lichte der Romantik der Adel in Patriarchengestalt. Die restaurativen Kreise störte eine aufgeklärte, verbürgerlichende Bürokratie, die seit Friedrich dem Großem, dem aufgeklärten Absolutisten, herangebildet worden war, sich als Fortschrittselite fühlte und auf Reformen von oben bedacht blieb.
Bis in die Adelsfamilie Bismarck hinein wirkte das Bürokratische und Bürgerliche. Ottos Großvater mütterlicherseits, Anastasius Ludwig Mencken, entstammte einer Leipziger Gelehrtenfamilie.

Aus der braunschweigischen Universitätsstadt Helmstedt, wo sein Vater der Juristenfakultät vorstand, ging er 1775 in die preußische Hauptstadt Berlin, wurde 1777 Legationssekretär in Stockholm und 1782 Kabinettssekretär in Potsdam, im Zentrum der Königsmacht. Friedrich der Große nahm ihn in die Schule des preußischen Staatsdieners, unterstrich mit dem Krückstock seine Mahnung: »Aber sei Er ja ehrlich! ehrlich!«
Der junge Mencken nahm es sich zu Herzen und machte Karriere: 1786 wurde er Geheimer Rat. Unter Friedrich Wilhelm II., der angesichts der Französischen Revolution reaktionäre Staatsdiener reformfreundlichen Beamten vorzog, fiel der des Jakobinismus verdächtigte Mencken in Ungnade. Friedrich Wilhelm III. holte ihn aus dem Wartestand und berief ihn an die Spitze seines Kabinetts, der Vorzimmerregierung. Mencken nahm sich vor, die Alleinentscheidung und Selbstherrschaft des Monarchen, durch welche mit der Wirksamkeit der Verordnungen »die Wohlfahrt manches Individui offenbar Gewalt litt«, in Richtung einer Mitverantwortung und Mitsprache einer fortschrittsbewußten Bürokratie abzubauen.
Er kam über Reformabsichten nicht hinaus. Politisch war Mencken noch zu sehr dem Absolutismus verhaftet, persönlich fehlte ihm die Kraft zu Taten. Der kultivierte Beamte war von des Gedankens Blässe angekränkelt. Der preußische Bürger, der Adelige über sich und neben sich hatte, blieb gesellschaftlich gehemmt. Und die Zeit für eine Erneuerung war nicht reif.
Der Kabinettsrat Anastasius Ludwig Mencken starb 1801 mit neunundvierzig an einer Schwindsucht. Er hinterließ die zwölfjährige Tochter Wilhelmine, die 1806 mit dem um dreizehn Jahre älteren Junker Ferdinand von Bismarck vermählt wurde. Die Mutter Otto von Bismarcks war ihrem Vater nachgeschlagen, hielt sein Andenken hoch und suchte ihren Sohn nach seinem Vorbild zu modeln.
Seine Mutter sei eine schöne Frau gewesen, erinnerte sich Otto, »von hellem lebhaften Verstande, aber wenig von dem, was der Berliner Gemüt nennt. Sie wollte, daß ich viel lernen und viel werden sollte«. Von der Tochter des aufgeklärten Gelehrten und bürgerlichen Beamten mag er den scharfen Intellekt, die sensiblen Nerven und den Ehrgeiz mitbekommen haben, sich im Geiste der Zeit zu bilden, seinen Horizont weit über die ererbten Güter hinaus zu stecken und ein Betätigungsfeld im Staatsdienst zu suchen.

»Unter diesen Umständen waren die Auffassungen, die ich mit der Muttermilch einsog, eher liberal als reaktionär.«
Ein fremdartiges Element war mit der Bürgerstochter Mencken in die Adelsfamilie Bismarck gekommen. Die Junker, die ein mit Eichenblättern bestecktes Kleeblatt im Wappen trugen, waren Bauern und Soldaten, Reiter und Jäger, Gutsherren eben, die an dem Stück Land hingen, das sie besaßen, und das ganze Land, das Ihresgleichen gehörte, das Königreich Preußen gegen äußere wie innere Feinde, österreichische Rivalen und französische Revolutionäre, aufgeklärte Weltverbesserer und liberale Staatsreformer verteidigten.
Ottos Großvater väterlichseits, Karl Alexander von Bismarck, war schon äußerlich ein anderer Typ als der Großvater mütterlichseits: nicht von mittlerem, sondern von hohem Wuchs, nicht kränkelnd, sondern kerngesund, mit einem markanten Gesicht, das er seinem Enkel vererbte. Auch er war ein Mann von Bildung, die er sich jedoch zur Selbstbestätigung und zum Zeitvertreib und nicht zur Umsetzung in öffentliche Wirksamkeit angeeignet hatte. Die Uniform, die er auf Geheiß Friedrichs des Großen angezogen hatte, legte er – nach Teilnahme an Schlachten des Siebenjährigen Krieges – als Rittmeister wieder ab, um sich seinen Gütern und seinen Liebhabereien zu widmen.
Sein jüngster Sohn Ferdinand, Ottos Vater, trat mit zwölf in die Armee ein, verließ sie jedoch mit dreiundzwanzig, um ganz das zu sein, was er von Hause aus war: ein Landadeliger, der sein Genügen in sauren Wochen und frohen Festen fand, von Frühjahr bis Herbst das Gut Schönhausen bewirtschaftete und sich im Winter in Berlin erholte. Er maß »fünf Fuß zehn Zoll«, hatte vom Vater die körperliche Statur, nicht das geistige Format geerbt, blieb ein Junker alten Schlages, von hausbackener Beschaffenheit und holzschnittartigem Zuschnitt.
Sein Sohn schätzte an ihm, daß er nicht mehr scheinen wollte, als er war, wunderte sich über sein Vertrauen, das er so »auf Gottes Liebe und Barmherzigkeit« setzte, »daß ihm alles Andere als dieses Vertrauen überflüssig erschien«, und bereute es, daß er des Vaters »wirklich maßlose uninteressierte gutmütige Zärtlichkeit für mich mit Kälte und Verdrossenheit gelohnt«.
Dem Vater war Otto »gut im Grunde meiner Seele«, zur Mutter, die

ihm »hart und kalt« erschien, fühlte er sich weniger hingezogen. Sein Vatererbe, das altpreußische Junkertum, galt ihm mehr als das Muttererbe, das Bürgerliche und Aufgeklärte. Die Gegensätzlichkeiten, die dem Kind aus ungleicher Ehe in die Wiege gelegt wurden, waren zugleich die Gegensätze, die sich am Anfang des 19. Jahrhunderts in seinem Vaterlande aufgetan hatten: Hier die monarchische und adelige Tradition – dort die Reform in Richtung einer bürgerlichen Gesellschaft und eines liberalisierten Staates.
Von diesem Dualismus, dem Widerstreit wie den Lösungsversuchen, war das Leben des Sproßes der Bismarck und Mencken wie des Preußen des Jahrganges 1815 gekennzeichnet.

Zwischen Idealismus und Realismus

AUF DEM LAND, das der Vater besaß und eines Tages dem Sohne gehören sollte, gewann er die ersten Eindrücke, die ihn für immer prägten.
Ein Jahr nach seiner Geburt übersiedelten die Eltern von Schönhausen auf ihr Gut Kniephof in Pommern, bezogen das schlichte Herrenhaus in einem Park, der Ottos erster Auslauf wurde und sein Garten Eden blieb. Die Bäume, »unter deren rauschender Krone ich im Grase gelegen«, wurden seine ersten Freunde und galten ihm zeitlebens als die besten. Die Buchen und Eichen ließen ihn niemals allein, er habe sich »mit den Bäumen mehr zu sagen als mit den Menschen«, im Walde fühle er sich – im Gegensatz zur Stadt – nie einsam, »und wenn ich gut geschlafen habe, träume ich von Tannenschonungen, die frischgrün im Frühjahr stehen«.
»Die Waldeinsamkeit muß für Deutsche etwas Befriedigendes haben«, bemerkte der alte Bismarck. Eine romantische Ader hatte auch er, aber ein deutscher Romantiker wurde er nie. Sein Naturgefühl war nicht sentimentalisch, seine Naturverbundenheit entsprang nicht – wie bei so vielen Zeitgenossen und Nachfahren – der Sehnsucht nach verlorener Natürlichkeit, sondern dem Erleben und Erfassen der wirklichen Natur. Von Kind an hatte er Sinn für das Wachstum und Ehrfurcht vor dem Gewachsenen, von Anfang hatte er die Erfahrung gemacht, daß die Dinge Zeit zur Entwicklung brauchen und ihr Gedeihen abzuwarten sei.

Die Schule des Politikers begann im Park von Kniephof und in den Wäldern Pommerns. »Ein unerläßliches Requisit des Staatsmannes ist die Geduld«, resümierte Bismarck. »Wir können das Reifen der Früchte nicht dadurch beschleunigen, daß wir eine Lampe darunter halten, und wenn wir nach unreifen Früchten schlagen, so werden wir nur ihr Wachstum hindern und sie verderben.«
Er lernte vom Land und von den Landleuten, die für ihn nicht abstrakte, sondern konkrete Wesen waren, Menschen aus Fleisch und Blut und keine vom Wunschtraum »Zurück zur Natur« gezeugte Phantasiegestalten. »Bis zum 6. Jahre war ich in Kniephof fast immer in freier Luft oder in den Ställen gewesen«, erinnerte sich Bismarck. »Ein alter Kuhhirt warnte mich einmal, nicht so zutraulich bei den Kühen herumzukriechen. Die Kuh, sagte er, kann dir mit den Hufen ins Auge treten. Die Kuh merkt nichts davon und frißt ruhig weiter, aber dein Auge ist dann futsch. Daran habe ich später mehrmals gedacht, wenn auch Menschen, ohne es zu ahnen, anderen Schaden zufügten.«
Heimat war ihm keine romantische Vorstellung, vielmehr Element seiner Existenz. Sein Heimweh war nicht gefühlsselige Nostalgie, sondern die schmerzliche Erkenntnis, nicht mehr dort zu sein, wo er hingehörte, und das ständige Verlangen, zu sich heimzukehren. »Beim Einfahren in das Dorf fühlte ich«, schrieb der Einunddreißigjährige, »wie schön es ist, eine Heimat zu haben, und eine Heimat, mit der man durch Geburt, Erinnerung und Liebe verwachsen ist.«
Wann immer er konnte – und manchmal auch, wenn er eigentlich nicht gedurft hätte –, zog sich der Ministerpräsident und Reichskanzler auf seine Güter zurück, wo er Atem holte und Kraft schöpfte und seine Freude daran hatte, wenn er »dem Terzett von Taube, Reiher und Weihe« lauschte »oder die Klagen der Pächter über die Untaten der Sauen« hörte.
Die Stadt, vor allem Berlin, erschien ihm als »Wüste von Mauersteinen und Pflastersteinen«, und die Berliner, die ihm später ein großes Denkmal setzten und ein gutes Andenken bewahrten, wußten nicht, »welcher Grad an Verachtung gegen sie in mir kochte«, als er zum erstenmal mit ihnen zu tun bekam.
Die Mutter hatte vergebens versucht, im Sohne Neigung für die Stadt und Vorliebe für Städtisches zu wecken. Für die Geheimratstochter war und blieb Berlin nicht nur der Ort, aus dem sie stammte

und in dem sie wurzeln blieb, sondern auch die Pflanzstätte des geistigen Wachstums, die Kapitale des bürgerlichen Fortschritts, der einzige Platz, an dem sich zu leben lohnte.
Die Berlinerin war stolz auf ihre Stadt, in der sich Aufklärung und Staat verlobt hatten, Preußentum und deutscher Idealismus sich vermählten und die Berliner sich den märkischen Sand aus den Kleidern klopften, um das Fest würdig zu begehen.
Durch das aus märkischem Sandstein und mit dorischen Säulen erbaute Brandenburger Tor betrat man eine Stadt, *die wie Sparta* war und wie *Athen sein* wollte. An der Triumphstraße Unter den Linden, auf der die Sieger des Befreiungskrieges paradiert hatten, lag die Universität, die 1810 Wilhelm von Humboldt, der Unterrichtsminister der Reformzeit, gegründet hatte. Sie war die Hochschule des Neuhumanismus, der – an antiken Vorbildern ausgerichtet – der preußischen »Nationalerziehung« diente. Und die Wirkungsstätte des Philosophen Georg Wilhelm Friedrich Hegel, der den deutschen Idealismus vollendete und als preußischer Staatsphilosoph galt.
Architektonischen Ausdruck fand die Ehe von Neupreußentum und klassischem Altertum in den Bauten von Karl Friedrich Schinkel: der Neuen Wache, die einem Mixtum von römischem Pantheon und friderizianischem Ehrentempel glich, oder in dem in griechischen Formen errichteten Schauspielhaus, wo 1821 der *Freischütz* von Carl Maria von Weber uraufgeführt wurde, die erste deutsche Nationaloper, in der Töne der deutschen Romantik anklangen, die Altpreußen als Mißtöne empfanden.
In diesem Berlin wehte der Geist, von dem die Gelehrtentochter ergriffen war und von dem sie die Ihren erfaßt zu sehen wünschte. An ihrem Mann, dem bockbeinigen Landjunker, prallte er ab. Um so mehr setzte sie ihre Hoffnung auf den Sohn, daß er, wie sie, »als das höchste Gut des Lebens achte: den Sinn und die Richtung zur höheren geistigen Bildung«.
Ohne die bürgerliche Intelligenz seiner Mutter wäre er niemals etwas geworden, sagte Bismarck später. Als Kind litt er unter dem Ehrgeiz der Bildungsbürgerin, ihren Sohn zu einem Mann heranzuziehen, der befähigt wäre, »viel weiter in das Reich des Geistes einzudringen, wie es mir als Frau vergönnt ist«. Der Zögling fand, daß sie in diesem Bestreben oft hart und kalt gegen ihn gewesen sei, gewahrte in ihrer Mutterliebe »Beimischungen mütterlicher Selbst-

sucht« und stellte nicht ohne Bedauern fest: »Meine Erziehung wurde von Hause her aus dem Gesichtspunkt geleitet, daß alles der Ausbildung des Verstandes und dem frühzeitigen Erwerb positiver Kenntnisse untergeordnet blieb.«

Das Junkerhaus im pommerschen Kniephof hielt die geborene Mencken nicht für eine geeignete Erziehungsstätte. Sie nahm das Kind im Winter und gelegentlich auch im Sommer mit nach Berlin, wo es so früh wie möglich den Genius loci in sich aufnehmen sollte. Noch lief es in Röcken herum, sprach aber schon so viel Französisch, daß es auf einem der von der Mutter so geschätzten Empfänge in der Stadtwohnung den Gästen, die sich auf französisch fragten, ob es ein Mädchen oder ein Knabe sei, sagen konnte: »C'est un fils.«

In Berlin sollte der Sohn auch in die Schule gehen. Die Unterrichtung durch einen Hauslehrer, wie es auf vielen Gutshöfen üblich war, kam für die Mutter nicht in Frage. Denn sie hätte in einem Milieu stattgefunden, das – wie sie meinte – einer Erziehung, die über das junkerliche Einmaleins hinausgehen sollte, nicht günstig gewesen wäre. Sie befürchtete Einmischungen des Vaters, der lieber eine Meile ritt als eine Seite las und es kaum übers Herz gebracht hätte, dem Filius eine ähnliche Entscheidung zu verwehren.

So kam Otto, den die Mutter zum Diplomaten bestimmte, noch nicht siebenjährig in die Plamannsche Erziehungsanstalt nach Berlin, wo sein um fünf Jahre älterer Bruder Bernhard, der Landrat werden sollte, bereits eingeschult war.

Der Pommer Johann Ernst Plamann hatte beim Schweizer Johann Heinrich Pestalozzi gelernt, den Schüler zu Eigentätigkeit und Selbständigkeit anzuhalten, ihn umfassend zu bilden und in die Gemeinschaft des Volkes und der Menschheit einzuführen. Der Turnvater Jahn, ein ehemaliger Lehrer am Plamannschen Institut, hatte die Gewichte zugunsten der Nationalität und zuungunsten der Universalität verschoben und einen militärischen Zug in die zivile Pädagogik Pestalozzis gebracht.

So glich das Institut in der Wilhelmstraße 139 eher einer Kadettenanstalt als einer Privatschule, und Bismarck behielt es in unguter Erinnerung. »Meine Kindheit hat man mir in der Plamannschen Anstalt verdorben, die mir wie ein Zuchthaus vorkam.«

Als Internatsschüler hatte er hier von Januar 1822 bis Herbst 1827, fast fünf Jahre lang, einzusitzen, den ganzen Tag, der um sechs Uhr morgens begann und um halb zehn abends endete, in geregelter Abfolge von Unterricht, Leibesübungen, Arbeitsstunden, kargen Mahlzeiten und knappen Ruhepausen verlief. Der Weg nach Athen führte über Sparta, durch stockrepublikanisches Gebiet. Die Lehrer seien – wie sich der Erziehungsbefohlene erinnerte – demagogische Turner gewesen, die den Adel haßten und die Jung-Adeligen mit Hieben und Püffen traktierten.

Das »von« vor seinem Namen sei von Nachteil für sein »kindliches Behagen im Verkehre mit Mitschülern und Lehrern« gewesen, den Steißtrommlern, die ihrer Enttäuschung über die Restauration der Aristokratie Luft machten, und den Bürgersöhnen, die ihr mangelndes Selbstbewußtsein mit überheblichem Verhalten gegenüber den Krautjunkern kompensierten. Und die älteren Adelskameraden pflegten die jüngeren als Knappen anzusehen, die sie begönnerten, wenn sie sich beflissen zeigten, und sie schikanierten, wenn sie sich wie angehende Ritter ohne Furcht und Tadel aufspielten.

Dazu neigte bereits der kleine Bismarck. Einen Dickkopf hatte er von zu Hause mitgebracht. Je mehr ihn Mitschüler hänselten, um so widerspenstiger wurde er, und je mehr ihn Lehrer kujonierten, desto mehr versteifte sich sein Widerwillen gegen Vorgesetzte, sein Widerstreben, sich unterzuordnen, und sein Hang zum Widerstand: Wenn alle Schüler zusammenhielten, meinte der geborene und dazu lernende Frondeur, »würden wir dieser Leute ohne weiteres Herr werden«.

Die Unmöglichkeit, derartige Gedanken in Taten umzusetzen, und die Notwendigkeit, sich den Umständen zu fügen und sich mit den Gegebenheiten abzufinden, steigerten sein Heimweh nach dem Gutshofe, wo die Wurzeln seiner Existenz lagen und die Hoffnung zu Hause war, nach Väterart frei und ungebunden wachsen zu können.

»Die Plamannsche Anstalt lag so«, erinnerte er sich, »daß man auf einer Seite ins freie Feld hinaussehen konnte. Am Südwestende der Wilhelmstraße hörte damals die Stadt auf. Wenn ich aus dem Fenster ein Gespann Ochsen die Ackerfurche ziehen sah, mußte ich immer weinen vor Sehnsucht nach Kniephof.« Ein Garten, der ihm wie jedem Schüler zugewiesen war und in dem er Kresse und türkischen Weizen zog, bot ihm nicht den geringsten Ersatz für das heimatliche Gut, nicht nur, weil er so winzig war, sondern auch, weil

er ihm nicht gehörte. Der Reichskanzler hat dann auch, eben weil er nicht sein Eigentum war, keinen Gefallen am Park seines Amtssitzes gefunden.
Der frühreife Junge, dem mehr und andere Gedanken durch den Kopf gingen, als im Plamannschen Lehrplan vorgesehen, und der lebhafter und ungebärdiger war, als es die Plamannsche Schulordnung erlaubte, fand seine Lage erträglicher, als er 1827, mit zwölfeinhalb Jahren, nach durchlaufener Grundausbildung in das Friedrich-Wilhelm-Gymnasium eintrat.
Berlin blieb ihm nicht erspart. Aber er konnte aus dem »Zuchthaus« in die im Hause Behrenstraße 52 gelegene Stadtwohnung der Eltern umziehen, gemeinsam mit seinem Bruder Bernhard, umsorgt von der Schönhauserin Trine Neumann, deren Eierkuchen sie in Erinnerung behielten, und überwacht von Hauslehrern, welche die Zügel locker führten.
Das Friedrich-Wilhelm-Gymnasium besuchte Otto von der Untertertia bis zur Absolvierung der Untersekunda. Im Mai 1830 trat er in die Obersekunda des Gymnasiums zum Grauen Kloster in Berlin über. Da Bernhard mit dem Studium begonnen hatte, wurde die gemeinsame Wohnung aufgegeben, und der Jüngere kam zu Lehrern seiner neuen Schule in Pension, zuerst zu Professor Prevost in der Königstraße und später zu Professor Bonnell am Königsgraben.
In den bürgerlichen Haushalten, in denen der junge Herr zuvorkommend behandelt wurde, kam er mit den Lehrern glänzend aus, weniger in der Schule, in der er sich aufsässig gegen solche zeigte, die den Vorgesetzten herauskehrten. Einmal wurde ein »Ausbruch höchster Unbescheidenheit« gerügt und vermerkt: »Auch scheint er überhaupt die seinen Lehrern schuldige Achtung aus den Augen zu verlieren.« Im allgemeinen hielt er still, wenn sie sich redlich bemühten, aus dem altmärkischen Junker einen Neuhumanisten zu machen.
Das humanistische Gymnasium, wie es Wilhelm von Humboldt in der Reformzeit geprägt hatte, war von einem Bildungsideal erfüllt, das eine Erziehung aller Stände nach den in der Antike vorgebildeten, für jede Zeit gültigen und für die ganze Menschheit verbindlichen humanen Werten anstrebte. An eine »Allgemeinbildung fern allen Utilitarismus« war gedacht, die der Persönlichkeitsbildung und weniger der Berufsbildung dienen sollte.

In der Praxis blieb die neuhumanistische Pädagogik auf die Universität und die Gymnasien beschränkt, kam den höheren Ständen, vornehmlich dem aufstrebenden Bürgertum zugute, und nützte – trotz der Absage an den Utilitarismus und der Ausrichtung auf ein Weltbürgertum – dem eigenen Staat, vorerst der preußischen Monarchie und später dem deutschen Nationalreich.
Das Griechische erhob den Neuhumanisten in die Idealität des Schönen, Wahren und Guten, über die Realität einer häßlichen, schnöden und falschen Welt, in der er die Obrigkeiten schalten sah und walten ließ. Und das Lateinische lehrte den Staatsbürger mit der geistigen Zucht die Pflichterfüllung in Beruf und Staat, bis zur Selbstaufopferung für das Vaterland, gemäß der römischen Maxime, daß es süß und ehrenvoll sei, pro patria zu sterben.
Das Griechische schien Bismarck zeitlebens zur Einführung in das Leben ungeeignet zu sein. »Kennen Sie etwas Unnützeres und Schwierigeres als griechische Studien? Ich habe meinerseits Griechisch gelernt und erinnere mich dessen noch. Aber wieviel verlorene Zeit! Haben Sie jemals einen Hellenisten gekannt, der seinem Lande große Dienste geleistet?«
Von der Nützlichkeit des Lateinischen für Staat und Gesellschaft blieb er überzeugt: »Das Lateinische muß durchaus bleiben, das muß tüchtig getrieben werden.« Der Gymnasiast strengte sich nicht übermäßig an, behielt aber so viel, daß er noch im Alter Oden seines Lieblingsdichters Horaz auswendig kannte, bei passenden wie unpassenden Gelegenheiten lateinische Sentenzen zitierte und sich zur Rechtfertigung umstrittener Taten auf Beispiele aus dem als sakrosankt geltenden Altertum berief; die Einverleibung Schleswig-Holsteins verglich er mit dem Raub der Sabinerinnen durch die Römer.
Der Schüler des altsprachlichen Gymnasiums befleißigte sich der Erlernung neuer Sprachen, mit denen man in der Gegenwart etwas anfangen konnte. Außer dem Französischen, der Lingua Franca der guten Gesellschaft und der internationalen Beziehungen, widmete er sich dem Englischen, der Sprache des Empirismus und Pragmatismus, der auf Erkenntnis der Realitäten und Anwendung der Erfahrungen bedachten Zeitgenossen. Später lernte er noch Russisch, um mit Preußens engstem Verbündeten entsprechend verkehren zu können.

Der Absolvent eines humanistischen Gymnasiums vergaß dabei nie, daß das Erlernen von Sprachen nicht allein der Nutzanwendung, sondern vor allem der Bildung der Persönlichkeit, der Heranbildung des persönlichen Stils zu dienen hatte. Mehrere Sprachen könne auch ein Oberkellner sprechen, aber ein Gebildeter müsse sie auch gut schreiben. Vornehmlich in seiner Muttersprache »muß man sich vollkommen ausdrücken können, was verhältnismäßig nur Wenigen gegeben ist«.

Er gehörte zu den ganz wenigen, so daß gesagt worden ist, es gebe nur drei deutsche Prosastile: Luther, Goethe und Bismarck. Die Sprache galt ihm als Gefäß der Gedanken, deren richtiger Ausdruck der schönen Form bedürfe, und je reicher sie wären, und je tiefer sie beeindrucken sollten, um so mehr komme es darauf an, ihnen vollendete – und dies hieß für den Humanisten – eine Gestalt von edler Schlichtheit zu geben.

»Glauben Sie mir, einem alten Stilisten, je einfacher und schmuckloser Sie Ihre Gedanken vortragen, desto stärker wirken sie«, sagte der greise Bismarck zu einem Journalisten. Ein Kanzleibeamter berichtete, daß der Kanzler Konzepte, die ihm nicht klar und präzis genug abgefaßt waren und in ihrer Holprigkeit oder durch ihren Mißklang mißfielen, sorgfältig korrigierte, zuweilen zwei- bis dreimal umschreiben ließ, bis alle Superlative ausgemerzt, alle Unebenheiten beseitigt und die Sätze wohlgeformt und wohlklingend waren.

Sprachgewaltig wie er war und klassisch wie er schrieb, ging er auch in die deutsche Literaturgeschichte ein. Schon seine Jugendbriefe verrieten die Handschrift eines künftigen Meisters, als der er sich in den Episteln an seine Braut und Frau und in seinen Lebenserinnerungen erwies. Auch viele seiner diplomatischen Depeschen und amtlichen Berichte sind Glanzstücke deutscher Prosa, und manche Formulierungen aus seinen Reden, in denen er mehr durch die Kraft des Ausdrucks als durch die Kunst des Vortrags beeindruckte, wurden zu geflügelten Worten.

Alles, nicht nur die Forstwirtschaft, müsse man vom ästhetischen Gesichtspunkte aus betreiben – diese Maxime hatte er im Gymnasium gelernt. Aber in Wald und Flur, wo Probieren über Studieren ging, sammelte er praktische Kenntnisse, die ihn davor bewahrten, über grauen Theorien des Lebens grünen Baum zu übersehen, und gewann durch Anschauung jene Erfahrungen, die ihm bei der Bewältigung des Daseins halfen und zur Ausdruckskraft seiner Sprache verhalfen, die ihre Bilder nicht allein der antiken Mythologie, sondern vor allem dem wirklichen Leben entnahm.

Vieles Lesen mache stolz und pedantisch, viel Sehen mache weise, verträglich und nützlich, hatte Georg Christoph Lichtenberg gesagt. Bismarck suchte die Mitte zwischen Bücherweisheit und Welterfahrung einzuhalten, sah viel und las viel, bereits auf dem Gymnasium, schöpfte weiterhin aus antiken und deutschen Klassikern, schätzte Shakespeare, der Weltmänner vorführte, und Byron, der den Weltschmerz kultivierte, und auch Heine, bei dem Romantik und Realismus ineinander verflossen.

Der Olympier Goethe, bei dem zu viele weiche und schwache Männer – »lauter Weißlinge« – vorkämen, begeisterte ihn nicht. »Von Goethe schenke ich Ihnen auch drei Viertel«, äußerte sich der Eiserne Kanzler. »Das übrige freilich – mit sieben oder acht Bänden von den vierzig wollte ich wohl eine Zeitlang auf einer wüsten Insel leben.« An Schiller gefiel ihm die Charakterfestigkeit des Dichters, das Heldentum einiger, nicht aller seiner Gestalten sowie die einschlägige Zitierfähigkeit. Die Jungfrau von Orleans imponierte ihm, weil sie selbstlos dem König diente, Wilhelm Tell jedoch konnte er nicht leiden, weil er gegen die Obrigkeit rebellierte und den Reichsvogt meuchelte.

Seine »geschichtlichen Sympathien blieben auf seiten der Autorität«. Schon der Gymnasiast verachtete Brutus, den Caesarenmörder. Und »jeder deutsche Fürst, der vor dem 30jährigen Kriege dem Kaiser widerstrebte, ärgerte mich; vom Großen Kurfürsten an aber war ich parteiisch genug, antikaiserlich zu urteilen und natürlich zu finden, daß der Siebenjährige Krieg sich vorbereitete« und mit ihm der Aufstieg Preußens zur Vormacht in Deutschland.

Jetzt wie später entnahm er der Geschichte, was in das Bild des Junkers paßte und den Plänen des Preußen diente. Aber er war nicht nur Zeitgenosse des Nationalhistorikers Treitschke, der aus dem Gestern das für die Gestaltung des Heute Nützliche herausholte, sondern auch des Universalhistorikers Ranke, der zeigte, wie es damals gewesen und jeweils geworden war, der jede Zeit wie jede Person aus ihrer Eigenart und Einmaligkeit zu verstehen und es zu vermeiden suchte, sie vom Standort des Betrachters aus zu beurteilen und für dessen Standpunkt in Beschlag zu nehmen.

Die Auffassung, die Vergangenheit sei eine Rüstkammer der Gegenwart, war ein Erbe der Epoche des Rationalismus an die Epoche des Utilitarismus. Die Erfahrung, daß die Geschichte wie die Natur ein dem »Stirb und Werde« unterworfener Organismus sei, hatte die deutsche Romantik im Zeitalter des deutschen Idealismus gemacht. Beiden Ären gehörte Bismarck an, und auch seine Geschichtsanschauung wurde dadurch dualistisch geprägt.

Einerseits diente ihm die Geschichte als Lehrmeisterin für das Geschichtemachen, andererseits blieben ihm die Grenzen bewußt, die dem Lernen aus der Vergangenheit und der Anwendung des Gelernten in der Gegenwart gesetzt waren: »Aus den Fehlern meiner Vorgänger in der Staatskunst habe ich gelernt und mir meine ›Theorie‹ zurechtgelegt, wenn man auch von einer solchen im eigentlichen Sinne nicht sprechen darf.« Denn »Geschichte können wir nicht machen, sondern nur abwarten, daß sie sich vollzieht«.

Doch der Staatsmann profitierte von der neuen Geschichtswissenschaft, die eine Erfahrungswissenschaft war, welche die Wirklichkeit, so wie sie war und nicht, wie sie sein sollte, objektiv zu erfassen suchte. Bismarck betrat die Brücke, die in seiner Jugend vom Idealismus zum Realismus geschlagen wurde, und schritt auf ihr weiter in das Jahrhundert hinein, das mit der Erfahrungswissenschaft der Realpolitik gehören sollte.

Die Historiker, die Fakten herausstellten, wurden ihm dabei wichtigere Begleiter als die Philosophen, die Systeme aufstellten. Aber auch die – allerdings flüchtige – Bekanntschaft mit der Philosophie des deutschen Idealismus kam ihm – wenn auch mehr indirekt – auf seinem Weg zustatten.

Von Hegel, der Koryphäe der Berliner Universität, fiel ein Abglanz in die Berliner Gymnasien. Sein Wort: »Was vernünftig ist, das ist wirklich, und was wirklich ist, das ist vernünftig« wurde auf die gegebene und damit für richtig gehaltene Ordnung des Staates und der Gesellschaft bezogen. Der preußische Junker, dem dies eine Selbstverständlichkeit war, bedurfte dazu keiner philosophischen Beweisführung. »Hegel wurde ja zu meiner Zeit überall doziert, ich habe mir aber von ihm nur angeeignet, was ich für das Examen brauchte.«

Der junge Herr strengte sich auch in anderen Fächern nicht besonders an. Er wußte, daß ihm ein Platz in der Gesellschaft sicher war, er

ihn sich nicht, wie bürgerliche Klassenkameraden, erst erstreben mußte.
Als fünfzehnter von achtzehn Schülern kam er in die Prima. In der Reifeprüfung erhielt er – mit elf weiteren von insgesamt zwanzig Abiturienten – die Gesamtnote Zwei, gehörte nicht zu den acht Besseren mit der Nummer Eins. Im Entlassungszeugnis vom 3. April 1832 hieß es: »Fleiß: War zuweilen unterbrochen, auch fehlte seinem Schulbesuch unausgesetzte Regelmäßigkeit.« Seine Kenntnisse waren im Lateinischen als »gut« und im Griechischen als »ziemlich gut« bewertet. Im Deutschen wurde ihm »eine sehr erfreuliche Gewandtheit« und in Mathematik, Geschichte und Geographie« ein befriedigendes Maß an Kenntnissen« attestiert. Hervorgehoben wurden seine Erfolge im Französischen und Englischen.
Der Abiturient werde Jura und Staatswissenschaften studieren, vermerkte das Reifezeugnis. So wollte es die Mutter, und so war es dem Siebzehnjährigen recht, der als Student keineswegs mit »Eifer an seiner ferneren wissenschaftlichen Ausbildung arbeiten« wollte, wie es seine Lehrer erwarteten, sondern das doppelt und dreifach nachzuholen gedachte, was sie ihm verwehrt hatten: ein freies und lustiges Leben.

AUF DER UNIVERSITÄT GÖTTINGEN, an der er sich am 10. Mai 1832 einschrieb, hätte er vieles lernen können, was ihn auf dem Weg vom Idealismus zum Realismus, der ihm wie den Zeitgenossen vorgezeichnet war, schon jetzt ein gutes Stück hätte voranbringen können.
Die Georgia Augusta war 1737 als hannoversche Landesuniversität gegründet worden, von Georg II. August, der zugleich Kurfürst von Hannover und König von England war, dem rückwärtsgewandten römisch-deutschen Imperium wie dem zukunftsorientierten Kingdom angehörte. Der Genius loci war Studien günstig, die diesem Doppelcharakter entsprachen: im 18. Jahrhundert dem alten Reichsrecht wie dem neuen Staatsrecht; im 19. Jahrhundert den Geschichtswissenschaften wie den Naturwissenschaften.
Professoren wandten sich dem Leben zu, und schon der Politik. Im Göttingen lehrten der Historiker Arnold Heeren, der ein Wegbereiter der Nationalökonomie und ein Verteidiger des aus selbständigen Staaten bestehenden europäischen Systems war; der Staatswissen-

schaftler Friedrich Christoph Dahlmann, der nach englischem Muster eine konstitutionelle Monarchie empfahl; der Germanist Jacob Grimm, der die deutsche Altertumswissenschaft als deutsche Nationalwissenschaft betrieb und mit Dahlmann, seinem Bruder Wilhelm, dem Märchen- und Sagenforscher, dem Historiker Gervinus, dem Staatsrechtler Albrecht, dem Orientalisten Ewald und dem Physiker Weber zu den »Göttinger Sieben« gehörte, die 1837 gegen den Verfassungsbruch des hannoverschen Landesherrn protestierten.

Bereits am Anfang der dreißiger Jahre waren Professoren wie Studenten von den deutschen Nachwehen der französischen Julirevolution nicht unbeeindruckt geblieben. 1832 feierten Liberale und Demokraten das Hambacher Nationalfest. 1833 stürmten Radikale gegen Polizeiwachen in Frankfurt, am Sitz des deutschen Bundestages. Die Machthaber erstarrten in Abwehr, verstärkten die Überwachung der Universitäten, an denen die Zahl der Studenten zunahm, die an den Grundfesten der Reaktion rüttelten.

Der junge Bismarck gehörte nicht zu ihnen. Vorkommnisse wie die in Hambach oder Frankfurt »stießen mich ab, meiner preußischen Schulung widersprachen tumultuarische Eingriffe in die staatliche Ordnung«. Das war auch der Grund, warum er der Göttinger Burschenschaft, zu der er sich zunächst hingezogen fühlte, bald den Rücken kehrte.

Berliner Lehrer, Nachturner des Turnvaters Jahn, hatten sich nicht gänzlich umsonst bemüht, ihm einige nationaldemokratische Übungen als verlockend hinzustellen. Doch schon dem ersten Versuch, sie nachzuahmen, vermochte er nichts abzugewinnen, weil solche Verrenkungen einem preußischen Adeligen nicht anstanden und ihm die Gesellschaft der meist bürgerlichen Mitturner nicht behagte.

An der Burschenschaft störte ihn »die Extravaganz ihrer politischen Auffassung, die auf einem Mangel an Bildung und an Kenntnis der vorhandenen historisch gewordenen Lebensverhältnisse beruhte«, und – wie beim Wartburgfest 1817 – zu Demonstrationen oder – wie beim Frankfurter Wachensturm 1833 – zu Ausschreitungen führte. Aber ihm mißfielen auch und nicht zuletzt »ihre Weigerung, Satisfikation zu geben, und ihr Mangel an äußerlicher Erziehung und an Formen der guten Gesellschaft«.

Die »Verbindung von Utopie und Mangel an Erziehung« stieß ihn ab

und führte ihn in eine andere Studentenverbindung, die sich keinen phantastischen Zukunftsvorstellungen hingab, sondern fest auf dem Boden der überkommenen staatlichen Ordnung stand und gesellschaftliche Formen besaß, auch wenn sie diese, im flotten Studentenleben, nicht unbedingt pflegte, zu »tumultuarischen Eingriffen« in die spießbürgerliche Ordnung – und nur in diese – neigte.
Der Baron trat in das Korps Hanovera ein, eine politisch konservative, jedoch in ihrem jugendlichen Übermut rebellische und mit ihrem studentischen Treiben gegen das Philistertum rebellierende Landsmannschaft. Auch hier gab es viele Bürgersöhne, die sich jedoch durch Nachahmung adeliger Allüren dem höheren Stande anzupassen, ihm auch im extravaganten Lebenswandel zu gleichen suchten. Dem neuen Fuchsmajor und baldigen Konsenior konnten sie noch lange nicht das Wasser reichen. Es schien, als wollte der Junker seine Überlegenheit auch in dieser Beziehung beweisen, den älteren Korpsbrüdern nicht nachstehen, ja sie übertreffen. Überdies neigte er zum Auftrumpfen gegen jeden und zu Übertreibung in allem.
Schon im Aufzug strich er das Extraordinäre heraus. »Dünn wie eine Stricknadel«, hüllte sich der Siebzehnjährige, den sie »Kind« nannten, in einen bis zu den Knöcheln reichenden Schlafrock. Den Achtzehnjährigen bezeichneten sie als »Kassuben«, worin sich ein mit Spott durchtränkter Dünkel gegenüber dem für einen Slawen gehaltenen Ostelbier wie die mit Neid gemischte Hochachtung ausdrückte, daß er waschechte Germanen mit Bier und Rheinwein unter den Tisch zu trinken vermochte. Schließlich verdiente er sich den Spitznamen »Achilleus der Unverwundbare«, weil er in drei Semestern fünfundzwanzigmal auf der Mensur gestanden hatte, wobei er nur ein einziges Mal – als ihm die Nasenspitze gespalten wurde – Blut lassen mußte.
Einmal schien er sich auch für die Ehre seines Monarchen geschlagen zu haben. »Otto hat geschrieben«, berichtete der Vater, er habe »sechs auf einmal fordern müssen, indem sie so auf unsern König geschimpft hatten« und behauptet hätten, »die Preußen wären nie honorige Studenten«; fünf hätten sich entschuldigt, den sechsten »hat er aber festgehalten«.
Diesmal sei er unschuldig zu einer Duellgeschichte gekommen, atmete die Mutter auf, die von ihrem Herrn Studenten nur Unerfreuliches zu hören gewohnt war: über das Leben in Saus und Braus,

die Schulden, die er machte, und die Strafen, die ihm aufgebrummt wurden – wegen Teilnahme an einem Pistolenduell als Unparteiischer, »wegen Auswerfens einer Bouteille auf die Straße«, wegen Rauchens im Freien, was als Protestaktion gegen die Obrigkeit gewertet und geahndet wurde. Sein Engagement in einem Konflikt zwischen seinem Korps und der Universitätsbehörde trug ihm sieben Tage Karzer und die Androhung der Verweisung von der Hochschule ein.

Er habe in Göttingen zu flott gelebt und zu wenig gearbeitet, gestand der alte Bismarck. Im ersten Semester hatte der Student der Jurisprudenz und der Staatswissenschaften Vorlesungen von insgesamt fünf Tagestunden belegt, im zweiten Semester waren es nur noch drei und im dritten Semester nur noch zwei, und auch diese nahm er nicht immer wahr.

Die Universität bereicherte weniger sein Bücherwissen als seine Lebenserfahrung, die Universitätsjahre dienten nicht der Ausbildung eines Juristen, sondern der Heranbildung der Persönlichkeit. In Göttingen begann seine Phase des »Sturms und Drangs«. Schiller hatte ihrer auf dem Wege zum klassischen Dichter bedurft. Für Bismarck wurde sie eine Entwicklungsstufe beim Aufstieg zum klassischen Staatsmann.

Der »tolle Bismarck«, wie sie ihn bald nannten, trieb maßlos Kult mit dem eigenen Genie: »Ich werde entweder der größte Lump oder der erste Mann Preußens«, soll er zu einem Korpsbruder gesagt haben. Jedenfalls betrieb er überspitzte Opposition gegen alles, was ihn bei seiner eigenschöpferischen Entfaltung, und gegen jeden, der seinen eigengesetzlichen Aufschwung zu behindern schien.

Das waren die Göttinger Bürger, die seinen Auslauf hemmten, die Kommilitonen, die seine Aufmachung nicht ernst nahmen, die Universitätsbehörden, die seine Aufführung nicht billigten. Und das war »mein Alter«, der Vater, »der sich weigert, meine Schulden zu bezahlen; dieses versetzt mich in eine etwas menschenfeindliche Stimmung, ungefähr wie Charles Moor, als er Räuber wird«.

Er blieb ein distinguierter Moor, der sich nicht von ungefähr Charles statt Karl schrieb. In Berlin, an dessen Universität er sein Jurastudium zu beenden hoffte, erwarteten ihn im Frühjahr 1834 die Ordnung seines Staates und die Gesellschaft seines Standes, wo

er sich nicht so gehen lassen durfte wie im hannoverschen Ausland in der Kameradschaft bürgerlicher Korpsstudenten.
»Ich lebe hier wie ein Gentleman, gewöhne mir ein geziertes Wesen an, spreche viel Französisch, bringe den größten Teil meiner Zeit mit Anziehen, den übrigen mit Visiten machen zu«, schrieb er einem Korpsbruder in wehmütiger Erinnerung an die tolle, die schöne Göttinger Zeit. Am Tage treibe er Studien, die ihn nicht ansprächen, und am Abend langweile er sich im Kreise von Aristokraten, die nichts anderes täten, als ihre Ahnen zu zählen.
Dieses Leben widerte ihn an, und mit Grauen dachte er daran, was es ihm einbringen würde: entweder »die körperlich und geistig eingeschrumpfte Brust« eines Beamten, oder, wenn er »die Feder mit dem Pflug oder die Mappe mit der Jagdtasche« vertausche, das Dasein eines Junkers in ledernen Hosen, der »Hunde und Bediente auf das Brutalste prügelt, wenn er von seiner Frau tyrannisiert worden«, und sich zu Königs Geburtstag besaufen und Vivat schreien werde.
Eine Rebellion, wenn auch nur mit großen Worten und kleinen Taten, war in der Hauptstadt Preußens und in der adeligen Gesellschaft nicht möglich und für den preußischen Junker auch nicht wünschenswert. Dem neunzehnjährigen Stürmer und Dränger, der das Aufbegehren nicht lassen mochte, blieben in der Opposition gegen Zustände, die nicht zu ändern waren, als Ausdruck Sarkasmus und Zynismus und als Ausflucht bittersüße Melancholie und burschikose Resignation.
Er war älter, wenn auch nicht viel klüger geworden, aber er begann über Gott und die Welt nachzudenken. Der Überschwang seiner Gefühle wurde im Umgang mit zwei Freunden gebremst, mit denen er in Berlin Wohnung und Gewohnheiten teilte. Der baltische Graf Alexander Keyserling, der klassische Harmonie anstrebte, suchte Bismarcks Dissonanzen zu dämpfen. Und der angelsächsische Realitätssinn des Nordamerikaners John Lothrop Motley war dazu geeignet, die extreme Skepsis Bismarcks auf ein angebrachtes und erträgliches Maß zu bringen.
Immerhin bemühte er sich, sein Studium möglichst rasch und einigermaßen zufriedenstellend hinter sich zu bringen. Dabei strengte er sich nicht besonders an, denn er begriff schnell und lernte leicht. Die wenigen Vorlesungen, die er belegte, besuchte er

selten. Er verließ sich auf den Repetitor, der – wie schließlich der Vater erleichtert feststellte – »Otto doch sehr vorgeholfen« habe.
Im Frühjahr 1835 bestand er das erste juristische Examen und wurde als Auskultator, Gerichtsreferendar und Protokollführer dem Berliner Stadtgericht zugewiesen. »Die Dornen des Lebensweges«, die er bislang übersehen hatte, bekam er nun zu spüren. Als er bemerkte, wie sich seine »Finger unter der Last der immer beweglichen Feder zu krümmen« anfingen, überlegte er, wie er sich »dem Gemeinwesen auf eine andere Art nützlich machen« könnte.
Berufsoffizier, wie es seinen Eltern nicht unwillkommen gewesen wäre, gedachte er nicht zu werden. Als Diplomaten, der das flotte Studentenleben auf einer standesgemäßen Ebene und für patriotische Zwecke fortsetzte, konnte er sich schon eher vorstellen. Voraussetzung dafür war der Übertritt vom Justizdienst in den Verwaltungsdienst. Im Januar 1836 ersuchte der Auskultator den Regierungspräsidenten Graf Arnim-Boitzenburg, das dazu erforderliche Examen bei der königlichen Regierung in Aachen ablegen zu dürfen. Der Ostelbier wählte den fernen Westen der Monarchie, nicht aus dem Bedürfnis, eine andere schwarz-weiße Welt kennen- oder gar schätzenzulernen, sondern in der Erwartung, in dem erst vor zwanzig Jahren zu Preußen gekommenen und noch nicht ganz in den preußischen Griff genommenen Rheinland schneller, leichter und angenehmer zum Ziel zu gelangen.

Heim aufs Land

In Aachen waren, wie Bismarck wußte, die Kurse für Referendare kürzer als in den alten Provinzen, aber er ahnte nicht, daß die Ablenkungen so mächtig sein würden, daß er aus der Laufbahn geriet.
Man lebte damals »in Aachen – der ersten Station der Europa-Reisenden von Norden nach Süden – für jemand, der aus der hinterpommerschen Einsamkeit dorthin kam, in einer, ich will nur sagen, verführerischen Weise angenehm«, erinnerte sich Bismarck, nicht ohne vergessen zu haben, daß es die Einheimischen mehr nach dem europäischen Westen als nach dem preußischen Osten zog.
Die Rheinländer konnten ihr gutes Leben unter dem Krummstab

der ehemaligen geistlichen Kurfürstentümer und die Errungenschaften nicht vergessen, die ihnen in der Zeit, als sie zum revolutionären und napoleonischen Frankreich gehört hatten, zuteil geworden waren. Auf dem Weg in das Jahrhundert der Industrie, des Bürgertums und des Liberalismus waren sie den Ostelbiern um Meilen voraus. Und sie schätzten es nicht, wenn sie von der preußischen Obrigkeit, die ohne ihr Zutun und ihre Zustimmung die ihre geworden war, in ihrer Eigentümlichkeit beeinträchtigt und in ihrer Fortschrittlichkeit gehemmt wurden.

Dem jungen Bismarck gefielen der rheinische Wein und die rheinischen Mädchen. Er stieß sich kaum daran, daß Burschen ungern bei »de Prüß« einrückten und Männer die Bezeichnung Rheinprovinz beanstandeten, weil seit den Römern das Wort Provinz ein besetztes Land bezeichnete. Die offenkundigen Gegensätze zwischen rheinischer Bourgeoisie und ostelbischer Aristokratie blieben dem Junker nicht verborgen. Solange er sich jedoch eher als Mitglied der rheinischen Karnevalsgesellschaft denn als Vertreter des preußischen Staates fühlte, nahm er sie von der heiteren Seite.

Weit mehr konvenierte ihm die High Society, die sich im Weltbad Aachen traf. »Meine jetzige Tischgesellschaft«, schrieb er am 10. August 1836, wenige Wochen nach seiner Einstellung als Regierungsreferendar, »besteht aus siebzehn Engländern, zwei Franzosen und meiner Wenigkeit, oben am aristokratischen Ende sitzen wir, d.h. Duke und Duchess of C., dessen Nichte Miß R. (hinreißend liebenswürdig).« Mit »noch zu viel Romantik im Leib« hätte er Miss Laura Russel beinahe geheiratet, und kaum hatte die Vernunft die Leidenschaft unterdrückt, verknallte er sich in Miss Isabella Loraine-Smith, Tochter eines anglikanischen Pfarrers »von blondem Haar und seltener Schönheit«.

Die Vorliebe für Engländerinnen war eine Eigenheit Bismarcks, die Neigung zum Englischen eine Mode der Zeit, die deutsche Bürger wie preußische Adelige pflegten. Ein Bestseller war Anfang der dreißiger Jahre das englische Reisebuch des Fürsten von Pückler-Muskau geworden, in dem von jenen glücklichen Inselbewohnern berichtet wurde, die »frei von der Aussaugung unersättlicher Staatsblutegel sind und dabei als unumschränkte Herren in ihrem Eigentume nur den Gesetzten zu folgen brauchen, die sie selbst mit geben helfen«.

Den Junker interessierten weniger die politischen Freiheiten, die der Englishman besaß, als die gesellschaftlichen Freiheiten, die sich der Dandy herausnahm. In seiner Brust stritten sich Shakespeares Lebensgier und Byrons Lebensüberdruß, sein »armes entzündliches Blut brannte wie Dampf«, und ein Freund gewahrte, wie er »in der Liebe dem Naturtriebe ohne große Skrupel folgte«.
Der junge Wein gärte immer noch, aber nun erinnerte er an Champagne Brut. Aus dem Stürmer und Dränger war ein überspannter Bonvivant geworden. Den Stunden, die »des Dienstes ewig gleich gestellte Uhr« anzeigte, suchte er, wann immer es möglich und auch wenn es unmöglich war, zu entrinnen. Einen vierzehntägigen Urlaub überschritt er um Monate. Er war Miss Loraine-Smith nachgereist, zuerst nach Wiesbaden, dann in die Schweiz.
Aus Bern ließ er wieder von sich hören, bat seinen Vorgesetzten um Entschuldigung für »die Leichtigkeit, mit der ich mich von den Umständen habe fortreißen lassen«, und ersuchte um Beurlaubung, bis er sich zum Dienst bei der Regierung in Potsdam oder Magdeburg, wohin es ihn aus familiären Gründen ziehe, gemeldet habe.
Graf Arnim-Boitzenburg verweigerte eine amtliche Verlängerung des eigenmächtig genommenen Urlaubs, erbat sich einen Antrag auf Entlassung in Aachen und billigte den Entschluß Bismarcks, »zu einer der königlichen Regierungen in den altpreußischen Provinzen überzugehen, um zu einer angestrengteren Tätigkeit in den Amtsgeschäften zurückzukehren, nach welcher Sie bei den gesellschaftlichen Verhältnissen in Aachen vergeblich strebten«.
Bismarck kam nicht mehr nach Aachen zurück. Er hatte es, wie er sich erinnerte, »mit einer, abgesehen von dem begabten Präsidenten Arnim-Boitzenburg, geringen Meinung von unsrer Bürokratie im Einzelnen und in der Gesamtheit« verlassen. Die Geringschätzung beruhte auf Gegenseitigkeit. Selbst Beamte rheinischer Herkunft, denen nicht die strengen Auffassungen ihrer altpreußischen Kollegen eigneten, hatten die Nachlässigkeit des Referendars im Dienst und die Nonchalance des Barons im Privaten nicht durchgehen lassen. Sie kündigten ihm die Übersendung seiner Personalakten an seine neue Dienststelle mit doppeldeutiger Bewertung an und schickten ihm unter deren Adresse die Forderungen Aachener Gläubiger mit anzüglichen Bemerkungen über sein spurloses Verschwinden nach.

Mitte Dezember 1837 war er zur Fortsetzung des Referendariats in die königliche Regierung zu Potsdam eingetreten. Hier hielt er es nur dreieinhalb Monate aus. Dann brach er, ohne seinen Assessor gemacht zu haben, aus der Beamtenlaufbahn aus.

Auch im neuen Kollegium gewahrte er nur »Zopf und Perücke«, wurden ihm Arbeiten aufgetragen, die er »kleinlich und langweilig« fand, und Geschäfte zugewiesen, von denen er meinte, sie »seien erfunden, um den vorhandenen Beamten zu tun zu geben«. So sah er wenig Sinn darin, der Aufforderung, sich den Obliegenheiten »mit Fleiß und Eifer ordnungsgemäß zu unterziehen«, entsprechend nachzukommen – nicht einmal in einer Stadt, in der alles – vom Arbeitszimmer Friedrichs des Großen in Sanssouci bis zum Glokkenspiel der Garnisonkirche – an Pflichterfüllung gemahnte.

Von Hause aus sage ihm die Natur der Geschäfte und der dienstlichen Stellung der Staatsdiener nicht zu, und sein Ehrgeiz strebe mehr danach, »nicht zu gehorchen, als zu befehlen«, schrieb er Gräfin Karoline Bismarck-Bohlen, der Frau seines Vetters. »Der preußische Beamte gleicht dem Einzelnen im Orchester; mag er die erste Violine oder den Triangel spielen: ohne Übersicht und Einfluß auf das Ganze, muß er sein Bruchstück abspielen, wie es ihm gesetzt ist, er mag es für gut oder schlecht halten. Ich will aber Musik machen, wie ich sie für gut erkenne, oder gar keine.«

Wenn man ihm zumutete, auf den eigenen Ton zu verzichten und sich in den Klangkörper einzufügen, würde er seine geistige Individualität aufgeben, seine körperliche Gesundheit untergraben und nicht einmal seine materiellen Bedürfnisse befriedigen. Ein Gehalt, das ihm die Gründung eines Hausstandes erlaubte, »würde ich, bei der besten zu erwartenden Karriere, im 40ten Jahre, etwa als Präsident u. dergl. haben, wenn ich trocken von Aktenstaub, Hypochonder, brust- und unterleibskrank vom Sitzen geworden sein werde und eine Frau zur Krankenpflege bedarf«.

Also »bin ich fest entschlossen, meine Überzeugung, meine Unabhängigkeit, meine ganze Lebenskraft und Tätigkeit nicht herzugeben« – schon gar nicht für einen Staat, in dem Bürokraten regierten und der Absolutismus herrsche.

Er müsse bekennen, daß sein »politischer Glaube dem von unserm Gouvernment anerkannten wesentlich zuwiderläuft«, schrieb Bismarck im Jahre 1838, in dem immer noch Friedrich Wilhelm III. auf dem Throne saß. Vier Jahrzehnte vorher hatte er ihn im Zeichen des aufgeklärten Absolutismus bestiegen, das er weiterhin – trotz Französischer Revolution, preußischer Reform und liberalem Fortschritt in Westeuropa – für das Signal der Zeit hielt.

»Wie soll ich da die Überzeugung gewinnen, meinen Mitbürgern nützlich zu sein, wenn ich das System, nach welchem ich sie regieren helfe, für weit weniger förderlich als das entgegengesetzte, jedenfalls aber für ungerecht halte; wie soll ich selbst vor meinem Gewissen verantworten, unter die Fahne einer Regierung zu treten, deren Grundsätze zu bekämpfen, insoweit der Gehorsam gegen die bestehenden Gesetze es erlaubt, ich für eine meiner vornehmsten Pflichten gegen mein Vaterland halte.«

Ein Revolutionär schien sich zu offenbaren, zumindest ein Reformer, jedenfalls ein Oppositioneller gegen das reaktionäre System Friedrich Wilhelms III. Das »entgegengesetzte« System, das er für nützlicher und gerechter hielt, konnte jedoch für den das Gesetz achtenden und dem König ergebenen Preußen höchstens eine konstitutionelle Monarchie sein.

Nicht von ungefähr berief sich Bismarck auf Mirabeau, der in der ersten, der liberalen Phase der Französischen Revolution seinen Monarchen zu einem Ausgleich mit dem Bürgertum und zur Gewährung einer Verfassung nach englischem Muster gedrängt hatte. Mirabeaus Triebfeder sei nicht nur Vaterlandsliebe, sondern auch Ehrgeiz gewesen, »der Wunsch zu befehlen, bewundert und berühmt zu werden«. Von dieser Leidenschaft sei auch er nicht ganz frei, gestand der dreiundzwanzigjährige Bismarck, und manche Auszeichnungen, wie die eines »Staatsmannes bei freier Verfassung«, eines »Mitspielers bei energischen politischen Bewegungen, würden auf mich eine, jede Überlegung ausschließende Anziehungskraft üben, wie das Licht auf die Mücke«.

Dieses Bekenntnis, das er 1838 seiner Cousine ablegte, hielt er für so wichtig, daß er dem Vater eine Abschrift schickte und diese 1847 an seine Braut weitergab, mit der Bemerkung, er habe es hinterher mitunter bedauert, den Staatsdienst aufgegeben zu haben, aber »in der Hauptsache unterzeichne ich meine damaligen Ansichten, in bezug auf die Misere unsres Staatsdienertums noch jetzt«.

Indessen war er von der politischen Begründung seines Abschieds abgerückt, weg vom liberalen Konstitutionalismus und hin zum konservativen Royalismus. Überhaupt war es nicht seine Absicht gewesen, sich bei allem, was er behauptet hatte, beim Wort nehmen zu lassen. Nach einem leidlichen Abschluß seiner Studien und dem jähen Abbruch der Berufsausbildung verspürte er das Bedürfnis, sich vor sich selbst und seiner Familie zu rechtfertigen. Doch wie er das, im Herbst 1838, zuwege brachte, wies darauf hin, daß er schon damals ein vortrefflicher Diplomat hätte werden können, was er später dann auch geworden ist.

Gültig blieb die Willenserklärung, daß er »Herr und nicht Diener« sein wolle. Deswegen entzog er sich der Bürokratie, die den Zivilisten zur Unterordnung gezwungen hätte, und deshalb zog es ihn nicht zum Waffendienst, in dem er als Soldat der »altpreußischen Militärdressur« unterworfen gewesen wäre.

Seine Militärpflicht als Einjährig-Freiwilliger mußte er ableisten. Diese Einrichtung war ein Zugeständnis an Gebildete und Besitzende, kürzer zu dienen, wenn sie sich selbst ausrüsteten, bekleideten und verköstigten. Es war der Einstieg in die Laufbahn eines Offiziers der Reserve und Landwehr, zum Aufstieg in den ersten Stand im Staate. Diesem meinte der Junker Bismarck bereits durch seine Geburt anzugehören, dazu nicht unbedingt einer Offiziersuniform zu bedürfen.

Seine militärische Karriere verlief dann auch bescheiden: 1838 Einjährig-Freiwilliger im Gardejäger-Bataillon in Potsdam und im Pommerschen 2. Jäger-Bataillon in Greifswald; 1839 zur Reserve entlassen; 1841 Sekondleutnant im 1. Bataillon Stargard des 9. Landwehrregiments; 1842 Versetzung zur Landwehr-Kavallerie, den 4. Landwehr-Ulanen; 1854 Premierleutnant.

Mehr als Landwehrleutnant hätte er nie werden wollen, gestand er später, nachdem er 1866 zum Generalmajor, 1871 zum Generalleutnant und 1876 zum General der Kavallerie befördert worden war – wegen politischer, nicht militärischer Verdienste. Und er sich in Uniform zu zeigen pflegte, weil er damit dem militärbegeisterten deutschen Volk wie seinem König und Kaiser imponieren wollte, Wilhelm I., der in erster Linie ein preußischer Soldat geblieben war.

Als sie sich im Winter 1835/36 bei einem Hofball in Berlin zum erstenmal begegneten, fragte Generalleutnant Prinz Wilhelm den Kammergerichts-Auskultator Bismarck, weshalb er bei seinem Gardemaß nicht Soldat geworden sei. Der Angesprochene antwortete ausweichend, und er vergaß die mehr tadelnd als scherzend gemeinte Bemerkung des Hohenzollern nicht. Er habe, erinnerte sich der Ministerpräsident und Reichskanzler a. D., »in dem äußern Eindruck der Militäruniform, die ich trug, um ein mehrmaliges Umkleiden am Tage zu vermeiden, ein Moment der Verstärkung meines Einflusses zu finden geglaubt«.

Später legte Bismarck den Waffenrock kaum mehr ab, den er als junger Mann nur ungern angezogen hatte. »In das Militär bin ich noch nicht eingetreten«, schrieb er am 25. Januar 1838. »Ich werde zu der Kompanie des Herrn v. Arnim gehen, da er mir der Zivilste unter seinen Kollegen zu sein scheint. Auf seinen und andrer Offiziere Rat habe ich meinen Eintritt noch aufgeschoben, weil ich vom Augenblick des Eintretens bis zum Frühjahrsmanöver täglich exerzieren muß; gleichviel ob ich 14 Tage oder 3 Monat vorher eintrete, muß die Dressur bis zum Manöver fertig sein. Ich werde daher so spät wie möglich, etwa im März eintreten.«

Er drängte sich nicht in Reih und Glied, und als er sich stellen mußte, zog er das Rühren dem Stillgestanden vor. Der Dienst im Potsdamer Gardejäger-Bataillon, in das er am 25. März 1838 eingerückt war, fand ohnehin mehr im Kasino als auf dem Exerzierplatz statt, aber was hier seine beträchtlichen körperlichen Kräfte kaum überanstrengt hätte, begann dort seine beschränkten finanziellen Mittel zu strapazieren.

Bereits im Oktober 1838 ließ er sich zum Pommerschen 2. Jäger-Bataillon nach Greifswald versetzen. Als er dort eintraf, fand er seine Truppe nicht vor. Er benützte die Gelegenheit, sich bis zu ihrer Rückkehr aus dem Manöver in dem Berufe umzusehen, der ihm – nachdem er aus der Beamtenkarriere ausgeschieden war und in die Militärlaufbahn nicht einzutreten gedachte – als letzte standesgemäße Möglichkeit verblieb: die Landwirtschaft.

Bei Greifswald lag die landwirtschaftliche Akademie von Eldena. Von ihr wurde er jedoch weniger angezogen als von den Gütern der Gegend, wo Praktiker am Werke waren. Diesen »wohlbeleibten Figuren mit roten Gesichtern, dicken Händen und beneidenswertem Appetit« begegnete er auch bei Tisch im »Deutschen Haus«, und sie redeten so viel und laut von Ackerbau und Kornhandel, daß der angehende Landwirt nachts »von Dreschhafer, Mist und Stoppelroggen« träumte.

Er begann sich mit dem Beruf zu befreunden, der dem romantisch angehauchten Dreiundzwanzigjährigen arkadisches Glück versprach und dem ostelbischen Junker als Berufung galt. Das Erbteil des Kabinettsrates Mencken war in ihm nicht wirksam geworden, aber auch nicht das jener Bismarck, die sich als Offiziere ausgezeichnet hatten. Nicht mit der Feder und dem Schwert, sondern mit dem Pflug gedachte er dem König und nicht zuletzt sich selbst zu dienen. Was als Ultima ratio erschien, war eine Rückkunft zum feudalistischen Fundament, auf dem die preußische Monarchie mit allen ihren Soldaten und Beamten beruhte.
Noch gehörten die Familiengüter dem Vater, der sich frühzeitig vom Militär verabschiedet und sich im Milieu seiner Frau, der Beamtentochter, nie zurechtgefunden hatte. So verstand er den Wunsch seines Sohnes, statt den Paradestiefeln eines Offiziers die Schmierstiefel des Landwirts anzuziehen. Und er stimmte ihm zu, wenn er seinen Wechsel von der Schreibstube zum Gutshof mit der Behauptung begründete, daß ein Großagrarier mehr Verstand als ein Geheimrat brauche.
Am 1. Januar 1839 erlag die Mutter ihrem Krebsleiden. Der Vater beschränkte sich auf das altmärkische Schönhausen und überließ die pommerschen Güter Kniephof, Külz und Jarchelin seinen Söhnen Bernhard und Otto. Zunächst wirtschafteten sie gemeinsam. Als der Ältere 1841 zum Landrat des Kreises Naugard gewählt wurde und in die Kreisstadt zog, wurden die Güter geteilt: Bernhard erhielt Jarchelin, Otto Kniephof und vorläufig Külz.
Nun war er endlich, nachdem er heim aufs Land gekommen war, wohin es ihn verlangt hatte, sein eigener Herr geworden, was er werden und bleiben wollte. »Auf dem Lande dachte ich zu leben und zu sterben, nachdem ich Erfolge in der Landwirtschaft erreicht haben würde.«
Kniephof, der Ort der Kindheit und das Ziel der Sehnsucht des Heranwachsenden, wurde sein Herrensitz und seine Wirkungsstätte. Das Haus war kein Schloß, aber es entbehrte nicht schlichter Würde und einfacher Behaglichkeit. Das Glanzstück war der Park mit den mächtigen Eichen, sein – nicht übermäßiger – Reichtum bestand aus 2200 Morgen Ackerland, Wiesen, Gehölz, Gärten und Teichen, dem Vieh in den Ställen und auf den Weiden, und der Ernte in den Scheunen.

Sie wurde von Gutstagelöhnern eingebracht, die in elf Katen, je eine für vier Familien, hausten und gegen karges Entgelt für ihren Gutsherrn arbeiteten. Dieser fühlte sich verpflichtet, die vielen Nachteile der verbliebenen Untertänigkeit mit einigen Vorteilen des überkommenen Patriarchalismus einigermaßen wettzumachen. Er kam für Wohnung und Heizung auf, überließ ihnen ein Stückchen Land für den Eigenbedarf, kümmerte sich um Kranke und Alte, sorgte als Polizeiherr und Gerichtsherr für die Aufrechterhaltung der Ordnung und als Kirchenpatron für die Gewährleistung der Hoffnung, daß im Jenseits ein Ausgleich für Unbill im Diesseits zu erlangen sei.

Der Herr spürte an den Rosen, auf die ihn seine Dienstleute gebettet sahen, die Dornen. Die Agrarkrise der zwanziger Jahre hatte auch den Bismarck zugesetzt, und es bedurfte einiger Anstrengung, die verschuldeten Güter wieder in die Höhe zu bringen.

Der neue Besitzer, der sich und den anderen zeigen wollte, daß er etwas zustande bringen konnte, packte an, arbeitete hart, aber nur so lange, bis er den Befähigungsnachweis geliefert zu haben meinte und die Landwirtschaft so viel abwarf, daß statt Hering und Kartoffeln wieder Braten und Wein auf den Tisch kamen.

»Der schöne blaue Dunst ferner Berge«, den er aus der Distanz über dem Lande wahrgenommen hatte, verflüchtigte sich in der Nähe, im Tagewerk eines Landwirtes »mit doppelter Buchhaltung und chemischen Studien«. Was er an Romantik verlor, gewann er an Realismus. Das Erfahren der Wirklichkeit und das Erkennen der Wurzeln, aus denen sein Stamm kam und seine Stärke wuchs, förderte das Reifen des Menschen und die Heranbildung eines Staatsmannes.

Wie ein Baum sich am mächtigsten auswachse, wenn er allein auf seiner Flur dastehe, so entfalte sich die Individualität am kraftvollsten in der erhabenen Einsamkeit des Landes und nicht in der drangvollen Enge der Stadt, wo die Individuen ineinander verflössen, erklärte der gereifte Bismarck. Als Heranreifender begann er sich im abgelegenen Kniephof von Gott und den Menschen verlassen zu fühlen und zu befürchten, in der Öde des Landlebens aus Mangel an Abwechslung umzukommen.

»Mein Umgang besteht in Hunden, Pferden und Landjunkern, und bei Letzteren erfreue ich mich einigen Ansehens, weil ich Geschriebenes mit Leichtigkeit lesen kann, mich zu jeder Zeit wie ein

Mensch kleide, und dabei ein Stück Wild mit der Akkuratesse eines Metzgers zerwirke, ruhig und dreist reite, ganz schwere Zigarren rauche und meine Gäste mit freundlicher Kaltblütigkeit unter den Tisch trinke«, schrieb er einem Studienfreund. »So vegetiere ich fast wie ein Uhrwerk, ohne besondere Wünsche oder Befürchtungen zu haben; ein sehr harmonischer und sehr langweiliger Zustand.«
Die Langeweile nahm zu und die Harmonie ab. Die immer stärker werdenden Dissonanzen suchte er mit immer gewagteren Ausbrüchen aus der Eintönigkeit zu überspielen. Er ritt meilenweit, um mit einem Fräulein zu tanzen, er lud zu Gelagen mit »Kriegsbowle« ein, einer mörderischen Mischung aus Champagner und Porter, er trank, was das Zeug hielt, spielte auf Teufel komm raus und scheute keinen Ehrenhandel. Man sprach vom »tollen Bismarck« auf »Kneiphof«.
Er war nicht ausgelastet. Seine Kraft war stärker als seine Beanspruchung und sein Tatendrang größer als sein Betätigungsfeld. Auch öffentliche Aufgaben, die ihm als Rittergutsbesitzer zufielen, vermochten in nicht auszufüllen.
Der Herr auf Kniephof wurde Kreisdeputierter und vertrat seinen Bruder als Landrat. Dies war ein Geschäft, das seiner Auffassung entgegenkam, »daß wahre Freude an einem öffentlichen Amte nur da zu erwarten ist, wo man in einem Kreise wirkt, den man übersieht, und mit den regierten Leuten selbst in Berührung kommt und bleibt«. Doch dieser Kreis war eng gezogen, die Kinkerlitzchen der kleinen Leute gingen ihm auf die Nerven, und der Landrat hatte einen Januskopf zu tragen, mit einem Gesicht im Lande, das ihm nicht mehr genügte, und mit dem anderen Gesicht in der Bürokratie, der er überdrüssig geworden war.
»Wahrnehmungen, welche ich auf dem Lande über Bestechlichkeit und Schikane von Bezirksfeldwebeln und subalternen Beamten machte, und kleine Konflikte, in welche ich als Kreisdeputierter und Stellvertreter des Landrates mit der Regierung in Stettin geriet, steigerten meine Abneigung gegen die Herrschaft der Bürokratie«, bemerkte er später. Damals hatte er sich so unterbeschäftigt gefühlt, daß er nicht davor zurückgeschreckt war, es noch einmal als Beamter zu versuchen, »einen neuen Anlauf auf eine Ministerstelle zu nehmen«.
Am 3. Mai 1844 trat der Neunundzwanzigjährige als Referendar in die königliche Regierung zu Potsdam ein, um sich nach kaum zwei

Wochen wieder zu verabschieden. »Ich habe nie Vorgesetzte vertragen können«, erklärte er einem Studienfreund. So sei der Versuch, »eine an Lebensüberdruß grenzende Gelangweiltheit durch alles, was mich umgibt, zu heilen«, rasch fehlgeschlagen.
Mit seiner eigenen Selbstbehauptung blieb ihm an der Selbständigkeit seiner Gesellschaftsschicht gelegen. Deshalb entzog er sich nicht Ämtern, die der feudalen Selbstverwaltung und der ständischen Mitsprache im Staatswesen dienen sollten. Der Herr auf Kniephof vertrat seinen Bruder im Provinziallandtag von Pommern. Der Herr auf Schönhausen, der er nach dem Tode des Vaters im Jahre 1845 geworden war, wurde zum Stellvertreter des Abgeordneten der Ritterschaft des Kreises Jerichow im sächsischen Provinziallandtag gewählt.
In Vertretung seiner Standesinteressen sei er »liberal« geworden, aber nur »in dem Sinne, in welchem man das Wort damals in Kreisen von Gutsbesitzern anwandte, zur Bezeichnung der Unzufriedenheit mit der Bürokratie«, erinnerte er sich. Er kritisierte den bürokratischen Absolutismus, der ihm und seinesgleichen eine Mitbestimmung versagte. Zu gerne hätte er opponiert, wenn mit seinen Standesgenossen eine Opposition zu machen gewesen wäre, die sich nicht in Kraftsprüchen am Biertisch und in Bittschriften an die Behörden erschöpft haben würde. Ohnehin hörten sie nicht auf einen, der es nur zu einem Stellvertreter gebracht hatte, über den Vize nicht hinauszukommen schien.
Eine gewisse, wenn auch zeitlich begrenzte Beschäftigung und örtlich beschränkte Wirksamkeit versprach das Amt des Deichhauptmanns im Kreise Jerichow, das ihm 1846 übertragen wurde. Es galt, die Elbniederung gegen den Strom abzuschirmen, der gelegentlich über die Ufer trat und das Land überschwemmte. Aber was half es ihm, wenn er zwar das Hochwasser eindämmte, aber das Wildwasser seines Wesens nicht zu bändigen vermochte?
Zunächst hatte er gehofft, daß es verebben würde, wenn er ihm Auslauf auf Reisen verschaffte. Im Jahre 1842 fuhr er nach England, Frankreich und in die Schweiz. Nach einem Vierteljahr kehrte er zurück, mit einem Vollbart, der seine Gesichtszüge, die er nie in der Gewalt hatte, kaschieren sollte, und der Erfahrung, daß man den Himmelsstrich, doch nicht die Seelenstimmung zu wechseln vermochte.

Der Fluchtweg in die Bücherwelt blieb offen. Der frustrierte Landjunker benützte ihn oft und gern. Ihn verlangte nach Unterbrechung des Einerleis, er suchte Gleichgestimmtes und Geistesverwandtes, und er fand nicht nur eine Bestärkung seiner Sonderart, sondern auch eine Allgemeinbildung, um die sich der Student nicht nachdrücklich bemüht hatte und zu der nun der Autodidakt fast spielend gelangte.

Bei der Lektüre verfuhr er unkonventionell. Er las sich am Anfang, am Ende und in der Mitte in ein Buch ein; nur wenn er auf den Geschmack gekommen war, konsumierte er das Ganze. So schloß er Bekanntschaft mit zeitgenössischen Dichtern wie Nikolaus Lenau, Friedrich Rückert, Alfred de Vigny und August von Platen, vergaß nicht die Klassiker Schiller und Goethe und blieb bei Shakespeare und Byron, die seinen Geist wie sein Gemüt besonders ansprachen. Auch Zeitkritisches interessierte ihn, etwa Gedichte von Anastasius Grün und Ferdinand Freiligrath, in denen politische Zustände, oder Romane von George Sand und Eugène Sue, in denen gesellschaftliche Mißstände angeprangert wurden.

Der angehende Politiker vertiefte sich in Friedrich Christoph Schlossers *Geschichte des 18. Jahrhunderts*, in der Ereignisse im Lichte der Aufklärung betrachtet und Gestalten nach dem Gesetzbuch des Rationalismus beurteilt wurden. Er wälzte die Folianten des *Theatrum Europaeum*, ein Handbuch der Staatsaktionen des 17. Jahrhunderts, dem Hinweis auf Ziele der Kabinettspolitik und Methoden der Diplomatie zu entnehmen waren. Und er warf einen Blick in Louis Blancs Geschichte des zeitgenössischen Frankreichs, in dem von Anliegen des Liberalismus und schon von Ansprüchen des Sozialismus die Rede war.

Auch in die Höhen der Philosophie stieg der nach dem Sinn des Lebens und dem Zweck des Daseins suchende Einsiedler von Kniephof und Schönhausen: »Wenn mich in dieser Periode Studien, die mich der Ehrgeiz zuzeiten mit Eifer treiben ließ, oder Leere und Überdruß, die unvermeidlichen Begleiter meines Treibens, dem Ernst des Lebens und der Ewigkeit näherten, so waren es Philosophien des Altertums, unverstandene Hegelsche Schriften, und vor allem Spinozas anscheinend mathematische Klarheit, in denen ich Beruhigung über das suchte, was menschlichem Verstande nicht faßlich ist.«

Bismarck begann als Skeptiker, der die Möglichkeit sicherer Erkenntnis und wahrer Gewißheit bezweifelte und durch die Lektüre religionskritischer Schriften von David Friedrich Strauß und Ludwig Feuerbach »nur tiefer in die Sackgasse des Zweifels« geführt wurde. »Es stellte sich bei mir fest, daß Gott dem Menschen die Möglichkeit der Erkenntnis versagt habe.«

So wurde Bismarck ein Agnostiker, der annahm, daß man von Gott nichts wissen könne, und es für anmaßend hielt, »wenn man den Willen und die Pläne des Herrn der Welt zu kennen behaupte«. Beruhigend war das nicht. »Ich habe manche Stunde trostloser Niedergeschlagenheit mit dem Gedanken zugebracht, daß mein und andrer Menschen Dasein zwecklos und unersprießlich sei, vielleicht nur ein beiläufiger Ausfluß der Schöpfung, der entsteht und vergeht, wie Staub vom Rollen der Räder.«

Der Pantheismus, den er bei Spinoza entdeckt hatte, schien ihm eine Zeitlang einen Ausweg zu öffnen. Naturverbunden wie er war, fand er Zugang zu Gedanken des jüdisch-niederländischen Philosophen, die »unmittelbar aus der Natur herauswuchsen«. Die Lehre, daß Gott mit dieser wesenseins sei, konnte einen Menschen anziehen, der an Wald und Flur sein Gefallen fand und in Gottes freier Natur Einkehr suchte.

Doch die Romantik, die in dieser Weltanschauung mitschwang, vermochte auf die Dauer einen Mann nicht zu befriedigen, der mit der wirklichen, nicht einer idealisierten und vergöttlichten Natur im Einklang stand, der im Umgang mit den Dingen ein Realist geworden war und sich in deren Bewertung und Einordnung der Ratio bediente.

Eine Rückkehr zum Deismus der rationalistischen Aufklärung bot sich an, jener Vernunftreligion, die Gott nicht als Lenker, aber als Schöpfer der Welt anerkannte, der sein Werk dem Naturgesetz überließ und den Menschen auf sich allein stellte. Doch zu einem solchen unpersönlichen Gott vermochte Bismarck, der einen Wegweiser und einen Weggefährten suchte, nicht in Beziehung zu treten.

Umwege führten ihn zum persönlichen Gott. Auf dem tradierten Weg eines getauften evangelischen Christen war er steckengeblieben. Mit sechzehn hatte er zu beten aufgehört. Seine Einsegnung war nicht ertragreich geworden. Kein Geringerer als Friedrich

Schleiermacher, der romantisch gesinnte protestantische Theologe, hatte ihn in der Berliner Dreifaltigkeitskirche konfirmiert, in seiner Predigt betont, Gott, der Herr im Himmel wie auf Erden, sei es, »der die mühseligen und beladenen Herzen zu sich ruft, damit sie nicht allein Ruhe finden für ihre Seelen, sondern auch mit dieser Ruhe die Fülle der Seligkeit – soweit sie in diesem irdischen Leben dafür empfänglich sind.«

Der Sechzehnjährige war nicht aufnahmebereit, und noch der Dreißigjährige hatte den Frieden nicht gefunden, den er immer mehr entbehrte und immer stärker erstrebte. Allein der Glaube mache ruhig und selig, hatte er gehört, doch es blieb die Frage: »Wie kann ich denn glauben, da ich doch einmal keinen Glauben habe; der muß entweder in mich hineinfahren oder ohne mein Zutun und Wollen in mir aufschießen.«

Er harrte seiner Bekehrung. Sie erfolgte nicht, wie bei Luther, unter Blitz und Donner, mit einem Schlag, sondern unter sanften, doch eindringlichen Vorhaltungen von Frauen, beharrlichem Zureden von Männern und einem Vorkommnis im Freundeskreis, das ihn bis ins Mark traf.

Bei den Pietisten in Hinterpommern sah er »Zuversicht und Friede« als »Begleiter des Glaubens« wohnen. Ihr Haupt war Adolf von Thadden-Trieglaff, der in die Befreiungskriege wie in einen Kreuzzug gezogen war und sich anschließend der inneren Missionierung einer Menschheit verschrieb, die auch nach dem Sturz des Beelzebubs Napoleon nicht viel besser geworden war. Dabei hatte jeder bei sich selbst zu beginnen, und die im eigenen Haus erweckte undogmatische Frömmigkeit und der im engeren Kreis geübte werktätige Glaube sollten in die Welt hinausstrahlen.

Was die Monarchen der Heiligen Allianz von oben her einführen wollten, den christlichen Glauben zum Regulativ der staatlichen wie der zwischenstaatlichen Ordnung und zum Maßstab nicht nur der privaten, sondern auch der politischen Moral zu machen, suchten die pommerschen Pietisten von unten her aufzubauen. Es waren Adelige, die ihre Welt zugleich erhalten und zu verbessern gedachten. Mitglieder dieses Kreises wurden Prediger eines preußischen Konservativismus, der Interessen mit Werten verband, zum Beispiel die Brüder Leopold und Ernst Ludwig von Gerlach.

Bismarck geriet unter die Pietisten wie Pilatus ins Credo. Auch er vertrat die Anliegen seines Standes, doch Erbauungsstunden und Hausandachten erschienen ihm nicht als geeignete Propädeutik für die Politik. Er packte lieber mit den Händen zu, als sie zu falten. Als ein Brand in Trieglaff ausbrach, eilte er in Reitfrack und Stulpenstiefeln zum Löschen, und als ihn eine fromme Frau beschwor, besser zum Gebetbuch als zum Wassereimer zu greifen, zitierte er Cromwell: »Betet, aber haltet euer Pulver trocken!«

»Ein Glaube, der dem Gläubigen von seinen irdischen Brüdern sich abzusondern gestattet, so daß er sich mit einer vermeinten isolierten Beziehung zu dem Herrn allein, in reiner Beschaulichkeit genügen läßt, ist ein toter Glaube«, bemerkte Bismarck, »ein, meines Erachtens, irriger Weg, auf den der Pietismus leicht und häufig führt«.

Ein Pietist wurde er nicht. Die Romantik, die dabei mitschwang, lag ihm nicht, und erst recht nicht die Neigung zum Quietismus, »das stillsitzende Harren auf den Tag des Herrn«. Der Pietismus nützte ihm jedoch als Brücke zu seinem eigenen Glauben, der ganz auf seine Person bezogen blieb, aber wirkungswillig und wirksamkeitsbedacht, wie diese war, zu einem Antrieb seiner Aktivität in und für diese Welt wurde.

Die Religion, zu der er fand, gab seinem privaten Leben einen Sinn, den er gesucht hatte, diente den Zwecken, die er in der Öffentlichkeit zu verfolgen begann, und verschaffte ihm in der pommerschen Erweckungsgemeinde Freunde, die ihn auf die politische Bahn brachten, von denen er sich am Anfang fördern und ein Stück weit begleiten ließ.

Von seinem Jugendfreund Moritz von Blanckenburg, einem nachmals führenden preußischen Konservativen, wurde er in den Kreis der Frommen und Bewahrer eingeführt. Der »tolle Bismarck« erschien wie ein Wolf unter Schafen. Wie bunt er es in der Welt trieb, und wie wenig er von Gottes Geboten hielt, war seit langem ein Gesprächsstoff, bei dem Herren ein Bedauern und Damen ein Gruseln überkam. Da hatte er doch zu einer Gräfin gesagt: Wenn er mit Grundsätzen durchs Leben gehen solle, käme er sich vor, wie wenn er durch einen engen Waldweg gehen sollte und dabei eine lange Stange quer im Munde halten müßte.

Pietisten beließen es nicht dabei, über die Verirrungen zu klagen, sondern befleißigten sich, den Verirrten auf den rechten Weg zurückzubringen. Marie von Thadden, die ebenso empfindsame wie

energische Tochter des Gemeindehauptes, ging daran, den »Ausbund an Wildheit und Arroganz«, der sie als Mannsbild nicht unbeeindruckt ließ, zu zähmen, und den Ungläubigen, den sie bemitleidete, zu bekehren. Handreichung bei der Seelenrettung bot ihr Verlobter Moritz von Blanckenburg, der Briefe »wie Kugeln hageldick« an das »kranke Herz« seines Freundes Otto schleuderte. Sie prallten zunächst ab. Bismarck fand die Predigten, die Blanckenburg schriftlich begann und mündlich fortsetzte, unstatthaft und unerträglich. Er sei nach Kardemin zu Marie und Moritz, die inzwischen ein Ehepaar geworden waren, herzlich eingeladen, bemerkte er am Pfingstsonntag 1845. »Ich wollte, die Leute kauften mir lieber mein Mastvieh ab, anstatt mich zu Mittag zu bitten« und, wie zu erwarten war, mit Andachten vor Tisch und Andachten nach Tisch zu traktieren.
Einem Pfingstwunder entging er nicht. Der Typhus griff nach den Trieglaff. Im August 1846 starb Maries jüngerer Bruder, im Oktober Maries Mutter. Bismarck eilte ans Sterbebett und erfuhr, daß die Dahingeschiedene über sein Seelenheil phantasiert habe. Dann erkrankte Marie von Blanckenburg-Thadden und verschied am 10. November 1846 in Kardemin. Bismarck erhielt die Nachricht in Kniephof, mit dem Vermächtnis der Toten: Jetzt müsse er sich bekehren, es sei höchste Zeit.
Was die Lebende nicht vermocht, doch vorbereitet hatte, gelang der Sterbenden und Toten: Bismarck bezeugte seinen Glauben an den persönlichen Gott.
Zu ihm betete er wieder zum erstenmal, nachdem er von der tödlichen Krankheit Maries erfahren hatte, und er betete auch noch, nachdem sein Gebet nicht erhört worden war. Als ihn die Todesnachricht traf, überkam ihn ein »Gefühl der Leere«, weil er »eine mir teure und notwendig gewordene Person« nie wieder sehen und hören werde. Ihn beeindruckte die »Zuversicht der Verwandten, mit der sie diesen Tod als kaum etwas anderes wie eine Vorausreise betrachten, der ein fröhliches Wiedersehen über kurz oder lang folgen muß.« Schließlich gestand er: »Jetzt glaube ich an eine Ewigkeit – oder es hat auch Gott nicht die Welt geschaffen.«
Gott habe ihn auf den Rücken geworfen und stark geschüttelt, erklärte Bismarck. Da sei ihm der Glaube gekommen, zu dem er sich nun freudig bekenne. Auch wenn er sich niedergeworfen und durch-

geschüttelt gefühlt hatte – er erhob sich sogleich wieder und reckte sich. Seine Bekehrung glich weniger einer Unterwerfung unter den Allmächtigen als einem Pakt eines Mächtigen mit einem freilich noch weit Mächtigeren, eines selbstbewußten, selbständigen, zur Selbstherrlichkeit neigenden Menschen mit dem Schöpfer und Herrn des Universums.

Jedenfalls verwies er sofort auf den Gewinn, den ihm dieses Bündnis eintrug: Er fühle, »wenn nicht Frieden, doch Vertrauen und Lebensmut in mir, wie ich sie sonst nicht mehr kannte.« Auch später, sein ganzes privates und politisches Leben lang schöpfte er daraus die Bestätigung seines Denkens, die Kraft seines Handelns und die »Überzeugung, daß Gott es den Aufrichtigen gelingen lasse.«

Ein an seine Kirche gebundener Christ ist er nicht geworden. Er meinte, keines Vermittlers zwischen sich und seinem Gott zu bedürfen, zu dem er in einem direkten Verhältnis zu stehen glaubte. »Aus dem Munde eines Geistlichen erbaut zu werden«, hielt er nicht für notwendig. »Wenn ich alles glaubte, was in der Bibel steht, wäre ich Pastor geworden«, sagte er; seiner Meinung nach müßte sich auch das Dogma entwickeln.

Von den drei Artikeln des Credos bekannte er sich zweifellos zum ersten, dem Glauben an Gott, den Schöpfer Himmels und der Erden. Ob er jedoch auch an Christus oder an den Heiligen Geist glaubte, erschien noch 1950 Reinhold von Thadden-Trieglaff, einem Nachfahren des pommerschen Pietisten, ziemlich zweifelhaft.

Von den pietistischen Zirkeln wandte sich Bismarck ab und der evangelischen Kirche nicht zu. Dennoch war Lutherisches in ihm lebendig geblieben und begann wirksam zu werden. Wer sein Gewissen schärfe und um seine Sünden wisse, könne im Glauben an den gnädigen Gott gerechtfertigt werden, lehrte Luther. »Durchdrungen von der Erkenntnis, durch mich selbst der Sünde und Verkehrtheit nicht ledig werden zu können«, gestand Bismarck, »fühle ich mich doch in dieser Erkenntnis nicht mutlos und niedergeschlagen, wie früher ohne dieselbe, weil der Zweifel an einem ewigen Leben von mir gewichen ist und weil ich Gott täglich mit bußfertigem Herzen bitten kann, mir gnädig zu sein...«

Der Mensch Bismarck hatte zu einer individualistischen Religion in der Tradition der Reformation gefunden, der Politiker Bismarck hielt Sätze Luthers für richtig und wichtig, die der Stärkung der

Staatsgewalt und des Untertanengeistes dienten. »Unsere Lehre hat der weltlichen Obrigkeit die ganze Fülle ihrer Kraft und ihres Rechtes gegeben«, hatte Luther festgestellt, und Generationen von lutherischen Pastoren hatten den ersten Absatz des 13. Kapitels des Briefes des Apostels Paulus an die Römer in kurfürstlich-brandenburgischem und königlich-preußischem Sinne ausgelegt: »Jedermann sei untertan der Obrigkeit, die Gewalt über ihn hat. Denn es ist keine Obrigkeit, ohne von Gott; wo aber Obrigkeit ist, die ist von Gott verordnet.«

Die lutherische Auffassung wurde für das öffentliche Wirken Bismarcks bestimmend. Zwar hielt er Abstand von der Amtskirche und blieb in Abwehr gegen Einmischung der Priester in Bereiche, die des Königs und des Gutsherrn waren. Aber er setzte auf die evangelische Kirche, die in Preußen Staatskirche war, bei der Aufrechterhaltung der gesellschaftlichen und staatlichen Ordnung, die der Junker und Royalist für gottgegeben hielt.

»Ich glaube Gott zu dienen, indem ich meinem Könige diene im Schutze des Gemeinwesens, dessen Monarch er von Gottes Gnaden ist«, bekannte Bismarck noch 1875; bereits 1847 hatte er erklärt: »Für mich sind die Worte: ›Von Gottes Gnaden‹, welche christliche Herrscher ihrem Namen beifügen, kein leerer Schall, sondern ich sehe darin das Bekenntnis, daß die Fürsten das Zepter, was ihnen Gott verliehen hat, nach Gottes Willen auf Erden führen wollen.«

»Gebt also dem Kaiser, was dem Kaiser gebührt, und Gott, was Gott gebührt«, die Befolgung dieses Bibelwortes fiel ihm leicht, die eines anderen schwer: »Du sollst den Herrn deinen Gott lieben mit deinem ganzen Herzen, mit deiner ganzen Seele und mit deinem ganzen Gemüte. Das ist das größte und erste Gebot. Das zweite ist diesem gleich: Du sollst deinen Nächsten lieben wie dich selbst.«

Bismarck war und blieb ein Egozentriker, der sich wohl zu Gott hin öffnete, doch sich gegen Mitmenschen verschloß, die nicht willens oder in der Lage waren, sich seinem Kreise einzufügen, und sie, wenn sie diese zu stören wagten, rücksichtslos zurückwies und mit Abneigung, ja Haß verfolgte.

Seinen Allernächsten freilich kam er mit Liebe entgegen, jenen Menschen, die ihm angehörten und zugehörten, die seinem anspruchsvollen Ich ein angemessenes Du zu geben und dadurch einen Teil seines Selbst zu werden vermochten. Das waren zuerst der

Freund Moritz von Blanckenburg und die Freundin Marie von Thadden, und dann, fürs Leben, die Frau, die er im Pietistenkreise fand: Johanna von Puttkamer.

Die bereits vergebene Marie hatte ihn mit der noch zu habenden Johanna bekannt gemacht, in der Erwartung, daß diese die Rettung, die sie begonnen hatte, vollenden und den Geretteten auf dem Wege des Heils begleiten würde. Die Ausersehene brachte dazu günstige Voraussetzungen mit. Sie war so fromm, wie es die Aufgabe erforderte, aber nicht bigott, was einen zur Freigeisterei Neigenden abgeschreckt hätte. Sie war einfühlsam und verständig, wie es gegenüber einem unsteten und unausgeglichenen Charakter angebracht war. Mit ihren dunklen Augen, in denen verhaltenes Feuer glomm, war sie für einen Mann begehrenswert, dessen leidenschaftliche Natur stärker als sein Schönheitssinn war.

Selbst Marie von Thadden, die vornehmlich auf Gottesfurcht und Sittenreinheit schaute, fiel an Johanna von Puttkamer auf, daß sie »nichts Schönes im Äußeren« habe und für eine Zwanzigjährige zu alt aussehe. Doch sie habe »ein einzig tiefes Gemüt zum Glücklichmachen«, also genau das, was Marie ihrem Seelenfreund Otto gönnte, dieser brauchte und zeitlebens schätzte.

Johanna entsprach seiner Auffassung, daß der Mann der Kopf und die Frau das Herz einer Ehe sei. Sie versprach ihm ein stilles Familienleben auf dem Lande, nach dem er sich sehnte wie der Wanderer nach einem Platz am Feuer. Und sie schenkte ihm – wie er 1849, zwei Jahre nach der Vermählung, dankbar wahrnahm – »das ruhige Glück einer von Liebe erfüllten Häuslichkeit«, steuerte ihn in einen »Hafen, in den von den Stürmen des Weltmeers wohl ein Windstoß dringt, der die Oberfläche kräuselt, aber dessen warme Tiefen klar und ruhig blieben, so lange das Kreuz des Herrn sich in ihnen spiegelt.«

Den Regenbogen, der ihm »Versöhnung nach der Sündflut von Verwilderung und Liebesmangel« ankündigte, sah der Einundreißigjährige im Sommer 1846 über dem Harz erscheinen. Die Blanckenburgs hatten Johanna und Otto nebst ein paar Gleichgestimmten zu einer Sentimental Journey eingeladen, und »man merkte nicht, daß Pietisten reisten«. Otto und Johanna, bemerkte Moritz, schienen »doch ziemlich nahe aufeinander losgesegelt zu sein«.

In Berlin trafen sie sich wieder. Robert von Keudell, ein späterer

Intimus des Hauses Bismarck, spielte ihnen, wie es sich Johanna wünschte, auf dem Klavier »etwas von Beethoven«. Bismarck, von jugendlichem Aussehen, aber mit dem »Wesen eines vollkommen gereiften Mannes«, erinnerte sich Keudell, bemerkte, daß ihm diese Musik besonders zusage. »Darauf spielte ich eine lange Sonate (f-Moll) und sah bei deren leidenschaftlich erregtem letztem Stück eine Träne in Bismarcks Auge glänzen.«

Die Erschütterung über den Tod Maries löste in ihm die von der Freundin ersehnte Bekehrung und den Entschluß zur Verbindung mit der Frau aus, die sie ihm zugedacht hatte, zu der er sich hingezogen fühlte und die dem Manne, der zu Gott gefunden hatte, in Liebe entgegenkam. Am 14. Dezember 1846 verständigten sie sich in Zimmerhausen, wohin sie Moritz eingeladen hatte, und Otto wunderte sich noch lange, woher Johanna den Mut genommen habe, ihn so, wie er nun einmal war, anzunehmen.

Die Frage blieb, ob die Eltern Puttkamer ihr einziges Kind einem Manne anvertrauen würden, von dessen Extravaganzen, aber nicht von dessen Umkehr sie vernommen hatten. Voraussetzung ihrer Einwilligung war die Kundmachung der Bekehrung, und zwar mit Worten, denen ein Pietist Glauben schenken mußte. Dieser Aufgabe, die Gewissenserforschung wie Reuebekenntnis bedingte und der Überzeugungskraft wie Überredungskunst bedurfte, unterzog sich Bismarck kurz vor Weihnachten 1846, auf der Durchreise von Zimmerhausen nach Berlin, in einem Stettiner Gasthof.

Seinen Werbebrief an Heinrich von Puttkamer eröffnete er, ohne langes Herumreden, mit der Bekanntmachung seines Begehrens. »Ich beginne dieses Schreiben damit, daß ich Ihnen von vorn herein seinen Inhalt bezeichne; es ist eine Bitte um das Höchste, was Sie auf dieser Welt zu vergeben haben, um die Hand Ihrer Fräulein Tochter.« Und er gab gleich am Anfang seiner Erwartung Ausdruck, daß ein frommer Mann, sollten ihm die Bürgschaften des Bewerbers nicht genügen, »durch Vertrauen auf Gott das ergänzen« werde, »was das Vertrauen auf Menschen nicht leisten kann«.

Mit »rückhaltloser Offenheit« spielte er die Karte aus, die in einem Pietistenhause stechen mußte: das Herzblatt seiner Bekehrung. Er schilderte glaubhaft, wie er von einem Saulus zu einem Paulus geworden war, und äußerte die Hoffnung, daß ihm die Gnade Gottes auch fürderhin zuteil werde, nicht zuletzt dadurch, daß ihm der

Vater Johannas das gewähre, was er vom Vater im Himmel erflehe: Verzeihung für seine Sünden, Befreiung aus Lebensnöten und Seelenqualen, Aufnahme in die Gemeinschaft der Gläubigen und Einbindung in die Adelsgesellschaft, der er zwar durch Geburt angehöre, der er sich aber bisher nicht immer würdig erwiesen habe.
Die Werbung offenbarte nicht nur die Wendung, die Bismarck vollzogen hatte, sondern auch, zum erstenmal, die diplomatische Kunst, mit der er sein Ziel zu verfolgen verstand. In diesem Rechenschaftsbericht, an dem er sich selber erbaute, war jeder Satz auf die beabsichtigte Reaktion des anderen berechnet. Einen Reumütigen, dem Gott verziehen zu haben schien, konnte ein Pietist schwerlich verdammen, einem Gläubigen, der den Vorsatz gefaßt hatte, auf Gottes Wegen zu wandeln, konnte ein Gottergebener kaum die Frau verweigern, deren er als Weggefährtin bedurfte.
Den Brief leitete Bismarck über Blanckenburg, den Fürsprecher, den er sich in Reserve hielt, falls sein Schreiben nicht sofort die erwünschte Wirkung haben sollte. Gott müsse Ottos Hand bei der Niederschrift geführt haben, meinte der fromme Moritz, der bei aller Feinfühligkeit zu einer derben Ausdrucksweise neigte: »Ich bin der Meinung, daß der teure Mann durch Deinen Brief wie ein Ochse mit dem Beil vor den Kopf geschlagen ist.«
Heinrich von Puttkamer las die Botschaft ohne rechten Glauben, daß sich der »wilde Bismarck« Knall und Fall geändert habe. Er wußte, daß der Herr auf Kniephof schon einmal verlobt gewesen war, mit Ottilie von Puttkamer auf Pansin. Deren Mutter, vom Ruf des Freiers erschreckt, hatte sie wieder auseinandergebracht. Dazu neigte auch der Puttkamer auf Reinfeld, der den Werbebrief, der ihm an Weihnachten beschert wurde, hin- und herwendete, bis er sich zu einer ausweichenden Antwort aufraffte: Er habe Gott gefragt und warte auf dessen Antwort.
Bismarck glaubte, Deus ex machina spielen, die Angelegenheit selber in die Hand nehmen zu müssen. Er fuhr unverzüglich nach Reinfeld, ging geradewegs auf sein Ziel los. »Ich fand dort«, am 12. Januar 1847, »keine ungünstige Stimmung, aber Neigung zu weit aussehenden Verhandlungen, und wer weiß, welchen Weg diese genommen hätten, wenn ich nicht durch eine entschlossene Accolade [Umarmung] meiner Braut, gleich beim ersten Anblick ihrer, die Sache zum sprachlosen Staunen der Eltern in ein anderes Stadium

gerückt hätte, in welchem binnen fünf Minuten alles in Richtigkeit geriet.«

Das Ergebnis seines Vorgehens, das er mit diplomatischen Schritten begonnen und mit einer Überrumpelung beendet hatte – ein Verfahren, dessen Bismarck sich noch oft bedienen sollte –, berichtete er dem Bruder ohne die Stilisierungen, die er zur Erreichung seines Vorhabens für zweckdienlich gehalten hatte.

Er glaubte sein Glück gemacht zu haben, »indem ich, ganz kaltblütig gesprochen, eine Frau von seltnem Geist und seltnem Adel der Gesinnung heirate; dabei liebenswürdig sehr und facile à vivre [leicht zu behandeln] wie ich nie ein Frauenzimmer gekannt habe«. In Glaubenssachen gingen sie »mehr zu ihrem als zu meinem Leidwesen« etwas auseinander, doch nicht zu sehr. Denn er halte sich nun für berechtigt, sich »den Bekennern der christlichen Religion beizuzählen«, auch wenn er »in vielen Lehren, vielleicht in denen, die jene für die Hauptsache halten, soweit ich mir selbst klar bin, lange nicht auf gleichem Gesichtspunkt mit ihnen stehe«. Im übrigen »liebe ich den Pietismus an Frauen, und verabscheue weibliche Lichtfreunde«.

Der Werbebrief an den Brautvater vom Dezember 1846, mit dem er etwas erlangen wollte, und der Brief an den Bruder vom Januar 1847, in dem er das Erlangte kommentierte, zeigten Bismarck, wie er war und blieb: ein Mensch, der sich als Individualist sein Denken und Handeln selbst vorschrieb und als Egoist von anderen Unterwerfung, jedenfalls Anpassung, zumindest Nichteinmischung verlangte. Und ein Mann, der das, was er für sich haben wollte, auch bekommen konnte und dabei vor Mitteln nicht zurückscheute, die er, so fragwürdig, ja unbillig sie sein mochten, durch den Zweck geheiligt hielt.

Aber da war auch die andere Seite: Der Mensch, der zu seinem Glauben gefunden hatte und ihn auf seine Weise bezeugte. Der Mann, der in seinen Briefen an die Braut, diesen wahrhaftigen Documents humains, aus sich herausging und den anderen suchte. Und da war und blieb der preußische Junker, den die Umkehr zur Religion und die Bindung an die Frau unlösbar in die Gesellschaft von seinesgleichen einführte und unverbrüchlich dem König von Gottes Gnaden verpflichtete.

Zwei Seelen wohnten in seiner Brust, und sie stritten sich ein Leben lang. Mit dieser Widersprüchlichkeit trat er 1847, im Jahre seiner Vermählung, in die öffentliche Wirksamkeit im preußischen Staate ein.

Der Konservative

Bismarck als Landtagsabgeordneter. Daguerreotypie von 1848

Vertreter seines Standes

FRIEDRICH WILHELM IV. begegnete er im September 1847 auf der Hochzeitsreise in Venedig. Man habe ihn, erinnerte sich Bismarck, am Hotelfenster oder in der Theaterloge entdeckt, und der König lud ihn und seine Frau zur Tafel, was sie, da sie ohne größeres Gepäck reisten, in Verlegenheit versetzte. Ein Frack war nicht aufzutreiben, und so erschien er vor dem Monarchen in grünem Rock und weißen Kommißhosen, die ihm Major Albrecht von Roon, der Begleiter des Prinzen Friedrich Karl und nachmalige Kriegsminister, geliehen hatte.

Die Majestät, die auf preußische Förmlichkeiten wenig Wert legte, übersah den Aufzug Bismarcks, empfing ihn mit der ihr eigenen Jovialität, die sich unter der Sonne des geliebten Italiens noch mehr entfaltete als in Berlin, wo Friedrich Wilhelm IV. sich von Uniformierten bedrängt sah, oder gar in Potsdam, wo er im Schatten Friedrichs des Großen stand.

Wenn ihn sein Vater, Friedrich Wilhelm III., der sich am wohlsten in der Märkischen Heide fühlte, nach Rom ließe, hatte der Kronprinz gesagt, käme er gewiß nicht wieder. Auch ansonsten erwies er sich als ein aus der Art geschlagener Hohenzoller. Friedrich Wilhelm IV. besaß mehr Nerven als Muskeln, trug ungern Uniform, hielt nichts vom Soldatenspiel, führte keinen Krieg, hatte – wie der Historiker Ranke bemerkte – »vielleicht mehr Gemüt, als der Staat vertragen kann«.

Diesen König hatte Bismarck zum erstenmal, aus der Ferne, am 15. Oktober 1840 in Berlin gesehen, als Teilnehmer an der Huldigungsfeier für den neuen Monarchen. Otto von Bismarck stand neben seinem Vater und Bruder unter den Standesherren, die im Lustgarten vor dem Berliner Schloß sich anhörten, was der Herrscher von Gottes Gnaden den »Rittern, Bürgern und Landleuten« zu verkünden hatte. Der Reihenfolge der Anrede entsprach das in der Ansprache zum Ausdruck gekommene, mit der hergebrachten

Ordnung übereinstimmende Anliegen des Monarchen: Er bat um Beistand bei seiner Aufgabe, »Preußen zu erhalten, wie es ist« und »wie es bleiben muß«.

Der Junker, der zunächst an die überkommene Ständeordnung dachte, war willens, den König bei diesem Geschäft auf Gegenseitigkeit zu unterstützen: Erhaltung der Herrschaft des Monarchen gegen Gewährleistung der Vorrechte des Adels. Und er stand bereit, dem Bewahrer der Tradition bei der Abwehr der Moderne zu helfen. Denn das Königreich Preußen war im fortgeschrittenen 19. Jahrhundert Entwicklungen ausgesetzt, die es in seinen Grundfesten erschütterten.

Die Industrialisierung begann den Agrarstaat, seine Wirtschaftsform und Gesellschaftsstruktur, zu verändern und die ihnen gemäße Staatsverfassung in Frage zu stellen.

An preußische Essentials wurde gerührt. Zur Gewerbeausstellung 1844 wurden im Berliner Zeughaus Waffen weggeräumt und Maschinen aufgestellt. Im Jahr 1838 fuhr die erste preußische Eisenbahn von Berlin, das von rund 190000 Einwohnern 1815 auf etwa 330000 Einwohner 1840 anwuchs, nach Potsdam, das in seinem friderizianischen Dornröschenschlaf gestört wurde. Wenn der Zug anfahre, bemerkte ein Passagier, müsse man sich festhalten, damit man nicht mit dem Gegenüber zusammenstoße. Immer mehr Leute – 1844 waren bereits 861 Kilometer Streckennetz gebaut – reisten mit der Eisenbahn, liefen Gefahr, aufeinander zu prallen und nicht nur sich selbst, sondern auch die preußische Ordnung zu beschädigen, die jeden an dem Platz, auf den er gesetzt worden war, wie angenagelt zu halten suchte.

Die Eisenbahn wurde zu einem Beförderungsmittel nicht nur des industriellen, sondern auch des gesellschaftlichen Fortschrittes. Zwar reiste man in verschiedenen Klassen, aber jeder, der das Geld dazu hatte – ein Bürger genau so wie ein Adeliger –, konnte eine Fahrkarte nach dem gewünschten Ziele lösen. Lokomotiven mußten gebaut werden und, um sie zu heizen, Kohlen gefördert werden. Dies förderte mit dem Aufschwung der Industrie das Aufkommen neuer Klassen: der Bürger, die den Fortschrittszug in Gang setzten und den Hauptgewinn einfuhren, und der Arbeiter, die ihn in Fahrt hielten und das Nachsehen hatten.

Für den Adel brauste er zu schnell dahin, mit Mitreisenden, die ihm

nicht genehm, zu Zielen, die nicht die seinigen waren, und durch das Land, das ihm bisher allein gehört hatte. »Wie soll man diesem Zeitgeist, der jetzt als Junker Dampf mit Höllenlärm durch alle Fluren zieht, einen Freipaß geben, durch alle Gefilde, daß er alle Spuren lieber Erinnerungen unter die Füße tritt?« sagte der Junker Bismarck, auf die Entschädigung der durch Bahnarbeiten betroffenen Landeigentümer angesprochen. »Sie können es mir nicht in Gold bezahlen, wenn sie den Park meines Vaters in einen Karpfenteich oder das Grab meiner Tante in einen Aalsumpf verwandeln.«
Fabriken erschienen dem Landjunker als Goldgruben für bürgerliche Plusmacher und als Brutstätten einer Arbeiterschaft, die den Handwerkerstand verdrängen und die Staatsordnung bedrohen werde: »Die Fabriken bereichern den Einzelnen, erziehen uns aber die Masse von Proletariern, von schlechtgenährten, durch die Unsicherheit ihrer Existenz dem Staate gefährlichen Arbeiter, während der Handwerkerstand den Kern des Mittelstandes bildet, eines Gliedes, dessen Bestehen für ein Staatsleben so notwendig ist.«
Die Gewerbefreiheit war ein Zugeständnis, das preußische Reformer, mitgerissen von der aus Frankreich kommenden revolutionären Woge, dem Bürgertum gemacht hatten. Nun galt es – wie der vom Dritten Stand bedrängte Erste Stand im preußischen Staate meinte –, die wirtschaftlichen Folgen in den Grenzen zu halten, in denen sie auch dem Adel nützten, und die gesellschaftlichen Konsequenzen einzudämmen, die seine Interessen und Positionen gefährdeten.
Schon griff das Bürgertum, dem man einen Finger gegeben hatte, nach der ganzen Hand: nach Mitbestimmung und – vorerst nur eine radikale Minderheit – nach Alleinbestimmung im Staate. Die ökonomisch reüssierte und sozial arrivierte Bourgeoisie begann auch in Preußen politische Ziele zu verfolgen: Freiheit des einzelnen und Gleichheit aller im Rechtsstaat, garantiert in einer Verfassung, welche die monarchische Staatsgewalt beschränkte und die Staatsbürger, zumindest die Besitzenden und Gebildeten, an den Staatsgeschäften teilhaben ließ, durch eine gewählte Volksvertretung, ein Parlament.
Auch dies war – wie Bismarck in Übereinstimmung mit seinen tonangebenden Standesgenossen meinte – eine Saat der Französischen Revolution, die von Reformern in Preußen ausgestreut worden war und nun ihre giftigen Früchte zu tragen begann.

Friedrich Wilhelm III. hatte sogar, freilich mehr aus napoleonischer Not als aus reformerischer Tugend, im Jahre 1815 eine Verfassungsurkunde und eine Volksvertretung versprochen. Als das Volk seine Schuldigkeit getan hatte und die Franzosen verjagt waren, vergaß der restaurierte Monarch sein Versprechen. Und reaktionäre Junker schienen sich wenig daran zu stören, daß das preußische Gebot, an einem Königswort sei nicht zu rütteln und zu deuteln, nicht mehr zu gelten schien.

Aber Friedrich Wilhelm III. wurde immer wieder daran erinnert, von Liberalen und Demokraten, deren Anwachsen die Obrigkeit nicht zu verhindern, wenn auch in ihrer Wirksamkeit zu beschränken vermochte. Sie hatten ein Lager im Rheinland, wo fortschrittliche Ideen auf dem Boden einer modernen Wirtschaft und in einem westeuropäischen Klima aufblühten und zu Freiheitsforderungen gediehen. Und sie hatten ein Lager in Ostpreußen, wo Kant die Freiheit des Einzelmenschen als höchsten Wert bezeichnet hatte, die Reformen begonnen hatten und weiterwirkten.

Die westlichste und die östlichste Provinz entwickelten sich zu Flügeln, welche das Königreich vorwärtszutragen strebten, aber den großen und schweren Körper der mittleren Provinzen nicht zu bewegen vermochten – das ostelbische Kernland Preußens, das die Heimat, der gesellschaftliche Wurzelgrund und der politische Nährboden Bismarcks war.

Liberale und Demokraten waren für ihn Sturmtruppen der Revolution, die unter fremden Feldzeichen und mit weltfremden Doktrinen die historisch gewachsene und von Gott gesegnete königlich-preußische Ordnung umstürzen wollten. Dabei unterschied er nur partiell, nicht prinzipiell zwischen Liberalen und Demokraten: Die ersten hielt er für die Vorhut, die zweiten für die Hauptmasse der Revolutionsarmee. Auch wenn er später, aus taktischen Gründen, zu seinen Bedingungen und zur Erreichung seiner Ziele, Koalitionen mit Liberalen schloß – er blieb bei seinem Ceterum censeo: »Ich suche die preußische Ehre darin, daß Preußen vor allem sich von jeder schmachvollen Verbindung mit der Demokratie entfernt halte.«

Friedrich Wilhelm III. hatte sich Liberalismus und Demokratie vom Leibe gehalten, allerdings mit den Mitteln eines bürokratischen Absolutismus, die dem in vorabsolutistischen, ständischen Traditionen heimischen Bismarck vorgekommen waren, als sollte der Teufel mit Beelzebub ausgetrieben werden. Mit Friedrich Wilhelm IV. schien nun ein König die Herrschaft angetreten zu haben, der bei der Bewahrung der Ehre Preußens sich mit dem ersten Stand der Monarchie, dem Adel, im Geiste und in Formen der Überlieferung zu verbinden trachtete.

Dieser »Romantiker auf dem preußischen Thron« schaute in die Zeiten zurück, in denen der gekrönte Lehnsherr adelige Lehnsmänner um sich geschart hatte, um mit ihnen, jeder an seinem Platz und in seiner Rolle, das Ganze zu tragen. Dieser Friedrich Wilhelm »möchte lieber die Gewässer wieder gegen ihre Quellen leiten, als ihren Lauf in die Ebene regeln«, hatte der preußische Reformer Gneisenau gesagt, ihn richtig eingeschätzt: Wovor er zurückscheute, war das Wagnis, sich dem Strom der Gegenwart zu überantworten, und wohin er zurückstrebte, war jene als goldene Zeit empfundene Vergangenheit, die von feudalem, ständischem Wesen erfüllt war und in der ein König von Gottes Gnaden herrschte, der wie ein Patriarch »unmündige Kinder leitete und entartete züchtigte«.

Das war die Vision einer Welt, in der sich auch ein Junker wie Bismarck zu Hause fühlen konnte. Der Gutsbesitzer hatte etwas von einem Patriarchen an sich, der seine Knechte so behandelte, daß sie sich bei ihm einigermaßen wohl fühlten, zumindest nicht gleich wieder davonliefen. »Die Luft hier konserviert das Gesinde«, schrieb er im März 1847 seiner Braut. »Der Kuhhirt hat meinen Vater noch als Fähnrich gekannt«, und »selbst unter dem Zugvögelgeschlecht der Mägde befinden sich einige, die ich seit 10 Jahren und vielleicht länger kenne«.

Mit Stolz erfüllte ihn das »langjährige Walten des konservativen Prinzips hier im Hause, in welchem meine Väter seit Jahrhunderten in denselben Zimmern gewohnt haben, geboren und gestorben sind, wie die Bilder im Hause und in der Kirche sie zeigen, vom eisenklirrenden Ritter bis auf den langgelockten zwickelbärtigen Kavalier des Dreißigjährigen Krieges, dann die Träger der riesenhaften Allonge-Perücken, die mit talons rouges auf diesen Dielen einherstolzierten, und den bezopften Reiter, der in Friedrichs des Großen Schlachten blieb...«

»Konservativ ist nur das historisch Gewordene«, sagte Bismarck, der in der Tradition seiner Familie lebte und die Überlieferung seines

Standes pflegte. Dazu gehörten Rechte, die dem Landjunker seit jeher zustanden, zum Beispiel die Patrimonialgerichtsbarkeit.
Sie war indessen nicht mehr das, was sie früher gewesen. Seit 1750 mußte der Gutsherr einen »Gerichtshalter« bestellen, und seit 1815 war die Position dieses Justitiars gestärkt worden. Inzwischen waren die Privatgerichte auf Zivilsachen beschränkt worden, und auch diesen Rest des feudalen Rechtsinstituts wollten die absolute Bürokratie und die liberale Bourgeosie beseitigen, jene feindlichen Brüder, die in diesem Falle am selben Strange zogen.
Die Forderung nach Abschaffung der Patrimonialgerichtsbarkeit, erklärte der Gutsherr Bismarck, sei »ein Paradepferd für alle die gewesen, die eine Umwälzung unsrer Zustände erstrebten«. In der Praxis hatte er nicht viel von diesem Privileg, immerhin »die von mir hoch angeschlagene Ehre, nach dem Ableben des Justitiarius unter den vier oder fünf benachbarten Richter seinen Nachfolger auszuwählen«. Aber es ging ihm um das Prinzip, an dem er unbedingt festhalten wollte.
Seine angeborenen Rechte untermauerte er mit angelesenen Argumenten. Den Schriften seines Gutsnachbarn Ernst von Bülow-Cummerow entnahm er Beweise seiner Ansicht, daß durch die Mitwirkung der Gutsherren an der Selbstverwaltung die Bedürfnisse des Landvolkes besser als durch Eingriffe der Zentralinstanzen befriedigt würden. Von Adolf von Thadden-Trieglaff, dem Sprecher der Pietisten, vernahm er, daß der König ein großer Grundbesitzer und der Gutsherr ein kleiner König sei, der seine Kleinodien, patrimoniale Rechte und Pflichten, wie seinen Augapfel zu hüten habe.
Der Junker rüstete sich zur Verteidigung seiner adeligen Vorrechte. Der Deichhauptmann von Jerichow suchte sich nicht nur vor Überflutungen der Elbe, sondern auch vor Ausuferungen der Bürokratie zu schützen, die ihn mit Reglements überschwemmte und die Ausübung seines Amtes vor Ort erschwerte. Der Herr von Schönhausen wehrte sich gegen die immer heftigeren Bestrebungen der Justizbehörden, die Patrimonialgerichte zu verstaatlichen.
Bismarck und seine Adelsgenossen, die wie er ihre Stellung mit altem Eigennutz und neuem Gottvertrauen verteidigten, bauten auf Friedrich Wilhelm IV. Dieser König widersagte dem Rationalismus der Aufklärung und damit dem bürokratischen Absolutismus und

besann sich auf die vorabsolutistischen Fundamente und ständischen Elemente seines Königreiches, in dem er wie ein Herrscher des idealisierten Mittelalters das von Gott verliehene Zepter zu führen gedachte.
In dieser Gesinnung und bei den ihr gemäßen Vorhaben wurde Friedrich Wilhelm IV. durch Männer wie den Oberlandesgerichtspräsidenten Ernst Ludwig von Gerlach und den General Leopold von Gerlach bestärkt. Bismarck war den Brüdern im Kreise der pommerschen Pietisten begegnet, deren politisches Programm ihm mehr zusagte als deren religiöses Bekenntnis.
Die ständische Staatslehre, die sie pflegten, war ein Gegenentwurf zur liberal-demokratischen Staatsdoktrin der Französischen Revolution wie zur liberal-konservativen Staatsauffassung der preußischen Reformer. Sie verwarfen das Naturrecht, das Umwandlern und Umstürzlern nützte, und hielten sich an das historische Recht, das den alten Gewalten diente: dem souveränen Monarchen und seinen loyalen Vasallen.
Die ständische Verfassung, die ihnen vorschwebte, war keine moderne, von Menschen konstruierte und auf das Volk basierte Konstitution, sondern eine Grundordnung, wie sie von der Geschichte geschaffen und von deren göttlichem Herrn und Lenker beschlossen worden war. Keine allgemein und gleich gewählte Volksvertretung war vorgesehen, sondern eine Ständeversammlung. In ihr sollten die historisch gewordenen Stände, die Adeligen als Repräsentanten des Landes und die Bürger als Repräsentanten der Städte, in der Rangordung, in der sie entstanden und zur Geltung gekommen waren, dem Monarchen, der über allen stand, bei der Erfüllung seiner Aufgaben für die Gesamtheit beistehen.
In diesem Sinne antwortete der König von Gottes Gnaden und durch der Geschichte Weihen seinen Untertanen, die ihn an das Verfassungsversprechen seines Vaters erinnerten und vom Sohn eine Verfassungsurkunde verlangten, mit dem Gelöbnis, daß er keinesfalls das traditionelle Verhältnis zwischen Fürst und Volk in ein konstitutionelles wandeln und es »nun und nimmermehr zugeben werde, daß sich zwischen unsern Herr Gott im Himmel und dieses Land ein beschriebenes Blatt gleichsam als eine zweite Vorsehung eindränge, um uns mit seinen Paragraphen zu regieren und durch sie die alte, heilige Treue zu ersetzen«.

So sprach die Majestät am 11. April 1847 im Weißen Saal des Berliner Schlosses bei der Eröffnung des Vereinigten Landtages. Erst sieben Jahre nach seiner Thronbesteigung hatte sich Friedrich Wilhelm IV. aufgerafft, dem Drängen nach einer Volksvertretung in christlich-romantischer Art und königlich-preußischer Weise zu begegnen.

KEIN PARLAMENT war gewählt, sondern eine Ständeversammlung einberufen worden, und diese war nicht eigens für diesen Zweck bestimmt, sondern durch die Zusammenfassung der 600 Mitglieder der nur mit wenigen Befugnissen versehenen 8 Provinziallandtage zustande gekommen. Auch in ihr gab es eine Herrenkurie für Prinzen, Fürsten und Grafen und eine Kurie der drei Stände, der Ritterschaft, der Städte und der Landgemeinden.

Friedrich Wilhelm IV. hatte sich zur Einberufung des Vereinigten Landtages nach Berlin aus ähnlichen Gründen veranlaßt gesehen wie seinerzeit Ludwig XVI. zur Einberufung der Generalstände nach Versailles. Der Franzose benötigte zur Vermeidung des Staatsbankrotts die Zustimmung zur Erhebung neuer Steuern. Der Preuße wollte sich eine Anleihe für den Bau der Osteisenbahn bewilligen lassen.

Aus der Parallelität von 1847 und 1789 schöpften preußische Vertreter des Dritten Standes – in erster Linie rheinische und ostpreußische Liberale – die Hoffnung, daß auch dieses monarchische Unternehmen zu einer bürgerlichen Nationalversammlung führen könnte. Andererseits hegten Vertreter des preußischen Ancien régime – absolutistische Bürokraten wie konservative Aristokraten – die Befürchtung, daß am Ende dieses Weges die Guillotine stehen könnte. Auch Bismarck neigte zu dieser Auffassung, nährte sie jedenfalls, um die Abwehrkräfte gegen die Umsturzbewegung zu stärken. Nachdem sich der Einzelgänger seiner Standesgenossenschaft eingefügt hatte, brannte er darauf, für die gemeinsamen Anliegen in der politischen Arena zu fechten. Der Sprung in den sächsischen Provinziallandtag, auf das Sprungbrett zum Vereinigten Landtag war ihm mißglückt. Immerhin war er von den Magdeburger Ständen zum ersten Stellvertreter gewählt worden, hatte also Aussicht auf den ersten frei werdenden Abgeordnetensitz.

Zunächst sah es so aus, als ob er nicht nachrücken könne, daß ihm »ein glänzendes Feld parlamentarischer Tätigkeit«, wie es ihm gewünscht wurde und wie er es ersehnte, versperrt bleiben würde. Da erkrankte der Herr von Brauchitsch, und Herr von Bismarck ging für ihn nach Berlin, einen Monat nach der Eröffnung des Vereinigten Landtages, doch noch rechtzeitig genug, um sich in dessen Protokollen zu verewigen.

Der Abgeordnete der Ritterschaft, eben Zweiunddreißig geworden, ein Mann »von großer und starker Statur, der Kopf fest und kurz auf die breiten Schultern gesetzt«, trat sogleich auf den Plan. Als er, kaum eingetroffen, in die Debatte eingriff, merkten die Freunde, daß der Ersatzmann der richtige Mann war, und die Gegner, daß dieser Junker ihnen noch schwer zu schaffen machen würde.

Schon bei der ersten Wortmeldung, am 15. Mai 1847, warf er den Liberalen den Fehdehandschuh hin, und zwei Tage später, in seiner ersten Rede, preschte er mit schwarz-weißer Lanze auf sie los.

Ein ostpreußischer Liberaler erklärte, das unerläßliche Vertrauen des Volkes zur Krone sei auch deshalb geschwunden, weil die Erwartungen, die es an die preußische Reformen geknüpft habe und weswegen es 1813 begeistert in den Krieg gezogen sei, nicht erfüllt wurden. Bismarck erhob sich, um »dem zu widersprechen, was auf der Tribüne sowohl als außerhalb dieses Saales so oft laut geworden, als von Ansprüchen auf Verfassung die Rede war: als ob die Bewegung des Volkes von 1813 anderen Gründen zugeschrieben werden müßte, und es eines anderen Motivs bedurft hätte, als der Schmach, daß Fremde in unserem Lande geboten«.

Bismarck tat nichts anderes, als den königlich-preußischen Standpunkt zu unterstreichen, daß ein Befreiungskrieg und nicht ein Freiheitskrieg geführt wurde. Aber wie es der Neuling tat, vor der Versammlung, deren liberale Fraktion darauf drängte, daß 1847 endlich die freiheitlichen Erwartungen von 1813 erfüllt würden, erregte lebhaften Widerspruch.

»Murren und lautes Rufen unterbricht den Redner«, verzeichnete das Protokoll; »dieser zieht die Spenersche Zeitung aus der Tasche und liest darin, bis der Landtagsmarschall die Ruhe wieder hergestellt hat.« Von Anfang an verstand es Bismarck, seine Gegner bis aufs Blut zu reizen: durch das, was er sagte und wie er es sagte, ironisch, sarkastisch, mit verletzender Schärfe. Und durch die offenkundige Geringschätzung, ja Verachtung, die er Parlamentarier wie Parlament entgegenbrachte.

Er beschränke sich auf den Wunsch, daß sich alle im Hohen Hause persönlich mehr achteten, antwortete ihm ein liberaler Abgeordneter. Schließlich gehörte es zum Wesen eines Parlamentes, daß seine im gleichen Range stehenden, wenn auch unterschiedliche Meinungen vertretenden Mitglieder zwar gegeneinander debattierten, aber miteinander diskutierten. Bismarck hielt wenig vom Dialog, bevorzugte den Monolog. Bereits bei seinem ersten Auftritt überging er den Hauptpunkt des Vorredners, die Wiederannäherung zwischen König und Volk durch eine Weiterführung der Reformen, und benützte seine Erwiderung zur Bekundung seiner vorgefaßten Meinung.

Im Vereinigten Landtag bekannte er sich vor dem ganzen Lande zu seinen Farben. Er markierte seine Gegner: Liberale, die an der Souveränität des Monarchen und an den Privilegien des Adels rüttelten; Königsberger, die sich der Ehre, der Krönungsort des ersten preußischen Königs gewesen zu sein, nicht mehr bewußt zu sein schienen; Rheinländer, die bisher keine Gelegenheit gehabt hätten, »sich der Ehre des preußischen Namens würdig zu zeigen, ihr Anrecht auf die Ehre durch Taten zu erweisen«; und Juden, denen Reformer den Weg zur Emanzipation geöffnet hatten, auf dem sie »Humanitätsfasler« bis zur vollen politischen Gleichberechtigung weiterbringen wollten.

Er gönne den Juden alle Rechte, »nur nicht das, in einem christlichen Staate ein obrigkeitliches Amt zu bekleiden«, erklärte der Abgeordnete Bismarck in der 32. Sitzung der Kurie der drei Stände am 15. Juni 1847. »Denn wenn ich mir als Repräsentanten der geheiligten Majestät des Königs gegenüber einen Juden denke, dem ich gehorchen soll, so muß ich bekennen, daß ich mich tief niedergedrückt und gebeugt fühlen würde.« Er »teile diese Empfindung mit der Masse der niederen Schichten des Volkes«, kenne eine Gegend, »wo es Bauern gibt, die nichts ihr Eigentum nennen auf ihrem ganzen Grundstück«, weil alles jüdische Wucherer an sich gebracht hätten.

Der Landjunker hegte Abneigung gegen Juden in seiner Umgebung. Der Altpreuße befürchtete, »wenn der Zustand der polnischen Juden wesentlich verändert würde«, eine Westwanderung russischer Juden, und ob das wünschenswert wäre, »überlasse ich denen zu beurteilen, welche das Glück gehabt haben, russische Juden en masse kennenzulernen«. Einen Antisemiten wollte er sich nicht nennen lassen. Er sei kein Feind der Juden, »liebe sie sogar unter Umständen« und »gestehe zu, daß in Berlin und überhaupt in größeren Städten die Judenschaft fast durchaus aus achtenswerten Leuten besteht«. Nach dieser Rede aber, schrieb er seiner Braut, gehe er »nicht mehr durch die Königstraße des Abends, weil mich die Juden tot schlagen«.

Ein Rassist war er nicht. Den Juden sollte es hauptsächlich wegen ihres Glaubens verwehrt bleiben, am Altare der preußischen Monarchie zu ministrieren, Hoheitsfunktionen in einem christlichen Staate auszuüben, zu dem er sich in seiner Rede am 15. Juni 1847 bekannte.

Es sei europäische Tradition, erklärte Bismarck, daß der Staat »sich die Aufgabe gestellt hat, die Lehre des Christentums zu realisieren«. Würde er sie nicht erfüllen können oder dürfen, »so behalten wir als Staat nichts als ein zufälliges Aggregat von Rechten«, und »seine Gesetzgebung wird sich dann nicht mehr aus dem Urquell der ewigen Wahrheit regenerieren, sondern aus den vagen und wandelbaren Begriffen von Humanität, wie sie sich gerade in den Köpfen derjenigen, welche an der Spitze stehen, gestalten«.

An der Spitze eines christlichen Staates aber stehe ein christlicher Herrscher, der den Willen Gottes, so wie er sich in den christlichen Evangelien offenbare, zu verwirklichen habe. Das war ganz im Sinne Friedrich Wilhelms IV. gesprochen, entsprach dem Credo der romantisch-royalistischen Konservativen. Bismarck beließ es nicht beim Bekenntnis, sondern setzte die Theorie sogleich in die Praxis um: Unter Berufung auf das Gottesgnadentum wies er Anträge der Liberalen zurück, welche Souveränitätsrechte des Monarchen antasteten.

Auch der Vertreter der Ritterschaft, die sich an ihre aus dem christlichen und feudalen Mittelalter stammenden Vorrechte erinnerte, war für die Periodizität des Landtages, ein regelmäßiges Zusammentreten der Stände. Aber dies dürfe nicht von unten her, vom Parlament, verlangt werden, sondern müsse von oben her, von der Krone gewährt werden. Und wenn diese die Umstände dafür noch nicht gegeben und die Zeit dafür noch nicht gekommen hielte, müsse die allerhöchste Entscheidung hingenommen werden.

Als Versuch der Erpressung des Königs geißelte der Royalist die

Ablehnung der Anleihe für den Bau der Ostbahn. Dafür Geld zu erhalten war der Anlaß für die Einberufung des Vereinigten Landtages gewesen. Doch die fortschrittliche Mehrheit – auch die Abgeordneten aus Ostpreußen, denen an einer Bahnverbindung mit dem Westen am meisten gelegen war – sahen sich aus grundsätzlichen Erwägungen nicht in der Lage, Mittel zu genehmigen, deren Verwendung sie nicht in regelmäßig wiederkehrenden Landtagsperioden kontrollieren könnten.

Die Liberalen wollten nicht die Pflichten ohne die Rechte eines Parlamentes übernehmen. Der Royalist erblickte darin ein Unterfangen der Verfassungsfreunde, »aus dem Anleihe-Bewilligungsrecht eine Waffe zu schmieden, um der Regierung Konzessionen abzudringen«. Er winkte mit der Drohung: »Ich frage, welchen Sturm würde es erregen, wenn das Gouvernement seinerseits sagen wollte, daß es gewisse administrative Wohltaten, die es einer Provinz zuwenden oder entziehen kann, davon abhängig mache, wie die Vertreter dieser Provinzen bei politischen Fragen votieren würden.«

Im Jahre 1847 debütierte ein Gegner das Parlamentarismus, der er bis an sein Ende bleiben sollte, probierte die Waffen aus, die er zeitlebens gegen alle schwang, die seinem Royalismus und seinem Junkertum widersprachen. Von Anfang an verfocht er mit den Prärogativen des Monarchen die Privilegien seines Standes, bereits im Vereinigten Landtag, in dem er wagemutig und wortgewaltig den Turnierplatz der Politik betrat, um ihn nie mehr zu verlassen. Mit dem Monarchen von Gottes Gnaden verteidigte er den Schutzpatron der Feudalherren, gegen die nun auch in Preußen die Avantgarde der Revolution vorrückte, wenn auch zunächst nur mit Ansprachen und Eingaben. Auch der Verteidiger mußte es vorerst dabei belassen. Der Abgeordnete der Ritterschaft entwarf Reden zur Abwehr von parlamentarischen Versuchen, das Jagdrecht wie die Patrimonialgerichtsbarkeit abzuschaffen.

Der adelige Stratege verfolgte als Operationsziel die Bewahrung von Standesinteressen, aber schon der politische Anfänger war Taktiker genug, um unumgängliche Frontbegradigungen ins Auge zu fassen, etwa durch eine Vergütung von Wildschäden oder eine Zusammenlegung von gutsherrlichen Einzelgerichten. Im Grundsatz jedoch müsse der Grundbesitz unangetastet bleiben, vor jegli-

cher Form einer nach Kommunismus schmeckenden Enteignung verschont bleiben.
Falls es dem König diene und dem Vaterlande nütze, sei die Ritterschaft bereit, nach den Opfern, die ihr bereits in der Reformzeit abverlangt worden waren, weitere zu erbringen, erklärte Bismarck. »Daß sie es aber tue, lediglich weil Theoretiker des abstrakten Staatsbürgertums und die mißgünstigen Anhänger französischer Gleichmacherei sie mit 89er Phrasen bewerfen, das verlange niemand, und demgegenüber vertrauen wir auf den Rechtssinn der Versammlung und den Schutz des Königs«.
Bismarck kam nicht mehr dazu, eine solche Rede im Plenum zu halten. Denn der König, der – wie im Grunde seine Ritter ja auch – dem Rechtssinn der fortschrittlichen Mehrheit mißtraute, schloß bereits am 26. Juli 1847 den Vereinigten Landtag. Periodizität hatte er nicht bewilligt, lediglich die Wahl eines Vereinigten Ausschusses genehmigt, der als Beratungsorgan fungieren und – wie Liberale befürchteten und Konservative hofften – einen neuen, womöglich direkt gewählten Landtag überflüssig machen könnte.
Bismarck wurde nicht als Ausschußmitglied gewählt, lediglich zum Stellvertreter bestimmt. Dies schmerzte ihn diesmal weniger als das erstemal. Er hatte dafür gesorgt, daß ihn Freund wie Feind nicht mehr vergaßen, und sein Sendungsbewußtsein war so weit entwikkelt, daß er sich Konstellationen vorstellen konnte, in denen man ihn rufen, weil man ihn brauchen würde.
Er mußte nicht einmal ein dreiviertel Jahr lang warten. Die Märzrevolution von 1848 führte ihn in die Reihen der Gegenrevolution.

Revolution und Gegenrevolution

DIE REVOLUTION kam wiederum, in sechzig Jahren schon zum drittenmal, aus Frankreich, und diesmal wurde Preußen in seinen Grundfesten erschüttert.
Die Große Revolution hatte die napoleonischen Stürme gebracht, die überstanden, und Reformen gezeitigt, die eingedämmt worden waren. Die Pariser Julirevolution 1830 hatte lokale Brände verursacht, die rasch ausgetreten waren, ohne daß vermieden werden konnte, daß der liberale Qualm das ganze Land durchzog. Die

akuteste Gefahr ging von der Pariser Februarrevolution 1848 aus. Sie stürzte einen König und gründete eine Republik, was in Frankreich nicht das erstemal vorgekommen war. Wenn dieses Beispiel aber in Preußen, das auf die Monarchie gebaut war, gezündet hätte, wäre Preußen nicht mehr Preußen gewesen.

Eben noch, im Vereinigten Landtag, hatte sich Bismarck gegen die Kritiker des preußischen Regimes gewandt, »die so gern ihre Ideale hinter den Vogesen suchen«, in Frankreich und noch weiter weg, jenseits des Atlantik, in den Vereinigten Staaten von Amerika.

Der Idee der »angeborenen Rechte des Menschen«, mit der Eingriffe in die Besitzverhältnisse und Veränderungen der Gesellschaftsordnung gerechtfertigt wurden, hatte er die Realität der gewachsenen und geregelten Zustände in Preußen entgegengesetzt. Und der zuerst in Amerika gemäßigt und dann in Frankreich radikal verwirklichten Idee, daß die vom Volke ausgehende Staatsgewalt nach dem von ihm bekundeten Willen organisiert und dem von ihm gewählten Parlament kontrolliert werden müsse, hatte er das monarchische Prinzip, die Theorie des Gottesgnadentums und die Praxis des Obrigkeitsstaates entgegengestellt.

Die Revolution war nach seiner von zu Hause mitgebrachten und durch die Ereignisse bestätigten Meinung der Widerpart alles Preußischen. Die französische Gleichheit, »die chimärische Tochter des Neides und der Habsucht«, bedrohe mit der Existenz des Gutsbesitzers die Ordnung der ständischen Gesellschaft. Und das »spezifische Preußentum« müßte verschwinden, wenn die Souveränität des Monarchen, des »rocher de bronce« des Königreiches, durch einen liberalen Konstitutionalismus nach Art des französischen Bürgerkönigtums verrückt oder gar durch einen demokratischen Parlamentarismus à la Februarrevolution beseitigt würde.

»Preußen sind wir und Preußen wollen wir bleiben!« Mit dieser Parole zog der Junker und Royalist in den Kampf gegen die »wässrigen Konstitutionellen«, die alles aufweichen, und gegen die »Demokratenbande«, die alles umstürzen wolle. Auch in Preußen begann eine entscheidende Auseinandersetzung zwischen den alten Gewalten und den neuen Bewegungen, bei der Bismarck auf der Seite der seinen dabei war.

Bis 1844 sei er ein einfacher Landedelmann gewesen, der seinen Kohl gebaut und dem als höchstes Ziel gegolten habe, im Laufe der Jahre

seine Besitzungen zu verbessern und zu vergrößern, bilanzierte Bismarck. 1847, beim Vorspiel der großen Auseinandersetzung, hatte er im Vereinigten Landtag sein Schwert geschliffen. 1848 habe er sich dann mit Leidenschaft in die Politik geworfen und gegen die Revolution gekämpft, in Wut versetzt durch die erbärmlichen Phrasen, die von einigen in Umlauf gebracht und von vielen für bare Münzen genommen wurden.
Dazu zählte der Preuße nicht nur das Gerede über Verfassung und Parlament, sondern auch die »Phrasen von dem deutschen Berufe Preußens« und »von moralischen Eroberungen«, die es in einem Deutschland, das mit der bürgerlichen Freiheit nach nationaler Einheit verlange, machen müsse.
Im Jahre 1848 betrat Bismarck die politische Arena als Gegner einer deutschen Einigung, die auf Kosten und zu Lasten Preußens gegangen wäre. Wenn er später ein Befürworter und ein Erfüllungshelfer der nationalen Bewegung geworden ist, dann deshalb, weil eine Lösung der deutschen Frage möglich wurde, die Preußen zu nützen, zumindest nicht zu schaden schien.
Wo war denn das deutsche Volk, das angeblich in einem deutschen Nationalsstaat zusammengefaßt werden wollte? Bismarck neigte zu der Auffassung, daß dies eine Entdeckung von Germanisten, eine Erfindung von Historikern sei, die sich – wie der Kronzeuge Ranke sagte – ihr Vaterland »erklügelten«. Und eine Vorstellung von bürgerlichen Liberalen und Demokraten, die sich durch Übertragung französischer Verhältnisse auf Deutschland das Volk zu schaffen gedächten, das sie für ihre Staatskonstruktionen bräuchten.
Freilich war es »im Ganzen nicht schwer, den deutschen Philister zu Äußerungen nationaler Erregtheit hinzureißen«, konstatierte Bismarck. Dazu sei »eine sonore Stimme und eine blühende Phantasie vollkommen ausreichend«. Seine Distanz zum Nationalismus, wie sie sich 1848 zum erstenmal lauthals und wirkungsvoll artikulierte, wurde durch die Befürchtung vergrößert, daß bei einer totalen Verwirklichung des Nationalgedankens, was deutschen Perfektionisten zuzutrauen war, Preußen und mit ihm seine Staatsform und Gesellschaftsstruktur auf dem Altare Deutschlands geopfert würden.
Sicherlich, es gab deutschen Patriotismus, präzise gesagt, Patriotismus in Deutschland. Doch dieser, bilanzierte Bismarck, beziehe sich nicht auf einen vorhandenen Stamm oder ein angenommenes

Volk, sondern auf eine Dynastie und den von ihr verkörperten Staat. Der preußische Patriot verwies auf »die Anhänglichkeit der preußischen Bevölkerung an die angestammte Dynastie« und zeigte Verständnis für die Ergebenheit, die Bayern, Sachsen, Hannoveraner und die Bewohner kleinerer und kleinster Staaten ihrem Herrscherhaus und ihrem Land entgegenbrachten.

Doch diese Dynastien und Staaten, selbst die Hohenzollern und ihr Preußen, sollten nun, wie es Demokraten forderten, in einem deutschen Nationalstaat aufgehen oder – wie es Liberale verlangten – in ein deutsches Nationalreich eingegliedert werden.

Die Revolutionäre von 1848 zogen in zwei Hauptformationen dem Ziele »Nation und Verfassung« entgegen. Demokraten stand das französische Beispiel einer »nation une et indivisible« vor Augen, ein nationaler Einheitsstaat, eine auf die Volkssouveränität basierte Verfassung, die deutsche Republik. Bismarck, der ebenfalls in die Französische Republik zurückschaute, aber nur die Diktatur der Jakobiner und den Terror des Nationalkonvents erblickte, hielt es für notwendig, den Radikalen mit allen Mitteln den Weg zu verlegen.

Aber auch der Mittelweg der Liberalen müsse blockiert werden, meinte Bismarck, denn er führe fort von Positionen des preußischen Staates und hin zu einem Nationalreich, das auf dem brüchigen Boden des westeuropäischen Konstitutionalismus entstehen und in die Wolken der deutschen Reichsromantik ragen sollte.

Zwar war ihm, im Gegensatz zur französischen Gleichheit, die englische Freiheit, auf die sich norddeutsche Liberale beriefen, nicht unsympathisch, denn »sie wird getragen durch das männliche Selbstbewußtsein, welches seinen eigenen Wert stolz genug fühlt, um eine höhere Stellung über sich dulden zu können«. Aber was er einem englischen Gentleman wie einem preußischen Junker zugestand, traute er noch lange nicht einem deutschen Bürger zu, der dazu neigte, die Unterwürfigkeit, in der er sich so lange geübt hatte, mit einem Schlag durch Aufsässigkeit zu kompensieren.

Die Reichsromantik hätte dem Junker weniger mißfallen, wenn sie sich auf die Erneuerung vorabsolutistischer Zustände des römisch-deutschen Reiches beschränkt hätte. Doch die romantische Beschwörung des Volksgeistes war ihm genauso widerwärtig wie die aufklärerische Zitierung der Volonté générale. Und ein Reich, in

dem, wie gehabt, der Habsburger über dem Hohenzollern stehen sollte, war für den Preußen unerträglich.
Die revolutionären Brüder trugen verschiedene Kappen, doch Liberale wie Demokraten, Nationalstaatler wie Reichsschwärmer hatten die gleiche, die schwarz-rot-goldene Kokarde angesteckt. Und sie begannen, wenn auch mit unterschiedlicher Intensität, ihren Angriff gegen die schwarz-weißen Bastionen mit Wortschwällen und Gewaltakten.
Am 18. März 1848 erreichten die von der Pariser Februarrevolution ausgehenden Wellen, die bereits den deutschen Westen und Süden und sogar Wien erfaßt hatten, die Haupt- und Residenzstadt des Königs von Preußen. Am 18. März 1848 gingen Berliner auf die Barrikaden. Soldaten rückten vor, Preußen schossen auf Preußen, und Blut floß auf beiden Seiten. Friedrich Wilhelm IV., der unmittelbar zuvor eine Verfassung für Preußen vorgeschlagen und eine für Deutschland in Aussicht gestellt hatte, begann die Fassung zu verlieren. Er befahl den Rückzug der Truppen aus der Stadt, versuchte einen Bürgerkrieg zu vermeiden und sich als Bürgerkönig zu halten.
Die Nachricht ereilte den Gutsherrn Bismarck am 19. März, und seine erste Reaktion war die eines Preußen, der sein Preußentum bedroht sah. Er habe, erzählte er später, es zu verhindern gewußt, daß am Kirchturm von Schönhausen auf Betreiben Tangermünder Bürger eine schwarz-rot-goldene Fahne gehißt wurde. »Ich ließ dann eine in der Kirche vorhandene weiße Fahne mit schwarzem Kreuz, in Form des eisernen, auf dem Turm aufziehen.« Die zweite Reaktion war die eines Lehnsmanns, der seinen Lehnsherrn in Gefahr sieht: Er habe Gewehre gesammelt und Pulver besorgt, in der Absicht, mit ergebenen Bauern nach Berlin zu ziehen und den König aus der Gefangenschaft der Aufständischen zu befreien.
Am 20. März 1848 fuhr er allein nach Potsdam, in die Zitadelle des Altpreußentums, wohin sich die Truppen zurückgezogen hatten und von wo aus sie, wie er erwartete, zur Rückeroberung Berlins aufbrechen würden. Am Tage darauf ging er, einen Revolver in der Tasche, nach Berlin, gelangte nicht zum König, hinterließ einen Brief, in dem er ihm empfahl, sich aus der ungetreuen Stadt auf das getreue Land zu begeben. Am selben Tag ritt Friedrich Wilhelm IV. mit einer schwarz-rot-goldenen Armbinde durch Berlin und verkündete, Preußen gehe fortan in Deutschland auf.

Noch hatte der Royalist die Hoffnung auf eine Gegenrevolution des Königs und der Armee nicht aufgegeben. Am 25. März war er wieder, mit Deputierten der Bauern, in Berlin, bekam den König zu sehen und hörte, wie dieser Offizieren bedeutete, er fühle sich im Schutze seiner Bürger sicher und – was daraus zu schließen war – im Schoße seines Volkes wohl.

»Mit verwundetem Gefühle kehrte ich nach Schönhausen zurück«, erinnerte sich Bismarck. »Die Bauern hier«, schrieb er am 26. März an Ernst Ludwig von Gerlach, »wüten gegen die Berliner; aber wer kann das Gebäude halten, dessen Eckstein morsches Holz ist!« Die Gelegenheit zum Gegenschlag sei versäumt worden, bilanzierte Bismarck, und lastete dies vor allem dem König an. Friedrich Wilhelm IV. sei ein ganz schwankender Charakter gewesen, »man konnte ihn nicht bei einer Sache festhalten; wenn man fest zugriff, blieb er nur eine Hand voll Schleim«.

Die Weichheit des Charakters korrespondierte mit der Verschwommenheit der Romantik, der er sich hingegeben hatte. Dieser Hohenzoller schien davon zu träumen, sich vom preußischen Volke auf den Schild heben zu lassen und seinerseits, an der Spitze der deutschen Fürsten, die Kaiserkrone eines Nationalreiches dem Habsburger anzubieten. Auf der Strecke drohten der preußische Rütlibund zwischen Monarch und Adel, der preußische Grundkonsens zwischen König und Armee und der Grundkurs des gegen Kaiser und Reich groß gewordenen preußischen Staates zu bleiben.

In dieser Situation begannen Offiziere und Junker, auch Bismarck, auf ein neues Wunder im Hause Brandenburg zu hoffen, sich an Friedrich den Großen zu erinnern, dem ein solches widerfahren war, ohne daß er – wie Friedrich Wilhelm IV. – die Hände zum Himmel erhoben, und der einer Welt von Feinden getrotzt hatte, weil er vom Boden preußischer Kraft und Macht nicht einen Zoll abgerückt war. Dieser König von Preußen würde sich, wie Bismarck meinte, »an die hervorragendste Eigentümlichkeit preußischer Nationalität, das kriegerische Element in ihr, gewandt haben.« In der Außenpolitik sei Fridericus Rex, der den Nutzen über das Recht gestellt habe, sein Vorbild. Und für die Innenpolitik wünschte er sich einen Herrscher, der wie der Alte Fritz seine Hand über dem Adel hielte und den Krückstock gegen das Volk, »cette race maudite«, schwänge.

Es gab im Hause Hohenzollern noch einen Friderizianer, der auf dem altpreußischen Boden geblieben war und sich nicht, wie der König, an der Volksgunst sonnte und in die Wolken der Reichsromantik entschwebte: Prinz Wilhelm, der Thronfolger. Doch sein Bruder hatte ihn, drei Tage nach dem Barrikadenkampf, nach England abgeschoben, weil er, ein Soldat vom Scheitel bis zur Sohle, als »Kartätschenprinz« den Volkszorn erregt hatte, den Friedrich Wilhelm IV. besänftigen zu müssen glaubte.

Bismarck besuchte in Potsdam Wilhelms Gemahlin, Prinzessin Augusta. Sie habe ihm eröffnet, behauptete Bismarck später, daß sich Friedrich Wilhelm IV. nicht halten und Wilhelm ihm nicht nachfolgen könne, nur noch ihr Sohn Friedrich Wilhelm, der spätere Kaiser Friedrich III., in Betracht käme und sie für den Minderjährigen die Regentschaft zu führen habe. Er, Bismarck, sei diesem Gedankengang nicht gefolgt, habe jegliche Unterstützung verweigert.

Augusta stellte es anders dar. Im Jahre 1862, nachdem sie Königin geworden war, berichtete sie ihrem Gemahl, Wilhelm I., der an eine Berufung Bismarck zum Ministerpräsidenten dachte, von ihrer damaligen Unterredung: H. v. B. habe ihr den Plan einer Gegenrevolution unterbreitet, der nach seiner Meinung weder mit dem unzurechnungsfähigen König Friedrich Wilhelm IV. noch mit dem geflüchteten Prinzen Wilhelm, sondern nur im Namen ihres unbescholtenen Sohnes durchzuführen wäre. Sie sei es gewesen, die dieses Ansinnen auf Hochverrat und Gattenverrat zurückgewiesen habe.

Wie es sich auch zugetragen haben mag (wobei einiges dafür spricht, daß Augustas Darstellung der Wahrheit näher kam): Bismarck, der ein ergebener Gefolgsmann des Friderizianers Wilhelm wurde, blieb ein erbitterter Gegner Augustas, die nie – wahrscheinlich bereits bei ihrer ersten Begegnung – ein Hehl daraus machte, daß ihr, der gebürtigen und gebildeten Weimarerin, der Geist von Weimar mehr galt als der Geist von Potsdam.

Bismarck ging keineswegs mit fliegenden Fahnen zum Friderizianismus über. Was den Junker daran noch störte, war dessen zum bürokratischen Absolutismus neigender aufgeklärter Rationalismus. Aber er näherte sich dem Friderizianer Wilhelm, der bei der Grundsteinlegung des Denkmals Friedrichs des Großen Unter den Linden die Ehrenformation befehligt hatte und dem Geiste, der aus diesem Monument sprach, treu geblieben war: der König weit oben, hoch zu Roß, weit unter ihm die Generäle zu Pferd und die Zivilisten zu Fuß.

Bismarck bewegte sich auf seinen künftigen König zu und setzte sich von seinem jetzigen König ab. Friedrich Wilhelm IV. schien die christlich-romantische Weltanschauung nicht mehr auf das Gottesgnadentum und das Ständewesen zu konzentrieren, was dem Junker und Royalisten weiterhin gepaßt hätte, sondern nur noch in seine Reichsvorstellungen zu investieren, was dem Preußen contre coeur und gegen den Komment ging.
Noch stand Bismarck in Tuchfühlung mit seinen Standesgenossen, teilte ihre Interessen und berief sich auf ihre Doktrin. Aber schon war er auf dem Wege zu einer Position zwischen Konservativismus und Friderizianismus, die dem angeborenen Selbstbewußtsein, wachsenden Unabhängigkeitsstreben wie zunehmendem Realitätssinn seiner Persönlichkeit entsprach und für den Politiker bezeichnend wurde. Dies bekamen Freunde wie Gegner bereits im zweiten Vereinigten Landtag zu spüren, der auf den 2. April 1848 einberufen wurde, um eine Brücke von der vorrevolutionären Ständeversammlung zu einem nachrevolutionären Parlament zu schlagen. Der König hatte bereits ein liberales Ministerium berufen und brachte die Wahl einer verfassunggebenden Versammlung in Vorschlag.
Bismarck nahm seinen Sitz als Abgeordneter der Ritterschaft wieder ein. Diesmal kam er nach Berlin nicht in der Absicht, wie 1847 die Reaktion zu verteidigen oder, wie noch in den Märztagen 1848, für eine Gegenrevolution zu werben, sondern um aus den Fluten der Revolution, die der König als Deichhauptmann nicht einzudämmen vermocht hatte, zu retten, was zu retten war.
Bereits am Eröffnungstag, am 2. April, stieg er auf die Rednertribüne, um einen Tag nach seinem 33. Geburtstag zu bekunden, daß er in diesem Entscheidungsjahr der Geschichte wie seiner Biographie eine weitere Entwicklungsstufe betreten hatte: als ein Mann, der realistisch den prinzipiell eingeschlagenen Weg einzuhalten suchte. Er habe seine Ansicht seit dem letzten Vereinigten Landtag nicht geändert, erklärte der Abgeordnete der Ritterschaft, aber »durch den Drang der Umstände getrieben« bleibe ihm nichts anderes übrig, als das »Programm der Zukunft« zu akzeptieren, und müsse er feststellen, daß das liberale Ministerium »das einzige ist, welches uns aus der gegenwärtigen Lage einem geordneten und gesetzmäßigen Zustande zuführen kann, und aus diesem Grunde werde ich demselben meine geringe Unterstützung überall widmen, wo es mir

möglich ist«. Doch die Anerkennung des Märzministeriums bedeutete nicht eine Billigung der Märzereignisse, und deshalb könne er der Dankadresse an den Märzkönig nicht zustimmen. Diese wurde fast einstimmig angenommen.

Er wollte sich von den alten Kameraden absetzen, »die ihren Mantel mit verächtlicher Schamlosigkeit nach dem Winde drehten«, gestand er seiner Frau. Entsetzen löste beim harten Kern der Konservativen ein Satz seiner Rede aus: »Die Vergangenheit ist begraben, und ich bedaure es schmerzlicher als viele von Ihnen, daß keine menschliche Macht imstande ist, sie wieder zu erwecken, nachdem die Krone selbst die Erde auf ihren Sarg geworfen hat.«

Ernst Ludwig von Gerlach, der dem jungen Abgeordneten eine Handreichung mitgegeben hatte, war verärgert, daß Bismarck sich daran nicht gehalten, und empört, daß er den König beschuldigt hatte. »Gerlach war 2 Tage hier und übte mit Thadden das Exekutorenamt an mir«, schrieb er seiner Frau; »ich habe mich aber nicht aus dem Geleise bringen lassen«. Genaugenommen wollte er zweigleisig fahren, seine eigene Bahn verfolgen, dabei aber, wenigstens vorerst, auf der Bahn bleiben, auf die ihn seine konservativen Freunde gesetzt hatten und auf der sie ihn voranzubringen vermochten.

Er habe sich noch über keine Handlung seines Lebens so viele Vorwürfe gemacht wie über seine, wie ihm inzwischen bewußt geworden sei, mißglückte Rede am 2. April 1848, schrieb Bismarck am 7. Juli 1848 Ernst Ludwig von Gerlach, der sein Mentor gewesen war und den er vorläufig als Promoter brauchte. »Der Moment bleibt verloren, aber die Lehre für mich nicht.«

Der Lernprozeß wurde durch den Fortgang der Revolution gefördert, die mit der anscheinend allen Revolutionen eigenen Automatik dem Radikalismus entgegentrieb und Bismarck auf seine Ausgangsstellung zurückdrängte.

Schon griffen das Märzministerium und ein von den Ständen beschickter Landtag, der sich bereits wie ein vom Volke gewähltes Parlament aufführte, nach dem, was einem Junker wenn auch nicht als höchster Wert, so doch als teures Gut galt: nach den bislang durch feudale Vorrechte geschützten und nun durch bürgerlichen Egalitarimus gefährdeten materiellen Vorteilen.

Die neue Regierung brauchte noch mehr Geld als die alte, weil die Umwandlung zu finanzieren und eine durch den Umsturz ausgelö-

ste Wirtschaftskrise zu steuern war. Der Junker, der Steuereinnehmer schon mit schwarz-weißen und erst recht mit schwarz-rot-goldenen Kokarden nicht leiden mochte, sprach fast als einziger gegen den Antrag auf Bewilligung von 40 Millionen Talern. Er wandte sich im allgemeinen gegen eine Finanzdiktatur der Regierung und im besonderen gegen die vorgesehene Steuerentlastung der großen Städte auf Kosten des platten Landes.
Die Abgeordneten ließen den Außenseiter rechts liegen und nahmen die Finanzvorlage mit überwältigender Mehrheit an. Dies war, am 10. April, der Schwanengesang des Vereinigten Landtages, der auseinanderging, um einer preußischen Nationalversammlung, einer verfassunggebenden Versammlung nach dem Muster der Französischen Revolution Platz zu machen.

DIE KONSTITUANTE wurde nach einem demokratischen, allgemeinen und gleichen Wahlrecht bestimmt, und so waren die Aussichten für den Kandidaten Bismarck, von dem sich sogar die meisten Gutsnachbarn distanzierten, alles andere als rosig. »Ich weiß nicht, ob ich mich darüber freuen oder ärgern soll«, schrieb er dem Bruder, aber selbstredend überwog der Ärger bei einem Mann, der sich zur Politik entschlossen hatte und von der Arena ausgeschlossen sah, in der über Existenzfragen seines Landes und seines Standes entschieden werden sollte.
Fern von Berlin und aus der Perspektive des Landjunkers beobachtete er die Beratungen der am 22. Mai 1848 in der preußischen Hauptstadt eröffneten Nationalversammlung. Liberale und Demokraten besaßen die Mehrheit, die sie für Maßnahmen gegen die Feudalisten einzusetzen gewillt waren: Abschaffung der Patrimonialgerichtsbarkeit und feudaler Jagdrechte, Aufhebung der Steuerfreiheit des adeligen Grundbesitzes und Vollendung der 1807 begonnenen Bauernbefreiung durch Ausdehnung auf den von ihr immer noch nicht erfaßten Rest der bäuerlichen Bevölkerung.
Der Anschluß an die neue Zeit wurde gesucht, die Annäherung an eine auf gleiche Rechte und Pflichten gegründete moderne Gesellschaft und einen auf Bürgerfreiheit und Volkswillen gegründeten Staat. Die Entschlossenheit, mit der die preußische Nationalversammlung dieses Ziel anging, entsetzte die alten Machthaber, und die Geschwindigkeit, mit der sie dabei vorging, nahm ihnen den Atem.

Auch Bismarck war einen Augenblick wie gelähmt. Aber er raffte sich rasch wieder auf und begann sich nach Genossen umzusehen, die wie er die revolutionäre Entwicklung nach Kräften aufhalten und nach Möglichkeit rückgängig machen wollten.
Seine erste und größte Hoffnung setzte er auf den »Kartätschenprinzen«. Wilhelm vertrat Preußens militärisches Element, das genauso wie dessen ritterschaftliches Wesen bedroht war. Der Prinz hatte wie der Junker den Anfängen der Revolution mit Macht wehren wollen, und beide nahmen es dem König übel, daß er der revolutionären Gewalt gewichen war. Beide beklagten die Folgen: Wilhelm die Herabsetzung der königlichen Armee gegenüber der Bürgerwehr, Bismarck den Abbau der ständischen Privilegien zugunsten von Volksrechten.
Ein Signal, daß es nun wieder aufwärts respektive rückwärts ging, war die Rückberufung Wilhelms aus dem Wartestand in England. Der liberale Ministerpräsident suchte ihn als Mitbürgen der Verfassung zu gewinnen. Das Heer, das im März auf Befehl des Königs den Rückzug hatte antreten müssen, hoffte unter dem Befehl des ersten Soldaten Preußens den Vormarsch beginnen zu können. »Führ uns, Prinz, wir folgen gerne«, dichtete Leutnant von Gaudy, und Oberstleutnant von Griesheim betonte: »Gegen Demokraten helfen nur Soldaten!«
Als der Zug, der Wilhelm nach Berlin zurückbrachte, am 7. Juni 1848 in Genthin hielt, stand Bismarck zur Begrüßung da. Er wisse, daß er für ihn tätig gewesen war, und werde ihm das nie vergessen, sagte der Prinz zum Junker und lud ihn bald darauf auf sein Schloß Babelsberg ein.
Bismarck begab sich in das Sanssouci des Friderizianers Wilhelm, erinnerte ihn an die Schmach, die Friedrich Wilhelm IV. der Armee zugefügt hatte, bohrte in der Wunde mit der Rezitation eines Gedichtes, in dem es hieß:

»Schwarz, Rot und Gold glüht nun im Sonnenlichte,
Der Schwarze Adler sinkt herab entweiht,
Hier endet, Zollern, Deines Ruhms Geschichte,
Hier fiel ein König, aber nicht im Streit.
Wir sehen nicht mehr gerne
Nach dem gefallnen Sterne.«

Der Prinz hielt sich an den Gehorsam, den er dem König unter allen

Umständen schuldig zu sein glaubte. Der Junker pflegte seine »frondierende Gemütsstimmung«, die er auch dem Monarchen nicht verhehlte. Friedrich Wilhelm IV., dieser »schwankende Charakter«, befand sich inzwischen auf dem Wege von der Willfährigkeit gegenüber der Revolution zum Willensvollstrecker der sich formierenden Gegenrevolution.

In diesem Zwischenstadium erinnerte er sich an den Ritter ohne Furcht und Tadel. Am 23. Juni 1848 zitierte er Bismarck in sein Schloß Sanssouci, in das der friderizianische Geist, der durch romantische Begeisterung verdrängt worden war, zurückzukehren schien.

Der Junker, der kein Verlangen gespürt hatte, »nach dem gefallnen Sterne« zu sehen, ließ das Visier herab: Die Stimmung auf dem Lande sei gut gewesen, »aber seit die Revolution uns von den königlichen Behörden unter königlichem Stempel eingeimpft worden, ist sie schlecht geworden. Das Vertrauen zu dem Beistande des Königs fehlt«. Der König entgegnete: »Was wäre damit gewonnen, daß ich zugäbe, wie ein Esel gehandelt zu haben? Vorwürfe sind nicht das Mittel, einen umgestürzten Thron wieder aufzurichten, dazu bedarf ich des Beistandes und tätiger Hingebung, nicht der Kritik.«

Der Frondeur war entwaffnet, blieb bei der Fahne. Der Monarch begrüßte das Einschwenken des Vasallen, ohne dem Mann, der ihm vom Rechtsweg abriet und zu einem Gewaltakt aufforderte, Vertrauen entgegenzubringen. »Nur zu gebrauchen, wenn das Bajonett schrankenlos waltet«, schrieb Friedrich Wilhelm IV. neben den Namen Bismarck an den Rand einer Liste, in der Ministerkandidaten aufgeführt waren.

Bismarck stellte seine Vorbehalte gegen Friedrich Wilhelm IV. zurück und näherte sich wieder seinen konservativen Standesgenossen, die sich um den König scharten und ihn zur Gegenrevolution anspornten. Sie wurde mit Mitteln vorbereitet, welche die Revolution für Progressive geschaffen hatte und die nun von Konservativen benützt wurden: die Pressefreiheit, die Versammlungsfreiheit und die Parteibildung.

Am 4. Juli 1848 erschien die erste Nummer der *Neuen Preußischen Zeitung*, die ein Eisernes Kreuz im Kopf trug und *Kreuzzeitung* genannt wurde. Bismarck gehörte weder zu ihren Gründern noch zu ihren Leitern, aber er beteiligte sich am Werfen von »metallischen Körnern«, wie er lobte, »in den Brei und Schmutz der Tagespresse« mit ein paar schweren Brocken.

In Nummer 9 vom 11. Juli 1848 erschien sein »Stimmungs-Bericht aus Hinterpommern«, der Stimmung gegen Gewählte wie Wähler machte, deren »Gelüste nach dem, was ihres Nächsten ist«, erwacht seien. In Nummer 67 vom 16. September 1848 erklärte er: »Ob Königtum, ob Republik, das und nichts Geringeres ist jetzt die Frage.« Gegen die Aufhebung des adeligen Jagdprivilegs ohne finanzielle Ablösung wetterte er in Nummer 101 vom 26. Oktober 1848: »Vielleicht dachte man, daß der grassierenden Mordlust des souveränen Volkes ein unschädlicher Ausweg auf die unschuldigen Hasen eröffnet« werden müsse.

»Der Grundsatz, der Preußen groß gemacht, das Suum cuique, ist niedergetreten«, betonte Bismarck. Er und seinesgleichen, die das Ihrige behalten wollten, vereinigten sich unter Inanspruchnahme der neuen Versammlungsfreiheit zu gemeinsamer Abwehr der im Namen der Gleichheit unternommenen Anschläge gegen die Grundrechte und den Grundbesitz des Adels.

Am 18. und 19. August 1848 trat in Berlin als Gegenversammlung zur Nationalversammlung das Junkerparlament zusammen, in das der Adel 400 agrarische Interessenvertreter, darunter 14 Bauern, entsandt hatte. Bismarck war herbeigeeilt, obgleich seine Frau unmittelbar vor der Niederkunft ihres ersten Kindes stand, der am 21. August geborenen Tochter Marie. Er redete bei Beratungen über alle Gegenstände mit, mußte es jedoch erleben, daß aus allen Reden nichts herauskam, was Hand und Fuß gehabt hätte.

Immerhin war die Formierung der konservativen Partei in Gang gekommen und nicht mehr aufzuhalten. Sie fand Anhänger keineswegs nur unter Gutsbesitzern, Offizieren und Beamten, sondern sogar unter einfachen Leuten, die der Beschwörung eines »sozialen Königtums« Glauben schenkten und sich noch an das Vierte Gebot hielten, das den Vater wie den Patriarchen zu ehren vorschrieb.

Diese preußische konservative Partei war nicht nur gegen, sondern auch für etwas, zum Beispiel für eine Organisation der arbeitenden Klassen zur »Reaktion gegen die anarchische Gewerbefreiheit und die unbarmherzige Industrie«, für eine Konstitution, die sich, wenn auch nicht in allem, am englischen Muster orientierte, und selbstverständlich für die Wahrung des adeligen Grundeigentums und der monarchischen Grundordnung.

Ein Programm, das den liberalen, demokratischen und sozialistischen Doktrinen entgegengesetzt wurde, formulierte der Rechtsphilosoph und Staatsrechtler Friedrich Julius Stahl, ein in München geborener getaufter Jude. Diese Herkunft mag zu Bismarcks geringer Achtung der Person des Professors beigetragen haben. Doch dessen Lehre von der konstitutionellen Monarchie, in der das Substantiv das Substantiv und das Adjektiv das Adjektiv war, lernte er in einer Artikelserie der *Kreuzzeitung* kennen und schätzen. Er verstand sie besser als Hegels Staatsphilosophie, machte sich ihren Kernsatz zu eigen, daß der Monarch das Recht habe und die Macht behalten müsse, selber zu regieren, und ein Parlament lediglich eine Befugnis zur Bewilligung des Etats und zur Petition von Gesetzen bekommen dürfe.

Diese Staatslehre diente Bismarck später, als der Monarch und sein von ihm berufener und nur ihm verantwortlicher Minister um Zugeständnisse an einen liberaldemokratischen Konstitutionalismus nicht mehr herumkamen, als Grundlage der Verfassung des Norddeutschen Bundes und damit des Reiches. Bis auf weiteres suchte Bismarck das monarchische und mit ihm das feudale Prinzip möglichst unangetastet zu erhalten.

Zur Kamarilla zählte er – wie Ernst Ludwig von Gerlach bemerkte – nur als Adjutant. Er bekam kein Kommando in dem in Potsdam um Friedrich Wilhelm IV. gezogenen engsten Kreis, der eine Gegenregierung zum liberalen Ministerium und eine Gegenkammer zur Nationalversammlung in Berlin bildete. Hier gaben die Brüder Gerlach den Ton an, der auf Gegenrevolution gestimmt und für die Ohren des Königs bestimmt war, dessen Schwerhörigkeit es zu überwinden galt.

In dasselbe Horn stieß auch der Adjutant. Während die Gerlachs das Moll ihres ständischen Idealismus bevorzugten, neigte Bismarck zum Dur eines junkerlichen Materialismus. »Wir müssen schon so materiell sein, unsre materiellen Interessen zu verteidigen,« schrieb er der Redaktion der *Kreuzzeitung*, in der er Artikel »wegen der Grundsteuer und der Rentablösung« vermißte.

Am 30. August 1848 wurde ein »Eingesandt« abgedruckt, das die Handschrift Bismarcks trug, ein Gesuch an den König, an der

Grundsteuerfreiheit der Grundbesitzer festzuhalten sowie »dem zu erwartenden Angriff auf das Vermögen der zu Grundrenten Berechtigten« zu widerstehen. Die Bitte hatte Bismarck mit der Warnung verknüpft, »daß wir mit der großen Mehrzahl des Preußischen Volkes E.M. vor Gott und vor der Nachwelt verantwortlich halten werden, wenn wir den Namen des Königs, dessen Vater der Gerechte hieß, unter Gesetzen erblicken müssen, die ein Verlassen des Pfades bekunden würden, auf welchem die Könige Preußens den hundertjährigen Ruhm fleckenloser Gerechtigkeit erwarben«.
Schließlich wurde der zaudernde Friedrich Wilhelm IV., den die Kamarilla auf die Bahn der Reaktion gesetzt hatte, von Geschehnissen im Inland wie im Ausland zu einem Staatsstreich gedrängt.
Die preußische Nationalversammlung rückte immer weiter nach links, entwarf eine die Monarchensouveränität verneinende und die Volkssouveränität bejahende Verfassung, strich das »Von Gottes Gnaden« aus dem Königstitel und erklärte den Adel für abgeschafft. Die parlamentarische Fortschrittspartei kam der Volksbewegung entgegen, die sich auf der Straße formierte und einen sozialen Umsturz forderte.
Dies ging nicht nur Konservativen, sondern auch Liberalen zu weit, den Bürgern des Dritten Standes, welche die errungene politische Gleichheit, die erreichte gesellschaftliche Gleichstellung und den erworbenen materiellen Besitzstand gegen den aufbegehrenden Vierten Stand, die Arbeiterschaft, gesichert sehen wollten – notfalls durch ein Verteidigungsbündnis von Bourgeoisie und Aristokratie.
Frankreich, das ein revolutionäres Vorbild war, lieferte nun auch ein gegenrevolutionäres Beispiel. Die Bourgeoisie hatte im Verein mit Militär und Monarchisten im Juni 1848 Radikaldemokraten und Sozialisten zurückgeschlagen. In Österreich, wo die deutsche Revolution zunächst aufgeflammt war, wurde sie auch zuerst beendet. Die kaiserliche Armee eroberte Ende Oktober 1848 das aufständische Wien. Über der Stadt wehte wieder statt der schwarz-rot-goldenen die schwarz-gelbe Fahne, im Stadtgraben wurden Aufrührer standrechtlich erschossen, und in der Brigittenau Robert Blum, der Abgesandte der Frankfurter Nationalversammlung.
Er hätte Robert Blum auch erschießen lassen, sagte 1870 Bismarck zu dessen Sohn Hans Blum, der nationalliberaler Reichstagsabgeordneter geworden war. Im Jahr 1848 sei er eben noch »ein scheußli-

cher Junker« gewesen, bekannte der deutsche Reichskanzler. An damals erinnerte sich Graf von Beust, der spätere sächsische Ministerpräsident und österreichische Reichskanzler: Ende 1848 sei er in der Wohnung eines Berliner Freundes Bismarck begegnet, der auf die Bemerkung Beusts, er halte die Hinrichtung Blums für einen politischen Fehler, erwidert habe: »Ganz falsch, wenn ich einen Feind in der Gewalt habe, muß ich ihn vernichten.«
Der Junker, der für die Gegenrevolution geworben hatte, war in Berlin dabei, als die alten Gewalten zur Genugtuung der adeligen Konservativen und unter Beifall bürgerlicher Liberaler wieder Herren im eigenen Haus wurden.
Der Staatsstreich erfolgte Schlag auf Schlag. Am 2. November 1848 ernannte der König den General Graf Brandenburg, einen unehelichen Sohn Friedrich Wilhelms II., zum Ministerpräsidenten. Am 9. November wurde die »sogenannte Nationalversammlung« bis zum 27. November vertagt, ihr Sitz nach Brandenburg verlegt. Am 10. November verjagte General Graf Wrangel 282 Abgeordnete, die weiter in Berlin getagt hatten. Am 11. November wurde die Bürgerwehr aufgelöst und am 12. November der Belagerungszustand verhängt.
Bismarck schrieb es sich zu, »die Schwanzklemmer mitunter gepfeffert zu haben«, den König zu der ihm gegenüber, am 15. November abgegebenen Erklärung mit veranlaßt zu haben, daß er »die Rechte der Krone auf dem jetzt betretenen Wege konsequent durchführen werde«. Um mitzuhelfen, ihn auf diesen Weg zu bringen und auf ihm zu halten, schrieb er am 9. Dezember 1848 dem Bruder, sei er »seit dem September wie ein Perpendikel zwischen hier und Berlin, Potsdam und Brandenburg hin und hergegangen«.
Der Junker schwenkte mit nach rechts, brachte eigenen Schwung ein, ohne die Bewegung zu bestimmen oder gar den Ausschlag zu geben. Nun wollte er aufpassen und mitwirken, daß das Pendel nicht wieder nach links zurückschlug.
Dies war nicht auszuschließen. Die Verfassung, die der Monarch – nach Auflösung der Nationalversammlung am 5. Dezember 1848 – oktroyierte, aus eigenem Willensentschluß verlieh und eigener Machtvollkommenheit anordnete, fiel liberaler und demokratischer als erwartet aus: Presse- und Lehrfreiheit, Ministerverantwortlichkeit, zwei Kammern, davon die zweite durch allgemeine und gleiche Wahlen bestimmt.

Das konnte Bismarck nicht gefallen. Zwei Gründe bewogen den König und seine Berater, zu denen er eben nicht gehörte, der oktroyierten Verfassung einen freiheitlichen und parlamentarischen Anstrich zu geben. Die durch die Revolution erregten und durch die Gegenrevolution beunruhigten Gemüter sollten besänftigt werden. Und ein Preußen, das sich von einem offen reaktionären Österreich abhöbe, würde nicht die Hoffnung der liberalen Mehrheit der Frankfurter Nationalversammlung enttäuschen, daß ein preußischer Verfassungsstaat die Führung in einem deutschen Nationalreich übernehmen könnte.
Zwei Übeln auf einmal sah sich Bismarck gegenüber: einer preußischen Entwicklung, die dem Junker zuwiderlief, und einer daran geknüpften deutschen Erwartung, die der Preuße nicht teilte. Und seine Absicht, sich dieser doppelten Herausforderung als Abgeordneter der zweiten Kammer zu stellen, schien durch das allgemeine und gleiche Wahlrecht, das ihn bereits am Einzug in die preußische Nationalversammlung gehindert hatte, vereitelt zu werden.
»Mit dem Wahlgesetz habe ich heftige, leider erfolglose Kämpfe gefochten«, klagte er dem Bruder. »Ich glaube auch diesmal nicht, daß ich gewählt werde.« Dennoch zog er – im Wahlkreis Zauche-Belzig-Brandenburg – tapfer in den Wahlkampf, hielt, wie er seiner Frau berichtete, »inmitten von Qualm und Lärm unter 400 Menschen« eine »stürmisch beifällig aufgenommene Rede«, wobei er den Mund nicht weniger voll nahm als die ihm verhaßten Parlamentarier, unter die er treten wollte, um ihnen entgegentreten zu können.
»Es wird eine schwere Sache sein, wenn ich gewählt werden sollte, dies Leben ohne Ruhe im Herzen«, seufzte der Kandidat zwischen Bangen und Hoffen. Am 5. Februar 1849 gewann er mit knapper Mehrheit. Beim Siegesmahl wurde »Nun danket Gott« und das Preußenlied gesungen, das mit den Versen begann: »Ich bin ein Preuße, kennt ihr meine Farben? Sie schweben mir schwarz und weiß voran«, und in dem Bekenntnis gipfelte: »Ich bin ein Preuße, will ein Preuße sein.«
Mit diesem Credo betrat der knapp vierunddreißigjährige Bismarck endgültig den Paukboden der Politik. Er brachte den Willen, die Fähigkeit und die Beharrlichkeit mit, unter den Farben Schwarz und Weiß sein Preußen gegen die unter den Farben Schwarz-Rot-Gold verlangte deutsche Freiheit und Einheit zu verteidigen.

Schwarz-Weiß gegen Schwarz-Rot-Gold

»DAS WIRD JETZT nicht mehr getragen«, bedeutete Bismarck einem Unbekannten, dem er Anfang August 1848 in Stettin auf der Straße begegnete, und nahm ihm die schwarz-rot-goldene Kokarde vom Hute. Als »entschiedener Gegner des Deutschen Schwindels in allen Fassons«, wie er vom Kreuzzeitungs-Redakteur Wagener geschätzt wurde, hielt der Kreuzzeitungs-Ritter die Zeit für gekommen, die deutsche Trikolore zu streichen und den preußischen Adler wieder steigen zu lassen.

Selbst der Reichsromantiker, der auf dem Preußenthrone saß, Friedrich Wilhelm IV., wollte nicht mehr daran erinnert werden, daß er im März 1848 mit schwarz-rot-goldener Armbinde durch seine Haupt- und Residenzstadt geritten war. Vier Monate später erschienen in Berlin Plakate, die den preußischen Adler an das deutsche Kreuz geschlagen zeigten. Darüber schwebte Friedrich der Große, der den Schergen – einem Österreicher, einem Bayern und einem Vertreter der deutschen Gelehrtenrepublik – drohend zurief: »Nehmt euch in acht... Wenn er sich losreißt – scharf sind noch die Krallen!«

Er werde wie Phönix aus der Asche der Revolution auferstehen – daran glaubte und hoffte der preußische Junker und Royalist. Vom schwarz-rot-goldenen Rausche nicht ergriffen, blieb Bismarck nüchtern und fest auf dem schwarz-weißen Boden stehen, von dem er keinen Fußbreit an ein deutsches Nationalreich abtreten wollte, mit dessen Errichtung seit dem 18. Mai 1848 die deutsche Nationalversammlung in Frankfurt am Main beschäftigt war.

Für ihn war es schon schlimm genug, daß seit dem 22. Mai 1848 eine preußische Nationalversammlung in Berlin tagte, die – gewissermaßen als Unterabteilung der deutschen verfassunggebenden Versammlung – die Grundfesten des Königreiches – Monarchengewalt, Militärmacht und Adelsherrschaft – zu schleifen, den Staat Friedrichs des Großen zum Bauplatz für ein gesamtdeutsches Haus einzuebnen begann. Nach dem Willen von National-Demokraten sollte Preußen darin eine Mietspartei sein, nach der Vorstellung von National-Liberalen der auf die Hausordnung verpflichtete Hausmeister. So oder so – Preußen würde in Deutschland aufgehen, wie es Friedrich Wilhelm IV. vorlaut und voreilig angekündigt hatte.

Was, wie Bismarck meinte, als soziale Revolution – »indem man den Bauern und Arbeitern goldene Berge versprach« – begonnen hatte, schien in einer nationalen Revolution zu gipfeln. Sie würde, behauptete er, den bereits im eigenen Lande gebeutelten preußischen Adler in einen deutschen Käfig sperren.
Dieser Bedrohung setzte Bismarck sein schwarz-weißes Credo entgegen: Preußen müsse Preußen bleiben. »Es wird als solches stets in der Lage sein, Deutschland Gesetze zu geben, nicht, sie von anderen zu empfangen.« Er registrierte mit Genugtuung, daß seine ständig vorgebrachte Forderung zunehmend Gehör fand beziehungsweise mehr und mehr Preußen selber zu dieser Überzeugung gelangten.
Ein erster Hoffnungsschimmer erschien Anfang August 1848: Den preußischen Truppen wurde untersagt, mit den deutschen Truppen dem Reichsverweser in Frankfurt, dem österreichischen Erzherzog Johann, zu huldigen. Die preußischen Soldaten »folgen dem schwarz-weißen Banner, nicht dem dreifarbigen«, resümierte Bismarck. »Das dreifarbige haben sie seit dem 18. März als Feldzeichen ihrer Gegner kennengelernt. Unter ihnen sind die Töne des Preußenliedes, des Dessauer und des Hohenfriedberger Marsches wohl gekannt und geliebt, aber ich habe noch keinen preußischen Soldaten singen hören: ›Was ist des Deutschen Vaterland?‹«
Ende August 1848 erfolgte ein zweiter Preußenschlag gegen das Frankfurter Reichsregiment. Im Frühling dieses Jahres waren preußische Truppen unter den Farben Schwarz-Rot-Gold ins Feld gezogen – gegen Dänemark, das die Deutschen in Schleswig von ihren Brüdern in Holstein trennen und sie einem dänischen Einheitsstaat einzuverleiben gedachte. Bereits im Sommer brach Berlin den preußischen Feldzug für eine deutsche Sache ab, unter dem zunehmenden Druck der europäischen Mächte und wegen der nachlassenden Begeisterung für dreifarbige Anliegen.
Preußen ließ – durch den am 26. August 1848 mit Dänemark geschlossenen Waffenstillstand von Malmö – die sich zu den »Einheits- und Freiheitsbestrebungen Deutschlands« bekennenden Schleswig-Holsteiner fallen. Bismarck, der zwei Jahrzehnte später die Herzogtümer dem preußischen Staate einverleibte, begrüßte den Rückzug und bedauerte es, daß Preußen im April 1849 erneut gegen den König in Kopenhagen marschierten, die »Revolution in Schleswig gegen den rechtmäßigen Landesherrn« verteidigten.

»Bismarck dachte damals nur an Preußen und nicht an die Rücksichten auf Deutschland«, bemerkte ein halbes Jahrhundert später Erich Marcks, der dem Reichsgründer gewogene, ja ergebene Biograph. Bismarck selbst hatte noch 1881 bekannt: »In bin in erster Linie Royalist, dann ein guter Preuße und ein guter Deutscher.«
Während der deutschen Revolution verteidigte er in Zeitungsartikeln und Parlamentsreden preußische Interessen gegen deutsche Ideale. Der schwarz-rot-goldene Gegner saß nicht nur in der Nationalversammlung in Frankfurt, sondern auch im Landtag in Berlin. Hier galt es zunächst »die Angriffe der Anarchisten abzuwehren«, dann die liberalen und demokratischen »Mängel der Verfassung« zu beseitigen und schließlich, nach Festigung der königlich-preußischen Bastion, den von Frankfurt aus vorgetragenen deutsch-nationalen Angriff abzuwehren.
Für sein Preußen und gegen das Deutschland der anderen kämpfte der Abgeordnete Bismarck. Die zweite Kammer, in die ihn der Wahlkreis Zauche-Belzig-Brandenburg entsandt hatte, tagte vom 26. Februar bis 27. April 1849, als in Frankfurt der »unermeßliche, endlose Wortschwall« der Reichsparlamentarier zur Reichsverfassung gerann.
Auch ein preußischer Parlamentarier hatte nur das Wort als Waffe und nur eine Stimme beim Wahlgang. Aber ein konservativer Abgeordneter konnte auf eine verschworene Fraktionsgemeinschaft zählen und ein Verteidiger des alten Staates auf dessen ausübende Gewalt setzen, die von Tag zu Tag wieder erstarkte. Und ein Mann wie Bismarck, der mit dem Wort wie mit dem Florett zustieß oder wie mit dem Säbel dreinschlug, wußte sich, wenn schon nicht bei allen Respekt, so doch überall Gehör zu verschaffen.
Als er, bei seiner geharnischten Rede gegen die Aufhebung des Belagerungszustandes, von den liberalen Antragstellern ausgezischt wurde, erwiderte er: »Ich weiß, meine Herren auf dieser Seite, daß Sie andrer Ansicht sind wie ich. Es war auch keineswegs meine Absicht, Ihre Meinung auszusprechen, sondern die meinige.« Er beschied die Zischer: »Wer seine Ansicht mit andren Waffen als denen des Geistes verteidigt, von dem muß ich voraussetzen, daß ihm die Waffen des Geistes ausgegangen sind.«
»In der Tat ein Junker«, bemerkte ein Gegner. »Er spricht nicht fließend, sondern stößt die Worte heraus, wie mit verhaltener Wut

über die Revolution und die revolutionäre Versammlung, in welcher er sich befindet.« Bismarck verabscheute am »Kammerwesen«, daß »350 Leute über unser Vaterland beschließen, von denen kaum 50 wissen, was sie tun, und unter diesen wiederum wenigstens 30 ehrgeizige und gewissenlose Schurken oder von Eitelkeit ausgehöhlte Komödianten«.

Der Junker, der sich zu den verbleibenden 20 Gerechten zählte, verachtete Parlament und Parlamentarier. Aber er hatte, wenn er das Seine vor den Revolutionären bewahren wollte, keine andere Wahl, als auf deren Niveau hinabzusteigen und sich mit ihnen in den dort üblichen Waffen zu messen. So stand er, »eine lange straffe, etwas feiste Gestalt mit blondem Bart«, wie berichtet wurde, »kerzengerade auf der Rednertribüne, warf »herausfordernd-eckig seine beißend-schroffen Sätze« in das Plenum, »bereit, wie es scheint, jeden Augenblick eine darauf erfolgende Forderung der Gegner höflich zu akzeptieren«.

Dabei war ihm und blieb ihm bewußt: Über Prinzipien wie »Wahrheit, Freiheit und Recht« werde »nicht durch die parlamentarische Debatte, nicht durch Majoritäten von elf Stimmen eine Entscheidung erfolgen können; über kurz oder lang muß der Gott, der die Schlachten lenkt, die eisernen Würfel der Entscheidung darüber werfen.«

Die deutsche Frage, so Bismarck bereits im Jahre 1849, »wird überhaupt nicht in unsrer Kammer, sondern in der Diplomatie und im Felde entschieden, und alles was wir darüber schwatzen und beschließen, hat nicht mehr Wert als die Mondscheinbetrachtungen eines sentimentalen Jünglings, der Luftschlösser baut«.

Als er noch nicht als Staatslenker den Knoten mit Diplomatie auflösen oder mit dem Schwert zu durchhauen vermochte, konnte er nur versuchen, durch Reden im preußischen Landtag und in Beiträgen für die *Kreuzzeitung* Entscheidungen zu beeinflussen. Otto von Bismarck, der als Staatsmann bei der Lösung der deutschen Frage zum Eisen griff und Blutvergießen nicht scheute, begann seine politische Laufbahn als Publizist, der Artikel mit Herzblut schrieb, und als Parlamentarier, der in Debatten, die er eigentlich für überflüssig hielt, seine Anliegen und Vorhaben verfocht.

Auch dabei setzte er sich voll und ganz ein, beispielsweise am 21. April 1849, als er in der zweiten preußischen Kammer gegen eine

Annahme der neuen Reichsverfassung und für die Erhaltung des alten Preußen sprach.
Die Frankfurter Nationalversammlung hatte am 28. März 1849, nach erbitterten Parteikämpfen und endlosen Parlamentsdebatten, ein Verfassungspapier beschlossen. Bismarck mißfiel, wie es zustande gekommen war, durch eine Koalition zwischen liberalen Rechten und demokratischen Linken, und erst recht, was es beinhaltete: einen Reichstag als Gesetzgeber für Deutschland, einschließlich Preußens, bestehend aus einem allgemein und direkt gewählten Volkshaus und einem zur Hälfte von den Regierungen und zur Hälfte von den Parlamenten der Einzelstaaten beschickten Staatenhaus.
In seiner Gegenrede brandmarkte Bismarck als Grundübel dieser Reichsverfassung, daß sie aus dem Brunnen der Weisheit jener Theoretiker geschöpft habe, die seit Rousseaus »Contrat social« nichts gelernt und nichts vergessen hätten: »Sie sanktioniert das Prinzip der Volkssouveränität.« Dadurch werde der König von Preußen veranlaßt, »seine bisher freie Krone als Lehen von der Frankfurter Nationalversammlung anzunehmen, und wenn diese Volksvertreter es dreimal beschließen, so hat der König und jeder andre Fürst, der Untertan des engeren Bundesvolkes geworden ist, aufgehört zu regieren«.
Die Frankfurter Verfassung »bringt uns zweitens die direkten Wahlen im allgemeinen Stimmrecht«. Er sehe voraus, »daß bei diesem Wahlgesetz, mit Rücksicht auf den Zuwachs, der aus den kleinen republikanisierten Staaten kommen wird, die Linke sich gegen die Rechte bedeutend verstärken wird, und das halte ich für das Land und die Krone für ein großes Unglück«.
Bismarck vermochte der Reichsverfassung auch dadurch nichts abzugewinnen, daß der Habsburger dem engeren Bunde nicht angehören und der Hohenzoller als erblicher Kaiser an die Spitze des Nationalreiches treten sollte. Den Vorteil, den Nebenbuhler verdrängt zu haben, überwiege der Nachteil, daß Preußen nicht mehr Preußen sein würde. »Die Frankfurter Krone mag sehr glänzend sein, aber das Gold, welches dem Glanze Wahrheit verleiht, soll erst durch das Einschmelzen der preußischen Krone gewonnen werden.«
Der Abgeordnete redete und der König handelte: Friedrich Wilhelm IV. nahm die ihm von den deutschen Volksvertretern angebotene

deutsche Kaiserkrone nicht an, weil sie aus »Dreck und Letten der Revolution, des Treubruchs und des Hochverrats geknetet« sei. Er wollte nicht ein Herrscher von Volkes Gnaden werden, weder in einem deutschen Nationalreich und schon gar nicht in seinem preußischen Königreich. Aus dem Märzkönig, der Bismarcks Mißfallen erregt hatte, schien wieder ein Monarch geworden zu sein, der wußte, was er seinem Haus und dessen Stützen schuldig war.
Jedenfalls begann Friedrich Wilhelm IV. – unter Zureden und mit Nachhilfe der Junkerpartei – jenen Grundübeln zu Leibe zu rücken, die Bismarck an der Papier gebliebenen Reichsverfassung kritisiert hatte und die ihm in der in Kraft getretenen preußischen Verfassung zuwiderliefen: die Beschränkung der Monarchensouveränität zugunsten der Volkssouveränität und das allgemeine, direkte Wahlrecht, durch das – wie Bismarck meinte – »der Einfluß einer jeden Volksklasse in demselben Maße steigen müsse, in welchem ihre politische Bildung und Urteilsfähigkeit abnimmt« und – wie Bismarck befürchtete – die Progressiven die Oberhand über die Konservativen gewännen.
Bereits in der allgemein und direkt gewählten zweiten Kammer, in die er nur mit knapper Mehrheit gelangt war, konnte sich der Junker der Gegner kaum erwehren. Sein Lehnsherr kam ihm mit schweren Waffen zu Hilfe. Der König löste am 27. April 1849 die demokratisch gewählte und sich demokratisch gebärdende Volksvertretung auf und verordnete am 30. Mai 1849 das Dreiklassenwahlrecht.
Die Bevölkerung wurde, nach dem Steueraufkommen, in drei Klassen eingeteilt. Stimme war nicht mehr gleich Stimme. Die wenigen großen Steuerzahler konnten – bei indirektem Wahlverfahren und öffentlicher Stimmabgabe – ebenso viele Wahlmänner, welche die Abgeordneten wählten, bestimmen wie der breite Mittelstand und die anwachsende Masse der Wenigbesitzenden und Habenichtse.
Dieses Klassenwahlrecht, das bis 1918 die demokratische Rückständigkeit des Königreiches Preußens bezeugte, legte die Grundlage für den späteren Kompromiß zwischen Aristokratie und Bourgeoisie, mit dem Bismarck seine Reichsgründung absicherte. Stets kam es der Krone, immer den Besitzenden, zunächst vornehmlich dem grundbesitzenden Adel zugute.
Damit rechnete auch Bismarck, der bei den nach dem Dreiklassenwahlrecht für Juli 1849 ausgeschriebenen Landtagswahlen sich in

Zauche-Belzig-Brandenburg ein besseres Ergebnis erhoffte als das letztemal, als noch allgemein und direkt gewählt worden war. Im Wahlkampf mußte er indessen erfahren, daß sein Name selbst auf die gutwillige Landbevölkerung wirkte, »als wenn man gleich ein Paar ›altpreußische Fuchtelhiebe‹ übergezogen erhalten sollte«. In einer Versammlung rief ein Gegner, Grillparzer zitierend: »Bismarck-Schönhausen wollt ihr wählen, ihn, ›der in des Landmanns Nachtgebet hart neben an dem Teufel steht‹?«

So wurde er denn wiederum nur mit bescheidener Mehrheit gewählt. Das Dreiklassenwahlrecht hatte jedoch die Zusammensetzung der am 7. August 1849 zusammentretenden zweiten Kammer entscheidend verändert: Die Rechte war angewachsen, und auf der Linken sah er nur noch konstitutionelle Liberale und keine radikalen Demokraten mehr.

Er vermißte seine harten Gegner, mit denen der Kampf amüsanter gewesen sei als mit den verbliebenen Lauen, »welche dieselben Grundsätze wie jene predigen, nur nicht den Mut der Konsequenz bis ans Ende haben und ihr Gift mit heuchlerischem Patriotismus überzuckern, dessen Kern stets Egoismus und Herrschsucht in ihrem und ihres ›gebildeten Bürgerstandes‹ Interesse bleiben«.

Zeitlebens erblickte er in den Liberalen die gefährlichsten Gegner. Das lag auch an deren Zahl; denn auf preußischem Boden gediehen gemäßigte Girondisten üppiger als radikale Jakobiner. Am meisten jedoch störte ihn an den Liberalen, daß sie – wie ihre Vorgänger in der Französischen Revolution – »den Staatswagen bis an den Rand des Abgrundes schoben«, ohne daß sie ihn so weit kommen lassen oder ihn gar hinabstürzen wollten.

Zunächst suchte Bismarck das »Nachlinksgleiten in immer beschleunigtem Tempo« aufzuhalten. Dann – während der Reichsgründung – machte er sich den Patriotismus wie die Herrschsucht der Liberalen, vor allem aber ihren Schrecken angesichts des Abgrundes zunutze, spannte sie vor den eigenen Wagen, um sie – nach der Reichsgründung – wieder auszuspannen, als er sie nicht mehr brauchte. Die Zeitläufte bestätigten seine bereits in den Revolutionsjahren gefaßte Meinung. Seine Kräfte nähmen zwar täglich ab, erklärte er 1881, zugleich jedoch wüchse »sein Haß gegen den Liberalismus in der Form, wie er sich heutzutag breit mache« – weil dieser eben immer weiter gerate, als seine Beweger es wünschten.

In der zweiten preußischen Kammer, die vom 7. August 1849 bis zum 26. Februar 1850 tagte, war es gelungen, die konstitutionellen Liberalen an die Kandare zu nehmen. Nach der gescheiterten deutschen und der steckengebliebenen preußischen Revolution standen die Signale auf Reaktion. Die von einem wankend gewordenen König gewährte Verfassung konnte zwar nicht mehr beseitigt werden, wurde aber so beschnitten, daß ihre liberal-demokratischen Sprößlinge lange brauchen sollten, um wieder auszutreiben.
Im »Revisionslandtag« griff der Abgeordnete Bismarck, der die Frankfurter Heckenschere zurückgewiesen hatte, zur preußischen Heckenschere, ohne die Verfassung so zustutzen zu können, wie er es im Sinn hatte. Immerhin wurde in der am 31. Januar 1850 verkündeten revidierten Verfassung das Dreiklassenwahlrecht bestätigt, das Vereinsrecht eingeschränkt, ein Notverordnungsrecht beibehalten. Bestehen blieben, wenn auch auf königlich-preußisches Maß gebracht, Relikte der Revolutionszeit wie Ministerverantwortlichkeit und Ministeranklage. Zustande kam ein monarchisch-konstitutioneller Kompromiß: Die ausübende Gewalt verblieb dem Monarchen, die gesetzgebende Gewalt wurde »gemeinschaftlich durch den König und die beiden Häuser des Landtages ausgeübt«.
Der Royalist Bismarck hätte dem König von Gottes Gnaden lieber dessen volle weltliche Macht zurückgegeben. Der Junker Bismarck hätte gerne die Interessen der Grundbesitzer verletzende und Vorrechte des Feudaladels aufhebende Agrarreform wenigstens ein Stück weit zurückgedreht. Doch der Realist Bismarck sah ein, daß Schlimmeres verhütet, Mögliches erreicht, das preußische Haus wieder einigermaßen in Ordnung gebracht worden war.
Preußen stand im Innern gefestigt und nach außen gesichert da. Die Frankfurter Stürme hatten ihm wenig anzuhaben vermocht. Ein Wort seines Königs, das Nein zum Kaiserantrag, hatte das deutsche Wolkenkuckucksheim zum Einsturz gebracht. Die Aufstände in Sachsen, in der bayerischen Rheinpfalz und in Baden, die im Frühjahr 1849 aufgeflackert waren, wurden im Nu ausgetreten, vom preußischen Militär, das sich auch als deutscher Ordnungshüter bewährte.

DIE MACHTSTELLUNG PREUSSENS in Deutschland und darüber hinaus in Europa nicht nur zu erhalten, sondern auch zu verstärken, war und blieb ein Ziel Bismarcks. Um es nicht zu verfehlen, wollte er die Wesenselemente preußischer Macht – Königtum, Adel, Armee – möglichst ungeschmälert erhalten. Um es nicht unerreichbar zu machen, bekämpfte er alle Versuche der Nationalbewegung, Preußen in Deutschland aufgehen zu lassen. Um es zu erreichen, beschwor er – vorerst in der Theorie – den friderizianischen Geist. Was hätte denn Friedrich der Große getan, wenn er im Jahre 1849 König gewesen wäre? Er hätte entweder zusammen mit Österreich den gemeinsamen Feind, die Revolution, vernichtet, oder es gewagt – was Bismarck noch lieber gewesen wäre –, »mit demselben Recht, mit dem er Schlesien eroberte, nach Ablehnung der Frankfurter Kaiserkrone den Deutschen zu befehlen, welches ihre Verfassung sein solle, auf die Gefahr hin, das Schwert in die Waagschale zu werfen«.

Der Abgeordnete Bismarck griff dem Reichsgründer Bismarck vor, der Prinz von Preußen dem Reichsgründer Wilhelm I.: »Wer Deutschland regieren will«, erklärte der künftige König und Kaiser am 20. Mai 1849, »muß es sich erobern«, à la Gagern – nach Art der Frankfurter Nationalversammlung – gehe es nun einmal nicht.

Doch was tat Friedrich Wilhelm IV., der gegenwärtige König von Preußen? Nach dem Scheitern der Einigung Deutschlands von unten versuchte er sie von oben her zu bewerkstelligen – nicht durch ein Diktat der preußischen Waffen in Vollstreckung preußischer Interessen, sondern im Bündnis mit deutschen Fürsten und in einer Koalition mit konstitutionellen Liberalen. Am 26. Mai 1849 schloß Preußen den Dreikönigsbund mit Sachsen und Hannover, dem sich kleinere Souveräne zugesellten. Im Juni 1849 billigten 148 Mitglieder der liberalen, kleindeutschen Fraktion der aufgelösten Frankfurter Nationalversammlung in Gotha den preußischen Unionsplan. Vorgesehen war ein Mittelweg zwischen Monarchensouveränität und Volkssouveränität, Nationalstaatlichkeit und Eigenstaatlichkeit, Unitarismus und Föderalismus. Die von den Regierungen beschlossene Verfassung sollte durch einen Reichstag bestätigt werden. Neben dem Fürstenhaus stand ein nach dem Dreiklassenwahlrecht bestimmtes Volkshaus. Erblicher Reichsvorstand war der König von Preußen, doch nur als Primus inter pares, als Erster unter den ihm Gleichen, der Union freiwillig beigetretenen und als gleichberechtigt behandelten Mitfürsten. Die großdeutsche Tür blieb

offen: Der kleindeutsche engere Bund sollte mit Österreich völkerrechtlich in einem weiteren Bund vereinigt sein.
Deutsche Ideale schienen mit preußischen Interessen übereinzustimmen. Im Deutschen Bund von 1815, der von der Nationalstaatsbewegung bekämpft und durch die deutsche Revolution von 1848 beseitigt worden war, galt Preußen nur als Konzertmeister unter dem Dirigenten Österreich. In der Fürstenunion hätte Preußen die Stabführung in einem deutschen Klangkörper übernommen, ohne auf ein nationales Zusammenspiel mit dem Nachbarorchester Österreich zu verzichten. Im Grundsatz wäre das monarchische Prinzip gewahrt, vielleicht sogar gesichert, jedenfalls durch einen Kompromiß mit Liberalismus und Konstitutionalismus up to date gebracht worden.
Für Bismarck war es ein fauler Kompromiß. Der Konservative sperrte sich gegen Konzessionen an den demokratischen Zeitgeist, weil dieser, selbst wenn man ihm jetzt nur den kleinen Finger reiche, bald die ganze Hand verlangen würde. Der schwarz-weiße Patriot verwarf den Unionsplan, weil er nicht wollte, daß der schwarz-rot-goldene Nationalismus, dem man eben die Vordertüre gewiesen hatte, durch die Hintertüre hereingelassen würde.
In der Unionsverfassung, erklärte er am 6. September 1849 im Landtag, werde das preußische Königtum, die preußische Allgewalt, zu einem Bundesglied degradiert. Er sei nicht bereit, die geschichtlich gewachsene und eben bewahrte preußische Staatspersönlichkeit aufzugeben. Was sie gerettet habe, »war der Rest des verketzerten Stockpreußentums, der die Revolution überdauert hatte, die preußische Armee, der preußische Schatz, die Früchte langjähriger intelligenter preußischer Verwaltung und die lebendige Wechselwirkung, die in Preußen zwischen König und Volk besteht«. Dieses Volk »hat kein Bedürfnis, sein preußisches Königtum verschwimmen zu sehen in der fauligen Gärung süddeutscher Zuchtlosigkeit. Seine Treue haftet nicht an einem papiernen Reichsvorstand, nicht an einem Sechstel-Fürstenrat, sie haftet an dem lebendigen und freien Könige von Preußen, dem Erben seiner Väter«.
Mit starken Worten, den einzigen Waffen, die ihm derzeit zur Verfügung standen, wehrte sich Bismarck gegen eine Preisgabe der Unabhängigkeit seines Staates – nicht nur um Preußens, sondern auch um Deutschlands willen. Denn der Unionsplan vernichte mit

dem »spezifischen Preußentum« den »besten Pfeiler deutscher Macht« und verkaufe für ein Linsengericht das preußische Erstgeburtsrecht zur Lösung der deutschen Frage zu seinem Nutz und Frommen. Auch deshalb müsse Preußen, »welches die einzige gesunde und kräftige Grundlage einer engeren Einigung bilden kann«, sich »gegen die auflösenden und schwächenden Angriffe« der Gothaer Nationalliberalen wie vordem der Frankfurter Nationaldemokraten verteidigen.

Doch Bismarck kam um die Feststellung nicht herum, daß der Unionsplan nicht aus der Frankfurter Modeschneiderei beziehungsweise aus der Gothaer Änderungsschneiderei, sondern aus dem Berliner Hofschneidersalon kam. Sein Groll gegen Friedrich Wilhelm IV., dessen Rechte nicht zu wissen schien, was seine Linke tat, erhielt neue Nahrung. Direkt durfte er den Monarchen nicht kritisieren, den er in seinen Landtagsreden wie in seinen Zeitungsartikeln als Panier des Preußentums hinstellte. Die Ursache für das unpreußische Verhalten des Preußenkönigs mußte woanders gesucht und gebrandmarkt werden: im allgemeinen bei dessen Umgebung, den »mehr oder weniger geistreichen Adjutanten, Kabinettsräten, Gelehrten, unehrlichen Strebern, ehrlichen Phantasten und Höflingen«, im besonderen bei dessen engstem Berater Joseph Maria von Radowitz.

Dieser Mann war ihm nicht geheuer. Radowitz stammte aus ungarischem Adel, der dem preußischen Junker als halbseiden galt. Er war Katholik, was den Protestanten, und ein Romantiker, was den Realisten gegen ihn einnahm. Zudem war er umfassender gebildet und verstand dies geschickter anzubringen, in grundsätzlichen Reden, die besser aufgebaut und vorgetragen als diejenigen Bismarcks waren, und in geistreichen Bemerkungen, die dessen Aperçus nicht an Brillanz, lediglich an Bosheit nachstanden.

Eine unpreußische Erscheinung mit einer unpreußischen Laufbahn war in das preußische Allerheiligste, bis an den Thron des Hohenzollern gelangt. Ausgebildet auf einer französischen Kriegsschule, hatte Radowitz unter der Fahne des Rheinbundkönigs Jérôme von Westfalen gedient. In der Frankfurter Nationalversammlung war er Führer einer konservativen Fraktion gewesen, die sich ein Deutschland ohne Österreich schwerlich vorstellen konnte. Nun fungierte er, wie Bismarck bemerkte, als »geschickter Garderobier der mittelalterli-

chen Phantasie« Friedrich Wilhelms IV., und dem »großen Magier« gelang es, den schwachen Monarchen zu bewegen, die durch die Nationalrevolution diskreditierte Reichsromantik im preußisch-deutschen Unionsplan wiederauferstehen zu lassen.
Gegen den neuen »parlamentarischen Schwindel« zog Bismarck im Erfurter Reichstag vom Leder. Dieser war am 20. März 1850 zusammengetreten, um über die ihm vorgelegte Verfassung der kleindeutschen Union zu beraten. Bismarck war in seinem Wahlkreis mit knapper Mehrheit in das Volkshaus entsandt worden, und seine Partei erwartete von ihm, daß er die Souveränität des preußischen Königtums gegen die Vertreter der Souveränität des Unionsvolkes verteidigte.
In Erfurt waren die in Gotha formierten Frankfurter Traditionstruppen in der Überzahl. Bismarck wurde zum Schriftführer bestimmt, saß hoch oben neben dem Präsidenten, den er nicht riechen konnte.
Denn Eduard Simson verkörperte all das, was er verabscheute: Er war Königsberger, Jude, Liberaler und Staatswissenschaftler, hatte als Präsident der Frankfurter Nationalversammlung dem König von Preußen die Kaiserkrone von Volkes Gnaden angeboten und versuchte nun, dem »Gespenst der dahingeschiedenen Majorität der Paulskirche« Fleisch und Blut in Unionsgestalt zu geben. »Was hätte mein Vater gesagt«, seufzte der Junker, »wenn er erlebt hätte, daß ich Schreiber bei einem Juden geworden bin?«
Dem zum parlamentarischen Schriftführer gewordenen antiparlamentarischen Royalisten verdrossen auch die sich auf den Pressebänken tummelnden Vertreter »der sogenannten öffentlichen Meinung, die doch nichts ist, als die Oberflächlichkeit derjenigen konstitutionellen Schreier, die sich am unverschämtesten geltend zu machen wissen.« Bismarck warf einigen Berichterstattern vor, ihre Sitzungsberichte »trügen das Gepräge der Entstellung in einem Grade, welcher die Vermutung der Unabsichtlichkeit ausschließt.«
Der Schriftführer legte sich mit dem Journalisten August Ludwig von Rochau an, der drei Jahre später das Schlagwort »Realpolitik« prägte, die Macht als die Bedingung des Glückes der Nation bezeichnete – ein Begriff, mit dem der sich vom Ideenpolitiker zum Machtpolitiker mausernde Junker zu hantieren begann, und eine

Begründung, die er billigte, freilich mit dem wesentlichen Unterschied, daß Rochau die Macht einer Volksherrschaft und Bismarck die Macht der Königsherrschaft meinte.
Als deren Verteidiger gegen die Unionsbefürworter und – unausgesprochen – gegen den auf Unionsabwege gedrängten Friedrich Wilhelm IV. profilierte sich Bismarck im Erfurter Reichstag. Aufsehen erregte seine Rede am 15. April 1850, in der er Änderungen der Unionsverfassung zugunsten des preußischen Monarchen verlangte, der im vorgesehenen Bunde wie im eigenen Staate ohne Einschränkung durch Parlamente und Fürsten regieren sollte.
Der Abgeordnete der Rechten erinnerte an einen Reichstag, der zur Zeit des römisch-deutschen Reiches ebenfalls in Erfurt abgehalten worden war, »um der Schinderei der Fürsprecher und Zungendrescher, deren Unwesen damals in Deutschland unerträglich gewesen sei, ein Ende zu machen«. Die angedeutete Analogie zwischen damals und heute wurde auf der Rechten mit Beifall und auf der Linken mit Schweigen quittiert. »Sollte die Versammlung«, fuhr Bismarck fort, »hier ein ähnliches Resultat haben, dann werde ich glauben, daß die Raben vom Kyffhäuser vertrieben und und daß der Tag der deutschen Einheit nahe herbeigekommen ist.«
Die Raben blieben, Barbarossa mußte bis 1871 warten. Doch schon 1850 ließ der spätere Reichsgründer keinen Zweifel daran, daß für ihn eine Einigung Deutschlands nur durch ein starkes und nicht mit einem von Volksvertretern geschwächten und von Mitregenten beeinträchtigten Preußen in Frage käme. Bis auf weiteres hielt er es für notwendig, die preußischen Kräfte zusammenzufassen und antipreußische Kräfte zurückzuhalten.
In Erfurt hatten die »Fürsprecher« eines deutschen Föderalismus ohne preußische Hegemonie und die parlamentarischen »Zungendrescher« noch die Oberhand. Die Schwarz-Weißen wurden von den Schwarz-Rot-Goldenen überstimmt. Dennoch kam die kleindeutsche Union nicht zustande. Zur Genugtuung Bismarcks erwiesen sich die konservativen Prinzipien stärker als die progressiven Programme – weil eben hinter ihnen staatliche Macht stand: die Macht des Königs von Preußen, der sich von Radowitz abwendete, die Macht Sachsens, Hannovers, Bayerns und Württembergs, die sich in einem Vierkönigsbündnis gegen die preußische Union zusammentaten, und vor allem die Macht Österreichs.

Das Vielvölkerreich war durch die Revolution stärker erschüttert und nachhaltiger geschwächt worden als die Hohenzollernmonarchie. Erst im Sommer 1849 war der Aufstand der Ungarn niedergeworfen worden, mit Hilfe Rußlands, das die Reaktion stets und überall unterstützte. Bismarck hätte es lieber gesehen – wie er am 6. September 1849 im Landtag angedeutet hatte –, wenn in Ungarn von Preußen »die glänzende Rolle« übernommen worden wäre, »welche der Kaiser von Rußland gespielt hat«, wenn der Hohenzoller im Verein mit dem Habsburger, dem »alten Kampfgenossen«, die Revolutionäre zu Paaren getrieben hätte.
Noch überwog in Bismarck der Gegenrevolutionär den Realpolitiker, hielt er die Schwächung des Bruders für gefährlicher als eine Erstarkung des Rivalen, obgleich dieser, kaum erholt, wieder auf seinen Führungsanspruch in Deutschland zurückkam. Am 2. September 1850 wurde unter österreichischem Vorsitz der Frankfurter Bundestag, der Gesandtenkongreß des 1848 überrollten Deutschen Bundes, wiedereröffnet. Zwar blieb Österreich vorerst mit seinen Anhängern allein, aber der entscheidende Gegenzug zur preußischen Union war erfolgt.
Schon drohte ein Konflikt im gesamtdeutschen Haus. Der Kurfürst von Hessen, ein Reaktionär trübsten Wassers, bat den Bundestag um Beistand gegen seine aufsässigen Untertanen. Das österreichische Lager ergriff die Gelegenheit, die Aktionsfähigkeit des restaurierten Bundes zu beweisen und ein gegenrevolutionäres Exempel zu statuieren. Der Rumpfbundestag beschloß die Bundesexekution durch bayerische und österreichische Truppen.
Preußen sah mit seiner kleindeutschen Union seine staatlichen Interessen bedroht. Kurhessen diente ihm als Korridor zwischen dem Kernland und den Westprovinzen, der für seine Truppen offen bleiben mußte und nicht von anderen Truppen versperrt werden durfte. Friedrich Wilhelm IV. ließ preußische Soldaten in Hessen einmarschieren. Ein Zusammenstoß mit den einrückenden Bayern und Österreichern drohte – bereits im Jahre 1850 ein deutscher Krieg.
Bismarck wurde aus der ländlichen Ruhe aufgeschreckt, die er zwischen der Schlußsitzung des Erfurter Reichstages am 29. April und der Wiedereröffnung des Landtages am 21. November wie »Cincinnatus mit Gartensäge und Hippe« genoß. Nun mußte er sie vorzeitig im Stich lassen und sich bereits am 14. November nach

Berlin verfügen, wo kampflüsterne Falken und friedfertige Tauben sich ins Gehege gekommen waren.
Der Friderizianer in ihm wäre nicht abgeneigt gewesen, zur Wahrung preußischer Interessen »alle preußischen Klingen hoch und freudig in der Sonne blitzen zu lassen«. Der Konservative jedoch wollte lieber an der preußisch-österreichischen Einheitsfront gegen die gegenwärtig durch die preußischen Unionsbestrebungen geförderten Umsturzbewegungen festhalten. Und der Realist erkannte, daß Preußen in einem Krieg gegen Österreich und die mit ihm verbündeten Königreiche kaum eine Chance gehabt hätte.
Denn hinter dem deutschen Nebenbuhler stand die Großmacht Rußland, die als Gralshüter der Heiligen Allianz keinen Bodengewinn der Revolution und als Statthalter des europäischen Gleichgewichtssystems keinen Machtgewinn Preußens duldete. Zar Nikolaus I. forderte ultimativ die Aufhebung der Unionsverfassung und den Rückzug der preußischen Truppen.
Friedrich Wilhelm IV. tat das, was auch Bismarck an seiner Stelle getan hätte: Er blies zum Rückzug. Der König hatte seinen Intimus, den Unionsfreund und Kriegstreiber Außenminister Radowitz bereits am 2. November fallenlassen, worauf Bismarck »vor Freude auf meinem Stuhl rund um den Tisch geritten« war. In Berlin angekommen, gesellte er sich zu den Partisanen des Friedens. »Der Krieg wäre jetzt ein vollständiger Unsinn, der von Hause aus die Folge haben würde, daß unsre Regierung noch 2 Meilen weit nach links rutschen würde«, schrieb er am 24. November seiner Frau. »Behalten wir Frieden, so hat mich Gott gewürdigt, nicht ohne Mitwirkung dabei zu sein.«
Preußen war auf dem Wege nach Olmütz. Am 29. November 1850 unterzeichneten sein Ministerpräsident Manteuffel und der österreichische Ministerpräsident Schwarzenberg im Beisein des russischen Aufpassers Meyendorff die »Olmützer Punktation«. Preußen verzichtete auf die Union, den verfrühten Versuch einer kleindeutschen Reichsgründung, und schwenkte wieder in die Reihen des Deutschen Bundes von 1815 ein, der 1851 mit bisheriger Mitgliederzahl und in herkömmlicher Reaktionsgesinnung wiederhergestellt wurde. Österreich hatte sich in der großen deutschen wie in den kleinen deutschen Fragen durchgesetzt: In Hessen blieb der Kurfürst, in Holstein der dänische König der Herr.

Preußen sei nach Canossa gegangen, klagten deutsche Liberale, die ihre Hoffnungen auf die Union gesetzt hatten,wie preußische Friderizianer, welche die Kapitulation vor Österreich, die »Schmach von Olmütz«, nicht verwanden. Preußische Konservative wußten nicht recht, ob sie den Sieg der Reaktion begrüßen oder die Niederlage ihres Königs bedauern sollten.

In diesem Moment trat Otto von Bismarck am 3. Dezember 1850 auf die Tribüne des Landtages und auf den Plan einer Politik, die weniger fragte, was wünschenswert als was machbar sei.

Noch ließ er bei seiner Verteidigung des Vertrages von Olmütz die Fahne einer konservativen Grundsatzpolitik nicht sinken: Es wäre eine Sünde wider den heiligen Geist des monarchischen Prinzips, wenn das Königreich Preußen für die Union, »ein zwitterhaftes Produkt furchtsamer Herrschaft und zahmer Revolution«, mit dem konterrevolutionären Österreich die Waffen kreuzte. Dem monarchischen Preußen, erklärte Bismarck, sei es nicht zuzumuten, daß es »überall in Deutschland den Don Quijote spiele für gekränkte Kammerzelebritäten, welche ihre lokale Verfassung für gefährdet halten«. Es sei nicht seine Aufgabe, die demokratische Sache zu fördern, sondern sie in Preußen und Deutschland zu blockieren.

Doch mit dem Prinzipienpolitiker meldete sich der Realpolitiker zu Wort. Auf der Linken werde verlangt, Preußen solle für ein liberales und demokratisches Deutschland einen Krieg wagen – also für einen Traum, der für jeden echten Preußen ohnedies ein Alptraum sei. »Die einzig gesunde Grundlage eines großen Staates, und dadurch unterscheidet er sich wesentlich von einem kleinen Staate, ist der staatliche Egoismus und nicht die Romantik, und es ist eines großen Staates nicht würdig, für eine Sache zu streiten, die nicht seinem eigenen Interesse angehört.«

Die konservative Partei ließ Bismarcks Rede vom 3. Dezember 1850 drucken und in 20000 Exemplaren verbreiten. In ihrem Beifall über die Abrechnung mit der revolutionären Ideologie ging die Einsicht unter, daß ja auch der Konservativismus eine Ideologie war, kam das Bedenken nicht auf, daß dieser Verfechter des staatlichen Egoismus auch die Konservativen als Romantiker bezeichnen und bekämpfen könnte, wenn sich ihr Parteiprogramm nicht mehr mit dem Staatsinteresse deckte.

Dem Befürworter der Staatsräson hätten die sich formierenden

Friderizianer beipflichten können, wenn er in Friedrichs des Großen Spuren gegen den machtpolitischen Rivalen Österreich losgezogen wäre und nicht auf der monarchischen Solidarität mit dem Habsburger bestanden hätte, dem »Erbe einer langen Reihe deutscher Kaiser«.

Bismarck, in dem der Friderizianer bald die Oberhand über den Legitimisten bekommen sollte, ließ sich eine Hintertür offen: »Die Hauptfrage, die Krieg und Frieden birgt, die Gestaltung Deutschlands, die Regelung der Verhältnisse zwischen Preußen und Österreich« werde in den bevorstehenden Dresdner Konferenzen behandelt werden, in die Preußen mit der Forderung nach Parität mit Österreich im restaurierten Deutschen Bund hineinginge. Wenn diese Verhandlungen für Preußen kein positives Ergebnis hätten, »bleibt es noch immer Zeit, einen Krieg zu führen«.

Diesen Krieg führte Bismarck als preußischer Ministerpräsident eineinhalb Jahrzehnte später, nachdem sich Wien schon in Dresden und auch weiterhin gesträubt hatte, Berlin die Gleichberechtigung oder gar eine Vorrangstellung in Deutschland zuzugestehen.

Wie Österreich auf seinen Primat pochte, mit einer unnachahmlichen Mischung aus salopper Arroganz und penetrantem Charme, das mußte Bismarck bald persönlich erleben. Auf Betreiben Leopold von Gerlachs berief Friedrich Wilhelm IV. den Junker, der sich im Parlament um König und Vaterland verdient gemacht hatte, zum preußischen Gesandten am Deutschen Bundestag in Frankfurt.

Der konservative Parteiführer Hans von Kleist-Retzow, ein Onkel von Bismarcks Frau, gab seinem Freund ein Psalmwort mit: »Die Heiligen sollen fröhlich sein und preisen und ruhen auf ihren Lagern«, sollen »scharfe Schwerter haben« und »Strafe üben unter den Völkern«. Die Parteifreunde erwarteten von ihm, daß er mit ihnen den Triumph der Reaktion feiere, Seite an Seite mit dem österreichischen Gesandten die wiedergewonnene Ruhe im monarchischen Bunde gewährleiste und das aufsässige Volk niederhalte.

Wenn sie seinen Reden aufmerksamer zugehört und seine Artikel genauer gelesen hätten, wäre ihnen nicht verborgen geblieben, daß Bismarck dabei war, sich seinen Protektoren zu entziehen. Der Vertreter adeliger Vorrechte und Verfechter konservativer Prinzipien befand sich auf dem Wege zum preußischen Machtpolitiker, und sie halfen ihm noch voran, indem sie ihm ein Amt übertrugen,

das ihm politische Pragmatik, diplomatische Finesse und staatsmännisches Handeln lehrte.
In den letzten Jahren, in denen die Themen des Jahrhunderts in geballter Form und dramatischer Weise aufgeworfen worden waren, hatte er in der Theorie vieles durchdacht und sich verschiedenes ausgedacht. In der Praxis reifte es nun zu geschichtlicher Bedeutung heran.

Der Realpolitiker

Bismarck als Gesandter in Paris. Photographie von 1862

Im Frankfurter Bundestag

DEN »AUGENBLICKLICH WICHTIGSTEN POSTEN unsrer Diplomatie« habe er nicht gesucht, erklärte er seiner Frau, »der Herr hat es gewollt«, und so müsse er gehorchen, denn »ich bin Gottes Soldat, und wo er mich hinschickt, da muß ich gehn«.

Herr von Bismarck-Schönhausen wäre auch dem Ruf gefolgt, eine Fregatte zu kommandieren oder eine Steinoperation durchzuführen, behaupteten liberale Blätter, die seinen Ehrgeiz kannten und seinen Machttrieb fürchteten. Preußische Bürokraten mißgönnten dem gescheiterten Regierungsreferendar die Blitzbeförderung auf eine Stelle, die – wie Bismarck bemerkte – »wichtiger als ein Oberpräsidium« sei, und neideten ihm die 3000 Reichstaler Gehalt, die er ab 8. Mai 1851 als Geheimer Legationsrat und erst recht die 21000 Reichstaler Gehalt, die er ab 15. August 1851 als Bundestagsgesandter beziehen sollte. Ministerpräsident Manteuffel, der Oberbürokrat, erhob Bedenken, ob ein Mann, der keinen Assessor gemacht hatte, den Anforderungen dieses hohen Staatsamtes gewachsen wäre.

Auch Friedrich Wilhelm IV. war skeptisch. Er hatte zwar seinem Generaladjutanten Leopold von Gerlach nachgegeben, der die konservative Gesinnung und die parlamentarischen Verdienste des Parteifreundes pries. Aber er hielt ihn nach wie vor eher dort am Platz, »wo das Bajonett schrankenlos waltet«, als im Bundestag, wo es auf diplomatischen Umgang mit den Vertretern des Kaisers von Österreich und der anderen deutschen Fürsten ankam.

»Sie haben viel Mut, daß Sie so ohne weiteres ein Ihnen fremdes Amt übernehmen«, sagte ihm Friedrich Wilhelm IV. in der seiner formellen Ernennung vorausgehenden Audienz. Seine Antwort, erzählte Bismarck später, sei gewesen: »Der Mut ist ganz auf Seiten Eurer Majestät, wenn sie mir eine solche Stellung anvertrauen.« Er habe den Mut zu gehorchen, wenn der König den Mut habe zu befehlen. Sein unerschütterliches Selbstvertrauen beruhte auf dem unermeßlichen Vertrauen in die Richtigkeit des Ratschlusses seines irdischen und vor allem beider himmlischen Herrn. »Gott hilft mir tragen, und mit Ihm bin ich der Sache besser gewachsen als die meisten unsrer Politiker, die statt meiner in Frankfurt sein könnten, ohne Ihn. Ich werde mein Amt tun; daß Gott mir den Verstand dazu gibt, ist seine Sache.«

Gott der Allmächtige hatte ihn auf den Posten gestellt, für den Er ihn geeignet hielt, ihm zu einer Stellung verholfen, die er für angemessen fand und die ihm gelegen kam. Nachdem er seine Passion für die Politik entdeckt hatte, strebte er danach, ihr nicht nur in Parlamentsreden und Zeitungsartikeln zu frönen, sondern in ein Amt zu gelangen, in dem er die Gedanken, die ihn bewegten, an der Wirklichkeit zu erproben und in Taten umzusetzen vermöchte.

Der Preis war der Abschied von der Beschaulichkeit des Landlebens und der Unabhängigkeit eines Landedelmanns. Der zum Beamten gewordene Junker war entschlossen, ihn niedrig zu halten: durch die Absicht, die Verbindung zur heimatlichen Scholle nicht abreißen zu lassen, und den seiner selbstbewußten Natur entsprechenden Vorsatz, sein Staatsamt möglichst selbständig auszuüben.

Anfänglich gab es noch Bedauern über die Preisgabe des Gewohnten und Bedenken gegen den Sprung ins Ungewohnte zu überwinden, vornehmlich bei seiner Frau, die ungern in die Stadt zog, ihren Mann wie ihre Kinder – zur Tochter Marie war 1849 der Sohn Herbert dazugekommen – lieber im Bannkreis des ländlichen Pietistenzirkels behalten hätte. Auch dem Gemahl war »schwer ums Herz«. Ihm komme es vor, »als sollten wir auswandern nach Amerika«. Er müsse sich nun daran gewöhnen, »ein regelmäßiger trockner Geschäftsmann zu sein, viel und feste Arbeitsstunden zu haben«.

Nun saß er also doch im preußischen Staatsorchester, aus dem er sich vor Jahren davongemacht hatte, und es war ein schwacher Trost, daß er nun als Gesandter die Geige und nicht mehr wie als Referendar den Triangel spielte. »Daß ich Geheimer Rat werden muß, ist eine Ironie, mit der mich Gott für all mein Lästern über Geh. Räte straft.« Keinesfalls wolle er am Schreibtisch verfaulen und im Aktenstaub verenden.

Über seinen Arbeitsstil wunderten sich bald Vorgesetzte und wären Untergebene weniger unglücklich gewesen, wenn Jupiter die Laxheit nicht ihm allein geziemend gehalten hätte. Er pflegte in einem

Hausrock aus grünem Seidendamast im Arbeitszimmer zu erscheinen, die Hände in den Taschen, und seine Berichte »in ungeduldig gewaltsam hervorsprudelnden Sätzen« zu diktieren, wie ein Attaché erzählte. Es kam vor, daß er, nach Mitternacht von einem Balle heimkehrend, den Schreiber zu sich rief und dessen »eilends hervorgesuchte Feder einen Dauerwalzer ohne Pausen« tanzen ließ.
Es war auch eine Ironie des Schicksals, daß der Junker, der jedem seine Meinung ins Gesicht sagte, der geradewegs auf sein Ziel losging, den Diplomaten spielen mußte.
»Diese Diplomaten sind mir schon jetzt mit ihrer wichtigtuenden Kleinigkeitskrämerei viel lächerlicher als der Abgeordnete der II. Kammer im Gefühl seiner Würde«, bemerkte Bismarck, kaum daß er seinen Gesandtschaftsposten angetreten hatte. Wenn er einen Kollegen anspreche, »setzt er ein diplomatisches Gesicht auf, und denkt nach, was er antworten kann, ohne viel zu sagen, und was er über meine Äußerungen nach Hause berichten kann«.
Am »grünbehangenen, etwa 20 Fuß im Durchmesser haltenden kreisrunden Tische, im Parterre des Taxisschen Palais« konnte er die Diplomaten betrachten und seine Meinung über die Diplomatie bestätigt sehen. Der eine schlief, ein zweiter las, wie in der Schule, ein Buch unter dem Tisch, ein dritter, ein General, zeichnete »phantastische Lafetten-Konstruktionen auf sein Löschblatt«, und allen war »der natürliche Geruch der Diplomaten und Hofmarschälle« eigen, »die unausbleibliche Wirkung der Kombination häufiger und schwerer Diners, bei geringer Körperbewegung«.
Er hatte nie daran gezweifelt, »daß sie alle mit Wasser kochen; aber eine solche nüchterne einfältige Wassersuppe, in der auch nicht ein einziges Fettauge von Hammeltalg zu spüren ist, überrascht mich«. Da konnte ein Landjunker leicht mithalten, der zwar das Diplomatenhandwerk nicht gelernt hatte, aber beim Pferdehandel Praktiken geübt hatte, die sich den Finessen der neuen Berufskollegen überlegen zeigten.
Aber was konnten Diplomaten, die nicht viel mehr seien als »dekorierte Statisten und Briefträger«, schon bewirken? »Wenn nicht äußre Ereignisse eintreten, und die können wir superklugen Bundestagsmenschen weder leiten noch vorherbestimmen, so weiß ich jetzt ganz genau, was wir in 1, 2 oder 5 Jahren zu Stande gebracht haben werden, und ich will es in 24 Stunden zu Stande bringen,

wenn die andern nur einen Tag lang wahrheitsliebend und vernünftig sein wollen.«
So blieb ihm vorerst nichts anderes übrig, als »Berichte von vielen Bogen« zu schreiben, »die sich nett und rund wie Leitartikel lesen«, und wenn der Ministerpräsident in Berlin, »nachdem er sie gelesen hat, sagen kann, was drin steht, so kann er mehr wie ich«. Jeder Bundestagsgesandte stelle sich, »als glaubte er vom andern, daß er voller Gedanken und Entwürfe stecke, wenn ers nur aussprechen wollte, und dabei wissen wir alle nicht um ein Haar besser, was aus Deutschland werden wird und soll, als Dutken Sauer.«
Dabei hatte er durchaus Vorstellungen über die Zukunft Deutschlands, genau gesagt über diejenige Preußens in Deutschland, nach Frankfurt mitgebracht, wo er sich im Laufe der Jahre – er verließ es erst wieder Anfang 1859 – über Wege und Mittel einer Verwirklichung klar wurde.
Zunächst sah er seine Meinung bestätigt, was nicht wünschenswert war und auch nicht mehr möglich schien. Von vorneherein schied aus, woran der Frankfurter Dom erinnerte, in dem 1792, vor einem guten halben Jahrhundert, der letzte Kaiser des Heiligen Römischen Reiches Deutscher Nation – ein Habsburger, wie so viele vor ihm – gekrönt worden war.
Reichsromantiker träumten immer noch von einer Renovatio imperii, und nicht nur Poeten und Professoren, selbst der Preußenkönig Friedrich Wilhelm IV., der auch nach Olmütz insgeheim an seiner vor Olmütz geäußerten Meinung zu hängen schien: Die Kaiserkrone gebühre dem Habsburger, dem hergebrachten »König der Teutschen«, und zu küren sei er nach alter Weise von den mit dem überkommenen Titel Kurfürsten versehenen Königen im Deutschen Bund.
Für Bismarck war dies eine Ausgeburt der »mittelalterlichen Phantasie« des unhohenzollerschen Hohenzollern. Vor die Wahl gestellt, wäre ihm jedoch die Wahl eines deutschen Kaisers durch deutsche Fürsten immer noch lieber gewesen als eine Wahl durch Volksvertreter, wie es vor ein paar Jahren in Frankfurt geschah und in Berlin ungeschehen gemacht wurde.
Kaum eingetroffen, besah sich Bismarck die Paulskirche. »Sie ist zirkelrund und von roten Quadersteinen, so grabesstill über den leeren Bänken, daß man sich das Parlamentsgeschrei schwer verge-

genwärtigen kann.« Eingerichtet war sie noch so, wie die Nationalversammlung sie verlassen hatte, »viel schwarzrotgoldene Fahnen und Draperien«.
Von den Schreibpulten prominenter Volksvertreter schnitten sich Besucher Stücke ab; in zwei Jahren waren sie schon mehrmals erneuert worden. Der preußische Bundestagsgesandte, der Abgeordneter der zweiten preußischen Kammer geblieben war und bald in das preußische Herrenhaus aufrücken sollte, verzichtete auf die Mitnahme nationalparlamentarischer Reliquien, wollte sie weder von den Pulten der von Revolutionären liquidierten Konservativen Auerswald und Lichnowsky noch von denen der von Reaktionären füsilierten Demokraten Blum und Trützschler haben.
An den »deutschen und parlamentarischen Schwindel« der Paulskirche wollte er, wenn überhaupt, nur als Exempel erinnert werden, was man nie und nimmermehr in Deutschland dulden dürfe. Auch die Frankfurter schienen von ihren angeblich großen Tagen nichts mehr wissen zu wollen. Sie seien reich und konservativ, bemerkte Bismarck; »der Unfug, der hier früher getrieben ist, ging von den zusammengetriebnen Vagabunden aus ganz Mittel-Deutschland aus, statt deren wir jetzt hier preußische und österreichische Soldaten haben«.
Nicht erspart blieb ihm das Erlebnis eines »demokratischen Festes«, auf dem Lieder wie die Marseillaise, die Hymne der Französischen Revolution, oder das auf dem Hambacher Nationaldemokratenfest erklungene »Fürsten zum Land hinaus, jetzt kommt ein Völkerschmaus« gesungen wurden, und der Ruf erscholl: »Möge der Bundestag verrecken und die Freiheit uns erwecken!«
Die Kampfansage galt dem Deutschen Bund von 1815, der nach den Exzessen der Französischen Revolution und den Eroberungen ihres Erben Napoleon ins Leben gerufen und 1851, nach den Turbulenzen der deutschen Revolution, wiederbelebt worden war. Sie war auch an den preußischen Bundestagsgesandten gerichtet, der als weisungsgebundener Bevollmächtigter des reaktionären Regimes in Berlin gemeinsam mit den Repräsentanten der anderen, nicht minder reaktionären Mitgliedsregierungen in der Bundestag genannten Bundesversammlung, einem ständigen Gesandtenkongreß, mit den Einzelinteressen die Gesamtanliegen zu vertreten hatte.
Dazu gehörte nicht zuletzt die Aufrechterhaltung der öffentlichen

Ruhe und obrigkeitlichen Ordnung. Diese hatten Demokraten von Anfang an abgelehnt und jene zunehmend gestört. In den Sturmjahren 1848 und 1849 war das monarchische Prinzip zerzaust und sein Garant, der Deutsche Bund, davongeweht worden. Im restaurierten Bund sollte es nun wiederbefestigt werden, und dies war eine Aufgabe, der sich der Royalist, überzeugt von ihrer Notwendigkeit, mit Eifer unterzog.

Bismarck unterstrich Artikel 26 der Bundesverfassung: »Wenn in einem Bundesstaate durch Widersetzlichkeit der Untertanen gegen die Obrigkeit die innere Ruhe unmittelbar gefährdet, und eine Verbreitung aufrührerischer Bewegungen zu fürchten, oder ein wirklicher Aufruhr zum Ausbruch gekommen ist«, und die eigene Regierung nicht imstande sei, für Ruhe zu sorgen, dann könne und müsse sie den Beistand des Bundes anrufen, der – gebeten oder ungebeten – verpflichtet sei, »zur Wiederherstellung der Ordnung und Sicherheit einzuschreiten«.

Der preußische Landtagsabgeordnete hatte 1850, während der Unionskrise, davor gewarnt, umgekehrt zu verfahren, Aufrührer gegen die Obrigkeit in Hessen und Holstein zu unterstützen. Und es begrüßt, daß durch den Vertrag von Olmütz Preußen sich wieder zum Artikel 26 der Bundesverfassung bekannte und seinen Willen bekundete, nicht mehr die Rolle eines Ritters »für ›unterdrückte‹ Völker und Völkchen« zu spielen, sondern im Verein mit Österreich wieder die Aufgabe des Ordnungshüters zu übernehmen.

Den Deutschen Bund, einen mitteleuropäischen Staatenbund, wollten Nationaldemokraten durch einen deutschen Nationalstaat nach französischem Muster ersetzen. Dagegen hatte sich der preußische Kammerredner Bismarck gewandt. Nun stand der preußische Bundestagsgesandte Bismarck bereit, jeden Versuch, das Zwillingspaar Nationalismus und Demokratie wieder vor den deutschen Wagen zu spannen, verhindern zu helfen.

Er war in die Bundesversammlung entsandt worden, um für die Bewahrung und Anwendung der Bundesverfassung zu sorgen: »Artikel 1. Der Deutsche Bund ist ein völkerrechtlicher Verein der deutschen Fürsten und freien Städte, zur Bewahrung der Unabhängigkeit und Unverletzbarkeit ihrer im Bunde begriffenen Staaten und zur Erhaltung der innern und äußern Sicherheit Deutschlands.«

»Die Nationen haben, wie Individuen, ihre durch keine Politik abzuändernden Richtungen. Die Richtung Deutschlands ists, ein Staatenverein zu sein«, hatte Wilhelm von Humboldt, der preußische Gelehrte und Staatsmann, in der Gründungszeit des Deutschen Bundes festgestellt.

Wie das alte Reich, in dessen Überlieferung er stand, war der neue Bund aus Mitgliedern von sehr verschiedener Gebietsgröße und Bevölkerungszahl sowie sehr unterschiedlichem politischen und wirtschaftlichen Gewicht zusammengesetzt. Konföderiert hatten sich das Kaiserreich Österreich, das große Königreich Preußen und die mittelgroßen Königreiche Bayern, Sachsen, Hannover und Württemberg, das Kurfürstentum Hessen, die sieben Großherzogtümer Baden, Hessen-Darmstadt, Luxemburg, Mecklenburg-Schwerin, Mecklenburg-Strelitz, Sachsen-Weimar-Eisenach und Oldenburg, zehn Herzogtümer (darunter Holstein-Lauenburg, Braunschweig und Nassau), zwölf Fürstentümer (darunter Liechtenstein, Lippe und Schaumburg-Lippe), die Landgrafschaft Hessen-Homburg und die vier Freien Städte Hamburg, Bremen, Lübeck und Frankfurt.

Dem Staatenbund gehörten auch nichtdeutsche Fürsten an: der König von England als König von Hannover (bis 1837), der König von Dänemark als Herzog von Holstein und Lauenburg (bis 1864), der König der Niederlande als Großherzog von Luxemburg (bis 1866) und vornehmlich der Kaiser von Österreich, der ein deutscher Monarch und Herrscher eines Vielvölkerreiches war. Der Deutsche Bund war, darüber vermochte sein Name nicht hinwegzutäuschen, kein nationales, sondern ein übernationales Gebilde, das Mittelstück des europäischen Systems, das 1815 geschaffen worden war.

Im Deutschen Bund wurde nicht nur Deutsch gesprochen. Zwar waren die österreichischen und preußischen Gebiete, die nicht zum alten Reich gehört hatten, auch in die neue Konföderation nicht einbezogen worden: dort Ungarn, Siebenbürgen, Galizien, Kroatien, Slowenien, Dalmatien, Istrien und Lombardo-Venetien, hier Ostpreußen, Westpreußen und Posen. Aber in den österreichischen Bundesgebieten Böhmen, Mähren, Triest, Friaul, Krain und Tirol wurde auch Tschechisch, Slowenisch und und Italienisch gesprochen, im preußischen Osten auch Polnisch und im preußischen Westen, bei Malmedy, auch Französisch.

Solange ein völkischer und sprachlicher Nationalismus nicht über-

hand nahm, respektierten sich die Nationalitäten im großen und ganzen. Solange staatlicher Egoismus und Expansionismus nicht die Oberhand gewannen, blieben Souveränität und Integrität der Bundesglieder unangetastet, funktionierte einigermaßen das auf Gleichberechtigung basierende Zusammenwirken der Bundesgenossen.
Sie hatten sich nach Artikel 11 der Bundesverfassung verpflichtet, »einander unter keinerlei Vorwand zu bekriegen, noch ihre Streitigkeiten mit Gewalt zu verfolgen, sondern sie bei der Bundesversammlung anzubringen«. Im Deutschen Bund sollten die Staaten friedlich-schiedlich zusammenleben. Kriegerische Auseinandersetzungen zwischen Deutschen, wie sie im alten Reich üblich gewesen waren, wollten seine Schöpfer und Hüter aus dem »deutschen Friedenstempel« ausgeschlossen wissen.
Zu den ersten hatte der Preuße Wilhelm von Humboldt gehört, zu den zweiten zählte Leopold von Gerlach. Sein »politisches Adoptivkind« Bismarck ging 1851 nach Frankfurt mit der 1850 ausgesprochenen Meinung: Weder die Souveränität noch die Integrität Preußens sei »bisher von niemandem angefochten«. Und »Erwerbungen wollen wir nicht machen«.
Preußische Konservative gedachten andere auch nicht durch Abstimmung zu majorisieren. Nach der Bundesverfassung wäre dies auch schwerlich möglich gewesen. Im Engeren Rat der Bundesversammlung, dem einzigen Bundesorgan, besaß Preußen – wie Österreich – nur eine unter siebzehn Stimmen, im Plenum vier unter 69 Stimmen. Keiner der souveränen Bundesstaaten, ein kleiner ebenso wenig wie ein großer, konnte in Existenzfragen überstimmt werden.
Bismarck kam zum Bundestag in der Absicht, jedenfalls mit der Weisung, auf dem Boden des Bundes die Solidarität der reaktionären Staaten zu pflegen und im Rahmen seiner Verfassung die preußischen Interessen zu vertreten.
Doch kaum war er in Frankfurt, berichtete er nach Berlin: »Ich glaube nicht, daß der Bundestag in seiner jetzigen Gestaltung das letzte Wort unsrer Politik sein könne.« Nach zwei Jahren Bundestagstätigkeit, 1853, schrieb er seiner Schwester Malwine: »Das bekannte Lied von Heine, oh Bund, du Hund, du bist nicht gesund pp wird bald durch einstimmigen Beschluß zum Nationalliede der Teutschen erhoben werden.«
Und 1857 ließ der »diplomatische Säugling« der preußischen Konser-

vativen seinen Ziehvater Leopold von Gerlach wissen: »Die Nützlichkeit für den Bund kann doch nicht die ausschließliche Richtschnur Preußischer Politik sein, denn das Allernützlichste für den Bund wäre ohne Zweifel, wenn wir uns und alle Deutschen Regierungen Österreich militärisch, politisch, und kommerziell im Zollverein, unterordneten.«

DAS HAUPTPROBLEM des Deutschen Bundes war, daß es in ihm zwei europäische Großmächte gab, die unter allen Umständen ihre Eigenmacht behalten und nach Möglichkeit die Vormacht gewinnen wollten.

Im 18. Jahrhundert, als die Staatsräson als Maßstab staatlichen Handelns galt, hatte der vom Kurfürsten zum König aufgestiegene Hohenzoller dem habsburgischen Kaiser den Vorrang in Deutschland streitig gemacht. Als die von Frankreich ausgehende Revolution beide bedrohte, waren beide zusammengegangen, und als sie auseinandergingen, wurden sie hintereinander vom Revolutionsvollstrecker Napoleon besiegt. Nachdem sie gemeinsam das französische Joch abgeschüttelt hatten, gingen sie die »feste und dauerhafte«, nach Artikel 5 der Bundesverfassung, »unauflösliche« Bundesverbindung ein.

Die gleiche konservative Gesinnung, monarchische Staatsordnung und feudale Gesellschaftsstruktur brachten Österreich und Preußen zusammen, die Notwendigkeit eines Zusammenstehens gegen die demokratischen und nationalen Bewegungen hielt sie beieinander. Indessen steckte der alte Adam der staatlichen Selbstsucht und des staatlichen Machttriebes unter dem Mantel der Heiligen Allianz. Wenn dieser fadenscheinig wurde, mußte er wieder sichtbar und wirksam werden, und mit ihm die Rivalität der beiden deutschen Großmächte.

Metternich, der auf dem Wiener Kongreß im Jahre 1815 den Deutschen Bund aus der Taufe hob, war realistisch genug, um diese Gefahr zu erkennen. Durch eine doppelte Sicherung gedachte er sie auszuschalten. Er führte Österreich und Preußen mit Rußland, Frankreich und England in das europäische Gleichgewichtssystem ein. Und er suchte im Deutschen Bund, dem Kernstück der europäischen Friedensordnung, die Machtgewichte Österreichs und Preußens in einem »friedlichen Dualismus« in der Balance zu halten.

Das Präsidium im mitteleuropäischen Staatenverein hatte er freilich dem Habsburger vorbehalten, und Hohenzollern wie Friedrich Wilhelm III. und Friedrich Wilhelm IV. fanden dies ganz in Ordnung. Nach dem Verfassungstext hatte der österreichische Präsidialgesandte zwar den Vorsitz im Bundestag, aber er besaß nur geschäftsführende, keine entscheidenden Befugnisse. In der Verfassungspraxis war der österreichische Staatskanzler Metternich sorgsam bedacht gewesen, daß Preußen nicht zurückgesetzt wurde. Der alte Metternich war das erste Opfer der deutschen Revolution geworden. Nun konnte er nicht mehr agieren, nur noch kommentieren. Frankfurter Kollegen galt er als Pythia, und auch der Bundestagsgesandte Bismarck machte sich, kaum im Amte, auf den Weg nach Delphi, gen Schloß Johannisberg im Rheingau, wo der gebürtige Rheinländer die Annehmlichkeiten seiner Heimat genoß und von der Loge aus, in die er von der Bühne versetzt worden war, Bundesversammlung und Bundespolitik im Auge behielt.
Zwei Tage, am 6. und 7. August 1851, »habe ich bei dem alten Metternich zugebracht«, schrieb Bismarck seiner Frau, »er war sehr liebenswürdig und behaglich, erzählte ohne Unterbrechung von 1788 bis 1848, von Politik und Weinbau, von Literatur und Forstkultur, und bekämpfte meine schwermütige Zerstreutheit, die über die Gründe Deines Schweigens grübelte, mit seinem besten Johannisberger«.
Der Wein des Schloßherrn gefiel ihm besser als das, was der 78jährige Elder Statesman dem 36jährigen Anfänger beibringen zu müssen glaubte. »Der alte Metternich«, resümierte der Preuße, »hat mit viel Geschick den Aberglauben verbreitet, daß die vertragsmäßige Gestaltung, die zu seiner Genugtuung aus dem Wiener Kongreß hervorging, für die Ewigkeit gültig sei, und daß Verträgen von 1815 ein besondrer, allen andren Jahrgängen nicht eigner Grad von Heiligkeit beiwohne. Wir hatten unsrerseits weniger Ursache, uns dieses Glaubens zu getrösten.«
Immerhin räumte Bismarck ein, daß zu Metternichs Zeiten Preußen von Österreich im allgemeinen nach Rang und Gebühr behandelt worden sei. Bis 1848 sei der Deutsche Bund, »seiner ursprünglichen Bestimmung gemäß, als Schutzverein gegen Kriege und Revolutionen behandelt« worden. Man habe ihm die Rolle eines obersten Gesetzgebers für Deutschland nur mit Vorsicht zugemutet, »und

nur dann, wenn alle, oder doch Österreich und Preußen, einverstanden waren. Im reaktivierten Bund, seit 1851, »aber ist Österreich bemüht, den Wirkungskreis der Bundesbeschlüsse zu erweitern und den der einzelnen Bundesregierungen zu beschränken«.
Mit Metternich war ein Staatsmann abgetreten, der das Staatsleben nach allgemein gültigen Moralgeboten so weit wie möglich zu gestalten suchte. Mit Schwarzenberg war 1848 ein Staatsmann neuer Schule aufgetreten, die Machiavelli in die Sprache einer Zeit übersetzte, die sich mehr an Realitäten als an Idealen orientierte. Machiavelli wurde zum Gebrauch von Zeitgenossen aufbereitet, die den Staatssinn vornehmlich in der Machtstellung und den Staatszweck vor allem in Machterhalt und Machtgewinn sahen, und die vom »Sacro egoismo« des weder an moralische Gesetze noch an universale Verpflichtungen gebundenen Staates und bald schon vom naturbedingten »Kampf ums Dasein« auch in der Staatenwelt sprachen.
Fürst Felix Schwarzenberg war ein Staatsmann, der sich nicht in Doktrinen verstieg, auf dem Boden der Tatsachen blieb und an ihnen, so wie sie nun einmal waren und nicht wie sie sein sollten, seine Politik auszurichten versuchte. Die Zeit der Prinzipien sei vorbei, meinte der Realpolitiker, und der Machtstaatsmann erklärte, daß eine minder strenge Rechtsauslegung und Anwendung der Rechtsgrundsätze oft zum Gebot der Selbsterhaltung werde, daß nur Taten und nicht Paragraphen Fakten zu bewältigen vermöchten.
Dementsprechend führte Schwarzenberg die österreichische Politik. Er schlug die Revolution nieder, schuf den neoabsolutistischen Gesamtstaat Österreich, forderte dessen Aufnahme in das deutsche Nationalreich und dessen Ausbau zu einem von Österreich geführten Großreich in Europa. Als dieser erste Versuch einer Machtballung in der Mitte des Kontinents an den deutschen wie europäischen Realitäten gescheitert war, verhinderte er Preußens kleindeutsche Union und erzwang die Wiederherstellung des Deutschen Bundes, in dem Österreich nicht mehr wie bisher sich mit dem Ehrenvorsitz begnügen, sondern seines Präsidialamtes walten sollte.
Bismarck war fünfzehn Jahre jünger als Schwarzenberg, doch der preußische Junker gehörte wie der österreichische Fürst der Generation an, die in die Epoche des Machtstaates hineinwuchs, worin sich

Bismarck machtvoller auswuchs. Dies lag nicht nur an der Lebensdauer; Schwarzenberg starb bereits 1852. Der Preuße stand in der Tradition eines Staates, der – um seine über ganz Norddeutschland verstreuten Territorien zu einem Ganzen zu vereinen und in ihrer Gesamtheit zu sichern – auf politische wie militärische Expansion angewiesen war. Und Bismarck knüpfte an Friedrich den Großen an, der als Kronprinz zwar einen »Antimachiavell« geschrieben hatte, aber als König der erfolgreichste Machiavellist seines Jahrhunderts geworden war.

Was Bismarck und Schwarzenberg im Staatsdenken verband, trennte sie im Staatshandeln; denn das Staatsinteresse des Preußen stand gegen das Staatsinteresse des Österreichers. Schwarzenberg verschied, kaum daß Bismarck sein erstes Staatsamt angetreten hatte. Dessen Nachfolger in Wien wie deren Vertreter in Frankfurt suchten im Deutschen Bund eine dem ursprünglichen Bundeszweck zuwiderlaufende Hegemonialpolitik fortzusetzen.

»Ich war ziemlich gut Österreichisch, als ich herkam, und bin auch bereit, es wieder zu sein, wenn wir von dort die Garantie für eine Politik erhalten, bei der auch wir bestehn können«, konstatierte Bismarck nach einigen Jahren Frankfurter Erfahrungen. Aber er könne sich »der mathematischen Logik der Tatsachen nicht erwehren, sie bringt mich zu der Überzeugung, daß Österreich unser Freund nicht sein kann und will«.

Gleich zu Beginn wurde er mit der Tatsache konfrontiert, daß Österreich nicht gewillt war, im wiederhergestellten Deutschen Bund die Macht und im wiedereröffneten Frankfurter Bundestag den Vorsitz mit Preußen zu teilen. Bismarck hatte den Vertrag von Olmütz auch deshalb verteidigt, weil er mit ihm die Erwartung verbunden hatte, daß das Königreich die Parität mit dem Kaiserreich erlangen würde.

Nun begann auch er von der »Schmach von Olmütz« zu sprechen, die er in seiner enttäuschten Hoffnung noch schmerzlicher empfand als jene, die von Anfang an die Übereinkunft für eine Demütigung Preußens gehalten hatten.

»Soll unsre Lage im Bunde erträglich sein, so muß Österreich sich dazu verstehen, uns wenigstens ein volles Veto einzuräumen, d. h. keine Sache ohne unser Einverständnis am Bunde betreiben«, schrieb Bismarck 1853 an seinen Gönner Leopold von Gerlach, der

immer noch daran glaubte, der ideologische Gleichklang würde die machtpolitischen Dissonanzen übertönen.
Wenn jedoch »Österreich der Schwarzenbergschen Erbschaft nicht vollständig entsagt, sondern stets den Versuch wiederholt, seine Wünsche malgré nous hier durchzusetzen« und dadurch den preußischen Bevollmächtigten zu Widerspruch und Widerstand herausfordere, dann müsse »früher oder später der Bundeskarren, an dem das preußische Pferd nach vorn, das österreichische nach hinten zieht, in Trümmer gehn«.
In der Berliner Etappe mochte Gerlach im Chor mit König und Kamarilla weiterhin das hohe Lied der Heiligen Allianz singen – an der Frankfurter Front, im täglichen Kleinkrieg mit den die österreichische Präponderanz mit Arroganz verfechtenden Präsidialgesandten mußte der preußische Bundestagsgesandte für die Gleichberechtigung seines Staates wie die Gleichstellung seiner Person eintreten.
Als ersten Gegner traf er auf den Grafen Friedrich von Thun, »ein seltnes Exemplar von Diplomat«, das er, um es richtig einzuschätzen und entsprechend zu behandeln, zunächst »mit der Ruhe des Naturforschers« beobachtete. Er entdeckte eine österreichische Spezies, die in ihrem Äußeren saloppes Wesen, »gemischt mit einem Anflug von Wiener Roué«, zur Schau trug. Dahinter verbarg sie, »ich will nicht sagen eine hohe politische Tatkraft und geistige Begabung, aber doch einen ungewöhnlichen Grad von Schlauheit und Berechnung, die mit großer Geistesgegenwart aus der Maske harmloser Bonhomie hervortritt, sobald die Politik ins Spiel kommt«.
Mit einem nicht ungefährlichen Gegner bekam er es also zu tun, der ihn politisch klein zu halten suchte und ihn persönlich von oben herab behandelte. Wenn Bismarck in Geschäften zu ihm kam, ließ ihn Thun im Vorzimmer warten, und wenn er ihn endlich vorließ, unterließ er es, sich aus seinem Sessel zu erheben und seinem Besucher einen Stuhl anzubieten. Er rauchte weiter, ohne seinem Gegenüber etwas anzubieten. Bismarck eröffnete die Begegnung damit, daß er sich selber eine Zigarre nahm und um Feuer bat.
In einem Gespräch, Ende November 1851, mit dem »treuesten Organ der Absichten des Fürsten Schwarzenberg«, in dem Graf Thun wie Schillers Marquis Posa sprach und wie ein österreichischer Paulskirchendeputierter großdeutsch schwärmte, entgegnete Bismarck:

Preußen sei nun einmal eine Großmacht geworden, könne nicht, wie in Wien gewünscht, der Erbschaft Friedrichs des Großen entsagen, den Reichserzkämmerer spielen, »und ehe ich zu einer derartigen Politik zu Hause riete, würde die Entscheidung durch den Degen vorhergehn müssen«.

Graf Thun, der sich vielleicht ganz gerne duelliert hätte, wurde 1853 durch Anton Prokesch von Osten ersetzt, der als Gelehrter in Federstichen und als Orientalist, wie Bismarck behauptete, in den dortzulande üblichen »ärgsten Intrigen« geübt war. Als Gesandter in Berlin hatte er keinen Hehl daraus gemacht, daß er Preußen als den Erzfeind Österreichs betrachte, und als er in Frankfurt auftauchte, meinte sein preußischer Kollege: »Ich denke von ihm wie der Alte Fritz von den ersten Kosaken, die er sah, ›mit solchen – muß man sich hier rumschlagen‹.«

Die sich zum Widerwillen steigernde Abneigung beruhte auf Gegenseitigkeit. Prokesch-Osten bezeichnete Bismarck als einen fanatischen Preußen, der voller »Heißhunger nach Machterweiterung in Deutschland« sei, den er im Bundestag nicht stillen könne und deshalb immer unleidlicher werde. Wie Thun sprach Prokesch-Osten dem Seiteneinsteiger Bismarck die Geschäftskenntnis ab, aber er tat es nicht wie sein Vorgänger mit der Nonchalance eines Altadeligen, sondern mit dem erhobenen Zeigefinger eines Schulmeisters, welcher der ehemalige Mathematikprofessor an der Olmützer Kadettenschule geblieben war.

Je mehr er sich an diesem Maria-Theresianer rieb, um so mehr blätterte an Bismarck der konservative Firnis ab und kam das friderizianische Hartholz zum Vorschein. Vom »Präsidialtartaren«, wie er Prokesch-Osten nannte, konnte er vieles lernen und nahm er manches an, was ihm in seiner Laufbahn als Mann der Staatsräson, der diese auf alten Wegen und mit neuen Mitteln durchzusetzen suchte, von Nutzen wurde.

Was er an seinem Widerpart in einem Bericht an den konservativen Ministerpräsidenten Manteuffel mit Entrüstung tadelte, sollte zum Unwillen seiner Parteifreunde und Karriereförderer bald zum Rüstzeug des Machtpolitikers gehören: Die Ruhe und Leichtigkeit, mit der Prokesch-Osten »falsche Tatsachen aufstellt, oder wahre bestreitet«, finde ihre Ergänzung »in einem überraschenden Grade von Kaltblütigkeit im Fallenlassen eines Gegenstandes oder Veränderung der Front, sobald das Falsum, von welchem er ausgeht, unausweichbar zur Anerkennung gebracht wird. Nötigenfalls deckt er einen derartigen Rückzug durch ein Aufbrausen sittlicher Entrüstung, oder durch einen oft sehr persönlichen Angriff, mit welchem er die Diskussion auf ein neues und heterogenes Gebiet überträgt«.

Dies alles gehörte zu den Gepflogenheiten der klassischen Diplomatie, in der Richelieu und Talleyrand Meister gewesen waren und Bismarck ein Meister werden sollte, während es Prokesch-Osten höchstens zu einem Gesellen gebracht hatte. Denn ihm unterlief, was sein Gegner nie tat und tun sollte: »Der Mensch log selbst dann, wenn es in seinem, ich meine in Österreichs Interesse gelegen hätte, die Wahrheit zu sagen.«

Bismarck war noch immer in Frankfurt, als Prokesch-Osten es 1855 verließ, mit der im Umgang mit dem Bundestagskollegen gefestigten Erkenntnis, daß Preußen nur mit Gewalt, einem Waffenerfolg Österreichs in seinem Vormachtstreben aufgehalten werden könnte.

Neuer Präsidialgesandter wurde Graf Bernhard von Rechberg und Rothenlöwen, ein Altaristokrat aus dem »Reich«, der wie Metternich Österreich diente und dabei ein Deutscher geblieben war, der es noch einmal mit einem »friedlichen Dualismus« der beiden Großmächte versuchen, das konservative Österreich und das konservative Preußen im Deutschen Bund zusammenhalten wollte.

Ein Ungeschickter gehe und ein Geschickter komme, Rechberg, der »ebenso schlimm in seiner politischen Richtung« sei, dafür aber gewandter und energischer als Prokesch-Osten, meinte Bismarck. Als er ihm 1852 auf Schloß Johannisberg beim alten Metternich zum erstenmal begegnet war, hatte er ihn eher für einen Kammergerichtsrat als für einen Diplomaten gehalten. Als Präsidialgesandter schlug er denn auch, wie in einem Prozeß, einen Vergleich vor: Österreich und Preußen sollten sich verständigen, um den Deutschen Bund im Gleichgewicht zu halten und in Europa an Gewicht zu gewinnen.

Als jedoch der Vergleich zur Verhandlung kam, stellte sich heraus, daß keine der beiden Parteien zum Nachgeben bereit war. Die Streithähne gerieten aneinander, der »unverträgliche Mensch und Händelsucher« Bismarck und der »ungewöhnlich beschränkte

Staatsmann« Rechberg, wie sie sich bald gegenseitig titulierten. Beinahe wäre es soweit gekommen, daß sie im Bockenheimer Wäldchen mit der Pistole die Diplomatie ihrer Staaten fortgesetzt hätten.
Im Grunde wollte der Österreicher seine Präsidialstellung nicht aufgeben und der Preuße jetzt schon mit der Präsidialmacht gleichziehen und sie möglichst bald überholen.

ZUM WETTLAUF um den großen Preis der Vorherrschaft in Deutschland startete Bismarck in den Frankfurter Jahren. Im ständigen Kräftemessen mit seinen Konkurrenten gewann er die Kondition eines Diplomaten und die Statur eines Machtpolitikers. Und da Österreich seine Ellenbogen gebrauchte, um den Wettbewerber hintanzuhalten, nahm er sich vor, Gleiches mit Gleichem zu erwidern und nötigenfalls Waffen einzusetzen, damit mit der Präsidialmacht Österreich der, wie er meinte, nur deren Interessen nützende und deren Unternehmen fördernde Deutsche Bund auf der Strecke bliebe.
Begründungen für seine antiösterreichische und großpreußische Politik der sechziger Jahre suchte und fand er bereits in den fünfziger Jahren. »Unsre Politik hat keinen andern Exerzierplatz als Deutschland, schon unsrer geographischen Verwachsenheit wegen, und grade diesen glaubt Österreich dringend auch für sich zu gebrauchen; für beide ist kein Platz nach den Ansprüchen, die Österreich macht, also können wir uns auf die Dauer nicht vertragen. Wir atmen einer dem andern die Luft vor dem Munde fort, einer muß weichen oder vom andern ›gewichen werden‹.«
Aus dieser Feststellung von 1853 zog er 1856 die Folgerung: »Der deutsche Dualismus hat seit 1000 Jahren gelegentlich, seit Karl V. in jedem Jahrhundert regelmäßig durch einen gründlichen innern Krieg seine gegenseitigen Beziehungen reguliert, und auch in diesem Jahrhundert wird kein andres als dieses Mittel die Uhr der Entwicklung auf ihre richtige Stunde stellen können.« Er sei überzeugt, »daß wir in nicht zu langer Zeit für unsre Existenz gegen Österreich werden fechten müssen, und daß es nicht in unsrer Macht liegt, dem vorzubeugen, weil der Gang der Dinge in Deutschland keinen andern Ausweg hat«.
Noch war dieser durch den Deutschen Bund versperrt, der indessen

seinen Gründungszweck, mit dem Gleichgewicht der beiden Großmächte den Frieden in Mitteleuropa zu erhalten, immer ungenügender erfüllte. Beide versuchten ihre Gewichte auf Kosten des anderen zu verschieben, und jeder meinte, der andere habe sie schon zu seinen Lasten verschoben.

»Aus den acht Jahren meiner Frankfurter Amtsführung habe ich als Ergebnis meiner Erfahrungen die Überzeugung mitgenommen, daß die dermaligen Bundeseinrichtungen für Preußen im Frieden eine drückende, in kritischen Zeiten eine lebensgefährliche Fessel bilden«, bilanzierte Bismarck 1859. »Ich sehe in unserm Bundesverhältnis ein Gebrechen Preußens, welches wir früher oder später ferro et igni werden heilen müssen, wenn wir nicht beizeiten in günstiger Jahreszeit eine Kur dagegen vornehmen.«

In den Jahren der Neo-Restauration, in denen Bismarck in Frankfurt amtierte, war in Berlin wie in Wien ein Doktor Eisenbart noch nicht gefragt. Kuren mußten mit konventionellen Bundesmethoden durchgeführt werden. Auch dabei erzielte Preußen, unter Beteiligung seines Bevollmächtigten, mehr Erfolge, als dieser, der raschere und radikalere wünschte, sich eingestand.

Österreich gelang es nicht, Preußen die merkantile Waffe des staatlichen Hegemoniestrebens zu entwinden. Bereits 1833, noch in der Glanzzeit des Deutschen Bundes, hatte Preußen den deutschen Zollverein gegründet. Von dessen Initiator, Finanzminister Friedrich von Motz, war über die wirtschaftliche Etappe hinaus ein politisches Ziel anvisiert worden: Aus der Zolleinigung, sagte er voraus, werde »ein real verbündetes, von innen und von außen wahrhaft freies Deutschland unter dem Schutz und dem Schirm Preußens erstehen und glücklich sein.«

Glücklich darüber waren von Anfang an Gewerbe – und Handeltreibende, denen die Öffnung eines größeren Marktes zustatten kam, liberale Bürger, die wegen der preußischen Freihandelspolitik die preußische Repressionsrealität hinzunehmen begannen, und Patrioten, die auf Preußen als nationalen Einiger setzten und – wie der Dichter Hoffmann von Fallersleben – davon erbaut waren, daß die durch einen beträchtlichen Teil Deutschlands ungehemmt zirkulierenden Handelswaren ein Band um das deutsche Vaterland wänden, das die deutschen Herzen mehr verbände als der Deutsche Bund.

Weniger glücklich waren die meisten Mittel- und Kleinstaaten, die

sich aus eigenstaatlichem Interesse dem preußischen Zollverein lieber ferngehalten hätten, wenn sie nicht durch ökonomische Interessen in ihn hineingedrängt worden wären. In der Neujahrsnacht von 1833 auf 1834 fielen die Zollschranken in einem Gebiet, das vier Fünftel des späteren preußisch-deutschen Reiches ausmachte.
Österreich war außerhalb des deutschen Zollvereins geblieben und sollte es bleiben. Schon Metternich hatte erkannt, daß ein ökonomischer Zusammenschluß des außerösterreichischen Deutschlands unter preußischer Führung nicht allein die Wirtschaft im Kaiserstaat beeinträchtigen würde; »noch viel bedenklicher dürfte die Rückwirkung auf dem politischen Felde sich für uns gestalten«.
Im Gegenzug forderten 1849 der österreichische Ministerpräsident Schwarzenberg und sein Handelsminister Bruck eine den ganzen Deutschen Bund umfassende Zollunion, wobei der Politiker mehr an einen wirtschaftlichen Unterbau seines Großösterreichs und der Ökonom mehr an eine wirtschaftliche Fundierung der mitteleuropäischen Föderation dachte. Doch eine von Wien vorgeschlagene Zollkonferenz in Frankfurt kam nicht zustande, eine gesamtdeutsche Wirtschaftsgemeinschaft und mit ihr eine Voraussetzung für einen lebenskräftigen Deutschen Bund blieb ein Wunsch und der preußisch-deutsche Zollverein eine das preußisch-deutsche Reich präjudizierende Wirklichkeit.
Die Wirtschaftseinigung führte nicht automatisch zur Staateneinigung. Dazu bedurfte es des politischen Willens wie der festen Absicht, den auf Kündigung abgeschlossenen Zollvereinsvertrag immer wieder zu erneuern, und Zollvereinskrisen, die nicht ausblieben, zu überwinden.
Als Bismarck nach Frankfurt kam, war die erste und schwerste noch im Gange. Noch war der zollpolitische Vorstoß Schwarzenbergs und Brucks nicht zurückgewiesen. Bayern hatte 1850, auf der Generalkonferenz in Kassel, die Ausweitung des Zollvereins durch die Aufnahme Österreichs beantragt. Unter preußischem Druck kam aber nur die Empfehlung zustande, mit Österreich einen Handelsvertrag abzuschließen.
Auch im Bundestag wurden Zollfragen angesprochen. Dabei vertrat der Bundestagsgesandte Bismarck die Interessen Preußens, ohne sich zu sehr für Wirtschaft zu interessieren und ohne so recht an die Schubkraft der Ökonomie für die Politik zu glauben.

Aber für nützlich würde er es halten, schrieb er im Juni 1851, kaum in Frankfurt eingetroffen, »wenn man sich bei Zeiten mit den deutschmateriellen Fragen befaßte«. Wer dies tue, gewinne Sympathien bei der Mehrheit der Deutschen, »und wenn ich auch eine Gleichheit von Maß, Gewicht, Wechselrecht und andern derartigen Schnurrpfeifereien nicht sehr hoch anschlage und für schwer ausführbar halte, so sollte man doch den guten Willen zeigen und zu Ehren des Handwerks etwas damit klappern«.

Die Trommel rührte er gegen Bemühungen Österreichs, die deutsche Handelsgesetzgebung aus dem Zollverein in den Bundestag zu verlegen, wie dies im Sinne des Artikels 19 der Bundesverfassung gelegen hätte. Dieses Bestreben »ist ebenso natürlich, als das entgegengesetzte Preußens, seine Stellung im Zollverein nicht mit Österreich zu teilen«, namentlich seit Hannover – im September 1851 – diesem beigetreten sei, so daß der einzige Zuwachs, welchen der Verein noch zu erwarten hätte, »eben nur in unserm Nebenbuhler um die Hegemonie im Vereine besteht«.

Die deutschen Mittel- und Kleinstaaten, das Gros der gleichberechtigten Mitglieder des Deutschen Bundes, neigte mehr zu Österreich, das den Staatenbund und damit ihre Staatensouveränität zu erhalten suchte, als zu Preußen, das im Staatenbund den Störenfried zu spielen begann.

Die Befestigung und der Ausbau des Bundesverhältnisses unter österreichischem Präsidium »ist das natürliche Ziel der Politik der deutschen Fürsten und ihrer Minister«, bemerkte Bismarck, und diese Tendenz »wird mit der Stetigkeit der Magnetnadel nach jeder vorübergehenden Schwankung wieder hervortreten«, weil sie nicht in wechselnden Umständen, sondern in der beständigen Interessenlage begründet liege.

Die Fürsten hingen an ihren Kronen und Krönchen, und ihre Minister gewännen im Bund »ein Piedestal, von welchem herab sie über Angelegenheiten Deutschlands und Preußens, ja selbst in der europäischen Politik« mitsprechen könnten. In der Bundesversammlung habe jeder Mittelstaat so viel Redezeit und so viel Stimmrecht wie Preußen, »und insoweit sie zusammenhalten, geben sie den Ausschlag in den so häufig vor ihr Forum gezogenen Streitigkeiten Preußens und Österreichs«.

Aber sie hielten nicht immer zusammen, und ein Übergewicht

Österreichs suchten sie ebenso zu vermeiden wie eine Übermacht Preußens. Doch das Mißtrauen, das sie gegen das territorial noch nicht abgerundete Königreich in Norddeutschland hegten, »solange es noch Landkarten gibt, auf die sie einen Blick werfen können«, schien mit jedem Blick, den sie auf ihre dank dem preußisch-deutschen Zollverein günstigen Handelsbilanzen warfen, an Schärfe zu verlieren.

In der Bevölkerung der Mittel- und Kleinstaaten wuchs ohnehin die Zahl der Bürger und Patrioten, die von Preußen ihr ökonomisches wie nationales Heil erwarteten. Auch das war eine Erkenntnis, die der Bundestagsgesandte Bismarck gewann und aus der er Folgerungen für eine im Interesse Preußens liegende deutsche Politik zu ziehen begann.

Ein Ansatzpunkt – bemerkte Bismarck in seiner Ende März 1858 niedergeschriebenen Frankfurter Bilanz – sei der Umstand, daß immer mehr Deutsche »Bund« und »Deutschland« nicht mehr für identische Begriffe hielten, also Preußens deutsche Gesinnungen immer weniger »nach dem Maße seiner Fügsamkeit unter die Majorität der Bundesversammlung« beurteilt würden. Seine deutschen Gesinnungen unabhängig vom Bundestag zu betätigen, »hat kein Staat in dem Maße den Beruf und die Gelegenheit wie Preußen«. Eine solche Politik könnte den Beweis liefern, daß Preußen für Deutschland wichtiger sei, als es seine gegenwärtige Stellung im Bund vermuten lasse. Und die Einsicht erbringe, daß die preußischen Interessen, wenn auch nicht mit denen der Bundes*regierungen*, so doch mit denen der meisten Bundes*länder*, außer Österreich, vollständig zusammenfielen, und es deshalb »nichts Deutscheres« gäbe, »als gerade die Entwicklung richtig verstandener preußischer Partikularinteressen«.

Es gäbe nur einen Alliierten für Preußen, wenn es diesen zu gewinnen und zu behandeln verstünde: das deutsche Volk. Für einen entschiedenen Verfechter des monarchischen Prinzips war es ungewöhnlich, eine solche Koalition zunächst zu empfehlen und später anzustreben, und auch nicht ungefährlich. Denn es war nicht auszuschließen – und er selbst hatte es bisher eher für möglich als für unmöglich gehalten –, daß in dieser Verbindung wenn schon nicht heute, so doch morgen die Volkssouveränität über die Monarchensouveränität die Oberhand gewinnen könnte.

Bismarck suchte mit seinen eigenen die Bedenken anderer Royalisten zu zerstreuen: »Die Königliche Gewalt ruht in Preußen auf so sichern Grundlagen, daß die Regierung sich ohne Gefahr durch eine belebtere Tätigkeit der Landesvertretung sehr wirksame Mittel der Aktion auf die deutschen Verhältnisse schaffen kann.« Der Vorteil auf längere Sicht wiege momentane Nachteile auf: Durch ein in deutschen Fragen erzieltes Einvernehmen zwischen Regierung und Volksvertretung würde Preußen einen »dominierenden moralischen Eindruck auf Deutschland« machen und diesen über kurz oder lang in politischen Einfluß auf Deutschland umsetzen können.
Der Vorsatz, am nationalen – und das hieß auch am liberalen, ja demokratischen – Feuer das königlich-preußische Eisen zu schmieden, überraschte bei einem Mann, der als Abgeordneter alle nationaldemokratischen Regungen erstickt sehen wollte. Er war jedoch kennzeichnend für den zum Staatsmann heranreifenden Bundestagsgesandten. In Frankfurt war er der Prinzipienpolitik seiner Parteifreunde entwachsen, zum Machtpolitiker herangewachsen, dem zur Erreichung seines Zieles, Preußen – wenn möglich im Bund, und wenn nicht möglich, gegen den Bund – zunächst zur Vorherrschaft in Deutschland und dann zur Herrschaft über Deutschland zu erheben, jedes Mittel recht zu sein schien.
»Das Interesse Preußens ist mir das einzige Gewicht, dem ich bei Abwägung unsrer Politik die normale Geltung beilege«, erklärte Bismarck. Bald gab er seiner Überzeugung Ausdruck, daß die Machtsteigerung Preußens »nur aus waffenmäßiger Großmachtpolitik hervorgehen kann«. Vorerst wollte er sich damit begnügen, Deutschland mit moralischen Waffen zu imponieren.
Das versuchte nun ein anderer ohne ihn: Wilhelm, Prinz von Preußen, dem der an einem Gehirnleiden erkrankte König Friedrich Wilhelm IV. am 23. Oktober 1857 seine Stellvertretung in der Leitung der Staatsgeschäfte übertrug. Als Militärgouverneur in Koblenz schien der ehemalige »Kartätschenprinz« im rheinischen Klima und unter dem Einfluß seiner Frau, der Weimarerin Augusta, ein Fortschrittsprediger geworden zu sein, der die Preußen zu einer liberalen Mission in Deutschland zu überreden und die Deutschen zu überzeugen gedachte, daß Preußen lediglich an »moralischen Eroberungen« gelegen sei. Der Welt gab er kund und zu wissen, »daß Preußen überall das Recht zu schützen bereit ist«.

In der »Neuen Ära«, die sich seit der Betreuung Wilhelms mit der Stellvertretung anbahnte und mit der Übernahme der Regentschaft am 7. Oktober 1858 begann, hatte die konservative Hofpartei ausgespielt, war für die Gebrüder Gerlach und Konsorten kein Platz mehr in der Umgebung des Regenten und an den Schalthebeln des Staates. Und auch nicht mehr für den von ihnen auf den immer noch wichtigsten Posten der preußischen Diplomatie beförderten Bundestagsgesandten Bismarck. Seine alten Gönner, die Statthalter der Heiligen Allianz, hatten dies bereits bereut, und die neuen Staatsmoralisten wollten es nicht länger dulden, daß in Frankfurt ein Mann am Werke war, der zumindest das Bundesrecht nicht immer und überall zu schützen geneigt war.
Im Jahre 1848 waren sich der Prinz und der Junker, die beide eine härtere Gangart gegen die Revolution empfahlen, nahegekommen. Je mehr sich jedoch Wilhelm vom Friderizianismus zu entfernen und dem Liberalismus zu nähern schien, um so größer erschien die Distanz zum Protegé der konservativen Ultras. Prinzessin Augusta, die ihn von Anfang an persönlich wie politisch nicht leiden konnte, tat das ihre, um für Abstand zu sorgen.
Noch wußte der spätere König und Kaiser nicht, daß sein künftiger Ministerpräsident und Reichskanzler schon seit geraumer Weile auf dem Wege zu neuen Zielen des alten Friderizianismus war und daß er dabei, wie Wilhelm, ein Stück weit den nationalen Liberalismus als förderlichen Weggefährten mitzunehmen bereit war.
Dies mußte dem kommenden Mann angezeigt werden. So sandte er dem Prinzen von Preußen am 30. März 1858 ein »voluminöses Aktenstück«, die Denkschrift, in der Bismarck nicht nur die Bilanz einer fast siebenjährigen Tätigkeit am Bundestag zog, sondern auch die dabei gewonnenen Auffassungen über eine künftige deutsche Politik Preußens notifizierte.
Wenn er dabei Anschauungen, wie die über die Zweckmäßigkeit moralischer Eroberungen Preußens in Deutschland, hervorhob, die sich mit denen des Angeschriebenen deckten, dann galt dies auch als Beweis, wie sehr er in Frankfurt ein Realpolitiker geworden war, der es verstand, sich auf neue Tatsachen einzustellen und auf kommende Vorgesetzte umzustellen. Auch war der Nachweis erbracht, daß er ein Diplomat geworden war, der sein Tun und Lassen nicht an vorgefaßten Grundsätzen, sondern an gegebenen Verhältnissen aus-

richtete, auch wenn dies einem unbeweglichen Doktrinär als Opportunismus erscheinen mochte.
So wurde Prinz Wilhelm der erste Adressat der »das kleine Buch des Herrn von Bismarck« genannten Denkschrift, in welcher der Verfasser seine große preußische Deutschlandpolitik umriß, die er wenige Jahre später mit Rückendeckung Wilhelms I. durchführte.
Er wage nicht zu hoffen, daß die Königliche Hoheit das umfangreiche Memorandum »ohne Weitres durchlesen werden, sondern stelle nur untertänigst anheim, Höchstsich aus demselben dasjenige gelegentlich vortragen zu lassen, was für E. K. H. etwa von Interesse sein möchte«. Dies sollte er bald selber besorgen dürfen. Der Empfänger ersparte sich die Lektüre, dachte zunächst auch nicht daran, sich das eine oder andere vorlesen zu lassen. Vorerst wollte er von diesem Bismarck nichts hören und nichts sehen. »Und dieser Landwehrleutnant soll Bundestagsgesandter werden?«, hatte er dessen Ernennung kommentiert. Nun ließ er ihn abberufen.
Bismarck mußte Guido von Usedom weichen, den Wilhelm als Freimaurer und Liberalkonservativen schätzte und den der von der Front abgezogene Landwehrmann als abschreckende »48er Reminiszenz« bezeichnete. Er verstand es nicht, daß er den »Fuchsbau des Bundestages, dessen Ein- und Ausgänge ich bis auf die Notröhren kennengelernt hatte«, verlassen und einem Manne Platz machen sollte, der mehr »anekdotenerzählender Höfling als Staatsmann« sei.
So wohl er sich persönlich in Frankfurt am Main gefühlt hatte, so sehr war es ihm zunehmend gegen den Strich gegangen, daß er die Politik, von deren Notwendigkeit er sich am Bundestag überzeugt hatte, als weisungsgebundener Bevollmächtigter nicht treiben durfte. Und daß seine Berichte nach Berlin, an denen er sich die Finger wund schrieb, nicht zu Instruktionen führten, die ihrem Sachverhalt entsprochen hätten.
Schon dachte er daran, sich »unter die Kanonen von Schönhausen zurückzuziehen«, seine Selbständigkeit zu wahren und abzuwarten, bis man ihn wieder an die Front holen würde, aber diesmal auf einen Kommandoposten in der Regierung oder zumindest in eine Gefechtsposition im Landtag »wie 48-49«. »Bisher hat die Aussicht auf frischen, ehrlichen Kampf, ohne durch irgend eine amtliche Fessel geniert zu sein«, schrieb er am 12. November 1858, »fast ebenso viel

Reiz für mich, als die Aussicht auf ein fortgesetztes Regime von Trüffeln, Depeschen und Großkreuzen.«
Bis auf weiteres genügte ihm dann doch »das Vergnügen oder die Last« des Diplomaten, »ein hohes Gehalt mit Anstand zu depensieren«. Am 29. Januar 1859 ernannte ihn Prinzregent Wilhelm zum Gesandten und bevollmächtigten Minister am kaiserlich-russischen Hof. Mit dem Stern zum Roten Adler-Orden 2. Klasse mit Eichenlaub geschmückt, wurde er befördert – weg von Frankfurt, wo er die bundespolitischen Kreise der »Neuen Ära« störte, hin nach Sankt Petersburg, wo ein Stockkonservativer, für den er immer noch gehalten wurde, der richtige Mann am richtigen Platz zu sein schien.
Bismarck bekam Grippe »und dazu Gallenfieber über Petersburg«. Er fühlte sich »an der Newa kaltgestellt«. Doch es stellte sich heraus, daß ihn diese Versetzung auf seinem Wege weiter voranbrachte. Nach dem deutschen Feld lernte er das europäische Umfeld einer großpreußischen Politik besser kennen und mit den Gegebenheiten die Möglichkeiten einer Verwirklichung genauer einzuschätzen.

Bewegung in der Staatenwelt

Sankt Petersburg war nach wie vor ein wichtiger Platz der europäischen Politik. Rußland gehörte nicht an letzter Stelle, wie es die alphabetische Aufzählung hätte vermuten lassen, zur Pentarchie der Großmächte. Und der Zar galt als, hielt sich jedenfalls für das Haupt der Heiligen Allianz, die sich Ende der vierziger Jahre wiederum bewährt hatte, aber bereits Mitte der fünfziger Jahre zu zerfallen begann.
Daran trug nicht zuletzt der Zar die Schuld. Im Widerstreit zwischen konservativer Prinzipienpolitik und russischer Machtpolitik hatte sich 1853 der Imperialismus durchgesetzt. Darüber konnte die ideologische Begründung nicht hinwegtäuschen, mit der Nikolaus I. seinen Angriff auf die Türkei zu bemänteln suchte. Denn im Grunde ging es ihm nicht um den Schutz der Christen im Reiche des Islam, sondern um Landgewinn und Machtausdehnung für Rußland.
Die Türkei war getroffen und Europa alarmiert. Das Osmanische Reich gehörte zwar nicht zum Mächtesystem, wie es 1815 bestätigt und befestigt worden war. Aber ein beträchtlicher Zuwachs für den

Zaren auf Kosten des Sultans wäre zu Lasten der europäischen Friedensordnung gegangen. Das Gleichgewicht hätte sich zugunsten Rußlands verschoben, wäre in Gefahr gekommen, aus dem Lot zu geraten.
In den europäischen Staatskanzleien wurden Gegenzüge überlegt. In Österreich, das als unmittelbarer Nachbar Rußlands und als dessen Konkurrent auf dem Balkan am nächsten betroffen war, wurde sich die zweite Garnitur, die nach Metternichs Abgang und Schwarzenbergs Hinscheiden die Zügel mehr schleifen ließ als führte, nicht schlüssig, welche Richtung einzuschlagen wäre. Sie verhedderte sich im Doppelgespinst des Systems von 1815, das zum einen aus ideologischen Zwirnsfäden und zum andern aus robusten Machtsträngen bestand. Einerseits wollte man dem Reaktionär in Petersburg, der eben bei der Niederschlagung der Revolution in Ungarn geholfen hatte, nicht zu nahe treten, andererseits konnte man den Herrscher aller Reußen nicht zu nahe kommen lassen. So kam man zu keinem eindeutigen Entschluß, schwankte hin und her und saß schließlich zwischen den Stühlen.
Auch Berlin konnte sich nicht entscheiden, ob es offen für oder gegen Petersburg Stellung beziehen sollte. Auch Preußen grenzte unmittelbar an Rußland, fühlte sich aber weniger als Österreich bedroht. Die russische Expansion ging in Richtung Balkan, und zwischen den beiden Mächten lag der Puffer Polen, an dessen Erhaltung durch Niederhaltung der polnischen Nation beiden Reichen gelegen war. Noch saßen in Berlin wie Petersburg die christlich-konservativen Ritter im Sattel, die lieber eine Lanze für den Schirmherrn der Heiligen Allianz gebrochen hätten, als dem Imperialisten, der gegen Heiden ausgezogen war, in den Arm zu fallen. Aber es gab ein zweites Lager in Preußen, das sich eher dem fortschrittlichen Westen als dem rückschrittlichen Osten verbunden fühlte und durch den russischen Aggressor das europäische Gleichgewicht gefährdet sah. Sein Hauptquartier lag in Koblenz, wo Prinz Wilhelm, unter den Einflüsterungen seiner liberalisierenden Frau und den Einwirkungen der liberalkonservativen »Wochenblattpartei«, dem Zaren entgegentreten wollte.
Die Entscheidung kam dem Bruder, dem König zu. Friedrich Wilhelm IV. war unentschlossen wie immer, aber da die Koblenzer »Wochenblattpartei« fern und die Berliner »Kreuzzeitungspartei«

nahe war, versicherte der Hohenzoller dem ihm verwandtschaftlich und weltanschaulich verbundenen Romanow seiner Sympathie. Aber er unternahm nichts, um sie durch Taten zu beweisen.
Großbritannien machte Front gegen Rußland. Die Seemacht wollte die russische Flotte aus dem Mittelmeer fernhalten, stellte sich hinter den Sultan, den Wächter an Bosporus und Dardanellen. An der Balance of power auf dem Kontinent interessiert, um auf der Insel sicher und bei den überseeischen Unternehmungen ungestört zu sein, wendete sich England wie gegen jedes, so auch gegen das Vormachtstreben Rußlands. Aber auch in London wurde Machtinteresse mit Ideologie bemäntelt, die allerdings jener der Heiligen Allianz entgegengesetzt war. Vom Gipfel ihres Liberalismus, den sie in jenen Jahren erreicht hatte, predigte Britannia gegen alle Reaktionäre, namentlich die russischen, und übersah geflissentlich den Sultan, einen orientalischen Despoten, der sich unter ihre Kanzel gestellt hatte.
An Englands Seite trat Frankreich. Hier saß seit 1852 Kaiser Napoleon III. auf dem Thron, der wie Napoleon I. eine ihm und seinem Lande nützliche und – wie der Neffe wie der Onkel vorgab – ganz Europa dienliche Koalition von französischem Imperialismus und nationaldemokratischer Ideologie als politisches Programm vertrat. Der neue Bonaparte war von Hause aus der entschiedenste Gegner des Systems von 1815. Nach der Zerschlagung des französischen Imperiums und der Verdammung der revolutionären Bewegung installiert, hatte zwar auch das restaurierte Königreich Frankreich seinen Platz darin erhalten, mit dem sich jedoch das Zweite Kaiserreich nicht begnügte. Napoleon III. strebte wieder den ersten Rang in Europa an. Ihn zu gewinnen mußte er, der Parvenue, erst unter den Monarchen gesellschaftsfähig, unter den Staaten gleichberechtigt und bei den Völkern vertrauenswürdig werden.
Zunächst hatte sich der Kaiser der Franzosen als bündnisfähig zu erweisen, und dies gelang ihm durch eine Koalition mit England, dem Förderer der Selbstbestimmung der Nationen und dem Hüter des Gleichgewichtes der Mächte gegen Rußland, den Erzreaktionär und Friedensstörer.
Während Preußen in prorussischer und Österreich in antirussischer Neutralität verharrten, kamen England und Frankreich im März 1854 der Türkei zu Hilfe. Der Krimkrieg begann, in dem Frankreich

die Hauptlast trug und auch den Hauptgewinn davontrug. Im September 1854 landeten die Alliierten an der Küste der russischen Halbinsel Krim, im September 1855 wurde der Feldzug mit der Erstürmung von Sebastopol, der Bastion des Zarenreiches am Schwarzen Meer, von den Westmächten gewonnen.
Im März 1856 wurde der Frieden von Paris geschlossen, auf einer Konferenz der fünf Großmächte unter Teilnahme der Türkei und Sardinien-Piemonts. Napoleon III., der Gastgeber und Vorsitzende, erhielt nach dem Lorbeer des Krieges die Palme des Friedens, war der Erste unter Gleichen geworden und hoffte, schon bald der Erste über ihm nicht Gleichen zu werden.
Vorerst war durch eine europäische Konferenz, die indessen nicht mehr in Wien, sondern in Paris zusammengetreten war, das europäische Mächtesystem bestätigt worden, wenn auch schon jetzt die Gewichte zugunsten Frankreichs und zuungunsten Rußlands verrückt worden waren. Die Gebietsverluste – Abtretung der Donaumündungen und eines Teiles von Bessarabien – konnte das Zarenreich verschmerzen, weniger den Verlust an militärischem Prestige und schon gar nicht den Zerfall der Heiligen Allianz, dessen Initiator und Protektor es gewesen war.
Im Kampf gegen die progressiven Westmächte war Rußland von Österreich und Preußen, den konservativen Gesinnungsgenossen, im Stich gelassen worden, weil diesen das Machthemd näher als der Prinzipienrock war. Der Zar neigte dazu, dies dem Hohenzollern nachzusehen, nicht jedoch dem Habsburger, von dem er den sprichwörtlichen Dank des Hauses geerntet, keine Gegenleistung für die russische Hilfe gegen Ungarn bekommen hatte.
Nun ließ Rußland die letzten Hüllen der Ideenpolitik fallen und begann nackte Machtpolitik zu treiben. Seiner Ausdehnung stand in erster Linie Österreich im Wege. Daher strebte der Zar Koalitionen an, mit deren Hilfe das Hindernis beseitigt werden könnte: mit Preußen, was naheliegend war, und, was verwunderte, mit Frankreich, dessen Kaiser, diesem Emporkömmling, er noch unlängst die unter Monarchen übliche Anrede »Mein Bruder« versagt hatte.
Durch den Krimkrieg und seine Folgen war das System von 1815 in seinem ideologischen Gehalt wie in seiner machtpolitischen Gestalt in Frage gestellt worden. Während dies geschah, weilte Bismarck in Frankfurt. Von seinem Observatorium am Bundestag betrachtete er

die neue Konstellation, das Verblassen des konservativen Fixsternes und das Aufleuchten neuer Planeten im Zeichen des Jupiter und des Mars.
Bismarck beobachtete die veränderte Situation, stellte seine Berechnungen an und zog entsprechende Schlüsse daraus. Er hatte die neue Lage nicht mitgestaltet und konnte vorerst auch die Folgerungen, die sich daraus ergaben, nicht ausführen. Aber die Anschauungen, die er gewann, und die Möglichkeiten, die er erwog, bestimmten sein späteres Handeln.

IN DER ACHTJÄHRIGEN AMTSZEIT am Bundestag durchlief Bismarck mit Erfolg die Schule des Staatsmannes, der – wie er später immer wieder betonte – Zustände nicht herbeiführen könne, jedoch ausnützen müsse.
»Der Staatsmann kann nie selber etwas schaffen, er kann nur abwarten und lauschen, bis er den Schritt Gottes durch die Ereignisse hallen hört; dann vorzuspringen und den Zipfel seines Mantels zu fassen, das ist alles«, sagte er, als er nicht nur den Saum, sondern ein Stück des Mantels in die Hand bekommen hatte.
»Der Mensch kann den Strom der Zeit nicht schaffen und lenken, er kann nur darauf fahren und steuern, mit mehr oder weniger Erfahrung und Geschicklichkeit. Man kann Schiffbruch leiden und stranden und auch zu guten Häfen kommen«, sagte er, als er – die seit dem Krimkrieg gewonnenen Erfahrungen über die veränderte Großwetterlage nützend – sein Staatsschiff in den Hafen seiner preußischen Lösung der deutschen Frage gebracht hatte.
Zunächst mußte er zwischen der Scylla der alten Prinzipien und der Charybdis der neuen Realitäten hindurchsegeln. Auf dem Schiff, auf dem der Politiker angeheuert hatte, waren Konservative am Ruder, deren Kompaßnadel auf die Solidarität der Monarchen und die Stabilität der Staatenordnung zeigte. Zunehmend empfahl das Mannschaftsmitglied einen abweichenden Kurs, den es dann als Steuermann einhielt. Er erschien als Zickzackkurs. Denn er zielte einerseits auf die Beibehaltung des monarchischen Prinzips und einer ihm entsprechenden mehr oder weniger reaktionären Innenpolitik, andererseits auf die Begründung wie Ausführung einer revolutionären Außenpolitik.
Das System von 1815, das er im eigenen Staate, wenn auch mit

unumgänglichen zeitbedingten Korrekturen, erhalten wollte, suchte er unter Ausnützung der neuen Entwicklungen in der europäischen Staatenwelt zum Nutzen des alten Preußens zu verändern – zunächst mit Worten und dann durch Taten.

Für Bismarck war das kein Widerspruch, denn er meinte den Dualismus zwischen repressiver Innenpolitik und revolutionärer Außenpolitik in einer von der Staatsräson geforderten Machtpolitik gelöst zu haben. »Das Maß der Unabhängigkeit gibt einem Staate seine Stellung in der Welt; es legt ihm zugleich die Notwendigkeit auf, alle inneren Verhältnisse zu dem Zweck einzurichten, sich zu behaupten«, formulierte der Historiker Ranke das »oberste Gesetz des Staates«, das auch Bismarck, zunächst in der Theorie und später in der Praxis, über andere Gebote stellte.

Der »Primat der Außenpolitik« schien zu verlangen, daß jeder Preuße weiterhin auf das Kommando seines Monarchen hören müsse, damit dieser alle Kräfte nicht nur zur Erhaltung, sondern auch zum Ausbau der Großmachtstellung Preußens zusammenfassen und einsetzen könne. Bei der starken Position, die der König einnehme, dürfe er es – wie Bismarck hinzufügte – sogar wagen, die liberale und deutsch-nationale Bewegung für die außenpolitische Machterweiterung seines Staates zu mobilisieren.

Verlangten nicht immer mehr Deutsche innerhalb wie außerhalb der schwarz-weißen Grenzpfähle, daß Preußen seinem »deutschen Berufe« nachkomme und Deutschland unter seiner Führung einige? Scheuten nicht immer weniger Preußen und Deutsche einer Generation, welche die Reden satt hatte und endlich Taten sehen wollte, vor Mitteln, welche die Idealisten von gestern als verwerflich bezeichnet hatten, nicht mehr zurück?

Während und nach dem Krimkrieg suchte der Bundestagsgesandte mit seinen Mitteln – Briefen, Berichten und Denkschriften – Hof und Regierung nahezulegen, was angesichts der veränderten europäischen Lage im gleichbleibenden Interesse Preußens zu tun beziehungsweise zu lassen wäre.

»Sympathien und Antipathien in Betreff auswärtiger Mächte und Personen vermag ich vor meinem Pflichtgefühl im auswärtigen Dienste meines Landes nicht zu rechtfertigen, weder an mir noch an Andern; es ist darin der Embryo der Untreue gegen den Herrn oder das Land, dem man dient«, schrieb er Leopold von Gerlach, der

Friedrich Wilhelm IV. nahestand und ihm weiterhin einflüsterte, daß man Franz Joseph I. von Österreich zu lieben und Napoleon III. von Frankreich zu hassen habe. Preußen müsse jedoch, betonte Bismarck, »dreist eine spezifisch Preußische Politik affichieren, die ihre Geltung durch die Interessen und Befürchtungen anderer sucht, nicht durch Gefühle, die jeder vorgibt und keiner hat«.

Es gelte, die Lage nüchtern einzuschätzen, alle Möglichkeiten durchzurechnen, alle Chancen offenzuhalten und im geeigneten Moment die brauchbarste zu ergreifen und das dem preußischen Staatszweck Dienlichste durchzusetzen, beschwor er den Ministerpräsidenten Manteuffel. »Die dermalige Situation«, die im Flusse sei, verbiete es Preußen, seine Außenpolitik voreilig durch Entschlüsse oder gar Versprechungen festzulegen.« Wir vermögen es nicht, die gegenseitigen Beziehungen der übrigen Großmächte zu einander nach unsrer Wahl zu gestalten, aber wir können uns die Freiheit bewahren, die Gestaltungen, welche sich ohne unser Zutun und vielleicht gegen unsre Wünsche entwickeln, nach den Anforderungen unsrer Sicherheit und unsrer Interessen zu benutzen.«

Vor allem wollte Bismarck verhindern, daß Preußen, sich am Rockschoß Österreichs festhaltend, sich in den Krimkrieg hineinziehen ließ. Anfänglich hielt es Wien für nicht unangebracht, eine kriegerische Miene gegen Rußland aufzusetzen und den Deutschen Bund und damit auch Preußen zum Mitmachen zu bewegen.

Der Bundestagsgesandte steuerte das ihm Mögliche bei, daß Berlin der Versuchung widerstand, »unsre schmucke und seefeste Fregatte an das wurmstichige alte Orlogschiff von Österreich« zu koppeln. Und er tat – im Verkehr mit seinen Kollegen in Frankfurt und bei Besuchen an deutschen Fürstenhöfen – das Seine dazu, daß sich auch die anderen Bundesmitglieder nicht für eine abenteuerliche Fahrt unter dem Kommando eines Kapitäns einschifften, dessen Interessen in eine andere Richtung gingen als ihre eigenen.

»Die großen Krisen bilden das Wetter, welches Preußens Wachstum fördert«, bemerkte Bismarck, darauf bedacht, von den Winden die eigene Fregatte vorantreiben zu lassen. Er rechnete damit, daß Österreich durch das Hin- und Herkreuzen zwischen den Kombattanten die Freundschaft der Westmächte nicht gewinnen und die Feindschaft Rußlands sich zuziehen würde. Er versprach sich daraus Nutzen für Preußen, wenn es über kurz oder lang zu dem von ihm

für unvermeidlich gehaltenen Entscheidungskampf mit Österreich käme.
Vorerst sollte Preußen im geschützten Hafen bleiben und zusehen, wie die anderen vom Sturme mitgenommen würden. Bismarck widersetzte sich der preußischen »Wochenblattpartei«, die auf die bewegte See hinausfahren und, im Kielwasser der Westmächte, Kurs gegen Rußland nehmen wollte. Abneigung gegen das reaktionäre Rußland und Zuneigung zum liberalen England war deren weniger politisches als ideologisches Motiv.
Wenn er das Wort vom »perfiden Albion«, das französische Revolutionäre geprägt hatten, in den Mund nahm, dann sprach auch aus Bismarck eine Ideologie, freilich eine konservative, die dem Vertreter der Interessen seines Standes auf den Leib geschneidert war und die der Vertreter der Interessen seines Staates nicht ohne weiteres abzulegen vermochte.
In England hatte es vor Frankreich eine Revolution gegeben, war ein König geköpft worden. Nachdem Napoleon I. gestürzt und die Balance of power hergestellt war, hatte sich England als erste Macht von der Heiligen Allianz, dem ideologischen Teil des Systems von 1815, losgesagt. Seit der Reformbill von 1832, der Parlamentsreform zugunsten des Bürgertums, sei den Engländern, meinte Bismarck, die aristokratische »Erbweisheit« vollends abhanden gekommen.
Nun bot England den Umstürzlern aus allen Himmelsrichtungen einen Hafen, in dem sie Schutz fanden und zur Ausfahrt rüsteten, von britischen Segenswünschen für das Gelingen einer liberalen und demokratischen Weltverbesserung begleitet. »Fremde Staaten mit Hilfe der Revolution zu bedrohen«, konstatierte Bismarck 1857, »ist jetzt seit einer ziemlichen Reihe von Jahren das Gewerbe Englands.«
Nun exportierte es auch eine Prinzessin nach Preußen. Victoria, die Tochter der Queen und des liberalen Prinzen Albert von Sachsen-Coburg-Gotha, heiratete 1858 Friedrich Wilhelm, der als Sohn Wilhelms, des künftigen Königs von Preußen, ein Kronprinz war. Bismarck sah eine Unterwanderung des Hohenzollernhauses voraus, und britischen Einfluß »in der stupiden Bewunderung des Deutschen Michels für Lords und Guineen, in der Anglomanie von Kammern, Zeitungen, Sportsmen, Landwirten und Gerichtspräsidenten den fruchtbarsten Boden finden«.
Abneigung des Konservativen gegen die englischen Liberalen und

Widerwille des Landedelmannes gegen die englischen Krämerseelen, denen die Baumwolle viel tiefer als der Protestantismus und das Humanitätsgerede sitze, mischten sich mit wachsenden Vorbehalten des Interessenpolitikers gegen eine Macht, von der sein Staat für die Zukunft noch weniger Vorteilhaftes als in der Vergangenheit zu erwarten habe.

Preußen und damit Deutschland, resümierte Bismarck, hätten mehr Anlaß als das revolutionäre Frankreich gehabt, vom »perfiden Albion« zu sprechen. »England hat uns vom Siebenjährigen Krieg bis zum Wiener Frieden ausgebeutet und beeinträchtigt.« Nach der Niederwerfung Napoleons hätten die Engländer zwar Blücher, dem siegreichen »Marschall Vorwärts«, die Hand gedrückt, aber wenn der Korse nicht überraschend von Elba zurückgekommen wäre, hätte man es wahrscheinlich erlebt, daß eine Kriegskoalition zwischen England, Österreich und dem besiegten Frankreich gegen Preußen und Rußland, die Bundesgenossen im Befreiungskrieg, zustande gekommen wäre.

Im Krimkrieg stand England gegen Rußland, welches das Gleichgewicht in Europa und die Kreise Großbritanniens im Vorderen Orient und im mittleren Asien störte. Es suchte Österreich auf seine Seite zu ziehen, das, unmittelbar an die russische Landmasse grenzend, ständig bedroht war, von ihr eingedrückt oder gar erdrückt zu werden. Wien hätte vielleicht nachgegeben, wenn ihm Preußen und der Deutsche Bund gefolgt wären.

Bismarck hatte dies im Widerstand gegen die Aktionen Österreichs im Bundestag und durch Widerspruch gegen die Agitation der preußischen »Wochenblattpartei« zu verhindern geholfen. Ein Schwenken an die Seite Englands kam für ihn schon deswegen nicht in Frage, weil die Seemacht nicht genug Soldaten – »50 000? 100 000?« – an die Landfront hätte werfen können. Eine Allianz mit England verböte sich aber vor allem deshalb, weil Preußen, das eines Tages Krieg mit Österreich führen müßte, dessen Hauptgegner Rußland als stillen oder erklärten Partner bräuchte.

Wenn aber ein Bündnis zwischen Rußland und Frankreich zustande käme, wie es sich nach dem Pariser Frieden anzubahnen schien? Beide waren Gegner Österreichs: Napoleon III., der sich gegen die Zentralmacht des Systems von 1815 wandte, und Alexander II., dem nicht mehr so viel wie seinem Vater Nikolaus I. an der Erhaltung der

Heiligen Allianz gelegen war, die Franz Joseph I. ohnehin im Krimkrieg verraten hatte. Bismarck litt noch nicht unter dem »Alpdruck der Koalitionen« gegen die Mitte Europas, in der auch Deutschland lag. Noch dachte er Tag und Nacht daran, wie Österreich unter Druck gesetzt werden könnte, und dazu wäre ihm eine russisch-französische Allianz, die den Hauptgegner Preußens in die Zange genommen hätte, nicht unwillkommen gewesen.

In einem solchen antiösterreichischen Bunde wäre Bismarck gerne der Dritte gewesen. 1854 erklärte der Bundestagsgesandte seinem russischen Kollegen Glinka: »Ein Bund zwischen Rußland, Preußen und Frankreich – das ist mein wahres politisches Ideal, von dem ich schon längst träume, und das allein im Stande wäre, den politischen Bedürfnissen der drei Staaten zu entsprechen.«

Im Krimkrieg mußte er sich freilich für eine der beiden Mächte entscheiden – für Rußland, das ihn begonnen hatte, oder für Frankreich, das sich ihm entgegenstellte. Bismarck erklärte sich – gegen die »Wochenblattpartei« und an der Seite der »Kreuzzeitungspartei« – für Rußland.

Dazu bewog ihn nicht, wie die Parteifreunde, von denen er sich Schritt für Schritt entfernte, ein Solidaritätsgefühl mit dem stockkonservativen Zaren, schon eher die heftige Abneigung gegen den Wiener Intimfeind. Den Ausschlag gab jedoch nicht persönliche oder politische Stimmung, sondern die Staatsräson, die eine Übereinkunft mit dem österreichfeindlichen Rußland nahelegte.

Die Entscheidung der preußischen Regierung, im Krimkrieg neutral zu bleiben, ersparte ihm eine eindeutige Stellungnahme, ob er bereit gewesen wäre, aus seiner politischen Wahl die militärische Konsequenz zu ziehen. Aber er blieb jetzt und künftig bei seinem Entschluß, die preußische und damit die deutsche Machtpolitik mit russischer Rückendeckung zu führen.

SEIT DEM KRIMKRIEG, der Wasserscheide der europäischen Politik, flossen die russischen Wasser auf Preußens Mühlen. Davon konnte sich Bismark, der am 29. Januar 1859 zum Gesandten und bevollmächtigten Minister am kaiserlich-russischen Hof ernannt worden war und am 1. April 1859 sein Beglaubigungsschreiben in Sankt Petersburg überreichte, an Ort und Stelle überzeugen.

»Wie die Österreicher hier drunten durch sind, davon hat man gar keine Idee; kein räudiger Hund nimmt ein Stück Fleisch von ihnen«, stellte er schon am 4. April fest: »Die ganze russische Politik scheint keinem andern Gedanken Raum zu geben als dem, wie man Österreich ans Leben kommt.« Selbst der gewöhnlich ruhige und sanfte Alexander II. gerate in Rage, wenn er auf Habsburgs Undankbarkeit zu sprechen komme, und die Witwe Nikolaus' I., der aus Gram über das Ende der Heiligen Allianz gestorben war, sprach von Franz Joseph »wie von einem der Rache Gottes Verfallnen«.

Er begütige pflichtschuldigst, schrieb der Diplomat, aber der Vertreter des Staatsinteresses half mit, die russische Abneigung gegen Österreich zu steigern, um die russische Zuneigung zu Preußen zu fördern. Nachhilfe war vonnöten. Hinter den antiösterreichischen Gefühlsbezeugungen Alexanders II., dieses »schlauen, glatten Sarmaten«, und des Außenministers Gortschakow, dieses »Fuchs in Holzschuhen«, steckte das nackte Machtinteresse Rußlands, das sich mit demjenigen Preußens nicht immer und überall deckte.

Seit Peter dem Großen hatte Rußland Westliches bei sich eingelassen und war zugleich nach Westen vorgerückt, wo es über kurz oder lang nicht nur auf Österreich, sondern auch auf Preußen stoßen würde. Bei den polnischen Teilungen war Rußland der Bärenanteil zugefallen, aber es mußte damit gerechnet werden, daß es sich nicht mit ihm begnügen würde.

Schon blickte es begehrlich auf das österreichisch gewordene Galizien, und es war nicht auszuschließen, daß es auch auf die polnischen Ostgebiete Preußens Appetit bekäme. Noch akzeptierte Rußland die gemeinsame Herrschaft der drei Ostmächte über Polen, und schien es zu honorieren, daß ihm Preußen, wenn auch nur indirekt, 1831 bei der Niederwerfung des polnischen Aufstandes geholfen hatte.

Das gemeinsame Interesse, die polnischen Bestrebungen nach staatsbürgerlicher Freiheit und nationalstaatlicher Einheit zu unterdrücken, verband nach Bismarcks Ansicht Preußen und Rußland mindestens ebenso stark wie das gemeinsame Interesse, den Teilungspartner Österreich, der sich als Machtgegner erwiesen hatte, in die Zange zu nehmen.

Bereits in einer seiner ersten Äußerungen zur Außenpolitik, in einem Schreiben an die Redaktion der *Magdeburgischen Zeitung* vom 20. April 1848, hatte er sich gegen die Polenbegeisterung deut-

scher Liberaler und Demokraten gewandt und erklärt, ein vereinigtes Polen wäre für Preußen und Deutschland gefährlicher als ein Rußland, das mit seinem Hauptanteil an polnischen Gebieten eine nach Westen vorgeschobene Machtposition behielte.
Ein in seinen Grenzen von 1772 wiederhergestelltes Polen – so Bismarck 1848 – würde sich nicht mit den dafür von Preußen abgetretenen Gebieten Posen, Westpreußen und Ermland begnügen, sondern auf »jede Verlegenheit Deutschlands« warten, »um Ostpreußen, polnisch Schlesien, die polnischen Bezirke von Pommern für sich zu gewinnen«. Mit einem polnischen Nationalstaat würde Preußen einen Feind am Halse haben, »der viel gieriger nach Eroberung auf unsre Kosten sein wird und muß als der russische Kaiser«. Die Annahme, ein wiedervereinigtes Polen wäre ein westlicher Wall gegen östliche Aggression, wies er mit der Bemerkung zurück: »Schutz gegen Rußland brauchen wir aber von Polen nicht; wir sind uns selbst Schutz genug.«
Der Fortgeschrittene hielt an dieser Auffassung des Anfängers fest. Als preußischer Gesandter am Hof des Zaren sah er sich darin bestärkt. Mit seinen von der Staatsräson diktierten Bemühungen, durch ein möglichst enges Einvernehmen mit Rußland die von diesem für Preußen ausgehenden Gefahren zu verringern und jene für Österreich zu vergrößern, wuchs der vom Staatsinteresse geleitete Wille, die Polen niederzuhalten.
»Haut doch die Polen, daß sie am Leben verzagen«, schrieb Bismarck am 26. März 1861 seiner Schwester aus Sankt Petersburg, als sich ein neuer polnischer Aufstand ankündigte; »ich habe alles Mitgefühl für ihre Lage, aber wir können, wenn wir bestehn wollen, nichts andres tun, als sie ausrotten; der Wolf kann auch nicht dafür, daß er von Gott geschaffen ist, wie er ist, und man schießt ihn doch dafür tot, wenn man kann.«
Gegenüber Außenminister Bernstorff drückte er sich gewählter, doch nicht minder unerbittlich aus: Preußen könne den Kampf gegen die polnische Nationalbewegung nicht nach den Regeln des bürgerlichen Rechtes, müsse ihn nach den Regeln des Kampfes führen.
Sympathien und Antipathien vermochte der Mann der Staatsräson nicht gänzlich auszuschalten, den Haß gegen die Polen und fast so etwas wie Liebe zu den Russen, an denen der »Pascha«, wie ihn sein

Legationssekretär Kurd von Schlözer nannte, verwandte Züge entdeckte: »Die Russen sind nicht kleinlich in ihren Neigungen.« Wenn sie hochherzig seien, dann im höchsten Grade, und wenn sie lasterhaft seien, »so liegt etwas Imponierendes in der Entschiedenheit ihres Lasters«.

Er lernte Russisch, gewöhnte sich an großzügige Lebensweise und wurde mit dem großfürstlichen Regierungsstil vertraut. Alexander II., ein Neffe Friedrich Wilhelms IV. und Wilhelms I., der ihn mehr als Familienvertreter denn als Staatsgesandten ansah, hielt ihn bald dem russischen Zweig des Stammes für so ähnlich, daß er ihm anbot, in russische Dienste zu treten.

Der Preuße lehnte höflich ab, auch deshalb, weil er die russische Diplomatie nicht schätzte, in der Vorzüge des russischen Nationalcharakters sich nachteilig bemerkbar machten: »ungeschickte, hochnasige Trägheit« im Wechsel mit »plumpen Barbarismen« und »bärenartigen Bezeigungen herablassenden Wohlwollens«.

Im Verkehr mit solchen Diplomaten lernte er die »Naturfehler« der Russen kennen, mit denen man »nach den Regeln der Psychiatrie« umgehen müsse. »Rußland ist mehr eine elementare Kraft als ein Kabinett, mehr Mastodon als Diplomat, und muß behandelt werden wie schlecht Wetter, bis man es ändern kann.« Ovid zitierend, kam der Lateiner zu dem Schluß: Die »rudis indigestaque moles – die rohe, unverdauliche Masse ›Rußland‹ wiegt zu schwer, um für jede Wahrnehmung des politischen Instinkts leicht lenksam zu sein.«

Bismarck sah voraus, daß sie sich immer schwerer leiten lassen würde. Die Einstellung der Russen zum Westen veränderte sich von Generation zu Generation und nicht zum Vorteil Preußens und Deutschlands. Die der Befreiungskriege habe noch zur »Crème europäischer Gesittung« gehört. Die nachfolgende, unter Nikolaus I., sei umgänglich und gefällig geblieben. Doch die dritte Generation zeige in ihrem gesellschaftlichen Auftreten schlechte Manieren, in ihrem politischen Verhalten »stärkere Abneigungen gegen deutsche, insbesondere preußische Elemente« und zunehmende Sympathien für die Panslawisten, die mit den Slawen im Osmanischen Reich und in der Habsburgermonarchie die preußischen Polen an die Brust des Mütterchen Rußland zu drücken gedachten.

Mit dieser Generation bekam es Bismarck zu tun, bereits in Sankt

Petersburg, wo es ihm im Laufe der Jahre – mit Unterbrechungen vom Frühjahr 1859 bis zum Frühjahr 1862 – immer schwerer fiel, den Eifer für die politische Mission im preußischen Interesse mit der Verdrießlichkeit über die Mühsal seiner persönlichen Verhältnisse und den Stillstand seiner Karriere in Einklang zu bringen.
Die Familie, seine Frau Johanna und die drei Kinder Marie, Herbert und Wilhelm, die seit Juni 1860 in Petersburg weilte, litt unter den »Schrecknissen des sechzigsten Breitengrades«, den Unbilden des russischen Wetters. Die Ärzte, die nicht die besten waren, gaben sich in der Gesandtschaftsresidenz die Klinke in die Hand.
Auch der Vater war krank geworden. Seitdem er sich im Sommer 1857 bei einem Jagdausflug nach Schweden am linken Bein verletzt hatte, plagte ihn der Rheumatismus, der sich im Petersburger Klima verschlimmerte und durch die Bemühungen der untertassengroße Schröpfköpfe ansetzenden Quacksalber nicht verbessert wurde. Der Patient, der sich »schon halb für eine bessere Welt gewonnen« sah, erhielt im Sommer 1859 Urlaub zum Gebrauch der Bäder in Nauheim und Wiesbaden sowie einer Nachkur im schwiegerelterlichen Haus im pommerschen Reinfeld.
Auf der Rückreise nach Petersburg, als er im November 1859 Station bei einem Freund in Hohendorf machte, bekam er eine schwere Lungenentzündung, die ihn den Winter über an das Krankenlager fesselte. Im Frühjahr 1860 begab er sich zunächst nach Berlin, »um dort eine ärztliche Autorität aufzufinden, welche die Verantwortung für meine Reise nach Petersburg zu übernehmen bereit ist«. Vor allem aber, um an dem Platz nach dem rechten zu sehen, an den – und nicht in den »großen Steinhaufen« Petersburg und in die russischen Urwälder – er eigentlich gehörte.
Sie schickten ihn dorthin zurück, wo sich die »blauen Füchse« und die letzten Mohikaner der Heiligen Allianz gute Nacht sagten. Die Anwesenheit seiner Familie minderte sein persönliches Unbehagen und mehrte seine finanziellen Mißlichkeiten.
Ein Gesandter in Sankt Petersburg, der sich am Zarenhofe zu bewegen und mit den Kollegen Schritt zu halten hatte, war gezwungen, auf großem Fuße zu leben. Seit er mit seiner Familie hier sei, rechnete er der Berliner Behörde im Mai 1861 vor, habe er »über 38000 Taler ausgegeben und noch mehr als 2000 Rechnungen zu bezahlen«. Ohne »ein nennenswertes Haus zu machen«, fügte er im

November 1861 hinzu, habe er im Jahr 8000 Taler über sein Diensteinkommen verausgabt.
Seine Mittel gingen aus und seine Lust am Diplomatendasein schwand dahin. Die Gattin wäre am liebsten »schnurstracks nach Schönhausen« zurückgegangen, hätte den Gatten gerne fern der »unleidlichen, stürmischen Diplomaten-Welt« gesehen, »die ihm gar nichts Gutes gebracht – nur Krankheit, Ärger, Feindschaft; Mißgunst, Undankbarkeit und – Verbannung«.
Der Mann »mit seinem ehrlichen, anständigen grundedlen Charakter«, zu dem sie aufblickte und weiterhin aufschauen wollte, hatte ihr sein Herz ausgeschüttet. Er habe die Bibel aufgeschlagen, den 5. Vers des 110. Psalm gefunden und die Einsicht gewonnen: »Was sind unsre Staaten und ihre Macht und Ehre vor Gott anders als Ameisenhaufen und Bienenstöcke, die der Huf eines Ochsen zertritt oder das Geschick in Gestalt eines Honigbauern ereilt.« Auf der Erde und in der Politik gebe es nichts als Heuchelei und Gaukelspiel, »und ob uns das Fieber oder die Kartätsche die Maske von Fleisch abreißt, fallen muß sie doch über kurz oder lang«.
Er mußte sie weiterhin aufbehalten, und er wollte es auch. Aber er strebte aus der diplomatischen Kulisse auf die politische Bühne, erstrebte eine tragende Rolle in der Haupt- und Staatsaktion. Das war nicht abwegig, denn nicht nur er hielt sich dazu berufen. In Berlin hatte er Freunde, die ihn lieber heute als morgen als Ministerpräsidenten gesehen hätten.

Von Petersburg über Paris nach Berlin

ENDE APRIL 1862 wurde Bismarck von Petersburg abberufen, nach Berlin bestellt und, weil ihm Wilhelm I. noch nicht das Ministerium anvertrauen wollte, nach Paris weitergeschickt. Am 22. Mai 1862 wurde der siebenundvierzigjährige Diplomat nach elf Dienstjahren zum Gesandten in Paris ernannt.
Er trinke sich einen Rausch an, »wenn ich erst meine Beglaubigung nach Paris in der Tasche habe«, hatte er seiner Frau wenige Tage vorher geschrieben und erklärt, für diese Versetzung gäbe er »trotz aller Umzugsverluste noch einige Tausende bar«.
»Vielleicht entdecken sie einen andern Ministerpräsidenten, wenn

ich ihnen erst aus den Augen bin.« Der Fuchs sprach von sauren Trauben, aber auch die Früchte des Weinstocks, die ihm momentan erreichbar waren, lohnten das Naschen. Denn Paris war unter Napoleon III. die Metropole der europäischen Zivilisation und das Zentrum der europäischen Politik geworden.
Im Palais Beauharnais, seiner Pariser Residenz, traf Bismarck das Empire in einem verstaubten Zustand an, der sich augenfällig von der Renovierung abhob, mit der Napoleon III. dem Imperium seines Onkels Napoleon Bonaparte und seiner Großmutter Eugénie Beauharnais einen zweiten Glanz verschafft hatte.
König Friedrich Wilhelm III. hatte 1814, als Napoleon I. besiegt worden war, im Palais Beauharnais gewohnt, das ihm, eingerichtet im damaligen Geschmack, derart gefiel, daß er es als preußisches Gesandtschaftsgebäude behielt. Er ließ es nicht im Stil der Restauration umgestalten, wie es in der staatlichen wie häuslichen Innenarchitektur gebräuchlich geworden war. Beweggrund war die Sparsamkeit, vielleicht auch die Hoffnung, die Erinnerung an das napoleonische Kaiserreich würde wie das Gold der Empire-Möbel abblättern und wie die Spiegel, die Größe und Ruhm vermehrt hatten, erblinden.
Der neue Gesandte der preußischen Majestät fühlte sich im Palais Beauharnais wie »eine Ratte in der leeren Scheune«. Mit der Lage wäre er zufrieden gewesen. Ein Garten trennte das Haus vom Seinequai und dämpfte den Lärm, der den Umbau der Hauptstadt Frankreichs zur modernsten und schönsten Metropole der Welt begleitete. Das Haus selber war »dunkel, feucht und kalt«, roch »dumpfig und kloakig«, hatte keinen Winkel, »in dem man gerne sitzen möchte«, zu viele Repräsentationsräume und zu wenige Wohnstuben sowie finstere, steile und enge Treppen, die er, breitschultrig wie er war, nicht »gradaus passieren« konnte und auf denen die Damen mit den weitgeschwungenen Krinolinen steckenblieben.
Die Vorgänger, die Hatzfeld und Pourtalès, hätten darin »die ganze Zeit existiert, sind aber auch dabei gestorben, in der Blüte ihrer Jahre, und bleibe ich in dem Hause, so sterbe ich auch früher als ich wünsche«. Gottlob wußte er, daß er auf den nicht ausgepackten Koffern sitzen bleiben könnte, weil er, was die Spatzen von den Dächern pfiffen, in Bälde nach Berlin berufen werden würde. Die Wartezeit gedachte er sich durch die Erneuerung seiner Bekannt-

schaft mit Paris und den Parisern zu vertreiben und durch den Umgang mit Napoleon III. zu nützen, damit er den wichtigsten Regenten der Gegenwart genauer kennenlerne und er in Diplomatie und Politik »noch etwas reifer werde«.

Zum erstenmal war er 1855 in der Kapitale des Zweiten Kaiserreiches gewesen und hatte Vergleiche mit der Hauptstadt des Bürgerkönigtums angestellt, in der er 1842 vorbeigeschaut hatte. Er fand »die Pariser wunderbar fortgeschritten in der Disziplin und dem äußern Anstande«, was er darauf zurückführte, »daß die Herrschaft von der Juli-Bourgeoise auf die Armee übergegangen ist«. Die Beleuchtung sei glänzend, aber man sehe noch mehr Polizisten als Laternen. Das sei es, was er brauche, sage der Franzose: Der Bonapartismus sei die einzige Regierungsform, die mit dem französischen Geiste vereinbar sei.

Dies war die eine Seite der bonapartistischen Herrschaft. Napoleon III. war durch die Beschwörung der Erinnerung an Napoleon I. an die Macht gekommen. Der Onkel hatte die von der ersten französischen Revolution verursachte Anarchie beendet, was die von der Unordnung der dritten, der Februarrevolution von 1848 beunruhigten Franzosen auch vom Neffen erwarteten. Sie hatten den Retter durch Volksbeschluß berufen und schienen bereit zu sein, auch die autoritären Mittel, wenn sie nur der Aufrechterhaltung der Ordnung dienten, bis auf weiteres hinzunehmen.

Napoleon III. hatte ihnen auch einiges gebracht, was sie über die Schattenseite der bonapartistischen Medaille hinwegsehen ließ. Das bemerkte 1855 auch Bismarck. Im Krimkrieg heftete die Armee neue Gloire an die napoleonischen Adler, und auf der Pariser Weltausstellung wurde die zivilisatorische Grandeur des Zweiten Kaiserreiches demonstriert. Bismarck war davon weniger beeindruckt: »Millionen der verschiedenartigsten Gegenstände, deren Namen man nicht weiß und deren Masse einem auch ohne das betäubende Geschnurre der Maschinen die Klarheit des Eindrucks benimmt.« Der Agrarier blickte hinter die prachtvollen Kulissen und gewahrte blanken Kapitalismus: »Geld ist alles in Paris«, und »ein Marschall ein Hund neben Rothschild«.

Im Jahre 1857 gewann Bismarck weitere Einblicke in das Doppelwesen des Second Empire, und er sah mehr Positives als Negatives. Er fühlte sich in »Babylon«, im »lutetischen Kote«, woran Berliner

Konservative und Puritaner nur mit Schaudern dachten, nicht unwohl. Der preußische Bundestagsgesandte promenierte auf den Boulevards, besuchte Theater und Ballett, speiste im Luxusrestaurant »Les Trois Frères Provençaux« wie an der Hoftafel in den Tuilerien und konstatierte: »Von Personen und Zuständen hier bin ich sehr erbaut, besonders vom Kaiser.«

Von Anfang an hatte Bismarck den neuen Napoleon wie ein Naturwissenschaftler beobachtet, der eine unbekannte Art der Gattung der Herrscher entdeckte, ihre Erscheinungsform und Verhaltensweise studierte, um daraus Erkenntnisse über den Umgang mit der neuen Spezies zu gewinnen.

Er versagte es sich, Napoleon III. durch die Brille der Vorurteile zu betrachten, die preußische Konservative aufsetzten, wenn sie nach den Tuilerien blickten. Sie konnten und wollten im Kaiser der Franzosen, der demokratisch legitimiert die Macht ergriffen hatte, nur die fleischgewordene Revolution, das böse Prinzip schlechthin erblicken. Und sie fürchteten den dritten Napoleon als Vollstrecker des Testamentes des ersten Napoleon, der angetreten war, die von den Monarchen unterdrückten Völker zu befreien und sie unter einem französischen Volkskaiser einer besseren Zukunft entgegenzuführen.

Als Louis-Napoleon, der von den Franzosen gewählte Präsident der Französischen Republik, am 2. Dezember 1851 in einem an den 18. Brumaire 1799 Napoleon Bonapartes erinnernden Staatsstreich sich zum bonapartistischen Diktator aufschwang, waren preußische Konservative weniger über den Einsatz des Militärs als über die Anrufung des Volkes entsetzt, das dem Coup nachträglich zustimmte.

Am liebsten hätten die Kaiser und Könige, die vorgaben, ihre Kronen vom Himmel erhalten zu haben, diesem Napoleon, der sich ein Jahr später nach alter Weise zum Herrscher von Gottes Gnaden ausrief und sich in neuer Weise durch den Willen des Volkes legitimieren ließ, den Zutritt zur Monarchengesellschaft verwehrt. Sie wollten ihm keine hochgeborene Prinzessin zur Gemahlin geben, doch es war ihnen auch nicht recht, daß er eine schlichte Gräfin von Montijo nahm, Eugénie, die den Makel ihrer Unebenbürtigkeit durch ihre Schönheit überstrahlte und alle anderen gekrönten Frauen in den Schatten stellte.

Die *Kreuzzeitung* zerriß sich darüber die Spalten. Bismarck fühlte sich bemüßigt, einen Kommentar abzugeben, adressiert an seinen »Gönner und Freund« Leopold von Gerlach. Damit begann eine Kontroverse über Bonaparte und den Bonapartismus, an denen sich die Geister zu scheiden begannen, in deren Verlauf Bismarck sich vom konservativen Prinzipienpolitiker zum preußischen Interessenpolitiker wandelte und an deren Ende der Bruch mit den alten Parteifreunden stand.

»Wem und wozu nützt es«, schrieb er am 27. Januar 1853 an Leopold von Gerlach, »den Bräutigam des Fräulein Montijo zu nergeln, indem man ihm den Stock hinhält, wie einem bösen Kettenhunde!« Wolle man Frieden mit ihm, »wie ich bis jetzt denke«, so dürfe man seine Stellung nicht untergraben, solle es Krieg sein, »und das wird es schließlich wohl werden«, so dürfe man ihn nicht provozieren. »Dergleichen Pronunciamentos gegen Frankreich machen uns mehr wie nötig von unsern östlichen Bundesgenossen abhängig.«

Bereits 1853 schlug Bismarck den Ton an, den er im Laufe der Jahre verstärkte und verschärfte. Was er von Frankfurt aus wahrnahm, bekam aus der Nähe, 1855 und 1857 in Paris, klare Konturen. »Die Kaiserin ist schöner als alle Bilder, die ich von ihr gesehen habe.« Der Kaiser sei nicht der böse Dämon, für den er in Berlin gehalten werde, und nicht so gescheit und gerissen, wie ihn die Welt einschätze, die seinen Verstand auf Kosten seines Herzens überschätze. Napoleon III. neige dazu – und hier sei Vorsicht geboten – »gerade das zu tun, was niemand erwartet«.

Solange er lebe, werde man mit ihm rechnen müssen, und wenn man ihn entsprechend behandele, werde man Gewinn daraus ziehen. Diese Erkenntnis suchte der Diplomat Bismarck dem General Gerlach beizubringen, und je mehr sich dieser Legitimist dagegen sträubte, um so mehr wurde sich Bismarck darüber klar, daß in der Außenpolitik nur und nichts anderes als das Interesse des Staates im Auge zu behalten sei. Und daß ein Außenpolitiker »nicht Schach spielen kann, wenn einem 16 Felder von 64 von Hause aus verboten sind«, von einer Regierung, die mit einem Lande nichts zu tun haben möchte, nur weil es von einer Figur beherrscht werde, die ihr nicht gefiele.

»Wir können Politik nur mit dem Frankreich treiben, welches

vorhanden ist«, dieses »aus den Kombinationen nicht ausschließen«. Wer in Frankreich regiere, ob Ludwig der Heilige oder Napoleon III., sei ihm dabei ganz gleichgültig. Frankreich zähle ihm, »ohne Rücksicht auf die jeweilige Person an seiner Spitze, nur als ein Stein, und zwar ein unvermeidlicher in dem Schachspiel der Politik, ein Spiel, in welchem ich nur meinem Könige und meinem Lande zu dienen Beruf habe.«

Wenn man ihn, weil er mit Bonaparte umzugehen gedenke, einen Bonapartisten schimpfe, so lasse er sich's gefallen. Sei denn der Bonapartismus, jene Verklammerung von Autokratie und Demokratie, tatsächlich so abwegig, daß man ihn, wie Gerlachs Gemeinde, wie die Sünde fürchten müsse? Gab es nicht schon in Preußen einen gewissen Bonapartismus, als von Louis-Napoléon Bonaparte noch lange nicht die Rede war? Bismarck dachte dabei an die »Hardenbergische Gesetzgebung« in der Reformzeit, die versucht hatte, Revolutionäres, dem man entgegenkommen müßte, mit Monarchischem, das man beibehalten wollte, zu verbinden.

»Das Prinzip des Kampfes gegen die Revolution erkenne auch ich als das meinige an«, erklärte Bismarck, aber er halte es nicht für angebracht, Napoleon III. als den Erzrevolutionär zu bezeichnen und mit ihm Beziehungen zu vermeiden, die man mit anderen in revolutionärem Boden wurzelnden Herrschern pflege. Das englische Königreich beispielsweise fuße auf der Glorious Revolution von 1688, das belgische Königreich sei aus der Revolution von 1830 hervorgegangen, und die Staaten des Deutschen Bundes verdankten ihre Souveränität einer Fürstenrevolution gegen die Stände im eigenen Land und gegen den Kaiser in Wien. Auch »in unserm eignen staatlichen Leben können wir der Benutzung revolutionärer Unterlagen nicht entgehn« – im Königreich Preußen, das wider das römisch-deutsche Reich groß geworden war und – was Bismarck beabsichtigte – gegen Österreich und den Bund die Vorherrschaft in Deutschland erringen sollte.

Es war nicht auszuschließen, daß sich der französische Empereur einem solchen Vorhaben entgegenstellen würde, das die Gewichte in Europa, die er zu seinem Nutzen verrücken wollte, zu seinem Schaden verschieben müßte. Doch es durfte nichts unversucht gelassen werden, den Kaiser der Franzosen, der dem eigenen Land zu neuer Macht und anderen Völkern zu Nationalstaaten zu verhel-

fen, also das System von 1815 zu beseitigen trachtete, für das eigene Unternehmen zu engagieren, ihn zumindest zu neutralisieren.
Die gemeinsame Gegnerschaft gegen die Staatenordnung des Wiener Kongresses war der Ansatzpunkt für ein solches Unterfangen. Auch Bismarck wollte es umstürzen, wenn auch nur in Deutschland, wo es der Erhöhung und der Erweiterung Preußens im Wege stand. Insofern war auch Bismarck ein Revolutionär.
Auch darin stimmte Bismarck mit Napoleon III. überein, daß sie beide die Völker, die ihrer Freiheit und Einheit wegen das System von 1815 überwinden wollten, für ihre Pläne zu mobilisieren gedachten. Dabei unterschieden sie sich freilich in einem wesentlichen Punkt: Der Franzose, der ein Bonapartist, im Grunde ein Ideologe blieb, glaubte an das Nationalitätsprinzip und hoffte auf dessen Durchsetzung in ganz Europa. Der Preuße, den sie einen Bonapartisten nannten, war durch und durch ein Machtpolitiker geworden, der daran ging, die deutsche Nationalstaatsbewegung für die preußischen Interessen einzuspannen.
Außenpolitisch ein Revolutionär werden und innenpolitisch ein Reaktionär bleiben – das hatte sich Bismarck vorgenommen, und auch in dieser Beziehung entdeckte er eine gewisse Gemeinsamkeit mit Napoleon III. Denn der Kaiser der Franzosen, der in Europa den Demokraten spielte, trat in Frankreich als Autokrat auf. Er hatte das Volk benutzt, um nach oben zu kommen, aber er hielt es in Schach, um oben zu bleiben.
Das habe Napoleon III. von Napoleon I. gelernt, erklärte Bismarck. »Der Bonapartismus ist eine Folge, aber nicht der Schöpfer der Revolution.« Der dritte Napoleon habe wie der erste, bei aller Übernahme ihm nützlicher Elemente, das Revolutionschaos beendet und eine Staatsautorität geschaffen – mit Mitteln, wie sie auch preußische Gegenrevolutionäre im Jahre 1848 angewandt hätten, und zu dem Zweck, den auch preußische Konservative gutheißen müßten: um Ruhe und Ordnung zu bewahren.
Der Kaiser der Franzosen berufe sich zwar auf den in Volksabstimmungen bekundeten Volkswillen, weil darin der Ursprung seiner Macht liege, aber man könne ihm nicht nachsagen, daß er, in den Besitz der Herrschaft gelangt, »dem Prinzip der Volkssouveränität praktisch zu huldigen fortführe und von dem Willen der Massen das Gesetz empfinge, wie das jetzt mehr und mehr in England einreißt«.

Bonaparte müsse man so nehmen, wie er sei, und dem Bonapartismus das entnehmen, was Preußen jetzt schon nützen und künftig vielleicht noch mehr nützen würde. In der Auseinandersetzung mit Leopold von Gerlach wurde sich Bismarck darüber klar, daß Bonaparte als Figur im Schachspiel gegen die Staatenordnung von 1815 und das eine oder andere des Bonapartismus für die preußische Neugestaltung Deutschlands brauchbar war.

Er dachte dabei mehr an Instrumentales als an Substantielles. Für Bismarck war und blieb die Monarchensouveränität das feste Fundament und die Volkssouveränität das zersetzende Element des Staates. Aber es war auf dem Wege zum Vormachtziel eine Situation denkbar, in der ein direkter Appell an das deutsche Volk die preußische Sache voranbringen könnte. Das allgemeine und gleiche Wahlrecht war ein bonapartistisches Mittel, das Bismarck, der es für Preußen ablehnte, in Deutschland als Einigungshilfe einsetzte. Ein anderes war der Staatsstreich, zu dem zu greifen er am Ende seiner Laufbahn erwog, als ihm das aus demokratischen Wahlen hervorgegangene Reichsparlament, das seine Schuldigkeit getan hatte, zu mächtig und zu lästig geworden war.

»Scheuen Sie sich nicht und lösen Sie Ihr Parlament zweimal, dreimal, und wenn es sein muß, viermal auf«, hatte ihm Persigny, der bonapartistische Ideologe, geraten, »nur bitte ich Sie, vernachlässigen Sie nicht Ihre Armee und halten Sie sie in gutem Stande.« Das war ein bonapartistisches Rezept, aber auch ein preußisches Medikament. Im Jahre 1848 hatten gegen Demokraten nur Soldaten geholfen, im Jahre 1862 eröffnete Bismarck den Kampf gegen das Parlament, das die Finanzmittel zur Verstärkung der Armee nicht genehmigte. Der Griff zur Gewalt war und blieb die Ultima ratio Preußens.

»ICH BIN EIN KIND ANDRER ZEITEN ALS SIE«, schrieb Bismarck an Leopold von Gerlach, der Napoleon I. nicht verschmerzen, die Zeit nicht vergessen konnte, in der Frankreich tatsächlich der Feind Preußens gewesen war. Müsse aber ein Preuße stets ein Gegner Frankreichs sein? fragte der Jüngere, und das in diesen Tagen, in denen Berlin und Paris ein gemeinsames Ziel, die Veränderung der Staatenordnung des Wiener Kongresses, vor Augen hätten und sich einem gemeinsamen Gegner, dem an deren Fortbestand interessierten Österreich, gegenübersähen?

Napoleon III. schlug 1859 nicht nur für Frankreich, sondern auch für Preußen eine Bresche in die Festung von 1815. Im Bündnis mit Sardinien-Piemont, der italienischen Einigungsmacht, führte er Krieg gegen Österreich, das mit seiner Position in Italien, der direkten Herrschaft über die Lombardei und Venetien und der indirekten über beinahe die ganze Apeninnenhalbinsel, seine Großmachtstellung in Europa und seine Präsidialmachtstellung im Deutschen Bund verteidigte.
Zu dieser Zeit weilte Bismarck in Rußland, weitab vom Schauplatz, auf dem Mächte und Ideen aufeinanderschlugen. Er konnte lediglich hoffen, daß der Schlachtenlärm seine Regierung aus ihrer Gleichgültigkeit aufrüttele, und sie nur schriftlich ermuntern, die Gelegenheit beim Schopfe zu packen und mit Frankreich, dem Erbfeind von gestern, gegen Österreich, den Erzfeind von heute, zu marschieren.
Was würde denn passieren, wenn Österreich im Kriege gegen Frankreich siegte? Dann wäre Österreich nicht nur absoluter Herr in Italien, sondern hätte sich auch »die vollste Hegemonie in Deutschland auf lange Zeit gesichert«. Denn nicht allein die Fürsten, die ohnehin zu Habsburg neigten, vor allem das Volk, das Deutschland am Po wie am Rhein in Gefahr sah, würde in Österreich den Retter des Vaterlandes sehen, ihm die Rolle des Einigers der Nation und des Garanten ihrer Macht übertragen.
Preußen dürfe sich »nicht im Pechstiefel deutscher Redensarten fangen«, sich nicht mit dem Deutschen Bund in einen österreichischen Krieg hineinziehen lassen. Preußen müsse in die Stiefel des großen Friedrich schlüpfen, beschwor Bismarck den General Gustav von Alvensleben, der im Militärkabinett des Prinzregenten Wilhelm saß. »Die gegenwärtige Lage hat wieder einmal das große Los für uns im Topf, falls wir den Krieg Österreichs mit Frankreich sich scharf einfressen lassen, und dann mit unsern ganzen Armeen nach Süden aufbrechen, die Grenzpfähle im Tornister mitnehmen und sie entweder am Bodensee oder da, wo das protestantische Bekenntnis aufhört vorzuwiegen, wieder einschlagen.«
Die Süddeutschen – vielleicht mit Ausnahme der Katholiken in Oberbayern und Oberschwaben – würden sich »24 Stunden, nachdem wir sie in Besitz genommen haben, für uns besser wie je für ihre frühere Obrigkeit« schlagen, »besonders wenn der Prinzregent ih-

nen den Gefallen tut, das Königreich Preußen in Königreich Deutschland umzutaufen. Und wir brauchen niemand von Land u. Leuten zu jagen, nur ein andres Bundesverhältnis einführen, nach welchem Heer und Zollwesen in der Hand des preußischen Präsidiums bleibt«.

Der Brief vom 5. Mai 1859 enthielt bereits das Programm, das Bismarck 1866 ausführte: Krieg gegen Österreich und die anderen Staaten, die am Deutschen Bunde festhielten, Gründung eines neuen Bundes unter Führung Preußens und Ausschluß Österreichs, die Machterhöhung des Königreiches im und unter deutschem Namen.

Im Jahre 1859 fand dieser Ruf noch keinen Widerhall, der wie Donnerhall die Nation mobilisiert, ein preußisches Schwertgeklirr ausgelöst und Österreich dem Wogenprall eines Zweifrontenkrieges ausgesetzt hätte. Die Mehrheit der deutschen Patrioten forderte die »Wacht am Rhein« durch Preußen, eine direkte, zumindest indirekte Unterstützung des gegen den neuen Napoleon im Kampfe liegenden Österreich.

Der Prinzregent war noch weit davon entfernt, seine Zustimmung zu einem deutschen Bruderkrieg zu geben. Dieser Bismarck müsse »gemopst« werden, schrieb Wilhelm seinem Schwager Karl Alexander von Sachsen-Weimar, der sich beschwert hatte: »Bismarck ist alles, nur kein Deutscher.«

Aber jetzt schon dachte der nachmalige Reichsgründungskaiser nicht daran, Kaiser Franz Joseph, den er als Mitmonarchen schätzte, und Österreich, das er als deutsche Brudermacht respektierte, ohne Gegenleistung aus der Verlegenheit zu helfen. Wilhelm verlangte für das auf preußischen Antrag in Marschbereitschaft gesetzte deutsche Bundesheer uneingeschränkte Vollmachten als Bundesfeldherr. Eine »bewaffnete Vermittlung« schwebte ihm vor, mit dem Ziel, einen Frieden herbeizuführen, der Frankreich Zurückhaltung in Europa auferlegte und Österreich Zugeständnisse an Preußen abverlangte: militärischen Primat und politische Parität im Deutschen Bund.

Sein Gesandter in Petersburg, der nicht auf dem laufenden war, befürchtete eine Kriegskoalition zwischen Preußen und Österreich. Den Prinzregenten hielt er für einen Mann, für den Bundestreue kein leeres Wort war, und im Außenminister Alexander von Schleinitz witterte er das Haupt einer österreichischen Partei in Berlin.

Durch Zwischenrufe von der Newa suchte er die Regierenden an der Spree, wenn sie schon keinen Krieg an der Seite Frankreichs gegen Österreich führen wollten, zumindest davon abzuhalten, daß sie an der Seite Österreichs in den Krieg gegen Frankreich einträten. »Rußland, solange es überhaupt noch kriegsfähig ist«, werde es nicht zulassen, daß Österreich gegen Frankreich siege, berichtete der Gesandte aus Petersburg nach Berlin, obgleich er wußte, daß Rußland derzeit nicht kriegsfähig war. Er malte einen russisch-französischen Krieg gegen die Mittelmächte an die Wand, wenn Preußen mit Österreich marschiere und diesem zum Siege verhelfe. Falls dieses Schreckgespenst keinen Eindruck machen sollte, konnte er mit einem anderen aufwarten: Wenn ein preußisch-französischer Krieg am Rhein beginne, höre der französisch-österreichische am Po auf, und dann habe Preußen den Verrat Österreichs mehr zu fürchten als die Stärke Frankreichs.

Der Krieg in Italien wurde ohnedies nach zwei Monaten beendet, weil Paris es nicht zu einer preußischen Intervention kommen lassen wollte und Wien den dafür von Berlin geforderten Preis nicht zu zahlen bereit war. Nach den österreichischen Niederlagen bei Magenta und Solferino schlossen Napoleon III. und Franz Joseph I. am 11. Juli 1859 den Vorfrieden von Villafranca. Österreich trat die Lombardei an Frankreich ab, das sie an Sardinien-Piemont gegen Überlassung von Savoyen und Nizza weitergab.

Italien war mit französischer Hilfe seiner Einigung den entscheidenden Schritt nähergekommen. Ein Volk, das im Wiener System eingesperrt gewesen war, errang seine nationale Selbstbestimmung. Durch die Schaffung eines neuen Staates, des Königreichs Italien, wurde die Staatenordnung von 1815 verändert, durch den Sieg Frankreichs und die Niederlage Österreichs das Gleichgewicht der Mächte zugunsten Napoleons III. verrückt, der nicht davor zurückgescheut war, mit Krieg und Revolution gegen Zustände anzugehen, die Staaten und Völker an ihrer Entfaltung hemmten.

Gewalt und Eroberung waren, nach einer langen Friedensperiode, wieder in die europäische Geschichte eingeführt worden. Preußen verstand daraus, zum Leidwesen Bismarcks, noch keinen Nutzen zu ziehen. Es hatte eine Chance verpaßt, in einer Koalition mit Frankreich, dem Hauptfeind des Systems von 1815, dieses in Deutschland zu beseitigen.

Doch der Kaiser der Franzosen blieb auf dem Schachbrett, und mit dem neuen König von Italien kam eine weitere Figur hinzu, die Preußen eines Tages für seine Vorhaben einsetzen könnte. Der italienische Nationalstaat blieb ein Feind Österreichs, das ihm Venetien und weitere von Italienern bewohnte Gebiete vorenthielt, war somit ein gegebener Alliierter Preußens.
Als ein Vorbild, wie Realpolitik unter Berücksichtigung der gegebenen Verhältnisse und staatliche Interessenpolitik unter Ausnützung einer Nationalbewegung zu machen war, galt Graf Cavour. Der Ministerpräsident Sardinien-Piemonts hatte dessen König an die Spitze Italiens geführt: durch ein Bündnis mit Frankreich, ohne sich diesem auszuliefern, durch ein Zusammenwirken mit den italienischen Nationalisten, ohne sich von diesen überrollen zu lassen, und auch durch die Anwendung von Mitteln, die ihm den Seufzer entlockten: »Wenn wir für uns selbst das täten, was wir für unser Vaterland tun, welche Schurken wären wir doch!«
»An Grundsätzen hält man nur fest, solange sie nicht auf die Probe gestellt werden, geschieht das, so wirft man sie fort wie der Bauer die Pantoffeln und läuft, wie einem die Beine von Natur gewachsen sind«, hatte Bismarck bereits 1847 beim Eintritt in die politische Laufbahn gesagt. Inzwischen war er in dieser Auffassung bestärkt worden, durfte jedoch bis auf weiteres nicht auf eigenen Beinen seinen Weg gehen, konnte nur andere bedrängen, die Pantoffeln der hinderlichen Prinzipienpolitik abzustreifen, und sie beschwören, über dem kleineren Übel Bonaparte nicht das größere Übel Habsburg zu übersehen. »Frankreich wird aus Übermut und Zügellosigkeit oft unser Feind sein, aber es kann wenigstens leben, ohne uns zu bekämpfen«, schrieb Bismarck am 12. Februar 1860 an Moritz von Blanckenburg, den alten Pietistenfreund. »An Frankreich können wir höchstens Provinzen, und zeitweise, verlieren, an Österreich aber ganz Preußen, zeitlich und ewig.«
Indessen stand man 1860 einer anderen Situation als 1859 gegenüber. Die Gelegenheit war nicht genützt worden, dem mit Frankreich in Italien in einen Krieg verwickelten Österreich mit den »Grenzpfählen im Tornister« in den Rücken zu fallen. Ein direktes Kriegsbündnis mit Frankreich verbot sich schon heute und würde morgen noch weniger von der deutschen Nationalbewegung, deren Unterstützung Preußen immer mehr suchte, geduldet werden.

Die Möglichkeit blieb, die Zuneigung Napoleons zum »deutschen Piemont« wie dessen Abneigung gegen Österreich, den Schildhalter des Systems von 1815, zu verstärken, um Frankreich zu veranlassen, im Endkampf um die Vorherrschaft in Deutschland, der nicht aufgehoben, nur aufgeschoben war, zumindest Gewehr bei Fuß zu bleiben.

MIT DIESEM VORSATZ ging Bismarck 1862 als preußischer Gesandter nach Paris. Im Umgang mit Napoleon III. wollte er erkunden, wie man ihn als Menschen nehmen müßte und woran man ihn als Regenten fassen könnte. Der Preuße, der sich im Grunde Staatsentscheidungen nur als Monarchenbeschlüsse und große Politik nur als Kabinettspolitik vorstellen mochte, gewann im Salon Napoleons und im Boudoir Eugénies aufschlußreiche Einblicke in das Verhalten der kaiserlichen Herrschaften und erhielt nützliche Hinweise für die Behandlung eines Hofes, dessen Ansprüche mit dessen Fähigkeiten kontrastierten.

Am 1. Juni 1862 fuhr der preußische Gesandte in einem französischen Hofwagen bei Napoleon III. vor, um sein Beglaubigungsschreiben zu überreichen. Er fand den Kaiser, der ihn freundlich empfing, »etwas stärker geworden, aber keineswegs dick und gealtert, wie man zu karikieren pflegt«. Und die Kaiserin sei noch schöner geworden.

Dem offiziellen Akt folgten bald vertrauliche Gespräche. In der polnischen Frage gab es Dissonanzen; der Franzose gedachte den Polen zur nationalen Einheit zu verhelfen, der Preuße sie zu verhindern. In der deutschen Frage zeichnete sich Übereinstimmung ab. Bonaparte war gegen ein größeres Deutschland unter Einschluß und Führung des Vielvölkerreiches und für ein von Preußen geschaffenes kleineres Deutschland, das dem Nationalitätsprinzip entsprach und ihm weniger gefährlich dünkte.

Napoleon III. sei »ein eifriger Verfechter deutscher Einheitspläne, d. h. klein-deutscher, nur kein Österreich darin«, berichtete der Gesandte am 28. Juni 1862 nach Berlin. »Vorgestern beim Kaiser kam ich etwas in die Lage Josephs bei der Frau von Potiphar. Er hatte die unzüchtigsten Bündnisvorschläge auf der Zunge; wenn ich etwas entgegengekommen wäre, so hätte er sich deutlicher ausgesprochen.«

Eugénie machte ihm keine Anträge. »Merkwürdig ist die abweichende Politik der Kaiserin; sie ist katholisch, päpstlich, konservativ für das Ausland; sogar österreichisch.« Sie habe »Metternich gern um sich«, den österreichischen Botschafter, und noch lieber die Fürstin Metternich, die sich aus österreichischem Interesse wie persönlichem Vergnügen der Mühe unterzog, den Parvenues höfischen Schliff zu geben.

Die Metternich konnten die Tatsache nicht aus der Welt schaffen, daß Frankreich mit Preußen mehr gemeinsame Interessen hatte als mit Österreich. Dazu gehörten auch und nicht zuletzt wirtschaftliche Belange. Französisches Kapital förderte den Industrialisierungsprozeß an Rhein und Ruhr. Im Jahre 1862, während der Pariser Gesandtschaftszeit Bismarcks, wurde der Freihandelsvertrag zwischen Frankreich und dem von Preußen geführten deutschen Zollverein geschlossen.

Die Interessenlage galt es auszunützen und aus der Veranlagung Napoleons Vorteile zu ziehen. Bismarck hatte sogleich erkannt, daß der Mann, der andere manipulieren zu können meinte, selber nicht unschwer zu manipulieren war. Man durfte davon ausgehen, daß er zu »übelwollender Machination« kaum fähig sei. »Er ist im Grunde gutmütig, und es ist ihm ein ungewöhnliches Maß von Dankbarkeit für jeden geleisteten Dienst eigen.« Könnte man ihm nicht Dienste anbieten, die einem nicht viel kosteten, oder ihm Dienste versprechen, die man nicht zu erbringen gedachte?

Bismarck kam später darauf zurück. Im Sommer 1862 war diese Frage noch nicht in seinem Sinne zu beantworten. Der Gesandte, der auf Abruf in Paris war, konnte und wollte sich nicht über Gebühr engagieren. Der Kaiser kurte in Vichy, um seine von der Gicht und einem Blasenstein verursachten körperlichen Beschwerden, die sein geistiges Vermögen zu beeinträchtigen begannen, zu lindern.

Der beschäftigungslose Gesandte benützte die Sommerpause in Paris, um die Weltausstellung in London zu besuchen und sich im Baskenlande zu erholen. Der Siebenundvierzigjährige badete im Meer, war »ganz Seesalz und Sonne«, verzehrte Pfirsiche und Muskatellertrauben wie Kartoffeln, wanderte in den Pyrenäen, flanierte auf der Promenade, mied die Spanierinnen, die ihm wie »weibliche Stierfechter« vorkamen, flirtete – seine allgemeine Sympathie für Rußland in persönlicher Weise bekundend – mit der

zweiundzwanzigjährigen Fürstin Katharina Orlow und schrieb seiner Frau detaillierte, wenn auch nicht allzu detaillierte Briefe.
Am 16. September 1862 kehrte er nach Paris zurück, mit gestärkter Tatkraft und gesteigerter Ungeduld, sich endlich in Berlin, an der Spitze der Regierung, betätigen zu dürfen. Er mußte nicht lange warten. Am 18. September erhielt er ein Telegramm des Kriegsministers Albrecht von Roon, der die Berufung Bismarcks betrieb: »Periculum in mora. Dépêchez-vous«, lautete der Text, »Gefahr in Verzug. Beeilen Sie sich.«
Der Gerufene nahm den Schnellzug. Am Morgen des 20. September 1862 war er in Berlin, durchgerüttelt von der 25stündigen Bahnfahrt und fest entschlossen, die Gelegenheit, auf die er so lange gewartet hatte, sich nicht entgehen zu lassen, und die Macht, die von ihm so heftig begehrt wurde, mit beiden Händen zu ergreifen.

Der Großpreuße

Bismarck. Photographie von 1864

Macht vor Recht

DIE ZEIT WAR REIF für eine Politik, die nichts anderes als die Interessen des Staates verfolgte und nichts weiteres als die Macht des Staates erstrebte. Die Stunde war gekommen für einen Mann, der willens und fähig war, eine solche Politik, die er bisher nur in Gedanken entwickeln, in parlamentarischen Reden vertreten und in diplomatischen Berichten empfehlen konnte, in die Tat umzusetzen.

Die »Neue Ära«, in der konservative Prinzipienpolitik mit liberalen Akzenten fortgeführt wurde, hatte sich als ein Zwischenspiel in einem Staate erwiesen, der auf realen Machtgewinn programmiert war. Sie mußte ihr Ende finden, wenn das wesentliche Machtinstrument, die Armee, in Gefahr geriet, entschärft zu werden. Dies war der Fall, als sich das Parlament sträubte, die von der Krone für notwendig erachtete Verstärkung des Heeres mitzutragen.

Eine Reorganisation der Heeresverfassung war fällig. Aus der Zeit der Befreiungskriege stammend, entsprach sie schon lange nicht mehr der Absicht der Reformer, mit der allgemeinen Wehrpflicht ein demokratisches Element einzuführen, und erfüllte immer weniger die Erwartung der Konservativen nach einer Steigerung der Wehrkraft.

Wie damals wurden jährlich 40000 Rekruten aufgerufen, was bei einem Bevölkerungsanstieg von 11 auf 18 Millionen bedeutete, daß lediglich zwei Neuntel der Wehrpflichtigen eingezogen wurden. Die damit verbundene Ungerechtigkeit wurde von Bürgern bedauert und von Militärs die Unzulänglichkeit beklagt, daß die preußische Streitmacht zunehmend den Charakter eines stehenden Heeres und einer königlichen Truppe verlor.

Die Ausgelosten hatten drei Jahre in der Linie und – bis zum 39. Lebensjahr – zunächst in der Reserve und dann in der Landwehr zu dienen. Letztere wurde von alten Soldaten als Sonntagstruppe angesehen und als ein Traditionsverband der Volkserhebung von

1813 gefürchtet: Im Frieden könnten daraus politische und im Kriege – wenn Liniensoldaten und Landwehrleute im Feldheer zusammengemischt würden – militärische Gefahren entstehen.
Diese Sorge bedrückte vornehmlich den Prinzregenten Wilhelm. Er hatte das Soldatenhandwerk gelernt und sich die friderizianische Auffassung angeeignet, daß Preußen mit einer von adeligen Offizieren in Reih und Glied gebrachten und dem königlichen Oberbefehlshaber bis in den Tod ergebenen Armee, einer linientreuen Linientruppe, stehe und falle. Friedrich der Große hatte nicht an ein »Volk in Waffen« gedacht, und der Soldatenprinz, der Regent wurde und nach dem Tode Friedrich Wilhelms IV. König werden sollte, mochte sich nur ein Volk vorstellen, das im königlichen Waffendienste diszipliniert worden war.
Mit der weitgehend von bürgerlichen Offizieren geführten und aus uniformierten Zivilisten bestehenden Landwehr die Restbestände eines Volksheeres zurückzudrängen und mit einer Vermehrung der Linienregimenter eine Verstärkung des Königsheeres zu erreichen – das war das Ziel der Heeresreorganisation, das sich der Prinz gesteckt hatte und der Regent verfolgte.
Sein Helfer am Werk wurde Albrecht von Roon. Der Pommer war ihm bei der Niederschlagung des badischen Aufstandes aufgefallen. Er hatte dessen offen eingestandene »reaktionäre Gesinnung« schätzengelernt, und die Denkschrift »zur vaterländischen Heeresverfassung«, die der Divisionskommandeur 1858 mit der Bemerkung einreichte, daß es sich »hier um die wichtigsten und heiligsten Interessen, um des Vaterlandes Glanz und Größe, um seine politische Bedeutung, um sein Bestehen handelt«, traf im Tenor genau Wilhelms Motiv und Intention. Am 5. Dezember 1859 – am Jahrestag des Sieges Friedrichs des Großen bei Leuthen – wurde Roon vom Prinzregenten zum Kriegsminister ernannt.
Die Lebensläufe Roons und des um zwölf Jahre jüngeren Bismarck wiesen Parallelen auf, und es kam nicht von ungefähr, daß sich ihre Wege kreuzten. Roon war ein Onkel von Moritz von Blanckenburg, des Jugendfreundes Bismarcks. Beide waren Ostelbier, begannen im pommerschen Pietistenzirkel, wurden Kreuzzeitungs-Ritter, entfernten sich jedoch vom Altkonservativismus, rückten an den Friderizianismus heran – der Berufssoldat früher und dichter als der Landwehroffizier, dessen Passion für das Militär sich in zivilen

Grenzen hielt und dessen Zuneigung zu Fridericus Rex durch seine Abneigung gegen den vom Alten Fritz praktizierten bürokratischen Absolutismus gedämpft wurde.

Wenn man das Wesen Preußens im Militarismus, das heißt in der Militarisierung der Gesellschaft und des Staates erblickte, könnte man Bismarck keinen hundertprozentigen Preußen nennen. Die Ableistung der Einjährigen Dienstzeit und die bescheidene Karriere als Landwehroffizier hinterließen keine tieferen Spuren. Der Politiker versuchte die Militärs von den Staatshebeln fernzuhalten, und der Zivilist verfiel keineswegs dem Zauber der Montur, auch wenn er später gerne in Kürassieruniform paradierte. Er versuchte damit König und Volk, Freund wie Feind zu beeindrucken. Das Militärische und das Militär waren und blieben ihm Mittel zum Zweck, des persönlichen Prestiges wie der preußischen Politik.

»Dem preußischen Offizierskorps verdanken wir es vorzugsweise, daß Preußen von der Anarchie gerettet werden konnte«, erklärte Bismarck 1851 im Landtag. In den sechziger Jahren sagte er zu Hermann Wagener: »Wenn ich glaubte, daß die preußische Armee, wie sie jetzt ist, überhaupt geschlagen werden könnte, dann würde ich die Politik nicht treiben, welche ich treibe.« Ohne die preußische Armee gäbe es kein Deutsches Reich; »weder wäre es geworden, noch ist es zu halten«, bilanzierte er nach Vollendung seines Werkes. »Eine Armee bilden und damit die Staatsgewalt herstellen, ein andres Mittel gibt es nicht.«

Am Anfang der sechziger Jahre mußte die Armee erst geschaffen werden, die als Mittel zur Herstellung der preußischen Macht über Deutschland und in Europa dienen sollte. Deshalb trat Bismarck an die Seite des Regenten, der dem friderizianischen Grundgesetz des Staates wieder Geltung verschaffte, und verband sich mit Roon, der die Waffe für die Durchsetzung einer großpreußischen Politik schmiedete.

Mit Roon sei Bismarck in einer »Pferdefreundschaft« verbunden gewesen, wurde gesagt, weil beide aus demselben Stall gekommen wären und am gleichen Strang gezogen hätten. Zunächst mußte Roon den Karren allein ziehen, denn Bismarck war noch im diplomatischen Dienst, konnte die Bemühungen um die Heeresreorganisation nur mit Zurufen begleiten.

Am 10. Februar 1860 legte Kriegsminister Roon das Militärgesetz dem Abgeordnetenhaus vor: Einziehung von jährlich 63000 statt bisher 40000 Rekruten, dreijährige Dienstzeit, Erhöhung der Präsenzstärke von 150000 auf 250000 Mann, Vermehrung des stehenden Heeres um 49 Regimenter, Eingliederung der jüngeren Jahrgänge der Landwehr in die Reserve, Ernennung und nicht mehr Wahl der zu Reserveoffizieren gewordenen jüngeren Landwehroffiziere, Ausscheiden der Landwehr aus dem Feldheer, das nur noch aus Linientruppen, Aktiven und Reservisten, bestehen sollte.

Die Wehrvorlage zielte eindeutig auf eine Verstärkung des von einem homogenen Offizierkorps geführten und aus an Gehorsam gewöhnten Liniensoldaten formierten königlich-preußischen Heeres sowie auf eine entscheidende Schwächung der Landwehr – und damit jenes Bestandteiles der Streitmacht, der deren royalistische Eigenart durch bürgerliche Eigenheiten gefährdete und deren Schlagkraft durch zivile Laxheit verminderte. Es gelte, erklärte Roon, »das bisherige Landwehr- in Linienmaterial und den bisherigen Landwehrgeist in echten Soldatengeist zu verwandeln«.

Im ersten Anlauf wurde das Abgeordnetenhaus überrumpelt. Mit 350 gegen 2 Stimmen genehmigte es die Mittel für die Heeresreorganisation, aber nur vorläufig bis zum 30. Juni 1861. Sobald die liberale Mehrheit die Sprache wiedergefunden haben würde, und das war schnell zu erwarten, stand ein Konflikt ins Haus: zwischen der Krone, welche die provisorische Zustimmung als endgültig annahm, und dem Parlament, welches das Provisorium nur in ein Definitivum umzuwandeln gedachte, wenn seine Einsprüche gegen die Verlängerung der Dienstzeit und den Abbau der Landwehr Berücksichtigung fänden.

Ein Jahrzehnt nach dem Scheitern der freiheitlichen Hoffnungen war mit der Kampfstärke die Streitlust auch und gerade der preußischen Liberalen gewachsen. Das Bürgertum, das sich anschickte, Monarchie und Aristokratie den Fehdehandschuh hinzuwerfen, war nicht zuletzt durch Maßnahmen der Krone dazu instand gesetzt worden: durch die staatliche Förderung des Unternehmertums, die ökonomische Voraussetzungen für den Aufstieg des Bürgertums schuf, und die Einführung des Dreiklassenwahlrechtes, die es einer hochgekommenen bürgerlichen Elite ermöglichte, als parlamentarische Avantgarde des Liberalismus den Angriff gegen den Obrigkeitsstaat zu eröffnen.

Die Industrielle Revolution, die auch das agrarische, feudale und monarchische Preußen erfaßt hatte, begann mit den wirtschaftlichen und gesellschaftlichen Folgen die politischen Bedingungen für eine Liberalisierung zu schaffen. 1858 dampfte die 1000. Lokomotive aus den Berliner Borsig-Werken, waren in Preußen 5187 Dampfmaschinen mit 112955 Pferdestärken in Betrieb. An Ruhr, Saar und in Schlesien wurden 1864 16,5 Millionen Tonnen Steinkohle von 200000 Bergleuten gefördert. Die Zahl der Hüttenarbeiter hatte sich vervierfacht, die Ziffern der belgischen Roheisenerzeugung wurden erreicht und übertroffen.

Im Jahre 1861 waren 61,7 Prozent der beschäftigten Berliner, rund 150000, in der Industrie tätig, hauptsächlich im Maschinenbau, im Metallgewerbe und in der Textilbranche. Die Industrialisierung wurde durch den freien Kapitalfluß vorangetrieben. Aktiengesellschaften entstanden, das Bankwesen entwickelte sich, und seit 1859 war, unweit von Schloß und Dom, die Berliner Börse im Bau.

Der Freihandel blühte in dem von Preußen geschaffenen deutschen Zollverein und darüber hinaus durch die von diesem mit anderen Ländern abgeschlossenen Handelsverträge. Preußische Staatsdiener – von Friedrich von Motz bis Rudolf Delbrück – waren die Weichensteller, die Lokomotivführer jedoch bürgerliche Unternehmer wie der Großbankier Gustav Mevissen, die Maschinenbauer August Borsig und Friedrich Wilhelm Harkort, der Elektroindustrielle Werner Siemens und der Kanonenkönig Alfred Krupp.

Die Wirtschaftsführer gingen voran, die Wirtschaftsbürger folgten nach, und die voranschreitende Bourgeoisie, die ökonomisch und sozial von der Adelsklasse abrückte, schloß sich politisch gegen die Monarchenherrschaft zusammen. Im Juni 1861 wurde die Deutsche Fortschrittspartei gegründet. Ihrem Verlangen nach einer Einigung Deutschlands unter preußischer Zentralgewalt hätten die Machthaber zustimmen können, wenn es nicht mit der Forderung nach »einer festen liberalen Regierung, welche ihre Stärke in der Achtung der verfassungsmäßigen Rechte der Bürger sieht«, verbunden gewesen wäre. Das patriotische Andenken an 1813 wurde mit dem liberalen Gedenken an 1848 verknüpft, an die Verfassungen der Vereinigten Staaten von Amerika und Englands angeknüpft, das Bürgerrecht gegenüber der Staatsmacht reklamiert, der zivile Geist der militärischen Haltung entgegengesetzt.

Den Anstoß zur Parteigründung gab die Auseinandersetzung um die Heeresreorganisation, die sich zu einem Grundsatzkonflikt zwischen parlamentarischem Recht und königlicher Macht zuspitzte. Auf der einen Seite stand Wilhelm I., seit dem 2. Januar 1861 König von Gottes Gnaden und oberster Kriegsherr, auf der anderen Seite das Parlament, das seine Zustimmung zur Heeresvermehrung von der Herabsetzung der Dienstzeit auf zwei Jahre und dem Bestehenbleiben der Landwehr abhängig machte.

Als die Landtagssession am 5. Juni 1861 geschlossen wurde, war der Streit noch unentschieden. Beide Lager benützten die Pause, um ihre Truppen zu sammeln. Kriegsminister Roon hatte eingesehen, daß mit seinen Kollegen, »Ministern mit einer parlamentarischen Vorgeschichte«, der Kampf nicht zu gewinnen war. Er wünschte sich einen ausgewiesenen Antiparlamentarier an der Spitze der Regierung, einen Royalisten, der das Zeug mitbrächte und den an Verwegenheit grenzenden Wagemut aufbrächte, den zaudernden König mitzureißen und den Kampf mit dem Parlament bis zum äußersten, bis zum Verfassungsbruch, zu führen.

Roon dachte an Bismarck. Wenn Wilhelm I. den Liberalen nachgäbe, was bei seiner Veranlagung nicht auszuschließen sei, »steuerten wir mit vollen Segeln in das Schlamm-Meer des parlamentarischen Regiments«, schrieb der Kriegsminister am 27. Juni 1861 an den Gesandten in Petersburg. Immerhin habe ihm der König endlich erlaubt, »mich für ihn nach andern Ministern umzusehen«. Er habe Bismarck auf die Liste gesetzt und bitte ihn dringend, nach Berlin zu kommen.

Das Kommando »an die Pferde« habe er als Mißklang empfunden, schrieb Bismarck an Roon zurück. Doch »ich werde mich nicht drücken, denn ich mag mir keiner Feigheit bewußt sein«, und »geht der König einigermaßen auf meine Meinung ein, dann greife ich das Werk mit Freuden an«. Also schwang er sich aufs Roß, kam nach Berlin, reiste nach Baden-Baden weiter, wo der Monarch weilte – und mußte es erleben, daß sein Typ nicht, noch nicht gefragt war.

»Das fehlte jetzt gerade noch, daß ein Mann das Ministerium übernimmt, der alles auf den Kopf stellen wird!« Wilhelm I. drückte sich zwar weniger drastisch als sein verstorbener Bruder Friedrich Wilhelm IV. aus. Aber an seiner 1859 geäußerten Meinung, als ihm Bismarck als Ministerkandidat für das Auswärtige genannt worden

war, hielt er auch noch fest, als seiner Ansicht nach das Parlament die königlich-preußischen Dinge auf den Kopf zu stellen begann und er eigentlich eines starken Mannes bedurft hätte, von dem sie wieder auf die Beine gestellt worden wären.
Bismarck fuhr auf Urlaub nach Pommern, nicht ohne dem König eine Denkschrift hinterlassen zu haben. Da er im Rufe »leichtfertiger Gewalttätigkeit« stand, hielt er es für angebracht, dem Monarchen zu zeigen, daß er zu staatsmännischer Besonnenheit imstande war.
Er wußte, daß Wilhelm I. ein Zauderer war und im besonderen Fall des parlamentarischen Widerstandes gegen die königliche Heeresreorganisation zögerte, das Problem – wie es ihm Roon riet und wie es Bismarck recht gewesen wäre – mit monarchischen Machtmitteln zu lösen. Da er jedoch ahnte, daß dieser König bei aller Militärfrömmigkeit ein friedfertiger Mensch war, in Preußen wie in Deutschland »moralische Eroberungen« gewalttätigem Vorgehen vorgezogen hätte, schlug er ihm einen Ausweg vor, auf dem mit Wilhelm Genehmen für Preußen Nützliches zu erhoffen gewesen wäre.
Die Liberalen, die Preußen, freilich mit demokratischen Mitteln, an die Spitze Deutschlands bringen wollten, wären – argumentierte Bismarck – vielleicht von ihrem Widerstreben gegen eine Verstärkung des Königsheeres abzubringen, wenn man ihnen einen parlamentarischen Auslauf auf deutscher Ebene verschaffte, durch »eine nationale Vertretung des deutschen Volkes bei der Bundes-Centralbehörde« in Frankfurt am Main. »Eine derartige Erklärung würde als erster Schritt zu bessern Einrichtungen tiefen Eindruck in Deutschland machen und besonders der Regierung Preußens ihre Aufgabe im Innern, den Wahlen und den Kammern gegenüber wesentlich erleichtern.«
Die preußische Monarchie würde manches gewinnen, ohne sich viel zu vergeben. Die Nationalvertretung beim Deutschen Bund sollte nur wenige Befugnisse bekommen und nicht aus demokratischen Wahlen hervorgehen, sondern von den Landtagen der Mitgliedstaaten beschickt werden, auch von dem nach dem Dreiklassenwahlrecht gekürten preußischen Abgeordnetenhaus. Die tonangebenden Liberalen würden nach Frankfurt gehen, dort für deutsche Belange Preußens eintreten, in Berlin wäre der Druck gegen die Heeresreorganisation vermindert, und königlich-preußischen Interessen wäre hier wie dort gedient.

Die Baden-Badener Denkschrift vom Juli 1861 ist nicht nur ein früher Hinweis, wie er Wilhelm I. zu behandeln gedachte, sondern auch wie er mit den preußisch-deutschen Liberalen umzuspringen beabsichtigte. Vorausahnend, daß sie, vor die Wahl gestellt, die Einheit der Freiheit vorziehen würden, plante er schon jetzt, die kleindeutschen Liberalen von ihren parlamentarischen Prinzipien abzubringen, für eine nationale Realpolitik zu gewinnen und sie für seine großpreußische Machtpolitik einzuspannen.

Noch entzogen sich die preußischen Liberalen einer solchen Manipulation, aber Wilhelm I. war bereits auf dem Wege dorthin, wo ihn Bismarck haben wollte. Am liebsten hätte sich der König nach mittelalterlichem Brauch von den Ständen huldigen lassen. Doch nicht nur von Abgeordneten, sondern auch von Ministern wurde er darauf hingewiesen, daß es keine alten Stände mehr gab, sondern eine neue Gesellschaft entstanden und eine moderne Verfassung einzuhalten war.

Wenn schon keine Erbhuldigung wie noch der letzte König, dann wolle er wie der erste König eine Krönung in Königsberg haben, entschied der neue Monarch. Bismarck, der am 15. Oktober 1840 die Huldigungsfeier für Friedrich Wilhelm IV. in Berlin miterlebt hatte, war am 18. Oktober 1861 in Königsberg dabei, als der König von Gottes Gnaden »die Krone vom Tische des Herrn« nahm und sie sich unter dem Geläute der Glocken und dem Donnern der Kanonen auf das Haupt setzte.

Der Gesandte Bismarck, der aus diesem Anlaß zum Wirklichen Geheimen Rat mit dem Titel Exzellenz ernannt worden war, fand dies ganz in königlich-preußischer Ordnung. Die von Wilhelm I. als Statisten der Krönungszeremonie und als Zeugen der Demonstration der Monarchensouveränität nach Königsberg beorderten Abgeordneten waren anderer Meinung. Die meisten beanstandeten, daß sie vom König nur als Berater der Krone bezeichnet wurden, und stießen sich daran, daß der Monarch in Generalsuniform von den Fahnen und Standarten der neugebildeten Bataillone und Regimenter umgeben war, obgleich die Zustimmung des Parlamentes noch ausstand.

Ein Sturm der Entrüstung ging durch das Land und trieb im Dezember 1861 der Fortschrittspartei die Wähler zu. Im neuen Abgeordnetenhaus hatten die progressiven Liberalen mit 109 Man-

daten neben den Altliberalen mit 91 und der liberalen Mitte mit 50 die Konservativen mit ihren 14 Mandaten in die Ecke gedrängt.
Als das Abgeordnetenhaus gegen die Heeresreorganisation Front machte, wurde Wilhelm I. von Roon auf die »zwar rauhe Bahn«, aber den für einen Preußenkönig »allein würdigen Weg«, auf Kollisionskurs gegen das Parlament gebracht. Der Monarch löste am 11. März 1862 das Abgeordnetenhaus auf. Die noch aus der »Neuen Ära« stammenden Minister traten zurück, und der die Stellung haltende Kriegsminister rief wiederum nach Bismarck.
»In vierzehn Tagen hoffe ich bei Ihnen zu sein«, schrieb Bismarck am 12. April 1862 aus Petersburg und beschwor Roon, weiterhin hart zu bleiben. »Geben wir mit der Militärfrage jetzt nach, ohne Kampf, aus unbestimmter Wahl-Angst, so sinkt der Respekt vor uns im In- und Auslande in beklagenswerter Dimension.«
Schriftlich wolle er sich nicht stärker ausdrücken, schloß er, doch dies tat er dann um so ausgiebiger mündlich in Berlin, wo er am 10. Mai 1862 eintraf. »Ich habe Besuch vom Morgen bis zum Abend«, berichtete er seiner Frau, »und sämtliche Minister haben, wie es scheint, das Bedürfnis, mich zu dem Ihrigen zu machen.«
Das Regierungsviertel glich einem Ameisenhaufen, den man umgerührt hatte. Durch die Neuwahlen am 6. Mai 1862 waren die meisten Parlamentarierer vertrieben worden, die für die Heeresreorganisation gesprochen hatten. Die Altliberalen waren auf 19, die Konservativen auf 11 Mandate geschrumpft, die oppositionellen Liberalen auf der Linken und in der Mitte auf 133 und 96 Mandate angewachsen.
Wilhelm I. zeigte das Verhalten eines Mannes, der bis an die Wand gedrängt worden war, nicht weiter zurückweichen konnte, und dem nichts anderes übrigblieb, als sich seiner Gegner zu erwehren. Zum großen Stock, den ihm Roon in die Hand zu drücken suchte, wollte er immer noch nicht greifen. Er berief Bismarck nicht an seine Seite, sandte ihn nach Paris.
Als ein Zeichen dafür, daß er den Gedanken an einen Ministerpräsidenten Bismarck nicht mehr für gänzlich abwegig fand, war der Umstand zu deuten, daß er ihn am 22. Mai 1862 mit der Ernennung zum Gesandten in Paris zum Major der Landwehr beförderte, und das – wie es Bismarck zu werten wußte – »aus dem Sattel«, während der Frühjahrsparade in Berlin.
In seiner Wartestellung hielt Bismarck Kontakt zu seinem Promotor

Roon. Er gestand ihm seine »Anwandlungen von dem Unternehmungsgeist jenes Tieres, welches auf dem Eise tanzen geht, wenn ihm zu wohl wird«. Und beeilte sich zu versichern, daß er als »bereitwilliger, aber nicht mutwilliger Kampfgenosse« zur Verfügung stehe. Der Kriegsminister unterrichtete den Gesandten über die Stimmungen des Königs und den Verlauf des Konfliktes zwischen Krone und Parlament.
Im »Kammerfeldzug«, wie ihn Bismarck nannte, verlor die Königstruppe zwar nicht an Boden, kam aber auch nicht voran. Das Parlament genehmigte nicht die Mittel für die Heeresreorganisation. Wilhelm I. weigerte sich, die bereits vollzogenen Tatsachen der Heeresvermehrung rückgängig zu machen, beharrte auf der dreijährigen Dienstzeit als Wesenselement der preußischen Heeresverfassung und ließ erkennen, daß er, wenn das Parlament dem Budget nicht zustimmte, die Gelder so einzusetzen und die Regierung so zu führen gedenke, wie er es für recht und billig hielte.
Kronjuristen entdeckten eine »Lücke« in der Verfassung, die ein solches eigenmächtiges Vorgehen ohne Verletzung der Konstitution ermögliche. In ihr stehe nämlich nicht, was zu geschehen hätte, wenn kein Budget zustande käme. In diesem Falle müsse die Regierung »nach ihrem pflichtgemäßen Ermessen« handeln. Der Monarch dachte daran, so zu verfahren, daß mit der Heeresverstärkung nicht die Machtvergrößerung Preußens auf der Strecke blieb. Liberale sahen darin eine Verletzung der Verfassung, zumindest einen Verstoß gegen deren Geist. Nicht nur Abgeordnete verwiesen darauf, daß die Zustimmung der Volksvertretung zur Erhebung von Steuern und zur Verwendung der Steuereinnahmen ein konstitutionelles Grundgesetz sei, das auch in Preußen zu gelten habe. Sogar Minister stellten sich auf diesen Standpunkt. Sie erklärten dem König, daß sie nicht gewillt seien, von der Verfassung abzuweichen, was sie täten, wenn sie ihre Geschäfte mit parlamentarisch nicht bewilligten Mitteln tätigten.
Wilhelm I. fühlte sich im Stich gelassen. Der Fünfundsechzigjährige dachte daran, die Krone, die er erst vor eindreiviertel Jahren übernommen hatte, seinem Sohne Friedrich Wilhelm weiterzureichen, es dem Einunddreißigjährigen zu überlassen, mit Ministerium und Parlament zurechtzukommen. Am 18. September 1862 entwarf er eine Abdankungsurkunde und legte sie am Tage darauf dem

Kronprinzen vor, der sie nicht einmal lesen, geschweige denn billigen wollte.

Friedrich Wilhelm war mehr seiner Mutter, der Weimarerin Augusta, als seinem Vater, dem Potsdamer Wilhelm, nachgeschlagen. Seine Gemahlin, die Engländerin Victoria, tat das, was Bismarck von Anfang an befürchtet hatte: Sie brachte ihrem Gemahl englischen Liberalismus bei und trieb ihn an, dessen Grundsätze zu befolgen und möglichst bald durchzusetzen. Daher beschwor sie ihn, das Thronangebot anzunehmen, in einem Moment, in dem die Entscheidung anstand, ob Preußen ein royalistischer Obrigkeitsstaat bleiben oder eine parlamentarische Monarchie werden sollte.

Der Mann hörte nicht auf seine Frau, schreckte vor der großen Aufgabe zurück, schlug das hohe Amt aus und bürdete sich und seinen Anhängern – Zeitgenossen wie Nachfahren – die Frage auf, ob die preußische und deutsche Geschichte anders verlaufen wäre, wenn im Schicksalsjahr 1862 ein Liberaler auf den Thron gekommen wäre und nicht ein Royalist die Macht ergriffen hätte.

Denn Bismarck, von Roon gerufen, war an jenem 19. September 1862, als der Kronprinz den König zum Ausharren bewog, bereits auf dem Wege von Paris nach Berlin.

DER RUBIKON war überschritten, aber er vermochte nicht wie Caesar zu sagen, daß er, um zu siegen, nur zu kommen und zu sehen brauche. Seine »Reputation von leichtfertiger Gewalttätigkeit« war ihm vorausgeeilt. Er stieß auf eine Phalanx von Gegnern, die ihm den Weg zum Kapitol, in das Zentrum der Macht zu verlegen suchten.

»Nur um Gottes Willen den nicht zum Minister«, sagte Kronprinzessin Victoria. »Es ist eine ganz falsche Rechnung zu glauben, daß ein Mann wie Bismarck unserem Land dienen kann, der gewiß alles wagt und der Schrecken aller ist, weil er keine Grundsätze hat.«

Königin Augusta erinnerte sich an ihre unerfreuliche Begegnung mit Bismarck im März 1848 und brachte ihre seither gewachsenen Bedenken in einer Aufzeichnung ihrem Gemahl zur Kenntnis: Während der Revolution habe Bismarck gegen den König putschen wollen, während der Reaktion sei er ein »leidenschaftlicher Parteigenosse der Kreuzzeitung« gewesen, als Bundestagsgesandter habe er Preußenfreunden Mißtrauen eingeflößt und Preußenfeinden mit dem Machtstock gedroht. H. v. B. »gilt persönlich für frivol und anmaßend bei sonstigem unverkennbarem Talent. Er bleibt mithin großen Anfechtungen ausgesetzt.«

Die Frauen dieser Soldatendynastie, die Zivilcourage zeigten, seiner Berufung widerrieten und dem Berufenen laufend widersprachen, zogen sich die lebenslange Feindschaft Bismarcks zu. Mit wachsendem Grimm sah er sich gezwungen, ihren unaufhörlichen Einwirkungen auf Wilhelm I. und den späteren Friedrich III. entgegenzuwirken – denen Victorias, die »ein Kanal für englischen Einfluß« blieb, und noch mehr jenen Augustas, die ihm, wie er bilanzierte, mehr Schwierigkeiten gemacht habe »als alle fremden Mächte und die gegnerischen Parteien im Lande«.

Von Anfang an mußte er damit rechnen, daß das Boudoirgeflüster bei den Gatten Gehör fand, bei Friedrich Wilhelm, der stets ganz Ohr war, und bei Wilhelm, der indessen im Laufe eines langen Ehelebens zu einer Einschätzung seiner Frau gelangte, die sich derjenigen Bismarcks zunehmend annäherte. Aber Augusta war die Königin, die ein Royalist, ob es ihm nun paßte oder nicht, zu respektieren hatte; sie blieb – wie ihm Ernst Ludwig von Gerlach bedeutet hatte – eine »unabsetzbare Influenz«.

Bismarck saß bereits im Schnellzug, als der König am 19. September 1862 dem Kronprinzen eröffnete, er gedenke den Gesandten in Paris nicht zum Ministerpräsidenten in Berlin zu machen, denn »er hege einen geheimen Widerwillen gegen diesen Menschen«.

Das und nichts anderes hatte Friedrich Wilhelm hören wollen, doch er hielt es für angebracht, dem angereisten Kandidaten, bevor dieser zum Monarchen ging, seine Meinung zu sagen: Auch er, der Kronprinz, sei für eine Vermehrung des Heeres, aber nur auf dem verfassungsmäßigen Wege, mit Zustimmung des Parlamentes. Bismarck hütete sich, vor der Begegnung mit dem ersten Mann gegenüber dem zweiten Mann Farbe zu bekennen. Friedrich Wilhelm gewann den Eindruck, daß dieser Bismarck nicht nur, wie er bislang angenommen, »unternehmenden Charakters«, sondern auch »unwahren Charakters« sei.

Das Treffen mit dem Sohne, dessen liberale Umtriebe dem Vater nicht gefielen, war nicht dazu angetan, die Aussichten des Kandidaten zu verbessern. »Mit dem ist's auch nichts«, sagte Wilhelm I. zu Roon; »er ist ja schon bei meinem Sohne gewesen.« Roon ließ nicht

locker: Bismarck sei die Ultima ratio, das letzte Mittel, um den Widerstand des Parlamentes zu brechen.
Die letzten Bedenken des Königs mußte Bismarck selber überwinden. Am 22. September 1862 wurde er nach Babelsberg befohlen, den Landsitz Wilhelms, auf den er sich jetzt noch lieber als früher zurückzog, weil er in einiger Entfernung von Berlin lag, in dem wieder das Gespenst von 1848 umzugehen schien, und nahe an Potsdam, wo der Geist Friedrichs des Großen lebendig geblieben war.
Bismarck wußte, daß er einen schweren Gang antrat. Wer dem Siebenundvierzigjährigen begegnete, hielt ihn für fähig, Bäume auszureißen. Im Baskenland hatte er sich prächtig erholt, sah – wie Moritz von Blanckenburg bemerkte – gesund aus wie seit Jahren nicht, war so sonnenverbrannt, als wäre er auf Kamelen durch die Wüste gezogen. Aber seine Nerven, die ihm wie immer zu schaffen machten, waren zum Zerreißen gespannt.
Alles hing von dieser Audienz ab: ob er weiter im diplomatischen Dienst verbleiben würde, den Rückzug auf sein Rittergut antreten müßte oder die Chance bekäme, das Programm, das er seit Jahren entwickelt hatte, in die Tat umzusetzen. Alles stand bei dieser Unterredung auf dem Spiel: mit seiner persönlichen Karriere die Durchführung der Politik, die er für die allein richtige und mögliche hielt – die Macht des preußischen Königsstaates in der Auseinandersetzung mit dem inneren Feind, dem Parlamentarismus, und dem äußeren Feind, Österreich und dem Deutschen Bund, zu festigen, zu erweitern und zu erhöhen.
Der Einsatz war hoch, die Gelegenheit günstig. Im Kampf um die Heeresverstärkung, an der Wilhelms Soldatenherz hing und die Bismarck als ein Mittel zum politischen Zweck galt, war der König an einem Punkt angelangt, an dem er nur noch zwischen zwei Übeln zu wählen hatte: der Thronentsagung oder der Berufung eines Ministerpräsidenten, der mit ihm umgehen würde, wie es Fürst Karl Anton von Hohenzollern-Sigmaringen, der als Ministerpräsident seine Erfahrungen hatte, für erforderlich hielt: »Um gründlich zu helfen, gehört aber dem König gegenüber ein eiserner Charakter, der, rücksichtslos die edlen Seiten desselben ignorierend oder ihnen Schach bietend, auf das Ziel hinarbeitet, welches als das dem Staatswohle entsprechende anerkannt wird.«

Im Verlauf des Vierteljahrhunderts, in dem sie nebeneinander und miteinander dem mehr von Bismarck als von Wilhelm definierten Staatswohle dienten, kam der König des öfteren in die Lage, die Möglichkeiten, die ihm der eiserne Charakter bot, gegen die Zugeständnisse, die dieser seinem behutsamen Wesen zumutete, abzuwägen. Das Ergebnis war fast immer, wie schon beim erstenmal, ein Nachgeben Wilhelms.

Selbst wenn Bismarck ein Zusammengehen mit dem italienischen Erzrevolutionär Mazzini vorschlüge, behauptete der Kronprinz, »so würde mein Vater anfangs verzweifelt im Zimmer herumgehen und ausrufen: ›Bismarck, Bismarck, was machen Sie aus mir!‹ Dann bliebe er mitten im Zimmer stehen und spräche: ›Wenn Sie jedoch meinen, daß das im Interesse des Staates unerläßlich sei, so läßt sich am Ende nichts dagegen einwenden.‹«

Bismarck fragte sich – aber erst 1891, als Wilhelm tot und er nicht mehr im Amt war –, ob er den Monarchen nicht hin und wieder zu hart angefaßt habe, ohne indessen die Notwendigkeit eines energischen Eingreifens in Zweifel zu ziehen. »Haben Sie einmal die Geschichte von dem Reiter gehört, der nicht auf sein Pferd hinaufkommen konnte und seinen Schutzheiligen bat, ihm in den Sattel zu helfen?« sagte er zu einem Besucher. »Der Schutzheilige kam dem Reiter zu Hilfe und gab ihm einen so gewaltigen Ruck, daß er über den Sattel hinweg auf die andere Seite des Pferdes flog. ›Sachte, nur nicht so heftig‹, rief der Reiter. Sehen Sie, etwas Ähnliches machte ich mit dem Königtum.«

Der Schutzpatron und nicht der Reitersmann hat das Geschehen am 22. September 1862 in Babelsberg überliefert, das dem König von Preußen aufs Pferd half. Wilhelm I. habe ihm in der Unterredung unter vier Augen die auf dem Tisch liegende Abdankungsurkunde gezeigt, erzählte Bismarck in seinen »Gedanken und Erinnerungen«, und erklärt, er finde keine Minister mehr, die bereit wären, die Regierung zu führen, »ohne sich und mich der parlamentarischen Mehrheit zu unterwerfen«. Daher sei er zur Abdankung entschlossen.

Soweit dürfe es in Preußen nicht kommen, meinte Bismarck und stellte sich als Minister zur Verfügung, mit dem der Monarch weiter regieren könnte. Ob er bereit wäre, für die Militärreorganisation einzutreten, mehr noch, gegen die Mehrheit des Landtages aufzutreten? »Auf meine Zusage erklärte er schließlich: ›Dann ist es meine Pflicht, mit Ihnen die Weiterführung des Kampfes zu versuchen.‹«

Der neue Mann ergriff sofort die Zügel. Als ihm Wilhelm ein vorbereitetes Regierungsprogramm vorlegte, das die Handschrift Augustas zu zeigen schien, brachte er ihn dazu, das Papier zu zerreißen. »Es gelang mir, ihn zu überzeugen, daß es sich für ihn nicht um konservativ und liberal in dieser oder jener Schattierung, sondern um königliches Regiment oder Parlamentsherrschaft handle, und daß die letztre unbedingt und auch durch eine Periode der Diktatur abzuwenden sei.« Was auch kommen möge – als kurbrandenburgischer Vasall würde er lieber mit seinem königlichen Lehnsherrn untergehen, als ihn im Kampfe mit dem Parlamentarismus im Stiche zu lassen.

Einen Tag nach der Unterredung in Babelsberg, am 23. September 1862, wurde Bismarck zum Staatsminister und interimistischen Vorsitzenden des Staatsministeriums ernannt. Die endgültige Bestallung als Ministerpräsident und Minister der auswärtigen Angelegenheiten – eine Bedingung, die er von Anfang an gestellt hatte – erfolgte am 8. Oktober 1862. »Ergib Dich in Gottes Schickung, leicht ist die Sache mir ohnehin nicht«, schrieb er seiner Frau. »Gott der Herr hat mich noch in keiner unerwarteten und ungesuchten Lage verlassen, und mein Vertrauen steht fest, daß Er mich auch auf dieser Stelle nicht wird zu Schanden werden lassen.«

Ein starkes Gottvertrauen mußte zum keineswegs schwachen Selbstvertrauen hinzukommen, damit er dem Sturm, der sich gegen ihn erhob, zu widerstehen vermochte. Außer Roon, der fest wie eine Eiche stand, und dem König, der zum Schwanken neigte, waren fast alle gegen ihn: die Königin, der Kronprinz, die Kronprinzessin, der Großherzog Friedrich I. von Baden, der Schwiegersohn Wilhelms I., und Herzog Ernst II. von Sachsen-Coburg und Gotha, der Onkel Victorias. Die Widerreden en famille waren ein Säuseln, verglichen mit den Widersprüchen in der Öffentlichkeit.

Kaum hatte die amtliche *Sternzeitung* die Ernennung veröffentlicht, ging das Treiben los. Das Organ des kleindeutschen Nationalvereins nannte den neuen Mann einen »Abenteurer von allergewöhnlichstem Schnitt«, der liberale Schriftsteller Gustav Freytag, der dem Kronprinzen Friedrich Wilhelm nahestand, bezeichnete ihn als

»wahnsinnigen Schurken« und ein Kommentar der Fortschrittspartei lautete: »Das ist der Staatsstreich!«
Noch am 23. September 1862 strich das Abgeordnetenhaus die für die Heeresreorganisation erforderlichen 5 Millionen Taler aus dem Haushaltsplan. Ein auf konstitutionellem Wege zustande kommendes Budget war nicht in Sicht, was auch in einem Lande wie Preußen, das kein parlamentarisches Regierungssystem, immerhin eine parlamentarische Gesetzgebung besaß, zu einer Regierungskrise, wenn nicht gar zu einer Staatskrise hätte führen müssen. Den neuen Regierungschef focht dies nicht an. Er war vom König berufen worden, weil er bereit stand, gegebenenfalls auch zur Diktatur zu greifen.
Vor dem Stock schwang er den Ölzweig. Als er zum erstenmal in der Budgetkommission erschien, kam er mit einem Olivenreis, das er aus dem Baskenland mitgebracht hatte, erklärte seinen Verständigungswillen und zog den Budgetentwurf für 1863 vorläufig zurück. Wie später noch öfter, versuchte er es zunächst mit guten Worten, bevor er, wenn diese nichts fruchteten, zu harten Maßnahmen griff. Die mißliche Lage, in der er sich am Anfang seiner Ministerlaufbahn befand, ließ dies ratsam erscheinen. »Wenn die Demokraten wüßten, wie ich zittre und bebe vor der Größe meiner Aufgabe, wie würden sie den Mund aufreißen!« gestand er seinem alten Freund Hans von Kleist-Retzow. Es gelang ihm nicht, Persönlichkeiten von Format als Minister zu gewinnen. Konservative wollten nicht mit einem mutmaßlichen Bonapartisten in einem Kabinett sitzen, und Liberale trauten dem Junker nicht über den Weg.
So mußte er schon bei seinem zweiten Auftritt in der Budgetkommission den Knüppel aus dem Sack holen. Wenn kein Budget zustande komme, gab er den verfassungstreuen Abgeordneten zu verstehen, dann sei Tabula rasa. Die Verfassung biete keinen Ausweg, denn da stehe Interpretation gegen Interpretation. Den kleindeutsch gesinnten Liberalen gab er zu bedenken:
»Nicht auf Preußens Liberalismus sieht Deutschland, sondern auf seine Macht; Bayern, Württemberg, Baden mögen dem Liberalismus indulgieren«, – nachgeben – »darum wird ihnen doch keiner Preußens Rolle anweisen; Preußen muß seine Kraft zusammenfassen und zusammenhalten auf den günstigen Augenblick, der schon einigemale verpaßt ist; Preußens Grenzen nach den Wiener Verträ-

gen sind zu einem gesunden Staatsleben nicht günstig; nicht durch Reden und Majoritätsbeschlüsse werden die großen Fragen der Zeit entschieden – das ist der große Fehler von 1848 und 1849 gewesen – sondern durch Eisen und Blut.«
Bereits am 30. September 1862 – eine Woche nach seiner Berufung und eine Woche vor seiner endgültigen Ernennung zum Ministerpräsidenten – verkündete Bismarck kurz und bündig sein Programm.
Eine Welle der Empörung ging durch Preußen und Deutschland. Auch Wilhelm I. schien davon erfaßt zu werden. Er weilte in Baden-Baden, um im Familienkreise den Geburtstag der Königin zu feiern, die sich kein schöneres Geschenk als die Entfernung des wilden Mannes hätte vorstellen können.
Um Weiterungen möglichst früh und schnell zu begegnen, fuhr Bismarck dem nach Berlin zurückkehrenden König bis Jüterbogk entgegen. Auch diese zweite wichtige Unterredung zwischen Lehnsherrn und Lehnsmann ist nur in Bismarcks Schilderung überliefert.
»Ich sehe ganz genau voraus, wie das alles endigen wird. Da, vor dem Opernplatz, unter meinen Fenstern, wird man Ihnen den Kopf abschlagen und etwas später mir«, soll Wilhelm I., noch ganz »unter der Nachwirkung des Verkehrs mit seiner Gemahlin«, geäußert haben.
»Et après, Sire?« soll Bismarck gefragt und der König »Ja, après, dann sind wir tot!« geantwortet haben. »›Ja‹, fuhr ich fort, ›dann sind wir tot, aber sterben müssen wir früher oder später doch, und können wir anständiger umkommen? Ich selbst im Kampfe für die Sache meines Königs und Eure Majestät, indem Sie Ihre königlichen Rechte von Gottes Gnaden mit dem eignen Blute besiegeln.‹«
Wie es sich auch zugetragen haben mag – Wilhelm I. »fühlte sich bei dem Portepée gefaßt«, ließ sich in den Kampf gegen das Parlament hineinziehen, den er, nachdem er ihn begonnen und seinen Kombattanten bestellt hatte, am liebsten wieder abgeblasen hätte. Dieser Soldatenkönig war – wie der Landwehroffizier erkannte – der Typus des preußischen Berufsoffiziers, »der dem sichern Tode im Dienste mit dem einfachen Wort ›Zu Befehl‹ selbstlos und furchtlos entgegengeht, der aber, wenn er auf eigne Verantwortung handeln soll, die Kritik des Vorgesetzten oder der Welt mehr als den Tod« fürchte.
Wilhelm I. blieb auf dem Feldherrnhügel und überließ seinem Trup-

penführer die Durchführung des Kampfes, bei dem es nicht nur um die Heeresreorganisation, sondern vor allem um die Verfassung ging. Es war ein Konflikt zwischen Monarchismus und Konstitutionalismus, zwischen dem Adel, der vom Herrenhaus aus zu Gunsten der Krone operierte, und dem Bürgertum, das mit der liberalen Mehrheit im Abgeordnetenhaus die Konstitution verteidigte, die, kaum errungen, schon bedroht war – von der Exekutive, die ihre Befugnisse zu Lasten der Legislative auszudehnen suchte.

DAS PARLAMENT wurde am 13. Oktober 1862 vertagt. Der Ministerpräsident schickte die Abgeordneten mit der Erklärung in die Pause: Da der Gesetzentwurf über das Budget verworfen worden sei, finde sich die Regierung »in der Notwendigkeit, den Staatshaushalt ohne die in der Verfassung vorausgesetzten Grundlagen führen zu müssen«.

Bismarck begann, ohne genehmigtes Budget zu regieren. Als er deswegen von dem am 14. Januar 1863 wieder zusammengetretenen Abgeordnetenhaus getadelt wurde, erwiderte er am 27. Januar 1863: Die Verfassung verweise auf den Weg der Kompromisse, das ganze Verfassungsleben bestünde aus einer ständigen Reihe von Kompromissen. »Wird der Kompromiß dadurch vereitelt, daß eine der beteiligten Gewalten ihre Ansicht mit doktrinärem Absolutismus durchführen will, so wird die Reihe der Kompromisse unterbrochen und an ihre Stelle treten Konflikte, und Konflikte, da das Staatsleben nicht stillzustehen vermag, werden zu Machtfragen; wer die Macht in Händen hat, geht dann in seinem Sinne vor.«

Die reale Macht hatte in Preußen der Monarch in Händen, und sein Ministerpräsident übte sie gegen die von ihm als doktrinäre Absolutisten bezeichneten Liberalen mit gouvernementalem Absolutismus aus. Auch wenn er sich dabei auf die »Lückentheorie« berief und den Vorwurf der Verfassungsverletzung von sich wies: Bismarck handelte nach seiner Überzeugung, daß im Zweifelsfall das Königsrecht das Parlamentsrecht breche und im Konfliktfall Machthaben auch Rechthaben bedeute.

Jeder Blick in die Geschichte schien ihm zu zeigen, daß so und nicht anders Staat zu machen sei. Die Trennung von privater und öffentlicher Moral, persönlichem Rechtsbewußtsein und staatlichem Rechtsanspruch, die Theorie des Machiavellismus war der Praxis der italienischen Staaten am Beginn der Neuzeit entnommen. »Right or wrong, my country« war ein englischer Spruch, eine Devise britischer Politik. Die Staatsräson und nicht die Privaträson war für den Franzosen Ludwig XIV. wie für den Preußen Friedrich II. ausschlaggebend geblieben.

Aber seit der Aufklärung war der Gedanke in der Welt, daß Menschenrecht dem Staatsrecht vorangehe, ein Staat durch einen Vertrag zwischen Regierten und Regierenden zustande kommen müsse und daß jene ihn kündigen könnten, wenn sich diese nicht an Geist und Text der Vereinbarung hielten. Diese Lehre war 1776 von den Amerikanern in die Tat umgesetzt worden, die Franzosen folgten ihnen 1789 nach, und beide Völker bekundeten, daß die Rechte des Menschen und Bürgers und der diesen angemessene liberale Rechtsstaat und demokratische Verfassungsstaat nicht allein national, sondern universal anzuerkennen und durchzusetzen seien.

Sogar in Preußen, das mit seinem Königtum stand und fiel, waren diese für alle Menschen und die ganze Welt geltenden Ideen aufgegriffen und entsprechende Institutionen eingeführt worden – allerdings monarchisch oktroyiert, obrigkeitlich definiert und polizeilich kontrolliert.

Selbst gegen diese bescheidene Rezeption der Revolution hatte sich Bismarck von Anfang an gesträubt: Der Junker, der seine ererbten Vorrechte gegen das aufsteigende Bürgertum verteidigte. Der Royalist, der es nicht zulassen wollte, daß der liberale Samson, blind für das Wesen Preußens, am Königtum als dem tragenden Pfeiler rüttelte und den Einsturz des Staatsgebäudes heraufbeschwor. Der Protestant, der nicht nur den römisch-katholischen Universalismus, sondern auch die Auffassung der Aufklärung verwarf, daß Individuen in Selbstbestimmung die »beste aller Welten« zu schaffen vermöchten. Der Lutheraner, der daran glaubte, daß der mit der Erbsünde belastete und auf seinen gnädigen Gott angewiesene Mensch keine Rechte als autonomer Mensch, sondern nur Pflichten als Untertan des Staates habe, der in göttlichem Auftrag das Regiment im irdischen Jammertale führe.

Für Bismarck gab es nur den realen Staat, wie ihn Gott geplant und die Geschichte geschaffen hatte, keinen idealen Staat, wie ihn die Liberalen aller Schattierungen anvisierten. Mit seinem Widerstand gegen den weltverbessernden Liberalismus meinte er mit der göttlichen Weltordnung im allgemeinen den preußischen Staat im besonderen bewahren zu müssen.

»Gott wird ja seinem Teil beistehn, daß er Herr im Hause bleibt und der andre« – der Teufel – »sich höchstens auf dem Hausflur zeigen darf, wenn er auch da mitunter tut, als ob er der Wirt wäre.« Das sagte der konservative Abgeordnete 1850, nachdem es mit Gottes und des Königs Hilfe gelungen war, die Liberalen aus dem Hauptraum wieder in den Vorraum zu verweisen. Als im ersten Jahr seiner Ministerpräsidentschaft die Liberalen von neuem in das Zentrum der Macht drängten, hielt er ihnen entgegen: »Das preußische Königtum hat seine Mission noch nicht erfüllt, es ist noch nicht reif dazu, einen rein ornamentalen Schmuck Ihres Verfassungsgebäudes zu bilden, noch nicht reif, als ein toter Maschinenteil dem Mechanismus des parlamentarischen Regiments eingefügt zu werden.«

Die Königsmacht stellte er über das Verfassungsrecht. Als er dies am 27. Januar 1863 vor dem Abgeordnetenhaus deutlich genug zu erkennen gab, entrüsteten sich die Fortschrittsliberalen so sehr, daß sie, wenn sie und nicht der König und sein Minister die Macht in Händen gehabt hätten, sie mit diesen kaum anders verfahren wären als seinerzeit die Engländer, die mit Lord Strafford, dem Berater Karls I., und dann mit diesem kurzen Prozeß gemacht hatten.

Der Altliberale Maximilian Graf von Schwerin-Putzar beließ es bei einer Verwahrung: »Der Satz, in dem die Rede des Ministerpräsidenten kulminierte – Macht geht vor Recht, sprecht was ihr wollt, wir haben die Macht, also werden wir unsere Theorie durchführen –, dies ist kein Satz, der die Dynastie in Preußen dauernd stützen kann. Der Satz, auf dem unsere Politik beruht, lautet umgekehrt: Recht geht vor Macht.«

Bismarck beeilte sich zu versichern, daß er das so nicht gesagt, jedenfalls nicht so gemeint habe, wie er auch das ihm entschlüpfte Wort von »Eisen und Blut« am liebsten wieder zurückgenommen hätte. Doch wie er dieses bald im Krieg gegen Österreich und den Deutschen Bund ganz wörtlich nahm, so hielt er sich schon jetzt an das Diktum, daß die Monarchenmacht und das Staatsrecht Vorrang vor der Parlamentsgewalt und dem Verfassungsrecht habe.

Am 27. Mai 1863 wurde der Landtag geschlossen. »Die Schwätzer« wurden nach Hause geschickt. »Die Leute sind, einzeln betrachtet, zum Teil recht gescheit, meist unterrichtet, regelrechte deutsche

Universitätsbildung, aber von der Politik, über die Kirchturm-Interessen hinaus, wissen sie so wenig, wie wir als Studenten davon wußten, ja noch weniger«, schrieb er seinem Studienfreund Motley. »In auswärtiger Politik sind sie auch einzeln genommen Kinder; in allen übrigen Fragen aber werden sie kindisch, sobald sie in corpore zusammentreten, massenweis dumm, einzeln verständig.«

»Die Schwätzer können Preußen wirklich nicht regieren«, erklärte Bismarck und regierte ohne Dreinreden der Parlamentarier mit Notverordnungen. Am 1. Juni 1863 wurde die »Preßordonnanz« erlassen, die Behörden ermächtigte, Zeitungen oder Zeitschriften nach zweimaliger Verwarnung »wegen fortdauernder, die öffentliche Wohlfahrt gefährdender Haltung« auf dem Verwaltungswege zu verbieten.

Das Grundrecht der Meinungsfreiheit war angetastet. Bismarck berief sich auf den Notstandsparagraphen der Verfassung. Ein Notstand sei nicht gegeben, und die »Preßordonnanz« deshalb verfassungswidrig, erklärten drei juristische Fakultäten. Der Preußische Jurist sei meist Buchstabenjurist, und der unbefriedigte Jurist mache seinem Ärger an seinen Gegnern Luft, bemerkte Bismarck, der seinen juristischen Assessor nicht gemacht hatte.

Ernster als das Juristenorakel und das Journalistengezeter nahm er eine Rede des Kronprinzen. In Danzig distanzierte sich Friedrich Wilhelm von der »Preßordonnanz«, verführt vom liberalen Genius loci, getrieben von seiner englischen Gattin und verleitet von der Erwartung, sich als Hoffnungsträger des preußischen und deutschen Liberalismus profilieren zu können. Wilhelm I. dachte daran, mit dem Sohne Friedrich Wilhelm wie einst Friedrich Wilhelm I. mit dem Sohne Friedrich zu verfahren. Bismarck beschwichtigte. Er wollte dem Don Carlos, der den Marquis Posa spielte, nicht zu noch mehr Resonanz verhelfen. Und er konnte zum Staatskonflikt zwischen Krone und Parlament nicht noch einen Hauskonflikt zwischen König und Kronprinz brauchen.

»Verfahren Sie säuberlich mit dem Knaben Absalom«, riet Bismarck seinem Monarchen, daraufverweisend, daß Prediger bereits Vergleiche mit der Erhebung des biblischen Königssohnes gegen seinen Vater David zogen. Dem preußischen Absalom wurde verziehen, es ihm jedoch nicht vergessen, daß er – wenn auch nur verbal – an den Pfosten des Thrones, den er einst besteigen sollte, gerüttelt hatte.

Auch ohne Märtyrer erhielt der Liberalismus Auftrieb. Bei den Wahlen am 28. Oktober 1863 gewann die Opposition beinahe die Zweidrittelmehrheit; im neuen Abgeordnetenhaus besaß die Fortschrittspartei 144 statt 133, die liberale Mitte 106 statt 96 Mandate. Die Regierung sah sich gezwungen, die »Preßordonnanz« zurückzunehmen. Er müsse »ein so unwürdiges Gewerbe wie das eines parlamentarischen Ministers« betreiben, klagte Bismarck und überlegte, wie die liberalen Quälgeister wenn schon nicht zu verjagen, so doch einzuschüchtern wären.

Für einen leeren Sack sei es schwer, aufrecht zu stehen, hatte der Amerikaner Benjamin Franklin gesagt und damit eine Devise des Bürgertums geprägt. An ihrem Geldbeutel getroffen, hatten sich die britischen Kolonisten in Amerika gegen ihren König erhoben. Es war nicht abwegig, darüber nachzudenken, ob die preußischen Bürger nicht von der Auseinandersetzung mit ihrem König abgebracht werden könnten, wenn man ihnen vorstellte, daß ihrem Geldsack weniger der alte Adelsstand als der neue Arbeiterstand gefährlich war. Und ihnen zu bedenken gäbe, daß die von ihrem finanziellen Vermögen abhängige politische Stellung bedroht wäre, wenn man statt des Dreiklassenwahlrechtes ein allgemeines und gleiches Wahlrecht einführte.

Die Liberalen im Abgeordnetenhaus vertraten ihre Klasse, nicht das Volk, in dessen Namen sie zwar sprachen, ohne aber durch den Volkswillen in einem demokratischen Wahlverfahren beauftragt worden zu sein. Bei 3,6 Millionen Wahlberechtigten betrug die Zahl der Stimmen für die liberalen Gruppen nur 535 000, also knapp 15 Prozent der Wahlberechtigten. Die konservative Partei erhielt mit 336 000 Stimmen 10 Prozent. Zwei Drittel der Wahlberechtigten waren selbst bei dieser wichtigen Wahl im Jahre 1863 nicht zu den Urnen gegangen. Es lag am Mehrheitswahlrecht, wenn die Liberalen mit 48 Prozent der abgegebenen Stimmen beinahe die Zweidrittelmehrheit im Abgeordnetenhaus erreichten.

Für den Vierten Stand, der sich zu recken begann, war diese ökonomisch bedingte politische Vorherrschaft des Dritten Standes auf die Dauer untragbar. Schon jetzt forderte Ferdinand Lassalle, der im Mai 1863 zum Vorsitzenden des »Allgemeinen Deutschen Arbeitervereins« gewählt wurde, das allgemeine, gleiche und direkte Wahlrecht als Voraussetzung für das Zustandekommen eines demokratischen und sozialen Staates. Einen solchen wollte Bismarck nicht, aber in einem Augenblick, da er nach einem Schreck für die Bürger und einem Stock für die Liberalen suchte, kam ihm dieser Sozialist mit seinem Verlangen nach Abschaffung des Dreiklassenwahlrechtes gerade recht.

Ohnedies gab es gewisse Gemeinsamkeiten zwischen Bismarck und Lassalle. Beide wollten das System von 1815 zugunsten Preußens verändern; ähnlich wie der großpreußische Konservative hatte der kleindeutsche Sozialist 1859 einen Krieg gegen Österreich gefordert, in dem »die deutsche Demokratie selbst Preußens Banner tragen« würde. Aus seinem »schwarzweißen Herzen« machte Lassalle wie Bismarck keine Mördergrube. Beide hielten – allerdings aus verschiedenen Beweggründen – einen starken Staat für notwendig, beide bezeichneten – freilich mit unterschiedlichen Zielsetzungen – Verfassungsfragen als Machtfragen und nicht als Rechtsfragen. Und beide sahen sich einem gemeinsamen Gegner gegenüber: der bürgerlich-liberalen Fortschrittspartei.

So kam es zu einer Fühlungnahme zwischen Bismarck und Lassalle. Den Vermittler spielte Lothar Bucher, der als Achtundvierziger begonnen hatte und sich zu Bismarcks Eckermann, dem Aufzeichner der »Gedanken und Erinnerungen«, entwickelte. Hauptthema der Gespräche und der Korrespondenz war die Infragestellung des Klassenwahlrechtes und die Inangriffnahme eines demokratischen Wahlrechtes, von dem sich beide eine Stärkung des Staates versprachen.

Der Arbeiterstand, der sich »instinktiv zur Diktatur geneigt fühlt«, erklärte Lassalle, könnte »trotz aller republikanischen Gesinnungen – oder vielmehr auf Grund derselben – in der Krone den natürlichen Träger der sozialen Diktatur« sehen, falls diese sich – was er freilich nicht zu hoffen wagte – »in ein soziales und revolutionäres Volkskönigtum« verwandelte. Der preußische Staatssozialist Lassalle dachte an einen »sozial-monarchischen Cäsarismus«, der preußische Staatsabsolutist Bismarck an einen königlich-preußischen Bonapartismus: »In einem Lande mit monarchischen Traditionen und loyaler Gesinnung wird das allgemeine Stimmrecht, indem es die Einflüsse der liberalen Bourgeoisie-Klasse beseitigt, auch zu monarchischen Wahlen führen.«

Bismarck wurde kein zweiter Mirabeau, der Wilhelm I. eine Koali-

tion mit dem Vierten Stand empfohlen hätte, so wie der Franzose Ludwig XVI. eine Allianz mit dem Dritten Stand vorgeschlagen hatte. Die Gegensätze zwischen dem Junker und dem Sozialisten waren zu groß, um überbrückt werden zu können. Die Fühlungnahme zwischen Bismarck und Lassalle blieb eine taktisch bedingte Episode. Aber ein Akkord zwischen Preußentum und Sozialismus war angeschlagen, der später in der Theorie und noch später in der Praxis voll ertönte.
Den Wink mit dem demokratischen Wahlrecht hatte Bismarck nur deshalb gegeben, um den Liberalen zu zeigen, daß er sie schikanieren könnte, wenn sie ihm nicht parierten. Im Grunde ging es ihm darum, die Bürger, mit denen er weit mehr Gemeinsamkeiten als mit den Arbeitern sah, wenn schon nicht für seine Innenpolitik, so doch für seine Außenpolitik zu gewinnen.
Da er wußte, daß auch dem preußischen Bürger die Staatsgläubigkeit im Herzen saß und auch dem preußischen Liberalen der Machttrieb in den Knochen steckte, und da er erwartete, daß seine Pappenheimer im Zweifelsfall die Einheit vorziehen und die Freiheit zurückstellen würden, eröffnete er die Feindseligkeiten gegen Österreich und den Deutschen Bund.

Mitteleuropäische Föderation oder Nationalstaat?

SEINE INNENPOLITISCHEN GEGNER waren dazu prädestiniert, seine außenpolitischen Helfer zu werden. Von einem der ihren stammte der Begriff Realpolitik, dem Bismarcks Machtpolitik entsprach, der sie sich früher oder später zuwenden würden.
In gewisser Weise nützten sie ihm schon jetzt. Denn die preußischen Liberalen waren kleindeutsche Patrioten, die es nach einem nationalen Staat mit und unter Preußen und gegen und ohne Österreich verlangte. Im großen und ganzen hatten sie das gleiche Ziel wie Bismarck, aber sie suchten aus anderen Motiven und mit anderen Methoden, dorthin zu gelangen.
Die nationalen Liberalen wollten das deutsche Volk unter preußischer Führung in einem Verfassungsstaat vereinen. Aber die Führungsmacht müßte – wie alle forderten – ihre Eignung für diese Sendung erst durch eine Liberalisierung des eigenen Staates bewei-

sen und – wie viele meinten – ihre Bereitschaft bekunden, nach Erfüllung der Einigungsaufgabe, nach Beseitigung der deutschen Vielstaaterei, auch ihre Eigenstaatlichkeit in dem einen und unteilbaren Nationalstaat aufgehen zu lassen. Das Ziel sollte – wie die meisten wünschten – nicht mit Gewaltmitteln, sondern mit Stimmzetteln erreicht werden.
Das alles war bereits in der preußischen und deutschen Nationalversammlung von 1848 angeklungen und ertönte seit dem Jahre 1859, in dem die nationalen Stimmen neu orchestriert worden waren, in großer Besetzung und voller Lautstärke. Am 100. Geburtstage des Nationaldichters Friedrich Schiller wurde überall in deutschen Landen der Rütlischwur aus »Wilhelm Tell« zitiert und zur Nachahmung empfohlen.
»Wir wollen sein ein einzig Volk von Brüdern, in keiner Not uns trennen und Gefahr« – diese Eidesformel wurde in zeitgemäßer Formulierung im Programm des 1859 in Eisenach gegründeten Deutschen Nationalvereins wiederholt: ein deutscher Nationalstaat mit einer demokratisch gewählten Nationalvertretung und einer zentralen Nationalregierung, mit einer rechtsstaatlichen Verfassung und unter einem preußischen Oberhaupt.
Diesem Verein, dem die Hannoveraner Rudolf von Bennigsen und Johannes Miquel vorstanden, gehörten auch preußische Liberale an, die sich von der »Neuen Ära« des Prinzregenten Wilhelm viel versprachen und dann von König Wilhelm und dessen Ministerpräsidenten, der eine neue Eisenzeit ankündigte, arg enttäuscht wurden.
»Jeder Gedanke an Bruderkrieg ist uns Deutschen, die Preußen sicherlich nicht ausgenommen, vollständig ferne, ja, nicht bloß ferne; wir weisen ihn mit Entrüstung von uns zurück«, erklärte der preußische Abgeordnete Hans Viktor von Unruh auf der dritten Generalversammlung des Nationalvereins Anfang Oktober 1862 in Koburg. Dort, im Lande des liberal gesinnten Herzogs Ernst, erschien auch das Organ des Nationalvereins, die *Wochenschrift,* die schrieb, der »Eisenfresser« Bismarck sei hinter seiner Zeit zurückgeblieben; in Preußen und ganz Deutschland herrsche »unlöschlicher Unwille, unaussprechlicher Ekel vor der Berliner Mißregierung, die wie eine widerliche Monstrosität der Natur in Europa dastehe«.
Der preußische Staat, den zu erheben und zu stärken die Aufgabe

des preußischen Ministerpräsidenten sei, habe sich noch keineswegs überlebt, und die Zeit sei noch nicht gekommen, »wo er andren historischen Gebilden Platz zu machen habe«, erwiderte Bismarck den kleindeutschen Liberalen, in deren Parteiinteresse es liege, »Preußen entweder nicht oder als Domäne des Nationalvereins bestehen zu lassen«. Die Souveränität des preußischen Königtums stehe aber noch heute fest und unerschütterlich da, und »diesen ehernen Felsen werden Sie nicht zu erschüttern vermögen durch Ihren Nationalverein«.

»Ein recht miserables Epigonentum des Alten Fritz«, hatte Bennigsen die in der »Eisen und Blut«-Rede zum Ausdruck gekommene altpreußische Haltung Bismarcks genannt. Dieser Vergleich beleidigte ihn nicht. Wie der große Friedrich, der kein deutsches Volk, sondern nur die »Nation prussienne« gekannt hatte, dachte er in erster Linie daran, Preußens Macht im Kampfe gegen Österreich zu stärken und Preußens Größe durch Ausdehnung in Deutschland zu mehren.

Um Preußens Vorherrschaft in Deutschland zu erreichen, ging er vom preußischen Königsstaat, dem »Fundament der preußischen Geschichte, des preußischen Ruhmes, der preußischen Großmacht« aus, ging er daran, eine »ungemütliche Interessenpolitik, Zug um Zug und bar« zu treiben und gegebenenfalls das mit seiner Mithilfe gegen den Widerstand des Abgeordnetenhauses verstärkte preußische Heer einzusetzen.

Er schreckte nicht davor zurück, einen Bruderkrieg, wie es nationalbewegte Liberale nannten, zu führen; denn für ihn war das kein Kampf zwischen Volksgenossen, sondern zwischen zwei Großmächten, die um die Hegemonie in Deutschland rangen.

Bismarck hatte ein machtstaatliches, großpreußisches Ziel, aber darüber hinaus auch ein nationalstaatliches, kleindeutsches Ziel. Der Nationalverein, der ebenfalls zu diesem Ufer strebte, wollte vorerst nicht verstehen, konnte bis auf weiteres nicht begreifen, daß es nur zu erreichen war, wenn man vom festen, nicht liberal und demokratisch aufgeweichten königlich-preußischen Boden ausging, sich nicht von »aus den Doktrinen deutscher Gefühlspolitik« aufsteigenden nationalen Phrasen ablenken ließ und sich nicht scheute, auf Machtmittel zurückzugreifen, die Erfolg versprachen.

Am Ende sollte nicht, wie der Nationalverein hoffte, ein zentralistischer Nationalstaat nach französischem Muster stehen, sondern – wie es Bismarck nach deutscher Tradition allein für möglich hielt – eine Föderation deutscher Fürstenstaaten, in der das Königreich Preußen den ersten Platz einnähme.

Seine deutsche Politik war mehr als friderizianisches Epigonentum. Bismarck hatte erkannt, daß in der zweiten Hälfte des 19. Jahrhunderts nicht mehr gegen, sondern nur noch mit der Nationalstaatsbewegung preußische Großmachtpolitik zu betreiben war. Sie mußte eingespannt, aber ihre Kraft so gezügelt und ihr Bestreben so gelenkt werden, daß die schwarz-rot-goldenen Gäule nicht mit dem schwarz-weißen Wagen durchgingen.

Der preußische Deutschlandpolitiker durfte annehmen, daß die noch widerspenstigen Zugpferde bald handsam werden würden. Hatten nicht schon die Kriege Friedrichs des Großen in Deutschland nationale Begeisterung für Preußen geweckt? »Da griff ich ungestüm die goldne Harfe, darein zu stürmen Friedrichs Lob«, hatte der schwäbische Freiheitsdichter Schubart gesungen, und der weniger überschwengliche Frankfurter Goethe bemerkt: »Der erste und wahre höhere eigentliche Lebensgehalt kam durch Friedrich den Großen und die Taten des Siebenjährigen Krieges in die deutsche Poesie« – und damit, wie nun einmal bei diesem Volk der Dichter und Denker üblich, in die deutsche Politik.

Auch in den Befreiungskriegen hatten Deutsche ihre Einheitshoffnungen auf Preußen gesetzt, und in der deutschen Revolution von 1848, noch in der 1859 eröffneten »Neuen Ära« das nationale Heil von Preußen erwartet. Nun hatte der Verfassungskonflikt antipreußische Wellen ausgelöst, doch Bismarck erwartete, daß sich der Sturm im liberalen Wasserglas bald legen und der Preußenadler sich wieder im deutschen Wohlgefallen spiegeln würde.

Bereits das Jahr 1859 hatte gezeigt, daß die Sicherheit Deutschlands letztlich nur von der preußischen Militärmacht garantiert werden konnte. Die Österreicher waren am Po von Napoleon III. geschlagen worden, und sie wären wohl kaum eine Hilfe gewesen, wenn er nach dem Rhein gegriffen hätte. Das mußte auch Liberalen im Rheinland und sogar Liberalen in Bayern einleuchten, das mit der Rheinpfalz eine vorgeschobene und gefährdete Bastion besaß.

Auch wirtschaftlich hatte Österreich nicht viel zu bieten. Die Liberalen, deren gesellschaftliche Bedeutung und politischer Einfluß von der ökonomischen Prosperität abhingen, waren mit den Ergebnissen des von Preußen gegründeten und geführten Zollvereins zufrieden. Sie dachten nicht daran, dessen Vorteile durch eine Einbeziehung Österreichs in einen gesamtdeutschen Markt aufs Spiel zu setzen. Ein Jahr vor Gründung des Deutschen Nationalvereins in Eisenach war in Gotha der erste Kongreß deutscher Volkswirte zusammengetreten. Dies lag in der Logik der kleindeutschen Entwicklung, die über die wirtschaftliche zur politischen Einigung führen sollte.

Bevor noch das preußische Zündnadelgewehr gegen das österreichische Lorenzgewehr aufgeboten werden mußte, hatte der Taler bereits über den Gulden gesiegt. Auch bei den ideologischen Waffen war Österreich ins Hintertreffen geraten. Die Idee vom »geschlossenen Nationalstaat« verlangte den Ausschluß des Vielvölkerreiches aus dem Nationalreich, in dem nur deutsch gesprochen, gedacht und gehandelt werden sollte. Die Idee eines liberalen und demokratischen Verfassungsstaates schien im Hohenzollernstaat – trotz Bismarck – eher verwirklicht werden zu können als in der Habsburgermonarchie, in der unter der Krone die Völkerschaften zusammengehalten werden mußten.

Der Geist des 19. Jahrhunderts war mit dem einköpfigen Adler, der in die Zukunft blickte, nicht mit dem doppelköpfigen Adler, der gleichzeitig nach hinten wie nach vorne schaute und dabei die Orientierung verlor. Der neue Realismus, der den alten Idealismus verdrängte, begann sich mehr nach dem Wirklichen als nach dem Vorgestellten zu richten, weniger den gehegten Wunsch als den ausführenden Willen zu schätzen, und in dieser Hinsicht hatte Preußen mehr als Österreich zu bieten: eine starke Wehrmacht, eine blühende Wirtschaft, eine geordnete Verwaltung und einen Mann, Otto von Bismarck, der wußte, was er wollte, und tat, was er für richtig hielt.

Philosophen dachten für sein Preußen, an der Spitze der Schwabe Hegel, der lehrte: »Das Wesen des Staates ist zum ersten Macht, zum zweiten Macht und zum dritten wieder Macht.« Die Geschichtsschreibung wurde zur Hilfswissenschaft der Politik, und da mehr und bessere Federn Preußens »deutschen Beruf« – wenn auch mehr in aktueller Absicht als in gesicherter historischer Erkenntnis

– dick unterstrichen, geriet auch auf diesem Gebiet das übernationale Österreich in Nachteil.
Begonnen hatte dies mit der Feststellung des noch mehr dem Universalen als dem Nationalen zugewandten Historikers Leopold von Ranke: Von allen Ideen, welche die Neuzeit geformt haben, sei vielleicht die wirksamste die von der gänzlich unabhängigen, nur ihre Interessen verfolgenden, also keiner höheren Gemeinschaft mehr verpflichtenden Staatsgewalt gewesen.
Was der maßvolle Preuße Ranke im Blick zurück festgestellt hatte, überzog der Historiker Heinrich von Treitschke, ein Sachse, nach seiner Bekehrung zum Machtpreußentum maßlos im Blick nach vorn. Der politische Historiker strich die deutsche Geschichte schwarz-weiß an, suchte den Eindruck zu erwecken, daß sich Preußen in der Vergangenheit als deutsche Einigungsmacht qualifiziert habe, und den Zeitgenossen die Folgerung aufzudrängen, daß Deutschland ein »verlängertes Preußen« werden müsse.
Der historische Publizist Treitschke erklärte den Abscheu der alten Liberalen vor Rechtsbrüchen im Staatsinteresse und vor Gewaltanwendung für Staatszwecke für überholt. Es zieme dem Deutschen nicht, die Litanei der Friedensapostel nachzubeten, und es schicke sich für einen Nationalgesinnten nicht, »das Völkergemisch von Italienern, Deutschen, Ungarn, Hannaken, Slowaken«, das durch die Straßen von Wien woge, zu Deutschland zu zählen. Mit solchen »Brüdern« sei eine Verständigung nur durch das Schwert möglich.
Schon wurde die Auseinandersetzung mit historiographischen Mitteln geführt. Eröffnet wurde sie von Heinrich von Sybel, einem preußischen Liberalen, der sich vom Gegner zu einem Anhänger Bismarcks entwickelte, ohne dessen Wertschätzung zu gewinnen. Sybel habe den Strom der Geschichte getrübt, meinte der Reichskanzler, der verärgert war, daß der Hofhistoriograph nicht einmal die von ihm persönlich ausgesuchten Materialien zum Hauptwerk »Die Begründung des Deutschen Reiches durch Wilhelm I.« richtig zu verwenden gewußt habe.
Der preußisch-deutsche Historiker Sybel debütierte 1859 mit der Schrift »Über die neueren Darstellungen der deutschen Kaiserzeit«. Durch den Universalismus des mittelalterlichen Reiches, hieß es darin, seien die nationalen Interessen verletzt und das deutsche Volk geschädigt worden. Statt die deutschen Fürsten zu unterwerfen und

das Deutschtum im Osten zu verbreiten, hätten die deutschen Kaiser ihre Kräfte auf Rom-Zügen verbraucht.
Die politische Absicht des historischen Exkurses war offensichtlich: Die Staufer wurden geschlagen, und die Habsburger sollten getroffen werden, die sich noch im 19. Jahrhundert auf die Tradition des Heiligen Römischen Reiches beriefen. Der Westfale Julius Ficker, der Professor in Innsbruck und österreichischer Hofrat geworden war, entgegnete: Der mittelalterliche Universalismus sei zwar zeitbedingt gewesen, entbehre jedoch nicht einer gewissen Aktualität. Im Innern die Eigenständigkeit seiner Glieder achtend und nach außen geschlossen auftretend, habe das alte Reich den europäischen Frieden bewahren helfen – eine Aufgabe, die nun der in seiner Überlieferung stehende Deutsche Bund zu erfüllen habe.
Ficker war Katholik, Sybel Protestant. Auch die Konfession spielte eine und nicht die geringste Rolle in der Auseinandersetzung zwischen nationalen Preußen und übernationalen Österreichern. Treitschke bezeichnete den Protestantismus als die germanische Form des Christentums, als Träger der deutschen Kulturleistungen, als religiöses Element des Preußentums und konfessionelles Ferment eines kleindeutschen Nationalstaates. Selbst der Ostpreuße Ferdinand Gregorovius, der in Italien seine Wahlheimat gefunden hatte, feierte Luthers Kampf gegen den Papst in Rom als Auftakt des Kampfes gegen den katholischen Kaiser in Wien.
Bismarck verdächtigte Katholiken antipreußischer Machenschaften. Es sei recht merkwürdig, schrieb er 1859, daß in Situationen, in denen Preußen in Österreichs Netze zu geraten drohte, katholische Minister in Berlin im Amte gewesen seien: 1850 der General von Radowitz und dann der Fürst von Hohenzollern-Sigmaringen. Im Jahr darauf erklärte er, Österreich und der katholische Zentrumsabgeordnete August Reichensperger »können nur gedeihen auf dem Felde, wo Preußen als Dünger untergepflügt wird«. Und »das Kleben an dem slawisch-romanischen Mischlingsstaat an der Donau, das Huren mit Papst und Kaiser« sei »landesverräterisch gegen Preußen und Evangelisches Bekenntnis, ja gegen Deutschland«.
Ein echter Deutscher müsse Preuße, Protestant und Bürger sein, erklärte der Schriftsteller Gustav Freytag, der aussprach, was viele Deutsche gerne hörten, und deshalb einer ihrer Lieblingsautoren wurde. Bereits 1848 hatte er bemerkt: Wenn Preußen, »um Ordnung

in unsere Einheit zu bringen«, gegen Deutsche marschieren müßte, »so wird Preußen marschieren, und vielleicht ist es dies, was uns Preußen grundsätzlich von anderen Deutschen unterscheidet; denn wir sind bereit, den letzten Blutstropfen zu vergießen, um unseren Willen zu bekommen«.

Bismarck bekam seinen Willen, weil er auf solche Preußen und preußisch gesinnte Deutsche zählen konnte, auch wenn die nationalen Liberalen, darunter Freytag, noch nicht mit dem Verfassungsbrecher gehen wollten. Doch er rechnete damit, daß sie sich ihm, von der Macht des Faktischen getrieben, über kurz oder lang anschließen würden. Wie Johannes Miquel, einer der Führer des Nationalvereins, müßten sie zu der Erkenntnis gelangen, daß die deutschen Einheitsbestrebungen »aus der Traumwelt in die prosaische Welt der Wirklichkeit hinuntergestiegen« seien, und in dieser dominierte Preußen mit seiner Staatsmacht und Militärkraft, und mit einem Mann, der sie für die preußischen Belange in Deutschland einzusetzen gewillt war.

Ein einzelner könne nicht Geschichte machen, meinte Bismarck, ein Politiker nur vorhandenes Material kneten, und ein realistischer Staatsmann habe eine günstige Gelegenheit abzuwarten, um Gewolltes zu erreichen oder – wie sich der gläubige Staatsmann ausdrückte – einen Zipfel des Mantels des durch die Geschichte schreitenden Gottes zu ergreifen.

Nun hatte er einiges in der Hand: Ein Preußen, das zu seinen friderizianischen Fundamenten zurückfand. Ein Deutschland, das sich dem Staate zuwandte, der allein imstande zu sein schien, mit den ökonomischen und militärischen Bedürfnissen die Einheitshoffnungen zu erfüllen. Den Zeitgeist, der vorwärts zu »Nation und Verfassung« drängte. Und eine liberale Nationalbewegung, die sich anschickte, einer durch preußische Machtmittel zu erreichenden kleindeutschen Einheit den Vorrang vor der erträumten großen Freiheit einzuräumen.

Bismarck fand Gegebenheiten vor, die er nicht geschaffen hatte, und Erwartungen, die er nicht alle teilte. Er wußte sie richtig einzuschätzen, für seine Zwecke zu verwenden und auf seine Ziele hinzulenken. Der Konservative setzte sich an die Spitze der modernen Bewegungen, in der Hoffnung, sie im Zaume zu halten, und nicht ohne Befürchtung, von ihnen mitgerissen und überrollt zu werden.

Er hat eine ihm vorteilhafte Situation vorgefunden, sie erfaßt und benutzt. Doch wie er diese mit der Klarheit seines Geistes erkannt, ihre Möglichkeiten mit der Macht seiner Persönlichkeit ergriffen und seine Vorhaben durch die Kraft seines Willens durchgesetzt hat, war eine Widerlegung seiner eigenen Geschichtsanschauung, daß Menschen die Geschichte nicht machen, nur abwarten könnten, daß sie geschehe.

BISMARCK hat nicht, wie Gott die Welt, das Reich geschaffen, aber er hat die Wasser geteilt, dem Verlauf eine persönliche Wendung gegeben, die Ereignisse in seine Richtung gelenkt und den Ausschlag für eine preußische Lösung der deutschen Frage gegeben.
Auch andere Lösungsmöglichkeiten waren ersonnen und erstrebt worden: ein dreigliedriger Bund zwischen Österreich, Preußen und dem »Dritten Deutschland«. Ein großdeutsches Reich unter österreichischer Führung. Eine mitteleuropäische Föderation durch eine Reform des Deutschen Bundes.
Die Triasidee war vom Freiherrn vom Stein, der Preußen in deutschem Geiste reformieren und Deutschland in der Reichstradition erneuern wollte, ins Spiel gebracht worden. Sie wurde von König Wilhelm I. von Württemberg aufgegriffen, später vom bayerischen Ministerpräsidenten Ludwig von der Pfordten und dem sächsischen Ministerpräsidenten Friedrich Ferdinand von Beust vertreten. Das Kerngebiet des alten Reiches und die Einflußzone westlicher Staatsideen sollte in einem engeren Bund zusammengefaßt und mit den auf Kolonialboden entstandenen und unter reaktionäre Regime geratenen deutschen Großmächten in einem weiteren Bund vereinigt werden. Anfang der sechziger Jahre hatten die Mittel- und Kleinstaaten mit rund 18 Millionen Einwohnern um einige Millionen mehr Einwohner als die zum Deutschen Bund gehörenden Gebiete Österreichs beziehungsweise Preußens.
Hauptträger der Triasidee waren die Königreiche Bayern, Württemberg, Hannover und Sachsen. Doch der Stolz auf die endlich gewonnene Staatssouveränität hinderte sie daran, Souveränitätsrechte an einen Bund von ihresgleichen abzutreten. Der einzelstaatliche Patriotismus, auf den sie sich beriefen, war indessen nicht stark genug, um den wirtschaftlichen Versuchungen und politischen Verlockungen der Nationalstaatsbewegung zu widerstehen, die das

»Dritte Deutschland« als Neuauflage des Rheinbundes ablehnte. Die beiden deutschen Großmächte duldeten ohnehin nicht einen Dritten im Bunde, in dem jede von ihnen schon den zweiten neben sich für einen zu viel hielt.

Ein großdeutsches Reich unter österreichischer Führung wäre Pangermanisten nicht unwillkommen gewesen, wenn Österreich nicht auf der Einbeziehung seiner nichtdeutschen Nationalitäten bestanden hätte. Preußen, das sich dagegen wehren mußte, erhielt Unterstützung von der kleindeutschen Bewegung, die sich zur Idee vom »geschlossenen Nationalstaat« bekannte, und von den europäischen Großmächten, welche die Vorstellung eines Siebzigmillionenreiches in der Mitte Europas erschreckte.

Mit einer mitteleuropäischen Föderation hätten sie sich abfinden können, wenn ihnen weniger das morgen Mögliche als das gestern Gewesene und heute Gegebene vor Augen gestanden wäre. Für die Zukunft befürchteten sie eine Fortentwicklung dieser Föderation vom Staatenbund zum Bundesstaat oder gar zum Einheitsstaat. Aus der Vergangenheit hätten sie ersehen können, daß das alte Reich eher ein Schauplatz fremder Kriege als ein Ausgangspunkt eigener Kriege gewesen war. Und die Gegenwart zeigte, daß der Deutsche Bund, der als mitteleuropäische Föderation modernisiert werden sollte, schon ein halbes Jahrhundert lang den Frieden im neuralgischen Zentrum des Kontinents bewahrt hatte.

Auf die europäische Funktion eines reformierten Deutschen Bundes wurde von Publizisten verwiesen. Der Preuße Constantin Frantz entwickelte eine Theorie des Föderalismus, von der organischen Staatslehre ausgehend, auf das universale Mittelalter zurückblikkend und in ein übernationales Europa vorausschauend. Der Thüringer Julius Fröbel, ein Achtundvierziger, dessen Blick für weltpolitische Zusammenhänge im amerikanischen Exil geschärft worden war, sah in einem föderalen Mitteleuropa ein Bollwerk gegen den Osten wie den Westen. Der Württemberger Albert Schäffle, der Handelsminister in Wien wurde, dachte als Soziologe an die Wirksamkeit eines großen Sozialkörpers und als Ökonom an die Leistungsfähigkeit einer mitteleuropäischen Wirtschaftsgemeinschaft. Der Preuße Wilhelm von Humboldt wurde als Kronzeuge für die Aufrechterhaltung des Deutschen Bundes im Interesse der Sicherheit Deutschlands und des Friedens in Europa zitiert: Das Gleichgewicht würde gestört, »wenn in die Reihen der europäischen Staaten, außer den größeren deutschen einzeln genommen, noch ein neuer, kollektiver« – ein deutscher Nationalstaat – eingefügt würde. »Niemand könnte dann hindern, daß nicht Deutschland als Deutschland auch ein erobernder Staat würde, was kein echter Deutscher wollen kann; da man bis jetzt wohl weiß, welche bedeutenden Vorzüge in geistiger und wissenschaftlicher Bildung die deutsche Nation, so lange sie keine politische Richtung nach außen hatte, erreicht hat, aber es noch unausgemacht ist, wie eine solche Richtung auch in dieser Richtung wirken würde.«

Der Deutsche Bund war auch und nicht zuletzt eine deutsche Verteidigungsgemeinschaft im Rahmen eines europäischen Sicherheitssystems. Das Zentrum des Kontinents sollte so stark gemacht werden, daß es jeden Angriff abwehren, gleichzeitig jedoch so schwach gehalten werden, daß es selbst keinen Angriff unternehmen könnte.

Indessen bedurfte das Militärsystem des Deutschen Bundes wie dessen Gesamtverfassung dringend einer Anpassung an die nach fast fünf Jahrzehnten veränderten Verhältnisse und aktuellen Anforderungen. Um eine Erneuerung voranzubringen – und gleichzeitig der kleindeutschen Konkurrenz des Nationalvereins entgegenzuwirken –, wurde im Oktober 1862 in Frankfurt am Main der Deutsche Reformverein gegründet, mit dem Programm: Umbau des Deutschen Bundes unter Beibehaltung der föderalen Struktur, aber mit einer moderneren, dem nationalen und konstitutionellen Zeitgeschmack entsprechenden Innenarchitektur; Ausbau zu einem mitteleuropäischen Gebäude mit einem österreichischen und einem preußischen Flügel.

Die Mitglieder des Reformvereins waren vor allem Bayern, Württemberger und Badener, aber auch Hannoveraner und Hessen und sogar Rheinländer und Westfalen, die sich mit ihrer preußischen Herrschaft nicht abgefunden hatten und diese anderen Deutschen ersparen wollten. Dem föderalistischen Programm entsprachen nicht nur die landsmannschaftlichen, sondern auch die parteipolitischen Farben der Mitglieder, die alle Schattierungen von konservativ, liberal und demokratisch aufwiesen. In der in Augsburg erscheinenden *Allgemeinen Zeitung* des Stuttgarter Verlegers Johann Georg von Cotta besaß der Reformverein ein vielbeachtetes Organ.

Gewichtiges sprach für das Vereinsziel, eine mitteleuropäische Föderation statt eines geschlossenen und isolierten, mehr oder weniger zentralistischen Nationalstaates: der immer noch geachtete Geist der Friedensmacher von 1815, welche die Mitte des Kontinents als Bestandteil des gesamteuropäischen Friedenssystems föderal organisiert hatten. Ein deutscher Patriotismus, der die Anhänglichkeit an den Einzelstaat mit dem Verlangen nach einem nationalen Zusammengehen zu vereinigen wußte und sich ein Deutschland ohne Österreich nicht vorzustellen vermochte. Die Staatsräson der Mittel- und Kleinstaaten, die zugleich Eigenständigkeit im Innern wie ein Zusammenstehen nach außen erforderte.

Und die Reichsräson des habsburgischen Vielvölkerreiches gebot die föderale Gliederung und die übernationale Ordnung Mitteleuropas. Wien setzte sich an die Spitze der Bewegung. Aber nur ein Österreich, das im Innern den Anschluß an den konstitutionellen Zug der Zeit gefunden hatte, war als Lokomotive für eine nationalen Erwartungen entgegenkommende Bundesreform zu gebrauchen.

Das hatte Anton von Schmerling erkannt, ein Großdeutscher der Frankfurter Nationalversammlung, der als österreichischer Minister mit dem Februarpatent von 1861 auf Verfassungskurs ging und zu moralischen Eroberungen in Deutschland in einem Augenblick ansetzte, da Preußen den Boden, den es in der »Neuen Ära« gewonnen hatte, durch den Verfassungskonflikt zu verlieren begann.

Im Jahre 1863, als Preußen durch den Kampf zwischen Krone und Parlament gelähmt schien, legte Österreich seinen Bundesreformplan vor. Der Bundeszweck, bisher auf die Erhaltung der Unabhängigkeit und Sicherheit der Mitgliedsstaaten beschränkt, sollte in Richtung der konstitutionellen und nationalen Forderungen ausgedehnt werden: »Förderung der Wohlfahrt der deutschen Nation und Vertretung ihrer gemeinsamen Anliegen« sowie »Gemeinsamkeit der Gesetzgebung« in Bundesangelegenheiten und »Erleichterung der Einführung allgemeiner deutscher Gesetze und Einrichtungen« in den Einzelstaaten.

Als ausführende Bundesgewalt, mit Sitz in Frankfurt, war ein fünfköpfiges Direktorium vorgesehen, mit Österreich, Preußen und Bayern als ständigen Mitgliedern und unter dem geschäftsführenden Vorsitz Österreichs. Als weitere Verfassungsorgane waren geplant: ein ständiger Bundesrat aus bevollmächtigten Vertretern der

Bundesstaaten, eine alle drei Jahre zusammentretende Vollversammlung der souveränen Fürsten und Bürgermeister der Freien Städte sowie eine ebenfalls nur alle drei Jahre einberufene, indirekt von den Parlamenten der Mitgliedsstaaten gewählte und an der Bundesgesetzgebung mitwirkende Versammlung der Bundesabgeordneten.
Zum Ziel einer mitteleuropäischen Föderation begab sich Österreich auf einem Mittelweg zwischen der auf dem Wiener Kongreß gebildeten Konföderation, dem Staatenbund von 1815, und dem 1848/49 von der Frankfurter Nationalversammlung angestrebten, doch nicht erreichten Bundesstaat.
Der mitteleuropäische Weg führte nicht zum Ziel. Seine ganze Richtung paßte nicht in eine Zeit, die nicht mehr zurück zum Universalen wollte und noch nicht vorwärts zum Supranationalen strebte, die im Nationalstaat die Wohlfahrt der Völker und die Sinnerfüllung der Geschichte suchte. Nationalen Liberalen und Demokraten erschien er wie eine umgekehrte Echternacher Springprozession: einen Schritt vorwärts zum Jahrhundertziel »Nation und Verfassung« und zwei Schritte zurück zu Fürstengewalt und Kleinstaaterei.
Die Mittelstaaten, denen der österreichische Bundesreformplan am meisten gedient hätte, unterstützten ihn nur mit halbem Herzen. Sie sprachen zwar alle vom Föderalismus, verstanden darunter aber meist Partikularismus. Sie erkannten nicht, daß Gemeinnützigkeit auch dem Eigennutz zustatten kommen könnte. Bayern war mit seinem ständigen Sitz im Bundesdirektorium keineswegs zufriedengestellt, während Sachsen, Hannover, Württemberg, Baden und die beiden Hessen diese Bevorzugung als Benachteiligung empfanden. Nicht einmal in Wien standen alle hinter dem eigenen Reformvorschlag. Kaum war er auf dem Tisch, hätten jene ihn gerne wieder zurückgenommen, denen er mehr nach 1848 als nach 1815 roch. Für das Vielvölkerreich hielten sie ein Gericht für schwer verdaulich, das national gewürzt war, und selbst mit den wenigen konstitutionellen Zutaten für die Habsburgermonarchie nicht bekömmlich, die durch die Monarchensouveränität zusammengehalten werden mußte, die nicht durch Zugeständnisse an die Volkssouveränität aufgeweicht werden durfte. Und Österreicher, die an den seligen Schwarzenberg dachten, dünkte es unerträglich, daß das Kaiserreich seine Füh-

rungsrolle mit anderen zu teilen gedachte, und bedauerten es, daß kein neuer Schwarzenberg in Sicht war, der ein mitteleuropäisches Imperium und nicht eine mitteleuropäische Föderation im Visier gehabt hätte.

In Preußen waren die meisten gegen den österreichischen Bundesreformplan. Legitimistische Konservative bedauerten seine Annäherung, nationale Liberale und Demokraten seine Entfernung von der Frankfurter Paulskirche, und Friderizianer hielten das Ganze für einen von Wiener Rankünc geknüpften Gordischen Knoten, den man mit dem Schwert durchhauen müßte.

Dafür stand in Preußen ein Mann bereit: Otto von Bismarck, willens und fähig, das Problem gegen den Bundesgeist von 1815 wie gegen den nationaldemokratischen Geist von 1848 zu lösen – durch Propaganda, durch Diplomatie und, wenn es nicht anders ginge, durch »Eisen und Blut«.

Zunächst erwiderte er die österreichische Bundesagitation mit preußischer Nationalagitation. In seiner Baden-Badener Denkschrift von 1861 hatte er, um die österreichischen Reaktionäre zu treffen, eine von den Parlamenten der Bundesstaaten beschickte »nationale Vertretung« am Frankfurter Bundessitz empfohlen. Sie unterschied sich kaum von dem 1863 von österreichischen Reformern unterbreiteten Vorschlag einer Versammlung der Bundesabgeordneten, was die indirekte Wahl wie die geringe Kompetenz betraf.

Nun galt es noch einen daraufzusatteln. Am 22. Januar 1863 verwarf Preußen am Bundestag die von Österreich beantragte Berufung von Delegierten der Landtage zu einer Volksversammlung neben der aus Regierungsbevollmächtigten bestehenden Bundesversammlung. Die Begründung lautete: Nur eine Vertretung, die nach Maßgabe der Bevölkerung jedes Bundesstaates aus dieser durch direkte Wahl hervorgehe, könne als Volksvertretung bezeichnet werden.

Bismarck wollte damit drei Dinge auf einmal erreichen: Den an Vergangenem klebenden österreichischen Vorschlag durch ein zeitgemäßeres Projekt überbieten. Liberale Vorbehalte gegen Preußen durch eine Forderung nach einem demokratisch gewählten Nationalparlament abbauen. Und für das bevölkerungsstarke Preußen mehr Stimmengewicht in der Volksversammlung bekommen, als ihm nach der Bundesverfassung in der Bundesversammlung zustand. Die Botschaft wurde gehört, aber noch fehlte der Glaube, daß dieser Junker, der die preußischen Parlamentarier am liebsten zu Paaren getrieben hätte, als Vorreiter für ein deutsches Parlament tauglich wäre.

Als die Propaganda verpuffte, griff Bismarck zur Diplomatie. Er suchte die Österreicher zu überzeugen, daß für sie ein Konsens nützlicher wäre als ein Dissens, und zu überreden, dafür die preußischen Bedingungen in Kauf zu nehmen. Er lockte mit Gegenleistungen und drohte mit Gegenmaßnahmen.

Zunächst verwies er auf die grundsätzliche Übereinstimmung zwischen Österreich und Preußen. Das von beiden hochgehaltene monarchische Prinzip, bedeutete er dem österreichischen Gesandten Graf Károlyi, gebiete es, mit vereinten Kräften »gegen die Demokratie und die Revolution Front zu machen und anzukämpfen«. Zu Metternichs Zeiten sei die bei aller Gemeinsamkeit der Ideen vorhandene Gegensätzlichkeit der Interessen dadurch ausgeglichen worden, daß Österreich den europäischen Bundespart spielte und »so ziemlich Preußen freie Hand auf dem Gebiete der deutschen Politik ließ«.

Wenn die jetzt in Wien Regierenden »eine der Politik Metternichs einigermaßen entsprechende Richtung« einschlügen, »so werden Sie uns bereit finden, eine feste Allianz mit Ihnen abzuschließen.« Die Österreicher würden »nicht so bald einen preußischen Staatsmann finden, der so entschieden und so unbeirrt durch die öffentliche Meinung reine Kabinettspolitik zu machen geneigt wäre, weil niemand die öffentliche Meinung so sehr verachtet wie ich«.

Indessen habe Österreich einzusehen, daß Preußen die für »unsre politische Existenz notwendige Lebensluft erhalten« müsse, in Deutschland im allgemeinen und in Norddeutschland im besonderen. »Wenn Sie, anstatt den Schwerpunkt in Deutschland zu suchen, denselben nach Ungarn übertrügen«, so würde das Vielvölkerreich nicht nur ein Fundament seiner Existenz befestigen, sondern auch »in dieser Weise ein höchst wertvoller Alliierter für Preußen werden, und wir würden anderseits Ihre Vitalinteressen in Italien wie im Orient zu den unsrigen machen und Ihnen darin unbedingt beistehen«.

Das war die angebotene Gegenleistung und das die angedrohte Gegenmaßnahme: Falls Österreich nicht freiwillig Preußen das deutsche Feld überlasse, würden die Beziehungen zwischen Berlin und Wien »unfehlbar noch schlechter werden und über kurz oder lang zu einem förmlichen Bruch und schließlich zum Kriege führen«.

So war mit Österreich nicht zu reden, dem Kaiserreich, der europäischen Großmacht, der Präsidialmacht des Deutschen Bundes. Es ließ sich von niemandem und schon gar nicht von diesem Borussen vorschreiben, was es zu tun und zu lassen habe. Es fühlte sich stark genug, seine Interessen allein zu vertreten, sei es auf dem Balkan, wo es Zukunftsaufgaben sah, sei es in Deutschland, wo es die in der Vergangenheit übernommene Führungsaufgabe in der Gegenwart durch seinen Vorschlag einer Bundesreform bekräftigte.

Bismarck stand zwischen zwei Fronten: Hier, in Preußen, ein gegnerisches Parlament und eine feindselige öffentliche, zumindest veröffentlichte Meinung. Dort ein Österreich, das seine Avancen als Zumutungen zurückwies und durch seine deutschlandpolitische Offensive wenn schon nicht im Volke, so doch bei den Fürsten an Boden gewann.

Schon schien es, als sei sein eigener König nicht gegen die Sirenenklänge aus Wien gefeit, dem vornehmlich für monarchische Ohren bestimmten Aufruf Kaiser Franz Josephs, auf seine Bundesreform einzugehen: »Es ist der letzte Versuch, Deutschland zu einigen, um es der Aufgabe gewachsen zu machen, die es zum Gleichgewicht und Frieden Europas erfüllen solle – es ist das letzte Mittel, um die vielen Souveräne Deutschlands vor dem Untergang durch die wachsende Revolution zu retten.«

Im Juli 1863, als sich der Reformknoten schürzte, begab sich Wilhelm I. in das österreichische Gastein, um die Heilwasser zu gebrauchen. Bismarck befürchtete, er könnte dabei in das Fahrwasser der österreichischen Deutschlandpolitik geraten, und reiste, um dies zu vermeiden, mit dem König ins Bad.

Ihm selber hätte eine Kur auch gutgetan. Seitdem er in das Berliner Getriebe geraten war, empfand er »etwas von den Gefühlen eines nervenkranken Naturfreundes in einer Maschinenbau-Werkstatt«. Er nahm in Gastein Bäder, die ihn ermüdeten und »unlustig zum Arbeiten« machten. Dabei mußte er auf der Hut bleiben, denn der Kaiser von Österreich hatte seinen Besuch angesagt.

Franz Joseph machte auf Wilhelm einen guten Eindruck, einen zu guten, wie Bismarck gewahrte. Er nahm sich vor, mit allem gebotenen Respekt und aller angebrachten Vorsicht dazwischenzutreten, um zu verhüten, daß das Tête-à-tête der Monarchen in einer Umarmung endete, in der Preußen von Österreich erdrückt würde. Beim Gipfelgespräch zwischen dem Kaiser von Österreich und dem König von Preußen am 3. August 1863 durfte der Ministerpräsident nicht dabei sein. Franz Joseph schlug Wilhelm einen deutschen Fürstentag in Frankfurt vor, auf dem die Souveräne des Deutschen Bundes dessen Reform beraten und, wie deren Initiator hoffte, absegnen sollten.

Zu seiner Erleichterung stellte Bismarck hinterher fest, daß sich Wilhelm ganz wacker gehalten, wenn auch nicht so tapfer geschlagen hatte, als wenn er dabeigewesen wäre. Immerhin hatte der König das Bedenken angemeldet, daß eine kurzfristig einberufene und unzureichend vorbereitete Gipfelkonferenz die hohen Erwartungen, die auf sie gesetzt würden, nicht zu erfüllen vermöge. Der König lehnte nicht ab, sagte aber auch nicht zu, bat um Aufschub für seine Entscheidung, die er ohne seinen Ministerpräsidenten nicht treffen wollte.

Bismarck durfte dem König, der mit der Heiligen Allianz groß geworden war, nicht klipp und klar sagen, daß er nicht nur diesen Fürstentag, sondern jede Reform, welche die Lebensdauer des von ihm auf den Aussterbeetat gesetzten Bundes verlängert hätte, verhindern wollte. So bekräftigte er das bereits von Wilhelm vorgebrachte Argument, daß es sich die Fürsten nicht leisten könnten, unter großem Tamtam zusammenzutreten und dann unverrichteter Dinge auseinanderzugehen.

Eine persönliche Verstimmung des Königs kam dem Ministerpräsidenten zu Hilfe. Kaum war der Kaiser von Gastein abgereist, erhielt er durch einen Adjutanten die schriftliche Einladung zu dem bereits auf den 16. August 1863 festgesetzten Fürstentag in Frankfurt. Wilhelm fühlte sich von Franz Joseph überfahren und gab Bismarck nach, der auf eine Ablehnung der Einladung drängte. Sie erfolgte bereits am Tage darauf, am 4. August.

Für Bismarck war das Spiel noch nicht gewonnen. Fürsten beschworen seinen König, die vielleicht letzte Chance, Deutschland von oben zu einigen, nicht verstreichen zu lassen. Fürstinnen beknieten ihn, sein Monarchenherz sprechen zu lassen – auf der Rückreise von Gastein in München Königin Marie von Bayern, in Wildbad Köni-

ginwitwe Elisabeth von Preußen, schließlich in Baden-Baden seine Tochter, Großherzogin Luise von Baden, und am eindringlichsten und aufdringlichsten seine Gemahlin, Königin Augusta.
Derweilen versammelten sich in Frankfurt, dem Wahlort und der Krönungsstadt deutscher Herrscher, um den Kaiser von Österreich die Könige von Bayern, Sachsen, Hannover und Württemberg, der Kurfürst von Hessen, sechs Großherzöge, sechs Herzöge, sechs Fürsten, vier regierende Bürgermeister und ein Prinz der Niederlande als Vertreter für Luxemburg-Limburg.
Vielleicht würden sie Franz Joseph als deutschen Kaiser ausrufen, sorgte sich Wilhelm. Sein Ministerpräsident, der stets wie der Schatten der preußischen Staatsräson hinter ihm stand, wiegelte ab: Das sei nur eine glänzende Geburtstagsfeier mit weißgekleideten Fürsten für Franz Joseph, der am 18. August Dreiunddreißig werde.
Brenzlig wurde es, als König Johann von Sachsen, »der klügste aller Diplomaten«, in Baden-Baden erschien, um im Namen der Mitfürsten Wilhelm I. zu bitten, doch noch nach Frankfurt zu kommen, und ihm, wie Bismarck seiner Tochter Marie schrieb, »in aller Liebe die Österreichische Schlinge um den Hals zu werfen«. Dieser 20. August 1863 sei ein schwerer Tag gewesen, »am Abend hatte unser armer König einen Nervenanfall, ich war todmüde, konnte aber dem Könige von Sachsen einen Brief bringen, der 30 lange Nasen für Frankfurt enthielt«. Anschließend »legte ich mich um 1 Uhr zu Bett u. dankte Gott aus dem Grunde meiner Seele«.
Als er dem König den Absagebrief abgerungen und ihn mit seinen Weinkrämpfen allein gelassen hatte, brach er beim Schließen der Tür die Klinke ab. Ob er unwohl wäre, fragte der Adjutant. »Nein, jetzt ist mir wieder wohl«, antwortete Bismarck.
Die Tür nach Frankfurt war nicht mehr zu öffnen. Ohne Preußen war eine Bundesreform nicht möglich. Die Gegenforderungen, die Bismarck – weniger als eine an die Kabinette adressierte Verhandlungsgrundlage denn als eine an die Öffentlichkeit gerichtete Begründung der Ablehnung – am 15. September 1863 stellte, waren für die Reformer unannehmbar: für den Kaiser die völlige Parität Preußens mit Österreich, für die ganze Fürstenschar das demokratisch gewählte Nationalparlament und Preußens absolutes Vetorecht für alle, die eine einheitliche und wirksame Bundesgewalt im Interesse der Gesamtnation verlangten.

Als in Baden-Baden der Unterhändler aus Frankfurt abgezogen war, zerschlug Bismarck einen auf dem Tisch stehenden Teller mit Gläsern. »Ich mußte etwas zerstören«, erklärte er; »jetzt habe ich wieder Atem.« Er hatte die Hoffnungen auf eine mitteleuropäische Föderation zerstört und Luft für seine preußische Lösung der deutschen Frage bekommen.

Das Ende des Deutschen Bundes

MIT DER SCHLESWIG-HOLSTEINISCHEN FRAGE habe er den Zipfel zu seiner Lösung der deutschen Frage in die Hand bekommen, bilanzierte Bismarck. Wie er ihn gepackt, zunächst mit den Herzogtümern ein weiteres Stück Norddeutschland und schließlich das ganze Kleindeutschland in die Hand bekommen habe, sei »die diplomatische Kampagne« gewesen, »auf die ich am stolzesten bin«.
»Wenn ich Talent zur Selbstgefälligkeit hätte«, erklärte er mit dem Understatement des Erfolgreichen, »würde ich mir auf die Arbeit von 1863 und 1864 einiges einbilden. Das war wirklich nicht leicht. Während ich mich mit den Fortschrittsleuten über Armee- und Verfassungsfragen herumschlagen mußte, hatte ich die beträchtlich höhere Pflicht, den lieben Freunden und getreuen Nachbarn als ein reaktionärer Träumer und, nach außen, friedlicher Dutzendminister zu erscheinen, und zu überlegen, quando, quomodo, quibus auxiliis (wann, wie, womit) der erste Schritt auf dem Weg zu der deutschen Einigung unter preußischer Spitze getan werden könnte.«
Das Problem Schleswig-Holstein bewegte seit 1848 die Volksgemüter und Staatskanzleien. Es war so kompliziert, daß Lord Palmerston meinte, nur drei Männer hätten es verstanden: Prinzgemahl Albert, der nicht mehr unter den Lebenden weile; ein deutscher Professor, der verrückt geworden sei; und er selber, der alles wieder vergessen habe.
Bismarck, der bereits als Bundestagsgesandter mit den Problem befaßt gewesen war, hielt sich für den vierten Kenner. Er war höchst lebendig, hatte nichts vergessen, und schickte sich bei klarem Verstande an, den Knoten, wenn möglich, aufzuknüpfen, und falls nötig, wie er vermutete, zu durchhauen. Bereits in Frankfurt »hatte

ich das Gefühl, daß die schleswig-holsteinische Frage nicht gelöst werden konnte ohne Schwertstreich; und bei der Ordnung meiner Papiere fand ich eine darauf bezügliche plattdeutsche Niederschrift, die lautet: ›Das walt Gott und kolt Isen‹«.

Den zunächst Betroffenen, den Schleswig-Holsteinern, ging es darum, daß die beiden Herzogtümer, die sich am Ende des Mittelalters in Personalunion mit dem dänischen Königtum verbunden hatten, für immer selbständig und »up ewig ungedeelt« blieben, was ihnen seinerzeit zugesichert worden war. Die Ewigkeit dauerte bis zum Anbruch der nationalistischen Zeit. Nun wollten Dänen das von ihnen mitbewohnte Schleswig, das im Unterschied zu Holstein nicht zum Deutschen Bund gehörte, für ihren Nationalstaat, und Deutsche das gesamte Schleswig-Holstein für ihr Nationalreich haben.

Im Jahre 1848 ertönte in ganz Deutschland, in Berlin wie in Wien, das Lied »Schleswig-Holstein meerumschlungen, Deutscher Sitte hohe Wacht! Wahre treu, was schwer errungen, Bis ein schön'rer Morgen tagt!« Er schien im Jahre der deutschen Revolution anzubrechen. Unter den Farben Schwarz-Rot-Gold traten deutsche Truppen unter preußischer Führung an die Seite der sich gegen die Dänenherrschaft erhebenden Schleswig-Holsteiner. Doch das zur schwarz-weißen Staatsräson zurückfindende Preußen scherte aus der von deutscher Volksemotion getragenen Einheitsfront aus, ließ die Schleswig-Holsteiner im Stich.

Über die Herzogtümer wurde wieder die dänische Königskrone gestülpt, was der konservative Abgeordnete Bismarck für recht und billig hielt. Mit der Reaktion bekam die Großmachtpolitik das Wort: 1852 wurde der alte Zustand durch das Londoner Protokoll, einen Vertrag zwischen England, Frankreich, Rußland, Österreich, Preußen sowie Schweden und Dänemark, bestätigt. Die dänische Erbfolge und damit die Personalunion mit Schleswig-Holstein wurde international geregelt: Prinz Christian von Schleswig-Holstein-Sonderburg-Glücksburg wurde zum Erben des kinderlosen Königs Friedrich VII. bestimmt.

Der ebenfalls erbberechtigte Herzog Christian von Schleswig-Holstein-Sonderburg-Augustenburg ließ sich seinen Verzicht in Gold fassen. Die Verhandlungen wurden in Frankfurt vom preußischen Bundestagsgesandten Bismarck geführt, der dadurch Einblicke in die schleswig-holsteinische Frage gewann.

Einen »Wurm, der nicht lebt und nicht stirbt«, lernte er kennen. Ein Jahrzehnt später erwies er sich endgültig als Wurm im System von 1815. Das hätte Bismarck, der es in einem Teilbereich, in Mitteleuropa zu Fall bringen wollte, voll und ganz begrüßen können, wenn ihm nicht die Gefahren aufgezeigt worden wären, die für das Gelingen seines Vorhabens wie die Sicherung des Erreichten entstehen würden: aus der Großmachtpolitik für den europäischen Frieden und aus der Nationaldemokratie für den Monarchenstaat.

Die Schürzung des Knoten erfolgte im Jahre 1863. Dänische Nationalisten setzten die Gesamtstaatsverfassung durch, die der neue König Christian IX. bestätigte. Schleswig wurde zum Bestandteil des dänischen Einheitsstaates erklärt und Holstein in stärkere Abhängigkeit von Kopenhagen gebracht.

Deutsche Patrioten sangen ihren Protest mit dem Liede »Schleswig-Holstein, meerumschlungen« in die Welt hinaus: »Doch wenn inn're Stürme wüten, Drohend sich der Nord erhebt, Schütze Gott die holden Blüten, Die ein mild'rer Süd belebt!« Mit einem Säuseln mochten sich Nationalisten nicht begnügen. Sie wollten dem dänischen Nordsturm einen deutschen Südsturm entgegensetzen, die stammverwandten Schleswig-Holsteiner in das deutsche Haus hereinholen, um sie für immer vor dänischen Unbilden zu schützen.

Die »up ewig Ungedeelten« beriefen sich auf das Selbstbestimmungsrecht der Völker und strebten heim in ein deutsches Nationalreich, das es noch gar nicht gab, jedoch – wie es in Hoffmann von Fallerslebens Nationallied hieß – sich von der Maas bis an die Memel, von der Etsch im Süden bis an den Belt im Norden erstrecken sollte. Noch gab es den Deutschen Bund, den mitteleuropäischen Staatenverein, der diesen geographischen Rahmen, indessen nicht als Einheitsstaat, ausfüllte. In die deutsche Föderation strebte der Erbprinz Friedrich von Schleswig-Holstein-Sonderburg-Augustenburg, der den Verzicht seines Vaters Christian für hinfällig erklärte, sich als Herzog Friedrich VIII. ausrief und den Beitritt der ungeteilten Herzogtümer in den Deutschen Bund ankündigte.

Dessen mittlere und kleinere Mitglieder begrüßten in dieser Bewerbung eine Verstärkung ihrer Stellung gegenüber den beiden deutschen Großmächten. Der Kaiser von Österreich hätte eine Kräftigung des Deutschen Bundes durch einen neuen Mittelstaat ganz gerne gesehen, wenn damit nicht – durch ein Eingehen auf den

Nationalismus und eine Entfernung vom Legitimismus – an die Grundlagen des monarchischen Vielvölkerreiches gerührt worden wäre. Auch der König von Preußen, der dem Deutschen Bund immer weniger abzugewinnen vermochte, hatte Angst vor der Nationalrevolution und Respekt vor jedem Mitmonarchen, auch dem König von Dänemark, der überdies – als Herzog von Holstein – Mitglied des deutschen Fürstenvereines war.
Indessen hatte Christian IX. durch die Einverleibung Schleswigs und die Bedrängung Holsteins das Londoner Protokoll, einen internationalen Vertrag, gebrochen. Dies brachte mit Preußen und Österreich auch andere Unterzeichner auf den Plan.
England wie Rußland pochten auf die Unverletzlichkeit von Verträgen, auf denen das europäische Staatensystem beruhte, übten Kritik an Dänemark. Beide Großmächte verwiesen aber auch auf ihr Interesse an einem ungeschwächten Dänemark an der Schwelle zwischen Nordsee und Ostsee, womit sie sich gegen einen Anschluß Schleswig-Holsteins an Deutschland wandten.
Frankreich bezog eine Zwischenposition. Dem Bonaparte, der das Gesamtsystem von 1815 umzukrempeln gedachte, wäre ein Erfolg des Nationalitätsprinzips, auch zum Nutzen der Deutschen, gelegen gekommen. Als Kaiser der Franzosen hatte er freilich kein Interesse, Deutschland zu stark werden zu lassen. Diese Zwitterstellung machte die »Sphinx an der Seine« unergründlich und unberechenbar.
Das alles war Bismarck bewußt. Auch er wollte Schleswig-Holstein haben – doch nicht für den Deutschen Bund und die deutsche Nation, sondern für Preußen, um dessen Gebiet zu erweitern, Bevölkerung zu vermehren und Macht zu vergrößern. Dieses großpreußische Ziel suchte er nicht durch einen den Staatsrahmen sprengenden Volkskrieg, vielmehr durch einen die Staatssubstanz festigenden Kabinettskrieg zu erreichen, in dem die schwarz-weiße Fahne zwar im nationalen Winde flattern, aber nicht von ihm zerfetzt werden sollte.
»Die ›up ewig Ungedeelten‹ müssen einmal Preußen werden. Das ist das Ziel, nach dem ich steuere; ob ich es erreiche, steht in Gottes hand. Aber ich könnte nicht verantworten, preußisches Blut vergießen zu lassen, um einen neuen Mittelstaat zu schaffen, der am Bunde mit den andern immer gegen uns stimmen würde.«
Das sagte Bismarck in der Neujahrsnacht 1863/64 im Familienkreise.

Vom Weihnachtsbaum war bereits der Schmuck entfernt, und der Hausherr schnitt mit dem Hirschfänger nach und nach die Zweige ab und warf sie einen nach dem anderen in das Kaminfeuer. In ähnlicher Weise verfuhr er in der Politik. Nachdem der Friedensbaum von 1815 sein Engelshaar eingebüßt hatte, ging Bismarck daran, Abgestandenes und Unnützes dem Kriegsfeuer zu überantworten, an dessen Wärme sein Preußen sich recken und strecken sollte.

»Alles war dabei gegen mich«, erklärte er rückblickend, »Österreich, die kleinen deutschen Staaten, die Liberalen, die Engländer – nun, man weiß ja, wer noch.« Damit spielte er auf seinen König an, dessen Rechtsbewußtsein und Friedensbereitschaft es zu überwinden galt. Auf einer Kronratssitzung im November 1863 erinnerte er Wilhelm I. daran, daß jeder Hohenzoller für Preußen einen Zuwachs gewonnen habe – selbst der unkriegerische Friedrich Wilhelm IV. immerhin die Fürstentümer Hohenzollern und das Jadegebiet. Der Ministerpräsident ermunterte seinen Monarchen, »ein Gleiches zu tun«, sich Schleswig-Holsteins zu bemächtigen.

Diese Äußerung vermißte er im Protokoll. Der zur Rede gestellte Protokollant erwiderte, der König habe gemeint, es würde ihm lieber sein, wenn man sie nicht festhielte. »Seine Majestät schien geglaubt zu haben«, resümierte Bismarck, »daß ich unter bacchischen Eindrücken eines Frühstücks gesprochen hätte und froh sein würde, nichts weiter davon zu hören.«

Kronprinz Friedrich Wilhelm, ein Sympathisant der nationalen Liberalen und Freund des Herzogs von Augustenburg, reagierte in der Kronratssitzung so, wie es Bismarck nicht anders erwartet hatte: Er erhob die Hände zum Himmel, als wenn er den Zorn des Allerhöchsten auf den Frevler herabflehen wollte. Seinen Vater beschwor er, sich nicht durch Bismarcks »undeutsche« Politik verführen zu lassen. Der Kronprinz brach ein Gespräch mit dem Ministerpräsidenten ab, der ihm erklärte, daß er bereit wäre, den Bund zu sprengen und Krieg gegen Mittelstaaten zu führen.

Der Monarch beharrte zunächst auf seinem Standpunkt: keine Aggression und keine Annexion! Bestärkt wurde er darin nicht nur von seiner nächsten Umgebung, sondern auch von Überlebenden der altliberalen »Wochenblattpartei«. Dazu gehörte Graf Robert von der Goltz, Botschafter in Paris, der in Immediatberichten an

König Wilhelm I. der Politik des Außenministers Bismarck widersprach.
»Was die dänische Sache betrifft«, schrieb Bismarck an Goltz am Weihnachtsabend 1863, »so ist es nicht möglich, daß der König zwei auswärtige Minister hat.« Es könne nur »eine Politik auf einmal gemacht werden«, und die müsse die des Verantwortlichen in Berlin sein. Er machte sich die Mühe, Hauptargumente des Schattenaußenministers seiner Gegner in der Hohenzollernfamilie und am Königshofe zu zerpflücken und Kernpunkte seiner eigenen Politik hervorzuheben.
Preußen solle sich mit der Nationalbewegung für ein selbständiges Schleswig-Holstein unter dem Augustenburger im Deutschen Bund einsetzen und dadurch »moralische Eroberungen« in Deutschland machen? »Sie glauben, daß in der ›deutschen öffentlichen Meinung‹, Kammern, Zeitungen etc. irgend etwas steckt, was uns in einer Unions- oder Hegemonie-Politik stützen oder helfen könnte. Ich halte das für einen radikalen Irrtum, für ein Phantasiegebilde. Unsre Stärkung kann nicht aus Kammern- und Preßpolitik, sondern nur aus waffenmäßiger Großmachtpolitik hervorgehn.«
An diese allgemeine Richtlinie und die von seinem Vorgesetzten in der Zentrale ergehenden Ausführungsbestimmungen habe sich der Vertreter im Ausland zu halten. »Die Friktion, welche jeder in meiner Stellung mit den Ministern und Räten, am Hofe, mit den okkulten Einflüssen, Kammern, Presse, den fremden Höfen zu überwinden hat, kann nicht dadurch vermehrt werden, daß die Disziplin meines Ressorts einer Konkurrenz zwischen dem Minister und dem Gesandten Platz macht.«
Graf von der Goltz blieb die Antwort nicht schuldig: Der Ministerpräsident und Außenminister sei kein Befehlshaber und der Botschafter kein Befehlsempfänger. Der Vertreter des Königs im Ausland sei verpflichtet, diesem zu berichten, was er sehe, höre und denke, dürfe nicht »durch eine Art Terror gehindert werden«, seine Anschauungen darzulegen. Der Monarch müsse in voller Kenntnis der Dinge sein, damit er nicht, unter der Diktatur seines Ministers, die Ansicht aufgebe, zu der er neige.
»Sind Sie denn nicht auch ein Deutscher?« seufzte Wilhelm I., bevor er – wie schon bisher und auch weiterhin – Bismarck nachgab. Der Minister hatte zu einer Waffe gegriffen, die er zum erstenmal

anwandte: Er erbat seine Entlassung. Die Aussicht, den Diener zu verlieren, an den er sich gewöhnt und der ihm bisher genützt hatte, schreckte den König mehr als der Ausblick auf Rechtsbruch und Gewalttat.

Mit Rückfällen Wilhelms hatte Bismarck zu rechnen. Anfang Januar 1864, als er wiederum von Aggression und Annexion zu sprechen begann, verbot ihm der König, derartige Reden außerhalb des Sitzungssaales zu führen.

Bismarck hielt sich wieder einmal für Jakob, der mit dem Engel rang. »Der Lange«, wie ihn Freund Blanckenburg nannte, »blieb fest wie ein Koloß.« Wie es in seinem Innern aussah, offenbarte das kolossale Nervenbündel dem Freunde Roon: »Ich habe das Vorgefühl, daß die Partie der Krone gegen die Revolution verloren ist«, daß sich der König der Nationalbewegung fügen wolle, »um Augustenburg einzusetzen und einen neuen Mittelstaat zu schaffen«. Damit würde der von Österreich geführte Deutsche Bund gestärkt und das an die Spitze Deutschlands strebende Preußen geschwächt. »Was soll man da noch reden und schimpfen? Ohne Gottes Wunder ist das Spiel verloren.«

INDESSEN hatte er dafür gesorgt, daß Gott mit dem Stärkeren sein konnte. Der König verfing sich bereits, wie der Kronprinz klagte, in dem Netz, das vom Ministerpräsidenten mit Hilfe des Kriegsministers gesponnen worden war. Und Bismarck war es gelungen, die europäischen Großmächte, die Mitunterzeichner des Londoner Protokolls, in eine neutrale Position zwischen dem gegenwärtigen Vertragsbrecher Dänemark und dem künftigen Vertragsbrecher Preußen zu manövrieren. So durfte er damit rechnen, daß sie ihn weder an einem Krieg gegen Kopenhagen noch an dem Inkasso der schleswig-holsteinischen Kriegsbeute hindern würden.

England, das sich für den Urheber und Hauptgaranten des in seiner Hauptstadt unterzeichneten Protokolls hielt, bereitete ihm die größten Schwierigkeiten. Lord Palmerston ließ keinen Zweifel daran, daß er eine Schwächung Dänemarks, dieser kontinentalen Bastion Großbritanniens am Nordseerand, nicht dulden würde.

Er stehe auf dem Boden des Londoner Vertrages, behauptete Bismarck und baute darauf, daß ihn, wenn er ihn brechen müsse, Königin Victoria aus Sympathie für Deutschland und der aufsteigen-

de Erzliberale Gladstone aus Achtung vor dem Nationalitätsprinzip verstehen und ihm verzeihen würden.
Der Rückendeckung durch Rußland glaubte sich Bismarck durch einen Rückgriff auf das preußische Hausrezept versichert zu haben: mit den Russen gegen die Polen. Als sich diese 1863 erneut gegen die Zarenherrschaft erhoben, entsandte er den Generaladjutanten des Königs, Gustav von Alvensleben, nach Sankt Petersburg. Die von diesem geschlossene und nach ihm benannte Konvention sah ein Zusammenwirken von preußischen und russischen Truppen bei der Niederwerfung des Aufstandes vor. Alexander II. wurde allein mit den Polen fertig. Aber er vergaß es Preußen nicht, daß es als einzige unter den Großmächten für ihn Partei ergriffen hatte.
Der preußisch-russische Zweiklang gefiel Wilhelm I. Von Abgeordneten wurde er als Mißton empfunden, der mit den Dissonanzen in der Verfassungsfrage und der Heeresreorganisation in ihren Ohren als reaktionäre Kakophonie ertönte. Bismarck versuchte den Liberalen vergeblich klarzumachen, daß nicht nur die preußische Staatsräson, sondern auch das von ihnen über alles gestellte Nationalinteresse die Teilung und Niederhaltung Polens erforderten.
Die Gendarmendienste für Rußland trieben preußischen wie deutschen Patrioten die Schamröte ins Gesicht, hörte man im Abgeordnetenhaus. Blaß vor Angst müßten sie werden, meinte Bismarck, wenn sie an ein vereinigtes und unabhängiges Polen dächten: Dessen Ansprüche würden sich außer Posen und Danzig »demnächst auf Schlesien und Ostpreußen richten, und die Landkarten, in welchen die Träume der polnischen Insurrektion ihren Ausdruck finden, bezeichnen Pommern bis an die Oder als polnische Provinz«.
Nach innen wie nach außen verteidigte Bismarck seine Ostpolitik. »Die Dämpfung des polnischen Aufstandes ist für uns eine Lebensfrage, jeder Versuch einer Herstellung Polens ein Attentat auf Preußens staatliche Existenz«, telegraphierte er an den Botschafter in London, das von Polenbegeisterung erfaßt war, und an den Botschafter in Paris, das nicht minder davon ergriffen war. In erster Linie an die französische Adresse war der Absatz gerichtet: »Wir könnten eher Belgien in französischen Händen als ein freies Polen vertragen.«
»Die Verträge von 1815 haben aufgehört zu bestehen. Die Macht der Ereignisse hat sie umgestürzt oder arbeitet daran, sie umzustür-

zen«, erklärte Napoleon III. im Jahre 1863. Der Kaiser der Franzosen verwies auf Italien, wo das Nationalitätsprinzip mit französischer Hilfe gesiegt hatte, auf Polen, in dem es sich mit westlicher Unterstützung durchsetzen sollte, und auf Deutschland, in dem er auf Preußen als Einigungsmacht setzte und sich als Gegenleistung für Frankreich linksrheinische deutsche Gebiete oder Belgien erhoffte.

Doch sein Vorschlag, das polnische Problem auf einem europäischen Kongreß zu bereinigen, wurde von London und Wien und erst recht von Petersburg und Berlin abgelehnt. Der Kaiser der Franzosen war über den russischen Imperialisten wie dessen preußischen Gendarmen verärgert. Doch dies war nur eine vorübergehende Verstimmung: Rußland erschien Napoleon III. als gegebener Alliierter gegen Österreich, und Preußen als erwünschter Genosse bei der Durchsetzung des Nationalitätsprinzips in Deutschland und der Erfüllung der Kompensationswünsche Frankreichs.

»Mit Napoleon, da ging es, der dachte, uns damit zu verpflichten«, bemerkte Bismarck im Rückblick auf seine Versuche, die außerdeutschen Großmächte bei einer preußischen Lösung der schleswig-holsteinischen Frage zu neutralisieren. Es war ein mühsames Unterfangen, das seine ganze diplomatische Kunst erforderte.

Die Erfahrungen, die er als Gesandter in Frankfurt, Petersburg und Paris erworben hatte, kamen ihm dabei zugute, und eine Fertigkeit, die sich der Waidmann angeeignet hatte: »Ich treibe jetzt auswärtige Politik, wie ich früher auf die Schnepfenjagd ging, und setze nicht eher den Fuß vorwärts, als bis ich den Bülten, auf den ich treten will, als sicher und tragfähig erprobt habe.«

So ging er auch bei den schwierigen Schritten auf dem Wege zu seinem großpreußischen Ziele vor: der Gewinnung Österreichs als Waffenbruder gegen Dänemark und, nach gemeinsam errungenem Sieg, der Übervorteilung des Intimfeindes, der zu spät erkennen sollte, daß er pour le Roi de Prusse gearbeitet hatte.

Beim ersten Schritt baute er auf die Reichsräson der Habsburgermonarchie, deren Grundprinzipien die Respektierung der Verträge, das Festhalten am Status quo und die Fernhaltung der nationalen Bewegung waren. So empfahl er ein gemeinsames Vorgehen zur Sicherung des Londoner Protokolls, der Rechte des Königs von Dänemark, der Personalunion mit Schleswig-Holstein.

Beim zweiten Schritt setzte er auf die österreichische Staatsräson. Sie gebot die Festigung des Deutschen Bundes unter österreichischem Präsidium und – wie es im Wiener Bundesreformplan beabsichtigt war – mit Unterstützung der großdeutschen Kräfte. Also ließ Bismarck durchblicken, daß er sich einen Beitritt des von Dänemark abgetrennten Schleswig-Holstein unter einem selbständigen Fürsten vorstellen könnte.
Beim dritten Schritt verließ er sich auf den Machtegoismus, dem sich Österreich wie jede Großmacht insgeheim hingab, auch wenn dies öffentlich abgestritten wurde. Man könnte, lockte Bismarck, die Nationalbewegung vor den Karren des gemeinsamen Machtinteresses spannen und sie wieder ausspannen, wenn man Schleswig-Holstein gemeinsam gewonnen hätte und gemeinsam behalten wollte.
Beim vierten Schritt testete er die Fähigkeit der Wiener Staatsmänner zu einer vernünftigen Realpolitik. Wäre es nicht, fragte er an, für beide Seiten nützlicher, wenn sie, anstatt sich in einen Kampf mit ungewissem Ausgang um die Hegemonie in Deutschland einzulassen, sich die Herrschaft teilten? Wien könnte in Süddeutschland, Berlin müßte in Norddeutschland dominieren – auch über Schleswig-Holstein, das vor der preußischen und nicht vor der österreichischen Haustüre lag.
Der österreichische Außenminister Rechberg kam seinem preußischen Kollegen entgegen. Er entfernte sich von der österreichischen Hegemonialpolitik im Deutschen Bund, näherte sich einer dualistischen Hegemonialpolitik der beiden Großmächte in Deutschland. Der Kabinettspolitiker zweiten Ranges war freilich dem Kabinettspolitiker ersten Ranges nicht gewachsen. Und der Aristokrat war nicht gerissen genug, das raffinierte Spiel des Gegenparts, den er für einen Kompagnon zu halten geneigt war, zu durchschauen.
So brachte Bismarck die Österreicher Zug um Zug dorthin, wo er sie haben wollte: zu einem gemeinsamen Vorgehen der beiden Großmächte gegen Dänemark, unter Umgehung des Deutschen Bundes und Ausschluß der deutschen Nationalbewegung.
Aus dem zweiseitigen Bündnis versprach er sich einseitige Vorteile für Preußen: Anerkennung der Gleichrangigkeit des Hohenzollernstaates mit der Habsburgermonarchie in Mitteleuropa als Voraussetzung für die Vorrangigkeit Preußens in Deutschland. Untermi-

nierung des Deutschen Bundes durch die bilaterale Aktion Berlins und Wiens als Vorbereitung seiner Sprengung. Diskreditierung der Präsidialmacht bei deren natürlichen Bundesgenossen, den Mittel- und Kleinstaaten, als Vorstufe der Verdrängung Österreichs aus dem deutschen Staatenverband.

Noch verurteilten Deutsch-Nationale beide Großmächte, die über ihre Köpfe und Herzen hinweg die schleswig-holsteinische Frage zu lösen begannen. Doch Bismarck erwartete, daß die Kritik in Zustimmung umschlagen würde, wenn sie das stammverwandte Land für Deutschland gewännen. Und Bismarck hoffte, daß Preußen mit Eichenlaub bekränzt würde, wenn es die durch Einverleibung Schleswig-Holsteins gewonnene Staatskraft für die Nationaleinigung einsetzte.

Um die Beute zu erlangen, tastete sich Bismarck auf dem Morast der Politik wie der Schnepfenfänger im Moor Schritt für Schritt voran. Er hielt inne, wenn vor ihm eine unwegsame Strecke lag, spähte nach einem Ausweg, suchte nach einem Umweg und ging weiter, wenn er wieder festen Boden unter den Füßen spürte.

Der erste Zug, am 4. Dezember 1863, war die Forderung Preußens und Österreichs an den Deutschen Bund, mit einer in dessen Verfassung vorgesehenen Bundesexekution das zum Bunde gehörende Holstein vor dänischem Übergriff zu sichern. Mit der Ausführung beauftragte der Frankfurter Bundestag hannoversche und sächsische Truppen. Noch standen Berlin und Wien auf dem Boden des Deutschen Bundes.

Der zweite Zug war, am 14. Januar 1864, die Erklärung Preußens und Österreichs, daß sie sich als Mitunterzeichner des Londoner Protokolls verpflichtet fühlten, dessen Aufrechterhaltung in die eigenen Großmachthände zu nehmen und eine pfandweise Besetzung Schleswigs ins Auge zu fassen. Damit verließen Berlin und Wien den Boden des Deutschen Bundes.

Im dritten Zug gingen sie daran, ein gesamtdeutsches Problem eigenmächtig zu lösen. Am 16. Januar 1864 erging die Aufforderung Berlins und Wiens an Kopenhagen, binnen 48 Stunden die Einverleibung Schleswigs in den dänischen Einheitsstaat rückgängig zu machen und damit die Rechtsverhältnisse des Londoner Protokolls von 1852 wiederherzustellen.

Dies bedeutete Krieg, denn es war zu erwarten, daß Dänemark das

Ultimatum zurückweisen würde. Bismarck hatte ihn anvisiert, England, Frankreich und Rußland ausmanövriert und Österreich in ein Kriegsbündnis mit Preußen hineinmanövriert, in dem ihm weder die politische noch die militärische Führung zukam und das Kriegsziel offenblieb. Bismarck war nicht auf das österreichische Verlangen eingegangen, nach einem gemeinsamen Sieg vereint für eine Bestätigung des Londoner Protokolls einzutreten, die Personalunion des ungeteilten Schleswig-Holsteins mit der dänischen Krone zu bekräftigen.

Die Regierung in Wien fügte sich, das Abgeordnetenhaus in Berlin muckte auf. Es verweigerte die Kriegsanleihe mit 275 gegen 51 Stimmen. Mitten im Verfassungskonflikt stehend, war das Parlament nicht bereit, einen Krieg zu befürworten, den Bismarck mit einem ohne seine Zustimmung verstärkten Heer für ein großpreußisches und nicht für ein gesamtdeutsches Ziel zu führen gedachte.

Die liberale Partei »hält keine Truppen«, meinte Bismarck und setzte seine Divisionen in Marsch. Nachdem er durch seine meisterhafte Diplomatie die außerdeutschen Großmächte neutralisiert, Österreich düpiert und Dänemark isoliert hatte, griff er zum Schwert, das mit seiner Mithilfe geschmiedet worden war.

Feldmarschall Wrangel, der 1848 Soldaten gegen Demokraten geführt hatte, kommandierte 1864 die 37.000 Preußen und 23.000 Österreicher, die am 20. Januar in Holstein und am 1. Februar in Schleswig einrückten. Die Preußen sangen nicht »Schleswig-Holstein, meerumschlungen«, sondern das Preußenlied. Mit Wrangel freute sich Bismarck, daß sie schwarz-weiße Farbe bekannten. In Holstein trafen sie die Hannoveraner und Sachsen an, die im Auftrag des Deutschen Bundes das Land besetzt hielten und sich nun zurückzogen, verscheucht durch die Drohung Bismarcks: Preußische Soldaten würden sich nicht genieren, auf deutsche Soldaten zu schießen.

Erst in Schleswig stießen die Preußen und Österreicher auf die Dänen. Sie wurden zurückgeworfen, nach Jütland, in das eigentliche Dänemark hinein verfolgt. Auf den Düppeler Schanzen, nordöstlich von Flensburg, leisteten dänische Einheiten Widerstand. Er wurde am 18. April 1864 durch einen Sturmangriff der Preußen gebrochen. Die Bilanz: 1188 Tote und Verwundete, 118 erbeutete Geschütze.

Diesen Teilerfolg feierten die Preußen als entscheidenden Sieg, hoben ihn gegenüber den bisherigen Gefechtserfolgen der Österreicher hervor, steckten sich, bevor sie ganz Schleswig-Holstein einsteckten, die Lorbeeren des Feldzuges an den Helm. Bei der Parade der Düppelstürmer am 22. April 1864 im Sundewitt stand Bismarck an der Seite Wilhelms I., der diplomatische Feldherr neben dem militärischen Oberbefehlshaber des ersten deutschen Einigungskrieges.

»Sie werden sehen, in ganz kurzer Zeit bin ich der populärste Mann in ganz Preußen«, soll in diesen Tagen des Triumphes – wie Zeitungen berichteten – der im Verfassungskonflikt gebeutelte und nun seine Rehabilitierung erwartende Ministerpräsident geäußert haben. Die *Kreuzzeitung* brachte sein Dementi: Er habe dies nicht gesagt, im Gegenteil ausgesprochen, daß jeder Anflug von Popularität ihn unsicher mache und ihn zu einer Selbstprüfung veranlasse, ob er nicht im Begriffe stehe, eine politische Torheit zu begehen.

Er ließ sich von dem vom Militärkapellmeister Piefke komponierten Düppeler Sturmmarsch nicht mitreißen. Er hantierte nicht mit dem auf den Markt kommenden Düppeler Schanzenpapier, das – mit konzentrierter Schwefelsäure und Salpetersäure behandelt – mit großer Flamme verpuffte und so manchem den Sieg feiernden Patrioten die Finger verbrannte. Er mußte nüchtern und besonnen bleiben, um erst eine drohende Einmischung Englands abzuwenden und dann Österreich dessen Anteil an der Kriegsbeute abzunehmen. Die Einberufung einer europäischen Konferenz nach London konnte er nicht verhindern, aber damit rechnen, daß sich Lord Palmerston, der an der Personalunion der Herzogtümer mit Dänemark festhielt, und Napoleon III., der eine Teilung Schleswigs nach Nationalitäten vorschlug, nicht einigen würden.

Bismarck hatte sich nicht verrechnet. Als die am 25. April eröffnete Londoner Konferenz am 22. Juni ergebnislos abgebrochen wurde, bekamen die Waffen, die während der Verhandlungen geschwiegen hatten, wieder das Wort. Das kleine Dänemark, das den angreifenden Großmächten nicht gewachsen war und von den anderen Großmächten im Stich gelassen wurde, bat am 12. Juli 1864 um Frieden.

DIE NACHRICHT erreichte Bismarck in Karlsbad, wo er mit dem König Sprudel trank und sich bemühte, von dem zwischen Lipp und Kelchesrand schwebenden Siegestrank nichts zu verschütten. »Gott wolle uns ferner in Gnaden leiten«, schrieb er am 20. Juli seiner Frau. »Das lernt sich in diesem Gewerbe recht, daß man so klug sein kann wie die Klugen dieser Welt und doch jederzeit in die nächste Minute geht wie ein Kind ins Dunkle. So morgen früh nach Wien...«

In der Kaiserstadt wurde er »wie ein neues Nilpferd für den zoologischen Garten« bestaunt, im Volksgarten spielte ihm zu Ehren die Kapelle eines ungarischen Regimentes das Preußenlied, und Franz Joseph I. umarmte Bismarck ganz fest, um ihn an unerwünschten Bewegungen zu hindern. Sein eigener König, der inzwischen in Gastein kurte, funkte ihm per Telegraph dazwischen, was ihm mehr zu schaffen machte als das Hin und Her mit den »zähen Dänen« und den geschmeidigen Österreichern.

Am 1. August 1864 kamen die Friedenspräliminarien zustande. Bismarck fuhr zur Berichterstattung nach Gastein und begab sich – am 20. August – mit dem König zur Fortsetzung der Verhandlungen nach Wien.

Franz Joseph I., der dem Frieden nicht traute, fragte die Preußen rundheraus, ob sie Schleswig-Holstein zu einer preußischen Provinz zu machen gedächten. »Der König schwieg«, erzählte Bismarck, »und ich brach dieses Schweigen, indem ich dem Kaiser antwortete: ›Es ist mir sehr erwünscht, daß Eure Majestät mir die Frage in Gegenwart meines allergnädigsten Herrn vorlegen; ich hoffe bei dieser Gelegenheit seine Ansicht zu erfahren.‹« Er habe ja gar kein Recht auf die Herzogtümer und könne sie deshalb nicht beanspruchen, fühlte sich Wilhelm I. bemüßigt zu erklären.

Die schwierigste Hürde war noch nicht zu nehmen. Bismarck blieb vorerst nichts anderes übrig, als die für ihn entscheidende Frage der Annexion offenzulassen. »Ich trat demnächst noch für das Festhalten der Einigkeit beider deutscher Großmächte ein«, ohne das Ziel aus den Augen zu verlieren: Schleswig-Holstein an Preußen anzuschließen und damit einen Konflikt mit Österreich auszulösen, der zu der von ihm gewünschten Lösung des deutschen Dualismus führen könnte.

Als Zwischenstation zu diesem Ziel akzeptierte er den am 30. Oktober 1864 unterzeichneten Frieden von Wien. Die Kontrahenten zerrissen das Londoner Protokoll. Dänemark trat die Herzogtümer an Österreich und Preußen ab, die eine gemeinsame Regierung für Schleswig-Holstein einsetzten. Es war ein Frieden, der die Tür zu einem Konflikt zwischen den Siegern offenhielt.

Bismarck erwartete, daß bei den unvermeidlichen Reibereien im Kondominium die Österreicher, die nicht so recht wußten, was sie eigentlich wollten, den kürzeren ziehen würden. Und er rechnete damit, daß die im Dualismus angelegten Gegensätze der Großmächte die in der Waffenbrüderschaft beschworenen Gemeinsamkeiten schon bald wieder überschatten würden.

Um dies zu beschleunigen, wies er noch im Jahre 1864 den in gutem Glauben an das Wohlwollen des preußischen Partners unternommenen Versuch Österreichs zurück, sich endlich dem deutschen Zollverein anzuschließen. Der preußenfreundliche Rechberg mußte daraufhin gehen, und das war Bismarck nur recht, der für sein Vorhaben einen Gegenpart in Wien brauchte, der Konflikte auszutragen und nicht zu vermeiden geneigt war.

Die Zweisamkeit zerbröckelte. Österreich, das schweren Herzens den Londoner Vertrag geopfert hatte, wollte wenigstens Schleswig-Holstein dem Augustenburger überlassen, wie es die Bundesräson gebot und die Nationalbewegung erwartete. Die Bedingungen, die Bismarck am 22. Februar 1865 stellte, waren absichtlich so hochgeschraubt, daß sie für alle anderen unannehmbar waren: Der neue Fürst sollte ein Vasall, der neue Bundesstaat ein Satellit Preußens werden.

Dies sei die Minimalforderung, erklärte Bismarck am 29. Mai 1865 im Kronrat, und dies die Maximalforderung: die Angliederung Schleswig-Holsteins an Preußen, die wahrscheinlich Krieg mit Österreich bedeutete, den man doch früher oder später wagen müsse, gegenwärtig jedoch mit besseren Chancen führen könne. Kriegsziel würde nicht nur die Einverleibung der Herzogtümer in die Hohenzollernmonarchie, sondern auch und vor allem »die Herbeiführung eines staatsrechtlichen Verhältnisses der deutschen Mittel- und Kleinstaaten zu Preußen sein«.

Dies wäre mehr als ein Staatenkrieg gegen Österreich – ein Bruderkrieg gegen den Deutschen Bund, ein Bürgerkrieg in Deutschland, warf der Kronprinz ein. Bismarck widersprach. Ein paar Jahre später gestand er Friedrich Wilhelm unter vier Augen: »Ich habe bei der Übernahme meines Amtes den festen Vorsatz gehabt, Preußen zum Krieg mit Österreich zu bringen« und dadurch Deutschland unter Preußen zu einigen. Noch vor seinem Amtsantritt hatte er im Frühjahr 1862 dem damaligen preußischen Außenminister Bernstorff bedeutet: Wenn man ihn in die Regierung hole, mache er sich anheischig, binnen vier Wochen einen deutschen Bruderkrieg bester Qualität fertig zu liefern.

Nun war er schon fast drei Jahre Ministerpräsident und Außenminister und hatte einen solchen Krieg immer noch nicht zustandegebracht. Wilhelm I. hätte gerne A zu einer Machterweiterung Preußens gesagt, wenn er dann nicht auch B zu einem Konflikt mit Franz Joseph I. hätte sagen müssen. Noch schwankte er, neigte aber immer mehr zu Bismarck, der ihn nach und nach zu sich herüberzog. Der Ministerpräsident lockte mit einem Argument, dem sich der Monarch nicht zu entziehen vermochte: Die Apostolische Majestät in Wien unterstütze den Augustenburger, diesen Herzog von Volkes Gnaden, und die deutschen Fürsten bliesen nach den Noten ihrer Parlamente in das nationaldemokratische Horn. Der König von Gottes Gnaden genehmigte am 21. Juli 1865 ein Ultimatum an Wien: Wenn es den beiden Monarchien nicht gemeinsam gelänge, den Augustenburger und mit ihm die revolutionären Kräfte zur Räson zu bringen, müßte Preußen allein für Ordnung sorgen.

Franz Joseph lenkte ein. Am 14. August 1865 wurde der Vertrag von Gastein geschlossen. Unter dem Vorbehalt der gemeinsamen Souveränität über die Herzogtümer wurde deren Verwaltung provisorisch geteilt: Österreich übernahm sie in Holstein, Preußen in Schleswig. Für das ungeteilte Schleswig-Holstein waren beide in den Krieg gezogen; nun erschien ihnen die Teilung als der Friedensweisheit letzter Schluß. »Gott sei Dank, das war wenigstens ein unblutiger Sieg«, atmete Wilhelm auf und erhob Bismarck, der den Atem anhalten mußte, in den Grafenstand.

Für den Grafen von Bismarck, der Preußen »eine glückliche und glorreiche Zukunft« verheiße – wie ihm sein »wohlgeneigter König Wilhelm« schrieb –, war der Vertrag von Gastein nicht das letzte Wort. »Ein Abkommen über eine veränderte Organisation des Kondominats ist lediglich als eine weitere Etappe auf unserm Wege zur definitiven Lösung der Herzogtümer-Frage mit den sich an sie knüpfenden Konsequenzen anzusehen«, bedeutete er dem Botschafter in Paris. Um an das großpreußische Ziel zu gelangen, müsse Österreich aus dem deutschen Weg geräumt werden. Hilfreich wäre eine Koalition mit Napoleon III., zumindest die Neutralität des Kaisers der Franzosen. Wenn ein Krieg gegen Österreich in Allianz mit Frankreich aus dem Wörterbuch der Politik gestrichen werde, hatte Bismarck am 29. Mai 1865 im Kronrat erklärt, sei keine preußische Politik mehr möglich.

Zur außenpolitischen Absicherung seines Vorgehens gegen den deutschen Rivalen kam Bismarck am 3. Oktober 1865 nach Biarritz. Im lockeren Milieu des Seebades war Napoleon III. zugänglicher und leichtfertiger als in den Pariser Tuilerien. »Gestern längere Unterredung mit dem Kaiser«, konnte Bismarck bereits am 5. Oktober seinem König berichten. »Zusicherungen unveränderter Freundschaft und Sympathie.« Der Franzose sei bereit, »aus Ereignissen, die sich ungesucht darböten, mit uns gemeinschaftlich Vorteil zu ziehen.«

Das habsburgische Vielvölkerreich, welches das Nationalitätsprinzip mißachtete und Italien immer noch Venetien vorenthielt, war der ideologische wie machtpolitische Gegner des dritten Napoleon. In Preußen hingegen, das sich anschickte, Deutschland zu einigen und Österreich zu schwächen, sah er einen natürlichen Bundesgenossen. Bismarck bestärkte ihn in dieser Annahme.

Außenminister Drouyn de l'Huys war umsichtiger als sein Kaiser: Preußen ziehe »aus der wohlwollenden Haltung Frankreichs baren Gewinn«, während die eigenen Vorteile »von einer ungewissen Zukunft abhingen«. Doch nicht der Ressortchef, sondern der autoritäre Kaiser bestimmte die Politik, und der »westliche Zàr« nahm Bismarcks Andeutung für bare Münze: Frankreich könnte für seine Mithilfe bei der Erfüllung der Aufgabe, »welche die Geschichte dem preußischen Staat gestellt hat«, mit Gebietserweiterungen im Osten oder Norden honoriert werden. Bismarck verließ Biarritz mit der Genugtuung, sich für den bevorstehenden Krieg im Süden im Westen Rückenfreiheit verschafft zu haben.

Gewinn für Preußen wie Frankreich versprach die »Offensiv- und Defensiv-Allianz«, die Bismarck mit Italien einging. Österreich würde in die Zweifrontenzange genommen und könnte zur Abtretung Venetiens gezwungen werden, die Napoleon III. seinem italienischen Bundesgenossen von 1859 immer noch schuldete. Die auf drei Monate befristete Kriegskoalition zwischen dem auf das Gottesgnadentum gegründeten Königreich Preußen und dem aus einer Nationalrevolution geborenen Königreich Italien war am 8. April 1866 unter Dach und Fach. Mit der konservativen Räson Preußens waren das gesamtdeutsche Empfinden und das deutsche Bundesrecht verletzt, das Bündnisse eines Bundesgliedes mit einer auswärtigen Macht, »welche gegen die Sicherheit des Bundes oder einzelner Bundesstaaten gerichtet wären«, ausdrücklich verbot.

Deswegen ließ sich Bismarck, dem jedes Mittel zur Zurückdrängung Österreichs und Zerstörung des Deutschen Bundes recht war, keine grauen Haare wachsen. Doch die außenpolitischen Gratwanderungen, die innenpolitischen Auseinandersetzungen und vor allem das ständige Ringen mit seinem immer noch nicht kriegsbereiten König begannen ihn aufzureiben.

Noch weniger als sonst nahm er ein Blatt vor den Mund. Wütend über die weiterhin Wirkung zeigenden Bemühungen der Königin Augusta, ihren Gatten von einem Bruch mit Österreich und dem Bund abzuhalten, sagte er zum italienischen Unterhändler Govone: Wenn er mit dem König täglich schlafen könnte wie die Königin, dann würde die Sache marschieren.

Wie immer in Streßsituationen aß und trank er zuviel. »Unser Freund Otto«, bemerkte Roon, »in herkulischer Tag- und Nacht-Arbeit nervös abgenutzt, in seinem grandiosen Bedürfnis nach Erstattung verbrauchter Kräfte voll rücksichtsloser Ansprüche an seine Verdauungsorgane, hat jetzt mit der Rebellion seines bis dahin treuesten und gehorsamsten Untertanen, seines Magens, zu kämpfen.«

Der preußische Heros, wie er jetzt schon seinen noch wenigen Freunden erschien, hatte eine Herkulesarbeit nach der anderen zu verrichten. Den nemëischen, britischen Löwen bannte er mit der Beschwörung des Selbstbestimmungsrechtes in die Inselhöhle. Den erymanthischen, russischen Eber fing er mit der polnischen Schlinge. Den kretischen, französischen Stier lockte er mit Kompensationen und brachte ihn dorthin, wo er ihn haben wollte. Herkules Bismarck war drauf und dran, den österreichischen Kerberos zu bändigen und in den Hades zurückzuschicken, den Augiasstall der deutschen Kleinstaaterei zu reinigen und die Rinder des Geryones,

die deutschen Fürsten und Fürstchen, in das preußische Gehege zu bringen.
Schließlich überzeugte er seinen König, daß nur er ihm die goldenen Äpfel der Hesperiden, Sieg, Ruhm und Größe, zu pflücken vermöchte. Unentschieden war noch der Kampf mit der lernäischen Schlange, dem Parlament, dem für jeden abgeschlagenen Kopf zwei neue wuchsen, und mit den Stymphaliden, den deutsch-nationalen Vögeln, die sich durch des preußischen Herkules eherne Klapper noch nicht aus ihrem Eichenwald scheuchen ließen.

ZU BEGINN DES JAHRES 1866 gebärdete sich das Abgeordnetenhaus starrsinniger und widerspenstiger denn je. Der Medizinprofessor Rudolf Virchow, ein führender Kopf der Fortschrittspartei, sagte ihm ins Gesicht: Das Volk habe kein Interesse daran, das im Innern reaktionäre und nach außen aggressive Preußen als einen Großstaat zu erhalten. Bismarck sandte ihm diesmal keine Duellforderung, was er vor einigen Monaten getan hatte, als Virchow nicht nur den Staat, sondern auch den Staatsmann angegriffen, Zweifel an dessen Wahrhaftigkeit angemeldet hatte. Der Ministerpräsident schloß – am 22. Februar 1866 – den Landtag, weil »auf dem vom Hause der Abgeordneten eingeschlagenen Wege das Land ernsteren Zerwürfnissen entgegengeführt und die Ausgleichung der bestehenden auch für die Zukunft erschwert werden würde«.
Den preußischen Parlamentariern, die seine Kreise störten, wies er die Tür, und in ein deutsches Parlament lud er ein, in der Erwartung, daß schon durch die Ankündigung einer deutschen Volksvertretung Pluspunkte für Preußen zu sammeln wären. Am 9. April 1866 – einen Tag nach dem Abschluß mit Italien – ließ Bismarck in Frankfurt den Antrag stellen, »eine aus direkten Wahlen und allgemeinem Stimmrecht der ganzen Nation hervorgehende Versammlung einzuberufen, um die Vorlagen der deutschen Regierungen über eine Reform der Bundesverfassung zu beraten«.
Nach diesem »Schelmenantrag«, meinte der Berliner *Kladderadatsch,* müsse er sein Erscheinen als Witzblatt einstellen, weil er dieser Konkurrenz nicht gewachsen sei. Der Stuttgarter *Beobachter* schrieb: »Es sind immer wunderliche Sprünge, die der Teufel macht, wenn er in einen Weihkessel fällt; aber possierlicher ist keiner als dieser Verzweiflungssprung des edlen Grafen.«

»Bismarck ist ganz entschieden ein Verräter an Deutschland. Er ist die Hauptveranlassung zu dem bevorstehenden Krieg« und deshalb sei »die einzige Lösung der jetzigen verwickelten Lage in Deutschland die Beseitigung Bismarcks«, schrieb der 22jährige württembergische Student Ferdinand Cohen-Blind. Er legte die Feder aus der Hand und griff zum Revolver. Am 7. Mai 1866, gegen 17 Uhr 30, gab er fünf Schüsse auf den preußischen Ministerpräsidenten ab, der nach einer Besprechung im Palais des Königs Unter den Linden entlangging. Bismarck, der unversehrt blieb, machte den Attentäter dingfest und begab sich zu Fuß nach Hause.

Der Attentäter nahm sich im Gefängnis das Leben. Es gab Demokraten, die – an 1819 denkend – in ihm einen zweiten Sand sahen, dem es freilich nicht wie diesem gelungen war, seinen Kotzebue aus dem Weg zu räumen. Andere verglichen Ferdinand Cohen-Blind mit Wilhelm Tell, der wie dieser auf den Reichsvogt angelegt, wenn auch nicht getroffen habe.

Am Abend des Attentats, bis tief in die Nacht hinein, feierten Berliner vor der Residenz Bismarcks in der Wilhelmstraße mit Hurra-Rufen den Davongekommenen. Wilhelm I. bemühte sich persönlich, bekam die unverletzte Brust gezeigt und die Worte zu hören: »Ich bin glücklich, für Eure Majestät einmal im Feuer gestanden zu haben.«

»Diese Rettung muß beweisen / Daß Gott mit uns – hört ihr's Preußen?« reimte die *Neue Preußische Zeitung*. Robert von Keudell bemerkte: »Die Folge des Attentats war eine gehobene Stimmung Bismarcks. Mehrmals hatte ich den Eindruck, daß er sich jetzt als Gottes ›auserwähltes Werkzeug‹ fühlte, um seinem Vaterlande Segen zu bringen.«

Auch seinen König schien er endgültig davon überzeugt zu haben. Nun rasselte Wilhelm I. mit dem Säbel, nachdem er sich bis dahin an Ölzweige geklammert hatte, zuletzt an einen österreichischen Abrüstungsvorschlag. Doch Bismarck brachte ihn über die Hürden der persönlichen Bedenken, der familiären Einwände wie der öffentlichen Proteste gegen einen deutschen Bruderkrieg. Der Gegner half dabei. Auch er begann auf Krieg zu setzen, weil – wie Franz Joseph I. erkannte – eine Verständigung nur mehr durch einen Verzicht auf seine Stellung in Deutschland zu erreichen gewesen wäre.

Eine zweite »Schmach von Olmütz« dürfe sich Preußen nicht leisten, behauptete Bismarck und setzte damit Wilhelm I. auf Kriegsfuß. Ein vermehrtes und verstärktes Heer stand bereit, und ein hervorragender Stratege, Generalstabschef Helmuth von Moltke.

»Keine gute Acquisition«, hatte der damalige Generalmajor Prinz Wilhelm gesagt, als sein Soldatenblick auf den aus dänischen in preußische Dienste übernommenen Sekondleutnant Moltke fiel, der bereits einen Schreibtischbuckel hatte. Wilhelm und auch Bismarck lernten bald die Qualitäten dieser Erwerbung kennen und schätzen. Moltke erwies sich als der genialste Feldherr nach Napoleon Bonaparte.

Seinen Operationsplan gegen Österreich trug er am 25. Mai 1866 vor: Drei preußische Armeen sollten getrennt in Böhmen einrücken, die dort konzentrierte österreichische Hauptmacht konzentrisch umfassen und vereint schlagen. Dieser Plan gefiel Bismarck, weil er als kriegerische Fortsetzung seiner diplomatischen Operationen erschien. Was ihm schon jetzt mißfiel, war die Selbstverständlichkeit, mit der Moltke den Primat des Militärischen vor dem Politischen beanspruchte.

In einem wesentlichen Punkte stimmten der Ministerpräsident und der Generalstabschef überein: Für beide war der bevorstehende Krieg kein Bruderkrieg, auch kein Nationalkrieg neuen Musters, sondern ein Staatenkrieg alten Stils. »Der Krieg von 1866«, bilanzierte Moltke, »ist nicht aus Notwehr gegen die Bedrohung der eigenen Existenz entsprungen, auch nicht hervorgerufen durch die öffentliche Meinung und die Stimmung des Volkes; es war ein im Kabinett als notwendig erkannter, längst beabsichtigter und ruhig vorbereiteter Kampf« – primär »für ein ideales Gut – für Machtstellung«.

Der militärische und der politische Hegelianer, der Kabinettssoldat und der Kabinettspolitiker waren sich in einem Punkte nicht einig: Moltke, der meinte, Zeit sei Sieg, wollte sofort losschlagen; Bismarck gedachte den Gegner mit Diplomatie auszumanövrieren, bevor man ihn mit den Waffen schachmatt setzte.

»Viele Wege führten zu meinem Ziel«, bilanzierte Bismarck, »ich mußte der Reihe nach einen nach dem anderen einschlagen, den gefährlichsten zuletzt.« Für den Erfolg sei die richtige Beurteilung des Gegners unerläßlich gewesen. »Hier heißt es Vorsicht üben. Man darf nie einen Schachzug in der vollständig sicheren Voraussetzung tun, daß der andre Mitspieler einen gewissen Zug machen werde.

Denn es kann kommen, daß dieser Zug doch nicht erfolgt, und dann geht die Partie leicht verloren. Man muß immer mit der Möglichkeit rechnen, daß der Gegner im letzten Moment anders als erwartet, zieht und sich darauf einrichten.«

Der Schachspieler lauerte auf Fehler seines Gegners, und er mußte nicht lange warten. Der Österreicher beging einen Fehler nach dem anderen. Mit seinen Rüstungen desavouierte er seinen Abrüstungsvorschlag. Durch Vorbedingungen vereitelte er eine von Napoleon III. vorgeschlagene europäische Konferenz zur Lösung der Streitfragen. Am 1. Juni stellte er, ohne Absprache mit den Preußen, die Entscheidung über Schleswig-Holstein dem Deutschen Bundestag anheim.

Bismarck reagierte Zug um Zug. Österreich – erklärte er am 5. Juni – habe mit der Einschaltung des Bundes nicht nur den Gasteiner Vertrag vom 14. August 1865, sondern auch die Vereinbarung vom 16. Januar 1864 verletzt, die beide Großmächte verpflichtete, die schleswig-holsteinische Frage einvernehmlich zu lösen. Am 6. Juni 1866 rückten preußische Truppen in das von Österreich verwaltete Holstein ein.

Wien erklärte den Bundesfrieden für gebrochen und beantragte die Mobilmachung des Bundesheeres, ohne die preußischen Bundeskorps. Sie wurde am 14. Juni 1866 vom Bundestag mit 9 gegen 5 Stimmen bei einer Enthaltung beschlossen. Unmittelbar nach der Abstimmungsniederlage zog der preußische Bundestagsgesandte ein Papier aus der Tasche: Preußen betrachte den Bundesvertrag als erloschen und werde ihn als nicht mehr verbindlich behandeln. Gleichzeitig erkläre es seine Bereitschaft, mit denjenigen deutschen Staaten einen neuen Bund zu schließen, welche die preußischen Bedingungen – vor allem den Ausschluß Österreichs – anerkennen würden.

Das Bundestagspräsidium erwiderte, der Deutsche Bund sei nach Artikel 1 der Bundesakte ein unauflöslicher Verein, auf dessen ungeschmälerten Fortbestand das gesamte Deutschland sowie jeder einzelne Bundesstaat ein Recht hätten. Im Protokoll wurde festgehalten: »Nachdem sich die Bundesversammlung dem Proteste angeschlossen hatte, äußerte das Präsidium: Die Verantwortlichkeit für die schwere Entwicklung, welche infolge des Schrittes der Preußischen Regierung für Deutschland eintritt, trifft diese allein. Die bundestreuen Regierungen werden ihre Pflichten gegeneinander und gegen die deutsche Nation zu erfüllen wissen, indem sie auf dem Boden des Bundesrechts fest zusammenstehen.«

Doch nun entschieden nicht mehr Rechtsverwahrungen und Treuebekenntnisse zum Deutschen Bund, sondern – nach dem Willen Bismarcks – »Eisen und Blut«. Mit Reden und Abstimmungen ließe sich eine Politik wie die seine nicht durchführen, erklärte er dem Abgeordneten Hans Viktor von Unruh; »die 500.000 Bajonette müßten doch den Ausschlag geben«.

Am 16. Juni 1866 begann Preußen den Krieg gegen Österreich und die mit diesem am Deutschen Bund festhaltenden Staaten Sachsen, Hannover, die beiden Hessen, Bayern, Württemberg und Baden.

Das großpreußische Kriegsziel erläuterte Bismarck dem französischen Journalisten Jean Vilbort: »Norddeutschland in seiner folgerichtigen und natürlichen Form unter Preußens Führung konstituiert!« Dies zu erreichen, »würde ich alles auf mich nehmen: Verbannung und sogar das Schafott«.

Er wisse wohl, erklärte er Otto von Diest-Daber, einem Oppositionellen, daß er im Falle eines verlorenen Krieges gesteinigt würde. Entrüstung über den von ihm entfesselten Bruderkampf schlug ihm in Preußen wie in ganz Deutschland entgegen.

»Beinahe das ganze Land war gegen den Krieg«, bemerkte Theodor Fontane. Die Schrecken dieses Krieges malte Gustav Freytag in seinen »GRENZBOTEN« aus. Die Fortschrittspartei kündigte die Verweigerung der Kriegskredite an. Der Altliberale Moritz August von Bethmann Hollweg beschwor den König, Bismarck fallenzulassen, diesen Mann, »der auf Abenteuer ausgeht, alles durcheinanderwirft und es darauf ankommen läßt, was ihm zur Beute wird.« Der Erzkonservative Ernst Ludwig von Gerlach nahm den Deutschen Bund in Schutz, der Deutschland fünfzig Jahre Frieden und Wohlstand gewährt habe, und brach den Stab über den alten Weggefährten, der durch Bruderzwist den Bund zerstörte: »Das war Kains Brudermord, Judas' Verrat.«

»Ich bin der Sündenbock der öffentlichen Meinung, aber ich kümmere mich wenig darum«, sagte Bismarck. »Man schießt nicht mit öffentlicher Meinung auf den Feind, sondern mit Pulver und Blei.« Und das preußische Zündnadelgewehr schaffte fünf Schüsse pro Minute, das österreichische Lorenzgewehr nur einen Schuß.

Dieser militärischen Feuerkraft war der Feind ebensowenig wie der politischen Schlagkraft Bismarcks gewachsen. Diesmal dauerte das Ringen um die Vorherrschaft nicht, wie im 18. Jahrhundert, sieben Jahre, sondern nicht einmal sieben Wochen. Und 1866 endete der Kampf nicht mit einem Unentschieden, sondern mit einem klaren Siege Preußens.

Am 16. Juni 1866 marschierten preußische Truppen in Hannover, Kurhessen und Sachsen ein. Am 20. Juni war Sachsen besetzt. Am 29. Juni kapitulierten die Hannoveraner bei Langensalza. Am 3. Juli gewannen die Preußen bei Königgrätz in Böhmen die Entscheidungsschlacht gegen die Österreicher, marschierten auf Prag und Brünn, in Richtung Wien. Vor den Toren der Kaiserstadt, in Nikolsburg, wurde am 26. Juli der Vorfriedensvertrag geschlossen.

Am 30. Juni hatte sich Bismarck mit Wilhelm I., Roon und Moltke auf den böhmischen Kriegsschauplatz begeben. Während Franz Joseph I. zu Hause blieb, zog die Führung des Soldatenstaates in das Feld, um nicht nur die militärischen, sondern auch die politischen Entscheidungen im Hauptquartier zu treffen.

Der 3. Juli war kaum angebrochen, als Bismarck aus dem Schlaf gerissen wurde: Ein Gefecht stünde bevor; der König wolle dabeisein und stelle es dem Ministerpräsidenten anheim, ihm zu folgen. »Das ist nun der unglückselige Biereifer der Herren Generale«, murrte Bismarck. »Aber was hilft's, wenn der König geht, muß ich mit.«

Nicht ein Gefecht, sondern die Schlacht bei Königgrätz stand bevor. »Wissen Sie, wie lange das Handtuch ist, dessen Zipfel wir hier gefaßt haben?« fragte Bismarck, auf dem Feldherrnhügel bei Dub angekommen, den Feldherrn Moltke. »Nein, genau wissen wir es nicht; nur, daß es wenigstens drei Korps sind, vielleicht ist es die ganze österreichische Armee.« Es war die österreichische Hauptmacht, und Moltke sah sich am Ziel: einer Umfassungsschlacht, der Entscheidungsschlacht. Die Erste Armee griff den Feind frontal an, die Elbarmee stieß in die linke Flanke. Doch die Zweite Armee des Kronprinzen, die in die rechte Flanke fallen sollte, war noch nicht eingetroffen.

»Man muß die Möglichkeit des Rückzuges ins Auge fassen«, meinte der König. »Hier handelt es sich um Preußens ganze Zukunft, hier wird nicht zurückgegangen«, erwiderte Moltke. Bismarck, dessen

Schicksal von einer geglückten Exekutierung seiner aggressiven Politik abhing, saß – unweit des Kriegsherrn und des Feldherrn – wie erstarrt auf seinem großen Fuchs. Schließlich konnte er nicht mehr stillhalten, ritt an Moltke heran, der an einem Zigarrenstummel kaute. Der Diplomat im Militärmantel reichte ihm sein Etui, das nur noch zwei Zigarren enthielt. Moltke wählte die bessere, was Bismarck auch für ein Zeichen untrüglichen Feldherrnblickes nahm.

Endlich, am frühen Nachmittag, griff die Zweite Armee in die Schlacht ein, die damit zur Kesselschlacht wurde und den Preußen nach Moltkes Plan den entscheidenden Sieg brachte.

»Bismarck, diesmal hat uns der brave Musketier noch einmal herausgerissen«, sagte Roon, und ein Adjutant bemerkte: »Exzellenz, jetzt sind Sie ein großer Mann; wenn der Kronprinz zu spät kam, wären Sie der größte Bösewicht.«

Noch am Tage von Königgrätz wurde der Landwehrmajor Bismarck, der die militärische Lösung des deutschen Dualismus politisch angestrebt und ermöglicht hatte, zum Generalmajor ernannt. Mit der Uniform legte er nicht Triumphgebaren an. »Wenn wir nicht übertrieben in unsern Ansprüchen sind und nicht glauben, die Welt erobert zu haben, so werden wir auch einen Frieden erlangen, der der Mühe wert ist«, schrieb er sechs Tage nach Königgrätz. »Aber wir sind ebenso schnell berauscht wie verzagt, und ich habe die undankbare Aufgabe, Wasser in den brausenden Wein zu gießen und geltend zu machen, daß wir nicht allein in Europa leben...«

Der Staatsmann, der den Krieg herbeigeführt hatte, mußte um einen Frieden ringen, der seine Pläne nicht gefährdete. Auch aus diesem Kampfe ging er als Sieger hervor.

Der Reichsgründer

Bismarck in Kürassieruniform.

Entscheidungsjahr 1866

»BESIEGT habe ich Alle! Alle!« rief Bismarck nach Königgrätz aus. Doch dieser Kampf, fügte er hinzu, habe ihm seine Nerven, seine Lebenskraft gekostet.

In vierzehn Tagen habe er fünfzig Stunden zu wenig Schlaf gehabt, schrieb er am 16. Juli 1866 nach Hause. Während die preußischen Truppen in Gewaltmärschen durch Böhmen und Mähren gegen Wien vorrückten, war der preußische Ministerpräsident und Außenminister den ganzen Tag und die halbe Nacht auf den Beinen, um den Krieg in einen Frieden überzuleiten, der das Gewonnene vor dem Zerrinnen bewahrte und eine künftige Mehrung des vorerst Erreichten nicht verbaute.

Das Innehalten im Siegesmarsch war kein deutscher Wesenszug, und das Maßhalten in einer Erfolgsserie dem Preußen nicht angeboren. Mehr die Notwendigkeit als die Tugend, die unumgängliche Rücksicht auf andere Mächte und die zwangsläufige Einsicht in verbleibende Möglichkeiten veranlaßten den Staatsmann, statt des Wünschenswerten das Machbare anzustreben und durchzusetzen.

Natürlich wäre der Preuße gerne in Wien einmarschiert, hätte er im schwarz-gelben Babylon, das er seit seiner Bundestagszeit als Erzrivalen des schwarz-weißen Berlin betrachtete, seinen Sieg persönlich ausgekostet. Daran wurde er 1871, nachdem er die preußische Hauptstadt zur Reichshauptstadt erhoben hatte, von einem alten Bekannten aus Frankfurt erinnert. Herr Christ fragte den Reichskanzler in einer Tafelrunde: »Warum sind Sie 1866 nicht nach Wien hineingegange?... Sie habbe es ja uns in Frankfurt immer gesagt, es würde der schönste Tag Ihres Lebens, wann Sie in Wien einreite würde!«

Nach Königgrätz hatte er sich diesen Triumph versagt, und keineswegs nur deshalb, weil er Österreich, das er sich als Partner in Reserve halten wollte, nicht vor den Kopf stoßen durfte. Dritte Mächte hinderten ihn daran, hoch zu Roß in der Kaiserstadt einzuziehen. Der Einspruch Rußlands war eher ideologischer als machtpolitischer

Natur. Alexander II. mahnte seinen Onkel Wilhelm I., Franz Joseph I. wie einen monarchischen Bruder zu behandeln. Sankt Petersburg erinnerte an die Heilige Allianz und verlangte die Einberufung einer europäischen Friedenskonferenz. Der Deutsche Bund, argumentierte der Russe, sei ein wesentlicher Bestandteil des Systems von 1815; bei dessen Umgestaltung oder gar Neugestaltung hätten daher auch die außerdeutschen Signatarmächte der Schlußakte des Wiener Kongresses ein gewichtiges Wort mitzureden.
Die Einmischung Frankreichs war machtpolitisch wie ideologisch motiviert, ergab eine explosive Mischung, von der Bismarck das bisher Erlangte und das fernerhin Erstrebte gefährdet sah.
Der Bonapartist Napoleon III. gestand zwar Preußen die Führung bei der deutschen Einigung zu, aber der Imperialist Napoleon III. wollte diese auf Norddeutschland beschränken, Süddeutschland als eine Art Rheinbund erhalten. Überdies verlangte er eine Volksabstimmung im hauptsächlich von Dänen bewohnten Nordschleswig und dachte an Plebiszite in den norddeutschen Gebieten, die Preußen zu annektieren gedachte. Dies lag in der Konsequenz der bonapartistischen Revolution gegen das System von 1815, das auch Bismarck umstürzen wollte, allerdings mit den Machtmitteln und zur Machterhöhung des Monarchenstaates.
Kaum hatte das Königsheer bei Königgrätz triumphiert, begann der Kaiser der Franzosen den Preußen den Siegestrank zu vergällen. Er bot seine Friedensvermittlung an, die er sich von beiden Kriegsparteien bezahlen lassen wollte: von Österreich durch die Überlassung Venetiens an das von Napoleon III. protegierte Italien, und von Preußen durch Gebietsabtretungen auf dem linken Rheinufer an Frankreich.
Bereits am Tage nach Königgrätz nahm Österreich die Vermittlung an. Bismarck mußte wohl oder übel nachziehen. Denn der Kaiser der Franzosen ließ durchblicken, daß er von der diplomatischen zur militärischen Intervention überzugehen gedächte, falls nicht umgehend mit dem europäischen Frieden das durch Königgrätz – oder Sadowa, wie die Franzosen sagten – angeschlagene Prestige Napoleons III. wiederhergestellt würde.
Bismarck empfing im Feldquartier den französischen Botschafter in Berlin, Benedetti, und beauftragte den preußischen Botschafter in Paris, Goltz, mit dem Kaiser zu verhandeln. Wenn dieser Preußens

Minimalforderungen – Annexionen und ein neues Bundesverhältnis in Norddeutschland – verwerfen sollte, müßte ihm bedeutet werden, daß die deutsche Nation gegen den welschen Erbfeind mobilisiert werden könnte.
Im Augenblick war diese Ankündigung nur Verhandlungstaktik, »behufs Festigkeit gegen Drohung«. Bismarck wußte, daß Preußen keinen Zweifrontenkrieg, gegen Österreich und Frankreich, wagen durfte. Wenn nötig und möglich, dann wollte er auch gegen Frankreich, wie jetzt gegen Österreich, lieber einen Kabinettskrieg als einen Nationalkrieg führen. Einen solchen schloß er jedoch nicht von vornherein aus, nämlich für den Fall, daß Napoleon III., der jetzt eine Teillösung der deutschen Frage zugestand, sich einer Endlösung widersetzen sollte.
Schon jetzt nahm er ihm die Einmischung übel. »Das sollst Du mir büßen!« schwor er sich, als der Franzose im Siegessommer 1866 seine Intervention ankündigte. Dabei erwies sie sich hilfreich zur Erreichung des Nahzieles, das sich Bismarck gesteckt hatte: Ausschluß Österreichs aus dem deutschen Staatenverband und Vorherrschaft eines vergrößerten Preußens in Norddeutschland. Und sie verbaute nicht das Endziel, das die deutsche Nationalbewegung anvisiert hatte und ihr preußischer Lenker und Bremser zu akzeptieren begann: den Anschluß der süddeutschen Staaten an den Norddeutschen Bund.
Das Eingreifen Napoleons III., das den Patrioten verdroß, wußte der Staatsmann für seine Zwecke auszunutzen. Der Verzicht auf einen Siegfrieden eröffnete die Chance, die süddeutschen Gegner als Reichsgenossen und den österreichischen Rivalen als Bündnispartner zu gewinnen. Mehr noch als der russische Einspruch bot ihm die französische Einmischung eine Handhabe zur Überwindung der Widerstände gegen einen Verständigungsfrieden im königlich-preußischen Lager.
Wilhelm I., der von Bismarck in den Sattel gehoben werden mußte, wollte nun, nachdem das Kriegsroß in Trab gekommen war, erst nach dem Einritt in Wien absteigen. Die Friedensbedingungen des Königs schossen weit über jene des Ministers hinaus. Er gedachte alle, die sich gegen Preußens Angriff zu verteidigen gewagt hatten, hart zu bestrafen – nicht nur den Hannoveraner, den Kurhessen und Nassauer, sondern auch den Sachsen und den Bayern, und in erster

Linie den Österreicher. Von Franz Joseph I. wollte er Teile Böhmens und Österreichisch-Schlesien haben, von Ludwig II. Ansbach-Bayreuth und die Nürnberger Hohenzollernburg.
Bismarck stellte sich dem König in den Weg. Außer politischen führte er auch militärische Argumente ins Feld. Die preußischen Truppen seien durch den raschen Vormarsch erschöpft, ihre Reihen durch Kampfverluste und Choleraopfer gelichtet. Die österreichische Donauarmee werde durch die Südarmee, welche die Italiener besiegt hatte, verstärkt. Ein zweites Königgrätz vor den Toren Wiens sei fraglich. Was dann, wenn der Feind einer Schlacht auswiche und sich nach Ungarn zurückzöge? Die Preußen müßten die Donau überschreiten, könnten die Verbindung nach rückwärts verlieren; es würde dann, spottete Bismarck, »das geratenste sein, auf Konstantinopel zu marschieren, ein neues byzantinisches Reich zu gründen, und Preußen seinem Schicksal zu überlassen«.
Schon wurde er der Questenberg im Lager Wallensteins genannt, der den Feldherrn um die Früchte des Erfolges zu bringen trachtete. Wilhelm I. fühlte sich von seinem Ministerpräsidenten vor dem Feinde im Stich gelassen. Bismarck hielt sich für einen weltklugen Marquis von Posa, der sich mit einem starrsinnigen Philipp II. auseinanderzusetzen hatte.
Zum Zusammenstoß zwischen dem Vasallen und seinem Lehnsherrn kam es in Nikolsburg, einer mittelalterlichen Felsenfestung, die als Bühne für dieses Drama wie geschaffen war. Beide waren von den Strapazen des Feldzuges erschöpft und durch die Reibereien im Hauptquartier zermürbt. Der siebzigjährige König hatte Gicht, dem einundfünfzigjährigen Ministerpräsidenten waren die Aufregungen in das linke Bein gefahren. Bismarcks Nerven, die weit weniger robust als sein Gewissen waren, hielten der Belastung kaum mehr stand.
»Alle im Hauptquartier sahen mich wie einen Verräter an«, erzählte er, »und wenn ich an den hohen Fenstern des Schlosses stand, so dachte ich oft: ›Tust du nicht am Ende besser, wenn du da hinunterspringst?‹ Ich habe oft im Konseil solche Szenen gehabt, daß ich aufsprang, hinauslief, die Türe zuwarf, mich aufs Bett legte und wie ein Schloßhund heulte.«
Wie so oft setzte Bismarck dramatische Akzente, vor allem in der Nacherzählung, aber auch schon während des Auftritts. In Nikolsburg war mit seiner ganzen Statesmanship seine ganze Schauspiel-

kunst gefordert. Denn es ging darum, ob sein Weg zur preußisch-deutschen Einigung weiterverfolgt oder abgeblockt werden sollte.
Am 23. Juli 1866 war der Ministerpräsident im Kriegsrat überstimmt worden. Am Tage darauf ging er beim König aufs Ganze: Preußen habe nicht den Richter zu spielen, sondern Politik zu betreiben. Es dürfe nicht jene tödlich kränken, mit denen es fortan in Frieden leben wolle und müsse. Wilhelm I. bäumte sich gegen »schmachvolle Bedingungen« auf, und als Bismarck nicht nachgab, warf er sich weinend aufs Sofa.
Das Drama erinnerte an das klassische Altertum, in dem die Helden das Blut anderer und eigene Tränen vergossen hatten. Wilhelm wie Bismarck weinten, als ob sie »der Bock stieße«. Lediglich der Kronprinz, der bei kleineren Anlässen zur Larmoyanz neigte, verlor in der großen Auseinandersetzung nicht die Contenance. Bismarck habe den Krieg begonnen und müsse ihn nun auch beenden, meinte Friedrich Wilhelm und brachte den durch eine Rücktrittsdrohung des Ministerpräsidenten bereits angeschlagenen König dazu, einem Verständigungsfrieden zuzustimmen.
Als »Sieger vor den Toren Wiens« sei ihm nichts anderes übriggeblieben, als in diesen »sauren Apfel« zu beißen, klagte Wilhelm I.. Doch das nicht unbeträchtliche Stück, das er abbiß, vermochte auch ihm zu schmecken. Am 26. Juli 1866 wurde in Nikolsburg der Vorfriedensvertrag geschlossen. Außer Venetien, das bereits an Italien abgetreten worden war, verlor Österreich keinen Fußbreit seines Territoriums. Aber es mußte seine Rolle in Deutschland aufgeben, die Auflösung des Deutschen Bundes wie die vom »Könige von Preußen in Norddeutschland herzustellenden neuen Einrichtungen, einschließlich der Territorialveränderungen« anerkennen. Bayern, Württemberg, Baden und Hessen-Darmstadt, die glimpflich behandelt wurden, sollte es ermöglicht werden, »in einem Verein zusammenzutreten, dessen nationale Verbindung mit dem Norddeutschen Bunde der näheren Verständigung zwischen beiden vorbehalten bleibt.«
Die Bezeichnung »Territorialveränderungen« war eine milde Bezeichnung für einen harten Vorgang: Preußen annektierte nicht nur Schleswig-Holstein, das es bereits in Beschlag genommen hatte, sondern auch Hannover, Kurhessen, Nassau und Frankfurt am Main, die sich nicht dem Zerstörer, sondern dem Verteidiger des

Deutschen Bundes angeschlossen hatten. Das Königreich Preußen wuchs von 279.000 auf 352.000 Quadratkilometer, von 19,6 auf 24,4 Millionen Einwohner.
Nach Unterzeichnung des Vorfriedensvertrages von Nikolsburg, der einen Monat später im Friedensvertrag von Prag besiegelt wurde, bilanzierte Bismarck: »In der Politik muß man, wenn man viele Gegner hat, zunächst den stärksten außer Spiel setzen und die schwächern schröpfen, was im Privatleben eine sehr unritterliche Gemeinheit wäre. Was wir brauchen, ist Norddeutschland, und da wollen wir uns breit machen. Der Süden soll Geld bezahlen.«
Mit seinem Krieg hatte Bismarck dafür gesorgt, daß sich Preußen in Norddeutschland vergrößern konnte, und mit seinem Frieden vorgesorgt, daß es sich auf Süddeutschland ausdehnen könnte. Österreich, das den preußischen Machtstaat behindert und einen deutschen Nationalstaat verhindert hatte, war mit Waffengewalt von seinem angestammten deutschen Platz verwiesen worden.
Die Tür zu einer Verständigung zwischen Preußen-Deutschland und Österreich hatte Bismarck offengelassen. »Die Streitfrage ist entschieden, jetzt gilt es, die alte Freundschaft mit Österreich wiederzugewinnen«, erklärte er kurz nach Königgrätz.
Der Kabinettspolitiker hatte mit dieser Großmacht als Figur auf dem europäischen Schachbrett zu rechnen, eine Annäherung zwischen Wien und Paris zu verhindern. Der Monarchist ahnte, daß eine Beeinträchtigung des österreichischen Kaisertums das preußische Königtum nicht unberührt lassen würde. Der Konservative befürchtete, daß ein Zerfall der Habsburgermonarchie mit der hergebrachten Staatenordnung die überkommene Gesellschaftsordnung gefährden würde: Neue Gestaltungen zwischen Tirol und der Bukowina »könnten nur dauernd revolutionärer Natur sein«. Der Preuße, der sich mehr und mehr als Deutscher fühlte, hatte kurz vor Königgrätz erklärt: Preußen habe die Einigung Deutschlands zu vollbringen, »Österreich aber, als Bundesgenosse Preußens, hat die deutschen Interessen im Osten zu verteidigen, und seine Hauptaufgabe ist es, einen Zusammenstoß des Slawentums mit den Deutschen zu verhindern.«
Doch er selber hatte den Acheron, den Strom der Umwälzung, in Bewegung gesetzt. Bismarck wollte es nicht einsehen, jedenfalls es sich nicht eingestehen, daß er mit der Beseitigung der Stellung

Österreichs in Deutschland das Fundament der Habsburgermonarchie unterhöhlt hatte.
Die Trennung Österreichs von Deutschland bedeute die »gefahrvolle Entziehung der Basis, auf welche das Gleichgewicht und das friedliche Beisammensein der österreichischen Nationalitäten gegründet war«, bemerkte der bayerische Diplomat Bray-Steinburg, und die Wiener *Neue Freie Presse* meinte: Österreich drohe das Schicksal der Türkei, des kranken Mannes am Bosporus, der in seinem Todeskampf europäische Konflikte heraufbeschwöre.
Eine Schwächung des Zusammenhaltes der Habsburgermonarchie wäre »eine der größten europäischen Verlegenheiten«, aus der Deutschland wie allen Nachbarn Österreichs die ernstesten Sorgen und Gefahren erwachsen müßten, räumte Bismarck ein, der den zuerst bekämpften Rivalen und dann gesuchten Partner in diese fatale Situation gebracht hatte.
»Wenn wir siegen, dann wird auch Ungarn frei werden«, hatte Bismarck vier Jahre vor Königgrätz einem ungarischen Emigranten bedeutet. Ehe er in den Deutschen Krieg zog, betrieb er die Bildung einer »Ungarischen Legion«, die pour le roi de Prusse dem Kaiser von Österreich, der auch König von Ungarn war, in den Rücken fallen sollte. Der Royalist, der 1848/49 die ungarische Revolution verdammt hatte, sammelte 1866 deren nach dem Sieg der Reaktion im Ausland verstreuten Veteranen, um sie als Hilfstruppe des Hohenzollern gegen den Habsburger einzusetzen.
Für den Staat gelte in der Politik nur der eigene Vorteil, erklärte Bismarck. Preußen habe immer zugegriffen, wo es etwas kriegen konnte, und müsse seine Bundesgenossen dort nehmen, wo es sie finde. So verbündete er sich gegen Österreich mit Italien, dessen mit Republikanismus verwässerter Monarchismus ihm nicht geheuer war, und bot die Versprengten der ungarischen Revolution gegen deren König auf.
Auch der preußische Triumph bei Königgrätz bewog ihn nicht dazu, sich des Trumpfes der »Ungarischen Legion« zu begeben. Selbst nach dem Vorfrieden von Nikolsburg gedachte er ihn noch auszuspielen. Doch diese Karte stach nicht. Am 3. August 1866, am Tage, als der Waffenstillstand in Kraft trat, überschritt das »Königlich Preußische Parteigängerkorps«, wie die »Ungarische Legion« amtlich hieß, die in Nikolsburg vereinbarte Demarkationslinie, um in

Ungarn einzufallen und einen Aufruhr zu entfachen. Schon nach drei Tagen mußte sie sich unverrichteter Dinge zurückziehen.
Einer ihrer Anführer, Graf Seherr-Thoß, wurde von den Österreichern gefangen und zum Tode verurteilt. Bismarck suchte die Hinrichtung zu verhindern, verwies darauf, daß er zehn Bürger von Trautenau, wo angeblich böhmische Zivilisten auf preußische Soldaten geschossen hätten, als Geiseln in Händen habe. Das Problem löste sich durch die gegenseitige Amnestie, die im Friedensvertrag von Prag beschlossen worden war.
Deutsche, kaisertreue Böhmen konnten indes einen von den einmarschierenden Preußen verbreiteten Aufruf nicht vergessen, in dem es hieß: »Sollte unsere gerechte Sache obsiegen, dann dürfte sich vielleicht auch den Böhmen und Mähren der Augenblick darbieten, in dem sie ihre nationalen Wünsche gleich den Ungarn verwirklichen können.« Das war Wasser auf die Mühlen tschechischer, nationalbewußter Böhmen, die den Österreichern entgegenhielten: Jetzt würde Bismarck ihnen das geben, was sie ihnen nicht gewährten.
Die Preußen kamen nicht nach Ungarn, räumten Böhmen und Mähren, überließen diese Länder wieder ihrem angestammten Monarchen. Aber die Unabhängigkeitsbewegungen hatten neuen Auftrieb bekommen. Bereits ein Jahr nach Königgrätz begann die Auflösung der ihres deutschen Rückhaltes beraubten, in ihren Grundfesten erschütterten Habsburgermonarchie. Das Reich wurde zwischen Deutschen und Magyaren geteilt, als Österreich-Ungarn konstituiert.
Zwei Reichsvölker wurden bevorrechtigt, die anderen fühlten sich benachteiligt, begannen sich von der Doppelmonarchie zu distanzieren. Dennoch blieben die Magyaren unzufrieden, verlangten nach der teilweisen die ganze Unabhängigkeit. Auch Deutsch-Österreicher wurden vom Nationalismus erfaßt, wandten sich vom habsburgischen Doppeladler ab, richteten ihre Blicke auf den preußischen Aar, in der Hoffnung, daß er eines Tages auch sie, wie jetzt schon die Norddeutschen und bald schon die Süddeutschen, unter seine Fittiche nehmen würde.
Noch gab es Österreicher, die zu ihrem Vielvölkerreich standen, indes befürchteten, daß die Zerstörung der übernationalen Ordnung Mitteleuropas durch den Doppelsieg des preußischen Macht-

staates und des deutschen Nationalitätsprinzips nicht ohne Folgen für ihr eigenes Land wie für den ganzen Kontinent bleiben würde. Und es gab Österreicher, die es bedrückte, daß mit der Auflösung des Deutschen Bundes nicht nur das letzte Stück des europäischen Friedenssystems von 1815 beseitigt, sondern auch das Tischtuch einer tausendjährigen deutschen Lebensgemeinschaft zerschnitten worden war.

»Ihr glaubt, ihr habt ein Reich gegründet, und habt doch nur ein Volk zerstört«, klagte Franz Grillparzer, der sich als deutscher, nicht nur als österreichischer Dichter sah und angesichts des anhebenden Zeitalters von »Eisen und Blut« den Abstieg von der Humanität über die Nationalität zur Bestialität voraussah. Nicht erst 1871, als der preußisch-deutsche Nationalstaat konstituiert wurde, bereits 1866, als der in der Tradition des römisch-deutschen Reiches stehende mitteleuropäische Staatenbund ausgelöscht wurde, war das Todesjahr der universalen, übernationalen Geschichte der Deutschen.

Bismarck hingegen meinte, daß er nicht einem Lebenskräftigen, sondern einem Dahinsiechenden den Todesstoß versetzt, nur ein längst gesprochenes Urteil vollstreckt habe. War das universale, übernationale Erbe nicht längst verlorengegangen? Das mittelalterliche Reich hatte sich in Einzelstaaten, das alte Europa in Nationalstaaten aufgelöst. War es nicht Preußens Beruf, mit seinen Machtmitteln und zu seiner Machterhöhung die deutschen Teilstaaten in einem Nationalstaat zusammenzufassen, wie es der Tendenz der neuzeitlichen Geschichte entsprach? Mußte Preußen in Ausübung dieses Berufes nicht Österreich aus dem deutschen Raum verweisen, in das ein Vielvölkerreich nicht mehr hineinpaßte? Was war ihm denn anderes übriggeblieben, als es mit Waffengewalt zu vertreiben, nachdem es nicht friedlich und schiedlich gewichen war? »Vielleicht war es besser, daß die Sache durch das Schwert entschieden wurde«, resümierte Bismarck. »Denn die Uhr des deutschen Dualismus mußte bisher in jedem Jahrhundert einmal durch einen Krieg richtig gestellt werden.« Königgrätz, meinte Bismarck, habe die deutsche Uhr für ein Jahrhundert richtiggestellt.

PREUßISCHE KONSERVATIVE beklagten mit dem Ende des Deutschen Bundes das Ende des alten Europa. »Jetzt also steht Europa

nicht mehr auf dem Boden der Verträge von 1815, sondern – wie seit 1866 die dreiste Phrase lautet – auf dem ›Boden der Erfolge und der Tatsachen‹«, meinte Ernst Ludwig von Gerlach. Doch dieser Boden sei »bröcklig wie die Tatsachen selbst«, die durch Rechtsbruch und Gewaltanwendung geschaffen worden seien.
Am meisten schmerzte Gerlach die Entthronung der Monarchen in Hannover, Kurhessen und Nassau, die Einverleibung ihrer Länder in das Königreich Preußen. Großpreußen mochten es begrüßen, daß der Hohenzollernstaat endlich eine territoriale Einheit gefunden hatte, Deutsch-Nationale in der Vergrößerung Preußens eine Voraussetzung der nationalen Einigung erblicken. Konservative – und nicht allein Anhänger der gestürzten Dynastien – sahen im König von Preußen einen Kain, der Abel erschlug und damit die Axt an die Wurzel seiner eigenen monarchischen Existenz legte.
Der Ministerpräsident, der dabei die Hand seines Königs führte, war weit davon entfernt, einen Vergleich zwischen der biblischen Freveltat und seinem, wie er dachte, im preußischen, und, wie viele annahmen, im deutschen Interesse liegenden Tun zu ziehen. Das Königreich Hannover dort bestehen zu lassen, wo es nun einmal lag, nämlich zwischen dem Osten und dem Westen der preußischen Monarchie, »wäre ein entsetzlicher Fehler gewesen«. Und einen Fehler in der Politik zu machen, erschien Bismarck wie Talleyrand weniger verzeihlich, als ein Verbrechen zu begehen.
»Die Schwachen sind dazu da, von den Starken gefressen zu werden«, erklärte Bismarck mit darwinistischem Zungenschlag. Der preußische Machiavellist erwiderte einem welfischen Legitimisten, der ihm das Recht absprach, Hannover zu besetzen: »Es handelt sich bei diesem Kampf um die Existenz, um die heiligsten Interessen Preußens, und wo es sich um die Existenz Preußens handelt, kenne ich kein Recht.« Als der Hannoveraner auf den revolutionären Charakter dieser Äußerung hinwies, entgegnete Bismarck: »Wo es sich um die Existenz Preußens handelt, alliiere ich mich mit der Revolution und wo ich Hilfe finde.«
Der Royalist Bismarck wollte oder konnte es nicht einsehen, daß er, auch wenn er nur kleine Stockwerke aus dem Gebäude des Monarchismus brach, das ganze Haus gefährdete, einschließlich der Bel étage, in der sich die preußische Monarchie breitmachte. Er beharrte auf seiner Meinung, daß die Entthronung anderer Dynastien

die Festigkeit der Fundamente, auf denen die preußische beruhe, nicht berühre.

Zar Alexander II. bedeutete König Wilhelm I., daß er, verführt vom Ministerpräsidenten, eine Sünde wider den heiligen Geist des Legitimismus begangen habe: Das monarchische Prinzip sei durch die Beseitigung dreier deutscher Dynastien nachhaltig erschüttert worden. Dieselbe Auffassung vertrat der Sozialdemokrat Wilhelm Liebknecht: »Nun, meine Herren«, erklärte er 1888 im Reichstag, nach rechts gewandt, »Sie haben sich 1866 auf den Boden der Annexionspolitik gestellt, das heißt auf den Boden der Revolution von oben. Damit ist ihnen der konservative Boden unrettbar unter den Füßen weggerissen worden.«

Gegen Ende seines Lebens, als die der preußischen Herrschaftsordnung abträglichen Folgen seiner »Revolution von oben« sichtbar geworden waren, suchte Bismarck sein Werk als »eine konservative Tat« hinzustellen. Als er sie beging, war er sich ihrer revolutionären Züge durchaus bewußt gewesen. »Soll Revolution sein, so wollen wir sie lieber machen als erleiden«, ließ er im August 1866 den Zaren wissen. »Pression des Auslandes wird uns zur Proklamierung der deutschen Reichsverfassung von 1849 und zu wirklich revolutionären Maßregeln treiben.«

Manchem Konservativen waren schon die bisherigen Maßregeln revolutionär genug. Ihr rechter Flügelmann, Ernst Ludwig von Gerlach, konstatierte einen Rückfall in den Friderizianismus, in eine Politik der reinen Machtinteressen, und beklagte es, daß sein preußisches Vaterland »Schaden an seiner Seele genommen und sein Gewissen befleckt hat«. Alexander von Below-Hohendorf, ein alter Freund Bismarcks, der noch mit ihm sprach, bedauerte die Verletzung der »geheiligten Prinzipien« des Wiener Kongresses. »Was waren denn das für Prinzipien?« fuhr ihn Bismarck an. »Die revolutionärsten von der Welt! Länder und Völker wurden auf diesem Kongresse wie alte Hosen und Röcke zerschnitten, aus denen der jüdische Händler neue Kleider machen will. Wir sind bei den Annexionen, die wir 1866 vornehmen mußten, unvergleichlich konservativer verfahren.«

Er mischte, wie so oft, Wahrheit und Dichtung. Auch das Jahr 1815 markierte den Sieg einer Revolution, den der Revolution der Fürsten gegen den Kaiser. Der alte Reichsmantel wurde zerschnitten,

Teile und Teilchen den Fürstenstaaten angestückelt, die zu souveränen Staaten geworden waren. Doch ihre Throne wurden nicht umgestoßen, vielmehr durch das für allgemein verbindlich erklärte monarchische Prinzip gefestigt und ihre legitime Herrschaft in einem deutschen und europäischen System gesichert.

Nicht zuletzt dem Königreich Preußen und den es tragenden konservativen Kräften war dies zugute gekommen. Dann kam Bismarck, erklärte den preußischen Leib für immer noch zu schmal für eine großmächtige Rüstung, bekämpfte den Kaiser von Österreich, zerstörte den Deutschen Bund, diesen völkerrechtlichen Verein der Monarchen, und nahm für den preußischen Staat im Namen der deutschen Nation das Land der von ihren Thronen gestürzten ehemaligen Bundesgenossen.

Er wisse, daß er dazu nicht das Recht habe, aber er habe die Gewalt und gebrauche sie nach seinem Interesse, bedeutete er einem kurhessischen Minister. Beileibe nicht allen preußischen Konservativen mißfielen solche Worte und die ihnen folgenden Taten. Hermann Wagener, ein alter Kämpe der *Kreuzzeitung*, verwies auf das »Recht des Siegers«: Preußen habe auf den Schlachtfeldern Böhmens die Befugnis erhalten, »nach seinen Dispositionen die Verfassung Deutschlands zu ordnen«. Heinrich Leo, der konservative Historiker, sprach dem stärkeren Staat das Recht zu, den schwächeren Staat mit naturgesetzlicher Notwendigkeit zu verschlingen.

In diesem Preußen, das seine legitimistische Basis in Frage stellte, müsse Deutschland aufgehen, verlangte Heinrich Leo. Er schien seine frühere Wahrnehmung vergessen zu haben: »Preußen stirbt, wenn sein Königtum schwindet – Preußen wird eine Beute der Fäulnis und der Würmer, wenn man das Königtum aus ihm herausnimmt oder in ihm schwächt.«

Letzteres sei nun geschehen, und deshalb stehe man am Anfang vom Ende Preußens, klagten Konservative, die am Legitimismus festhielten. Der Österreicher Heinrich von Heß, der als Generalquartiermeister Radetzkys 1848 die italienischen Revolutionäre mit besiegen geholfen hatte, schrieb an den Preußen Friedrich von Wrangel, der 1848 mit seinen Soldaten die Demokraten aus Berlin verjagt hatte: »Nun ist die Revolution von oben durch euch in Mode gekommen. Wehe euch doppelt, wenn sie euch nach weggespültem Rechtsgefühl in der Flut der Zeiten einmal selbst ergreift. Dann seid ihr verloren.«

Indes war eine Mehrheit der preußischen Konservativen der Meinung, im Jahre 1866 sei das preußische Königtum gestärkt worden. Sie beriefen sich auf Friedrich den Großen. Dieser Hohenzoller hatte Preußen durch die Eroberung Schlesiens vergrößert, seine Machtbasis in Deutschland erweitert, die Machtposition des Königtums durch eine absolutistische Regierung befestigt und die Vorrangstellung des königstreuen Adels gestärkt. Friedrich II. hatte die monarchische und feudale Herrschaft nicht wie Friedrich Wilhelm III. oder gar Friedrich Wilhelm IV. mit dem Gottesgnadentum und einer christlich-germanischen Ständelehre verbrämt, sondern mit Gedanken der Aufklärung begründet, die besser in die zweite Hälfte des 19. Jahrhunderts zu passen schienen als die Schwärmereien der Romantik.
Auch der Dualismus des preußischen Konservativismus wurde gelöst, gegen den Legitimismus und für den Friderizianismus. Die konservative Partei, die diese Gegensätze schon vor 1866 in sich getragen hatte, spaltete sich nun in eine kleine Gruppe, welche die christlich-konservativen Ideale hochzuhalten suchte, und in eine größere Gruppe, die sich auf den Boden der von Bismarck geschaffenen Tatsachen stellte.
Bismarck trennte sich von den Altkonservativen, aus deren Reihen er hervorgegangen war, und hielt Distanz zu den Neukonservativen. Gesellschaftliche Interessen verbanden den Junker weiterhin mit seinen Standesgenossen, aber als Reichsgenossen, als Helfer am preußisch-deutschen Werk benötigte er vor allem das nationalgesinnte Bürgertum. Mit dessen zum Parlamentarismus tendierenden Liberalismus mochte sich der Royalist nach wie vor nicht befreunden, doch das mußte er nun auch nicht mehr.

AUCH DIE FORTSCHRITTSPARTEI, seine Gegnerin im preußischen Verfassungskampf, war bei Königgrätz geschlagen worden. Das Gros der Besiegten senkte vor dem Sieger das liberale Prinzipienbanner, die Traditionsfahne der deutschen Revolution. Und stand bereit, unter Bismarcks Panier zum Ziel des preußisch-deutschen Nationalstaates zu marschieren, auch wenn dabei der 1848 anvisierte liberale und demokratische Verfassungsstaat nicht, jedenfalls nicht sogleich, erreicht werden sollte.
Königgrätz war auch das Sadowa des Liberalismus. Am Tage der

Entscheidungsschlacht in Böhmen, am 3. Juli 1866, wurde das Abgeordnetenhaus neu gewählt. Die liberale Opposition, Fortschrittspartei und linkes Zentrum, fiel von 247 auf 148 Sitze zurück. An der Sonne des Erfolgs der Staatsregierung, die sie parlamentarisch bekämpft, und des Königsheeres, dem es die Mittel verweigert hatte, waren zwei Fünftel ihres bisherigen Mandatsbestandes dahingeschmolzen.

Die Berliner, die am 20. September 1866 die heimkehrenden Sieger begrüßten, schienen keine Parteien mehr, nur noch ein Vaterland zu kennen. Im Triumphzug ritten vor Wilhelm I. Kriegsminister Roon, Generalstabschef Moltke und Ministerpräsident Bismarck, als neuernannter Generalmajor in weißer Kürassieruniform, in die Hauptstadt Preußens ein, die – wenn auch noch nicht offiziell – die Hauptstadt Deutschlands geworden war.

Dem Berliner Oberbürgermeister Karl Theodor Seydel, einem Schwager Virchows, floß nun die patriotische Lobeshymne so pathetisch wie vordem eine liberale Oppositionsrede über die Lippen: »Nach fünfzig Jahren – Jahren ernster Arbeit, strenger Zucht, mühevoller Übung – ist wiederum Preußen mächtig und entscheidend eingetreten in die Last und Ehre seines Berufes... Der Weg ist uns vorgezeichnet in dem alten, ewig jugendkräftigen Siegesruf: Mit Gott für König und Vaterland!«

Bismarck kannte seine Pappenheimer. »Der Preuße ist großschnäuzig; wenn man ihm das Recht gibt, dies nach außen zu sein, kann man nach innen machen, was man will«, hatte er 1851 bemerkt, und 1861 hinzugefügt: »Wir sind fast so eitel wie die Franzosen; können wir uns einreden, daß wir auswärts Ansehn haben, lassen wir uns im Hause viel gefallen.«

Auch Liberale beeilten sich, diese Meinung zu bestätigen. Überwältigt vom Erfolg der königlichen Waffen und dem Prestigegewinn der preußischen Macht, begrüßten sie eine Politik, die das erreicht, applaudierten sie dem Mann, der dies ermöglicht hatte, und bekundeten ihre Bereitschaft, unter Preisgabe bisheriger Positionen aus der Opposition zu einer Koalition mit dem Machtpreußen und Einheitsschmied überzugehen.

»Wir erfüllen nur eine Pflicht des Patriotismus und loyaler Kampfesweise, wenn wir einem früheren Gegner die warme und herzliche Anerkennung zollen, welche der Mann verdient, dem vergönnt war, soviel für Deutschland und Preußen zu tun«, erklärte der Erfolgsschriftsteller Gustav Freytag, der stets den Ton des Tages zu treffen wußte. Der Historiker Heinrich von Sybel, der eine Schwarz-Weiß-Betrachtung der Geschichte wie der Gegenwart pflegte, unterschied nun zwischen dem »anarchistischen und revolutionären« Liberalismus, dem die Parteigenossen bislang verfallen gewesen seien, und einem »positiven und staatsbildenden Liberalismus«, den sie fortan zu vertreten hätten.

Diesen preußischen schlossen sich deutsche Liberale an, die es kaum erwarten konnten, in einen von Preußen formierten und kommandierten Nationalstaat eingereiht zu werden. Auch und gerade Norddeutsche, deren Staaten vom Sieger annektiert wurden, dachten und fühlten mit dem Altliberalen Max Duncker, der nun als preußischer Kommissar bei der Einverleibung Kurhessens und Hannovers mitwirkte: Er würde »die Einheit des Zuchthauses der Ohnmacht und Zersplitterung« vorziehen.

Ein Rechtspositivist wie der aus Aurich stammende Professor Rudolf von Jhering empörte sich vor Königgrätz über »das frevelhafte Spiel, das Bismarck mit allem treibt, was Recht und Wahrheit heißt«. Nach Königgrätz erklärte er, »für einen solchen Mann der Tat« gebe er »hundert Männer der liberalen Gesinnung, der machtlosen Ehrlichkeit«. Der aus Braunschweig stammende Professor Hermann Baumgarten, der die preußische Monarchenmacht und Junkerherrschaft hauptsächlich von süddeutschen Kathedern aus betrachtet hatte, veröffentlichte in den *Preußischen Jahrbüchern* eine »Selbstkritik« des deutschen Liberalismus: »Fast alle Elemente unseres politischen Systems sind durch die Tatsachen als irrtümlich erwiesen worden.« Nun gelte es, die liberalen Grundsätze hintanzustellen und die Fehltritte durch einen Gleichschritt mit Bismarck wettzumachen.

»Soll Recht gebrochen werden, sei's ein Königsthron, um das man's bricht! Im übrigen sei's heilig dir!« Dieses Euripides-Wort, das Caesar ständig im Munde geführt hatte, wurde von gebildeten Liberalen zitiert. Ihnen ging es um den preußischen Königsthron, der zum ersehnten deutschen Kaiserthron nur werden könnte, wenn man ihn durch die Rechtsbrüche der Annexionen festigte und erhöhte.

Eine Preisgabe, zumindest Suspendierung liberaler und demokratischer Forderungen wurde deshalb hingenommen. Keine Anwendung fand Artikel V des Prager Friedens, welcher der überwiegend dänischen Bevölkerung im Norden des preußisch gewordenen Schleswigs die Möglichkeit einräumte, »durch freie Abstimmung« mit Dänemark vereinigt zu werden. Eine Volksabstimmung wie bei der Eingliederung italienischer Staaten in das Königreich Italien oder der Angliederung Nizzas und Savoyens an das Kaiserreich Frankreich wurde im Falle Hannovers, Kurhessens, Nassaus und Frankfurts nicht für notwendig gehalten.

Die tonangebenden Liberalen stimmten Bismarck zu, der erklärte, die Annexionen erfolgten gemäß dem Recht und der Pflicht Preußens, der deutschen Nation die für ihre Existenz nötige Basis zu verschaffen. Nicht die Begründung, allenfalls das Verfahren der Besitzergreifung empfanden sie als anstößig.

Die preußischen Truppen, die am 16. Juli 1866 Frankfurt am Main kampflos besetzten, behandelten die Stadtrepublik wie ein dem Kriegsrecht verfallenes Feindesland. Zunächst wurden von der rund 50.000 Einwohner zählenden Kommune 6 Millionen Gulden, dann zusätzlich 25 Millionen Gulden, zahlbar binnen 24 Stunden, als Kontribution verlangt und bei Zahlungsverzug Plünderung angedroht. Der verzweifelte Bürgermeister Fellner erhängte sich.

Den Befehl zu dieser Behandlung hatte Bismarck gegeben, jedenfalls weitergeleitet. Er verdrängte seine angenehmen Erinnerungen an Frankfurt am Main, wo er die schönsten Jahre seines Lebens verbracht hatte, dachte nur noch daran, die Stadt zu demütigen, die ein geschichtlicher wie gegenwärtiger Gegenpol seines Preußens war: als Wahl- und Krönungsort deutscher Könige und Kaiser eines universalen Reiches, als Sitz der Bundesversammlung des von Österreich präsidierten mitteleuropäischen Staatenvereins, als Tagungsort der Nationalversammlung, die ein demokratisches Deutschland anvisiert hatte, und als Erscheinungsort der linksliberalen *Frankfurter Zeitung,* die ihm ein Greuel war und blieb.

Dem Racherausch des Junkers folgte bald die Ernüchterung des Realpolitikers, der erkannte, daß ein ruiniertes Frankfurt weder seinem preußischen Besitzer noch dessen deutschen Ambitionen nützen würde. Bereits am 31. Juli 1866 verfügte Bismarck eine schonendere Behandlung der Stadt. Zu entgegenkommend sollte jedoch nicht verfahren werden. Drei Jahre später drohte er seinem

König mit Rücktritt, falls dieser die von ihm für ausreichend gehaltene Entschädigung von bescheidenen zwei Millionen auf – wie von den Frankfurtern gewünscht – drei Millionen Gulden aufstokken sollte. Schließlich bezahlte Wilhelm I. die Differenz aus seiner Privatschatulle.
Die harte Behandlung des okkupierten Frankfurt sei eine »unerhört miserable Geschichte, unvernünftig in der Anlage und über die Maßen gemein in der Ausführung« gewesen. Diese Auffassung vertrat Rudolf von Bennigsen, der hannoversche Liberale, der das Aufgehen seiner Heimat im Staat seiner Wahl betrieb, doch dabei ein weniger gemeines Verfahren wünschte, wie es eben, angesichts des Sträubens vieler Hannoveraner, die Vernunft gebot und die zwar geschrumpften, aber noch vorhandenen liberalen Skrupel verlangten.
Hannover war kein kleiner Stadtstaat, und auch nicht mit den anderen annektierten Staaten zu vergleichen: Kurhessen, das seinen angestammten Dynasten, der sich zu einem Reaktionär ausgewachsen hatte, nicht ungern verlor. Und Nassau, dessen Herzog schließlich als Großherzog von Luxemburg ein standesgemäßes Unterkommen fand. Das Königreich Hannover war nach der Größe der Vierte und nach der Einwohnerzahl der Fünfte im Deutschen Bund gewesen, hatte einen an die im Inland wie im Ausland angesehene Welfendynastie gebundenen Staatspatriotismus entfaltet, der nicht ohne weiteres in einen preußischen Staatsnationalismus einzubinden war.
»Hannover ist ein harter, schwerverdaulicher Klumpen in unsrem Schlunde«, erkannte Bismarck, der ihn, so schwer dies auch fallen mochte, schlucken wollte und ihn, auch wenn Magenbeschwerden zu erwarten waren, zu verdauen hatte. Als Palliativum griff er zu obrigkeitlichen Mitteln, von denen er nun in Neupreußen wie bislang bereits in Altpreußen eine heilsame Wirkung erwartete. Er verwies auf die Notwendigkeit »eines entschiedenen und prompten Niederhaltens jeder Renitenz«, auf die Unvermeidlichkeit, jeden Widerstand unnachsichtig zu bestrafen, und auf die Zwangsläufigkeit einer »ehrlichen Diktatur«, das heißt, »das Recht anzuordnen, was im Überleitungsstadium zum Besten jener Länder notwendig sei, und zu beseitigen, was diesem Besten widerspreche«.
Das aus einem Königreich zu einer preußischen Provinz gewordene

Hannover wurde zunächst wie ein erobertes Land behandelt. Der entthronte König Georg V., der in Österreich Zuflucht fand, erklärte die Annexion für eine »flagrante Verletzung der europäischen Verträge und des Völkerrechtes«. In einer Massenpetition riefen Hannoveraner die Hilfe der Großmächte an, die sich jedoch auf Sympathiebezeigungen beschränkten. In Hannover bildete sich eine Welfenpartei, die sich hauptsächlich auf Adel, Geistlichkeit, Beamtenschaft und das Landvolk stützte. Angeführt wurde sie von einem ehemaligen Minister Georgs V., der aus dem katholischen Teil des Landes stammte: Ludwig Windthorst, der Bismarck noch viel zu schaffen machen sollte.

Die Bundesgenossen, die der Annektierer im bürgerlichen, liberalen Lager fand, erwiesen sich auch in Hannover als die stärkeren Bataillone. Mit ihrer Unterstützung ging Bismarck gegen die welfische Fronde vor. Er widerrief den Abfindungsvertrag, den er mit Georg V. geschlossen hatte, unter dem Vorwand, die aus hannoverschen Emigranten im Ausland gebildete Welfische Legion, die nicht einmal die Stärke einer Kohorte erreichte, gefährde die Sicherheit Preußens.

Die Erträgnisse des beschlagnahmten Welfenvermögens flossen in den Welfenfonds. Über die Verwendung der jährlich zur Verfügung stehenden 600.000 Mark war Bismarck keine Rechenschaft schuldig. Er verwendete das Geld nicht nur, wie ursprünglich vorgesehen, zur Überwachung der Anhänger des Welfenkönigs, sondern auch zur Finanzierung der neugeschaffenen Zentralstelle der politischen Polizei und zur »Beeinflussung der Presse im gouvernementalen Sinn«, was eine beschönigende Umschreibung für Bestechung war.

Der Geheimfonds wurde auch, nach einer Redewendung Bismarcks, Reptilienfonds genannt. In einer Landtagsdebatte über die Beschlagnahme des Welfenvermögens und dessen Verwendung hatte er am 30. Januar 1869 erklärt: »Überall, wo Fäulnis ist, stellt sich ein Leben ein, welches man nicht mit reinen Glacéhandschuhen anfassen kann. Dieser Tatsache gegenüber sprechen Sie doch nicht von Spionierwesen! Ich bin nicht zum Spion geboren meiner ganzen Natur nach; aber ich glaube, wir verdienen Ihren Dank, wenn wir uns dazu hergeben, bösartige Reptilien zu verfolgen bis in ihre Höhlen hinein, um zu beobachten, was sie treiben.«

Als Reptilien, an Schlangen und Krokodile erinnernde Kriechtiere,

wurden fortan nicht nur Widersacher, sondern auch Befürworter der Politik Bismarcks bezeichnet, die in der Reptilienpresse agierten. Ohne Fütterung mit Bestechungsgeldern glaubte er sie kaum dafür gewinnen zu können. »Anständige Menschen schreiben nicht für mich«, meinte Bismarck und hielt sich an jene »deutschen Mietlinge, welche in dieser Fäulnis ihr tägliches Brot suchen.«
Diese Verachtung des Journalismus und Korrumpierung von Journalisten mußte Liberalen mißfallen, die in der Presse ein Organ des Fortschrittes erblickten. Bismarcks Rechtsbrüche hätten eigentlich Liberale, die sich dem Rechtsstaat verschrieben hatten, auf die Barrikaden treiben müssen. Doch mehr und mehr Liberale konvertierten zur Realpolitik und Machtpolitik. »Probieren Sie selbst erst, ob Sie Pech anfassen können, ohne sich zu besudeln«, rief ihnen Bismarck zu. Viele meinten, es bliebe nichts anderes übrig, als zuzufassen, andere wollten dies lieber den Machthabern überlassen. Mit liberalen Grundsätzen sei kein Staat zu machen, ein deutscher Nationalstaat nicht zu erlangen, erklärte Professor Hermann Baumgarten. Der Bürger sei zur Arbeit und nicht zur Herrschaft berufen, die man, zumindest bis zur Erreichung des Zieles, dem Monarchen, den Junkern und dem Ministerpräsidenten überlassen dürfe.
Bismarck sah seine Auffassung bestätigt, daß Liberalismus den Staat verderbe und Liberale zur Politik nicht taugten. »Rechtsstaatlich« hielt er für einen von Professor Robert Mohl »erfundenen Kunstausdruck«. Dem Professor Rudolf Virchow riet er, bei seinen wissenschaftlichen Leisten zu bleiben, die Politik zu lassen, die keine exakte Wissenschaft sei; denn »mit der Position, die man vor sich hat, wechselt auch die Benutzungsart der Positionen.«
Diese Anschauung setzte sich bei der Mehrheit der Liberalen durch, die angesichts der neuen Lage ihre alten Standpunkte und bisherigen Stellungen aufgaben und sich an Bismarcks Positionen ausrichteten. Aus Doktrinären von 1848 waren Opportunisten von 1866 geworden. Das konnte dem Realpolitiker nur recht sein, der Doktrinarismus jedweder Coleur zu verabscheuen gelernt hatte und Opportunismus als ein in der Politik angebrachtes, weil sich nach den gegebenen Verhältnissen richtendes und auf den eigenen Vorteil bedachtes Verhalten betrachtete.
Nutzen vermochten beide Seiten aus einer Anpassung an die Tatsachen und einer Annäherung an den Kontrahenten zu ziehen. Die

Liberalen gewannen den ersehnten Nationalstaat, den erwünschten Nationalmarkt und den erforderlichen Staatsschutz der Bourgeosie gegen Ansprüche der Arbeiterschaft, ohne die Hoffnung aufzugeben, preisgegebenes politisches Terrain Schritt für Schritt zurückzugewinnen.

Andererseits brauchte Bismarck das liberale und nationale Bürgertum für die Vollendung der deutschen Einheit, den angepeilten Anschluß Süddeutschlands, die unvermeidliche Auseinandersetzung mit Frankreich und den inneren Ausbau des Erreichten. Der Bürgerstand war auf die Dauer nicht auszuschalten, aber er gedachte ihn auf königlich-preußische Weise mit dem Adelsstand zusammenzuschließen, so daß Monarchenmacht wie Junkertum vorherrschend und ein Ausbrechen des hinzunehmenden Konstitutionalismus in einen unannehmbaren Parlamentarismus ausgeschlossen blieben.

Noch im Jahre 1866 ging Bismarck daran, durch eine taktische »Achtelschwenkung nach links« seinem strategischen Ziel näherzukommen. Es ging ihm darum, die Reihen der Liberalen zu verwirren, die bislang mehr oder weniger geschlossene Formation des Liberalismus aufzulösen, die Mehrheit zu sich herüberzuziehen und die Minderheit ins Abseits zu drängen.

Zu diesem Zweck brachte er einen Monat nach Königgrätz im Abgeordnetenhaus die Indemnitätsvorlage ein. Der Ministerpräsident ersuchte das Parlament um Indemnität (indemnatum, unverurteilt), nachträgliche Genehmigung eines ohne dessen Zustimmung erfolgten Regierungsaktes, um Pardon dafür, daß er in der wegen der Heeresreorganisation entstandenen Konfliktperiode ohne genehmigtes Budget regiert, in einer Notstandssituation die Verfassung verletzt hatte.

Das Zugeständnis, daß Recht verletzt worden war, fiel den Konservativen schwer. Entschiedene Liberale, für die Unrecht Unrecht blieb, auch wenn es hinterher eingestanden wurde, waren nicht willens, Indemnität zu gewähren. Sie blieben in der Minderheit. Dies hatte Bismarck einkalkuliert. Wie vordem außenpolitische, so gedachte er nun innenpolitische Gegner nach dem Motto »Teile und herrsche« auseinanderzudividieren. Die Rechnung ging auf.

Am 3. September 1866 stimmten nur 75 Abgeordnete gegen und 230 Abgeordnete für das Indemnitätsgesetz, darunter zahlreiche Mitglieder der Fortschrittspartei. Diese zerbrach in der Abstimmung in ein Fähnlein, das mit dem alten Namen an den alten Prinzipien festhielt, und in den Heerhaufen der Nationalliberalen Partei. Überwältigt vom Erfolg des Königsheeres, das gegen ihren Widerstand gestärkt worden war, zerknirscht wegen ihrer Auflehnung gegen den Mann, der es in den Krieg und zum Sieg geführt hatte, stellten sich die Nationalliberalen Bismarck in tätiger Reue zur Verfügung.

Im Entscheidungsjahr 1866 hatte er sie alle besiegt – die Österreicher, die Welfen, die grundsatztreuen Konservativen und nun auch die prinzipienfesten Liberalen. Freigekämpft war der Weg zu einem deutschen Nationalstaat, in dem der Hohenzoller herrschte und sein Ministerpräsident regierte, Parlamentarier als Staatsdiener ministrierten, die Macht mehr als der Geist zu gelten und der Erfolg am meisten zu zählen begann.

Der Norddeutsche Bund

DIE WEICHEN FÜR 1871 wurden 1866 gestellt, und Bismarck war der Weichensteller, der den Zug in Richtung des zweiten, des preußisch-deutschen Reiches leitete.

Die Signale standen für den Nationalzug auf Grün, doch in welche Endstation er einlaufen würde, war zwar vor dem Entscheidungsjahr 1866 ungefähr abzusehen, aber noch nicht endgültig ausgemacht. Nun hatte Bismarck freie Hand für die, wie er meinte, richtige »Instradierung« bekommen, die zu dem zum Reichsbahnhof erweiterten preußischen Staatsbahnhof führte.

»Bismarck hat nur in eigene Hand genommen, was mit der Zeit doch geschehen wäre, aber ohne ihn und gegen ihn«, resümierte der zeitgenössische Historiker Jacob Burckhardt. »Er sah, daß die wachsende demokratisch-soziale Woge irgendwie einen unbedingten Gewaltzustand hervorrufen würde, sei es durch die Demokraten selbst, sei es durch die Regierungen, und sprach: ipse faciam …«

Nach seinen Vorstellungen, mit seinen Mitteln und zu seiner Genugtuung erreichte er, was andere laut ihres Programms, mit ihren Methoden und zu ihrer Befriedigung erstrebten. Kraft seiner Persönlichkeit verwirklichte er, was in der Zeit angelegt war und

Zeitgenossen, wenn auch in anderen Formen und mit anderen Inhalten, anvisiert hatten.

»Aber nicht allein die allgemeinen Tendenzen entscheiden in dem Fortgang der Geschichte; es bedarf immer großer Persönlichkeiten, die sie zur Geltung bringen«, erklärte der zeitgenössische Historiker Leopold von Ranke. Bismarck war eine solche große Persönlichkeit, die Geschichte machte, indem sie Bestrebungen der Epoche begriff und aufgriff, in ihre Richtung lenkte und zu ihrem Ziele führte.

Er selber meinte, ein Staatsmann könne die Verhältnisse nicht schaffen, nur benutzen und ausnützen. Der Große, den andere hinreichend illuminierten, neigte manchmal dazu, sein Licht unter den Scheffel zu stellen: »Als ich kam, waren die deutschen Dinge so reif, daß ein Schlag mit der Gerte genügte, und das eiserne Tor sprang auf.«

Tatsächlich mußte der Reichsschmied zum Vorschlaghammer greifen, und das Hantieren damit verbrauchte seine Kraft, zerrüttete seine Gesundheit und erschütterte seinen Lebensmut. »Die Politik hat alles in mir ausgepumpt«, bilanzierte Bismarck. »Was dabei das Aufreibendste ist, das ist nicht die Arbeit, sondern das stete Risiko, das man auf sich nehmen muß. Bei allen großen politischen Entscheidungen spielt man doch schließlich ein unberechenbares Spiel; da heißt es Schrift oder Kopf.«

Nach den Anstrengungen und Aufregungen des Jahres 1866 war der Titan erschöpft. Er wurde von rheumatischen und neuralgischen Schmerzen gepeinigt, der Magen lehnte sich auf, und die Nerven versagten ihren Dienst.

Waren es nur die Strapazen des Feldzuges, die Abwehr auswärtiger Eingriffe, das Ringen mit dem König und den Konservativen, die Auseinandersetzungen mit den Liberalen, die ihn auf das Krankenlager warfen? Vermutlich hatte noch anderes dazu beigetragen. Litt er darunter, daß er die Basis seiner Anlagen und Überzeugungen verlassen hatte, dem Zeitgeist nachgehinkt war, daß der Junker und Royalist einen Pakt mit der vordem verteufelten Revolution geschlossen hatte? Ahnte er, daß seine Koalition mit dem Fortschritt, auch wenn er ihn im Griff zu haben schien, der Anfang vom Ende seines alten Preußens war?

Jedenfalls hatte er mit dem deutschen Dualismus nicht seinen persönlichen Dualismus zwischen alter Prinzipientreue und neuer

Realpolitik, überkommenen Interessen und hinzugekommenen Erfordernissen gelöst.
Dies alles hatte ihn so mitgenommen, daß er um Jahre gealtert schien, der Fünfziger wie ein Sechziger aussah. »Das Beste für mich wäre, wenn ich jetzt meinen Abschied nähme«, erklärte er im Herbst 1866. »Ich könnte es in dem Bewußtsein tun, dem Lande etwas genützt zu haben und diesen Eindruck zu hinterlassen.« Er beließ es bei einem längeren Urlaub auf Schloß Carlsburg in Vorpommern und im Sommerhaus des Fürsten Putbus auf der Insel Rügen. Seine Frau fand ihn »sehr matt, angegriffen, appetitlos«. Keudell riet ihm, den Winter im Süden, etwa an der Riviera, zu verbringen.
»Es ist gut gemeint, aber unpraktisch«, entgegnete Bismarck. »Man muß das Eisen schmieden, solange es glüht. Es ist nicht wahrscheinlich, daß im Frühjahr noch dieselbe patriotisch gehobene Stimmung vorhanden sein würde, wie jetzt, wenn sie nicht bald stoffliche Nahrung erhält, wenn die aufgeregten Leute nicht bald recht viel zu tun bekommen.« Er raffte sich auf, ging »an die Ramme«, verschaffte neuen nationalen Stoff, beschäftigte die Leute: durch die Errichtung des Norddeutschen Bundes.
Noch in Putbus entwarf er die Grundzüge der Verfassung, aus der die deutsche Reichsverfassung hervorging. »Je mehr man an die früheren Formen anknüpft, um so leichter wird sich die Sache machen, während das Bestreben, eine vollendete Minerva aus dem Kopfe des Präsidiums entspringen zu lassen, die Sache in den Sand der Professorenstreitigkeiten führen würde.«
Schon im Putbuser Diktat vom 30. Oktober 1866 wurde deutlich, daß mit dieser von ihm maßgeblich zu gestaltenden Verfassung das vorgesehene Bundespräsidium, der König von Preußen, und die künftigen Bundesfürsten, die der Annexion entgangenen norddeutschen Souveräne, zufriedener sein könnten als die deutsche Nationalstaatsbewegung, die möglichst viel an Parlamentarismus und Zentralismus einzubringen gedachte.
Er würde auch die Bewegungspartei benutzen, wenn es Preußens Vorteil erheische – dieses 1865 gesprochene Wort hatte er 1866 in die Tat umgesetzt, sich die Nationalliberalen dienstbar gemacht. Als die Mohren – nach Reichsgründung und Reichsausbau – ihre Schuldigkeit getan hatten und er sie aus der Mitverantwortung entließ, bekannte er: Er habe den Imdemnitäts-Kompromiß keineswegs aus

Liebe zum konstitutionellen System geschlossen. »Wenn ich geglaubt hätte, daß eine Diktatur in Preußen, daß der Absolutismus in Preußen der Förderung des deutschen Einigungswerkes nützlicher gewesen wäre, so würde ich ganz unbedingt und gewissenlos zum Absolutismus geraten haben.«

Doch er war nicht darum herumgekommen, die preußische Herrschaft, die er zur Vorherrschaft in Deutschland bestimmt hatte, verfassungsstaatlich abzustützen und die preußische Königskrone, die mit einer deutschen Kaiserkrone überhöht werden sollte, mit demokratischem Öl zu salben. Aber er wollte dafür sorgen, daß es bei möglichst wenigen Tropfen bliebe.

Dementsprechend fiel sein Entwurf zur Verfassung des Norddeutschen Bundes vom 9. Dezember 1866 aus. Er tendierte mehr zum Absolutismus als zum Parlamentarismus. Es war eine Spezialmischung von monarchischen und demokratischen, obrigkeitlichen und liberalen, unitarischen und partikularen Elementen – eben eine Konstitution, die auf die preußisch-deutsche Machtordnung und Gesellschaftsstruktur zugeschnitten, auf die Statur des Hohenzollernkönigs wie auf den Leib seines Ministerpräsidenten geschneidert war. Der Norddeutsche Bund war auf die Monarchensouveränität, nicht auf die Volkssouveränität gegründet, wurde als Bund der Fürsten und nicht als ein Zusammenschluß ihrer zu Staatsbürgern arrivierten Untertanen konzipiert.

Niemals habe er daran gezweifelt, bilanzierte Bismarck, »daß der Schlüssel zur deutschen Politik bei den Fürsten und Dynastien lag und nicht bei der Publizistik in Parlament und Presse oder bei der Barrikade.« Mit ihm sperrte er jetzt das Tor zur deutschen Zukunft auf.

»Einen ewigen Bund zum Schutze des Bundesgebietes und des innerhalb desselben gültigen Rechtes sowie zur Pflege der Wohlfahrt des Deutschen Volkes« schlossen die Könige von Preußen und Sachsen, vier Großherzöge – von Mecklenburg-Schwerin, Sachsen-Weimar-Eisenach, Mecklenburg-Strelitz und Oldenburg –, fünf Herzöge, sieben Fürsten und – das war nicht zu ändern – die drei freien Hansestädte Lübeck, Bremen und Hamburg sowie – für seine nördlich des Mains gelegenen Gebiete – der Großherzog von Hessen-Darmstadt.

Dem monarchischen Prinzip entspreche das föderale Prinzip, meinte Bismarck, der damit ein Wesenselement der deutschen Geschichte und ein Kompositionsgesetz deutscher Staatlichkeit hervorhob – auf das Heilige Römische Reich Deutscher Nation zurückblickend, dem er nicht nachtrauerte, und an den Deutschen Bund anknüpfend, den er aufgelöst hatte. Die Einheit Deutschlands, erklärte er, beruhe viel weniger auf dem Gefühl der nationalen Zusammengehörigkeit, welches nur in Zeiten großer Krisen, wie kriegerischer Bedrohungen, lebhaft aufzulodern pflege, als auf dem von den Regierungen geschlossenen Bund.

Ohne sich, wie so mancher seiner föderalistischen, großdeutschen und mitteleuropäischen Gegner, der Romantik hinzugeben, verwies er auf die historische Rechtsschule und die organische Staatslehre: »Ich glaube, man soll sich in den germanischen Staaten nicht fragen, wenn man es der Bevölkerung recht machen will: was *kann* gemeinsam sein? wie weit *kann* der große Mund des Gemeinwesens hineinbeißen in den Apfel? – sondern man muß sich fragen: was *muß* absolut gemeinsam sein? und dasjenige, was nicht gemeinsam zu sein braucht, das soll man der speziellen Entwicklung überlassen.« Damit diene man der Freiheit wie der Wohlfahrt.

Doch das Subsidiaritätsprinzip, das Eigenständigkeit und Eigenverantwortlichkeit der kleineren in den größeren Kreisen verlangte, wollte er lediglich in der Staatenwelt, keineswegs im Gesellschaftsbereich anwenden und auch nicht dem einzelnen Staatsbürger zuerkennen. Er zeigte auf »die große, reiche und mächtige Erscheinung der nordamerikanischen Freistaaten«, doch er dachte nicht daran, den traditionalen deutschen Föderalismusbegriff mit dem rationalen amerikanischen Föderalismusbegriff zu verbinden und eine Gewaltenteilung zwischen Bund und Gliedstaaten mit einer Gewaltenteilung zwischen Exekutive, Legislative und Rechtsprechung zu verschränken und damit dem Staatsbürger einen doppelten Schutz vor Machtmißbrauch zu verschaffen.

Wie Bismarck alles und jeden auf den Staat bezog, so blieb auch sein Föderalismus im Etatismus befangen. Indessen suchte er im Bund der deutschen Staaten einen Ausgleich zwischen der Gesamtgewalt und den Einzelgewalten, zwischen dem Partikularismus, der »Basis der Schwäche, aber auch nach einer Richtung hin die Basis der Blüte Deutschlands«, und der Zentralisation, die »mehr oder weniger eine Gewalttat« sei.

Man werde sich also bei der Verfassunggebung für den Norddeutschen Bund »in der Form mehr an den Staatenbund halten müssen, diesem aber praktisch die Natur eines Bundesstaates geben mit elastischen, unscheinbaren, aber weitreichenden Ausdrücken.« Die Vorzüge eines solchen Systems »bestehen in seiner Anlehnung an das Hergebrachte, dem sich die Regierungen als etwas Gewohntem und Selbstverständlichem leichter fügen werden als jeder neuen Kombination«.

Bismarck dachte dabei nicht nur an die norddeutschen Fürsten, die es jetzt zu föderieren galt, sondern auch an »den dereinstigen Beitritt der Süddeutschen«, denen noch weniger als den nördlich der Mainlinie gelegenen Staaten die Preisgabe historisch gewachsener und durch das monarchische Prinzip legitimierter Rechte zuzumuten sei. Je mehr er den partikularen Gewalten, die den alten Staatenbund nicht vergessen konnten und sich höchstens einen Bundesstaat vorstellen mochten, entgegenkam, um so mehr entfernte er sich von den kleindeutschen Liberalen, die einen nationalen Zentralstaat verlangten.

Deren Wünsche hatte Wilhelm Wehrenpfennig, Mitherausgeber der *Preußischen Jahrbücher*, vorgebracht: »Nur um Gottes Willen möglichst wenig Bundesstaat, überall Einheitsstaat nördlich vom Main.« Und Hermann Baumgarten, der stets zu extremen Formulierungen neigte, fügte hinzu: Der Liberalismus würde »einer langen Periode der Ohnmacht« entgegengehen, wenn er nicht den Einheitsstaat zu erlangen vermöchte.

»Wir können die Geschichte der Vergangenheit weder ignorieren, noch können wir, meine Herren, die Zukunft machen«, bedeutete Bismarck den Zentralisten. Ihr starker Partner, der auch in der Frage der staatlichen Organisation des Norddeutschen Bundes und nachfolgenden Deutschen Reiches maßgebend blieb, setzte mit dem Möglichen das ihm Genehme durch. Er verzichtete auf eine weitere unmittelbare Machtausbreitung, begnügte sich mit einer mittelbaren Machtausübung Preußens in Deutschland, schuf eine dem geschätzten Geist der Vergangenheit wie unumgänglichen Erfordernissen der Gegenwart gemäße Mischform aus Staatenbund, Bundesstaat und Einheitsstaat.

In ihm und durch ihn war die Existenz der historisch gewordenen und von preußischer Annexion verschont gebliebenen norddeut-

schen Staaten garantiert, eine nicht unbeträchtliche Autonomie der einzelstaatlichen Gesetzgebung, Verwaltung und Rechtssprechung gewahrt. Ihre Mitwirkung an der Bundesgewalt – in Exekutive wie Legislative – wurde durch die starke Stellung des Bundesrates gewährleistet.
Dieses wichtige Bundesorgan trug Züge des alten Bundestages. Wie ehedem in Frankfurt am Main versammelten sich nun in Berlin die Vertreter der Bundesstaaten, die an die Weisungen ihrer Regierungen gebunden waren. 26 Stimmen wurden den mittleren und kleinen Staaten mit ihren insgesamt 5 Millionen Einwohnern zugestanden. Preußen, das rund 25 Millionen Einwohner zählte, beanspruchte lediglich 17 Stimmen.
Dennoch besaß Preußen im neuen Bund weit mehr Macht als Österreich im alten Bund. Denn es konnte sich jederzeit die zu einer Mehrheitsbildung erforderlichen Stimmen von den an seinem Leitseil hängenden kleinen und kleinsten Staaten besorgen. Dem Bundespräsidium, das Wilhelm I. innehatte und Bismarck wahrnahm, kam die effektive oberste Macht im Bunde zu. Der König befehligte das Bundesheer, vertrat den Bund nach außen, ernannte den Bundeskanzler, den Vorsitzenden im Bundesrat und Leiter der Bundesgeschäfte. Das Amt des preußischen Ministerpräsidenten wurde de facto mit dem des Bundeskanzlers und späteren Reichskanzlers verknüpft; Bismarck übte beide Funktionen aus.
Bereits im Verfassungstext war die »legale Hegemonie« Preußens in dem als Föderation beschriebenen Norddeutschen Bund und späteren Deutschen Reich festgelegt. In der Verfassungswirklichkeit beherrschte Preußen den von ihm geschaffenen Bund.
Von einem »Scheinföderalismus« wurde gesprochen. Einen »Bund des Hundes mit den Flöhen« nannte der badische Liberale Franz von Roggenbach den Norddeutschen Bund. Als nationalen Staatenbund unter preußischer Hegemonie bezeichnete ihn der Nationalliberale Heinrich von Treitschke. Die Rechte des führenden Staates seien so ausgedehnt, seine Macht so überwiegend, daß das Ganze als Einheitsstaat erscheine. Preußisches dominierte nicht nur in der Form, sondern auch im Inhalt dieses Bundes. Die preußische Heeresverfassung wurde für alle Mitglieder verbindlich. Mit den militärischen Reglements war der militärische Geist zu übernehmen, der Macht auch in der Gesellschaft und im Staat beanspruchte.

Dennoch klagten Preußen, der Staat Friedrichs des Großen und Wilhelms I., der Sieger über Reichsarmee und Bundesheer, habe an den neuen Bund zu viel von seiner Substanz abgegeben. Der preußische Kriegsminister Roon biß sich am Artikel 53 der Verfassung fest, der zwar die Bundeskriegsmarine dem preußischen Oberbefehl unterstellte, aber die Marinebeamten als Bedienstete des Bundes und nicht Preußens einstufte. Falls es dabei bliebe, werde er zurücktreten, ließ er Bismarck wissen, der »Partikularist!« an den Rand des Briefes schrieb und Roon eine deutsche und zugleich preußische Lektion erteilte. »Sollen wir denen, die nicht den Namen Preußen führen, die Unterordnung, ohne welche die Einheit unmöglich ist, durch äußerliche Formen erschweren?« fragte er als Bundeskanzler, und als preußischer Ministerpräsident antwortete er: »In der Sache bleibt es dasselbe, mögen Sie die Marine Preußisch, Deutsch oder Norddeutsch nennen, es ist unsres Königs Marine.« Bismarck bekannte: »Die Form, in welcher der König die Herrschaft in Deutschland übt, hat mir niemals eine besondere Wichtigkeit gehabt; an die Tatsache, daß Er sie übt, habe ich alle Kraft des Strebens gesetzt, die mir Gott gegeben.«

»Mit Gott für König und Vaterland« blieb die Parole Bismarcks. Preußen war der Felsen, auf den er Deutschland baute, und dieser war auf den »rocher de bronze« von Königtum, Adel, Militär und Beamtenschaft gegründet. Das war für ihn die von Gott gewollte und die von seinen Statthaltern zu bewahrende Ordnung. Sie war die Voraussetzung für die Errichtung des Norddeutschen Bundes und des aus ihm hervorgehenden Deutschen Reiches wie die Bedingung für deren Erhaltung als »verlängertes Preußen«.

Daran hielt Bismarck objektiv fest, auch wenn es ihm subjektiv zunehmend schwerer fiel. Die Bürokratie machte ihm nicht nur in Preußen, sondern nun auch im Bund, in dem sich der Aktenwurm ausbreitete, zu schaffen. Das Militär, das er als Machtinstrument für seine Machtpolitik zu gebrauchen wußte, entzog sich immer mehr der politischen Führung und störte immer wieder die Kreise des Staatsmannes. Der konservative Adel, der ökonomischen Gewinn aus Bismarcks Pakt mit dem liberalen Bürgertum zog und durch ihn gesellschaftlich eher gestärkt als geschwächt wurde, mäkelte am politischen Preis, den Bismarck, auch wenn er ihn möglichst klein zu halten verstand, dafür zu bezahlen hatte.

Der Junker strapazierte seinen Royalismus im Umgang mit dem König von Preußen, der ihm immer wieder ins Staatshandwerk zu pfuschen suchte. Auf die große Auseinandersetzung in Nikolsburg folgten kleinere, die Bismarck, dessen Eigenwille mit seiner Machtfülle zugenommen hatte, noch mehr aufbrachten und stärker mitnahmen als der damalige Zusammenstoß.
Differenzen zweiter und dritter Ordnung brachten im Jahre 1869 das Faß zum Überlaufen: Die Frage der Entschädigung für Frankfurt am Main und der Fall Usedom. Bismarck wollte den Gesandten in Italien schon lange loswerden, Wilhelm I. hielt ihn noch immer. Der Vasall drohte wieder einmal mit Rücktritt, der Lehnsherr erklärte, er werde ihn niemals annehmen, ließ Usedom fallen und griff für die Frankfurter in die eigene Tasche. Wiederum beugte sich Wilhelm I. Bismarck, mit dem »immer fest einverstanden zu sein« für ihn »größtes Glück« bedeute.
Doch die Auseinandersetzungen gingen weiter, zwischen Wilhelm I., der grundsätzlich darauf bestand, daß in Preußen der Wille des Königs das oberste Gesetz sei, und Bismarck, der dies im Prinzip bejahte und in der Praxis zu verneinen geneigt war. Noch im Jahre 1869 kam es wegen einer Bagatelle zu einer neuen Differenz. Bismarcks Vorschlag, einen Postbeamten aus Hannover zum Oberpostdirektor in Frankfurt am Main zu berufen, stieß im Kabinett des Königs auf Widerstand.
»Ich habe seit 36 Stunden nicht geschlafen, die ganze Nacht Galle gespien, und mein Kopf ist wie ein Glühofen«, schrieb Bismarck an Roon. Da möge der Kuckuck noch »Bundes- resp. Postkanzler« sein, »wenn man mit solchen Abfertigungen zur Ruhe verwiesen wird.«
Die Anlässe zu Konflikten wurden dadurch vermehrt, daß zu den Reibungsflächen auf der Ebene Preußens diejenigen auf der Ebene des Bundes hinzukamen. Bismarck, der preußischer Ministerpräsident und Bundeskanzler in einer Person war, bekam es mit einem neuen Dualismus zu tun, den er zwar zu entschärfen, aber nicht zu lösen vermochte. »Ich habe gegen den preußischen Partikularismus vielleicht noch schwierigere Kämpfe durchzuführen gehabt, als gegen den der übrigen deutschen Staaten und Dynastien«, bilanzierte der Reichskanzler, »und mein angebornes Verhältnis zu dem Kaiser Wilhelm I. hat mir diese Kämpfe erschwert.«
Preußen war die entscheidende unitarische und zugleich die stärkste

partikulare Macht im neuen Bund. Ihm präsidierte der König von Preußen, der im Zweifelsfall seine alten Rechte gegenüber den neuen Pflichten hervorhob. Wilhelm I. stand Bismarck zur Seite, der in seinem Doppelamt um ein ausgewogenes Verhältnis bemüht sein mußte und bei unvermeidlichen Kompetenzkonflikten einseitige Stellungnahmen vermeiden wollte.

Vor eine unumgängliche Wahl gestellt, sollte er sich freilich für sein »angebornes Verhältnis« zu Wilhelm I. entscheiden, für den König von Preußen, der die Monarchensouveränität verbürgte, für die preußischen Essentials eintrat und im deutschen Namen erhobenen national-liberalen wie national-demokratischen Forderungen entgegentrat.

DER ZUM BUNDESKANZLER avancierende preußische Ministerpräsident gedachte in der von ihm entworfenen Bundesverfassung dafür zu sorgen, daß das Deutsche an das Preußische gebunden, in den Bundesfarben Schwarz-Weiß-Rot das Schwarz-Weiß bestimmend blieb.

Ein nationaler Verfassungsstaat, wie ihn die deutsche Nationalstaatsbewegung unter den Farben Schwarz-Rot-Gold und in Fortsetzung des Verfassungswerkes der Frankfurter Paulskirche haben wollte, hätte auf der Volkssouveränität gründen, durch eine verfassunggebende Nationalversammlung konstituiert werden müssen. Doch Bismarck legte im Namen der sich zu einem Fürstenbund vereinigenden Monarchen seinen Verfassungsentwurf lediglich einem »verfassungsberatenden Reichstag« vor, der ihn zwar in einigen Punkten abändern konnte, aber das Grundkonzept anzunehmen hatte und ihm – dank der konservativen Konstitutionellen und nationalliberalen Kapitulanten – auch zustimmte.

In diesem, sich von der Nationalversammlung von 1848 wesentlich unterscheidenden Reichstag von 1867, der am 24. Februar von Wilhelm I. im Berliner Schloß eröffnet wurde, saßen 59 Konservative, 39 Freikonservative, 80 Nationalliberale, 27 Altliberale, 19 Fortschrittsparteiler, 14 Linksliberale, 18 Katholiken und Welfen, 13 Polen, 2 Dänen, 1 Sozialdemokrat und 25 sogenannte »Wilde«, in der Mehrheit gemäßigte Konservative.

Die 297 Abgeordneten, von denen 235 aus Preußen kamen, waren in allgemeiner und gleicher Wahl bestimmt worden. Dieser Rückgriff auf das Reichswahlgesetz des Frankfurter Parlaments war das weitestgehende Zugeständnis Bismarcks an die Nationaldemokratie. Er konnte dieses vor Königgrätz gemachte Angebot, das ihm über innenpolitische wie außenpolitische Hürden hinweghelfen sollte, nicht mehr zurücknehmen. Und er wollte es auch nach Königgrätz nicht, aus sachlichen wie persönlichen Gründen.

Am wenigsten wurde er dabei durch die Argumente bewogen, die er dafür öffentlich ins Feld führte: Das allgemeine Wahlrecht habe er »immer als ein gerechtes Äquivalent für die allgemeine Wehrpflicht empfunden«. Er kenne kein besseres Wahlgesetz als dieses, das »uns gewissermaßen als Erbteil der Entwicklung der deutschen Einheitsbestrebungen überkommen« sei.

Hinter vorgehaltener Hand brachte er andere, ihn überzeugendere Argumente vor. Dem deutschen Volk könne man »ein so gefährliches Recht« einräumen, weil es, wenigstens im Norden, zu neun Zehnteilen königstreu gesinnt, an monarchischer Ordnung und obrigkeitlich verbürgter Ruhe interessiert sei. Deshalb könne man das allgemeine Wahlrecht im Norddeutschen Bund als zentripetales Mittel gegen zentrifugale Tendenzen »von einigen unsrer kleinen Potentaten und Staaten« einsetzen. In Preußen, der zugleich unitarischen wie partikularen Hauptmacht, bliebe ohnehin das Dreiklassenwahlrecht in Kraft.

So vermöchte selbst diese »stärkste der freiheitlichen Künste« die monarchisch-aristokratische Herrschaft im allgemeinen und die Macht des preußischen Ministerpräsidenten und norddeutschen Bundeskanzlers im besonderen zu stärken: durch die Möglichkeit, die beiden nach unterschiedlichem Recht gewählten Parlamente gegeneinander auszuspielen, und durch die Chance, seine Stellung für die Zukunft zu sichern. Sobald Wilhelm I. die Augen schließe, bekäme er von Friedrich Wilhelm, dessen Nachfolger, einen Tritt. »Den Tritt kann er mir aber nicht geben, wenn ich der Majorität in den Volksvertretungen sicher bin, diese Majorität aber wiederum erlange ich jetzt nur durch ein solches Wahlsystem.«

Was aber – und daran dachte er durchaus –, wenn das allgemeine und gleiche Wahlrecht die Leute daran gewöhne, »nachzudenken und sich selbst für eine Eins zu halten?« Nun, »wenn das Wahlsystem in einigen Jahren nicht mehr nötig sein wird, oder wenn es mir nicht mehr gefällt, so nehme ich es wieder zurück«.

Bis auf weiteres glaubte er dieses zweischneidige Instrument für sein Vorhaben einsetzen zu können, »den Parlamentarismus durch den Parlamentarismus zu stürzen.« Bismarck unterstrich die Auffassung Heinrich von Treitschkes: »Die zur Herrschaft gelangte Masse, empfänglich für die einfachen allgemeinen Ideen der Gleichheit und der einen allmächtigen Staatsgewalt, neigt jederzeit zur gleichmäßigen Unterwerfung unter einen volkstümlichen Tyrannen.« Der Preuße blickte nach Frankreich, wo Napoleon III. die bonapartistische Herrschaft im Widerspruch zur politischen Klasse der Bürger-lich-Liberalen auf die Zustimmung der breiten Volksmasse gegründet hatte.

»Ich sehe gerade in den jetzigen Zuständen von Frankreich keine Aufforderung, uns das Nessus-Gewand der französischen Staatslehre auf unsern gesunden Körper zu ziehen«, hatte Bismarck erklärt, als sich der bonapartistische Prätendent Louis-Napoléon anschickte, die Macht mittels Volkswahl zu ergreifen. Nun, da sich Napoleon III. genötigt sah, das autoritäre in ein liberales Kaiserreich umzuwandeln, nähte Bismarck nach bonapartistischem Muster an einer preußisch-deutschen Kombination von Autorität und Demokratie.

Es mochte der »verspäteten Nation« angemessen sein, ihr ein aus der Mode kommendes Gewand als des Monarchen neues Kleid zu verpassen. Der Couturier merkte bald, daß er mit der »schädlichen Institution« des allgemeinen und gleichen Wahlrechtes wie Herkules das Nessus-Hemd, ein vergiftetes Gewand, angelegt hatte. Als er es wieder abstreifen wollte, »die letzten Jahre seines Lebens«, wie er 1887 sagte, daran setzen wollte, »den schwersten Fehler wieder gut zu machen, den ich begangen habe«, war es zu spät.

Eines – und nicht zum Segen Deutschlands und der Deutschen – hatte er mit seiner widernatürlichen Verbindung von Friderizianismus und Bonapartismus erreicht: Er trennte die natürlichen Verbündeten Nationalismus und Liberaldemokratie. Jenen benützte er als Besen, den er nicht mehr los wurde. Diese drängte er in eine Ecke, aus der sie lange nicht herauskam.

An Napoleon III. erinnerte nicht nur Bismarcks Absicht, ein obrigkeitsgläubiges Volk gegen eine fortschrittlich gesinnte Elite aufzubieten, sondern auch sein Versuch, die Politik vom Parlament, dem Palladium und Instrumentarium des bürgerlichen Liberalismus, zu

lösen. Der preußisch-deutsche Konstitutionalismus, den er einführte, entsprach nicht dem englischen Parlamentarismus, schon eher dem französischen Bonapartismus und am meisten der Lehre der konstitutionellen Monarchie, wie sie Friedrich Julius Stahl entwikkelt hatte und von der Otto von Bismarck nachhaltig beeinflußt worden war.
Der konservative Rechtsphilosoph und Staatsrechtslehrer, der an der Gründung der *Kreuzzeitung* beteiligt gewesen und Mitglied des preußischen Herrenhauses geworden war, bestand auf dem Vorrecht des Monarchen, die Minister, mit denen und durch die er regierte, zu ernennen und zu entlassen, und räumte dem Parlament nur Mitwirkungsrechte auf bestimmten Gebieten ein.
Den preußisch-deutschen Sonderweg der konstitutionellen Monarchie zwischen westlichem Parlamentarismus und östlichem Absolutismus, den der Staatstheoretiker Stahl empfahl, schlug der Staatspraktiker Bismarck ein: in der Verfassung des Norddeutschen Bundes von 1867, die zur Verfassung des Deutschen Reiches von 1871 wurde.
Auf der Strecke blieben wesentliche Elemente eines liberal-demokratischen konstitutionellen Systems. In der in Kraft tretenden Verfassung Bismarcks war nicht, wie in der Papier gebliebenen der Paulskirche, ein Grundrechtekatalog enthalten. Gegen das Prinzip der Gewaltenteilung verstieß die Doppelkompetenz des Bundesrates: Die Vertretung der Bundesstaaten, ein Organ der Fürstensouveränität, war nicht nur – neben dem Reichstag – gleichberechtigt an der Bundeslegislative beteiligt, sondern galt zugleich als Träger der Bundesexekutive.
Eine weitere wichtige Forderung der Verfassungsbewegung blieb unerfüllt: das Recht des Parlamentes, bei der Berufung und Abberufung von Ministern mitzuwirken oder gar über Bildung und Sturz eines Ministeriums zu entscheiden. Bundesministerien wurden nicht eingerichtet; der von der Krone bestimmte Kanzler blieb das einzige geschäftsführende Organ der Bundeszentralgewalt. Er war nicht vom Vertrauen des Parlamentes, sondern vom Vertrauen des Monarchen abhängig, auch wenn er seine Regierungshandlungen vor dem Reichstag zu vertreten hatte.
Daraus ergab sich für den Kanzler eine in der konstitutionellen Monarchie eigentlich nicht vorgesehene Machtfülle. Zwar erklärte

Bismarck, in Übereinstimmung mit deren Prinzip, der eigentliche Regierungschef sei Seine Majestät. In der Praxis jedoch, unter Wilhelm I., der das Zepter selten schwang, bekam er das Heft in die Hand. Um es zu behalten, pflegte er den Reichstag, das konstitutionelle Element des Systems, auf das Grundgesetz des »Suprema lex regis voluntas« zu verweisen, andererseits den Monarchen darauf hinzuweisen, daß er auf Zustimmung im Reichstag, dem nationalen Organ, wie im Bundesrat, dem föderalen Organ, angewiesen sei.
So verschaffte sich Bismarck, den einen gegen den anderen ausspielend, eine weitgehend unabhängige, im Grunde systemwidrige Machtstellung. Historisch Gebildete verglichen sie mit der eines Majordomus im Merowingerreich. Politisch auf der Höhe des 19. Jahrhunderts stehende Zeitgenossen sprachen von einem Rückfall in das Mittelalter.
Der »verfassungsberatende«, der sich für einen »verfassungsvereinbarenden« Reichstag hielt, ging daran, dem Hausmeier einige dem Trend der Epoche entsprechende Zugeständnisse abzuringen. In den Vereinigten Staaten von Amerika hatte eben der fortschrittliche Norden über den rückschrittlichen Süden gesiegt. In England wurden dem Parlament noch mehr und in Frankreich einige Rechte zugestanden. Doch im Norddeutschen Bund blieb es im großen und ganzen wie bei einem Scheinföderalismus so auch bei einem Scheinkonstitutionalismus.
Zwar wurde die Gegenzeichnung des Bundeskanzlers für Akte des Bundespräsidiums beschlossen, aber die Verantwortlichkeit des einzigen Bundesministers, des Bundeskanzlers, die damit eingeführt werden sollte, wurde dadurch entwertet, daß ihn der Reichstag nicht zur Verantwortung ziehen konnte; denn es gab weder ein Mißtrauensvotum noch ein Bundesverfassungsgericht. Die Kontrolle des Kanzlers, die sich das Parlament vom Recht der jährlichen Budgetberatung versprach, wurde durch die Festsetzung eines vierjährigen Militäretats eingeschränkt.
Die Periodizität, eine regelmäßige Einberufung des Reichstages, sowie die Immunität, ein Rechtsschutz für dessen Mitglieder, wurden gewährt. Sogar die Wählbarkeit von Beamten, einschließlich der Urlaubsbewilligung für Gewählte, die Bismarck verhindern wollte, setzte das Parlament durch. Auf Granit biß es mit seiner Forderung nach Diäten für Abgeordnete.

Eine Besoldung oder Entschädigung würde die Entstehung einer Kaste von »gewerbsmäßigen Parlamentariern« fördern, befürchtete Bismarck. Diese würde sich von dem zu vertretenden Volke abheben und als Verband von Berufspolitikern den zur Staatsführung Berufenen, ihm und seinesgleichen, gegenüberstehen. Sollte das von ihm vorgesehene und verteidigte Diätenverbot aufgehoben werden, würde er nie mehr ein Parlament betreten und als Kanzler zurücktreten. Mit Hilfe von Konservativen und Nationalliberalen, die über hinreichend finanziell unabhängige Abgeordnete verfügten, setzte er seinen Willen durch.
Am 16. April 1867 nahm der »verfassungberatende« Reichstag mit 230 gegen 53 Stimmen die Verfassung des Norddeutschen Bundes an. Abgelehnt wurde sie von linksliberalen, katholischen, welfischen und polnischen Abgeordneten und vom Sozialdemokraten Bebel. Am 14. Juli wurde Bismarck vom Bundespräsidium, dem König von Preußen, zum Bundeskanzler ernannt. Am 10. September 1867 trat der erste ordentliche Reichstag zusammen, der parteipolitisch ähnlich wie sein Vorgänger zusammengesetzt war.
Bismarck stand nun zwei Parlamenten, dem preußischen und dem deutschen, gegenüber, bekam es laufend mit Parlamentariern zu tun, von denen er nicht einmal die Ja-Sager, geschweige denn die Nein-Sager schätzte. Mehr oder weniger hielt er sie alle für katilinarische Existenzen, die gleich dem römischen Verschwörer Catilina nichts zu verlieren hätten und deshalb alles wagen würden, und wenn auch nicht mit Dolch und Schwert, so doch mit Reden und Widerreden die Ordnung gefährdeten. Er sprach »von der Auflösung, der die größten und mächtigsten Reiche entgegengehen, wenn als herrschendes Prinzip in ihnen nur das Rednertalent übrig bleibt, welches die urteillosen Massen mit sich fortzureißen versteht.«
Im Hohen Haus, das er sein Leben lang eher für eine Schwatzbude hielt, »verhelfe nur zu leicht die große Gabe einer glänzenden Beredsamkeit zum parlamentarischen Siege über Sachkenntnis und tatsächliche Verhältnisse«. Dennoch gestand er Parlamentariern, vor allem solchen, die wie die Nationalliberalen seine Haupt- und Staatsaktionen zu unterstützen bereit waren, Sachkenntnis in einigen Bereichen zu und räumte ihnen Felder ein, auf denen sie sich zum Nutzen des preußisch-deutschen Staates und zum Segen für dessen herrschende Gesellschaftsschichten betätigen durften.

Die Gesetzgebungskompetenz des Bundes erstreckte sich auf Bereiche des Finanzwesens, des Zivil- und Strafprozeßrechtes sowie des Wirtschaftsrechtes. So konnten Voraussetzungen für einen einheitlichen Rechtsraum und ein einheitliches Wirtschaftsgebiet geschaffen werden.

Dies entsprach dem allgemeinen, von Bismarck aufgenommenen deutschen Anliegen, aber auch dem von ihm im besonderen vertretenen staatlichen Interesse. Denn dadurch wurde mit dem Zusammenwachsen der Nation die Ausbreitung der preußischen Herrschaftsform begünstigt. Diese wurde wohl oder übel vom national und liberal gesinnten Bürgertum hingenommen, das den Schaden, vom Tempel der politischen Macht ferngehalten zu werden, durch den Nutzen auszugleichen verstand, der ihm aus der nicht allein geduldeten, vielmehr geförderten Betätigung auf wirtschaftlichen Feldern erwuchs. Den Gewinn strichen beide Seiten ein: die bürgerliche Gesellschaft wie der preußische Staat.

EHER AUF KOHLE UND EISEN als auf Blut und Eisen sei das deutsche Kaiserreich gebaut, stellte der englische Nationalökonom John Maynard Keynes rückblickend fest. Bismarck war mehr für das letztere zuständig, aber auch er, der von ökonomischen Lehren noch weniger als von politischen Doktrinen hielt, erkannte die Notwendigkeit, daß sich der alte Staatsapparat auf die moderne Industrie und deren Motor Kapitalismus einstellte.

»Der Verkehr an der Börse« habe eine Bedeutung erlangt, bemerkte er 1868, »die es der Regierung zur Pflicht macht, sich Organe zu verschaffen«, die sie über jenen Verkehr laufend und ausreichend in Kenntnis setzten und ihn nicht länger »ohne organisierte Kontrolle« ließen. Der Staat solle auch die ökonomische Entwicklung im Auge und im Griff behalten, doch die auch ihm zugute kommende Entfaltung des wirtschaftlichen Liberalismus nicht hemmend, sondern helfend begleiten.

Fachmännischen Beistand erhielt der ökonomische Laie durch Rudolf Delbrück. Der preußische Beamte, den Bismarck als »die fine fleur der Bürokratie« bezeichnete, hatte sich als Experte für Zollvereinsfragen dem Freihandel verschrieben. Der Bundeskanzler, der seine Sachkunde wie »rastlose und erfolgreiche Arbeitskraft«, wenn auch nicht unbedingt seine liberalen Tendenzen schätzte, betraute

ihn 1867 mit der Leitung des Bundeskanzleramtes. Als rechte, besser gesagt, linke Hand des Chefs wurde Delbrück der Geburtshelfer einer freien Reichswirtschaft.
Dabei erwies sich wiederum der von Preußen gegründete, geführte und primär für seine Interessen eingesetzte deutsche Zollverein als nützlicher Wegbereiter nicht nur des wirtschaftlichen, sondern auch des politischen Zusammenschlusses.
»Handelseinigung und politische Einigung sind Zwillingsschwestern; die eine kann nicht zur Geburt kommen, ohne daß die andere folgt«, hatte der Nationalökonom Friedrich List festgestellt. Bismarck, von Delbrück assistiert, verhalf vor der politischen Verbindung zwischen Norddeutschland und Süddeutschland einem ganz Kleindeutschland umfassenden Zollverband zur Welt.
Nach dem Deutschen Krieg wurde 1867 ein neuer Zollvertrag zwischen dem Norddeutschen Bund und Bayern, Württemberg, Baden und Hessen-Darmstadt geschlossen. Er übertrug die Gesetzgebung in Zoll- und Handelssachen einem gemeinsamen Zollbundesrat und einem gemeinsamen Zollparlament. Der erste wurde aus Vertretern der Regierungen, der zweite aus den Mitgliedern des Norddeutschen Reichstages plus süddeutschen Abgeordneten gebildet. Gegen deren Beschlüsse besaß das Zollpräsidium, das der König von Preußen innehatte, ein Vetorecht.
Der Schritt vom Zoll-Staatenbund, welcher der Zollverein bisher in Übereinstimmung mit dem Charakter des Deutschen Bundes gewesen war, zum Zoll-Bundesstaat, wie er preußisch-deutschen und vor allem national-liberalen Einigungsvorstellungen entgegenkam, war ein wichtiger Schritt zum Reichsziel. Einzelstaaten übertrugen, wenn auch nur in einem Teilbereich, Souveränitätsrechte auf eine gesamtdeutsche Hoheitsgewalt. Zum erstenmal seit 1849 gab es wieder ein, wenn auch nur für Zoll- und Handelssachen zuständiges deutsches Parlament, zwar ohne Österreicher, aber mit den Süddeutschen an der Seite der Norddeutschen.
Das Zollparlament wurde am 27. April 1868 von Wilhelm I. im Berliner Schloß eröffnet. Zu den 297 Mitgliedern des Reichstages waren 85 süddeutsche Abgeordnete getreten, davon 50 Gegner eines Anschlusses an den Norddeutschen Bund.
Die allgemeinen und gleichen Wahlen zum Zollparlament hatten südlich des Mains nicht das von seinen Befürwortern erhoffte

nationaldeutsche Ergebnis erbracht. Bayern entsandte konservative Patrioten, welche die Souveränität ihres Königs und die Selbständigkeit ihres Staates verteidigten. Als Partikularisten wurden sie nicht nur von norddeutschen Unitariern, sondern auch von den in der Minderheit gebliebenen bayerischen Nationalliberalen bezeichnet, die eine Beeinträchtigung ihrer deutschen Erwartungen beklagten und eine Schädigung ihrer wirtschaftlichen Interessen befürchteten. In Württemberg hatten die demokratischen Gegner eines preußischen Deutschlands gesiegt. Nur in Baden und Hessen-Darmstadt war die Nationalpartei erfolgreich gewesen.

In einem Gespräch »bei einem Glase Bier und Zigarren« mit dem Heidelberger Abgeordneten Professor Bluntschli zeigte sich Bismarck über dessen nationalliberale Parteifreunde, die jetzt schon von der Zolleinheit zur Staatseinigung voranschreiten wollten, weit mehr verstimmt als über die weiß-blauen Bremser: Er wolle den Bayern Zeit zur Besinnung geben, sie so lange an den Wänden herumtasten und nach einem Ausweg suchen lassen, bis sie gewahr würden, daß es nur den Weg nach Preußen-Deutschland gäbe.

Sie müßten ihn selber finden und freiwillig gehen, erklärte Bismarck im Norddeutschen Reichstag, »ohne Drohung, ohne Pression, ohne Druck«. Denn »der verstimmte, gezwungene Bayer oder Württemberger in der engsten Genossenschaft kann mir nichts helfen, und ich würde immer vorziehen, noch ein Menschenalter zu warten, als Zwang nach der Richtung hin zu üben«.

»Erreicht Deutschland sein nationales Ziel noch im neunzehnten Jahrhundert, so erscheint mir das als etwas Großes«, doch vorerst müsse man an den Ausbau des norddeutschen Hauses und dann erst an dessen Erweiterung gehen, sagte er 1868 dem württembergischen Generalquartiermeister Suckow, der lieber heute als morgen die Süddeutschen in das preußische Lager geführt hätte.

Geduld bringe gesamtdeutsche Rosen ohne allzu spitze partikularistische Dornen, betonte Bismarck. Diese Mahnung war nicht seinem Temperament zuzuschreiben, das ihn eher – wie er ein Jahr zuvor im Norddeutschen Reichstag bekannt hatte – dazu hinreißen würde, »daß er jedes Hindernis durchbreche, welches mir im Wege steht, um zu dem Ziele zu gelangen«. Zu seiner Zurückhaltung bewog ihn die Einsicht, daß die Zeit pour le roi de Prusse arbeite.

Habe er nicht schon jetzt »in bezug auf Süddeutschland ein kostba-

res Stück nationaler Einheit erreicht?« rief er den ungeduldigen Unitariern zu. »Übt nicht das Präsidium des Norddeutschen Bundes in Süddeutschland ein Stück kaiserlicher Gewalt, wie es im Besitze der deutschen Kaiser seit fünfhundert Jahren nicht gewesen ist?«
Bereits wenige Jahre nach Königgrätz hatte der Hohenzoller – dank seines Kanzlers – eine deutsche Machtposition erreicht, die sein Rivale, der Habsburger, nie erlangt hatte. Noch 1866 waren die Schutz- und Trutzbündnisse mit den geschlagenen, aber nicht wie Niedergeworfene behandelten süddeutschen Staaten geschlossen worden. Diese hatten sich verpflichtet, im Falle eines Angriffes auf das bereits als Sicherheitsgemeinschaft betrachtete Deutschland ihre Streitkräfte dem Oberbefehl des Königs von Preußen zu unterstellen.
Die preußische Militärorganisation wurde nicht nur auf die kleineren Mitglieder des 1867 geschlossenen Norddeutschen Bundes, sondern auch auf die süddeutschen Bundesgenossen ausgedehnt. Hessen-Darmstadt integrierte ganz und Baden halb seine Truppen in die preußische Armee, und Bayern wie Württemberg führten die allgemeine Wehrpflicht nach preußischem Muster ein.
Dem Militärverbund folgte die Wirtschaftsgemeinschaft durch den am 1. Januar 1868 in Kraft tretenden Zoll- und Handelsbund.
Die Einheit wurde bereits in Generalstäben und auf Exerzierplätzen sowie in Handelskontoren und im gemeinsamen Markt praktiziert. Im jährlich einberufenen Zollparlament saßen die Abgeordneten aus dem Norden und Süden nebeneinander, und es war der Tag abzusehen, an dem sie in einem deutschen Reichstag untereinander sitzen würden.
Den Lauf der Sonne konnte Bismarck weder anhalten noch beschleunigen. Der preußische Minister wollte und der deutsche Kanzler mußte ihren Aufstieg abwarten. Bei Königgrätz aufgegangen, näherte sie sich unaufhaltsam dem Zenit.
»Wir können die Uhren vorstellen, die Zeit geht aber deshalb nicht rascher, und die Fähigkeit zu warten, während die Verhältnisse sich entwickeln, ist eine Vorbedingung praktischer Politik«. Bismarck hatte hinreichend Anzeichen ausgemacht, daß sich die deutschen Dinge in die richtige, in seine Richtung bewegten.
Die Sicherheit der süddeutschen Staaten, vor allem Badens und Bayerns, die eine gemeinsame Grenze mit Frankreich, dem potentiellen Angreifer, hatten, erforderte einen militärischen Schulter-

schluß mit Preußen. Die süddeutsche Industrie benötigte immer mehr Kohle und Eisen aus dem Norden, der süddeutsche Handel drängte immer stärker auf den größeren Markt. Und die Nationalstaatsidee wurde auch und gerade im Süden durch Reichsträume vergoldet.

Die Mainlinie sei keine Mauer, sondern ein Gitter, durch das der nationale Strom seinen Weg finde, bemerkte Bismarck. Aufzuhalten sei er nicht, sein Anschwellen sei abzuwarten, und beschleunigen werde er sich nur, »wenn außerordentliche Ereignisse in Europa« einträten.

Er dachte an einen Krieg zwischen Frankreich und Deutschland. Dafür würde Napoleon III. sorgen, bedeutete er 1868 dem Deutsch-Amerikaner Karl Schurz. »Nach meiner Berechnung wird diese Krisis in etwa zwei Jahren eintreten. Wir müssen natürlich darauf vorbereitet sein, und wir sind es auch. Wir werden siegen, und das Ergebnis wird gerade das Gegenteil von dem sein, was Napoleon anstrebt, nämlich die vollständige Einigung Deutschlands außerhalb Österreichs und wahrscheinlich auch der Sturz Napoleons.«

Bismarck konnte den Propheten spielen, weil er wußte, wie die Dinge liefen, und er willens war, ihrem Verlauf nachzuhelfen.

Frankreichkrieg und Kaiserreich

FRANKREICH werde demnächst den Krieg gegen Preußen beginnen, behauptete im Sommer 1867 ein Geheimrat aus Königsberg, der diese Erkenntnis dem Kanzler persönlich nahezubringen suchte. Er drang nur bis Johanna von Bismarck vor, die ihn abfertigte: Was in einem Jahr geschehen könne, interessiere ihren Gemahl heute noch nicht; er sei übergenug mit den Anforderungen des Tages beschäftigt.

»Kurzsichtige und weitsichtige Augen geben beide unrichtiges Augenmaß; doch halte ich den letztern Fehler für einen praktischen Staatsmann den gefährlicheren, weil er die unmittelbar vorliegenden Dinge übersehn läßt«. Indes blieb Bismarck bewußt, daß ein erfolgreicher Staatsmann die Fähigkeit besitzen müsse, aus dem zweimal Minus ein Plus zu machen, indem er beides verband: das Augenmerk auf das Nächstliegende und den Ausblick auf das sich für die Zukunft daraus Ergebende.

Im Jahre 1867 war Bismarck mit der Frage beschäftigt, wie Napoleon III. auf den mit dem Machtgewinn Preußens verbundenen Machtverlust Frankreichs reagieren würde. Und er gab sich einige Mühe, hier und heute dafür zu sorgen, daß die Antwort morgen und übermorgen in dem von ihm gewünschten Sinne erfolgte: durch einen Krieg, von dem sich herausgefordert fühlenden Frankreich begonnen, von Norddeutschen wie Süddeutschen als Verteidigungskrieg angesehen und als Nationalkrieg empfunden – einen dritten Einigungskrieg zur Vollendung der Einheit Deutschlands unter Preußens Führung.
»Ich war nicht zweifelhaft, daß ein deutsch-französischer Krieg werde geführt werden müssen, bevor die Gesamteinrichtung Deutschlands sich verwirklichte«, bilanzierte Bismarck. »Mein Bestreben, diesen Krieg hinauszuschieben, bis die Wirkung unsrer Wehrgesetzgebung und militärischen Erziehung auf alle nicht altpreußischen Landesteile sich vollständig hätte entwickeln können, war natürlich«, und dieses Ziel sei 1867 noch nicht erreicht gewesen.
In diesem Jahr überzeugte sich Bismarck an Ort und Stelle vom Glanz und Elend des Second Empire. In Begleitung Wilhelms I. besuchte er die Weltausstellung in Paris. Napoleon III. präsentierte seine Hauptstadt als Metropole der Weltzivilisation und demonstrierte seinen Anspruch auf eine wenigstens protokollarische, wenn schon nicht politische Hauptrolle auf der europäischen Bühne. Sie wurde von der französischen Opposition angezweifelt, die auf das Desaster in Mexiko und das Debakel bei Sadowa verwies. Streitig gemacht wurde sie dem Kaiser der Franzosen von ausländischen Konkurrenten: England, das ihm den wirtschaftlichen Aufschwung mißgönnte; Rußland, das ihm sein Eintreten für Polen übelnahm; Preußen, das ihm über den Kopf zu wachsen begann.
Die Ausstellungsstücke des Königreiches, das mit dem Prestige des Kaisers die Gloire der Grande Nation zu verdunkeln begann, waren provozierend genug: ein Fünfzigtonnengeschütz aus Kruppstahl und eine Reiterstatue Wilhelms I., der bei Königgrätz-Sadowa mit Franz Joseph I. auch Napoleon III. besiegt und das Hegemoniestreben Frankreichs vereitelt hatte, schon jetzt mit dem Norddeutschen Bund und bald schon mit einem deutschen Reich das europäische Gleichgewicht zu bedrohen schien. Und neben dem Preußenkönig stand Otto von Bismarck, der all das bewerkstelligt hatte, mit

Stahlhelm und Stiefeln wie eine Reinkarnation des Teutonentums auftrat.
»Er ist in allem den germanischen Barbaren ähnlich, seinen Urahnen, von denen Vellejus Paterculus sagt, sie seien schlau in ihrer Wildheit und geboren zur Lüge«, behauptete der rechtsliberale Politiker Emile Ollivier. »Er nimmt alle Welt, sogar den lieben Gott, in seinen Dienst; er betrachtet ihn als so guten Preußen, daß er ihn als Polizisten auf die Leute losläßt, gegen die er eine Strafexpedition beschlossen hat.«
Als der preußische Ministerpräsident und Außenminister, in weißer Kürassieruniform, in offener Kutsche von der Gare du Nord zu den Tuilerien fuhr, wurde er ausgepfiffen. Er habe diesen Empfang erwartet, sagte er zu seinem Begleiter, einem französischen Admiral. »Wir Politiker können nicht aller Welt gefallen.«
Den Politiker Bismarck fand der Dichter Prosper Mérimée ganz anders, als er sich einen Teutonen vorgestellt hatte, nämlich ohne eine Spur von Gemüt, aber mit viel Geist. Wes Geistes Kind er war und wie er ungemütlich Politik zu treiben verstand, hatte man in Paris eben erfahren. Napoleon III., der von ihm vor Sadowa wie ein Dienstmann beschäftigt worden war, hatte er nach Sadowa um den in Aussicht gestellten Lohn und um das Trinkgeld obendrein geprellt.
Bismarck rechnete damit, daß Napoleon aus Selbstachtung wie Eigeninteresse gegen eine derartige Behandlung aufbegehren müßte. Er verließ sich darauf, daß die Franzosen, wenn ihr krank und müde gewordener Kaiser sich das gefallen lassen sollte, diesen zur »Rache für Sadowa« anspornen würden. »Wenn man ein Neffe Napoleons I. ist, darf man nicht ungestraft die Schmälerung Frankreichs hinnehmen«, schrieb die Zeitung *L'Epoque*. »Ebensowenig würde die französische Nation sich die Wiederherstellung des deutschen Reichs gefallen lassen.«
Eine bis zum Kriege führende Eskalation hatte Bismarck einkalkuliert. »Glauben Sie mir, wir sind wie der Hahn, der keinen anderen Hahn neben sich duldet. Preußen ist dieser andere Hahn, und wir müssen die Degen kreuzen«, sagte Marschall Vaillant zum preußischen Ministerpräsidenten, der entgegnete: »Gut, kreuzen wir sie.«
Zunächst wurde mit diplomatischen Waffen gefochten. Napoleon brachte seine Kompensationswünsche aufs Tapet. Benedetti, sein

Botschafter in Berlin, forderte im August 1866 deutsche Gebiete als Honorar für die Neutralität im Deutschen Krieg und zum Ausgleich für die Gebietsvergrößerung Preußens in Norddeutschland: die preußischen Städte Saarbrücken und Saarlouis, das linksrheinische Hessen einschließlich der Festung Mainz und die bayerische Rheinpfalz.

Er könne und wolle keinen Fußbreit deutschen Bodens abtreten, eröffnete Bismarck dem Botschafter. Wenn Paris darauf bestehe, bedeute dies Krieg, zu dem er die ganze deutsche Nation aufriefe und für den Deutschland besser als sein Gegner gerüstet sei. Frankreich werde das Elsaß und Napoleon seinen Thron verlieren. Denn den »revolutionären Stößen« eines Nationalkrieges könnten die alten deutschen Dynastien, doch nicht das neue Haus Bonaparte standhalten.

Benedetti beging einen Fehler, der Talleyrand nie unterlaufen wäre: Er brachte seine Forderungen in schriftlicher Form vor. Bismarck verwahrte den Vertragsentwurf, um ihn zu gegebener Zeit der Nation und der Welt vorzulegen. Noch im August 1866 sorgte er dafür, daß der Berliner Korrespondent des Pariser *Siècle* davon Wind bekam. Im Juli 1870, kurz nach Kriegsausbruch, ließ er der Londoner *Times* die Niederschrift Benedettis zuspielen, der sich nach der Weigerung Bismarcks, linksrheinische Gebiete abzutreten, auf andere Kompensationen, Belgien und Luxemburg, versteift hatte.

Dazu war er von Bismarck ermuntert worden, der bestrebt blieb, »den französischen Staatsmännern die ihnen eigentümlichen Illusionen so lange zu belassen, als dieses, ohne irgendwelche auch nur mündliche Zusagen zu machen, möglich sein würde.« Eine Illusion war es, Belgien bekommen zu können, denn dies hätte England nie zugelassen. Besser schienen die Aussichten auf einen Erwerb Luxemburgs zu sein, doch Bismarck trug das Seine dazu bei, daß sich auch diese Hoffnung als trügerisch erwies.

Das Großherzogtum Luxemburg, das bis 1866 zum Deutschen Bund gehört hatte, paßte nicht in den Norddeutschen Bund und schon gar nicht in ein deutsches Reich. Denn sein Souverän war ein ausländischer Monarch, der König der Niederlande, und das Deutschtum der Luxemburger war zweifelhaft. So kam Napoleon III. auf den Gedanken, dem Niederländer das Großherzogtum abzukaufen und

die immer noch in der ehemaligen Bundesfestung liegenden preußischen durch französische Truppen abzulösen.
Bismarck erweckte den Eindruck, daß er dagegen keine Bedenken habe. Als jedoch die Verhandlungen zwischen Frankreich und den Niederlanden erfolgversprechend verliefen, ließ er sie platzen. Er veröffentlichte im März 1867 die bisher geheimgehaltenen Schutz- und Trutzbündnisse mit den süddeutschen Staaten. Er veranlaßte Bennigsen zu einer Interpellation im Reichstag, in der nationale Töne gegen die Welschen angeschlagen wurden. Und er ließ dem Niederländer auf diplomatischem Wege »auf das dringendste« raten, von einer Abtretung Luxemburgs an Frankreich Abstand zu nehmen, da sonst angesichts der nationalen Erregung in Deutschland ein Krieg unvermeidlich wäre.
Der König der Niederlande stimmte einem Verkauf nicht zu. Der verstimmte Kaiser der Franzosen wollte oder konnte den Säbel nicht ziehen. Moltke riet zum sofortigen Krieg gegen Frankreich. Doch Bismarck hielt im Jahre 1867 die Zeit dafür noch nicht reif. »Jedes Jahr Aufschub des Kriegs stärkte unser Heer um mehr als 100.000 gelernte Soldaten«, bekannte er später, und jetzt schon: Jedenfalls sollten die deutschen Regierungen »den günstigen Einfluß des Inzidenzfalls auf Konsolidierung der nationalen Sache nach Kräften ausbeuten« und sich »daneben vom Kriege, der schnell eintreten kann, materiell nicht überraschen lassen«.
Nur aufgeschoben wurde der Krieg im Jahre 1867. In Gesprächen mit den Vertretern Rußlands, Österreichs und Englands erklärte sich Bismarck mit einer Neutralisierung Luxemburgs, dem Abzug der preußischen Truppen und der Schleifung der Festung einverstanden. Diesen Ausweg aus der Krise wählte im Mai 1867 die Londoner Konferenz der fünf Großmächte sowie Italiens, Belgiens und der Niederlande. Sie garantierten kollektiv die Neutralität des mit der niederländischen Krone verbundenen Großherzogtums Luxemburg. Napoleon III. hatte das Nachsehen, Bismarck die Genugtuung, daß die letzte Kompensationsforderung abgewiesen worden war, und die Gewißheit, daß Frankreich in Bälde zum Kriege schreiten würde: »Die durch unsre Siege verletzte krankhafte französische Eitelkeit wird dazu drängen«.
Die Zeit arbeitete für ihn. Frankreich würde sich über kurz oder lang dazu verleiten lassen, Revanche für Sadowa und Luxemburg neh-

men zu wollen. Es würde dazu zwar chauvinistisch motiviert, aber militärisch unvorbereitet sein. Es würde auf den Norddeutschen Bund stoßen, dessen nationale Konsolidierung durch die Luxemburger Krise beschleunigt worden war, und auf die süddeutschen Staaten, die – deutsch-national aufgeladen und nach preußischem Vorbild aufgerüstet – an die Seite ihres mächtigen Verbündeten treten würden. Der Furor teutonicus, der geweckt, jedoch im Sack behalten worden war, könnte auf den »Erbfeind« losgelassen werden.

Problematisch blieb die außenpolitische Absicherung des preußisch-deutschen Unternehmens. »Gewiß aber ist«, hatte er bereits am 1. September 1866 im preußischen Landtag erklärt, »daß in Europa Sie kaum eine Macht finden werden, welche die Konstituierung dieses neuen deutschen Gesamtlebens in wohlwollender Weise förderte.«

In erster Linie mußte vermieden werden, daß sich Frankreich, der Kriegsgegner von morgen, und Österreich, der Kriegsgegner von gestern, zusammentaten. Napoleon III. versuchte Franz Joseph I. für einen Zweifrontenkrieg zu gewinnen. Österreichische Militärs, welche die Scharte von 1866 auswetzen wollten, und der frühere sächsische Ministerpräsident Beust, der Reichskanzler in Wien geworden und ein Erzfeind Preußens geblieben war, waren einem Revanchekrieg nicht abgeneigt. Doch die Reichsteilung von 1867 hatte Österreich-Ungarn geschwächt, das Heer war erschöpft, die Kasse leer, und der Kaiser grollte dem Empereur, dessen imperialistischer Politik sein Bruder Maximilian in Mexiko zum Opfer gefallen war.

Franz Joseph versprach lediglich eine wohlwollende Neutralität. Zu diesem für Napoleon enttäuschenden Ergebnis hatte auch Bismarck beigetragen. Er nahm den Faden zu den Ungarn und vor allem den Draht nach Rußland wieder auf.

Dabei pochte er auf das monarchische Prinzip, das es gegen den Usurpator Bonaparte zu bewahren gelte, und bot Handfestes: Hilfestellung bei der vom Zaren betriebenen Revision des Pariser Vertrages von 1856, der Rußland verbot, eine Kriegsflotte im Schwarzen Meer zu haben. Alexander II. revanchierte sich mit der Zusage, eine russische Heeresmacht in Galizien, an Österreichs Grenze aufmarschieren zu lassen, um Franz Joseph I. in Schach zu halten und

Wilhelm I. den Rücken zu decken. Bismarck widerfuhr eine zweifelhafte Anerkennung: Anfang 1870, als der Zar den König besuchte, leckte der Hund des Zaren die Hand des Kanzlers. »Da sehen Sie«, rief der Russe, »daß der Hund die Freunde seines Herrn kennt.«
In England wurde ihm weniger getraut, ihm alles mögliche zugetraut. »Bismarcks Wege sind unerforschlich, wie könnte man sich auf ihn verlassen«, meinte Lord Clarendon, der britische Außenminister, und Lord Loftus, der britische Botschafter in Berlin, erinnerte sich an einen Ausspruch Bismarcks: Rechtsfragen dürften überhaupt nicht in Betracht gezogen werden, wenn ein höheres Motiv, das der nationalen Ehre, auf dem Spiel stünde.
Dennoch waren die Engländer zur Neutralität in einem deutsch-französischen Konflikt entschlossen. Die Antipathien gegen Bismarck und Napoleon III. hielten sich die Waage. Dem liberalen Kabinett Gladstone war an pazifistischen Bekundungen wie an einer Verringerung der Militärausgaben gelegen. Um den Frieden zu erhalten, versuchte London eine Vermittlung zwischen Frankreich und Preußen, regte eine Abrüstung in Europa an. Einen solchen Vorschlag dürfe er seinem König nicht einmal vorlegen, wehrte Bismarck ab.
Ein Staatsmann, meinte er, habe sich nicht von »unklaren humanen Ideen leiten« zu lassen. Er wollte die Sieg verheißende militärische Übermacht behalten. Und gedachte durch eine kriegerisch durchgesetzte Einigung die preußische Militärmacht und damit die preußische Königsmacht auf das neue Reich auszudehnen, das mit den Mitteln, durch die es geschaffen worden war, auch erhalten werden sollte.
Bismarck habe den Krieg ebenso gewollt wie die Franzosen, bemerkte Franz von Roggenbach. Ludwig Bamberger stimmte ihm zu: »Je mehr ich Bismarck in der Nähe beobachte mit seiner hohen Verstellungskunst und schlauen Weitsicht, desto weniger wage ich die Sache zu bezweifeln.« Bismarck habe die Kandidatur eines Hohenzollern für den spanischen Thron – das auslösende Moment des Krieges zwischen Frankreich und Deutschland – nur in der Absicht und Voraussicht aufgebracht respektive ausgenützt, um daraus den Kriegsfall gegen Frankreich zu gewinnen, erklärte Fürst Karl Anton von Hohenzollern, der als Schachfigur in Bismarcks Spiel eingesetzt worden war.

Lothar Bucher, der loyale Diener seines Herrn, der von diesem im April 1870 nach Spanien geschickt worden war, bezeichnete die Hohenzollernkandidatur als Bismarcks »Falle für Napoleon«, die er gestellt und in die der Franzose hineingetappt sei. Friedrich von Holstein, der seinen Chef kaum minder gut kannte, erklärte: »Bismarck nahm die hohenzollernsche Kandidatur in die Hand, so wie wenn jemand mit brennendem Schwefelholz über einen Gashahn fährt, um zu sehen, ob derselbe auf oder zu ist.«

Die Spanier suchten nach dem Sturz des Hauses Bourbon einen neuen König, und Bismarck bemühte sich nicht vergebens, ihren Blick auf den Erbprinzen Leopold von Sigmaringen zu lenken. Dem Betreiber der Kandidatur war bewußt, daß ein Hohenzoller auf dem spanischen Thron eine Herausforderung für die Franzosen bedeutete, die bereits durch den Ausblick auf das Hohenzollernreich an ihrer Ostflanke alarmiert waren und durch die Aussicht auf eine Umklammerung à la Karl V. enerviert wurden. Zwei Reaktionen waren denkbar: Entweder sie schluckten auch noch diesen Brocken hinunter, oder – was wahrscheinlicher war – sie suchten sich mit den Waffen Luft zu verschaffen.

Der Schachzug Bismarcks war meisterhaft. Doch Wilhelm I., dessen Machiavellismus unterentwickelter und Friedenswille ausgeprägter als bei seinem Minister war, sträubte sich dagegen: Er sei »von Haus aus gegen die Sache«. Daraufhin sagten die Sigmaringer den Spaniern ab. Bismarck bekam die Gelbsucht. »Die spanische Sache hat einen elenden Verlauf genommen«, klagte er am 13. Mai 1870 Delbrück, »die zweifellose Staatsräson ist den fürstlichen Privatneigungen und ultramontanen Frauen-Einflüssen untergeordnet worden.«

Bismarck gab nicht auf. Deutschland habe ein »wesentliches Interesse an der Annahme des Angebots«, bedrängte er die Sigmaringer Hohenzollern, und dem Berliner Hohenzoller bedeutete er, dies »würde der Kräftigung des Nationalgefühls überhaupt, und zwar in monarchischer Richtung, zustatten kommen«. Schließlich gab Wilhelm I., wie immer, nach, genehmigte am 21. Juni 1870 die Kandidatur, als Chef des Hauses Hohenzollern, wie er betonte, nicht als König von Preußen.

Diese Differenzierung vermochten die Franzosen nicht nachzuvollziehen. »Alles, was sie seit 1866 heruntergeschluckt haben, kommt jetzt heraus«, berichtete der deutsche Militärattaché aus Paris. Seit langem hatte ein Bonapartist nicht mehr so viel Beifall gefunden wie Außenminister Gramont, als er am 5. Juli 1870 im Palais Bourbon erklärte: Das Kaiserreich dürfe nicht dulden, daß »eine fremde Macht einen ihrer Prinzen auf den Thron Karls V. setze und dadurch zu unserem Schaden das gegenwärtige Gleichgewicht der Mächte Europas in Unordnung bringen und die Interessen und die Ehre Frankreichs gefährden könnte.«

»Das sieht ja aus wie der Krieg«, sagte Bismarck zu Keudell, als er beim Frühstück das Telegramm über die Rede Gramonts gelesen hatte. »Man sollte jetzt sofort die ganze Armee mobil machen und über die Franzosen herfallen; das wäre der Sieg. Leider geht das aber nicht aus verschiedenen Gründen.«

Der Hauptgrund war, daß Wilhelm I., der vor einem Konflikt zurückscheute, den Sigmaringern nahelegte, von der Kandidatur zurückzutreten. Es zeigte sich, daß die Sommerpause für Staatsaktionen ungünstig war. Bismarck hielt sich auf seinem Gut Varzin in Hinterpommern auf, fernab von dem mehr mündlich als schriftlich zu beeinflussenden König, der in Bad Ems seinen Brunnen trank und den Einflüsterungen der im nahen Koblenz weilenden Königin Augusta ausgesetzt war.

Bismarck fuhr am 12. Juli 1870 nach Berlin, mit dem Vorsatz, nach Ems weiterzureisen. In der Wilhelmstraße fand er die Depesche vom Verzicht des Sigmaringers vor. Er blieb in der Hauptstadt, entschuldigte sich beim König wegen Unwohlseins und Übermüdung. Varzin benachrichtigte er, daß er bald zurück sein werde – ob als Minister, wisse er nicht. Er trug sich wieder einmal, und diesmal aus triftigem Grund, mit Rücktrittsabsichten.

Da kam ihm Gramont zu Hilfe, den Bismarck nicht zu Unrecht »den dümmsten Mann von Europa« nannte. Der französische Außenminister, dem der Kamm geschwollen war, stellte das Ansinnen: Damit der Verzicht des Sigmaringers seine »ganze Wirkung tue, erscheint es notwendig, daß der König von Preußen sich ihm anschließe und uns die Versicherung gebe, daß er diese Bewerbung nicht von neuem zulassen werde«.

Benedetti wurde angewiesen, dieses Versprechen mündlich einzufordern. Am 13. Juli 1870 sprach er Wilhelm I. auf der Brunnenpromenade in Bad Ems an. Der König entgegnete, er könne kein neues unerwartetes Zugeständnis machen. Schließlich ließ er dem Botschafter durch den Flügeladjutanten mitteilen, daß er durch die Verzichtleistung des Prinzen die ganze Angelegenheit als erledigt betrachte und sich in keine weiteren Diskussionen einlassen werde. Über diesen Vorgang wurde Bismarck in Berlin durch eine Depesche unterrichtet. Er packte sofort die Gelegenheit beim Schopf, veröffentlichte das Telegramm in verkürzter und verschärfter Fassung als »Emser Depesche«.

Der erste Satz brandmarkte die Zumutung des Franzosen, vom König von Preußen das Versprechen zu verlangen, er werde nie mehr seine Zustimmung zu einer solchen Kandidatur geben. Der zweite, abschließende Satz lautete: »Seine Majestät der König hat es darauf abgelehnt, den französischen Botschafter nochmals zu empfangen, und demselben durch den Adjutanten vom Dienst sagen lassen, daß Seine Majestät dem Botschafter nichts weiter mitzuteilen habe.«

Der erste Satz war der Brandpfeil, der in ganz Deutschland Nationalzorn und Kriegsbegeisterung entflammen sollte. Der zweite Satz sollte – wie Bismarck bekannte – »den Eindruck des roten Tuches auf den gallischen Stier machen«. Er habe an der Depesche aus Ems »nichts verändert, sondern sie nur etwas zusammengeschoben, um die französische Anmaßung in ihrer ganzen Stärke erscheinen zu lassen«, erklärte der Kanzler, eröffnete dem König: Die von ihm redigierte Emser Depesche »wird uns – angesichts der gallischen Erhebung und Reizbarkeit – zu den Angegriffenen machen, was ich taktisch für äußerst wichtig halte«.

Bismarcks doppelte Rechnung ging auf. Am 19. Juli 1870 wurde in Berlin die französische Kriegserklärung übergeben. Als sie Bismarck, noch am selben Tag, dem Reichstag bekanntgab, verzeichnete das Protokoll: »Stürmisches, nicht endenwollendes Bravo und Hochrufen und Händeklatschen von allen Seiten des Hauses und auf den Tribünen.«

Keine Parteien, nur noch ein vom Erbfeind herausgefordertes deutsches Volk schien es zu geben. Mit den Norddeutschen zogen die Süddeutschen in den Verteidigungskrieg gegen Frankreich, um auf dem Schlachtfeld die nationale Einigung zu demonstrieren und im Feindesland die deutsche Einheit zu proklamieren.

EINEN TAG nach der Übergabe der französischen Kriegserklärung, am 20. Juli 1870, wurde Moritz Busch vom Preßbureau des Auswärtigen Amtes zu seinem Chef in den Garten des Palais an der Wilhelmstraße gerufen. Er erblickte ihn »nach einigem Suchen mit einem dicken Stocke in der Luft fechtend in dem Laubengange links daherkommen, der bis an den Eingang in der Königgrätzer Straße fortläuft. Die Nachmittagssonne umgab ihn mit ihrem gelben Lichte wie ein Bild in Goldgrund«.

Wie auf einer Ikone stand Bismarck der Nation vor Augen: der Staatsmann, der mit diplomatischem Florett wie mit militärischem Säbel bisher jeden Widerstand gegen sein preußisch-deutsches Ziel beseitigt hatte, der Reichsgründer, der auf dem Wege von Königgrätz nach Sedan und Versailles war.

Er hatte es fertiggebracht, den Krieg, der ihm zur Vollendung seines Werkes zustatten kam, als französischen Angriffskrieg hinstellen zu können und damit die Nation hinter sich zu bringen. Selbst die Bayern machten mit. Am 19. Juli 1870 hatte zwar noch ein Kammerausschuß in München für »bewaffnete Neutralität« plädiert, da der Krieg zwischen Frankreich und Preußen ein Streit zwischen zwei Großmächten und kein Konflikt zwischen zwei Völkern sei. Aber die Vorlage wurde mit 89 gegen 58 Stimmen verworfen, König Ludwig II. erklärte den Bündnisfall für gegeben, und Professor Sepp gab im Landtag die Parole aus: »Wir Bayern haben nicht teilgenommen an der Leipziger Schlacht, aber da es sein muß, werden wir bei der neuen Nationalschlacht dabeisein!«

Bayern wollten sich wie Preußen das Eiserne Kreuz verdienen, das 1813 von König Friedrich Wilhelm III. gestiftet worden war und am 19. Juli 1870 von König Wilhelm I. erneuert wurde. Im Norddeutschen Reichstag schwieg die Opposition, die sich so oft das Maul an Königsheer und Wehretat gewetzt hatte; der von der Regierung geforderte Kriegskredit wurde ohne Debatte einstimmig genehmigt. Es sei heutzutage unmöglich, »aus heimlichen, vielleicht später von der Geschichte zu erratenden Kabinettsgründen große politische und vielleicht sogar kriegerische Aktionen vorzunehmen«, hatte Bismarck im Jahr zuvor erklärt. »Man kann nur noch aus nationalen Gründen – aus Gründen, welche in dem Maße national sind, daß ihre zwingende Natur von der großen Mehrheit der Bevölkerung anerkannt wird, Krieg führen.«

Europa war in das Zeitalter der Nationalkriege eingetreten. »Der Volks- oder Rassenkrieg aber, der zwischen Deutschland und Frankreich entbrannt ist, macht alles neu, stellt alle Verhältnisse auf den Kopf und läßt befürchten, daß die Humanität und Zivilisation des 19. Jahrhunderts im letzten Drittel desselben in ein neues eisernes Zeitalter umschlage«, befürchtete Josef Edmund Jörg, der bayerische Patriot und Europabürger.

Bismarck war sich bewußt, daß der deutsch-französische Krieg, wie er auch ausginge, nicht der letzte zwischen den beiden Nachbarvölkern gewesen wäre. »Wenn wir Krieg bekommen«, hatte er während der Luxemburger Krise an Katharina Orlow geschrieben, »wird uns gleich eine ganze Serie bevorstehen; wer das erste Mal unterliegt, wird nur die Zeit abwarten, bis er wieder Atem geschöpft hat, um von neuem zu beginnen.«

So nahm er sich vor, möglichst viel aus der alten Zeit in die neue Zeit hinüberzuretten: vom Kabinettskrieg, in dem sich die Armeen bekämpft und nicht die Völker zerfleischt hatten, wie von der klassischen Diplomatie, die rational zu verfahren gelernt hatte und bemüht geblieben war, über dem nationalen Eigennutz das europäische Gemeinwohl nicht aus den Augen zu verlieren.

Mit dem Instrumentarium der alten Diplomatie hatte Bismarck die Franzosen isoliert und vorgesorgt, daß der deutsch-französische Krieg ein Zweikampf blieb und nicht, wie frühere Auseinandersetzungen, ein gesamteuropäischer Konflikt wurde. Österreich, Rußland, England und sogar Italien, das Napoleon III. so viel verdankte, blieben neutral.

Dies war ein zweischneidiges Ergebnis der Diplomatie Bismarcks. Einerseits hatte Preußen-Deutschland den Rücken frei, konnte mit geballter und nicht wegen der Gefahr eines Zweifronten- oder gar Mehrfrontenkrieges verzettelter Militärmacht gegen Frankreich losschlagen. Andererseits hatte er damit dem Konflikt den Charakter eines bilateralen Nationalkrieges zwischen zwei isolierten Nationalstaaten gegeben, ohne es ausgeschlossen zu haben, daß sich die neutralen Mächte über kurz oder lang auf ihre Verantwortung im europäischen Mächtesystem besännen und eine Rolle als diplomatische Friedensstifter oder gar bewaffnete Friedensvermittler übernähmen.

Noch ein zweites, auf den ersten Blick positiv erscheinendes Resultat seiner Staatskunst sollte ihm zu schaffen machen. Der Volkskrieg, der entbrannt war und seine deutsche Einigungspolitik befeuerte, barg Probleme für seine preußische Erhaltungspolitik in sich. Ein Volk, das im Kriege gesiegt hatte, könnte im Frieden einen Preis dafür fordern, nicht nur Einheit, sondern auch Freiheit verlangen. Bismarck hoffte, die sich daraus ergebenden Gefahren für die überkommene Herrschaftsordnung und Gesellschaftsstruktur nach einem Sieg über den dritten Napoleon in ähnlicher Weise bannen zu können, wie es seinerzeit der Reaktion nach den Befreiungskriegen gegen den ersten Napoleon gelungen war. Von Anfang an suchte er deshalb den Volkskrieg an der Kandare eines Kabinettskrieges zu halten, bei dem es – wie noch 1866 – in erster Linie um Machtgewinn und Machterhaltung ginge.

Aber auch dieses Unterfangen erwies sich als problematisch. Was der Royalist prinzipiell gewollt hatte, mit der Herrschaftsgewalt des Monarchen die Befehlsgewalt der Militärs zu stärken, machte dem Staatsmann persönlich wie sachlich zu schaffen. Einen Hinweis auf das, was ihn im Kriegsverlauf erwartete, erhielt er bereits auf dem Wege zum Kriegsschauplatz.

In einem Waggon der sechs Extrazüge, die das Große Hauptquartier von Berlin an den Rhein beförderten, fuhr der Ministerpräsident und Außenminister mit. Die Uniform eines Generalmajors, die er angelegt hatte, vermochte die Militärs nicht von ihrer Meinung abzubringen, daß sie einen lästigen Zivilisten mit sich führten. Anders als 1866 sei diesmal dafür gesorgt, daß er ihnen nicht dazwischen reden könnte, hörte Bismarck einen General im Nebenabteil poltern. Kriegsminister Roon wagte den Einwand: »Aber er muß doch wissen, wann er Frieden zu machen hat.«

Zuerst war der Krieg zu gewinnen, und das war das Handwerk der Militärs, das sie beherrschten. Schon bei der reibungslosen Mobilmachung und dem raschen Aufmarsch an der Westgrenze zeigte sich die Funktionstüchtigkeit der preußisch-deutschen Kriegsmaschine. Sie wurde vom Generalstabschef Moltke gelenkt, der 1870 wie 1866 einen Blitzkrieg durch ein Umfassungsmanöver und einen Blitzsieg durch eine Entscheidungsschlacht im Visier hatte.

Dieser Plan konnte nicht so ausgeführt werden, wie er ausgedacht worden war. Schuld hatten nicht die Soldaten, die mit Hurra nach Frankreich hineinstürmten, und auch nicht der fast siebzigjährige Moltke, dessen Strategie kaum weniger genial als im Deutschen Krieg angelegt war. Es gab Generäle, die sich nicht daran hielten, im

»Immer feste druff« der Operationsweisheit letzten Schluß erblickten.
So kam es nicht zu der beabsichtigten Entscheidungsschlacht à la Königgrätz, für die Moltke auf der Generalstabskarte die Fähnchen an der Saar gesteckt hatte. An der rechten Flanke hatten die Erste und die Zweite Armee zu früh losgeschlagen, und an der linken Flanke war die Dritte Armee zu spät angekommen.
Immerhin gab es bei Weißenburg, Wörth und Spichern ersten Schlachtenruhm. Er war mit schweren Verlusten teuer erkauft. Die Infanterie müsse »sich das berserkerhafte Draufstürzen auf den Feind doch etwas abgewöhnen«, bemerkte Bismarck. »Denn so gutes Blut wie das unsrer Soldaten ist selten in der Welt.«
»Nun, da können wir ja wieder von vorne anfangen«, seufzte Moltke und setzte die Armeen gegen die zurückweichenden Franzosen in Marsch. Das nächste Operationsziel war die Verhinderung einer Vereinigung der Armeen Mac-Mahons und Bazaines. Letztere wurde durch die Schlachten bei Colombey-Nouilly, Vionville und Mars-la-Tour, Gravelotte und Saint-Privat nach Metz zurückgeworfen.
Bei Vionville ritt preußische Kavallerie gegen die französische Feuermauer an. »Die 3. Husaren, 13. und 16. Ulanen und meine armen gelben Kürassiere haben bei den unsinnigen und unmöglichen Kavallerie-Attacken, die Voigts-Rhetz befohlen, ein Drittel ihrer Leute und alle mehr als die Hälfte der Offiziere verloren«, schrieb Bismarck nach Hause. »Die Führung der I. und II. Armee ist ungeschickt im Mißbrauch der todesmutigen Tapferkeit unsrer Leute, nur Faust, ohne Kopf, und doch siegen wir.«
Viel Blut kostete zwei Tage später auch der Sieg in der Schlacht bei Saint-Privat, die zum »Grab der preußischen Garde« wurde. Sie zu opfern, meinte Bismarck, »war nicht nötig, es war ein Unsinn aus reiner Eifersucht auf die Sachsen. Man hätte bei Saint-Privat warten sollen, bis die ihren Umgehungsmarsch vollendet hatten.«
Die Kritik war auch ein Ausfluß der Sorge um seine beiden bei den Gardedragonern im Felde stehenden Söhne. Am späten Abend des 16. August, nach der Schlacht bei Vionville, wurde ihm gemeldet, daß Herbert gefallen und Bill schwer verwundet worden sei. Der Vater ließ satteln und ritt in die Nacht hinaus. Er fand Herbert, glücklicherweise nur leicht verwundet, in einem Notlazarett, und bei ihm den unversehrten Bill, der bei der Attacke lediglich über ein

totes Pferd gestürzt war und sich bald auf die Suche nach dem Bruder begeben hatte.
Beide klagten über Mangel an Verpflegung. Dabei liefen genügend Hühner auf dem Gutshof herum, die aber der Oberstabsarzt als fremdes Eigentum schonte. Bismarck besann sich darauf, daß er Generalmajor war, und befahl das Schlachten des Federviehs. Das war und blieb der einzige Befehl, gegen dessen Ausführung die militärischen »Halbgötter« nichts einzuwenden hatten.
Deren Abneigung gegen den uniformierten Zivilisten – er trug meist den Interimsrock seines Landwehr-Reiterregiments – machte sich »bis in das Gebiet der Naturalverpflegung und Einquartierung« hinein bemerkbar. Mitunter mußte er auf einer Matratze am Fußboden schlafen und an einem Tischchen schreiben, auf dem kaum ein paar Zettel Platz hatten.
Zu arbeiten gab es genug für das »mobilisierte Auswärtige Amt«, die Räte Abeken, Keudell, Hatzfeldt und Bismarck-Bohlen, den Pressereferenten Busch, den Geheimsekretär, die Chiffreure und Kanzleidiener – und vor allem für den Chef. Die Staatsgeschäfte mußten auch im Felde weitergeführt werden. Die Heeresleitung verwies zwar auf den römischen Brauch, daß in Kriegszeiten der in Friedenszeiten geschlossene Janus-Tempel geöffnet war, und schlossen daraus, daß nur sie zu reden und die Staatsführung zu schweigen habe. Bismarck jedoch meinte, schon das Doppelgesicht des Janus fordere dazu auf, »daß die Regierung eines kriegführenden Staats auch nach anderen Richtungen zu sehen hat als nach dem Kriegsschauplatze«.
Auf diesem entschieden indessen »Eisen und Blut«. Moltke gelang es, Mac-Mahon, der dem in der großen Festung Metz festgenagelten Bazaine zu Hilfe kommen wollte, auf die an der belgischen Grenze gelegene kleine Festung Sedan abzudrängen, ihn zu umfassen und in einer Kesselschlacht zu besiegen. Am 2. September 1870 kapitulierten über 100.000 Franzosen – und mit ihnen, weil unter ihnen, Kaiser Napoleon III.
Vor der Schlacht hatte Bismarck gemurrt: Als Bundeskanzler sei er eigentlich für die Kosten eines jeden Schusses, der abgefeuert werde, verantwortlich; aber von dem, was heute geschehen solle, wisse er nicht mehr als jeder Reitknecht. Das lag freilich zum Teil auch an ihm. Da er gewöhnlich sehr spät zu Bett ging, verschlief er oft die am Vormittag beim König stattfindenden Lagebesprechungen.

Nach der Schlacht legte Bismarck Wert darauf, daß die gegen Mitternacht beginnenden Kapitulationsverhandlungen in seinem Quartier begannen. Am darauffolgenden Morgen wünschte Napoleon III., der nicht dabeigewesen war, den Staatsmann zu sehen, der ihn hereingelegt hatte, doch vielleicht entgegenkommen würde.
Bismarck ritt ihm ungewaschen und ungefrühstückt entgegen, traf ihn auf halbem Wege zwischen Donchery und Sedan. »Am Wagen angekommen, stieg ich vom Pferde, trat an der Seite des Kaisers an den Schlag und fragte nach den Befehlen seiner Majestät«, berichtete er noch am 2. September seinem König. Später erzählte er: Beim Parieren seines Pferdes sei ihm der Revolver zwischen die Beine gerutscht und habe ihn geniert. »Ich griff danach und bei dieser Bewegung wurde der Napoleon weiß wie eine Kalkwand.«
Im nachhinein spielte er mit dem Gedanken, den Kaiser, der den Krieg, zu dem er herausgefordert worden war, begonnen hatte, vor ein internationales Gericht zu stellen. »Ich dachte mir von jeder Großmacht gleichviel Richter, von Amerika, England, Rußland usw., und wir wären die Ankläger.« Ernst war es ihm damit nicht: Die Politik habe die Bestrafung der göttlichen Vorsehung zu überlassen; denn sie habe »nicht zu rächen, was geschehen ist, sondern zu sorgen, daß es nicht wieder geschehe«.
Am 2. September 1870 war Bismarck daran interessiert, eine Begegnung des ausgekochten Napoleon mit dem nachgiebigen Wilhelm I. so lange hinauszuschieben, bis die Kapitulationsbedingungen unterschrieben waren. Er komplimentierte den Kaiser zu einem einsam vor Donchery gelegenen Häuschen eines Textilarbeiters. Bismarck dachte an den gewaltigen Kontrast zwischen ihrer letzten Begegnung im Tuilerienschloß und dem jetzigen Zusammentreffen in einer Kammer mit einem Fichtentisch und zwei Binsenstühlen. Und kam sich vor wie als junger Mensch auf einem Ball, »wenn ich ein Mädchen zum Cotillon engagiert hatte, mit dem ich kein Wort zu sprechen wußte, und das niemand abholen wollte.«
Schließlich kamen preußische Gardekürassiere und geleiteten Napoleon zum nahegelegenen Schlößchen Bellevue, wo er – nachdem die Militärs die Kapitulation unterzeichnet hatten – Wilhelm I. sagen durfte, was er auf dem Herzen hatte, bevor ihn preußische Totenkopfhusaren in die Gefangenschaft nach Deutschland abführten.

Dort solle er gut behandelt werden, empfahl Bismarck. »Die Franzosen müssen ungewiß bleiben, ob sie ihn wiederbekommen, das fördert ihre Zwistigkeiten«. Den gefangenen Napoleon wollte er als »Tell's zweiten Pfeil für den Geßler ›Republik‹« im Köcher behalten. In Paris war nach der Katastrophe von Sedan das Zweite Kaiserreich abgeschafft und die Dritte Republik ausgerufen worden. Sie erinnerte an die glorreichen Zeiten der Französischen Revolution und entschloß sich, den Krieg gegen die preußische Reaktion »bis zum Äußersten« fortzuführen.

Moltke, der militärische Stratege, hatte zwar eine Schlacht, aber nicht den Krieg gewonnen. Nun meinte Bismarck, der politische Stratege, am Zug zu sein. Er gedachte abzuwarten, wie sich die Republik entwickle, ob sie sich zu halten vermöge. »Mein Wunsch wäre, daß wir die Leute dort etwas in ihrer Sauce schmoren lassen und uns in den eroberten Départements häuslich einrichten, ehe wir weiter vorgehn.« Doch Moltke, dem eine Entscheidungsschlacht à la Königgrätz mißglückt war und der durch Eroberung der Hauptstadt den Feind in die Knie zwingen wollte, setzte den Vormarsch auf Paris durch.

Der Zivilist, den preußische Militärs für einen Beschwichtiger und Franzosen, wie er bemerkte, für »einen Bluthund« hielten, gegen den Attila ein Lamm gewesen wäre, mußte mit gegen Paris ziehen. Roon glaubte sich auf dem Wege zum Strafgericht über das welsche Sündenbabel. Bismarck unterstrich im »Andachtbuch für gläubige Christen«, in dem er täglich las, Luthers Worte zum 7. Psalm: »Es sei deine Sache so gerecht, so heilig, so göttlich sie immer mehr wolle, so mußt du sie doch in Furcht und Demut handeln und fürchten alle Zeit Gottes Gerichte.«

Am 19. September 1870, noch nicht einmal drei Wochen nach Sedan, hatten die Deutschen das 210 Kilometer Luftlinie entfernte Paris eingeschlossen. Das Große Hauptquartier installierte sich in Ferrières, im Neureichenschloß des Barons Alfons Rothschild. Am 5. Oktober wurde es nach Versailles, in die Schloßstadt des Sonnenkönigs verlegt.

Bismarck und sein Stab bezogen Quartier in der Rue de Provence. Im Billardzimmer der Villa Jessé arbeiteten zwanzig Beamte. Lothar Bucher, Friedrich von Holstein und Hermann Wagener waren dazugestoßen. Verpflegung wurde aus dem Reptilienfonds finan-

ziert. Zu französischen Genüssen wie Fasan mit Champagnerkraut und Ente mit Oliven kamen Liebesgaben aus der Heimat, Reinfelder Schinken und Pommersche Spickgänse. Beim Dessert stöhnte der Chef, er habe zu schwer gegessen, es sei immer ein Gericht zuviel. In der Nacht fühlte er sich wie eine Boa Constrictor, und am Tag darauf züngelte er gegen alle Welt.
So gegen die Franzosen, die immer neue Armeen aus dem Boden stampften und den deutschen Ring um Paris von außen her zu sprengen suchten: »Sie haben Barbaren zu Kameraden, und sie sind durch ihre Kriege in Algier, China, Hinterindien und Mexiko selber Barbaren geworden.« Gegen die Franctireurs, die den Volkskrieg als Heckenschützen führten: »Man sollte alle Dörfer, wo Verrat vorkommt, sofort ausbrennen und alle männlichen Einwohner hängen.« Gegen die eigene Generalität: »Die obere Leitung ist im Kriege überhaupt oft nicht viel wert – Strategie der Studierstube.« Gegen die Fürsten, die sich im Hauptquartier herumtrieben: »Verdruß ist viel, wie überall, wo viel unbeschäftigte Fürsten sind«.
Er wetterte gegen den »Dummkopf von Kronprinz«, der alles besser zu wissen meinte, und selbst gegen seinen König: »Wenn ich nicht mehr Christ wäre, diente ich dem König keine Stunde mehr. Wenn ich nicht auf meinen Gott rechnete, so gäbe ich gewiß nichts auf irdische Herren... Hätte ich die wundervolle Basis der Religion nicht, so wäre ich dem ganzen Hofe schon längst mit dem Sitzzeug ins Gesicht gesprungen, und schaffen Sie mir einen Nachfolger mit jener Basis, so gehe ich auf der Stelle.«
Die »Tretmühlen-Arbeit«, deren unaufhörliche Anstrengung in einem Mißverhältnis zu erzielten Resultaten stand, machte ihm zu schaffen. Und das Heimweh wuchs mit dem Aufenthalt in Versailles, der kein Ende zu nehmen schien.
»Ich entfloh heut der Plage, um in der weichen stillen Herbstluft durch Louis XIV. lange grade Parkgänge, durch rauschendes Laub und geschnittene Hecken, an stillen Teichflächen und Marmorgöttern vorbei, Röschen eine Stunde zu galoppieren, und nichts Menschliches als Joseph's klappernden Trainsäbel hinter mir zu hören und dem Heimweh nachzuhängen«. Am liebsten wäre er bis nach Hause geritten, auf sein Rittergut, um seinen Hafer zu bauen und seine Ricken und Böcke zu schießen.

»ICH HABE OFT LANGE auf dem Anstand gesessen und habe mich von Insekten umschwärmen und zerstechen lassen, ehe ich zum Schusse kam.« Er erinnerte sich an eine Verhaltensweise des Waidmannes wie des Staatsmannes und zwang sich dazu, einigermaßen ruhig abzuwarten, bis ihm das Wild vor die Flinte lief.
Als erste kamen die Süddeutschen aus dem Dickicht des Partikularismus. Sie schienen die Warnung übersehen zu haben, die ein Franzose in Versailles angeschlagen hatte: »Badener, Sachsen, Bayern,/ Übers Ohr gehauen von dem hinterlistigen Bismarck:/ Er wird euch alle drei klein machen wie Holz –/ für den König von Preußen.«
Dem französischen Pasquillanten war entgangen, daß sich die Sachsen bereits unter die Fittiche Wilhelms I. begeben hatten. Nun aber, getrieben von der nationalen Begeisterung an der Front und in der Heimat, ließen sich auch Bayern, Württemberger, Badener und Hessen-Darmstädter herbei, mit Bismarck über einen Beitritt zum Norddeutschen Bund zu verhandeln.
Hintereinander trafen ihre Bevollmächtigten in Versailles ein, wo sie der Bundeskanzler getrennt empfing und gegeneinander ausspielte, um ein deutsches Miteinander unter preußischer Ägide zu erreichen.
Am wenigsten sträubte sich das Großherzogtum Baden, seine staatliche Souveränität auf dem Altare eines größeren Vaterlandes zu opfern. Es galt als »Musterländle« des Liberalismus, das zu einem Modelland des Nationalliberalismus geworden war. Das Großherzogtum Hessen-Darmstadt, das bereits mit einem Fuß im Norddeutschen Bund stand, mußte wohl oder übel den zweiten nachziehen. Dem Königreich Württemberg fiel es schon schwerer, die Waffenbrüderschaft in eine Staatsgemeinschaft weiterzuentwickeln.
Am meisten widerstrebte das Königreich Bayern einem Einzug in einen Anbau des norddeutschen Hauses. Als Zwangseinweisung erschien das König Ludwig II., der sein Genügen an seinen Schlössern fand, und weiß-blauen Patrioten, die nicht in eine preußische Kaserne einrücken wollten.
Bismarck zeigte dafür einiges Verständnis. Bayern sei – außer Preußen – das einzige deutsche Land, das »ein wirkliches und in sich selbst befriedigtes Nationalgefühl« ausgebildet habe, stellte er fest und wagte die Voraussage: Bayern werde Preußen überleben. Denn seine Vergangenheit zeige, daß in seiner Bevölkerung ein starkes

Beharrungsvermögen liege, das sich auch in Zukunft bewähren werde.

Der Preuße appellierte an den konservativen Sinn der Bayern, ohne deren Zustimmung das Einigungswerk nicht zu vollenden war. Er verwies darauf, daß nur ein Bund aller deutscher Fürsten Nationaldemokratie und Nationalliberalismus, die auch in Bayern an Boden gewonnen hatten, in Schranken zu halten vermöge.

Diese Botschaft wurde gehört, aber es fehlte Bayern am Glauben, daß ein Föderalismus à la Bismarck einen preußisch-deutschen Zentralismus verhüten könnte. Und es mangelte an Hoffnung, daß ein neues Reich in der Mitte Europas den Frieden bewahren würde, wenn schon die Absicht, es zu gründen, zu einem Krieg geführt hatte.

Deshalb hätten König, Minister und eine starke Fraktion im Landtag eine lockere Verbindung Bayerns und der süddeutschen Staaten mit dem Norddeutschen Bund einem Anschluß vorgezogen. Durch ein »Verfassungsbündnis« wäre die staatliche Souveränität bewahrt worden, und ein »weiterer Bund« hätte sich besser als ein »engerer Bund« in das europäische Gleichgewichtssystem eingefügt.

»Man glaube ja nicht, daß die Bayern durch diesen Krieg mürbe und kleinmütig geworden sind. Im Gegenteil! Sie haben sich tapfer geschlagen, haben im Vergleich zu 1866 ihr kriegerisches Selbstgefühl neu gewonnen und befestigt. Sie sind jetzt hartnäckig, weil sie sich stark fühlen.« Von dieser Feststellung hatte Bismarck auszugehen. Er wisse nicht, wie er dächte, wenn er Bayer wäre, räumte er ein, aber als deutsch denkender Preuße hatte er das Einigungsziel im Auge zu behalten.

Schritt für Schritt brachte er die bayerischen Unterhändler von ihrem Beharren ab und einer Bereitschaft näher, »einer neuen Verfassung des deutschen Bundes«, die »in allem wesentlichen die Verfassung des Norddeutschen Bundes« sein sollte, im großen und ganzen zuzustimmen. Ausschlaggebend wurde die Drohung Bismarcks, Bayern zu isolieren: Die anderen süddeutschen Staaten – Baden und Hessen-Darmstadt sowieso, nun aber auch Württemberg – seien bereit, auch ohne das weiß-blaue Königreich einem gesamtdeutschen Fürstenbund beizutreten. Allein auf weiter Flur möge dann Bayern zusehen, wie es mit äußeren Feinden und den Freunden der Nation im eigenen Lande fertig werde.

Der Peitsche folgte das Zuckerbrot. Württemberg behielt seine eigene Post, Telegraphie sowie Eisenbahn und bekam vier Stimmen im Bundesrat. Sechs Bundesratsstimmen und ausgedehntere Reservatrechte wurden Bayern eingeräumt: außer dem eigenen Post- und Eisenbahnwesen ein diplomatisches Vertretungsrecht, den ständigen Vorsitz im auswärtigen Ausschuß des Bundesrates und die Militärhoheit im Frieden.

Letzterem hatte sich Wilhelm I. widersetzt, der als Bundesfeldherr auch die bayerischen Truppen immer und überall kommandieren wollte. Bismarck überwand auch diesen Widerstand, mit Hilfe des Großherzogs von Baden, des Schwiegersohnes des Königs von Preußen. Wiederum hatte er alle Register seiner an der klassischen Diplomatie geschulten Verhandlungskunst gezogen, doch seiner Orgel auch Töne entlockt, die er ansonsten wenig schätzte: Er müsse Rücksicht auf den Norddeutschen Reichstag nehmen, erklärte er den Bayern, denen nicht verborgen geblieben war, daß er durch Pressekampagnen den bayerischen Landtag zu beeinflussen suchte.

Am 23. November 1870 wurde im Versailler Quartier Bismarcks der Beitrittsvertrag unterzeichnet. »Die deutsche Einheit ist gemacht, und der Kaiser auch«, kommentierte Bismarck mit Erleichterung und Genugtuung. Freilich, Zeitungen würden unzufrieden sein, mancher Historiker werde ihm vorwerfen, »der dumme Kerl hätte mehr fordern sollen; er hätte es erlangt, sie hätten gemußt; und er kann recht haben – mit dem Müssen. Mir aber lag mehr daran, daß die Leute mit der Sache innerlich zufrieden waren – was sind Verträge, wenn man muß!«

Die Kritik setzte sofort ein. Nicht alle Bayern waren zufrieden. Der Verhandlungsführer, Minister Bray-Steinburg, sprach vom Ende des alten Bayern, Ludwig II. legte Trauerkleidung an und die Kammer der Abgeordneten verzögerte die Ratifizierung, die eigentlich bis zum 1. Januar 1871 hätte erfolgt sein müssen, bis zum 21. Januar 1871, stimmte dann mit 102 gegen 48 Stimmen zu. Preußen tadelten Bismarcks Entgegenkommen an die Bayern: leise der König, laut der Kronprinz, der den unsicheren Kantonisten am liebsten den Marsch geblasen hätte.

Den Pauken und Trompeten zog Bismarck Flöten und Zimbeln vor. Seinem Monarchen bedeutete er, an der Spitze des erweiterten Bundes, der den Namen Deutsches Reich tragen solle, könne nicht, wie im Norddeutschen Bund, ein »Bundespräsidium«, sozusagen ein Neutrum, sondern müsse ein deutscher Kaiser in der Gestalt des Königs von Preußen stehen. Dies verlangten deutsche, vor allem süddeutsche Reichsromantiker, die sich den nationalen Bund unter preußischer Führung nur als erneuertes Reich mit einem wiedererstandenen Barbarossa vorstellen mochten. Und dies erforderte die preußische Staatsräson; denn nur mit einem von der deutschen Geschichte geweihten Kaisertum sei der Herrschaftsanspruch des Hohenzollern über ganz Deutschland zu legitimieren.

Allerdings dürfe es nicht ein zweites Mal passieren, daß – wie 1849 – das Volk die Kaiserkrone anbiete. Das widerspräche dem Charakter des Bundes, der nicht auf der Volkssouveränität, sondern auf der Monarchensouveränität beruhe. Also müßten die deutschen Fürsten dem mächtigsten unter ihnen das Kaisertum antragen, und der zweitmächtigste nach dem König von Preußen, der König von Bayern, sollte dies anregen.

Damit würde dem Wittelsbacher eine Zustimmung zum Hohenzollernreich erleichtert, meinte Bismarck. Daher habe er den bayerischen Unterhändlern bedeutet, »es müsse für ihren König doch bequemer und leichter sein, gewisse Rechte an den deutschen Kaiser abzutreten, als an den benachbarten König von Preußen.« Den Ministern im Hauptquartier leuchtete dies ein, deren König zu Hause galt es davon zu überzeugen.

Der Genius loci von Versailles wäre dem Vorhaben günstig gewesen. Im Schloß des Sonnenkönigs, den Ludwig II. über alles schätzte, hätte ihn wahrscheinlich der Glanz geblendet und ihm die Augen davor verschlossen, daß er nicht bei seinem französischen Abgott, sondern bei seinem preußischen Oberherrn zu Gast sein würde. Deshalb lud Bismarck den Wittelsbacher nach Versailles ein; das Prunkbett Ludwigs XIV. sei für ihn reserviert.

Ludwig II. verschanzte sich hinter den Schloßmauern von Hohenschwangau. Bismarck mußte sich etwas anderes einfallen lassen. »Ich sah einen Weg und schrieb einen Brief – und dann hatte ein bayerischer Hofbeamter das Verdienst.«

Der Reichkanzler in spe erinnerte sich daran, daß im römisch-deutschen Reich so manche Kaiserwahl durch »Handsalben« für Kurfürsten entschieden worden war. Gebietsvergrößerung, etwa eine Landbrücke zwischen dem rechtsrheinischen und dem linksrheinischen Bayern, durfte er dem Wittelsbacher nicht zugestehen, denn dies wäre auf Kosten des badischen Preußenfreundes gegangen. Doch dank des Welfenfonds konnte er dem in finanziellen Schwierigkeiten steckenden Schlösserbauer Geld offerieren und damit Ludwigs II. Initiative in der Kaiserfrage honorieren.

Das war der Weg, und dies der Brief: Die Anregung, den preußischen König zum deutschen Kaiser zu machen, dürfe »von keiner andern Seite wie von Eurer Majestät und namentlich nicht von der Volksvertretung« zuerst ausgehen. Als in tiefer Ehrfurcht ersterbender Diener und der Einfachheit halber erlaube er sich, den Entwurf eines Schreibens beizulegen, das der König von Bayern an den König von Preußen und – »mit den nötigen Änderungen der Fassung« – an alle anderen deutschen Fürsten zu richten geruhen möge.

Ludwig II. schrieb, sich an die Vorlage haltend, die Kaiserbriefe. Das Verdienst rechnete Bismarck nicht allein sich selber, sondern auch dem königlich bayerischen Oberststallmeister Max von Holnstein an. Der Vertraute des Wittelsbachers spielte mit Erfolg den Eilkurier zwischen Versailles und Hohenschwangau und vice versa. Dabei verdiente er sich als Provision zehn Prozent der rund fünf Millionen Mark, die Bismarck dem König zukommen ließ.

Am 3. Dezember 1870 wurde Wilhelm I. das Schreiben überreicht, in dem ihn sein »freundwilliger Vetter, Bruder und Neffe Ludwig« im Namen der gleichzeitig angeschriebenen und sicherlich zustimmenden Mitfürsten ersuchte, »daß die Ausübung der Präsidialrechte des Bundes mit Führung des Titels eines deutschen Kaisers verbunden werde«. Dem Konzeptionisten des Schreibens, dem Grafen Bismarck, meldete König Ludwig II. Vollzug, in der Erwartung, »daß Bayern seine Stellung fortan erhalten bleibt.«

Die von Bismarck für unumgänglich angesehenen Zugeständnisse an den König von Bayern, vor allem die Reservatrechte, seien »viel schwerer verdaulich als die massiven Riesenknödel des Bayerischen Hochgebirges«, drückte ein Nationalliberaler das Unbehagen seiner Fraktion im Norddeutschen Reichstag aus, der am 5. Dezember 1870 mit der Debatte über die Reichsverfassung begann. Es blieb ihm nichts anderes übrig, als die harten Brocken zu schlucken. Bismarck half nach: Lehne die norddeutsche Volksvertretung die Verträge mit den süddeutschen Staaten ab oder verändere sie, sehe er sich gezwungen, seinen Abschied zu erbitten »und, wenn mir derselbe,

wie ich voraussehe, verweigert wird, Seiner Majestät die Auflösung des Reichstages anraten zu müssen«, um »mir von der Nation in den Wahlen den Prozeß machen zu lassen«.
Am 9. Dezember 1870 wurden die Verträge mit Baden, Hessen-Darmstadt und Württemberg mit allen gegen die sechs Stimmen der Sozialdemokraten und der Vertrag mit Bayern mit 195 gegen 32 Stimmen angenommen. Am Tage darauf wurden die Bezeichnungen »Deutsches Reich« und »Deutscher Kaiser« in die »Verfassung des deutschen Bundes« eingefügt.
»Das Vaterland dankt dem Führer«, hieß es in einer Dankesbezeugung des Reichstages für die Reichsverfassung, die nicht durch eine verfassunggebende Versammlung zustande gekommen war, die auf der Monarchensouveränität und nicht auf der Volkssouveränität beruhte und die Bismarck nicht in der nunmehrigen Reichshauptstadt, sondern im militärischen Hauptquartier ausgehandelt hatte. Eine Deputation des Reichstages begab sich nach Versailles, um – nach den Fürsten – Wilhelm I. zu ersuchen, »durch Annahme der Deutschen Kaiserkrone das Einigungswerk zu weihen.« Angeführt wurde sie vom Reichstagspräsidenten Eduard Simson, der so etwas nicht das erstemal tat. Als Präsident des Frankfurter Parlaments hatte er Friedrich Wilhelm IV. die von der »verfassunggebenden deutschen Reichsversammlung« beschlossene Kaiserwürde dargeboten.
Es sei ein »reizendes Spiel des Geschickes«, bemerkte Bismarck, daß Simson diesmal nicht im Auftrag des Volkes die Kaiserkrone anzubieten, sondern die Annahme eines Antrages der Fürsten zu erbitten habe. Anno 70 hatte nicht, wie Anno 49, die Verfassung den Kaiser, sondern der Kaiser respektive der Kanzler die Verfassung gemacht. Diesem Diadem haftete nicht mehr, weswegen das andere von Friedrich Wilhelm IV. abgelehnt worden war, der »Ludergeruch der Revolution« an. Vielmehr war diese Krone, wie es Gustav Freytag ausdrückte, von einem »edlen Saft« gesalbt worden, dem »Herzblut unserer Krieger«, und die Demokratie, die ihn ausgepreßt habe, sei das »deutsche Volk in Waffen« gewesen.
Am 18. Dezember 1870, nach dem Militärgottesdienst, wurden die Deputierten von Feldgendarmen in die Präfektur, die Residenz Wilhelms I. , geleitet. Eduard Simson überreichte dem Monarchen die Adresse des Reichstages, die einer Petition glich, und gab der

Hoffnung Ausdruck, daß Kaiser und Reich »die Gewißheit von Einheit und Macht, von Recht und Gesetz, von Freiheit und Frieden zuteil wird«. Zweiundzwanzig Jahre vorher war von ihm die Freiheit an die Spitze der nationalen Rangordnung gestellt worden.

Bismarck stand am Fenster, zupfte an den Gardinen, betrachtete nicht ohne Wohlgefallen diesen Simson, der von einem liberalen Saulus zu einem nationalliberalen Paulus geworden war, und erinnerte sich an frühere Begegnungen. Im Erfurter Unionsparlament saß er als Schriftführer neben dem »jüdischen Präsidenten«, der die Antipathie seines Adlatus mit Abneigung gegen den Junker vergalt, der mit seiner Meinung nicht hinter dem Berg hielt, daß nur Adlige und nicht Bürgerliche zum Staatsgeschäft berufen seien. Während des Verfassungskonfliktes kreuzten der Ministerpräsident Bismarck und der Abgeordnete Simson die Klingen, bis dann, nach Königgrätz, der liberale Realist seinen Degen vor dem nationalen Realpolitiker senkte.

Es hatte Bismarck einige Mühe gekostet, seinen König, dem die ganze Kaiserei zuwider war, zum Empfang der Reichstagsdeputation zu bewegen. Wilhelm I. zeigte wenig Neigung, die Königskrone, die er sich in Königsberg selber vom Altar genommen und aufgesetzt hatte, neben einer Kaiserkrone verblassen zu lassen, die ihm von anderen dargereicht wurde. Auch der Umstand, daß er sie aus der Hand von Monarchen und nicht mehr durch die Gnade des Volkes angeboten erhielt, vermochte ihn nicht von seinem königlich preußischen Standpunkt abzubringen. Wenn schon, dann wollte er ein Soldatenkaiser werden, der in ganz Deutschland kommandierte, kein Bundeskaiser, der die Kurfürsten mitbestimmen lassen sollte.

Der Kanzler bekam »Kaiserärger«. Wilhelm I. versteifte sich auf den Titel »Kaiser von Deutschland«, womit ein Machtanspruch über das ganze Reich ausgedrückt worden wäre. Bismarck verwies auf die Geschäftsgrundlage: Mit den Fürsten sei der Titel »Deutscher Kaiser« vereinbart, der dem vorgesehenen Charakter eines Primus inter pares entspräche. In der am 31. Dezember 1870 im Bundesblatt verkündeten Reichsverfassung sei der »Deutsche Kaiser« festgeschrieben.

Wilhelm I. mußte sich wieder Tatsachen fügen, die von Bismarck geschaffen worden waren. Diesmal wehrte er sich bis zuletzt. Am 17. Januar 1871, einen Tag vor der Kaiserproklamation, erklärte er dem Kanzler, er wolle nicht Kaiser werden, wenn er nicht »Kaiser von Deutschland« heißen dürfe. Bismarck, dem der Ärger wieder einmal in die Beine und in die Galle gefahren war, wurde heftiger, als es ihm anstand, blieb standhaft gegenüber den Forderungen des Königs und ungerührt von den Tränen Wilhelms. Dieser beendete nach drei Stunden das Rencontre und resignierte: Morgen müsse er von dem alten Preußen Abschied nehmen, an dem er allein festhalte und fernerhin festhalten wolle.

Immerhin hatte er die Genugtuung, daß am 18. Januar 1871 nicht zur Kaiserproklamation, sondern zum Ordensfest des Schwarzen Adler-Ordens eingeladen wurde. Auf den Tag genau vor 170 Jahren hatte der erste preußische König, Friedrich I., sich die Königskrone aufgesetzt und den höchsten preußischen Orden mit der Devise »Suum cuique – jedem das Seine« gestiftet.

Das orangenfarbene Band des Schwarzen Adler-Ordens trug der am 18. Januar 1871 zum Generalleutnant beförderte Reichskanzler. Im Spiegelsaal des Schlosses zu Versailles verlas er, zu Füßen des Podestes, auf dem Wilhelm I., die Fürsten und die Fahnenträger standen, die Proklamation an das deutsche Volk, in dem der König von Preußen seinen Willen kundtat, »die seit mehr denn sechzig Jahren ruhende Deutsche Kaiserwürde zu erneuern und zu übernehmen.« Er habe dabei »ganz grimmig verstimmt« ausgesehen und es »in tonloser, ja geschäftiger Art und ohne jegliche Spur von Wärme oder feierlicher Stimmung« getan, bemerkte der reichsberauschte Kronprinz.

Bismarck blickte gespannt auf den Großherzog von Baden, der den Kaiser auszurufen hatte. Unter welchem Titel dies geschehen sollte, war bis zuletzt offen geblieben. Der Herold erwies sich als Salomon: Er nahm weder den »Kaiser von Deutschland« noch den »Deutschen Kaiser« in den Mund, sondern rief: »Seine kaiserliche und königliche Majestät, Kaiser Wilhelm, lebe hoch! hoch! hoch!«

Unter den Klängen des »Heil Dir im Siegerkranz« ging Wilhelm I. von einem Fürsten zum anderen, stieg vom Podest herab und klopfte einem Grenadier auf die Schultern. An Bismarck ging er vorbei, ohne ihn eines Blickes zu würdigen oder ihm gar ein Wort des Dankes zu sagen.

Er halte diese Mißhandlung nicht mehr aus, gleich nach dem Frieden werde er sein Amt niederlegen, und dann solle Wilhelm I.

sehen, ob er einen treueren Diener finde, klagte Bismarck dem Großherzog von Baden. »Diese Kaisergeburt war eine schwere, und Könige haben in solchen Zeiten ihre wunderlichen Gelüste, wie Frauen, bevor sie der Welt hergeben, was sie doch nicht behalten können«, schrieb er seiner Frau. »Ich hatte als Accoucheur mehrmals das dringende Bedürfnis, eine Bombe zu sein und zu platzen, daß der ganze Bau in Trümmer gegangen wäre.«

Die Kaiserproklamation in Versailles malte Anton von Werner in mehreren Fassungen. Auf der für Wilhelm I. bestimmten Version ist Bismarck in blauer Dienstuniform zu sehen, die er tatsächlich trug, und keineswegs im Mittelpunkt des Geschehens stehend. Auf der Bismarck gewidmeten Version erscheint der Kanzler im Zentrum des Bildes, breitbeinig in hohen Kürassierstiefeln dastehend, in weißer Galauniform, als Blickfang für Patrioten, die ihn als den Reichsgründer betrachteten und verehrten.

Das Wesen dieses »preußischen Reiches deutscher Nation«, wie es Heinrich von Treitschke feierte, kam auf allen Kolossalgemälden Werners zum Ausdruck: Im Schloß des Erbfeindes, in einem dem Sieg entgegengehenden Krieg proklamierten die Fürsten einen der Ihren zum Kaiser eines Reiches, das ein Fürstenbund unter der Vorherrschaft des mächtigsten unter ihnen war. Es akklamierten die uniformierten Vertreter des Volkes, das sein Reich nicht mit Stimmzetteln, in einer verfassunggebenden Versammlung, sondern mit den Waffen, auf Schlachtfeldern errungen hatte. Und das in der militärisch-monarchischen Form, in der es zustande gekommen war, erhalten werden sollte.

Reichsromantik war bei dem Maler Anton von Werner wie bei seinem Auftraggeber Friedrich Wilhelm, dem Kronprinzen Preußens und nun des Deutschen Reiches, im Spiel, der schwärmte: »Die langjährigen Hoffnungen unserer Voreltern, die Träume deutscher Dichtungen sind erfüllt, und befreit von den Schlacken des heiligen römischen Unsegens steigt ein an Haupt und Gliedern reformiertes Reich unter dem alten Namen und den tausendjährigen Abzeichen aus sechzigjähriger Nacht empor.«

Von einer Renovatio imperii zu sprechen war nicht angebracht, denn das erste war ein übernationales, ein universales Reich gewesen, während das zweite Reich ein mit Reichsromantik verbrämter preußisch-deutscher Nationalstaat war.

Kritikern wie Befürwortern entging das nicht. Das neue verhalte sich zum alten Reich wie eine Berliner Kaserne zu einer gotischen Kathedrale, meinte Constantin Frantz, und Friedrich Naumann fügte hinzu: Das Deutsche Reich sei durchaus unkonservativ, nämlich militärisch-revolutionär entstanden, »durch einen militärischen Monarchen und seinen auf das Zündnadelgewehr rechnenden Kanzler«. Genau dies gefiel Gustav Freytag, der meinte, das neue Reich müsse von Preußentum, Protestantismus und Bürgertum getragen werden, und der neue Kaiser habe seine Macht in schimmernder Wehr, im Krieg mit Siegen und im Frieden mit Paraden zu demonstrieren.

So ähnlich, wenn auch nicht ideologisch, sondern realistisch, sah es der Gründer des Zweiten Reiches. Bismarck war und blieb ein Preuße, wurde kein Nationalist und kein Imperialist. Aber er hatte die Verwendbarkeit der Reichsromantik für die Einigung Deutschlands durch Preußen erkannt und ausgenützt. Und dessen Hegemonie nicht nur mit Gewalt gegen, sondern auch mit Zustimmung von Fürsten erreicht, die er im Glauben ließ, sie würden im neuen Reich wie Kurfürsten im alten Reich behandelt.

Im Grunde galt ihm der Reichsgedanke wenig. Im Streit um den Kaisertitel ging es ihm nicht um eine historische Begründung, sondern um die aktuelle Notwendigkeit, den süddeutschen Fürsten den Beitritt zum Norddeutschen Bund zu erleichtern.

Nachdem er sich durchgesetzt hatte, entledigte er sich, wie so oft, der aufgestauten Spannung durch eine flachsige Bemerkung. Drei Tage nach der schweren Kaisergeburt diskutierten seine Mitarbeiter über den Unterschied der Titulaturen »Deutscher Kaiser« und »Kaiser von Deutschland«. Bismarck mischte sich ein: »Weiß einer von den Herren, was auf Lateinisch Wurscht heißt?« Einer meinte Farcimentum, ein anderer Farcimen. Der Reichskanzler sagte: »Farcimentum oder Farcimen, einerlei. Nescio quid mihi magis farcimentum esset – Ich weiß nicht, was mir mehr Wurscht wäre.«

DER REICHSKRIEG gegen Frankreich war noch nicht zu Ende. Am Tage nach der Kaiserproklamation trat die Besatzung von Paris zu einem neuen Ausfall an, war immer noch nicht die Gefahr gebannt, daß der deutsche Belagerungsring von innen durch die Verteidiger der Hauptstadt und von außen durch Entsatzheere gesprengt werden könnte.

Schon vor Monaten war der Bewegungskrieg, den Moltke rasch zu führen und schnell zu beendigen beabsichtigt hatte, in einen Belagerungskrieg um Paris und einen Abwehrkrieg gegen französische Versuche, die Hauptstadt freizukämpfen, übergegangen. Ein Ende war nicht abzusehen. Das zerrte an den Nerven der Preußen, die 1866 durch einen Feldzug verwöhnt worden waren, der beinahe einem Sonntagsausritt geglichen hatte.

Der Krieg sei des Menschen natürlicher Zustand, meinte Bismarck, als es 1870 vorwärtsging und er sich seelisch wie körperlich wohlauf fühlte. Als sich der Krieg hinzog und der Sieg auf sich warten ließ, begann er den Krieg für den Vater allgemeinen Mißgeschicks wie seines besonderen Mißvergnügens zu halten.

Bis Sedan sei ja alles gutgegangen, bemerkte er am Jahresende 1870 in Versailles, wo das Hauptquartier zu einem Standquartier geworden war. Aber seither habe man eine Torheit nach der anderen begangen. Statt mit konzentrierten Kräften im Argonner Wald stehenzubleiben und den Feind anlaufen zu lassen, sei man »wie unsinnig nach Paris gerannt, ohne zu wissen, wozu.«

Nun lag man immer noch vor und nicht in Paris. An Silvester hütete Bismarck wegen Unwohlseins das Bett und überließ es anderen, durch Bleigießen herauszufinden, wie und wann man aus dem Schlamassel herauskommen würde. In seinem Unmut hatte er selbst an den Säulen seines Preußentums zu rütteln begonnen: Er sei als Royalist in den Krieg gezogen, er käme aber anders heraus. Er sei »militärfromm in den Krieg gekommen«, doch »künftig gehe ich mit den Parlamentarischen, und wenn sie mich weiter ärgern, so lasse ich mir einen Stuhl auf die äußerste Linke stellen«.

Die Gründe für den Ärger, der sich auf solche Weise Luft machte, waren sachlicher wie persönlicher Natur. Die Militärs, von dem sich ganz und gar als Soldatenkönig fühlenden Wilhelm I. gedeckt, versagten dem leitenden Staatsmann eine Mitsprache bei der Kriegführung, unterrichteten ihn nicht einmal hinreichend über operative Pläne wie Resultate und begannen sich in politische Vorhaben und Entscheidungen einzumischen.

Das führte zu unaufhörlichen Quengeleien Bismarcks über die »Zopfigkeit und Ressort-Eifersucht« der Militärbehörden, ständigen Querelen mit den die Blüchersche Abneigung gegen Federfuchser, also Politiker und Diplomaten, pflegenden Generalstäblern, zu gelegentlichen Zusammenstößen mit dem Generalstabschef Moltke, der vom Primat der Politik schon im Frieden und erst recht nicht im Kriege etwas wissen wollte. Und beim Obersten Kriegsherrn fand der Kanzler, Ministerpräsident und Außenminister mit seinen diesbezüglichen Beschwerden kaum Gehör.

Dabei hatte der Staatsmann triftige Gründe für seine Forderung nach Einflußnahme auf die Kriegführung vorzubringen. Die Entwicklung des mit regulären Heeren geführten regulierten Staatenkrieges zu einem Volkskrieg, in dem den Nachfahren der Revolutionskriege jedes Mittel recht zu sein schien, steigerte den anfänglichen Konflikt zwischen zwei Monarchien zu einer Auseinandersetzung zwischen zwei Systemen, die nicht nur militärisch, sondern auch politisch auszufechten war.

Auf den groben Klotz eines totalen Krieges, den die Dritte Republik begonnen hatte, gehöre ein grober Keil, meinte Bismarck und empfahl eine Verschärfung der Kriegführung: »Eine harte und unerbittliche Ahndung jeder Verräterei« durch Heckenschützen und die sie unterstützenden Gemeinden; Maßregeln, »welche geeignet sind, die Bevölkerung die Last des Krieges fühlen und den Frieden herbeiwünschen zu lassen«; mehr Requisitionen und Kontributionen, Beschlagnahme von Privatvermögen und »Wegführung von Geiseln«; Gewöhnung der deutschen Truppen daran, »daß weniger Gefangene gemacht und mehr die Vernichtung des Feindes auf dem Schlachtfelde ins Auge gefaßt würde«.

Seine Pflicht als erster Minister sei es, schrieb er am 14. Dezember 1870 dem König, »alles dasjenige zu erwägen, was sich auf das Ziel des Krieges, den Frieden, bezieht. Je schneller dieses Ziel erreicht wird, umso sicherer und leichter wird es gelingen, auch von den Friedensverhandlungen jede fremde Einmischung und Einwirkung fern zu halten«. Je länger sich der Krieg hinziehe, desto größer werde die Gefahr, daß die neutralen Mächte intervenierten, erklärte Bismarck, der dazu neigte, diese äußere Gefahr zu übertreiben, um eine Durchsetzung interner Vorhaben zu erleichtern. Doch die Möglichkeit einer Einmischung Dritter war nicht von der Hand zu weisen. Sie wuchs mit jedem Kriegstag, der einer humanitär gestimmten europäischen Öffentlichkeit Anlaß zur Klage über Kriegsgreuel gab und europäischen Mächten die Gelegenheit bot, einer drohenden Verschiebung des Gleichgewichtes durch eine übergroße Stärkung des preußischen

Deutschlands und einer übermäßigen Schwächung des nun nicht mehr imperialistischen Frankreichs entgegenzutreten.
Österreich, das an den Pariser Kongreß von 1856 wie an den Wiener Kongreß von 1815 dachte, empfahl die Einberufung einer europäischen Friedenskonferenz. England, wie stets an einer Balance of power und nun auch an einer Durchsetzung liberaler und demokratischer Prinzipien auf dem Kontinent interessiert, war einer multilateralen Behandlung einer bilateralen Angelegenheit grundsätzlich nicht abgeneigt. Nur Rußland – »die einzige Macht, welche ihrer Neutralität einen uns wohlwollenden Charakter verliehen hat«, wie es Bismarck schätzte – war eindeutig gegen eine europäische Aktion. Die Sympathie des Zaren für den preußischen Monarchen und seine Antipathie gegen die französischen Republikaner waren im Spiel, doch den Ausschlag gab das Eigeninteresse Rußlands, das Bismarck zu fördern wußte. Mit seiner diplomatischen Rückendeckung erklärte Petersburg die auf dem Pariser Friedenskongreß von 1856 beschlossene Neutralisierung des Schwarzen Meers für null und nichtig. Bismarck profitierte davon in zweifacher Hinsicht. Mit dem damaligen europäischen Friedenswerk waren die Befürworter eines neuen Friedenskongresses kompromittiert. Und nach diesem Bruch eines internationalen Vertrages, der ohne internationale Sanktionen blieb, waren kaum Einsprüche gegen deutsche Alleingänge zu erwarten: weder gegen die Verletzung des Prager Friedens von 1866, der den Dänen in Nordschleswig eine von Preußen nicht gewährte Volksabstimmung zugestand, noch gegen die ohne Volksbefragung beabsichtigte Einverleibung der völkerrechtlich zu Frankreich gehörenden Gebiete Elsaß und Lothringen.
Diesen Erfolg seiner Diplomatie vermochte auch die Einberufung einer Konferenz der Signatarmächte des Pariser Vertrages von 1856 nicht zu vermindern, der Bismarck zustimmte. Denn er wußte dafür zu sorgen, daß die am 1. Februar 1871 in London eröffnete Konferenz sich ausschließlich mit dem Schwarzmeerproblem und keinesfalls mit den deutsch-französischen Angelegenheiten beschäftigte. Als sie am 13. März 1871 die endgültige Abschaffung der von Rußland einseitig aufgekündigten Schwarzmeerklausel beschloß, hatte Bismarck bereits Frankreich den Vorfriedensvertrag diktiert.
Ende Oktober 1870, als Rußland den Friedensvertrag von 1856 verletzte, hatte die Lage für Bismarck noch bedrohlich ausgesehen.

In einem Stadium des Krieges, dessen Ende nicht abzusehen war, hätte eine europäische Kollektivaktion in der Schwarzmeerfrage auch zu einer Kollektivintervention in den deutsch-französischen Konflikt führen können.
Ein europäischer Frieden zu europäischen Bedingungen – das war ein Alpdruck Bismarcks. Er wollte den Krieg, den er bilateral führte, auch bilateral beenden. Angesichts der »falschen Friedenstauben«, von denen er sich umschwirrt sah und umgurrt wähnte, wollte er ihn möglichst schnell und mit jedem erfolgversprechenden Mittel zu Ende führen.
Seit dem 19. September 1870 war die Hauptstadt Frankreichs von deutschen Truppen eingeschlossen. Wenn Paris nicht bald kapituliere, müßten »Hunderttausende dem Hungertod verfallen«, ließ Bismarck die europäischen Kabinette wissen. Er dachte an Machiavelli, der die Lieferung von Lebensmitteln an eine belagerte Stadt als eine unverzeihliche Dummheit hingestellt hatte. Eine »solche furchtbare und beispiellose Katastrophe« müsse vermieden werden, depeschierte der englische Außenminister. »Wir haben Zeit«, meinte Bismarck, »bis sie ihre Hunde und die schönen langhaarigen Katzen gegessen haben werden.«
Als die Hungerkur keine rasche Wirkung zeigte, empfahl Bismarck Eisenpillen: ein Bombardement von Paris. Aber Moltke wollte den Befehl zur Beschießung nicht geben, nicht nur, weil der Stratege des Bewegungskrieges eine Belagerungsartillerie zu Hause gelassen hatte, sondern auch, weil er es nicht für möglich hielt, daß eine Millionenstadt, die eine Riesenfestung war, sturmreif geschossen werden könnte.
»Jeden Morgen seit Wochen hoffte ich durch das Donnern geweckt zu werden«, schrieb Bismarck Ende Oktober 1870 seiner Frau, »aber sie schießen nicht«, die Belagerungsgeschütze, die endlich in Stellung gebracht worden seien. »Es schwebt über der Sache irgend eine Intrigue, angesponnen von Weibern, Erzbischöfen und Gelehrten; bekannte hohe Einflüsse sollen mitspielen, damit das Lob des Auslandes und die Phrasenberäucherung keine Einbuße erleiden ... Dabei frieren und erkranken die Leute, der Krieg verschleppt sich, die Neutralen reden uns drein, weil ihnen die Zeit lang wird, und Frankreich waffnet mit den 100000den von Gewehren aus England und Amerika.«
»Ein weiblich Gewand die Knie umwallt«, klagte Bismarck und

meinte damit die Röcke der Königin Augusta und der Kronprinzessin Victoria, die von der Aussicht schockiert waren, daß deutsche Granaten die Lichter von Paris auslöschen würden. Bismarcks Gattin wurde von derartigen Skrupeln nicht geplagt: »Viele tausend Brandbomben, Granaten, Mörser hätte ich gern noch so lange hineingeschmissen, bis das verruchte Sodom ganz und gar auf ewig ruiniert gewesen«, gestand die fromme Johanna, nachdem Paris gefallen war – nicht durch das Bombardement, sondern weil die ausgehungerten Menschenmassen alle Hoffnung auf Befreiung und Verproviantierung hatten fahren lassen müssen.

Die 5000 Granaten, sie seit dem 5. Januar 1871 drei Wochen lang in Paris einschlugen, richteten mehr psychologischen als materiellen Schaden an, beschädigten 1400 Gebäude, forderten immerhin 97 Tote und 278 Verwundete. »Hassen wir uns einander auf ewig, soll es von nun an heißen«, rief ein prominenter Pariser während des Bombardements aus. Bismarck, der sich wieder einmal durchgesetzt hatte, sollte dieser Erfolg noch viel zu schaffen machen. Moltke hatte eingelenkt, nachdem ihn Bismarcks Presse unter Beschuß genommen hatte und die Belagerungsartillerie vollzählig zur Stelle war. Den zaudernden Wilhelm I. hatte nicht zuletzt eine gezielte Bemerkung Bismarcks zum Schießbefehl veranlaßt: Die Stimmung in Berlin sei wegen der Verzögerung des Bombardements so gereizt, »daß man dort Unordnungen fürchten müsse«.

Eine Waffe mit schrecklicher Wirkung halte er »für den Frieden nützlich und deshalb den Interessen der Menschheit förderlicher als den prinzipiellen Verzicht auf diese Waffe«, hatte Bismarck bereits am 15. November 1868 erklärt. Am 21. Januar 1871 – eben war ein letzter Ausfall der Besatzung von Paris zurückgewiesen und waren im Süden wie Norden Frankreichs letzte Heeresaufgebote der Republik geschlagen worden – sagte Bismarck in seiner Tafelrunde: Die Übergabe von Paris müsse nun bald erfolgen. »Wir besetzen die Festungswerke und setzen sie solange auf schmale Kost, bis sie sich zu einem Frieden bequemen, der uns paßt.«

Am 23. Januar 1871 kam Jules Favre zu Bismarck nach Versailles. Der Außenminister und Vizepräsident der Dritten Republik war als Oppositionsredner auf der Parlamentstribüne am richtigen Platz gewesen, denn er war ein Prinzipienpolitiker, der es für richtig und schön fand, seinen Grundsätzen ein Leben lang treu zu bleiben.

Gegen den Realpolitiker, der meinte, man müsse dem Vaterlande dienen, wie es die Umstände erforderten und »sogenannte Prinzipien« dagegen zurückstellen, konnte er nicht aufkommen, und dem Raffinement eines Machiavellisten wie den Finessen eines Diplomaten war er nicht gewachsen.
Überdies hatte Favre keine Karten mehr in der Hand, die er hätte ausspielen können. Das war bei ihrer ersten Begegnung am 19. und 20. September 1870 noch anders gewesen. Der Franzose, der auf die sich formierenden republikanischen Armeen verwies, war auf die Bedingungen Bismarcks für einen Waffenstillstand – Übergabe französischer Festungen – wie für einen Frieden – Abtretung des Elsaß und Deutsch-Lothringens – nicht eingegangen.
Bereits vor Sedan hatte Bismarck erklärt, daß namentlich Süddeutschland, das ständig von Frankreich bedroht worden sei und auch fernerhin bedroht werden würde, durch ein Glacis jenseits des Rheins gesichert werden müsse. Nach Sedan – vor seinem ersten Treffen mit Favre – hatte er hinzugefügt: »Das einzige Ziel für uns ist, die strategische Sicherung unserer Grenze in Südwest gegen zweifellos bevorstehenden nächsten Angriff Frankreichs auf Deutschland; bis dies Ziel durch Abtretung von Elsaß und Lothringen annähernd erreicht ist, sind wir entschlossen, den Krieg fortzusetzen«, wenn es sein müßte noch zehn Jahre lang.
Bismarck begründete die Gebietsforderung mit sicherheitspolitischen Erwägungen. Der Preuße hatte seinen Staat in Norddeutschland arrondiert, um ihm die erforderliche Korpulenz für eine angemessene Rüstung zu verschaffen. Der Deutsche ging daran, das Reich durch eine auf den Vogesenkamm vorgeschobene Militärgrenze, durch das »Reichsland« Elsaß-Lothringen, eine von einem Statthalter regierte Militärprovinz gegen Frankreich abzusichern.
»Metz und Straßburg ists, was wir brauchen und uns nehmen wollen – die Festungen«, notierte Moritz Busch eine Äußerung des Chefs. »Das Elsaß« – er meinte damit offenbar die starke Betonung des Deutschgewesenseins und des Deutschredens der Elsässer durch die periodische Presse – »ist Professorenidee.« Seit jedoch Gelehrte das deutsche Volkstum entdeckt hatten und Dichter ein Deutschland verlangten, das so weit reichen müsse, wie die deutsche Zunge klinge, war die Rückerwerbung des Elsaß und Lothringens, die lange zum Heiligen Römischen Reich gehört hatten, ein Wunschziel der deutschen Nationalbewegung.

Erreichbar war es durch den Sieg des geeinten Deutschlands über Frankreich geworden, das sich die alten Reichslande in einer Zeit, in der die deutsche Nation zersplittert und schwach gewesen war, angegliedert hatte. Hinderlich war nun, daß die meisten Elsässer und Lothringer – nicht nur die französisch parlierende Bourgeoisie, sondern auch deutsch sprechende Kleinbürger und Bauern – keineswegs heim ins Reich drängten.

Unter den französischen Königen waren sie weitgehend eigenständig geblieben. Die Französische Revolution hatte sie zwar dem Einheitsstaat angeschlossen, aber sie mit politischen und gesellschaftlichen Errungenschaften entschädigt und ihnen die patriotische Genugtuung gegeben, daß die Marseillaise in Straßburg gedichtet wurde und namhafte Generäle Napoleons I. aus dem Elsaß stammten. Und die florierende Wirtschaft unter Napoleon III. hatte auch und gerade ihnen Wohlstand gebracht.

»Die ganze Erwerbung des Elsaß und Lothringens«, bilanzierte Bismarck, »geschah ja nicht aus Liebe der Einwohner zu uns und nationaler Gesinnung der deutschen Bewohner, sondern sie war für uns ein rein geographisches Bedürfnis.« Für deutsche Reichsnationalisten war die Rückgewinnung der verlorenen Söhne ein Herzensanliegen, das sie auf Biegen und Brechen durchzusetzen gedachten.

»Wir wollen ihnen wider ihren Willen ihr eigenes Selbst zurückgeben«, bekannte Treitschke. Die Reichsdeutschen wüßten besser, »was den Elsässern frommt, als diese Unglücklichen selber«.

Das Selbstbestimmungsrecht billigte ihnen weder der Nationalliberale noch der Staatskonservative zu. Elsaß-Lothringen wurde ohne Volksabstimmung annektiert, die Treitschke als »lockende Losung vaterlandsloser Demagogen« verwarf und Bismarck weniger aus prinzipiellem als aus praktischem Grunde scheute. Er wußte, daß sich eine Mehrheit der Lothringer und Elsässer für den Verbleib bei Frankreich entschieden hätte.

»Wie würde es uns, wie unseren Nationalliberalen gefallen, wenn einst ein siegreiches Polen – auf Grund des Kanonenrechtes – die Provinzen Posen und Westpreußen zurückfordern und annektieren wollte? Und doch ließen sich dafür ganz dieselben Gründe geltend machen, die man jetzt für eine Annexion von Elsaß und Lothringen vorbringt«, gab der Demokrat Johann Jacoby auf einer Versammlung in Königsberg zu bedenken. Er wurde in Schutzhaft genommen.

Die Verhaftung des Redners wie des Versammlungsleiters wurde von Bismarck gutgeheißen. »Kundgebungen, welche Frankreich in seinem Widerstande gegen die von Deutschland gestellten Friedensbedingungen ermutigen, sind wesentliche Dienste, welche der feindlichen Kriegsführung zum Nachteile der vaterländischen erwiesen werden.«

Die Abtretung Elsaß-Lothringens war und blieb für Bismarck die wesentliche Bedingung bei allen Verhandlungen über einen Waffenstillstand und einen Staatenfrieden. Er führte sie selbst, seiner Auffassung gemäß, daß die Heeresleitung zwar die feindlichen Streitkräfte zu schlagen, aber die Staatsleitung einen Frieden unter Bedingungen durchzusetzen habe, die der von ihr verfolgten Politik entsprächen.

Am späten Abend des 23. Januar 1871, nach dem Rencontre mit Favre, erschien der Kanzler in seiner Tafelrunde und pfiff ein Jagdsignal. »Kennst du das?« fragte er Bismarck-Bohlen. »Ja, gute Jagd«, meinte der Vetter. »Nein«, sagte Bismarck, »es war das Halali« – das Signal bei Ende der Jagd.

Am 28. Januar 1871 wurden die Kapitulation von Paris und ein auf drei Wochen befristeter Waffenstillstand vereinbart. In dieser Zeit wollten die Franzosen eine Nationalversammlung wählen, die über den Frieden befinden sollte. Sie trat am 13. Februar in Bordeaux zusammen und bestimmte zum Präsidenten der Exekutive den dreiundsiebzigjährigen Historiker Adolphe Thiers, der Minister unter dem Bürgerkönig Louis-Philippe gewesen war und als Oppositionsredner gegen Napoleon III. geglänzt hatte.

Das eine wie das andere vermochte Bismarck nicht zu imponieren, weder die liberale Gesinnung des typischen Bourgeois noch seine Redseligkeit, die ihn an ein Glas Berliner Weißbier erinnerte, »welches immerfort schäumt, ohne daß man zum Bier selbst kommt«. Wenn er die etwas umständliche Liebenswürdigkeit an Thiers schätzte, dann deshalb, weil sie den alten Herrn nicht zu einem »Geschäftsmann für mündliche Unterhandlungen« qualifizierte.

Solche hatte Thiers – mit dem kaum geschäftstüchtigeren Favre – aber nun mit Bismarck zu führen, dem er persönlich wie sachlich nicht Pari bieten konnte. Bereits bei ihrem ersten Gespräch im Spätherbst 1870, als der Franzose dem Preußen zwar noch ohne

hohes Staatsamt, aber mit einer besseren Ausgangsposition gegenübergetreten war, hatte er auf Granit gebissen. Nun, da nach der Übergabe von Paris der Krieg entschieden war, blieb ihm nur noch die Kapitulation vor dem Kanzler.
Am 26. Februar 1871 wurde in Versailles der Vorfriede unterzeichnet, der am 10. Mai 1871 in Frankfurt am Main besiegelt wurde. Die Französische Republik überließ dem Deutschen Reich das Elsaß, außer Belfort, und Deutsch-Lothringen, mit Metz und Thionville, 14500 Quadratkilometer mit eineinhalb Millionen Einwohnern. Überdies hatte Frankreich als Kriegsentschädigung fünf Milliarden Goldfrancs in drei Jahren zu zahlen. Die von den Deutschen besetzten französischen Gebiete sollten Zug um Zug nach Eingang der festgesetzten Ratenzahlungen geräumt werden.
»Gestern haben wir endlich unterzeichnet«, schrieb Bismarck am 27. Februar 1871 nach Hause, »mehr erreicht, als ich für meine persönliche politische Berechnung nützlich halte. Aber ich muß nach oben und nach unten Stimmungen berücksichtigen, die eben *nicht* rechnen.« Er schien damit zu rechnen, daß die vom deutschen Volk verlangte Einverleibung des Elsaß und Deutsch-Lothringens sowie die vom Deutschen Kaiser geforderte Einbeziehung von Schlachtorten, an denen französisch gesprochen wurde, seine Schöpfung mit »sehr unverdaulichen Elementen« belasten würde. Und er schien zu vermuten, daß der expansive Nationalismus, dem er in Deutschland nachgegeben, und der revisionistische Nationalismus, den er in Frankreich geweckt hatte, sein Reich gefährden würden.
Als der Sieger in Paris einzog, vermied er es, durch den Triumphbogen zu reiten, bewußt deswegen, weil der Kanzler diesen nicht vor dem Kaiser passieren sollte, unbewußt vielleicht deshalb, weil er ahnte, daß das triumphal Erreichte nicht so festgemauert dastand wie der Arc de Triomphe.
Jedenfalls erklärte er: »Es gibt im politischen Leben keinen Ruhepunkt, der ein befriedigtes Rückschauen zuläßt; ich weiß nicht, was aus dem heute Gepflanzten morgen wird.« Fortan war es seine Aufgabe, das Geschaffene zu erhalten: das Deutsche Reich inmitten eines aus dem Gleichgewicht gebrachten Europa und das preußisch-deutsche System in einer Zeit des geistigen, gesellschaftlichen und staatlichen Umbruchs.

Es wurde eine schwere Aufgabe, denn es galt, das Vollbrachte gegen Kräfte zu bewahren, mit deren Hilfe es vollendet worden war.

Der Systemerhalter

Bismarck im Alter von 59 Jahren. Photographie von 1874

Die Gründerzeit

Die preussischen Herrschaftsabzeichen, in Ermangelung neudeutscher Reichsinsignien, wurden dem Kaiser und König Wilhelm I. am 21. März 1871 in den Weißen Saal des Berliner Schlosses vorangetragen. Der Reichskanzler und Ministerpräsident Bismarck trat vor die versammelten Fürsten, Generäle, Minister und die eben gewählten Abgeordneten und rief mit seiner etwas dünnen Stimme, die nicht ganz zum Bombast des Milieus paßte: »Auf Befehl Seiner Majestät des Kaisers erkläre ich im Namen der verbündeten Regierungen den Reichstag für eröffnet!«

Der zweite Reichsakt nach der Kaiserproklamation unterstrich das Wesen des Zweiten Reiches. Er spielte sich in der preußischen Hauptstadt ab, die jetzt erst Reichshauptstadt geworden war, im Schloß der Hohenzollern, die nun über Deutschland geboten, vor den Militärs, die das Reich in drei Kriegen geschaffen hatten, im Angesicht der Fürsten, die es mittrugen, und im Beisein der Reichstagsabgeordneten, denen keine tragende Rolle eingeräumt wurde.

Bismarcks Reich fehlten Elemente eines nationalen Verfassungsstaates, wie sie seit der Amerikanischen und der Französischen Revolution zu dessen Wesen gehörten. Genaugenommen war es kein Nationalreich im Sinne der Reichsromantik, denn ein Viertel der Deutschen blieb ausgeschlossen. Nicht hinein durften die Deutsch-Österreicher, hinein mußten deutschsprechende Elsässer und Lothringer, die nicht wollten, und zweieinhalb Millionen Polen, die wenig gegen den preußischen Staat, aber viel gegen ein deutsches Nationalreich einzuwenden hatten.

Bismarcks Schöpfung glich keinem naturwüchsigen Baum, sondern einem mit alter Kabinettspolitik und klassischer Diplomatie aus vorhandenen Bausteinen kunstvoll konstruierten Gebäude. Dessen Statik basierte auf einem Gleichgewicht von unitarischen und partikularen, monarchischen und konstitutionellen Kräften, in der Balance gehalten im Namen der gekrönten Bauherren vom royalistischen Bauführer. Er blieb damit beschäftigt zu verhindern, daß die Dynamik der modernen Bewegungen – Nationalismus, Liberalismus und Sozialismus, die zum Zentralismus tendierten – wie die retardierende Macht Preußens – die eigenstaatliches Beharren mit gesamtstaatlichen Ansprüchen verband – das Gefüge aus dem Lot brachten.

Der Reichsgründer wurde zum Reichserhalter. Diese ihm konsequenterweise, nämlich aus der sich zugeteilten Macht zukommende Aufgabe war schwieriger, jedenfalls langwieriger, weniger erfolgversprechend und ihn mehr aufreibend als die vorhergehende, die er im besten Mannesalter mit vorwärtsdrängendem Elan bewältigt hatte. Sein innerer Dualismus zwischen dem preußischen Royalisten, der er geblieben, und dem konstitutionellen Reichskanzler, der er geworden, war weit schwerer zu lösen als der deutsche Dualismus, der mit dem Schwert überwunden werden konnte. Nun bekam er es – in der Innenpolitik wie in der Außenpolitik – mit Bewegungen zu tun, die nicht mehr mit alter Staatskunst rational zu berechnen und mechanisch im Gleichgewicht zu halten waren. Bismarck ahnte, daß ein Festhalten am Status quo immer problematischer, das Unterfangen, möglichst viel vom Alten zu erhalten und möglichst viel an Neuem fernzuhalten, strapazierend wie frustrierend werden würde. Seine amtliche Stellung sei, bei allem äußeren Glanze, dornenvoller, »als irgend jemand außer mir weiß, und meine körperliche Fähigkeit, alle die Galle zu verdauen, die mir das Leben hinter den Kulissen ins Blut treibt, ist nahezu erschöpft, meine Arbeitskraft den Ansprüchen nicht mehr gewachsen«.

Deutsche, denen sein Werk als nationale Erfüllung erschien, sahen in Bismarck, der seine guten Jahre und seine große Zeit hinter sich hatte, mehr denn je den Eisernen Kanzler, dem kein außenpolitischer Sturm und kein innenpolitischer Wind etwas anhaben könnte; den Titanen, der einen Kaiser besiegt und einen Kaiser gestürzt hatte; den Helden, der vielen Feinden die Stirn geboten hatte und weiterhin bieten würde.

Imposant war seine Erscheinung nach wie vor: stattliche Statur, markanter Kopf, buschige Augenbrauen, ein Schnurrbart, der nicht hochgezwirbelt war, sondern eher melancholisch herabhing. Wer genauer hinsah, bemerkte die Tränensäcke, von denen die Augen umflort wurden, und wenn er die Dienstmütze oder den Helm abnahm, kam ein fast kahler Schädel zum Vorschein. »Er sieht aus wie ein Koloß«, bemerkte sein alter Freund Motley, »aber seine Gesundheit ist schon erschüttert.« Bismarck erklärte 1872: »Mein Öl ist verbraucht, ich kann nicht mehr.«

Die Uniform gab ihm Halt und Ansehen. Am Tage der Kaiserproklamation war er zum Generalleutnant ernannt worden, und am Tage der Eröffnung des ersten deutschen Reichstages wurde der Graf, der er seit 1865 war, von seinem alles in allem dankbaren Monarchen in den erblichen Fürstenstand erhoben. Nun führte er das Prädikat Durchlaucht. Seinem Wappen wurden Standarten mit den Wappen von Lothringen und des Elsaß angefügt. Und ein Eisenbahnsalonwagen wurde gebaut, in dem die Fürstin Bismarck keine grünen Farben haben wollte, »wahrscheinlich aus Besorgnis vor Arsenikvergiftung«, wie der Waggonfabrikant und Reichstagsabgeordnete Hans Viktor von Unruh vermutete.

Er reise jetzt teurer als früher, ehe er den eigenen Salonwagen gehabt habe, seufzte die Durchlaucht. Er habe aus eigener Tasche alle Reparaturen zu bezahlen und einen eigenen Mann dafür zu halten, der fürstlich entlohnt werden müsse, »da man mal das Malheur habe, Fürst zu sein«.

Das habe er gar nicht werden wollen, behauptete er hinterher. »Als Graf wäre ich jetzt wohlhabend, aber als Fürst bin ich arm«, sagte er seinem Oberförster Ernst Westphal. Er übertrieb seine Bescheidenheit und untertrieb seinen Wohlstand. Denn auch und nicht zuletzt der Reichsgründer war mit dem Reich zu Reichtum gelangt.

Für den wagemutig begonnenen und erfolgreich beendeten Krieg gegen Österreich und den Deutschen Bund hatte er 1866 als »Nationalbelohnung« eine Dotation von 400000 Talern bekommen. Im Jahr darauf kaufte er die in Hinterpommern gelegene Herrschaft Varzin, die mehrere Ortschaften und 22500 Morgen, einschließlich 11000 Morgen Wald, umfaßte und nach und nach auf 32500 Morgen anwuchs.

Das Herrenhaus, »im Lazarettgeschmack erbaut«, wie der Jugendfreund Graf Keyserling bemerkte, hatte nichts von einer Villa oder gar einem Schloß an sich. Die Klosetts, rümpfte Lucius von Ballhausen die Nase, befanden sich in großen, nach oben offenen Schränken in den vier Ecken des Vorraumes der Logierzimmer.

Der einzige Luxus, der Bismarck zum Kauf bewogen hatte, war der

Park, der in ausgedehnte Forsten überging. In Schönhausen, das ihm weiterhin gehörte, wohingegen er Kniephof veräußert hatte, ödeten ihn die Kiefern an. In Varzin gab es Buchen und Eichen, an denen er seine Freude hatte. Er pflegte die alten: »Wie sollte ich nicht Mitleid mit solchen Bäumen haben! Bin ich doch selbst zapftrocken.« Er setzte neue, legte Schonung auf Schonung an: »Wenn meine politischen Taten längst vergessen sind, wird diese Pflanzung beweisen, daß ich gelebt habe.«

Die politischen Taten trugen ihm einen zweiten Besitz ein: den Sachsenwald bei Hamburg. Wilhelm I. schenkte ihm 1871 Domänen des Herzogtums Lauenburg mit 25000 Morgen und einem Schätzwert von einer Million Talern. Später kaufte Bismarck noch ein paar tausend Morgen hinzu.

Als Herrensitz erwarb er den Gasthof »Frascati«, den Ausflügler »Freßkate« nannten und der Bismarcks Friedrichsruh wurde. Im Obergeschoß beließ er die Zimmernummern an den Schlafräumen, baute einen Flügel an und richtete sich eher wie ein arrivierter Großbürger als ein adliger Großgrundbesitzer ein: Neorenaissance-Uhr auf dem Zylinderbureau, einem durch eine Rollklappe verschließbaren Schreibtisch, auf dem Bett eine rote Plüschdecke mit Goldmonogramm, eine Chaiselongue für den Reichskanzler und eine zweite für den »Reichshund«, eine Ulmer Dogge.

Am liebsten hielt er sich in der freien Natur, in seinem Sachsenwald auf, den er zu vergrößern und zu verschönern bemüht war. »Man kann Stunden lang im Wagen und auf Bänken lungern und ins Grüne stieren ohne Gedanken und ohne Langeweile«, freute sich der Besitzer, der Besuchern, so einem Baumschulbesitzer aus Flottbeck, schon wie sein eigenes Denkmal erschien: »Auf einem Stuhl sitzend, beide Arme auf einen großen Stock stützend, das Kinn auf beide Arme gelegt.«

Immer häufiger und länger zog sich der Reichskanzler auf seine Güter zurück. Während der Zeit, in der er als Minister und Kanzler tätig war, verbrachte er in Berlin, an seinem Amtssitz, 15 Jahre, in Varzin und Friedrichsruh, auf seinem Eigenbesitz, 9 Jahre. Hier sei die Luft »wunderbar wie guter alter Wein im Vergleich zu schalem Berliner Bier«. Im Reichskanzlerpalais wohnte er auch nicht schlecht, konnte sich an einem großen grünen Majolikaofen wärmen und sich im Garten unter alten Bäumen ergehen. Doch er befand:

»Es liegt mir wenig daran, ein schönes Haus zu bewohnen, in schönen Parks spazierenzugehen, in guten Betten zu schlafen und an feinen Tafeln zu speisen. Ich finde in dem allem keinen Reiz, wenn dieses Haus nicht mein Haus, diese Bäume nicht meine Bäume, wenn es nicht mein Bett und mein Tisch ist.«

Nun konnte er vieles sein eigen nennen. Der Junker, dem bescheidene Güter wenig eingebracht hatten, war Fürst und einer der größten deutschen Grundbesitzer geworden. Zunächst mußte er etliches investieren, aber es war abzusehen, daß er bald ein Mehrfaches von dem, was er hineingesteckt hatte, herausbekommen würde – aus Forstwirtschaft und Gewerbebetrieben, Holzschleifereien und Papierfabriken, Brennereien, einer Pulvermühle und einer Mineralquelle, deren in Flaschen abgefülltes Wasser unter der Bezeichnung »Bismarck-Quelle« Absatz fand.

Die preußischen Steuerbehörden ließen ihn nicht ungeschoren. 1871 gab er sein zu versteuerndes Einkommen, einschließlich 18000 Taler Amtsbezügen, mit 24500 Taler an; das Pro-Kopf-Einkommen betrug 116 Taler. 1877 wurde er in Klasse 31 mit einem geschätzten Einkommen von 204000 bis 240000 Mark eingestuft; 6120 Mark Einkommensteuer waren fällig, wozu noch bedeutend höhere Kommunalsteuern kamen. Zwischen 1887 und 1889 bezog er durchschnittlich an jährlichem Nettoeinkommen aus Varzin 125000, Friedrichsruh 130400 und Schönhausen 9800 Mark. Damals gab es in Preußen nur 1500 Personen, deren Einkommen die Grenze von 100000 Mark überstieg.

In Geldsachen höre die Gemütlichkeit auf, meinte Bismarck. Schon der Junker, noch als Privatmann, hatte sich mit den Steuerbehörden angelegt. Diese Auseinandersetzung führte er als Großgrundbesitzer, Ministerpräsident und Reichskanzler fort, nun mit mehr Gewicht und Aussicht auf Erfolg. 1871 nahm die Steuerbehörde eine Einstufung in eine höhere Steuerklasse zurück. Bismarck hatte keine Bedenken, seine Verdienste um Kaiser und Reich in Rechnung zu stellen, wenn es galt, persönlich Verdientes nicht mit der Allgemeinheit teilen zu müssen.

So ließ er sich von der Stempelabgabe, die jeder Gutsbesitzer bei der Errichtung eines Fideikommiß zu entrichten hatte, vom Monarchen befreien. »Ganz besonders ärgert den Kanzler die Kirchensteuer«, bemerkte Friedrich von Holstein und behauptete, Bismarck habe damit gedroht, aus der Landeskirche auszutreten, wenn er weiter 500 Mark im Jahr zu viel zahlen müßte. Der Kanzler habe in Fragen wie Branntweinsteuergesetz oder Holzzölle seine Interessen als Gutsbesitzer in Erwägung gezogen, erklärte Holstein, nicht ohne Verständnis dafür aufzubringen: »Aber in jeder dieser Fragen sind seine Interessen identisch mit denen einer großen Masse von Staatsbürgern, er tritt also keineswegs für sich allein ein.«

Seine Verwalter und Pächter konnten ein Lied davon singen, daß der Gutsherr zunächst an sich selbst dachte. Er konnte ein Kleinigkeitskrämer sein, der Abrechnungen bis hinter das Komma nachprüfte, und ein Pfennigfuchser, der noch das letzte an Zins herauszuholen suchte. Wie bisher auf Vergrößerung seines Preußens, so blieb er weiterhin auf Arrondierung seiner Güter bedacht. Jeden Abend, gestand er den Keyserlings, Vater und Tochter, die ihn 1868 in Varzin besuchten, bekäme er einen Heißhunger nach dem Annektieren der Nachbargüter, doch am Morgen könne er sie wieder ruhig betrachten.

Dem Gutsherrn mangelte es an Beständigkeit und Umsicht, die den Staatsmann auszeichneten. Im Verhältnis zur Mühe, die er auf Gutsangelegenheiten verwandte, und zur Zeit, die er auf seinen Gütern verbrachte, hätten die Erfolge des Land- und Forstwirtes nicht hinter denen des Politikers zurückzustehen brauchen. Aber er bekam es mit unzuverlässigen Gehilfen zu tun, setzte auf falsche Pferde, die er dann nicht mehr wechseln wollte, holte aus seinem Besitz nicht das heraus, was er hätte herausholen können. Ende der achtziger Jahre waren es nicht einmal jährlich 4 Prozent eines Grund- und Sachvermögens von rund 6 Millionen Mark.

»Die Rente aus Wertpapieren ist größer als die aus der Landwirtschaft«, erkannte Bismarck und begann sich auf dem Aktienmarkt umzusehen. Dies war keine Tätigkeit, von der ihm an der Junkerwiege gesungen worden war, keine Beschäftigung für einen Landedelmann, der sich nach altpreußischer Tradition vor Spekulantentum und Plusmacherei hätte hüten müssen und nach altpreußischem Komment nur Gutswirtschaft und keine Geldgeschäfte hätte betreiben dürfen.

Sein Aktienportefeuille schwoll an, allerdings mit Papieren, die mehr vom konservativen Wesen als vom kapitalistischen Sinn des Besitzers zeugten. Er hielt sich von windigen Unternehmungen der

Gründerzeit fern, wodurch es ihm erspart blieb, daß ihm – wie so manchem seiner Standesgenossen – schnell gewonnenes Geld rasch wieder zerrann. Langsam aber sicher stiegen seine Aktiva: von 377000 Mark 1871 auf 560000 Mark 1880 und 1200000 Mark 1890. Politische Präferenzen beeinflußten geschäftliche Transaktionen. Vorübergehend bevorzugte er russische wie österreichische Wertpapiere und ständig Aktien von deutschen Eisenbahngesellschaften, die nicht nur dem Kapitalerwerb, sondern auch dem Nationalzusammenhang dienten. Mehr als von preußischen Staatspapieren hielt er von deutscher Reichsanleihe.

Bismarck erwarb österreichische Aktien, als sich die Kaiser verständigten, und stieß, als sich ein Konflikt zwischen Rußland und der Türkei abzeichnete, russische Papiere ab. Die Versetzung des Grafen Schuwalow als Botschafter nach London war für ihn ein Warnsignal: Wenn die Russen den gescheitesten Mann, den sie besäßen, in dieser Zeit fortschickten, meinte er 1874, drei Jahre vor Ausbruch des Krieges, »so ist zehn gegen eins zu wetten, daß sie drauf und dran sind, Dummheiten zu begehen«. Die Witterung des Staatsmannes kam dem Geschäftsmann zugute.

BEIDES AUF EINMAL wollte er haben: als Staatsmann die Vorteile des preußischen Herkommens wie des deutschen Neubeginns, und als Geschäftsmann die Sicherheit des Grundbesitzes wie den Gewinn aus Kapitalgeschäften. Der Reichsgründer, der eine politische Koalition zwischen Preußentum und Nationalliberalismus eingegangen war, verkörperte in seiner, in einer Person die wirtschaftliche Kompagnie zwischen Rittergut und Börse und die gesellschaftliche Allianz zwischen agrarisch geprägtem Adel und industriell ausgerichtetem Bürgertum.

Ein Reichwerden im neuen Reich habe ihm mehr als die altpreußische Genügsamkeit gegolten, kritisierten einige, darunter Theodor Fontane, der hoffte, daß sich adlige Gesinnung und königliche Kraft stärker erweisen würden als Bismarcks, des »Vorteilsjägers«, Genialität auch bei »Mogelei«. Andere, die meisten, bewunderten ihn gerade deswegen, weil er über altpreußische Enge hinausgewachsen, in neudeutsche Größe hineingewachsen und – wie Genossen der Gründerzeit – das Wort »Reich« im doppelten, im politischen wie pekuniären Sinn zu deuten schien.

Bei diesem Dualismus behielt Bismarck das Neue unter der Kontrolle des Alten. Als Kanzler konnte er nicht allzu weit über die durch das Amt gezogenen Grenzen hinausgreifen, als Junker, der er cum grano salis geblieben war, nicht allzusehr sein Herkommen verleugnen, und sein gesunder Menschenverstand ließ ihn auch bei privaten Geschäften selten im Stich. Er blieb auf Maß und Mitte bedacht, pendelte zwischen der Reichshauptstadt und seinen Gütern hin und her, war bemüht, amtliche Pflichten und persönliche Interessen im gebotenen Verhältnis zu belassen, wie bestrebt, in Landwirtschaft und Industrie die »Schlagadern unsres gesellschaftlichen Organismus zu sehen« und als »die sichersten Stützen der Monarchie und der staatlichen Ordnung« zu erhalten.

Die Industrie sollte sich als Kain erweisen, der den Abel Landwirtschaft erschlug. Lange nach Frankreich fanden die Deutschen einen Nationalstaat, hinter England traten sie in das Industriezeitalter ein. Par force wollten sie die Verspätung aufholen, das Versäumte nachholen. Da ihr politischer Bewegungsraum durch den Militär- und Beamtenstaat beschränkt blieb, suchten sie ein wirtschaftliches Betätigungsfeld, das ihnen von den herrschenden Gewalten als Auslauf zu aller Nutz und Frommen geöffnet wurde.

Aus dem eisernen schien Deutschland in ein goldenes Zeitalter überzutreten. Kapital war reichlich vorhanden. 4 Milliarden Mark flossen als französische Kriegsentschädigung in den wirtschaftlichen Kreislauf, der bereits im letzten Drittel der sechziger Jahre in Schwung gekommen war. Nach dem militärischen griffen die Deutschen mit Macht und Zuversicht nach dem ökonomischen Erfolg.

Die Gewinne des Wirtschaftsfeldzuges, der als Fortsetzung des eben beendeten Krieges mit anderen Mitteln erschien, waren statt an Heeresberichten an Kurszetteln der florierenden Börse und an den Statistiken der expandierenden Industrie abzulesen.

Noch im Jahre des Reichsheils wurden 273 Aktiengesellschaften mit einem Kapital von 1,2 Milliarden Mark gegründet. Zwischen 1871 und 1873 entstanden 174 Unternehmen der Montanindustrie. Die jährliche Eisenproduktion war auf über sechs Millionen Tonnen und die Kohleförderung auf 36 Millionen Tonnen gestiegen. Die Firma Krupp beschäftigte 1874 12000 Arbeiter statt 7000 im Jahre 1870. Die Bilanzsumme der »Disconto-Gesellschaft« stieg von 93 Millionen Mark 1871 auf 255 Millionen Mark 1873. Dividenden flossen reichlich, und auch die Löhne wurden erhöht, ohne mit den Preisen Schritt halten zu können. Und es wurde gebaut und gebaut, als wollte jeder Reichsgenosse als sein eigener Reichsgründer unter dem Dach des großen Reichsbaus seinen kleinen Reichsbau errichten.

Dieser Boom wurde durch Bismarcks liberale Wirtschaftspolitik gefördert. Das freie Unternehmertum, das er für »den schwierigsten und von fremder Konkurrenz am meisten abhängigen« Zweig menschlicher Tätigkeit hielt, wollte er nicht bürokratischen Eingriffen ausgesetzt sehen, jedenfalls so lange nicht, wie die Erfolgsserie anhielt.

Auf gute Beziehungen zu namhaften Unternehmern legte er einigen Wert: zu Adolf Hansemann, dessen Verehrung Bismarcks nicht erst seit 1870 datierte; zu Georg Siemens, der wie Hansemann den für ihn auch aus wirtschaftlichen Gründen für notwendig erachteten Krieg gegen Österreich mitfinanzierte; zu Friedrich Alfred Krupp, für den Bismarck von Wilhelm I. »die Verleihung des Charakters als Geh. Kommerzienrat« erbat.

Alle drei gehörten der zweiten Generation von Unternehmern an, die einen Konsens mit der neuen Reichsmacht herstellten und sich in die neue Reichsgesellschaft einfügten. Das lag im Zug der Zeit. Die Industrialisierung begann nicht nur das Gesicht des Landes zu verändern, was Bismarck veranlaßte, Friedrichsruh durch eine Mauer gegen den Eisenbahnbetrieb abzuschirmen. Mit der ökonomischen Akzentverschiebung von der Landwirtschaft zur Industrie wandelte sich auch die soziale Struktur, was Bismarck mit gemischten Gefühlen verfolgte, weil auch mit unerwünschten Folgen für Gesellschaft und Staat zu rechnen war.

Bislang hatte im preußischen Agrarstaat der Adel mit den ökonomischen die politischen Zügel in Händen gehabt. Im preußisch-deutschen Industriestaat setzte eine Entwicklung ein, die in eine Richtung führte, die Bismarck, dem Exponenten der mit der Monarchenherrschaft verknüpften Adelsvorherrschaft, nicht passen konnte. Denn ein wirtschaftlich gekräftigtes Bürgertum würde über kurz oder lang gesellschaftliche Gleichberechtigung und politische Mitwirkung verlangen.

Bismarck glaubte, eine solche Entwicklung bremsen, wenn nicht gar aufhalten zu können. Für ihn war es keineswegs ausgemacht, daß in absehbarer Zukunft nicht mehr der Adel, sondern das Bürgertum den gesellschaftlichen wie politischen Ton angeben würde. Den nationalen Liberalismus verstand er für seine Vorhaben auszunützen und zugleich von der Machtausübung fernzuhalten. Der Drang der Bourgeoisie nach gesellschaftlicher Emanzipation schien in preußische Bahnen gelenkt zu sein. Großbürger verlangte es nach Orden, Titeln, Rittergütern und Hoffähigkeit. Die Söhne wollten zumindest als Reserveoffiziere dem von Adligen befehligten Königsheer angehören. Und die Töchter ergatterten sich mit bürgerlich erworbenen Heiratsgütern mehr oder weniger begehrenswerte Adelsprädikate.

Das Bürgertum strebte zum Adel hinauf, und der Adel sank zum Bürgertum hinab. Dies war die Kehrseite der Medaille, die auch Bismarck, der sie in den Reichsverkehr gebracht hatte, zu übersehen geneigt war. Adlige, auch er selber, begaben sich in eine Übergangszone zwischen Feudalismus und Kapitalismus. Wie Bürgerliche kauften sie Aktien, spekulierten an der Börse, beteiligten sich an Industrieunternehmen, akzeptierten Gesetze und Regeln eines Wirtschaftssystems, das die überkommene Gesellschaftsordnung zu ruinieren begann.

Im alten Preußen war der Bürger weit unter dem Adligen gestanden, im neuen Reich gab es ein Nebeneinander und schon ein Miteinander. Personifiziert wurde die Reichsinteressengemeinschaft durch das Verhältnis des Fürsten Bismarck zu seinem Bankier Bleichröder.

Der Junker und der Jude waren sich bereits Ende der fünfziger Jahre begegnet. Bismarck, in den gepflegten Vorurteilen seines Standes gegen »jüdische Wucherer« aufgewachsen, begann zwischen fortschrittlichen »jüdischen Preßbengeln« und konservativem »Geldjudentum« zu unterscheiden und die Dienste eines besonders tüchtigen Vertreters dieser Kategorie in Anspruch zu nehmen. Gerson Bleichröder, in Berlin geboren und als Agent der Rothschilds tätig, wurde der Privatbankier des Privatmannes und ein Staatsbankier des Staatsmannes Bismarck.

Bleichröder stellte sich in den Dienst eines aufsteigenden Mannes und dessen konservativer Politik, in der von seinem Klienten ausgesprochenen Erkenntnis: »Die Interessen des Geldjudentums sind eher mit der Erhaltung unserer Staatseinrichtungen verknüpft, und

können der letzteren nicht entbehren.« 1866 verschaffte Bleichröder Gelder für die preußische Kriegsführung gegen Österreich, 1871 wurde er zu den Verhandlungen über die französische Kriegsentschädigung herangezogen. »Herr Bleichröder«, bemerkte die *Kölnische Zeitung,* »ein kleiner Bismarck auf seinem Gebiet, wußte mit den Franzosen umzugehen, die immer kleiner wurden.«
Weiterhin half er dem großen Bismarck bei der Mehrung des Privatvermögens und wußte sich als »Sondergesandter« des Reichskanzlers in deutschen Wirtschaftskreisen und als »Hilfsarbeiter des Auswärtigen Amts« hinter den Kulissen der internationalen Bühne nützlich zu machen.
Bismarck revanchierte sich mit Honoraren, die Bleichröder mehr galten als Geld, weil sie seinem Reichtum eine gesellschaftliche Aureole verliehen: 1867 wurde er Geheimer Kommerzienrat, 1872 als erster nichtgetaufter Jude geadelt. Sein Wappen zeigte das Eiserne Kreuz auf schwarz-weiß-rotem Grund, sein Rittergut wurde der von Kriegsminister Roon erworbene Feudalsitz Gütergotz, und Hof hielt der Herr Baron in seinem Palais in der Berliner Behrenstraße, zwischen den Hauptquartieren der Gründerzeit, der Börse und dem Amtssitz des Reichskanzlers.
»Wenn der Hausherr nicht da wäre, so wäre die Tafel so exklusiv, wie man das heutzutage selten trifft«, mokierte sich Graf von Lehndorff, Flügeladjutant Wilhelms I. Der König und Kaiser hielt Distanz zum Gründer par excellence, verbat sich den Kaviar, den ihm Bleichröder schickte. Bismarck versagte es sich nicht, die »Nahrungsmitteldividende« zu genießen, auch am Tische seines Bankiers, noch lieber bei sich daheim und unter seinesgleichen.
Der Luxuskaviar, den Bismarck von Bleichröder bekam, schmeichelte seinem Gaumen und entlastete seine Verpflegungskasse. Fünfzehn bis zwanzig Pfund, die er nicht alle geschenkt bekam, verbrauchte er im Vierteljahr. Im ersten Quartal 1873 hatte er allein für Portwein 2275 Taler zu bezahlen.
»Wer an der Einrichtung interessiert ist, interessiert sich nicht fürs Essen. Die Hauptsache ist, gut zu essen.« Den Gründerstil pflegte er weniger in seinen Behausungen, die bei allem modischen Accessoire etwas Biedermeierliches behielten. Aber er aß und trank wie ein Gründermagnat. Ein Vielesser war er schon immer gewesen; in seinen besten Zeiten konnte er bis zu elf Eiern verdrücken. Nun

begnügte er sich nicht allein mit Gänseklein, Pökelfleisch mit dicken Erbsen oder damals noch billigen Süßwasserkrebsen, denen er die »sonderbare Eigenschaft« zuschrieb, »daß sie immer kleiner würden, je häufiger die Schüssel herumgehe«. Nun sollten es auch seltene und teure Delikatessen sein, begleitet von angemessenem Trinkbaren und beweihräuchert von entsprechenden Tabakwaren: »Ich nehme für mich 100 000 Zigarren und 5000 Flaschen Champagner in Anspruch.«

Sich selber gönnte er sich gewöhnlich mehr und Besseres als Gästen, vor allem solchen, die er nicht einladen wollte, sondern mußte. Den Egoismus wußte er als Altruismus auszugeben: »Wenn ich tüchtig arbeiten soll, so muß ich gut gefüttert werden«, erklärte er 1870, als er im Rothschildschloß Ferrières in Quartier lag. »Ich kann keinen ordentlichen Frieden schließen, wenn man mir nicht ordentlich zu essen und zu trinken gibt. Das gehört zu meinem Gewerbe.«

In dessen richtiger Ausübung kam er nicht darum herum, nicht nur Standesgenossen und Berufskollegen einzuladen, sondern auch Parlamentarier. Dann wurde die Gesellschaft gemischt; denn im ersten deutschen Reichstag saßen neben 40 Prozent Adligen 60 Prozent Bürgerliche, darunter zahlreiche Nationalliberale, die es an der königlich preußischen Stange zu halten galt.

Bismarcks parlamentarische Bierabende, die später durch parlamentarische Frühschoppen ersetzt wurden, glichen weit mehr dem Tabakskollegium Friedrich Wilhelms I. als einer Soirée der Gründerzeit. Der Gastgeber rauchte eine mächtige Pfeife, am liebsten holländischen Knaster: »Ich lasse die Maden hineinkommen wie in alten Käse«. Reichlich wurde Bier ausgeschenkt, vor allem bayerisches, von dem Bismarck meinte, es mache dumm, faul und impotent. Selbst oppositionelle Abgeordnete, denen er »Schmollis«, Brüderschaft, bot, prosteten ihm »Fiduzit«, Vertrauen, zu.

Bei den Biergesellschaften setzte der Reichskanzler seine Politik mit anderen Mitteln fort. Er blendete Parlamentarier mit brillanten Monologen, bestrickte sie mit unwiderstehlicher Liebenswürdigkeit, ließ Brosamen vom Tisch der Macht fallen, die dankbar aufgelesen wurden, auch wenn sie sich nicht immer als verdaulich erwiesen.

Auch der Reichshund Tyras beteiligte sich an dieser Offensive des Charmes. Er wedelte freundlich, strich den Parlamentariern um die

Beine. Bismarck sprach ihm politischen Verstand zu. »Wenn ich nach dem Reichstage ging, so nahm ich den Weg durch den Garten hinter dem Reichskanzlerpalais, öffnete hier die Pforte nach der Königgrätzerstraße, drehte mich gegen Tyras um und sagte bloß ›Reichstag!‹ Sofort ließ der Hund Kopf und Schwanz hängen und verzog sich niedergeschlagen.«
Der Reichskanzler mußte wohl oder übel in den Reichstag gehen, der ihm nicht mehr, wie bei der Reichsgründung, willig apportierte.

DIE NATIONALLIBERALEN, die 1871 mit 125 von 328 Abgeordneten die weitaus stärkste Reichstagsfraktion geworden waren, machten ihm noch die geringsten Schwierigkeiten. Die Reichsgründungskoalition, die er mit ihnen 1866 eingegangen war, blieb auch in der Gründerzeit nach 1871 der Löwenbund, den er beabsichtigt hatte.
»Ich nahm das beste Stück, weil ich der Löwe bin. Das andere laßt ihr mir, weil ich voll Mutes bin«, hatte der antike Fabeldichter Phädrus die Societas leonina beschrieben. Nun behielt der Royalist das Wichtigste für sich. Den Liberalen blieb die Hoffnung, daß ihnen nach den wirtschaftlichen Profiten, die sie bereits erlangt hatten, auch politische Gewinne nicht lange vorenthalten werden könnten. Diesen Zeitpunkt hätte Bismarck am liebsten auf den Nimmerleinstag verschoben. Er sei zwar, ähnlich wie die Nationalliberalen, reichsfreundlich, aber im Gegensatz zu seinen Koalitionspartnern noch mehr Freund des preußischen Staates und der preußischen Monarchie. Er sei absoluter Monarchist, erklärte er 1874, und werde alles in Trümmer schlagen, wo es sich um Gegensätze gegen die Monarchie handle. Dazu zählte er den Parlamentarismus, zu dem Liberale den Konstitutionalismus fortentwickeln wollten, und die Forderung, den Staatsbürger nicht nur von der Vorherrschaft der Staatsregierung, sondern auch von der Vormundschaft der Staatsbürokratie zu lösen.
Die Führer der Nationalliberalen, die den Löwenbund mit ihm eingegangen waren, behandelte er wie in der Fabel der König der Tiere die Kuh, die Ziege und das Schaf: mit Jovialität, solange es galt, die Beute zu erlangen, und mit Abweisung, als es an deren Verteilung ging.
Bismarck sei klug wie die Schlange, aber schwerlich ohne Falsch wie die Tauben, meinte Rudolf von Bennigsen, dem schwante, daß er

den kürzeren ziehen würde. Der Hannoveraner, der Vorsitzender des Deutschen Nationalvereins gewesen war und Führer der Nationalliberalen Partei wurde, war Bismarck als Standesgenosse nicht unsympathisch und als nichtpreußischer Kompagnon einer reichsdeutsch überhöhten großpreußischen Politik nicht unwillkommen, auch deshalb, weil er als Mitglied der hannoverschen Kammer nicht direkt in den preußischen Verfassungskonflikt verwickelt gewesen war.

Solange dieser Nationalliberale der ersten Stunde und mit rechter Orientierung sich der Gangart des Reichsgründers anpaßte, wurde mit ihm wie einem Herrenreiter umgegangen. Als Prinzipienreiter wurde er abgekanzelt, als er eigene Wege einzuschlagen suchte, auf der Forderung nach Ministerverantwortlichkeit herumritt, die er für ein notwendiges und Bismarck für ein verwerfliches Element des Konstitutionalismus hielt.

Selbst dann noch wurde der aus einer alten niedersächsischen Adelsfamilie stammende Rudolf von Bennigsen besser behandelt als von Anfang an der aus Jarotschin in Posen kommende jüdische Rechtsanwalt Eduard Lasker. Sein Weg hatte ihn vom Sozialismus über den Fortschrittsliberalismus zum Nationalliberalismus geführt, auf dessen linkem Flügel er stand, immer auf dem Sprung, sich wieder nach rückwärts abzusetzen.

Bismarck hielt den glänzenden Redner und gewandten Dialektiker, der in elf Jahren eine Milliarde Worte im Parlament gesprochen habe, für den Prototyp des Parlamentariers, dem nicht wohl sei, »wenn er nicht eine Freiheitskapriole gegen die Regierung machen kann«, nannte ihn eine »Brummfliege, die immer Lärm macht«, von der er sich ständig umsummt und belästigt fühle, bezeichnete ihn als »die eigentliche Staatskrankheit«, die wie die Reblaus seinen Weinberg gefährde. Als Lasker 1884 auf einer Amerikareise gestorben war, weigerte sich der Reichskanzler, eine vom Repräsentantenhaus der Vereinigten Staaten beschlossene Würdigung des deutschen Parlamentariers dem Reichstag zur Kenntnis zu bringen: Er lasse sich nicht »an den Triumphwagen eines Verstorbenen« anspannen, der ihm das Leben saurer gemacht habe als irgendein anderer.

Lasker habe jede Unterstützung, die er von der nationalliberalen Fraktion erwarten konnte, »nach Möglichkeit abgeschwächt, verwässert und sozusagen die Suppe versalzen«, erklärte Bismarck.

Doch dies war die einzige Möglichkeit, die dem Parlamentarier verblieb, denn das Kochen der Suppe war und blieb Sache des Chefs, der sie nach wie vor nach preußischem Hausrezept zubereitete.
Vor allem wußte er zu verhindern, daß sich das Parlament in die Kommandogewalt des Königs von Preußen, der Deutscher Kaiser geworden war, einmischen konnte. Über den Militäretat durfte nicht, wie in parlamentarisch regierten Staaten, jährlich abgestimmt werden. Zwar wurde der Wunsch Wilhelms I. nach einem »Aeternat«, einer automatischen Heeresvermehrung gemäß dem Bevölkerungsanstieg und einer entsprechenden Kostenanhebung, nicht erfüllt. Aber Bismarck setzte 1871 einen »dreijährigen eisernen Militäretat« und 1874 das »Septennat« durch: Bewilligung der Mittel für eine Friedensstärke des Heeres von 402000 Mann auf sieben Jahre.
Das war eine einschneidende Beschränkung des parlamentarischen Budgetrechtes in einem zentralen Bereich staatlicher Macht und ihres gewaltigsten Finanzbedarfs; 270 Millionen Mark von 306 Millionen Mark des ersten Etats des Reiches flossen dem Militär zu. Für Bismarck war es in preußischer Ordnung, daß er den Reichstag nicht an das Monarchenheer rühren ließ, doch es widersprach den parlamentarischen Prinzipien auch des deutschen Liberalismus, daß ihm die Nationalliberalen diesen Anschlag auf ihr Programm durchgehen ließen und als Kompromiß ausgaben, was eine Kapitulation war.
Immerhin sei es ihnen gelungen, trösteten sie sich, ein Aeternum und damit eine definitive Festsetzung der Heeresstärke und der Heereskosten zu verhindern, und sie hätten es damit vermieden, nicht nur für sieben Jahre, sondern für alle Zeiten auf das diesbezügliche Budgetrecht verzichten zu müssen. Selbst Lasker, der nur vier Jahre zugestehen wollte, gab seiner Fraktion nach, die ihr Einschwenken als Verantwortungsbewußtsein ausgab.
Prinzipien des Parlamentarismus hielt das Zentrum hoch, dem illiberale Gesinnung zu bescheinigen sich Nationalliberale angewöhnt hatten. Am standhaftesten blieb Eugen Richter, der aus Westelbien stammende Führer der Fortschrittspartei, der in der Reichstagsdebatte das Septennat »einen Vorbehalt des Absolutismus gegen das parlamentarische System in militärischen Angelegenheiten« nannte und voraussagte, daß »ein solches Stück Absolutismus krebsartig weiterfressen« werde.

Bismarck hatte durch den Septennats-Kompromiß, der sein Septennats-Sieg war, seine Stellung ausgebaut, sich über die Lager erhoben und es allen gezeigt, wer der eigentliche Herr im Reiche war. Die Nationalliberalen hatte er erneut zum Einschwenken bewogen. Dem Monarchen, der sein Aeternum nicht bekam, hatte er bei allem Royalismus demonstriert, daß er sich mit dem Reichstag, bei allem Antiparlamentarismus, zu verständigen vermochte. Und die Militärs, die er als Protektoren der Staatsmacht schätzte und denen er als Störfaktoren der Zivilgewalt mißtraute, waren in ihre Schranken gewiesen worden.

Die Konservativen erhielten Entschädigungen, die hauptsächlich auf Kosten der Liberalen gingen. Diese fühlten sich in der Nachfolge des Freiherrn vom Stein, dessen im altpreußischen Herkommen steckengebliebene Ansätze zur Selbstverwaltung sie fortzuführen gedachten. Doch die preußische Kreisordnung von 1872 forderte ihnen wiederum einen Kompromiß ab, der mehr zu Lasten der fortschrittlichen Kräfte als der feudalen Gewalten ging. Eine Reform der Landgemeindeordnung, welche die Herrschaft der Junker in den ländlichen Gutsbezirken einschränkte, kam erst nach Bismarcks Sturz zustande.

In Preußen blieb das Heer unter konservativem Kommando, die Regierung unter konservativer Leitung und die Verwaltung in konservativen Händen. Die Justiz neigte dazu, ein Auge zuzudrücken, wenn sie auf der Rechten nach dem Rechten sehen sollte, und das, was sie auf der Linken wahrnahm, mit strengem Blick und harten Strafen zu verfolgen. Bismarck rief Gerichte an, wenn er sich von der Presse beleidigt fühlte. Wenn er selber wegen Beleidigung verklagt wurde, pflegte er sich auf seine Eigenschaft als General zu berufen, der nur von einem Militärgericht zur Verantwortung gezogen werden könne. Jeder Presseangriff solle niedergeschlagen, jede Beleidigung geahndet werden, meinte Bismarck. Sein Sohn Bill sprach von »Pressebanditen« und damit seinem Vater aus dem Herzen. Journalisten hätten versucht, von der Tribüne mit Operngläsern die Papiere zu lesen, die vor ihm auf dem Regierungstisch lagen, erzählte dieser im Februar 1874. Die indiskreten Reporter wurden aus dem Reichstag gewiesen, und der Reichskanzler sorgte dafür, daß das Reichspressegesetz vom 7. Mai 1874 die Pressemeute im schwarz-weiß-roten Pferch hielt.

»Die Freiheit der Presse unterliegt nur denjenigen Beschränkungen, welche durch das gegenwärtige Gesetz vorgeschrieben oder zugelassen sind«, hieß es in »I. Einleitende Bestimmungen«. In »II. Ordnung der Presse« war festgelegt: »Von jeder Nummer (Heft, Stück) einer periodischen Druckschrift muß der Verleger, sobald die Austeilung oder Versendung beginnt, ein Exemplar gegen eine ihm sofort zu erteilende Bescheinigung an die Polizeibehörde des Ausgabeorts unentgeltlich abliefern.« Es folgten Strafandrohungen bei Zuwiderhandlungen gegen die einschlägigen Gesetzesparagraphen. Es gab kein Zeugnisverweigerungsrecht der verantwortlichen Redakteure; das Redaktionsgeheimnis wurde nicht anerkannt.
Dennoch war es ein für diese Zeit und unter dieser Regierung bemerkenswert liberales Gesetz – im Sinne der Pressefreiheit, die in der Reichsverfassung nicht garantiert war, wie zum Nutzen der Reichseinheit, indem es 28 Landespressegesetze ersetzte. Die Nationalliberalen schrieben sich das Hauptverdienst an dieser Errungenschaft wie auch an anderen legislativen Werken zu, die mit mehr Einheit auch etliche Freiheiten gewährleisteten. Die Justizgesetze brachten eine nationale Rechtseinheit: ein Strafgesetzbuch, noch kein Bürgerliches Gesetzbuch, eine Zivil- und Strafprozeßordnung, Unabhängigkeit der Richter und ein Reichsgericht in Leipzig. Andere Reichsgesetze halfen einen einheitlichen Wirtschafts- und Währungsraum schaffen, in dem sich der deutsche Bürger weit freier als im politischen Reichsraum bewegen durfte.
Während der Debatte über ein deutsches Münzsystem ritt der Kanzler spazieren. Er nahm Urlaub von einer Materie, von der er, wie er eingestand, absolut nichts verstehe. Er ließ den Liberalen Auslauf in Bereichen, bei dem sie ihre Energien erschöpfen und in denen sie sich für ihn engagieren konnten: bei der Mehrung des Reichswohlstandes, in der Auseinandersetzung mit den ihrer Kirche ergebenen und sich seinem Staatsglauben widersetzenden Katholiken wie bei der Unterdrückung der Sozialdemokraten, die mit der gesellschaftlichen an der politischen Reichsordnung rüttelten.

Gegen Katholiken und Sozialdemokraten

IM NAMEN des Vaters, des Sohnes und des Heiligen Geistes war Otto von Bismarck im Jahre 1815 getauft worden, als im Zeichen der Restauration der Bund von Thron und Altar erneuert wurde. Nicht nur seine evangelische Kirche, deren Summus episcopus der Landesherr war, sondern auch die katholische Kirche, deren geistliches Oberhaupt den Kirchenstaat zurückerhielt, waren gestärkt aus einem revolutionären, antiklerikalen, ja atheistischen Zeitalter hervorgegangen.

Größeren Vorteil daraus zog die Monarchie, die sich auf das Staatskirchentum berief, in dem ihr das Kirchenwesen untergeordnet war. Gegen die in allen Bereichen restaurierte Staatsmacht wandte sich nicht nur die liberale und demokratische, sondern auch eine katholische Bewegung: Geistliche, die ihre feudale Selbständigkeit verloren hatten und nun einen Freiraum im modernen Staat beanspruchten. Und Gläubige, die Grundrechte als Staatsbürger wie als Kirchenvolk einforderten.

In der Frankfurter Paulskirche traten Katholiken und Liberale für Freiheitsrechte ein. »Jeder Deutsche hat volle Glaubens- und Gewissensfreiheit«, hieß es in der Reichsverfassung von 1849. »Jeder Deutsche ist unbeschränkt in der gemeinsamen häuslichen und öffentlichen Übung seiner Religion«. Und: »Jede Religionsgemeinschaft ordnet und verwaltet ihre Angelegenheiten selbständig, bleibt aber den allgemeinen Staatsgesetzen unterworfen.«

Die Koalition der Kampfgefährten gegen die Staatsallmacht hielt nicht lange. Katholiken suchten ihr Verlangen nach persönlicher Freiheit im Staate, dem sie angehörten, mit der Ordnung der Kirche, zu der sie sich bekannten, in Übereinstimmung zu bringen. Dies gelang ihnen nicht immer und wurde ihnen von Liberalen immer weniger abgenommen, die ebenfalls in einen Zwiespalt gerieten. Einerseits hielten sie am Anspruch auf Freiheit des Individuums wie an einer Selbständigkeit vorstaatlicher Gemeinschaften im Rechtsstaat fest. Andererseits zeigten sie sich zunehmend bereit, diese Forderung gegenüber den Anforderungen eines nationalen Machtstaates wie auch eines Kulturstaates im Sinne Hegels zurückzuschrauben.

Diesen weltlichen Zielen, die mit einer Inbrunst verfolgt wurden, die einst überweltlichen Anliegen vorbehalten war, schien der Protestantismus kaum entgegenzustehen. Er berief sich auf seine Pioniertaten für die neuzeitliche Kultur, auf Luthers Kampf gegen Rom und – was freilich mehr dem Wunsche des 19. als der Wirklichkeit des 16. Jahrhunderts entsprach – auf das deutsche Nationalbewußtsein des Reformators.

Der Katholizismus geriet in das Visier jener Liberaler, die mit dem deutschen Nationalreich einen modernen Kulturstaat anstrebten. Das Römisch-Katholische erschien als Relikt des Mittelalters, das Aufklärer aus der modernen Welt tilgen, das Nationalbewußte als Inbegriff des Universalen und Übernationalen in ihrem Nationalreich und Kulturstaat nicht dulden wollten. Der Herr der Katholiken, erklärte der württembergische Nationalliberale Robert Römer, »ist kein Kaiser, sondern ein Priester; kein Deutscher, sondern ein Fremdling; ihre Heimat ist nicht Deutschland, sondern Rom«.

Auch deutsche Katholiken sahen im römischen Papst ihr geistliches Oberhaupt, selbst in einer Zeit, in der Pius IX. ihren Gehorsam auf eine harte Probe stellte. In seinem »Syllabus errorum« von 1864 verurteilte er »moderne Irrlehren« wie Rationalismus, Liberalismus und Sozialismus, denen sich so mancher Katholik anzunähern begann. Während sich Europa endgültig in Nationalstaaten auflöste, wurde die römisch-katholische Kirche mehr denn je zentralisiert. Und die 1870 auf dem Vatikanischen Konzil verkündete Unfehlbarkeit des Papstes bei Entscheidungen des kirchlichen Lehramtes demonstrierte die Allgewalt des Statthalters Christi in einem Augenblick, da mit dem ersten ökumenischen Konzil seit dreihundert Jahren eine Mitbestimmung der Bischöfe möglich geworden zu sein schien.

Der Papst griff zu Maßnahmen, die mehr von einer Schwäche als von einer Stärke der Kirche zeugten, unternahm Defensivaktionen gegen den modernen Geist, der die alte Kultureinheit zerstörte, gegen den Laizismus, der sich in Frankreich bereits durchgesetzt hatte und in Deutschland an Boden gewann, wie gegen die Nationalstaatsbewegung, die in ihrer italienischen Formation den Kirchenstaat bedrohte und ihn 1870 besetzte.

Drei Wochen nach Sedan marschierte die italienische Nationalarmee in Rom ein. In Deutschland wurde ein doppelter Sieg gefeiert: Von Freisinnigen, die mit Napoleon III., dem Protektor des Papsttums, Pius IX., den Verfasser des »Syllabus«, beseitigt glaubten. Von nationalen Liberalen, die hofften, daß nach der Abschaffung der weltlichen Herrschaft des Souveräns des Kirchenstaates auch die geistliche Herrschaft des Oberhauptes der römisch-katholischen Kirche über 15 von 40 Millionen deutscher Reichsangehöriger nicht länger aufrechterhalten werden könnte. Und von nationalen Protestanten, die von einem »heiligen evangelischen Reich deutscher Nation« träumten, in dem nach dem Sieg über den französischen Erbfeind kein Platz mehr für den römischen Erzfeind sein dürfte.

Solche Erwartungen wurden dadurch beeinträchtigt, daß sich in Deutschland eine Partei gebildet hatte, die mit Freiheiten für den Staatsbürger Rechte für die Kirche in der Staatsgemeinschaft verlangte, auf die preußische Verfassung verwies, welche die Kirchenparagraphen der Frankfurter Reichsverfassung übernommen hatte.

Die deutsche Zentrumspartei ging aus der von Rheinländern und Westfalen geführten katholischen Fraktion im preußischen Abgeordnetenhaus hervor. Im ersten deutschen Reichstag bildete sie mit 63 Abgeordneten die zweitstärkste Fraktion. Unter dem Leitwort »Justitia fundamentum regnorum« legte sie Richtlinien für ihre Parlamentsarbeit fest: der föderale Charakter des Reiches müsse gewahrt, »das moralische und materielle Wohl aller Volksklassen« gefördert werden, und »für die bürgerliche und religiöse Freiheit aller Angehörigen des Reiches ist die verfassungsmäßige Feststellung von Garantien zu erstreben«.

Das Zentrum wollte mehr als eine katholische Partei sein: eine Verfassungspartei, die für Grundrechte und Föderalismus eintrat, eine Volkspartei, die allen Klassen, Stämmen und Konfessionen offenstand. Obwohl das Zentrum für die »Parität der anerkannten Religionsbekenntnisse« plädierte, fand es wenig Anklang bei Protestanten. Zustimmung erhielt es bei Polen, die im Reich mit ihrer Nationalität ihre Katholizität bedroht sahen, bei bayerischen Patrioten, die den Anschluß ihres Königreiches an den Norddeutschen Bund, und bei Welfen, welche die Annexion Hannovers durch Preußen nicht verwanden.

Als Sammelbecken der Fortschrittsfeinde und Nationalstaatsgegner erschien das Zentrum jenen Liberalen, die den Freisinn dem Kulturstaatsglauben unterordneten und aus Vorkämpfern einer rechtsstaatlichen und parlamentarischen Demokratie zu Anhängern eines nationalen Machtstaates geworden waren. Sie bezeichneten das Zentrum als ultramontan, als von jenseits der Alpen, aus Rom gesteuert, obgleich sich Zentrumsführer kaum weniger standhaft gegen Anweisungen des Papstes als gegen Anordnungen des Kaisers und Kanzlers erwiesen. Als klerikale Subkultur und konfessionellen Partikularismus brandmarkten sie das Beharren auf politischem Pluralismus wie universaler Kultur.

Die katholische Kirche sei einst »die Trägerin der ganzen humanen Entwicklung gewesen«, meinte Rudolf Virchow, die unbestrittene Autorität auf dem Gebiete der Pathologie und ein umstrittener Doktrinär des Fortschrittsliberalismus. Als jedoch die Laien mit kirchlicher Hilfe zur Emanzipation gelangten, habe die Repression durch die Hierarchie und die Dogmen eingesetzt. »Es handelt sich hier um einen großen Kulturkampf«, erklärte Virchow im preußischen Abgeordnetenhaus, und man kämpfe dabei für die »Emanzipation des Staates«, die »wirkliche Verweltlichung des Staates in allen seinen Richtungen«.

Ein Gelehrter wie Virchow, meinte Bismarck, sei außerstande, politische Phänomene richtig zu erfassen, weil ihm jeder einzelne Schachzug wie das Ende der Partie erscheine. Für das Machtspiel, das nach Virchows Wort als Kulturkampf bezeichnet wurde, kamen ihm Liberale zupaß, die für das Ziel hielten, was für ihn nur ein Zug war. Bismarck ging es dabei nicht um einen neuen Kulturstaat, sondern um den alten Machtstaat, weniger um das Staatskirchenrecht, vor allem um die Staatseinheit, die er von der Zentrumspartei in Frage gestellt sah. Mit ihren Forderungen nach einzelstaatlichem Eigenleben und parlamentarischer Mitwirkung rüttelte sie an den Grundfesten seines Systems. Auch die Liberalen verlangten Mitbestimmung im Staate. Doch sie hatte er in die nationale Ordnung eingebunden und ihnen Auslauf auf wirtschaftlichem Gebiet gelassen. Nun konnte er sie auch noch als Kulturkämpfer einspannen, von ihren politischen Zielen ablenken und auf seine Ziele hinlenken.

In kirchlichen Fragen neigte Bismarck anfänglich zu der Auffassung Friedrichs des Großen, der jeden nach seiner Façon selig werden lassen wollte. Die Toleranz verlangte Rücksichtnahme auf Andersdenkende und Andersgläubige, die Staatsräson erforderte Gleichbehandlung der Konfessionen in dem von Protestanten wie Katholiken bewohnten Preußen.

Der Ministerpräsident tadelte 1863 das harsche Auftreten des Oberpräsidenten des Rheinlandes gegenüber der katholischen Kirche. »Dies wird mich nicht hindern, den unberechtigten Prätentionen der Kirche mit voller Entschiedenheit entgegenzutreten; aber ich wünsche diese Entschiedenheit mit dem Wohlwollen zu verbinden, welches die Gemüter eines so wichtigen Teiles der Bevölkerung für die konservative Regierung des Königs gewinnen kann.«

Die preußische Staatsräson blieb der Maßstab für sein Verhalten gegenüber den Katholiken. Am Frankfurter Bundestag hatte er Front gegen Österreich wie »gegen die coalitio militans der Katholiken« gemacht, die er, geführt vom Rivalen, »gegen die protestantischen Regierungen und besonders Preußen« im Angriff sah. 1866 ritt er wie Gustav Adolf in katholische Lande hinein und brachte den Dreißigjährigen Krieg mit dem Sieg des Protestantismus zum Abschluß. So sahen es Protestanten, aber Bismarck wußte, daß er in den süddeutschen Staaten und sogar in den preußischen Provinzen Rheinland, Westfalen und Schlesien weiterhin mit katholischem, großdeutschem und mitteleuropäischem, partikularistischem und föderalistischem Widerstand zu rechnen hätte. Und daß dieser durch Welfen und Polen verstärkt werden würde.

Die Verfassung des Norddeutschen Bundes wurde 1867 dann nicht nur von polnischen und welfischen Abgeordneten, sondern auch von Führern der katholischen Fraktion abgelehnt, die sich zur Zentrumspartei fortentwickelte. An ihre Spitze trat Ludwig Windthorst, Katholik und Welfe, Verteidiger des Föderalismus und Vorkämpfer des Parlamentarismus – die Verkörperung all dessen, was Bismarck zuwider war.

Um mehr als einen Kopf überragte der lange Altmärker den kleingewachsenen Niedersachsen. An juristischer Fertigkeit war Windthorst, der sein Examen abgelegt und es zum Oberappellationsgerichtsrat und Oberstaatsanwalt gebracht hatte, dem Exreferendar Bismarck überlegen. An rhetorischer Schlagfertigkeit standen sich die ehemaligen Abgeordneten des preußischen beziehungsweise hannoverschen Landtages in nichts nach, obgleich Bismarck lieber zum Säbel und Windthorst lieber zum Degen griff. Regierungserfahrung besaß der preußische Ministerpräsident und deutsche Kanzler weit mehr als der ehemalige hannoversche Justizminister. Dessen Prinzipienfestigkeit stand diplomatischem Vorgehen und opportu-

nistischem Anpassen entgegen, was ihm Bismarck beinahe noch mehr verübelte als die Treue zu Grundsätzen, die nicht die seinen waren und seine Politik behinderten.
»Ich halte ihn für absolut intransigent«, gepanzert durch das dreifache Erz des Welfen, des Katholiken und »seiner fortschrittlichen Sympathien«, konstatierte Bismarck und bilanzierte: Windthorst sei einer seiner gefährlichsten Gegner gewesen. »Das Öl seiner Worte ist nicht von der Sorte, die Wunden heilt, sondern von der, die Flammen nährt, Flammen des Zornes«. Zum Lieben habe er seine Frau, »für den Haß – Windthorst«.
Dieser Windthorst wurde die parlamentarische Speerspitze der Zentrumspartei. »Ich habe es von Hause aus als eine der ungeheuerlichsten Erscheinungen auf politischem Gebiet betrachtet, daß sich eine konfessionelle Fraktion in einer politischen Versammlung bildete«, erklärte Bismarck. »Ich habe, als ich aus Frankreich zurückkam, die Bildung dieser Fraktion nicht anders betrachten können, als im Lichte einer Mobilmachung der Partei gegen den Staat.«
Ein Staat im Staate schien sich unter Führung eines Mannes zu bilden, »von dem ich noch heute zweifelhaft bin, ob ihm die Neubildung des Deutschen Reiches willkommen ist«, und unter Billigung und Anerkennung »bei allen den Parteien, die, sei es vom nationalen, sei es vom revolutionären Standpunkt aus, gegen den Staat feindlich gesinnt sind.«
Zu Reichsfeinden erklärte Bismarck die sich parteipolitisch artikulierenden Katholiken, und zu Gesellschaftsfeinden die Zentrumsleute, die sich auch um den Vierten Stand zu kümmern begannen. »Die Partei ist so weit gegangen, die sozialistische, *aller* staatlichen Ordnung feindliche Agitation für ihre Zwecke heranzuziehen; sie hat es nicht verschmäht, die Arbeiter zugleich vom sozialen und vom konfessionellen Standpunkte aus aufzureizen.« Fazit: »Das Zentrum steigert die vom Kommunismus der Gesellschaft drohenden Gefahren.«
Derartige Anklagen, eine Agitation, der entsprechende Aktionen folgten, sollten der Bewahrung des preußisch-deutschen Staatssystems und der adlig-bürgerlichen Gesellschaftsordnung dienen. Bismarck suchte Volksbewegungen niederzuhalten und das Staatskirchentum aufrechtzuerhalten. Es gehe nicht um den Kampf zwischen Glauben und Unglauben, »es handelt sich um Verteidigung des

Staates, es handelt sich um die Abgrenzung, wie weit die Priesterherrschaft und wie weit die Königsherrschaft gehen soll, und diese Abgrenzung muß so gefunden werden, daß der Staat seinerseits dabei bestehen kann. Denn in dem Reiche dieser Welt hat er das Regiment und den Vortritt.«

Das war das strategische und dies das taktische Ziel Bismarcks: Die Zentrumskatholiken gedachte er mit Hilfe von Liberalen und Konservativen auszuschalten und durch ein Ausspielen der einen gegen die anderen alle seine offenen wie versteckten Gegner niederzuhalten. Er konnte darauf hoffen, daß in der Auseinandersetzung mit dem katholischen Zentrum protestantisch geprägte Konservative in einen sie lähmenden Konflikt zwischen christlicher Solidarität auf der einen und staatlicher Verpflichtung wie gesellschaftlicher Verbundenheit auf der anderen Seite geraten würden. Und er konnte damit rechnen, daß im Kulturkampf sich die Liberalen im Widerstreit zwischen Staatsgläubigkeit und freisinniger Toleranz verschleißen müßten.

Zunächst scharten sich nationale Liberale wie preußische Konservative um den »politischen Luther«, trugen seine ersten Kampfhandlungen gegen den politischen Katholizismus mit. Noch 1871 wurde der Antrag des Zentrums, Grundrechte in der Reichsverfassung zu garantieren, im Reichstag mit 229 zu 59 Stimmen abgelehnt. Es folgte die Auflösung der katholischen Abteilung im preußischen Kultusministerium, da diese, wie Bismarck behauptete, »den Charakter eines polonisierenden Organs innerhalb der preußischen Verwaltung« angenommen habe. Dem Strafgesetzbuch wurde der »Kanzelparagraph« angefügt, der Geistlichen, die nach Dafürhalten der Behörden durch Predigten »den öffentlichen Frieden stören«, Gefängnis bis zu zwei Jahren androhte. Die Initiative ging vom liberalen Staatsministerium in Bayern aus, das nachhaltig auf das Staatskirchenrecht pochte.

Hauptschauplatz des Kulturkampfes war und blieb Preußen. Hier eröffnete der Staat weitere und verschärfte Kampfhandlungen gegen die katholische Kirche. 1872 verstaatlichte das Schulaufsichtsgesetz die Schulinspektion und schloß katholische Ordensangehörige vom Lehrberuf aus. Durch die »Maigesetze« von 1873 wurden Ausbildung und Anstellung von Geistlichen staatlich geregelt, die kirchliche Disziplinargewalt beschränkt und der Kirchenaustritt erleichtert. 1874 wurde die obligatorische Zivilehe in Preußen – und ein Jahr später im Reich – eingeführt. 1875 folgten Strafgesetze gegen widersetzliche Geistliche, Einstellung der staatlichen Zuwendungen an die Kirche, Aufhebung der Orden, die sich nicht der Krankenpflege widmeten. Bereits 1872 war durch Reichsgesetz der Jesuitenorden verboten worden.

Nicht nur im katholischen Deutschland, auch im katholischen Europa wurde von einer schlecht in das Jahrhundert der Humanität und Toleranz passenden Christenverfolgung gesprochen. Bischöfe – so der von Posen und Gnesen und der von Trier – wurden eingesperrt, die Oberhirten von Köln, Münster, Limburg und Breslau abgesetzt, Bischofsstühle in Fulda, Osnabrück und Paderborn nicht neu besetzt. 1440 Pfarrstellen waren wegen Amtsenthebung und Landesverweisung vakant.

Der Staat könne sich nicht mit liberalen Phrasen über staatsbürgerliche Rechte wehren, sondern müsse handeln, erklärte Bismarck. Am liebsten hätte er vor allem die polnische Geistlichkeit »zur Treppe herunterbefördert«, Bischöfe und Priester, die sich dem Staatsgesetz widersetzten, für »vogelfrei«, und den Papst »für den Umfang des preußischen Staates« für abgesetzt erklärt. Auch eine »Purifikation des Beamtenstandes in den westlichen Provinzen« faßte er ins Auge, die Entfernung jedes Staatsdieners, »dessen unbedingte Zuverlässigkeit« in kirchenpolitischer Beziehung »einem Zweifel unterliegt«.

So weit wollte nicht einmal der preußische Kultusminister Adalbert Falk gehen, der Kirchenkampfgesetze zu entwerfen und anzuwenden hatte. Der Jurist dachte bei der Ausarbeitung primär an die Verteidigung des Staatskirchenrechtes und nicht, wie Bismarck, an einen Angriff gegen den in der Zentrumspartei organisierten politischen Katholizismus. Bei der Ausführung ging der Altliberale, der nicht alle seine Skrupel bei Entgegennahme des Portefeuilles abgelegt hatte, nicht immer mit der gebotenen Härte und Konsequenz vor, die Bismarck von ihm erwartete. »Falk ist schneidig beim Entwerfen von Gesetzen, wenn es sich aber um Maßregeln handelt, dann bricht der gefühlvolle Schlesier bei ihm durch«, kritisierte der Eiserne Kanzler. »Falk ist ein spitzfindiger Jurist, geht nicht aufs Ganze, reißt dem schwarzen Pelz nur die einzelnen grauen Haare aus.«

Den papistischen Pelz hätten praktizierende Protestanten gerne gründlich gewaschen, wenn sie nicht besorgt gewesen wären, daß sie dabei selber naß würden. Mit der Verschärfung des Kampfes für eine säkularisierte Kultur und gegen die katholische Kirche wuchs ihre Befürchtung, daß auch die evangelische Kirche in Mitleidenschaft gezogen werden könnte.

Wilhelm I. erinnerte sich daran, daß er Summus episcopus der unierten evangelischen Kirche Preußens war. Dieses Amt gebot ihm nicht nur eine Abwehr gegenreformatorischer Angriffe, die ohnehin mehr in der Theorie als in der Praxis auszumachen waren, sondern auch die Verteidigung der »Segnungen der Reformation« gegen den Ansturm allgemeiner Kirchenfeindlichkeit, der zunehmend Einbrüche auch in die evangelische Gottesburg gelangen.

Rückhalt in seinem wachsenden Widerstreben gegen den Kirchenkampf fand Wilhelm I. bei seiner Gemahlin Augusta. Zuerst habe sie »mit den Liberalen und Lichtfreunden, jetzt mit den Ultramontanen und den orthodoxen Hofpredigern« sympathisiert, schimpfte Bismarck, der sich immer schwerer tat, für Kampfmaßnahmen die Billigung des Hofes zu erlangen. Wie üblich, unterschrieb schließlich der Monarch auch das Gesetz über die obligatorische Zivilehe, das er als »unglücklich« empfand.

»Ich bin nachgrade in Ungnaden bei *allen* Gliedern des Königlichen Hauses«, klagte Bismarck. Und in der Innenpolitik habe er »den Boden, der *mir* annehmbar ist, verloren durch die landesfeindliche Desertion der konservativen Partei in der katholischen Frage«.

Der Kulturkampf, der auch von preußischen Konservativen als Kirchenkampf angesehen und abgelehnt wurde, führte zum Bruch zwischen Bismarck und der Standespartei, aus der er hervorgegangen war. Sie hatte ihm die Entthronung deutscher Fürsten und das Kungeln mit den bürgerlichen Liberalen nicht vergessen und verzieh es ihm nun nicht, daß er mit erklärten Kirchenfeinden und versteckten Monarchiegegnern gemeinsame Sache machte.

Die *Kreuzzeitung* erinnerte daran, daß ihr Emblem, das Eiserne Kreuz, nicht nur für ein preußisches, sondern auch für ein christliches Programm stehe. Hans von Kleist-Retzow, der Onkel Johannas und alte Freund Otto von Bismarcks, geriet mit diesem wegen des Schulaufsichtsgesetzes so heftig aneinander, daß der Kanzler mit dem Messer die Geste des Tischtuch-Entzweischneidens machte und sagte: »Hans, wenn es so steht, dann ist es aus zwischen uns beiden.« Ernst Ludwig von Gerlach, der Mentor Ottos und Pate Herbert von Bismarcks, wegen seiner Schrift gegen das Zivilehegesetz zu einer Geldstrafe verurteilt, schloß sich der Zentrumsfraktion an.

»Das Kleine reißt sich von dem Größeren los, das Bewegliche von der Basis, ein angewachsenes Schaltier von dem Schiff«, kommentierte Bismarck im preußischen Herrenhaus. Vor dem preußischen Abgeordnetenhaus führte er als Hauptgrund der Trennung an: »Ich treibe keine Fraktionspolitik als Minister, sondern ich habe gelernt, meine persönliche Überzeugung den Bedürfnissen des Staates unterzuordnen.« Im Rückblick gestand er: »Für die Nerven eines Mannes in reifen Jahren ist es eine harte Probe, plötzlich mit allen oder fast allen Freunden und Bekannten den bisherigen Umgang abzubrechen.«

Er habe nicht Dogmatik, sondern Politik zu treiben, rief er den Konservativen zu, deren Beharren auf Glaubenssätzen politische Mißerfolge heraufbeschwor. Bei den Landtagswahlen 1873 fielen sie von 114 auf 30 Mandate. In den Reichstag von 1874 zogen statt 57 nur noch 22 Konservative ein. Die Nationalliberalen gewannen 30 Sitze hinzu, besaßen nun 155 von 397 Sitzen. Es war ein bitterer Sieg für Bismarck und seine Kulturkampfgenossen. Denn das Zentrum, das er hatte zerschlagen wollen, wuchs von 63 auf 91 Mandate an, verdoppelte fast – von 742000 auf 1446000 – seine Stimmen. Dies entsprach einem Stimmanteil von 27,8 Prozent bei einem katholischen Bevölkerungsanteil von 36,8 Prozent.

Das war ein Warnschuß für Bismarck, der ihn empfindlicher traf als der Schuß, den am 13. Juli 1874 der Böttchergeselle Eduard Kullmann, Mitglied eines katholischen Gesellenvereins, aus einem einläufigen Terzerol auf ihn abfeuerte und der ihn leicht an der rechten Hand verletzte. Der Attentäter habe ihn wegen der Kirchengesetze umbringen wollen, erklärte Bismarck im Reichstag, an die Zentrumsfraktion gewandt: »Aber mögen Sie sich lossagen von diesem Mörder, wie Sie wollen, er hängt sich an Ihre Rockschöße fest.« Insgeheim gestand er sich ein, daß ihm selber Bleigewichte angehängt worden waren: eine gewichtiger gewordene Zentrumspartei, die ihm total widerstand, und die stärker gewordenen Nationalliberalen, auf die nur partiell Verlaß war.

Der Politiker, der sich als Realist einschätzte, hatte die Realität geistiger Kräfte und moralischer Mächte wie den Willen der Katholiken verkannt, für ihre kirchlichen Anliegen und staatsbürgerlichen Belange einzutreten. Der Staatsmann, der die Staatsgewalt stärken wollte, schwächte sie durch seinen Kampf gegen den Katholizismus, der von Hause aus zur Unterstützung auch der Staatsautorität neigte. Der Konservative, der er bei aller Auseinandersetzung mit der konservativen Partei geblieben war, hatte sich mit den Liberalen eingelassen, die ausgezogen waren, die Herrschaftsform und Gesellschaftsstruktur, die er zu gewährleisten suchte, zu verändern. Der Taktiker, der sich von der Einführung des allgemeinen und gleichen Wahlrechtes systemerhaltende Mehrheiten erhofft hatte, mußte erkennen, daß dieses seiner Strategie, das alte Preußen in einem neuen Deutschland zu bewahren, zuwiderzulaufen begann.

»Nach Canossa gehen wir nicht!« hatte Bismarck zu Beginn des Kirchenkampfes erklärt. Doch schon bald begann er nach Wegen zu suchen, die ihm einen Bußgang zum Papst ersparen und einen Ausweg aus einem Konflikt eröffnen sollten, den er nicht gewinnen konnte.

Die Absicht, Frieden zu schließen, verstärkte sich mit der Einsicht, daß ihm in der Umarmung durch die Nationalliberalen die Luft ausgehen könnte. Und sie wuchs mit der Erkenntnis, daß ihn ein Zweifrontenkampf überfordern würde: gegen den Katholizismus, der gefährlich blieb, und gegen die Sozialdemokratie, die immer gefährlicher wurde.

VON ZWEI PARTEIEN sei der Staat in seinen Fundamenten gefährdet, Zentrum und Sozialdemokratie, »die beide das gemeinsam haben, daß sie ihre Gegnerschaft gegen die nationale Entwicklung in internationaler Weise betätigen«, erklärte Bismarck vor dem Parlament und fügte im vertrauten Kreise hinzu: Die Katholiken würden auch mit den Sozialdemokraten paktieren, »um den deutschen Kadaver zu verzehren« – er hoffe aber, »Deutschland werde vorher beide Tiger erschießen«.

Die Pflicht des Staatsmannes sei es, meinte Bismarck, den Staat von ideologischen Mächten und gesellschaftlichen Kräften unabhängig zu erhalten. Mit solchen bekam er es zu tun: dem politischen Katholizismus, der alle Volksschichten in einer christlichen Demokratie gegen den Obrigkeitsstaat zu vereinigen trachtete. Und der Sozialdemokratie, welche die sozial und politisch unterprivilegierte und durch eine sozialistische Ideologie motivierte Arbeiterklasse dem monarchischen Staat entgegensetzte, in dem Aristokratie und Bourgeoisie dominierten.

»Ich will der Todfeind dieser bürgerlichen Gesellschaft und dieser Staatsordnung bleiben, um sie in ihren Existenzbedingungen zu untergraben und sie, wenn ich kann, beseitigen«, erklärte August Bebel, ein Gründer und Führer der deutschen Sozialdemokratie. Die sozialistische Bewegung, deren Ziel die Eroberung der Staatsmacht durch Klassenkampf war, hatte ihren Ursprung in den sozialen Mißständen, welche die Industrialisierung für die Arbeiterschaft mit sich brachte. Und in der politischen Benachteiligung des Vierten Standes durch den an der Macht gebliebenen Adelsstand und den an der Macht partizipierenden Bürgerstand.

Die Zahl der industriellen Lohnarbeiter machte einen immer größeren Anteil der Bevölkerung aus. 1873 überwogen in Preußen die Handwerksgesellen und Heimarbeiter die Arbeiter in Industrie und Bergbau im Verhältnis zwei zu eins; 1835 war das Verhältnis noch zehn zu eins gewesen. 1882 betrug in Deutschland die Zahl der lohnabhängigen Arbeiter in Gewerbe, Handel und Verkehr 4,8 Millionen, 23,7 Prozent der Erwerbstätigen.

Im Vergleich zu den Anfängen der Industrialisierung waren zwar die Reallöhne gestiegen und hatten sich die Lebensverhältnisse der Arbeiterschaft gebessert. Aber weiterhin bewegte sich ein beträchtlicher Teil am Rande des Existenzminimums, bestand ein Mißverhältnis zwischen Leistung und Ertrag. Um 1870 dauerte der durchschnittliche Arbeitstag in Bergbau und Industrie etwa 12 Stunden; noch um die Jahrhundertwende mußten in Preußen über 42 Prozent der Arbeiter in Gewerbe, Handel und Verkehr Sonntagsarbeit leisten. Deutsche Patrioten verwiesen darauf, daß sie im neuen Reich nach außen gesichert seien, und übersahen dabei, daß im Innern deutsche Arbeiter kaum gegen Krankheit und Invalidität, bei Arbeitslosigkeit und im Alter gesichert waren.

Soziale Mißstände waren vor allem in den Großstädten anzutreffen, den Ballungszentren des Reiches, das mit Riesenschritten auf dem Weg vom Agrarstaat zum Industriestaat war. Mit 826 341 Einwohnern 1871 und 1 122 330 im Jahre 1880 stand die Reichshauptstadt weit an der Spitze, übertraf alle anderen an Größe und Glanz, an Not und Elend. »Den neuen Reichtümern«, vermerkte der *Brockhaus* von 1875, »steht neuer Jammer gegenüber, Verkümmerung, Verwahrlosung der Arbeiter in einer Ausdehnung und Intensität, wovon man früher keine Vorstellung gehabt.«

Mietskasernen wurden gebaut, in denen die meist kinderreichen Familien enger zusammengepfercht waren als die Soldaten in ihren Stuben. Um die Miete bezahlen zu können, mußten häufig Fremde aufgenommen werden: 1880 hatten von 256365 gezählten Berliner Haushaltungen 18318 Einmieter, und 38298 hielten Schlafleute.

Kirchen und Behörden beklagten eine Zunahme von Trunksucht und Unzucht. Von 1869 bis 1877 stieg die Zahl der Gastwirtschaften um 44, die der Schankwirtschaften um 11 Prozent. 1873 gab es in Berlin 14 000 Prostituierte. Eine typische Krankheit der armen Leute war die Tuberkulose; 1877 machte sie 14 Prozent der Todesursachen aus.

Eine von Bauernschaft und Bürgertum abgegrenzte Arbeiterklasse war entstanden, die durch gemeinsame Arbeitsverhältnisse und Lebensumstände wie durch das Verlangen nach Verbesserung ihrer materiellen Bedingungen, Anhebung ihrer gesellschaftlichen Einstufung und Aufhebung ihrer politischen Benachteiligung zusammengehalten wurde.

Denn auch als Staatsbürger waren die Arbeiter – in der Industrie wie in der Landwirtschaft – unterprivilegiert. Das Dreiklassenwahlrecht in Preußen stellte sie in das letzte Glied. Das allgemeine und gleiche Reichstagswahlrecht, das ein Mehrheitswahlrecht war, ließ sie, zumindest bis auf weiteres, nicht ihrer Zahl entsprechend zum Zuge kommen. Im ersten Reichstag 1871 erhielten die Sozialdemokraten mit 124 000 Stimmen (3,2 Prozent) nur zwei Mandate, während die Welfen mit 61 000 Stimmen (1,6 Prozent) 7 Mandate und die Fortschrittsliberalen mit 342 000 Stimmen (8,8 Prozent) 46 Mandate errangen.

Es sei vor allem erforderlich, daß die Arbeiter »sich selbst als lebendige Gemeinschaften, gleichsam als politisch-beseelte Körperschaften, unter die übrigen Bürger hinstellen und den Staatsmännern bemerklich machen«, hatte der 1848 nach Berlin einberufene Deutsche Arbeiter-Kongreß erklärt und die deutsche Arbeiterbewe-

gung in Gang gebracht. 1863 wurde die erste deutsche Arbeiterpartei gegründet, der Allgemeine Deutsche Arbeiterverein.
»Einigkeit macht stark«, stand auf dessen roter Fahne, ganz im Sinne des Parteigründers Ferdinand Lassalle, der dabei nicht nur an das Zusammenstehen der deutschen Arbeiter, sondern auch an ein Zusammengehen mit Bismarck, taktisch gegen die bürgerlichen Liberalen und strategisch gegen die österreichischen Mitteleuropäer, dachte.
Zwischen Ferdinand Lassalle, dem deutschen Staatssozialisten, und Karl Marx, der in London die Internationale Arbeiterassoziation gründete, brachen die Beziehungen ab. Sie wurden von zwei anderen deutschen Arbeiterführern aufrechterhalten: Wilhelm Liebknecht, der eine großdeutsche Republik anvisierte, und August Bebel, der durch Bismarcks Krieg von 1866 die »demokratische Einigung Deutschlands« verhindert sah.
»Kein Kleindeutschland unter preußischer Führung«, hieß es in dem von Bebel und Liebknecht 1866 verfaßten Programm der Sächsischen Volkspartei. 1869 gründeten sie in Eisenach die Sozialdemokratische Arbeiterpartei, die im Gegensatz zum Allgemeinen Deutschen Arbeiterverein mit marxistischen auch antipreußische Positionen vertrat. Aber auch sie erkannte bald, daß ein deutscher Nationalstaat durch die Schaffung eines einheitlichen Wirtschaftsraumes günstige Voraussetzungen für den Klassenkampf des Proletariats bot und das demokratische Reichstagswahlrecht die Sozialdemokraten politisch förderte, wenn nicht gleich, so später.
Diese Einsicht führte Lassalleaner und Marxisten zusammen. 1875 vereinigten sie sich in Gotha zur Sozialistischen Arbeiterpartei Deutschlands, in deren Programm, wie Marx kritisierte, sich die Auffassungen Lassalles mehr als seine eigenen durchgesetzt hätten: Die Bismarck nahestehende *Norddeutsche Allgemeine Zeitung* habe recht gehabt, »wenn sie zur Zufriedenheit ihres Meisters verkündete, die deutsche Arbeiterpartei habe in dem neuen Programm dem Internationalismus abgeschworen«.
In diesem Fall gab das Berliner Blatt die Stimme seines Herrn nicht exakt wider. »Pißmarck«, wie Marx zu schreiben beliebte, gelangte immer mehr zu der Auffassung, daß die Sozialistische Arbeiterpartei Deutschlands, ungeachtet des angeführten deutschen Namens und des weiterwirkenden Erbes Lassalles, ein von

der Internationale gelenkter Reichsfeind sei, der die Reichsacht verdiene.

Von einem Trojanischen Pferd, das von außen nach Deutschland hineingebracht worden sei, um es einzunehmen und zu verderben, sprach Bismarck und suchte diese Behauptung zu belegen. Auf Marx habe der Attentäter Blind verwiesen, »von dessen Schüssen ich die Narben noch an mir trage«, auf Marx berufe sich Bebel, der Kredite für den Krieg gegen die Französische Republik verweigerte und den Aufstand der Pariser Kommune als ein »kleines Vorpostengefecht« bezeichnete und die Erwartung äußerte, »daß die Hauptsache in Europa uns noch bevorsteht und daß, ehe wenige Jahrzehnte vergehen, der Schlachtruf des Pariser Proletariats: Friede den Hütten, Tod der Not und dem Müßiggang, der Schlachtruf des gesamten europäischen Proletariats sein wird«.

Bebel und Liebknecht wurden 1872 wegen Vorbereitung des Hochverrats zu zwei Jahren Festungshaft verurteilt, Bebel zusätzlich wegen Beleidigung des Deutschen Kaisers zu neun Monaten Gefängnis. Bismarck hielt dies für eine vorbeugende, aber nicht ausreichende Maßnahme gegen Sozialistenführer, die – wie er behauptete – ganz Deutschland in ein sozialistisches Zuchthaus verwandeln wollten. Denn »wenn jedem das Seinige von obenher zugewiesen werden soll, gerät man in eine zuchthausmäßige Existenz, wo keiner seinen selbständigen Beruf und seine Unabhängigkeit hat, sondern wo ein jeder unter dem Zwang der Aufseher steht« – der Sozialistenführer. Diese würden »die erbarmungslosesten Tyrannen und die anderen Knechte der Tyrannen sein, wie sie je erfunden wurden«.

Um eine zu sozialistischer Repression führende sozialistische Revolution zu vermeiden, müsse der sozialistischen Agitation beizeiten ein Riegel vorgeschoben werden. Die Aufwiegelung der Arbeiter gegen Regierende und Besitzende durch die sozialdemokratische Presse dürfe nicht geduldet werden, erklärte Bismarck 1873 im preußischen Staatsministerium. 1875 legte er dem Reichstag eine Strafgesetz-Novelle vor, die eine strenge Ahndung der Aufreizung zum Klassenhaß vorsah, jedoch von der liberalen Mehrheit abgelehnt wurde. »Schon nach einigen Jahren«, hielt ihr Bismarck entgegen, werde das Bürgertum nach den jetzt verworfenen Strafbestimmungen »lechzen wie der einsame Wanderer in der Wüste nach einem Schluck Wasser«.

Er mußte noch warten und stets bedenken, daß mit repressiven Mitteln allein das Problem nicht zu lösen war. Ein Sozialist wie Bebel sei »nach einem Gedicht von Thomas Moore mit dem verschleierten Propheten zu vergleichen, dessen Macht darauf beruhte, daß er die Häßlichkeit seines Gesichts durch einen Schleier verbarg und im übrigen einen mächtigen geistigen Einfluß auf die Völkerschaften übte, die er führte«. Die sozialistischen Forderungen, bemerkte er 1871, seien bereits so tief in die Masse eingedrungen, daß sie weder zu ignorieren noch zu extrahieren seien.
Die sozialistische Bewegung gelte es »insbesondere dadurch in heilsamere Wege zu leiten«, daß die Regierung »realisiert, was in den sozialistischen Forderungen als berechtigt erscheint und in dem Rahmen der gegenwärtigen Staats- und Gesellschaftsordnung verwirklicht werden kann.« Er denke dabei an Fragen der Arbeitszeit und des Arbeitslohns, an eine Behebung der Wohnungsnot. Diesbezügliche Aktionen der Staatsgewalt vermöchten vielleicht alte Lassalleaner zurückgewinnen, »die Mehrzahl der Arbeiter mit der bestehenden Staatsordnung auszusöhnen und die Interessen von Arbeitern und Arbeitgebern wiederum in Harmonie zu bringen«.
Eine Sozialpolitik auf Staatsministerweise und nach Gutsherrnart schwebte ihm vor. Der Junker hatte gelernt, für seine Landarbeiter zu sorgen, um sich ihrer Arbeitskraft zu versichern. Der Christ hatte den egoistischen mit einem altruistischen Patriarchalismus überhöht. Der Staatsmann hielt – ungeachtet taktisch bedingter Zugeständnisse an die staatlichen Eingriffen abholden Liberalen – an seiner Auffassung fest, daß der Staat alles in der Hand behalten, die Gemeinwirtschaft lenken und für das Gesamtwohl sorgen müsse.
Die Arbeiterbewegung jedoch wollte keine karitativen Almosen und gouvernementalen Wohltaten, sondern ihren Anteil am Sozialprodukt und an der Staatsgewalt haben. Das konnte Bismarck, der im gesellschaftlichen wie staatlichen Habitus ein Mann von gestern blieb, nicht verstehen und nicht begreifen, daß er es mit dem Emanzipationskampf des Vierten Standes zu tun bekam, der an Schlagkraft und Zukunftsträchtigkeit hinter der Emanzipationsbewegung des Dritten Standes, die in Preußen-Deutschland zwar nicht das Endziel, aber schon Zwischenstationen erreicht hatte, nicht zurückblieb.
Bismarck blieb bestrebt, beide – das liberale Bürgertum wie die

sozialistische Arbeiterschaft – am Staatszügel zu halten und auf Staatsziele hinzulenken, sie einzuspannen, wenn er es für nützlich hielt, und niederzuhalten, wenn sie ihm zu gefährlich wurden. Schon bald bot sich eine Gelegenheit, die immer aufdringlicher auftretenden Nationalliberalen wie die immer bedrohlicher aufrükkenden Sozialdemokraten mit einem Schlag zu treffen.

Am 11. Mai 1878 feuerte der Klempnergeselle Max Hödel zwei Revolverschüsse auf Wilhelm I. ab, als dieser – wie üblich in offener Kutsche – die Linden in Berlin entlangfuhr. Der Monarch blieb unverletzt. Beim festgenommenen Attentäter fand sich ein Mitgliedsbuch der Sozialistischen Arbeiterpartei Deutschlands. Der Leipziger *Vorwärts* beeilte sich zu versichern, daß Hödel wegen Unterschlagung von Geldern aus der Partei ausgeschlossen worden war.

Dennoch telegraphierte Bismarck aus Friedrichsruh, wo er an Gürtelrose erkrankt war, nach Berlin: »Sollte man nicht von dem Attentat Anlaß zu sofortiger Vorlage gegen Sozialisten und deren Presse nehmen?« Bereits fünf Tage nach dem Anschlag wurde dem Bundesrat der Entwurf eines Ausnahmegesetzes gegen die Sozialdemokratie zugeleitet. Vor dem Reichstag trat nicht Bismarck, sondern Moltke für die Vorlage ein. Sie wurde am 24. Mai vom Gros der Nationalliberalen sowie der Fortschrittspartei und dem Zentrum abgelehnt.

Neun Tage später, am 2. Juni 1878, wurde ein zweites Attentat auf Wilhelm I. verübt. Diesmal wurde der Einundachtzigjährige am Rücken, an der Stirne und am rechten Arm ernstlich verletzt; die Pickelhaube war von achtzehn Schrotkugeln getroffen worden. Der Attentäter, der Volkswirt Dr. Karl Eduard Nobiling, erklärte bei der Vernehmung, Anhänger sozialistischer Ideen zu sein. Eine konkrete Verbindung zur Sozialistischen Arbeiterpartei Deutschlands ließ sich nicht nachweisen.

Bismarck wanderte, von seinen Hunden begleitet, durch den Sachsenwald, als ihm die Nachricht vom Nobilingschen Attentat überbracht wurde. Er stieß seinen Eichenstock in den Boden und rief aus: »Dann lösen wir den Reichstag auf!«

Er nützte die Gunst der Stunde. Die Erregung, von der so viele Deutsche ob des Anschlages auf den Reichsgründungskaiser, der wie ein Reichsdenkmal vor ihnen stand, ergriffen waren, galt es für die

Politik des Reichskanzlers auszunützen. »Jetzt habe ich die Kerle«, sagte Bismarck und meinte damit nicht nur die Sozialdemokraten, die an das Reichstor klopften, sondern auch die Nationalliberalen, die ihm im Reichstag zunehmend opponierten.
Bei den Neuwahlen am 30. Juli 1878 erhielten die Nationalliberalen statt 128 (1877) nur noch 99 Sitze, die Fortschrittspartei, die Avantgarde des Liberalismus und Parlamentarismus, sank von 35 auf 26 Mandate, und die Sozialdemokraten, die nach den letzten Reichstagswahlen 12 Abgeordnete gestellt hatten, waren nur noch mit 9 vertreten. Das Zentrum hatte sich mit 94 Sitzen gut gehalten, die Konservativen und die freikonservative Reichspartei stiegen von 40 auf 59 beziehungsweise von 38 auf 57 Mandate.
Jetzt habe sich gezeigt, daß man im Lande doch wesentlich anders denke als im alten Reichstage, kommentierte der Kanzler. Im übrigen sei ihm das Fraktionswesen, ob konservativ oder liberal, völlig gleichgültig, heute mehr als je; er gehe seinen Weg, und wer mit ihm gehe, sei sein Freund, und wer wider ihn gehe, sein Feind – bis zur Vernichtung. Wenn die Liberalen und das Zentrum wiederum den erneut vorgelegten und inzwischen verschärften Entwurf des Sozialistengesetzes ablehnten, so würde er den Reichstag ein zweites Mal und, wenn es sein müßte, ein drittes Mal auflösen. Und wenn dies alles nichts fruchte, dann sei »ein juristischer Staatsstreich nötig«; der Bundesvertrag müsse gelöst und damit die Reichsverfassung umgeworfen werden.
Der Bundesrat billigte das »Gesetz gegen die gemeingefährlichen Bestrebungen der Sozialdemokratie«. Bismarck hatte die Bundesgenossen entsprechend präpariert. »Das Anwachsen der sozialdemokratischen Gefahr, die jährliche Vermehrung der bedrohlichen Räuberbande, mit der wir gemeinsam unsre größeren Städte bewohnen«, schrieb er an König Ludwig II. von Bayern, dränge »den deutschen Fürsten, ihren Regierungen und allen Anhängern der staatlichen Ordnung eine Solidarität der Notwehr auf«. Dieser versagte sich auch die Mehrheit des Reichstages nicht: Am 18. Oktober 1878 nahm er das Sozialistengesetz an – mit 221 Stimmen der Konservativen, Freikonservativen und Nationalliberalen gegen 149 Stimmen des Zentrums, der Fortschrittspartei und der Sozialdemokraten.
Bismarck hätte das Sozialistengesetz gerne noch schärfer gehabt, am liebsten auch sozialdemokratische Subalternbeamte wie Bahnwärter

und Weichensteller ohne Pension entlassen und »den gesetzlich als Sozialisten erweislichen Staatsbürgern das Wahlrecht, die Wählbarkeit und den Genuß der Privilegien der Reichstagsmitglieder« entzogen.

Das Sozialistengesetz war scharf genug. Bei Strafe verbot es Vereine, Versammlungen und Druckschriften, »welche durch sozialdemokratische, sozialistische oder kommunistische Bestrebungen den Umsturz der bestehenden Staats- und Gesellschaftsordnung bezwekken.« Über Bezirke und Orte, in denen die öffentliche Sicherheit bedroht erschien, konnte der »kleine Belagerungszustand« mit Beschränkungen des Versammlungsrechtes und Ausweisung »aufsässiger Personen« verhängt werden. Zunächst auf zweieinhalb Jahre befristet, wurde das Sozialistengesetz bis 1890 immer wieder verlängert. Rund 1500 Sozialdemokraten wurden zu Gefängnis- und Zuchthausstrafen verurteilt, 900 Personen ausgewiesen und zahlreiche Menschen zur Auswanderung gezwungen.

Der Reichskanzler dankte dem Reichstag für die Unterstützung im Kampfe gegen die Anarchie. Wilhelm I. verlieh Bismarck Krone, Zepter und Schwert zum Großkreuz des Roten Adler-Ordens, dessen Devise »Sincere et constanter – aufrichtig und standhaft« lautete. Doch bei der Verteidigung seines Staates und dessen Gesellschaft gegen die Sozialdemokratie war ihm so wenig Erfolg wie im Kampfe gegen den politischen Katholizismus beschieden.

Ungeachtet der Verbote wurde die Parteiarbeit, wenn auch eingeschränkt, weitergeführt, die Verfolgung schweißte die Genossen zusammen, die Sozialdemokratie erhielt zunehmend Stimmen und entsandte entsprechend Abgeordnete in den Reichstag. 1884 waren es 24, 1890, als Bismarck entlassen wurde, 35 und 1898, als er starb, 56 Mandate, bei einem Stimmenanteil von 27,2 Prozent.

Durch materielle Mißstände getrieben, von sozialistischer Ideologie beflügelt, nach gesellschaftlicher Gleichheit und politischer Macht strebend, avancierte die deutsche Sozialdemokratie in geradezu preußischer Zucht und Ordnung. Das konnte dem preußisch-deutschen Staatsmann nicht gefallen, doch dies ermunterte ihn zu dem Versuch, eine Arbeiterschaft, der Preußisches in den Knochen und Deutsches im Blut steckte, an den Staat heranzuführen.

Bei seinem Brückenschlag vom Staatsabsolutismus zum Staatssozialismus verwies er darauf, daß sich Friedrich der Große »den Schutz

der Armut« vorgenommen habe, unter Friedrich Wilhelm III. die Bauern gefördert worden seien und nun, unter Wilhelm I., die Tradition des »sozialen Königtums« durch eine Verbesserung der Lage der Arbeiter fortgeführt werde.
Nicht allein die christliche Caritas, auch und vor allem die Staatsräson gebiete es, sich der Mühseligen und Beladenen, der Zukurzgekommenen und Benachteiligten anzunehmen, »den inneren Frieden und namentlich den Frieden zwischen Arbeiter und Arbeitgeber zu festigen und zu einem Ergebnis zu gelangen, wodurch wir in den Stand gesetzt werden, auf eine Fortsetzung dieses Ausnahmegesetzes, das wir Sozialistengesetz benennen, zu verzichten, ohne das Gemeinwesen neuen Gefahren dadurch auszusetzen«.
»Der Staat muß die Sache in die Hand nehmen«, forderte er 1881, wenn er vermeiden wolle, daß sie andere ergriffen und gegen den Staat durchsetzten. »Diese Sache wird sich durchdrücken. Die hat Zukunft. Es ist möglich, daß unsre Politik einmal zugrunde geht, wenn ich tot bin, aber der Staatssozialismus paukt sich durch. Jeder, der diesen Gedanken wieder aufnimmt, wird ans Ruder kommen.«
Weil er am Ruder bleiben wollte, sah er sich genötigt, »dem Staate ein paar Tropfen sozialen Öls im Rezepte beizusetzen«, freilich nur gerade so viel, daß die Maschinerie nicht ins Stocken kam. Bismarck beschränkte die staatliche Sozialpolitik auf das »Recht auf Versorgung, wo der gute Wille zur Arbeit nicht mehr kann. Wozu soll nur der, welcher im Kriege erwerbsunfähig geworden ist, oder als Beamter durch Alter Pension haben und nicht auch der Soldat der Arbeit?«
Nachdem er durch das Sozialistengesetz zum Schlag gegen die internationalen Arbeiterführer ausgeholt hatte, versuchte er durch eine Sozialgesetzgebung, durch staatlich gewährten Versicherungsschutz sich der Staatsergebenheit der nationalen Arbeiterschaft zu versichern, die Arbeitersoldaten in das preußisch-deutsche Glied zu stellen.
»Wer eine Pension hat für sein Alter, der ist viel zufriedener und leichter zu behandeln, als wer darauf keine Aussicht hat«, erklärte Bismarck. »Sehen Sie den Unterschied zwischen einem Privatdiener und einem Kanzleidiener oder einem Hofbedienten an; der letztere wird sich weit mehr bieten lassen, viel mehr Anhänglichkeit an seinen Dienst haben als jener; denn er hat eine Pension zu erwar-

ten.« Ein Staatsrentner in spe, hoffte er, würde ein der Staatsführung gehorsamer Staatsdiener sein.

Der Reichstag zögerte, sich »etwas mehr Sozialismus« anzugewöhnen, eine Zwangsversicherung einzuführen und die Weichen in Richtung Wohlfahrtsstaat und damit zu einer weiteren Stärkung des Obrigkeitsstaates zu stellen. Erst 1883 kam das Krankenversicherungsgesetz, 1884 das Unfallversicherungsgesetz und 1889 das Alter- und Invaliditätsversicherungsgesetz zustande.

Die Arbeitnehmer bekamen den Versicherungsschutz nicht umsonst; die Beiträge zur Krankenversicherung mußten zu zwei Dritteln von ihnen aufgebracht werden, ein Drittel hatten die Arbeitgeber zu tragen. Die Sozialdemokraten lehnten alle drei Reichsversicherungsgesetze ab. Ihre Führer wollten keine sozialen Wohltaten annehmen, die dem Staate, der sie gewährte, nützen sollten. Dieser Meinung schloß sich die überwiegende Mehrheit der organisierten Industriearbeiterschaft an, so daß Bismarck den beabsichtigten Zweck, sie dem Sozialismus zu entfremden und mit seinem Staatssystem zu befreunden, nicht erreichte.

Dennoch war das System der Reichsversicherung, das der Erhaltung der Reichsordnung dienen sollte, eine große soziale Errungenschaft, die in mehreren Ländern Nachahmung fand und in Deutschland den Anfang des Sozialversicherungswesens markierte.

Eigentlich sei er Kathedersozialist, behauptete Bismarck, in Anspielung auf jene Professoren, die nach der Reichsgründung staatliche Maßnahmen zur Beschneidung der Auswüchse der vom wirtschaftlichen Liberalismus angeheizten und ausgenützten Gründerzeit sowie zur Behebung der von den Gründern angerichteten sozialen Schäden verlangten. Nun wandte sich auch Bismarck gegen das »Laisser faire laisser aller«, »das reine Manchestertum in der Politik,« das nach dem Motto verfahre: »Jeder sehe, wie er's treibe, jeder sehe, wo er bleibe« und »wer nicht stark genug ist, zu stehen, der wird niedergerannt und zu Boden getreten«.

Nicht vom Katheder, sondern von seinem Kanzlerstuhl aus hatte Bismarck die Notwendigkeit einer staatlichen Sozialpolitik erkannt. Der politische Liberalismus war von ihm zur Reichsgründung, der wirtschaftliche Liberalismus zum Reichsaufbau und der Kulturliberalismus zum Kirchenkampf herangezogen worden. Nun stand das Reich, doch sein Fortbestand schien durch jene Kräfte beeinträch-

tigt zu werden, mit deren Hilfe es geschaffen und gefestigt worden war.
Der Kanzler zog die Konsequenz, setzte sich von den Liberalen ab und suchte nach neuen Helfern, die willens und in der Lage wären, ihm bei der Systemerhaltung beizustehen.

Wirtschaft und Herrschaft

ES GEBE ZEITEN, »wo man liberal regieren muß, und Zeiten, wo man diktatorisch regieren muß, es wechselt alles«, erklärte Bismarck im Reichstag, in dem zahlreiche Parlamentarier der Meinung waren, daß er nie liberal und stets diktatorisch regiert habe.
Immerhin hatte er sich in der Reichsgründungszeit mit den Liberalen zusammengetan, die er nun, da die Gründerzeit zu Ende ging, von sich stieß. »Hier gibt es keine Ewigkeit«, sagte der Staatsmann, der auch die neueste Entwicklung nicht selbst vorantrieb, sondern von ihr mitgetrieben wurde und nun nach seinem Polarstern »Salus publica« – in seiner Übersetzung: Wohl des monarchischen Staates – »das Nützliche, das Zweckmäßige, das Richtige« suchte.
Ein wirtschaftlicher Aufschwung war mit der nationalen Begeisterung einhergegangen, hatte Bismarck mit den Nationalliberalen den Reichsakt gelingen lassen. Eine wirtschaftliche Depression veranlaßte ihn zu einem Wendemanöver. Es führte ihn weg von den nationalliberalen Freihändlern, die ihm ökonomisch unheimlich und politisch verdächtig waren, und hin zu einer neo-merkantilistischen Nationalwirtschaft, die ihm von Hause aus vertrauter war und ihm genehmere, weil konservative Partner versprach.
Eine Weltwirtschaftskrise erfaßte Deutschland mit doppelter Wucht, weil hier der Reichsgründungselan mit dem Gründerzeitoptimismus gekoppelt war, Deutsche das Reich auch deswegen begrüßt hatten, weil sie mit ihm und in ihm reich zu werden hofften.
Der Krach begann im Oktober 1873, als die mit 22 Gesellschaften verschachtelte Quistorpsche Vereinsbank zusammenbrach. Anfang 1874 erklärten 61 Banken, 116 Industrieunternehmen und vier Eisenbahngesellschaften ihren Bankrott. Auch die Landwirtschaft war betroffen. Weizen war im Ausland immer schwerer abzusetzen, und russischer und ungarischer Weizen drängte auf den deutschen Markt.

Die Depression dauerte bis zum Herbst 1879; die Nachwehen waren bis gegen 1885 zu spüren. In Berlin wurden 1879 nur 10 Fabrikneubauten behördlich genehmigt; 1873 waren es 196 gewesen. Der Verbrauch von Eisen fiel um 50 Prozent. Deutschland, das bisher Getreide exportiert hatte, wurde ein Getreideimportland. Die Agrarpreise fielen bis 1885 um 20 Prozent.

Die Konsequenzen waren nicht nur wirtschaftlicher, sondern auch sozialer und politischer Natur. Die psychologischen Folgen hallten in Thomas Manns »Buddenbrooks« nach: Bankrott »war etwas Gräßlicheres als der Tod, das war Tumult, Zusammenbruch, Ruin, Schmach, Schande, Verzweiflung und Elend«. Der Glaube an die Wunderkräfte des Kapitalismus wurde erschüttert. Nach dem Staat wurde auch von Marktwirtschaftlern gerufen, die erst ihre Gewinne privatisiert und nun ihre Verluste sozialisiert haben wollten. Der soziale Friede geriet in Gefahr, denn die Lohnabhängigen bekamen die Wirtschaftsdepression am meisten zu spüren, begannen sich den Sozialisten zuzuwenden, die ein Allheilmittel für die sozialen Schäden der Industrialisierung anboten.

Karl Marx erwartete eine allgemeine Krise. »Sie ist wieder im Anmarsch«, schrieb er 1873, »und wird durch die Allseitigkeit ihres Schauplatzes, wie die Intensität ihrer Wirkung, selbst den Glückspilzen des neuen heiligen, preußisch-deutschen Reiches Dialektik einpauken«. Doch Bismarck ging seinen eigenen Dreierschritt: von der These des agrarischen Junkertums über die Antithese des ökonomischen Liberalismus zur Synthese von »Roggen und Eisen«. Gedrängt von landwirtschaftlichen wie industriellen Interessen steuerte er eine Wirtschaftsordnung an, die durch Staatsintervention und Staatshilfe gekennzeichnet sein und weniger aufmuckende Parteien als zu handhabende Interessentengruppen kennen sollte.

Schwerindustrielle und auch Großagrarier, zu denen er selber gehörte, verlangten Schutzzölle statt Freihandel. Bismarck erkannte die Chancen, die im Protektionismus für die Nationalökonomie wie für die Staatsherrschaft lagen: Zollmauern würden die Reichswirtschaft vor ausländischer Konkurrenz schützen und zugleich den Reichsbau im Innern festigen. Denn höhere Zolleinnahmen, unmittelbare Reichseinkünfte, würden die Finanzlage des Reiches verbessern, das ein »Kostgänger der Bundesstaaten«, auf deren Matrikularbeiträge angewiesen war. Und zur Einführung des Pro-

tektionismus könnten politische Kräfte herangezogen werden, denen mehr an der Erhaltung der bestehenden Herrschafts- und Gesellschaftsordnung als an deren Weiterentwicklung oder gar an deren Veränderung lag.
Wie immer waren für Bismarck die staatspolitischen Erwägungen ausschlaggebend. Als Volkswirt und Handelspolitiker habe er »die Bildung eines Leutnants und eines Korpsburschen«, meinte der Nationalliberale Friedrich Kapp. Wie viele seiner Parteifreunde tendierte er dahin, nicht nur am Willen, sondern auch an der Fähigkeit des Kanzlers zu einer vom Koalitionspartner verlangten liberalen Ausgestaltung des Reiches zu zweifeln. Bismarck hingegen gelangte immer mehr zu der Auffassung, daß mit diesen Nationalliberalen kein Staat zu machen sei.
Als Konstitutionelle stellten sie sich gegen seine Reichsfinanzreform und als Freihändler gegen seine Schutzzollpolitik. Bennigsen, dem Bismarck den kleinen Finger reichen wollte, verlangte die halbe Hand. Sein Eintritt in das preußische Kabinett, von dem sich der Ministerpräsident auch eine Unterstützung des Reichskanzlers erhofft hatte, scheiterte an der Forderung der Nationalliberalen: nicht nur einen, sondern drei Minister für sie, Sicherung des Budgetrechtes des Reichstages und Einsetzung eines dem Parlament verantwortlichen Reichsfinanzministers.
Der Reichskanzler suchte eine andere Reichstagsmehrheit. Die freikonservative Reichspartei forderte unter Führung des Rittergutsbesitzers und Industriellen Wilhelm von Kardorff die Einführung des Protektionismus und eine politische Sammlung der wirtschaftskonservativen Kräfte. In diese Richtung bewegten sich auch die 1876 in der Deutschkonservativen Partei neu formierten Konservativen, die Bismarck wieder als einen der ihren ansahen, nicht zuletzt deshalb, weil er Schutzzölle auch und vor allem für Agrarprodukte erheben wollte.
Selbst das Zentrum zeigte sich einer zumindest halben Schwenkung in Richtung Bismarck nicht abgeneigt. Voraussetzung war die Einstellung des Kulturkampfes. Bismarck signalisierte Bereitschaft, seitdem er eingesehen hatte, daß ihn der Staat nicht gewinnen konnte und er ihn mit den Liberalen auch gar nicht gewinnen wollte. Mit dem Kampf gegen die katholische Kirche sei er »gar nicht einverstanden, er ist ganz gegen meine Absicht entstanden«, be-

hauptete er bereits 1874: »Ich wollte die Zentrumsformation als politische Partei bekämpfen, weiter nichts.« Daran, »daß man weiter gegangen ist und die ganze katholische Bevölkerung aufgeregt hat, bin ich ganz unschuldig«. Als es zweckmäßig erschien, den Reichsfeind Zentrum als Reichskoalitionär zu gewinnen, hob er die Reichsacht gegen Windthorst und seine Partei auf.

»Wie sollte ich nicht, – bei dem großen Corps, das er hinter sich hat«, scherzte Bismarck und blieb besorgt: »Wir mögen dem Zentrum konzedieren, was wir wollen, tatsächlich wird sein Einfluß bei den Wahlen *immer* unseren Gegnern verbleiben.« Aber er wollte diese mächtige Partei lieber als systemimmanente denn als systemfeindliche Opposition haben, er rechnete damit, daß sich die Autoritätsgläubigkeit der Katholiken auch für den Staat auszahlen würde, und es blieb ihm auf der Suche nach einer neuen Reichstagsmehrheit kaum eine andere Wahl, als auch unsichere Kantonisten in seine Koalition einzubeziehen.

Bereits 1875, auf dem Höhepunkt des Kulturkampfes, versicherte er im preußischen Abgeordnetenhaus, er werde – aber erst nach Aufhebung der Verfassungsartikel, durch welche die Freiheit der Religionsgesellschaften garantiert war – »kein eifrigeres Bemühen haben, als den Frieden selbst mit dem Zentrum, namentlich aber mit dem sehr viel mäßiger gesinnten römischen Stuhle zu suchen, und ich hoffe, ihn dann auch mit Gottes Hilfe zu finden«. Dabei leitete ihn die Hoffnung, demnächst werde wieder »die Reihe an einen friedliebenden Papst kommen«. 1878 starb der militante Pius IX., wurde der konziliante Leo XIII. gewählt. Die Zeit für einen Abbau des Kirchenkampfes, eine Annäherung an das Zentrum war gekommen.

Je weiter sich Bismarck von den Liberalen entfernte, um so mehr erkannte er, daß es »für eine konservative Regierung nützlicher sei, die allen politischen Schattierungen angehörenden Mitglieder und Wahlkreise des Zentrums durch das Band der gemeinsamen kirchlichen Interessen zusammenzuhalten«. Zu dieser Einsicht gelangte er nicht zuletzt dadurch, daß die durch die Doktrinen des Freisinns, Freihandels und Parlamentarismus verbundenen Liberalen sich schon den Anfängen seiner neomerkantilistischen Wirtschaftspolitik widersetzten.

Auf Schwierigkeiten stieß sein Projekt, die Staatsbahnen und die

Privatbahnen in Reichsbesitz zu überführen. Ähnlich wie einst Friedrich List plante er »ein einheitlich geordnetes Eisenbahnsystem, die Erhebung der Eisenbahnen zu einer wahrhaft nationalen Verkehrsanstalt«. Eine Reichsbahn würde nicht nur »zur Festigung des nationalen Bandes« beitragen, sondern auch dem Reich von parlamentarischer Bewilligung unabhängige Einnahmen bringen. Partikularisten, die auf eigenen Schienenwegen beharrten, wie Liberale, die eine Beeinträchtigung des Budgetrechtes wie ihrer Privateinkünfte befürchteten, stellten die Signale auf Halt.

Nur in Preußen, wo es 1878 ein Staatsbahnnetz von 4800 Kilometern und ein Privatbahnnetz von 12880 Kilometern gab, war eine volle Verstaatlichung durchzusetzen. Bis 1890 wurden über 4 Milliarden Mark für den Ankauf der Privatbahnen und die Vergütung der Aktionäre aufgewendet. Für beide Seiten war es ein gutes Geschäft, auch für Bismarck privat. In acht Jahren kaufte und verkaufte er Eisenbahnaktien in günstigen Momenten, die er besser als Außenstehende zu taxieren wußte, für mehr als eine Million Mark.

Der Kurswechsel in der Wirtschaftspolitik wie in der Koalitionspolitik wurde im Jahre 1878 eingeleitet. Die nach den Attentaten auf Wilhelm I. angesetzten Reichstagswahlen schwächten die Liberalen und stärkten die Parteien der neuen Wunschkoalition Bismarcks, Konservative und freikonservative Reichspartei sowie das Zentrum. Auf eine Rechts-Mitte-Koalition gestützt und auf Mitläufer aus den Reihen nationalliberaler Interessenvertreter zählend, stellte er die Weichen in Richtung Finanzreform und Schutzzollsystem.

Wohin die Reise gehen sollte, hatte der Reichskanzler bereits am 22. Februar 1878 im Reichstag angekündigt: »Gesamtreform unserer Reichssteuern« unter Anwendung interventionistischer Maßnahmen mit dem Ziel, durch indirekte Steuern, so eine Tabaksteuer und darüber hinaus ein Tabakmonopol, die Einnahmen des Reiches so zu steigern, daß es nicht mehr auf die Beiträge der Bundesstaaten angewiesen wäre.

Auch durch Schutzzölle, hauptsächlich für Eisen und Getreide, wollte der Reichskanzler die Reichseinkünfte erhöhen. Der Widerspruch der freihändlerischen Liberalen wurde von Bismarcks neuer Koalition überstimmt. Am 12. Juli 1879 billigte der Reichstag den neuen Zolltarif mit 217 gegen 117 Stimmen. Im Bundesrat waren nur die Hansestädte und Oldenburg dagegen. Den Bundesstaaten wurde die Zustimmung durch die vom Zentrumsabgeordneten Franckenstein durchgesetzte und nach ihm benannte Klausel erleichtert, die dem Reich Einnahmen aus Zöllen und Tabaksteuer nur bis zur Höhe von 130 Millionen Mark im Jahr beließ und den darüber hinausgehenden Betrag den Mitgliedern des Reich genannten Fürstenbundes zuwies.

Föderalistisches und parlamentarisches Wasser war in Bismarcks Wein gegossen worden. Das Reich mußte Teile seiner Einnahmen an die Bundesstaaten abführen, während diese Teile ihrer Einkünfte als Matrikularbeiträge an den Gesamtstaat abzugeben hatten. Es war ein gegenseitiges Geben und Nehmen, wie es dem föderalen System entsprach, aber Bismarck mißfiel, der die Matrikularbeiträge durch Direkteinkünfte des Reiches ersetzen wollte. Sein Mißvergnügen wurde durch das ihm demonstrierte Angewiesensein auf den Reichstag gesteigert. Da er zur Mehrheit für seine Schutzzollpolitik auch das Zentrum benötigte, blieb ihm nichts anderes übrig, als die von diesem verlangte »Franckensteinsche Klausel« anzunehmen.

Das Reich blieb »ein lästiger Kostgänger bei den Einzelstaaten« und das Zentrum ein »Kristallisationspunkt für jedes Oppositionsgelüste«, ein auf sein föderalistisches, parlamentarisches und sozialpolitisches Programm pochender Koalitionspartner und kein auf ihn eingeschworener Bundesgenosse. Von Windthorst erwartete Bismarck, daß dieser »immer in letzter Instanz tun wird, was uns am nachteiligsten ist«.

Das traute er, mehr oder weniger, auch den anderen Parteien zu: »Ein fester Vertrag ist mit keiner der Fraktionen möglich.« Selbst die Wiederannäherung der Konservativen an seine Politik würde ihre Grenze dort finden, wo ihr Ideologiebereich und ihr Interessengebiet begann. Bei den Nationalliberalen, mit denen er gebrochen und die er dadurch gespalten hatte, konnte er nicht auf die Sezessionisten zählen, die 1880 die Liberale Vereinigung bildeten und sich 1884 mit der alten Fortschrittspartei zur Deutschen Freisinnigen Partei verschmolzen, die das konstitutionelle durch ein parlamentarisches System ablösen wollte. Die hinterbliebene Nationalliberale Partei kam im Reichstag von 1881 nur noch auf 47 Mandate, war sich nicht einig, ob der Schrumpfungsprozeß durch eine neuerliche Annäherung an Bismarck oder eine weitere Abwendung von Bismarck aufzuhalten wäre.

»Ich warne vor jeder Verhandlung mit den Fraktionen.« Der Reichskanzler und preußische Ministerpräsident, der es mit zwei Parlamenten zu tun hatte, hielt diese, im ursprünglichen Sinne des Wortes, für Anstalten, in denen viel geredet und zerredet werde, und die Parteien für das, was das lateinische Wort besagte: für Teile eines Ganzen, das sie zerbrochen hatten.

»Die politischen Parteien sind der Verderb unserer Verfassung und der Verderb unsrer Zukunft«, erklärte Bismarck 1884 im Reichstag, setzte 1885 hinzu: Der alte deutsche Erbfeind, der Parteihader, »übertrug sich auf unser öffentliches Leben, auf unsre Parlamente, und wir sind angekommen in einem Zustand unsres öffentlichen Lebens, wo die Regierungen zwar treu zusammenhalten, im Deutschen Reichstage aber der Hort der Einheit, den ich darin gesucht und gehofft hatte, nicht zu finden ist, sondern der Parteigeist überwuchert uns«.

Die alte Feindseligkeit des preußischen Royalisten gegen den Konstitutionalismus und erst recht gegen den Parlamentarismus trat desto stärker hervor, je mehr sich zeigte, daß die Reichsgründung keineswegs so, wie er erwartet hatte, der Systemerhaltung diente, vielmehr eine Systemveränderung förderte. Und das um so mehr, als die Fraktionen weniger ihre politischen Ideale als ihre materiellen Interessen betonten und damit nicht nur die Entzweiung in Parteien, sondern auch in Klassen offenkundig wurde.

Die Parteien, stellte Bismarck fest, stünden »nicht mehr so stark wie ehedem unter dem Einflusse ihrer Programmprinzipien, sondern geraten, ob sie wollen oder nicht, von Jahr zu Jahr mehr unter den Druck der wirtschaftlichen Fragen.« Gemeinsame Interessen hatten Agrarier und Industrielle zusammengeführt, zum Protektionismus hingeführt. Wären nicht die Parteien, die deren Interessen vertraten, durch die Förderung einer neomerkantilistischen Nationalwirtschaft für die Unterstützung einer neoabsolutistischen Staatsherrschaft zu gewinnen? Würde nicht eine Koalition mit den die großagrarischen und großindustriellen Interessen vertretenden Parteien diese von den andere Klasseninteressen verfolgenden Parteien nachhaltiger trennen, als dies bisher verfochtene Programmprinzipien vermocht hatten? Könnten dadurch nicht die Parteien, die konstitutionellen Gegenspieler der monarchischen Herrschaft, allesamt lahmgelegt werden?

Diese Fragen stellte sich Bismarck, und er suchte sie im Sinne seiner Herrschaftsauffassung und Herrschaftsausübung zu beantworten. »Die Zahl der egoistisch Interessierten wird um so größer, je weiter wir das Ziel greifen, und je mehr wir, von den politischen Schulfuchsereien unserer Parlamentsdebatten abstrahierend, der wählenden Bevölkerung gesunde wirtschaftliche Interessen unterbreiten«, erklärte Bismarck im Wendejahr 1878. Dann würden die den Mund so voll nehmenden Parlamentarier, »die Gelehrten ohne Gewerbe, ohne Besitz, ohne Handel, ohne Industrie, die von Gehalt, Honoraren und Coupons leben«, sich im Laufe der Jahre »den wirtschaftlichen Forderungen des produzierenden Volkes unterwerfen oder ihre parlamentarischen Plätze räumen müssen«.
Bismarck erinnerte sich an Napoleon III., der durch einen Appell an die Interessen der Volksmasse diese von der politischen Klasse zu trennen und alle seiner caesaristischen Herrschaft zu unterwerfen versucht hatte. Doch sein Neobonapartismus glich eher dem Programm des französischen Bürgerkönigtums, das die Interessen der besitzenden Klasse vertreten hatte. Wie Napoleon III. suchte er zwar durch einen Staatssozialismus die Arbeiterschaft zu gewinnen, aber ausschlaggebend blieb, daß er ähnlich wie Louis-Philippe die Interessen des Großbürgertums und – den preußisch-deutschen Besonderheiten gemäß – die Interessen des Großgrundbesitzes zur Erhaltung seines Regimes einsetzte.
Wirtschaftliche Interessentenverbände, die bei der Verfolgung materieller Vorteile politische Vernunft entwickelten, glaubte Bismarck leichter manipulieren zu können als politische Parteien, die zu Doktrinarismus und damit zu Unflexibilität neigten. Die Parteipolitik, erklärte er 1884 im Reichstag, »macht uns tot, indem sie uns hindert, unsere Interessen wahrzunehmen; sobald es der Parteipolitik, der Fraktionspolitik nicht paßt, so können die Interessen zu Grunde gehen, und es kann darüber ausgepfändet werden oder Hungers sterben, wer will«.
Eine Wirtschaftskammer gedachte er der Volkskammer entgegenzustellen, die er, wenn er sie schon nicht beseitigen konnte, wenigstens austrocknen wollte. Bismarcks Plan eines deutschen Volkswirtschaftsrates, der die organisierten Interessen in einer staatlich kontrollierten Institution repräsentieren sollte, scheiterte jedoch am Reichstag, der die Mittel für das Konkurrenzunternehmen nicht

bewilligte. Nur ein preußischer Volkswirtschaftsrat war auf dem Verordnungswege zustande gekommen; er trat jedoch nur viermal zusammen.
Seinem Versuch, eine »Repräsentation organisierter Interessen« in einer zum Materialismus tendierenden Ära zu schaffen, war ebenso wenig Erfolg beschieden wie seinem ständigen Kampf gegen das Parlamentswesen, das, weil zeitgemäß und zukunftsträchtig, auch in Preußen-Deutschland nicht aufzuhalten war, sich nicht durch eine neu-ständische Institution bremsen ließ.
Bismarck stieß an die Grenzen, die durch sein Herkommen gezogen waren. Der Agrarier erkannte zwar die Wirkkraft wirtschaftlicher Interessen, aber der Junker und Royalist verkannte, daß durch die in vollem Gang befindliche Emanzipation des Bürgertums und die anlaufende Emanzipation der Arbeiterschaft eine parlamentarische Repräsentation zwangsläufig war.
So konnte sein »dringender Wunsch«, daß »alles Fraktionswesen verschwände und bei Strafe verboten würde«, nicht in Erfüllung gehen. Dennoch gab er die Hoffnung auf eine Eindämmung des Parlamentarismus nicht auf und stellte seine Versuche, Parteipolitik durch Interessentenpolitik zu konterkarieren, nicht ein. Ein parlamentarischer Gegenspieler, der Linksliberale Eugen Richter, hielt ihm vor: »Kann sich der Herr Reichskanzler beklagen, wenn sich im Lande die Meinung verbreiten sollte, daß es ihm in erster Linie darauf ankommt, mit Benutzung von Interessentenparteien jene Machtstellung im Parlament zu erwerben, die er bei früheren Gelegenheiten als wünschenswert bezeichnet hat?«
Bismarck fehlte es nach wie vor nicht an Worten, gebührend zu erwidern, aber immer mehr an Glauben, er könnte den Angriffen gegen sein Regime und den Eindringlingen in sein System noch lange standhalten.

DIE WENDEJAHRE von 1878 bis 1881 brachten ihm viel Arbeit und noch mehr Ärger, machten ihn krank, reizbar und resignativ. Schon mit Dreiundsechzig nannte er sich einen »alten Mann«. Denn er habe immer »bar« gelebt, »das heißt, ich bin immer ganz bei der Sache gewesen«, und »ich habe dafür bezahlt mit meinen Kräften und meiner Gesundheit«.
»Ich habe in früheren Zeiten meinen Dienst gerne und mit Passion

und mit Hoffnung getan; die Hoffnungen haben sich zum großen Teil nicht verwirklicht«, erklärte er 1882 im Reichstag. »Was hält mich hier? Ist es denn ein Vergnügen, hier zu stehen wie der Uhu vor der Krähenhütte, nach dem die Vögel stoßen und stechen, und der außerstande ist, sich frei zu wehren gegen persönliche Injurien und Verhöhnungen, die in wohlverklausulierte zweistündige Reden eingeflochten sind?«

Der Reichstag machte ihm immer schwerer zu schaffen. Seit den Wahlen 1881, in denen die liberale Opposition gestärkt und seine Wende-Koalition angeschlagen worden war, mußte er sich wechselnde Mehrheiten zusammensuchen. Das bereitete ihm Mühe, glückte immer weniger, verschonte ihn nicht vor Niederlagen. 1882 wurde das Reichstabakmonopol mit 276 gegen 43 Stimmen und 1886 das Reichsbranntweinmonopol mit 181 gegen 3 Stimmen bei 37 Enthaltungen abgelehnt.

Mit wachsendem Widerstand steigerten sich seine Zornesausbrüche gegen die »Fraktionschwindler« und das »parlamentarische Komödiantentum«. Aus dem Reichstag sei er »mit dem Unbehagen von Katzenjammer gegangen«, klagte er 1885, »als ob er sich in einer schmutzigen Kneipe mit Gesindel gebalgt habe«.

Um sich die bramarbasierenden Zivilisten vom Leibe zu halten, pflegte er in Kürassieruniform im Reichstag aufzutreten. Wenn er vom Leder zog, stand die Schlagkraft seiner Argumente in seltsamem Kontrast zu der Art, wie er sie vortrug, mit dünner Stimme, die Worte fast bedächtig abwägend, mitunter eher herauswürgend als hervorstoßend. Aber sie saßen wie Hiebe seines Pallasch, nach dem er griff und den er am liebsten gezogen hätte.

Wenn der Gegenangriff heftiger wurde, deckte er sich mit dem monarchischen Schild: Wer ihn schlage, treffe den Kaiser und König, dessen Wille er zu vollstrecken habe. Der »wirkliche faktische« Regierungschef sei und bleibe Seine Majestät, der König von Preußen und der Kaiser des Deutschen Reiches; der Monarch sei persönlich zur Leitung der Politik seiner Regierung berufen und der von ihm bestellte und letztlich nur ihm verantwortliche Ministerpräsident und Reichskanzler führe die Befehle im höheren Auftrage aus.

Dieses ständige Pochen auf das monarchische Prinzip, von ihm eher taktisch gemeint, sollte er noch heftig bereuen. Zwar nicht Wilhelm I., der ihm kaum dazwischen fuhr, aber Wilhelm II., der ein persönliches Regiment zu führen gedachte, nahm ihm beim Wort, verlangte von ihm, das zu werden, was er vorgab, sein zu wollen: ein »Exekutivbeamter« der Majestät.

Vorerst hatte sich Bismarck mit dem preußischen Abgeordnetenhaus und vor allem mit dem deutschen Reichstag herumzuschlagen, mit »dem von Jahr zu Jahr über die Grenzen der Verfassung hinaussteigenden zu starken Gewicht der parlamentarischen Körper im Vergleich mit der Regierungsgewalt«. Als »Gefahr für unsre Zukunft« sah er ein »Übergewicht der Parlamente,« das es zu verhindern gelte, das aber, wie er befürchtete, schwerlich zu vermeiden sei. Manchmal meinte er, den Parlamentssitz vom Regierungssitz trennen zu müssen, damit »das in Deutschland vorhandene Quantum von Unfähigkeit und Größenwahn unter den gewerbsmäßigen Parlamentarieren« nicht unmittelbar auf der Exekutive laste. Dabei dachte er weniger an das preußische Abgeordnetenhaus, in dem dank des Dreiklassenwahlrechts noch einigermaßen königlich-preußische Ordnung herrschte, als an den deutschen Reichstag, dessen allgemein und gleich gewählte Abgeordnete sich für die Vollstrecker des Volkswillens hielten. Im Reichstagsgebäude in der Berliner Leipzigerstraße, der ehemaligen Porzellanmanufaktur, war seiner Meinung nach schon viel zu viel politisches Porzellan zerschlagen worden.

Am liebsten hätte er den Reichstag auf den Pfingstberg bei Potsdam verlegt. Warum nicht gleich auf den Blocksberg im Harz, der Versammlungsstätte der Hexen in der Walpurgisnacht? warf der Abgeordnete von Unruh ein. Er meine es ernst, erwiderte der Kanzler, denn der Reichstag gehöre nicht in die Reichshauptstadt. Doch konnte er nicht umhin, am 9. Juni 1884 bei der Grundsteinlegung für ein »monumentales Reichstagsgebäude« am Berliner Königsplatz die einzumauernde Urkunde zu verlesen. Immerhin hatte er dafür gesorgt, daß darin des »kaiserlichen Waltens für Deutschland« gedacht wurde, des Unterpfands »der Ordnung, der Freiheit, der Gerechtigkeit, der gleichen Liebe für alle Kreise Unseres Volkes«.

Das erste Wort in der Rangfolge, die Ordnung, wurde jedoch, wie Bismarck befürchtete, immer mehr vom Parteiwesen zersetzt und damit das Gesamtgebäude unterhöhlt. Er vermochte dieser betrübli-

chen Aussicht einen positiven Aspekt abzugewinnen: Wenn die Reichstagswahlen im Oktober 1884 über Gebühr oppositionell ausfielen, würde das parlamentarische System um so schneller ruiniert und »die Säbelherrschaft« vorbereitet werden.
Im neuen Reichstag zählte er nur 157 »reichstreue« gegenüber 240 mehr oder weniger gegnerischen Abgeordneten, darunter 99 Zentrumsleute, 67 Freisinnige und 24 Sozialdemokraten. Das war für ihn Grund genug, nicht nur die Opposition noch vehementer verbal zu bekämpfen, sondern sich auch zu überlegen, wie der ganze Parlamentsspuk zu verscheuchen wäre.
Wie schon der Altbonapartist Napoleon III., so mußte der Neubonapartist Bismarck die Erfahrung machen, daß ein demokratisches Wahlrecht, das zur plebiszitären Kräftigung eines caesaristischen Regimes gedacht war, sich über kurz oder lang zugunsten des Systems auswirkte, für das es eigentlich vorgesehen war: die parlamentarische Demokratie.
Schon wurden, vor allem von Freisinnigen, dem Reichstag verantwortliche Reichsminister verlangt. Das wäre der Beginn eines parlamentarischen Regiments und der Anfang vom Ende des Reiches, das auf die Mitwirkungsrechte der Bundesstaaten im Bundesrat gegründet sei, bemerkte Bismarck. Die Forderung nach Reichsministerien sei ein Mittel zur Unterwerfung der Regierungsgewalt im Reiche unter die Mehrheitsbeschlüsse des Reichstages. Und »die Regierungsgewalt, geübt von Parlamenten, welche aus allgemeinen Wahlen hervorgehen, unterliegt derselben Gefahr, die Bedürfnisse des Landes dem Bedürfnisse des Gewähltwerdens unterzuordnen, durch welche bisher jedes Wahlreich seinem Verfall und seinem Untergange entgegengeführt worden ist«.
Aus der Vergangenheit entnahm er Argumente, mit denen er die Zukunft des Reiches zu sichern gedachte. Mit Hilfe auch des demokratischen Wahlrechts hatte er es geschaffen, durch eine Abschaffung, zumindest Beschränkung dieses demokratischen Urrechtes hoffte er es zu erhalten. Einen »juristischen Staatsstreich« hatte er bereits 1878 ins Auge gefaßt. Je näher er die Gefahr einer Parlamentsherrschaft rücken sah, desto mehr nahm der Gedanke einer Veränderung, wenn nicht gar eines Umsturzes der Reichsverfassung Konturen an.
Bis auf weiteres lag ein Staatsstreich nicht im Bereich der Möglich-

keiten. Nach einer heftigen Szene im Parlament meinte er 1884, man müsse den Reichstag noch »nicht mit Auflösungsdrohungen ängstigen, sondern weitere Torheiten begehen lassen, bis er schußgerecht sei«. Zwei Jahre später bemerkte Bismarck: Er kümmere sich nicht um die Verfassung des Reiches, sie solle in allen Fugen krachen, und nötigenfalls müsse sie gebrochen werden.
Der Reichskanzler wendete sich zu seinen Anfängen als preußischer Ministerpräsident zurück. Damals war er nicht davor zurückgescheut, die Konstitution zu verletzen. Doch das Rad der Zeit hatte sich, mit seiner Mithilfe, weitergedreht. Der alte Royalismus erwies sich als überholt und der neue Bonapartimus als untauglich, den Dualismus seines Systems, den inneren Widerstreit zwischen autoritärer und plebiszitärer Herrschaft zu lösen.
Als offenkundig wurde, daß der Unitarismus des bestehenden Reichstages wie der Zentralismus einer entstehenden Reichsbürokratie weniger die Monarchie als die Demokratie begünstigten, begann Bismarck auf den Föderalismus zu setzen. War dieser nicht traditionell eine Bastion der Dynastien und aktuell ein Reduit der Konservativen, die sich nach den Erfahrungen mit der Französischen Revolution und vor den Gefahren einer sozialistischen Revolution einem deutschen Nationalkonvent und einem deutschen Wohlfahrtsausschuß widersetzten?
Wenn der Reichstag sich als »unitaristischer Konvent« konstituiere, sei es mit der Freiheit in den deutschen Staaten und Stämmen vorbei, schrieb er König Ludwig II. von Bayern, mit dem er »in der Entschlossenheit, sich gegen die steigende Flut der die Monarchie und ihre Ordnungen bedrohenden Bewegungen gemeinsam zu wehren«, zusammenstehen wollte.
Um sein Reich zu gründen, hatte er den Widerstand deutscher Staaten und Fürsten, namentlich des Bayernkönigs, mit Hilfe des Reichtages überwinden müssen. Um sein Reich zu erhalten, schmiedete er nun an einer föderalistischen Einheitsfront gegen die vom Zentralparlament ausgehenden unitarischen und antimonarchischen Tendenzen.
Sein Machtstreben stieß sich weiterhin auch am Bundesrat, der nicht immer so gefügig war, wie es ihm genehm gewesen wäre. Mitunter bereute er es, dem föderalen Reichsorgan entscheidende Befugnisse eingeräumt zu haben. Wenn er sich jedoch vor die Wahl

gestellt sähe, erklärte er 1879, »entweder 25 Partikularregierungen zu stärken oder die Macht des Reichtages, dann wähle ich das Erstere«.
Auch sein Verhältnis zur stärksten Partikularmacht, dem Königreich Preußen, richtete sich nach den jeweiligen Erfordernissen. Bismarck hatte als Großpreuße begonnen, der die Macht seines Staates in Deutschland erweitern und dessen System über Deutschland ausdehnen wollte. Nach der Reichsgründung hatte er der »Gefahr der Trockenlegung von Reich und Bundesrat durch den Partikularstaat Preußen« zu begegnen, sich mit dem »mächtigsten und gefährlichsten Gegner« auseinanderzusetzen. Dieser Konflikt, den er als Reichskanzler und preußischer Ministerpräsident in der Sache wie in der Person auszutragen hatte, belastete ihn anfänglich so schwer, daß er von Dezember 1872 bis zum November 1873 auf das Präsidium im preußischen Staatsministerium verzichtete.
Bald erkannte er wieder die Vorteile, die eine Vereinigung beider Ämter in einer, in seiner Person mit sich brachte. »Ich habe es ausprobiert, wie vorwiegend die Stellung des Kanzlers durch die des preußischen Ministerpräsidenten getragen wird. Der Mikado hat den Rang, der Taikun die Macht.« Nun baute er wieder auf den »ehernen Felsen« des preußischen Königtums, an dem sich – wie er weniger glaubte als hoffte – die ansteigende Flut des Parlamentarismus und Unitarismus brechen würde.
»Wenn Sie uns diesen starken, in unsrer hundertjährigen ruhmvollen Geschichte tiefwurzelnden König zersetzen, verderben«, hielt der seinen preußischen Royalismus erneut betonende Reichskanzler 1882 dem Reichstag entgegen, »bringen Sie uns damit das Chaos« – die Revolution, die Anarchie.
Zunehmend wurde Bismarck von diesem Alpdruck, einem »Cauchemar des révolutions« geplagt. Mit den Mitteln seiner alten Staatskunst war er nicht zu verscheuchen. Mehr Erfolg versprach er sich von ihnen bei seinen Versuchen, einen anderen Alpdruck loszuwerden: den »Cauchemar des coalitions«, der ihn beunruhigte, seitdem er sein Nationalreich in die Mitte Europas gesetzt hatte.

Der Friedenswahrer

Bismarck. Photographie von 1883

Nationalreich in Europas Mitte

»DER ZUFRIEDENHEIT Deutschlands, der Sicherheit Europas hat die Einheit des Deutschen Reiches gefehlt«, erklärte der Reichstag. Aber nicht alle Deutschen waren mit dem Erreichten zufrieden, und Nachbarn sahen für Europa ein Ende aller Sicherheit nahen.
Zum erstenmal in der Geschichte war der größte Teil Deutschlands in einem einheitlichen Staat zusammengefaßt worden. Bis dahin war das Zentrum des Kontinents föderal gegliedert und in Europa eingegliedert gewesen: im Heiligen Römischen Reich Deutscher Nation und noch im Deutschen Bund, der ein integrierender Bestandteil der auf dem Gleichgewicht der Mächte beruhenden Friedensordnung gewesen war.
Das System von 1815 war von Napoleon III. erschüttert und von Bismarck zerstört worden. In drei Kriegen – gegen Dänemark, Österreich und Frankreich – wurde die Einheit errungen. Die Einigungsmacht Preußen, die dabei ihre militärische Schlagkraft bewiesen hatte, beherrschte in militärischem Geist und mit obrigkeitlichen Mitteln das von ihr Geschaffene. Das »Zweite Reich« war – entgegen der geographischen Situation in Mitteleuropa und einer fast tausendjährigen historischen Tradition – nicht wie das »Erste Reich« universal orientiert und wie der Deutsche Bund übernational organisiert. Ein Nationalreich war errichtet worden, das wie eine Zitadelle im Zentrum des Kontinents lag, mit Festungsmauern, aber auch mit Ausfalltoren nach allen Seiten.
Preußen, die bisher schwächste der fünf europäischen Großmächte, hatte sich in Deutschland vergrößert und war als Preußen-Deutschland die Vormacht in Mitteleuropa geworden. Im Deutschen Bund hatten sich Österreich und Preußen die Waage und das europäische Gleichgewicht mit im Lot gehalten. Nun war die Balance of power nicht nur im Zentrum, sondern in ganz Europa nachhaltig gestört. Dies berührte alle Staaten, die Großmächte England, Frankreich, Österreich und Rußland wie die kleineren Mitglieder des Mächtekonzerts.

Alle waren daran gewöhnt gewesen – und hatten ihre Vorteile daraus gezogen –, daß es nur deutsche Teile, kein deutsches Ganzes gegeben hatte. Nun sahen sie sich einem großen Nationalreich gegenüber, einer geballten Masse aus preußischen Energien und deutschen Emotionen, einer Potenzierung von Militärmacht, Wirtschaftskraft und eines spezifisch deutschen Nationalismus, der sich mit dem Erreichten nicht zufriedengab, in das Reich alle außerhalb gebliebenen Deutschen und darüber hinaus möglichst viele andere Germanen einzubeziehen trachtete.

Das Ziel einer Hegemonie Deutschlands in Europa schienen preußische Machtpolitiker wie deutsche Reichsnationalisten anzustreben. »Ist nicht Preußens Schwert heute das Zepter von Europa?« bemerkte Kriegsminister Albrecht von Roon. So weit der nordische Gott Thor den Hammer werfe, so weit müsse das germanische Weltreich gehen, meinte der Schriftsteller Felix Dahn. »Und es mag am deutschen Wesen / Einmal noch die Welt genesen«, reimte der Dichter Emanuel Geibel.

Eine Ausdehnung des Nationalreiches erhofften sich viele und befürchteten manche Deutsche. Ein unvollendeter Nationalstaat sei dieses Reich, erklärte der konservative bayerische Politiker und Publizist Josef Edmund Jörg. Es könne »sich seiner Natur nach keinerlei Grenzen ziehen lassen durch bindende Verträge; es muß sich vielmehr vorbehalten, bei nächster Gelegenheit auch noch die außen stehenden Teile deutscher Nationalität in seinen Rahmen einzubeziehen.« Dadurch sei der Frieden ständig bedroht, und der nächste Krieg, der so sicher wie das Amen in der Kirche sei, »werde nicht einmal auf Europa beschränkt bleiben, sondern auch die Nordamerikanische Union in seinen Strudel hineinziehen«.

Nicht allein durch eine drohende Expansion, schon durch seine bloße Existenz gefährde dieses Reich den Frieden, erklärte der aus Hessen stammende liberale Historiker und Publizist Georg Gottfried Gervinus. Durch die Auflösung des Deutschen Bundes, der Mitteleuropa föderalisiert und damit neutralisiert hatte, seien zwei Drittel des deutschen Gebietes in einen Kriegsstaat verwandelt worden. »Ohne ein Feind Deutschlands zu sein, erkennt man die darin liegende dauernde Bedrohung des Friedens auf dem Kontinent und der Sicherheit der angrenzenden Staaten.«

Nachbarn erschraken vor diesem machtvollen Reich, das sich in der

Mitte Europas erhob und seine Schatten auf alle Anrainer warf: Frankreich, das im Siebzigerkrieg überrannt und durch einen Siegfrieden gedemütigt worden war; Österreich-Ungarn, das den Deutschen Bund von 1815 nicht vergessen, den Deutschen Krieg von 1866 nicht verschmerzen und die Folgen der Reichsteilung von 1867 nicht verwinden konnte; Rußland, das seine führende Rolle 1856 an Frankreich und 1871 an Deutschland hatte abgeben müssen; England, das mit der Balance of power auf dem Kontinent seine Sicherheit in insularer Isolation und die Rückendeckung für seine koloniale Expansion gefährdet sah.

»Das Gleichgewicht der Mächte ist völlig zerstört«, erklärte am 9. Februar 1871 Benjamin Disraeli, der Führer der konservativen Opposition im Unterhaus. »Es gibt keine einzige diplomatische Tradition, die nicht hinweggefegt worden ist.« Premierminister William Gladstone, der als Friedensfreund eine Einmischung in kontinentale Händel gescheut und als Menschenfreund den Deutschen die Erfüllung ihres Nationaltraumes gegönnt hatte, zeigte sich als Liberaler wegen der Verletzung des Selbstbestimmungsrechtes der Elsässer und Lothringer besorgt: »Wird sie dem künftigen Frieden Europas dienlich sein? Kann Deutschland es sich leisten, hat es die Absicht, sich über die öffentliche Meinung Europas hinwegzusetzen?«

Franzosen fühlten sich machtpolitisch wie ideologisch von diesem Nationalreich bedroht. Constantin Rößler, der als Direktor des Literarischen Bureaus die Politik Bismarcks verfocht, ließ sie wissen: Die Französische Revolution sei von »unserer Revolution« übertrumpft worden, das Westeuropäisch-Aufgeklärte und Französisch-Demokratische von Preußisch-Hegelianischem und Deutsch-Romantischem. Reichsnationalismus und Pangermanismus könnten Europa ruinieren, befürchtete der Historiker Fustel de Coulanges; wenn Deutschland – wie bereits das Elsaß und Lothringen – alle Gebiete zurückfordere, wo Germanen lebten und Deutsch gesprochen werde, berühre dies nicht nur Österreich und die Schweiz, sondern auch Holland, Belgien, Luxemburg und sogar das Russische Reich.

»Wer kann die Folgen berechnen, wenn eine Masse wie die deutsche, zu einem einzigen Ganzen gemischt, aggressiv würde? Wer kann sagen, wo eine solche Bewegung haltmachen würde?« hatte Talleyrand auf dem Wiener Kongreß gefragt, als der von Bismarck zerstörte Deutsche Bund und die durch die Reichsgründung gestörte Friedensordnung errichtet worden waren. Noch 1866 hatte Adolphe Thiers, der 1871 an die Spitze der Dritten Republik getreten war, Europa gewarnt: Während im Deutschen Bund Deutschland ausschließlich für die Defensive organisiert gewesen sei, habe sich nun »Deutschland in dem furchtbarsten Zustande konstituiert, welchen je eine Macht erlangt hat: absolute militärische Einheit, persönliche und direkte Aktion des Führers, der den Degen des Oberkommandos trägt, ein für alle obligatorischer Wehrdienst«.

Der Oberbefehlshaber war Wilhelm I., doch die Entscheidung über Krieg und Frieden schien allein bei Bismarck zu liegen. Franzosen hielten ihn für eine Mischung aus Siegfried und Alberich, mittelalterlichem Raubritter und preußischem Krautjunker, für Machiavellis inkarnierten »Principe« und für Arndts menschgewordenen »Gott von Blut und Eisen«. Selbst ein nüchterner Engländer bemerkte: »Napoleon war nicht mächtiger als Bismarck«, und befürchtete, daß sich der Deutsche wie seinerzeit der Franzose nach Erreichung des nationalen Zieles imperiale Ziele in Europa stecken würde.

Das eiserne Zeitalter Bismarcks, das die Kriege von 1864, 1866 und 1870/71 gebracht hatte, schien mit der Reichsgründung keineswegs beendet zu sein, im verbleibenden 19. wie im anhebenden 20. Jahrhundert eine Fortsetzung zu finden. »Heute der Haß, morgen der Krieg, das ist für Europa die Gegenwart und die Zukunft«, prophezeite der französische Historiker Ernest Lavisse, und der deutsche Philosoph Karl Christian Planck gab zu bedenken: Wenn Deutschland »im schärfsten Gegensatz zu seiner früheren Geschichte sich zum reinen Nationalstaat zusammenfaßt und für alle anderen zum Vorgang gesteigerter militärischer Rüstung wird, was anderes kann da in einer Zeit gesteigerten Nationalstrebens die Folge sein, als schließlich der umfassendste Zusammenstoß?«

Frieden schien für Europa ein Fremdwort zu werden, und Sicherheit schien es weder für die Nachbarn der Deutschen noch für diese selbst zu geben. Eine starke Zentralmacht in dem bisher lose verbundenen und mit den Anliegern verflochtenen Mitteleuropa bedeutete eine Bedrohung für alle.

Es gebe kein Zurück zum kollektiven Sicherheitssystem von 1815,

hatte Bismarck erklärt; fortan sei jeder Staat der Garant seiner eigenen Sicherheit, jede Nation die Gestalterin ihres eigenen Schicksals.
Noch am ehesten konnte England auf seiner Insel in einer gewissen Isolation leben, doch selbst seine Staatsmänner hatten es für nötig gefunden, im europäischen Konzert mitzuspielen, für eine Balance of power zu sorgen, um sich vor Bedrohung zu schützen.
Wie aber sollte ein in der Mitte des Kontinents liegendes Deutschland, mit offenen Grenzen nach allen Seiten und rivalisierenden Nachbarn an jeder Flanke, allein auf sich gestellt seine Sicherheit gewährleisten? Um dies einigermaßen zu vermögen, mußte es alle seine Kräfte zusammenfassen, sich bis an die Zähne bewaffnen, stets die Hand am Säbel und den Finger am Abzug behalten. Doch eine derartige Konzentration militärischer Macht, auch wenn sie defensiv gemeint war, konnte zu offensiven Handlungen verleiten, Nachbarn ständig beunruhigen und dauernd bedrohen und sie zu Gegenmaßnahmen veranlassen, die ihrerseits mit der Sicherheit des Reiches den Frieden in Europa in Frage stellten.
»Ich bin so besorgt um die Macht, die Einheit und die dauernde Sicherheit Deutschlands und Europas«, sagte die britische Königin Victoria. Ihre Tochter, die preußische Kronprinzessin und künftige Kaiserin, sagte voraus: »Deutschland wird zwischen Frankreich und Rußland zerquetscht werden«. Das deutsche Friedensdiktat von 1871 sei das beste Mittel, Frankreich in Rußlands Arme zu treiben, den Krieg in eine europäische Institution zu verwandeln, bemerkte Karl Marx, der die Weltrevolution heraufdämmern sah.
Bismarck war sich der außenpolitischen Problematik seiner Reichsgründung bewußt: Eine starke Machtstellung war zur Behauptung des Reiches in der Mitte des Kontinents notwendig. Eine starke Machtballung an dieser Stelle gefährdete jedoch mit dem friedenssichernden Gleichgewicht der Mächte die Existenz der neuen deutschen Großmacht.
Als Reichserhalter setzte der Reichsgründer auf »ein Heer, das stark genug ist, um unsre eigene Unabhängigkeit ohne jeden Bundesgenossen sicher zu stellen«. Doch die preußische Ultima ratio reichte nicht aus, das Reich vor den außenpolitischen Folgen seiner Gründung zu bewahren. Bismarck griff auf die rationalen Methoden der klassischen Diplomatie zurück, deren Werk, das Staatensystem von

1815, er zerstört hatte, doch deren Geist er in einem Bündnissystem wiederaufleben lassen wollte.

FRIEDEN habe die deutsche Großmacht im Sinn, signalisierte der Reichskanzler. Im Spiegelsaal von Versailles hatte er die Proklamation »An das deutsche Volk« verlesen, in welcher der Kaiser herkömmlich als »Mehrer des Deutschen Reiches« bezeichnet wurde, nun aber als Mehrer des Erreichten »nicht an kriegerischen Eroberungen, sondern an den Gütern und Gaben des Friedens«. Europa und die Welt ließ Bismarck wissen: »Deutschland hat seine Stellung im Rate der Nationen wieder gewonnen und das deutsche Volk hat weder das Bedürfnis noch die Neigung, über seine Grenzen hinauszustreben.«

Das Reich sei saturiert, habe sich gesättigt, gebe sich mit der gewonnenen Machtposition und dem erreichten Gebietsumfang zufrieden; Deutschland, erklärte Bismarck, sei in sich gefestigt, wolle nichts anderes, als sich selbst in Frieden überlassen zu bleiben und sich friedlich weiterzuentwickeln. »In Territorialfragen gibt es für uns gar keine begehrenswerten Objekte des Ehrgeizes mehr. Wir haben schon jetzt mehr Polen, Dänen, Franzosen, als uns erwünscht sein kann.«

Und die Deutschen, die in Österreich oder im Baltikum lebten, die Nationalromantiker und Sprachnationalisten dem Reich anzugliedern gedachten? Bismarck begann es bereits zu bereuen, daß er sich deutschsprechende, aber französisch fühlende Elsässer und Lothringer aufgehalst hatte, freilich nicht aus völkischen Motiven, sondern aus strategischen Gründen, wie er immer wieder betonen zu müssen meinte.

Ein Großdeutscher wurde der Großpreuße, der ein Kleindeutscher geworden war, nie und nimmer. Die Millionen von Volksgenossen, die im habsburgischen Vielvölkerreich lebten, wollte er nicht als Reichsgenossen haben. Der deutsche Staatsmann, meinte der Reichskanzler, dem es einfiele, von Österreich etwas erobern zu wollen, wäre reif, gehängt zu werden.

»Jede germanische Eroberungstendenz gegenüber Österreich« betrachte er als eine Torheit und Wien als eine »Provinzstadt unmittelbar an der Grenze eines deutschen Reiches« als Absurdität, erklärte Bismarck. »Zwischen uns und Österreich kann und wird mit der Zeit ein vertrauensvolles Verhältnis gegenseitiger Annäherung sich ausbilden, wenn Österreich in dem gegenwärtigen Bestande erhalten bleibt; mit den einzelnen Bruchstücken einer der Auflösung verfallenen österreichischen Monarchie kann ich mir aber eine organische Beziehung gar nicht vorstellen.«

Nachdem er Österreich aus Deutschland verdrängt hatte, war ihm an dessen Fortbestand als Donaumonarchie gelegen: zur »Erhaltung der bestehenden Verhältnisse und der staatlichen Ordnung«, als »ein Bedürfnis des Gleichgewichtes in Europa«, als »Bürgschaft für den Frieden und die Ruhe Europas«. Wenn die Deutsch-Österreicher versuchen sollten, sich dem Deutschen Reiche anzuschließen, würde er gegen sie Krieg führen, sagte er im Spaß, und im Ernst: Ihre Aufgabe sei es und bleibe es, das Vielvölkerreich zusammenzuhalten.

Zum Deutschtum bekannten sich auch dem Zarenreich angehörende Balten, die Gefahr liefen, vom Russentum aufgesogen zu werden. In Deutschland wurde gefordert, den baltischen Volksgenossen ebenso zu Hilfe zu kommen, wie man den schleswigschen und holsteinischen Volksgenossen zu Hilfe gekommen war. Doch mit dem großen Rußland konnte nicht so wie mit dem kleinen Dänemark verfahren werden, und Bismarck wollte dies auch nicht, aus außenpolitischen wie aus staatspolitischen Gründen. Er setzte auf Rußland als älteste und wichtigste Bündnismacht, baute auf den Zaren als konservativen Bundesgenossen und hielt Deutschtümler für Revoluzzer, die an der Seite der andere Kokarden an den Kappen tragenden Kumpane mit der Staatenordnung den Staatenfrieden bedrohten.

»Die Letten und Esten zu Deutschen zu machen, würde eine allzu schwere Aufgabe sein und durch jeden Krieg mit Rußland, auch wenn wir bis Petersburg vordrängen, würde sich die Lage der Deutschen in den Ostseeprovinzen nur verschlimmern«, beschied er die Alldeutschen. Was sie für das neue Reich tun könnten, soll ihn eine Abordnung der Balten gefragt und er geantwortet haben: Am besten wäre, sie würden sich alle im Peipus-See ertränken. »Écrasez les toujours, mais ne les faites pas crier«, sagte der Reichskanzler zu Botschafter Schuwalow und meinte damit: Die Russen sollten die Balten niederdrücken, aber es vermeiden, daß ihr Wehklagen vernommen werde.

Den deutschen Nationalismus, nationalliberaler und nationaldemokratischer wie reichsnationaler und pangermanischer Richtung, hatte er, um sein Reich zu gründen, benützt und ausgenützt. Um sein Reich zu erhalten, suchte er nationalistische Wallungen, die über das zur Förderung seiner plebiszitären Herrschaft wünschenswerte Maß hinausgingen, nach Möglichkeit einzudämmen. Nationalitätspolitik hatte sich der Staatspolitik unterzuordnen, Nationalitäten hatten sich dem Staatsganzen einzufügen.

Durch reichsnationalistische Bestrebungen durfte er sich nicht seine Staatskreise stören lassen. Das galt für die inneren wie die auswärtigen Angelegenheiten. Die zweieinhalb Millionen Polen im Osten Preußens und nun des Deutschen Reiches hatten sich daran gewöhnt, preußische Staatsangehörige zu sein, wollten und konnten jedoch keine deutschen Volksgenossen werden. Doch Reichsnationalisten verlangten eine »Entpolonisierung« und »Germanisierung« der Ostgebiete, und selbst der Soziologe Max Weber befand, Deutschland habe ein Recht, den deutschen Charakter der polnischen Provinzen zu stärken und auszubauen.

Bei aller persönlichen Animosität und politischem Argwohn gegenüber den Polen machte sich Bismarck diese Forderung nicht zu eigen. Als preußischer Staatsmann hielt er daran fest, daß die polnische Nationalität dem Staatsganzen eingeordnet blieb. Als deutscher Staatsmann suchte er es zu vermeiden, durch eine Germanisierung der Polen deren slawische Brüder in Rußland aufzureizen, so wie er es zu verhindern trachtete, durch eine völkische Unterstützung der Balten das Zarenreich herauszufordern.

Der Leitgedanke Bismarcks war die Staatsidee, nicht das Nationalitätsprinzip. Dessen konsequente Anwendung hätte, wie der Staatsmann alter Schule meinte, nicht nur bestehende und zu erhaltende Staaten existentiell bedroht, sondern auch das von ihm anstelle der aus den Angeln gehobenen alten Staatenordnung anvisierte neue Friedenssystem unmöglich gemacht.

Um nach der Entstehung einer deutschen Großmacht mit bewährter diplomatischer Kunst ein Gleichgewicht der Mächte wiederherzustellen, bedurfte es fester Staatsgrößen, die zu berechnen waren, abgewogen und ausgewogen werden konnten. Die Statik des Systems durfte nicht der Dynamik von Kräften ausgesetzt werden, die – wie Nationalismus und Imperialismus – mit dem Status quo die friedenssichernde Balance of power zu verändern suchten.

Die Aufgabe, die sich Bismarck zur Erhaltung des Deutschen Rei-

ches durch Bewahrung des europäischen Friedens stellte, glich jener, die Metternich in der ersten Hälfte des 19. Jahrhunderts aufgegeben gewesen war.
Wie der konservative Österreicher befürchtete der konservative Preuße, daß die von der Französischen Revolution wie von der deutschen Reichsromantik ausgelösten Bewegungen das auf Staatsräson und Gleichgewicht gegründete Staatensystem untergraben, mit der inneren Ruhe den äußeren Frieden beeinträchtigen würden. Ähnlich wie Metternich versuchte Bismarck, mit dem eigenen, in seiner Gesellschaftsstruktur und Herrschaftsordnung wie in seinem Territorialgefüge und Gebietsumfang zu konservierenden Staat die ganze Staatenwelt, wie sie geworden und gegeben war, in der Gegenwart zu gewährleisten und für die Zukunft zu verbürgen.
Der am Anfang des 19. Jahrhunderts geborene Junker erwies sich wie der noch aus dem 18. Jahrhundert stammende Aristokrat als ein Meister der klassischen Diplomatie. Auch Bismarck verstand es, Interessen der Staaten richtig einzukalkulieren und geschickt auszutarieren.
Dabei erschöpfte sich der deutsche »Fürst des Gleichgewichts« wie der österreichische »Comte de Balance« in der Mechanik, in einer aus physikalischem Gesetz übernommenen politischen Regel: Das Gewicht eines Staates beziehungsweise einer Staatenallianz müßte durch entsprechende Gegengewichte ausgeglichen werden, denn ein Übergewicht der einen Seite würde die untergewichtige andere Seite gefährden, die stärkere zur Ausübung von politischem Druck oder gar Anwendung von militärischer Gewalt gegen die schwächere verleiten.
»Gleichgewicht und Ruhe sind unzertrennliche Bedingungen; dort wo das erste abgeht, kann die andere nicht stattfinden.« Was Metternich sagte, hätte Bismarck unterschreiben können. Doch die beiden Staatsmänner, die verschiedenen Generationen angehörten, unterschieden sich in manchem.
Aus der europäischen Aufklärung kommend und in die Zeit des deutschen Idealismus hineingestellt, blieb Metternich allgemein gültigen Prinzipien verpflichtet, die er pragmatisch durchzusetzen suchte. Europa, das er sein Vaterland nannte, sollte nicht nur in seinen Teilen bewahrt, sondern auch als Ganzes organisiert werden. Wenn er schon nicht an den »Ewigen Frieden« glauben mochte, so

hoffte er doch darauf, daß sein mit einer Werteordnung verbundenes Sicherheitssystem den Frieden auf absehbare Zeit bewahren würde. Bismarck war in eine Zeit hineingewachsen, in der die Pragmatik die Doktrinen übertrumpfte. »Nur Professoren«, bemerkte der Empiriker, »bringen es fertig, die Summe der wechselnden Bedürfnisse der Kulturmenschheit in wissenschaftliche Gesetze einzuschachteln«. Ein Staat, erklärte der Realpolitiker, habe nicht allgemeine Grundsätze, sondern seine besonderen Interessen zu vertreten. Im Unterschied zu Metternich orientierte sich Bismarck nicht an universalen, übernationalen und überstaatlichen Prinzipien.

Die Vorstellung vom »Ewigen Frieden«, ein Philosophentraum des aufgeklärten 18. wie des humanitären 19. Jahrhunderts, war für Bismarck ein Alptraum, wenn er an deren verheerende Wirkung auf die Wehrhaftigkeit dachte, und eine Schimäre, wenn er von ihrer Undurchführbarkeit sprach: »Man braucht gar nicht mal Geschichte, sondern nur ein paar Dutzend Menschen zu kennen, um zu wissen, daß der Zukunftsfriede ein Nonsens ist wie der Zukunftsstaat.« Er möchte »den sehen, der mich daran hinderte, jemand, der mir mit Vor- und Absatz die Leichdöner tritt – und solche gemütsrohe Menschen sind gar nicht aus der Welt zu schaffen – nach Gebühr abzustrafen«. Diese Bemerkung war der Praxis entnommen und jene entsprach der Theorie einer Zeit, in der vom immerwährenden Kampf ums Dasein die Rede war: Die Welt der politischen Macht sei ein Spiegelbild der Natur, in welcher der Kampf zwischen höher- und minderwertigen Tieren ewig fortdauere und sich stets das stärkere Tier durchsetze.

Man müsse die Menschen nehmen, wie sie nun einmal seien, habe die Welt anzunehmen, wie sie nach dem Sündenfall geworden sei, meinte Bismarck. Sein Unglaube an bessere Menschen in einer besseren Welt entsprang letztlich seinem lutherischen Glauben. Die Kreatur könne nicht die Absichten des Schöpfers durchkreuzen, der Mensch dürfe nicht den Vorhaben Gottes eigene Heilspläne entgegensetzen; Erlösung gebe es, durch göttliche Gnade, erst in der anderen und nicht, durch menschliche Utopien, schon in dieser Welt.

Die Vorsehung habe es gewollt, daß die mittelalterliche Einheit in eine Vielheit von Staaten aufgelöst worden sei; es wäre daher vermessen, sie durch Menschenhand zu einer neuen Einheit, einer

europäischen Föderation oder gar einer europäischen Union zusammenzuführen. »Europa« galt Bismarck weder als große Idee noch als erstrebenswertes Ziel oder als ausführbares Programm.
»Who is Europe?« fragte er, ohne es finden zu können und finden zu wollen. »Qui parle Europe a tort. Notion géographique«, sagte er und meinte damit: Europa sei nur ein geographischer, kein politischer Begriff. Bismarck wandte sich gegen die Versuche, »Europa als eine einheitliche Macht, als eine Art Bundesstaat hinzustellen«, trat dieser »unhaltbaren und für uns sehr nachteiligen Fiktion« entgegen, verwahrte sich gegen die »Spiegelfechterei mit dem Europäertum«, die manchem dazu diene, nationale Bedürfnisse mit übernationalen Bekenntnissen zu bemänteln.
»Ich habe das Wort ›Europa‹ immer im Munde derjenigen Politiker gefunden, die von anderen Mächten etwas verlangten, was sie im eigenen Namen nicht zu fordern wagten; so die Westmächte im Krimkriege und in der polnischen Frage von 1863, so Thiers im Herbst 1870 und Graf Beust, als er das Mißlingen seiner Koalitionsversuche gegen uns mit dem Worte ausdrückte: ›je ne vois plus l'Europe‹ (›Ich sehe Europa nicht mehr‹)«. Nun, im Jahre 1876, »versuchen Rußland sowohl wie England abwechselnd uns als Europäer vor den Wagen ihrer Politik zu spannen, den zu ziehen wir als Deutsche, wie sie selbst wohl einsehen, keinen Beruf haben«.
Am ehesten hätte sich Bismarck noch ein in einer neuen Heiligen Allianz mehr ideologisch als machtpolitisch verbundenes Europa der Monarchenstaaten vorstellen mögen. Aber es gab deren nur noch drei, die ins Gewicht fielen: Rußland, Österreich-Ungarn und das Deutsche Reich. Frankreich war wieder eine Republik geworden, die sich nicht nur an die nationale, sondern auch an die universale Gültigkeit des Programms der Französischen Revolution erinnerte, einen Völkerbund von Volksstaaten propagierte. England schwankte zwischen einem Weltimperialismus, wie ihn Benjamin Disraeli betrieb, und einem »Concert of Europe«, das William Gladstone zu orchestrieren suchte: eine Kooperation der europäischen Staaten zu kollektiver Rechtswahrung und Friedenssicherung.
Für den Tory Disraeli, den »klugen und weitblickenden Staatsmann«, hatte Bismarck Verständnis, für den Whig Gladstone, den »großen, utopistischen Schwätzer«, nur Verachtung übrig. Wie den

Italiener Garibaldi und den Franzosen Gambetta bezeichnete er den Engländer als Revolutionär. In der Tat visierte Gladstone eine europäische Gemeinschaft an, der die fernere Zukunft gehören sollte, während die europäische Politik Bismarcks der Vergangenheit verhaftet blieb – weniger derjenigen Metternichs, der Europa Grundzüge einer Organisation zu geben versucht hatte, als derjenigen Richelieus, der durch ein Mächtespiel mit der Machtstellung seines Staates den Frieden zwischen den Staaten zu sichern gesucht hatte.

Bismarck »dachte Europa von Preußen aus«, bemerkte Friedrich Naumann, das heißt vom alten Machtstaat aus, der mit anderen Machtstaaten in ein erträgliches Verhältnis gebracht werden sollte, und nicht vom neuen Nationalstaat aus, der – da ihn Deutsche für unvollendet und Europäer für übermächtig hielten – Unruhe in die Staatenwelt gebracht hatte. Europäische Politik bedeutete für Bismarck, mit alter Staatskunst und klassischer Diplomatie die durch das Deutsche Reich gestörte Mächtekonstellation wieder in Ordnung zu bringen und damit den Frieden zu erhalten.

Als deutscher Staatsmann im deutschen Interesse den europäischen Frieden zu wahren – das hielt Bismarck, nachdem er drei Kriege geführt hatte, für seine außenpolitische Aufgabe. Dabei ging er nicht von einem ideellen Europakonzept, sondern von der konkreten Staatensituation aus. Ein kollektives Sicherheitssystem zur kollektiven Friedenswahrung lag für ihn weder im Bereich des Wünschenswerten noch des Machbaren. Jeder Staat sollte individuell für seine eigene Sicherheit sorgen, und dabei nach seiner Interessenlage mit anderen Staaten, die ähnliche Interessen hatten, in möglichst festen, doch im Prinzip wechselbaren und, falls erforderlich, zu wechselnden Bündnissen zusammenwirken.

»Bündnisse sind der Ausdruck gemeinsamer Interessen und Absichten«, und sie sollten der Kriegsverhinderung und nicht der Kriegsvorbereitung dienen. Durch Bündniskombinationen wollte Bismarck das durch seine Reichsgründung gestörte Gleichgewichtssystem so effektiv wie möglich und so effizient wie nötig wiederherstellen.

Bismarck tat sich dabei schwerer als Metternich, der von einer noch vorhandenen gemeinsamen Basis ausgehen, gemeinsame Ziele ansteuern und einen dauerhaften Frieden erlangen konnte. Im letzten

Drittel des 19. Jahrhunderts waren gesamteuropäisches Bewußtsein und Verantwortungsgefühl dahingeschwunden, der Machttrieb der Staaten stärker und die Selbstsucht der Nationen größer geworden. Moderne Ideologien stellten überkommene Ordnungssysteme in Frage, und die Emotionen, mit denen die vertreten wurden, entzogen sich rationaler Berechnung und Kontrolle. Der Staatsmann bekam es mit den Völkern zu tun, die auch die Außenpolitik bestimmen, zumindest mitbestimmen wollten, vermochte immer weniger mit seinesgleichen das allen Konvenierende auszuhandeln und festzulegen.

Metternich war überholt und Gladstone noch nicht gefragt. So ergab sich für Bismarck die Notwendigkeit, eine europäische Friedenspolitik zu betreiben, die sich nicht an allgemeinen und feststehenden Prinzipien, sondern an den besonderen, im Fluß befindlichen Realitäten orientierte und versuchte, das Beste aus dem Gegebenen zu machen. Es sei ein Irrtum, erklärte Bismarck, »wenn öffentlich von verschiedenen Seiten angenommen wird, der Frieden könne dadurch erhalten werden, daß staatsmännische Weisheit ein Arkanum (Geheimrezept) erfinde, während doch in der Tat seine Sicherstellung nur auf dem Wege gesucht werden kann, daß eine oder mehrere der interessierten Mächte den anderen Konzessionen macht, indem sie entweder ihre Ansprüche oder ihr gegenseitiges Mißtrauen herabmindern«.

Zwischen den Interessen der Staaten galt es einen Interessenausgleich zu finden, und das setzte voraus, daß jeder Staat sich auf sein Interessenfeld beschränkte und die Interessenfelder der anderen Staaten beachtete. »Jede Großmacht«, erklärte Bismarck, »die außerhalb ihrer Interessensphäre auf die Politik der anderen Länder zu drücken und einzuwirken und die Dinge zu leiten versucht, die periklitiert (unternimmt etwas) außerhalb des Gebietes, welches Gott ihr angewiesen hat, die treibt Machtpolitik und nicht Interessenpolitik, die wirtschaftet auf Prestige hin.«

Eine solche Selbstbeschränkung, meinte Bismarck, sei aber nur von einem der eigenen Staatsräson verpflichteten und die Staatsräson der anderen erkennenden und anerkennenden Staatsmann zu erwarten – und nicht von einer die Volksemotion artikulierenden öffentlichen Meinung, die über die Volksvertretung auch die Außenpolitik zu lenken suche.

»Wenn die große Politik von der Presse und deren Leitern abhinge, so stände zu fürchten, daß alle Mächte sich ohne Unterbrechung im permanenten Kriegszustande untereinander befinden würden«, behauptete Bismarck. Da die Presse aber nicht mehr auszuschalten war, ging er daran, sie von Fall zu Fall für seine Außenpolitik einzuschalten. Das Parlament wollte er von dieser fernhalten. Denn Außenpolitik könne nicht parlamentarisch, nur geheim betrieben werden, von geschulten Diplomaten, letztlich vom Leiter der Diplomatie allein.

Die Reichsaußenpolitik sei Chefsache des Reichskanzlers, betonte Bismarck und suchte die Einmischung anderer Reichsorgane zu verhindern: des Kaisers, der sich ohnehin zurückhielt, des Bundesrates, dessen Auswärtigen Ausschuß er überging, des Reichstages, den er beschied: »Öffentliche Diplomatie« würde »für die guten Beziehungen der Völker untereinander einen nachteiligen Einfluß« ausüben.

Er dirigierte, wie sie ihn karikierten: als Steuermann, der das Reichsschiff aus den Stürmen der Einigungskriege in ruhige Gewässer zu bugsieren trachtete.

Sicherheit durch Gleichgewicht

»MEIN GEWERBE ist, Europa den Frieden zu erhalten«, erklärte der Reichskanzler. Die Diplomatie war sein Metier, das er als Gesandter in Frankfurt, Petersburg und Paris erlernt hatte und als Chef des Auswärtigen Amtes während seiner ganzen Regierungsamtszeit ausübte.

In der Außenpolitik, der sein Hauptinteresse galt und wo seine Hauptbegabung lag, betätigte er sich lieber, bewegte er sich geschickter und wirkte er erfolgreicher als in der Innenpolitik. Im Umgang mit von Ideologien motivierten Parteien, die sein Junkertum und seinen Royalismus herausforderten, neigte er dazu, sich provozieren zu lassen, die Contenance zu verlieren und über das Ziel hinauszuschießen. Im Verkehr mit kalkulierbare Machtinteressen verfolgenden Staaten blieb er berechnend und beherrscht, ein

Diplomat alter Schule, der umsichtig und vorsichtig, geduldig und beharrlich zu verhandeln verstand.

»Er ist groß in dem kühlen Abwägen diplomatischer Fragen. Da hat er auch kein Temperament«, bemerkte sein Mitarbeiter Holstein; vor nichts habe er solche Scheu wie vor Heftigkeit in diplomatischen Beziehungen. Was er dabei unterdrücken mußte, kompensierte er im Umgang mit Untergebenen. Die Neigung, aus jeder Kleinigkeit, an der er sich stoße, einen Konfliktfall zu machen, sei fast krankhaft und führe zu ewigen Friktionen, bemerkte Lucius von Ballhausen, und Heinrich von Treitschke kritisierte: »Bismarck kann selbständige Naturen nicht ertragen, und ich rate keinem Freunde, seinen Kopf in diese Schlinge zu stecken.«

»Meine Botschafter müssen einschwenken auf Kommando wie die Unteroffiziere, ohne zu wissen, warum«, erklärte der Herr der Diplomatie, der Insubordinationen nicht durchgehen ließ und Befehlsverweigerer exemplarisch bestrafte.

Besonders hart traf es den Grafen Harry von Arnim, der als Botschafter in Paris, wie Bismarck urteilte, »völlig den gegebenen Instruktionen entgegen gehandelt«, durch die Färbung seiner Berichte »im Gegensatz mit der von mir bei Seiner Majestät vertretenen Richtung in Bezug auf unsere Politik in Frankreich gestanden« habe.

Der Botschafter hatte sich erlaubt, den Kaiser, in dessen Namen er in Paris akkredidiert war, darauf aufmerksam zu machen, daß es im Sinne des Kaiserreiches läge, die Restaurationsversuche in Frankreich zu fördern, weil die Hohenzollernmonarchie mit einer Bourbonenmonarchie besser auskommen könnte als mit einer jakobinischen Dritten Republik.

Auch Wilhelm I. und vornehmlich Kaiserin Augusta waren von diesem legitimistischen Argument mehr beeindruckt als von Bismarcks realpolitischen Gegenargumenten: ein König müßte Marianne als Morgengabe Elsaß und Lothringen bringen, und mit einer Monarchie in Frankreich würden sich die Monarchen in Rußland und Österreich eher zu einem Bündnis gegen Deutschland zusammenfinden als mit einer Republik, die in Petersburg und Wien als Ausgeburt der Revolution verachtet und gefürchtet wurde.

Ein Botschafter, der mit seinen Berichten mehr Eindruck auf den Kaiser als der Kanzler mit seinen Einwendungen zu machen schien, war für Bismarck persönlich unerträglich, und ein Angehöriger des

Auswärtigen Dienstes, der sich nicht an Instruktionen seines Chefs hielt, sachlich untragbar. Daß er sich dieses Untergebenen entledigen wollte, war verständlich, doch wie er dabei vorging, vermehrte das menschliche Defizit eines großen Staatsmannes.
Bismarck bezichtigte Arnim indirekt der Reichsfeindschaft, belegte ihn mit einem Bannfluch, den er ansonsten nur gegen Sozialdemokraten, Katholiken und Linksliberale aussprach, aber nicht gegen einen Edelmann, der wie er aus Junkerkreisen kam und ein hohes Staatsamt innehatte. Der Botschafter, in dem er auch und nicht zuletzt einen Konkurrenten um die Gunst des Kaisers und einen Anwärter auf das Reichskanzleramt witterte, wurde in den Ruhestand versetzt, im Oktober 1874 auf seiner pommerschen Besitzung Nassenheide verhaftet und vom Berliner Stadtgericht – weil er einige den Konflikt mit Bismarck betreffende Schriftstücke zurückbehalten hatte – in erster Instanz zu drei Monaten, in zweiter Instanz zu neun Monaten Gefängnis verurteilt. Arnim entzog sich der Strafvollstreckung durch die Flucht ins Ausland.
Der Exbotschafter wurde von Bismarck weiter verfolgt. Wegen einer Rechtfertigungsschrift wurde er des Landesverrats, der Majestätsbeleidigung und Beleidigung des Reichskanzlers angeklagt und in Abwesenheit zu fünf Jahren Zuchthaus verurteilt. Arnim, sagte der Kanzler dem englischen Botschafter, »ist ein Mann, der seinen eigenen Vater vergiften könnte. Er ist reif für den Galgen und hätte schon lange daran hängen müssen«. Arnim starb 1881 in der Emigration.
Die »Agenten des Reiches im Auslande« müßten Ordre parieren, rechtfertigte Bismarck seine drakonischen Maßnahmen, die Untergebenen dürften nicht die Außenpolitik ihres Chefs konterkarieren. Sie war schwierig genug zu leiten, verlangte volle Konzentration, erforderte seine ganze Kraft. Denn die Aufgabe, die Sicherheit des Reiches in der Mitte Europas zu gewährleisten, begann der Quadratur des Kreises zu gleichen.

EIN ALPDRÜCKEN VON KOALITIONEN, »le cauchemar des coalitions«, habe ihm neulich ein französisches Blatt nicht zu Unrecht bescheinigt, bemerkte Bismarck im Jahre 1877, denn »diese Art Alp wird für einen deutschen Minister noch lange, und vielleicht immer, ein sehr berechtigter bleiben«.

Einen Augenblick mochte er darauf gehofft haben, das mächtige Reich in der Mitte Europas sei an und für sich ein Garant des europäischen Friedens. Denn die Zersplitterung des Zentrums hatte jahrhundertelang angrenzende Mächte dazu verleitet, auf dessen Rücken und auf dessen Kosten Kriege zu führen. Das geeinte und gestärkte Deutschland könnte womöglich durch seine bloße Existenz Konflikte vermeiden, Übergriffe verhindern, in »splendid isolation« gedeihen, aus der es nur heraustreten sollte, um den bewaffneten Schiedsrichter bei allfälligen Streitigkeiten von Nachbarn zu spielen.

Dieser Traum, sollte er ihn je gehabt haben, hätte sich angesichts der Wirklichkeit rasch verflüchtigt. Was blieb, war der Alptraum, daß sich angrenzende Mächte gegen das »Reich der Mitte« zusammenschließen, es allseitig bedrohen und konzentrisch erdrücken könnten. »Koalitionen gegen uns können auf westmächtlicher Basis« – Frankreich und England – »mit Zutritt Österreichs sich bilden, gefährlicher vielleicht noch auf russisch-österreichisch-französischer«.

Vordringlichste Aufgabe seiner Außenpolitik sei es, das nach Revanche dürstende Frankreich allen Kombinationen fernzuhalten. Der Besiegte von 1871 gleiche einem Fuchs, »der längst totgeschossen und von den Hunden zerbissen ist, dem man die Sehnen der Sprunggelenke zerschnitt, den man als tot forträgt und der trotzdem dem Treiber in den Hintern beißt.« Deutschland müsse alles tun, um »von Frankreich in Ruhe gelassen zu werden und zu verhüten, daß Frankreich, wenn es uns den Frieden nicht halten will, Bundesgenossen finde«.

Vor allem dürften sich Frankreich und Rußland nicht finden, die beiden kontinentalen Flügelmächte, die Deutschland in die Zange nehmen könnten. Vorerst hoffte er, daß »Zarenhymnen und Marseillaise« nicht zusammenklingen könnten, und deshalb legte er Wert darauf, daß Frankreich eine dem Herrscher aller Reußen verhaßte Republik blieb und nicht eine dem Zaren genehme Monarchie wurde.

Zu Rußland hatte Bismarck ein zwiespältiges Verhältnis. Als Preuße fühlte er sich aus Tradition und als Royalist aus Prinzip zum Zarenreich hingezogen. Als Realist hatte er zur Kenntnis zu nehmen, daß Rußland auf Expansion angelegt war und der machtpoliti-

sche Imperialismus durch den ideologischen Panslawismus potenziert wurde. Die Sicherung des Deutschen Reiches gebot die Verhinderung einer Koalition des nach Westen – nicht nur auf den Balkan, sondern auch nach Mitteleuropa – drängenden Rußlands und des nach Osten, wieder an den Rhein strebenden Frankreichs.
Frankreich und Rußland waren und blieben die Hauptprobleme seiner Außenpolitik. »Vielleicht wird es noch eines zweiten Krieges bedürfen, um Frankreich zu beweisen, daß wir ihm ebenbürtig sind«, hatte er an der Schwelle der siebziger Jahre erklärt. »Der wahre Feind für das zivilisierte Europa kann dann Rußland werden; wenn dieses sein Eisenbahnnetz ausgebaut, seine Armee reorganisiert hat, kann es mit zwei Millionen Soldaten marschieren.« Am Ende der achtziger Jahre stellte er fest: Frankreich habe nach wie vor hegemoniale Ansprüche, und Rußlands Streben nach Vorherrschaft sei durch den »slawischen Ehrgeiz« gesteigert worden. »Angesichts dieser Sachlage müssen wir die Gefahr, unseren Frieden von seiten Frankreichs und Rußlands getrübt zu sehen, als eine beständige erachten.«
Den Österreichern, die er gezwungen hatte, ihre Führungsrolle in Mitteleuropa abzugeben und sich Südosteuropa zuzuwenden, traute er es bis zum Beweis des Gegenteils zu, daß sie sowohl mit den Russen und Franzosen auf der einen, aber auch mit den Franzosen und den Engländern auf der anderen Seite zusammengehen könnten. Daß sich England an dieser oder jener Kombination beteiligte, hielt er weniger für denkbar, wenigstens so lange nicht, als Deutschland dessen überseeische Kreise nicht störte.
Dies taten andere und gaben damit Bismarck eine Chance, England aus kontinentalen Koalitionen gegen Deutschland herauszuhalten, womöglich sogar für ein Bündnis mit Deutschland zu gewinnen. Frankreich kam England in Nordafrika, namentlich in Ägypten, ins Gehege. Rußland stritt sich mit England um das Erbe des »kranken Mannes am Bosporus«, und auch in Zentralasien stießen die Interessen der beiden Mächte aufeinander.
Auch Österreich hatte seine Probleme mit anderen, ein kleineres mit Italien, das sich parallel mit Deutschland geeint, doch im Unterschied zu diesem sich nicht für saturiert erklärt hatte, sondern die Österreich verbliebenen italienischen Gebiete beanspruchte. Das große Problem der Donaumonarchie war das Vordringen des

russischen Imperiums auf dem Balkan, auf dem sie eigene Interessen verfolgte, und das Eindringen der panslawistischen Agitation in das habsburgische Vielvölkerreich.
Die Gegensätze zwischen jenen Mächten, die Deutschland gefährlich werden konnten, wurden von Bismarck erkannt, geschürt und ausgenützt, um die Bildung von Koalitionen gegen das Reich zu erschweren und ihm die Gestaltung eigener Bündnisse zur Absicherung des Reiches zu ermöglichen. Für diesen Zweck suchte er Gemeinsamkeiten zwischen Deutschland und anderen Mächten aufzuspüren, herauszustellen und einzuspannen.
Zum monarchischen Prinzip bekannten sich das deutsche, das österreichische und das russische Kaiserreich. Die Harmonie zwischen den »drei schwarzen Adlern« war der Tenor der Heiligen Allianz gewesen. »Vor allen Dingen mögen Preußen, Rußland und Österreich sich nie voneinander trennen«, hieß es im Testament Friedrich Wilhelms III. Sein Sohn, Wilhelm I., hielt es für seine Pflicht, sich an das Vermächtnis des Vaters zu halten, und für eine Notwendigkeit, daß angesichts der von Frankreich verfochtenen Demokratie und des von England vertretenen Liberalismus die monarchischen Reihen wieder fest geschlossen würden.
Auch sein Kanzler und Außenminister appellierte an »die monarchische Solidarität gegenüber der sozialistischen Revolution«. Doch ging es ihm weniger darum, die drei Kaiser zusammenzuhalten, als Rußland und Frankreich auseinanderzuhalten, sowie Österreich davon abzuhalten, der Dritte in diesem Bunde zu werden. Bismarcks Verlangen nach einer konservativen Tripelallianz entsprang primär nicht ideologischer Absicht, sondern realpolitischer Einsicht, entsprach seiner Faustregel: »Suche zu dreien zu sein, solange die Welt durch das unsichere Gefüge von fünf Großmächten regiert wird.«
Im September 1872 fanden sich Alexander II. und Franz Joseph I. bei Wilhelm I. zur Dreierzusammenkunft in Berlin ein, das als Vorort einer erneuerten Heiligen Allianz ausersehen zu sein schien. Bismarck ließ sich mit dem russischen St. Andreasorden in Brillanten und dem österreichischen Großkreuz des St. Stephansordens in Brillanten dekorieren, legte jedoch keinen Wert auf konkrete Verabredungen. »Ich wünschte«, verriet er dem englischen Botschafter, »daß die drei Kaiser eine liebliche Gruppe bilden wie Canovas drei

Grazien, damit Europa ein lebendiges Symbol des Friedens sehe und Vertrauen gewinne. Ich wollte, daß sie schweigend zusammenstehen und den Leuten erlauben, sie zu bewundern.«

Dies war der erste Akt, dem ein zweiter folgte, in dem die Kaiser nicht mehr stumm posierten, sondern vom Blatt ablasen, was ihnen aufgeschrieben worden war. Am 6. Juni 1873 schlossen Franz Joseph I. und Alexander II. das Schönbrunner Abkommen, dem Wilhelm I. am 22. Oktober 1873 beitrat. Dieses Dreikaiserabkommen erneuerte nicht nur das Bekenntnis zum monarchischen Prinzip und einer Solidarität der Monarchen; diese »entente directe et personelle« enthielt auch Elemente eines Staatenbündnisses: Die drei Reiche verpflichteten sich, den Frieden in Europa aufrechtzuerhalten, sich bei etwaigen Störungen zu verständigen und keine anderweitigen Allianzen einzugehen.

Das war schon etwas, wenn auch nicht viel, und wie wenig es im Grunde war, zeigte sich schon im darauffolgenden Jahr. Rußland und Österreich, die nicht vergessen hatten, daß es Preußen-Deutschland gewesen war, das dem System von 1815 den Fangstoß versetzt hatte, pflegten die Zweisamkeit innerhalb des konservativen Dreierverhältnisses. Und das Zarenreich begann, ungeachtet ideologischer Skrupel, Fühler in Richtung Frankreich auszustrecken.

Bismarck, der sich an die Koalition zwischen Österreich, Rußland und Frankreich im Siebenjährigen Krieg erinnerte, sah sich zu Gegenzügen veranlaßt. Anfang 1875 ließ er durch den Gesandten Joseph Maria von Radowitz in Petersburg sondieren, ob Rußland zu einem Schulterschluß mit Deutschland bereit wäre, wenn dieses dessen direkt gegen die Türkei und indirekt gegen Österreich gerichtete Balkanpolitik unterstützte.

Die Russen wiesen ihn ab und die Franzosen forderten ihn heraus. Im Oktober 1873 waren die deutschen Besatzungstruppen aus den französischen Ostgebieten abgezogen. Frankreich hatte wieder volle Handlungsfreiheit und benützte sie sogleich, wie es Bismarck schien, zur Vorbereitung der Revanche: diplomatisch durch die Suche nach antideutschen Koalitionen und militärisch mit der Verstärkung seines Heeres.

Eine Warnung hielt Bismarck für angebracht. Am 8. April 1875 erschien in der Berliner *Post* ein von Constantin Rößler, einem Hofjournalisten Bismarcks, verfaßter Artikel mit der Überschrift:

»Ist der Krieg in Sicht?« Darin wurde die angebliche Kriegsvorbereitung Frankreichs angeprangert und die Möglichkeit eines deutschen Präventivkrieges angedeutet. Der journalistischen folgte eine diplomatische Warnung: Am 21. April 1875 bedeutete Joseph Maria von Radowitz, ein Hausdiplomat Bismarcks, dem französischen Botschafter, Überlegungen hinsichtlich eines Präventivschlages seien »vom politischen, philosophischen, ja selbst vom christlichen Standpunkt aus vollbegründet«, falls Frankreich seine Rüstungen nicht einstelle.

Diese Warnsignale, die Bismarck, wenn schon nicht direkt, so doch indirekt, abgegeben hatte, lösten die »Krieg-in-Sicht-Krise« aus. Generalstabschef Moltke wäre, wie schon in der Luxemburger Krise, schnell bei der Hand gewesen, einen Präventivkrieg zu beginnen. Bismarck wollte zwar den Revanchisten das Fürchten lehren, den Revanchismus jedoch nicht mit den Waffen austreiben. Er blieb bei seiner Auffassung, daß auch erfolgversprechende Kriege »nur dann, wenn sie aufgezwungen sind, verantwortet werden können und daß man der Vorsehung nicht so in die Karten sehen kann, um der geschichtlichen Entwicklung nach eigener Berechnung vorzugreifen«.

Zu dieser Einsicht gelangte er nicht zuletzt durch das Echo, das der Versuch einer Einschüchterung Frankreichs ausgelöst hatte. Paris rief Europa und fand Gehör. Nicht nur England, das im allgemeinen auf Frieden bedacht und im besonderen an der Balance of power interessiert war, gab ein Haltesignal, sondern auch Rußland, der Partner des Dreikaiserabkommens, ließ Deutschland wissen, daß es ihm auf Abwegen, die den Frieden stören oder gar zu einem Kriege führen könnten, entgegentreten würde.

Bismarcks Warnschuß erwies sich als Rohrkrepierer. Er wollte Frankreich der Kriegstreiberei beschuldigen und stand nun selber als Kriegswilliger da. Anstatt Frankreich zu verunsichern, gab er ihm das sichere Gefühl, nicht mehr allein zu sein, anstatt es in Isolation zu halten, machte er es wieder bündnisfähig. Nun war er selber isoliert, sah sich der Möglichkeit einer Dreierkoalition aus England, Rußland und Frankreich und der Problematik des Dreikaiserabkommens gegenüber: Schon bei der ersten Gelegenheit und aus keineswegs schwerwiegendem Anlaß befleißigte sich der Zar einer anderen Sprache als der deutsche Kaiser, und bei nächster Gelegenheit

würde er sich gegen den österreichischen Kaiser stellen, wenn dieser ihm auf dem Balkan in die Quere käme.
Die Schuld für seine Schlappe in der »Krieg-in-Sicht-Krise« suchte Bismarck, wie es nun einmal seine Art war, nicht bei sich, sondern bei anderen, vor allem beim russischen Reichskanzler Gortschakow, den er schon immer für einen »Hans Narr« gehalten hatte und nun der Komplizenschaft mit Frankreich und der Treulosigkeit gegen Deutschland beschuldigte.
Auf dem Höhepunkt der Krise gerieten sie aneinander. Gortschakow kam nach Berlin, mit dem Zaren, der, bevor er in Bad Ems seinen Brunnen trank, Wasser in Bismarcks Wein schüttete. Als Wasserträger diente ihm sein Reichskanzler, den Bismarck anging: »Ich machte dem Fürsten Gortschakow lebhafte Vorwürfe«, erzählte der deutsche Reichskanzler, »und sagte, es sei kein freundschaftliches Verhalten, wenn man einem vertrauenden und nichts ahnenden Freunde plötzlich und hinterrücks auf die Schulter springe, um dort eine Zirkusvorstellung auf seine Kosten in Szene zu setzen.«
Der Russe spielte sich als Bewahrer des europäischen Friedens auf, in einer Rolle, die sich der Deutsche vorbehielt, auch wenn er beinahe aus ihr gefallen wäre. Nun mußte er sich die Mühe machen, alle davon zu überzeugen, daß er sie nie aufgegeben habe und sie niemals aufzugeben gedenke. Durch die *Norddeutsche Zeitung* und die Nachrichtenagentur *Havas* ließ er verbreiten, daß Deutschland auf eine Rückgängigmachung des französischen Armeeorganisationsgesetzes verzichte.
Intern suchte er sein Verhalten, das zur Krise geführt und ihn in Verlegenheit gebracht hatte, zu rechtfertigen. »Ich würde noch heut wie 1867 in der Luxemburger Frage Eurer Majestät niemals zureden, einen Krieg um deswillen sofort zu führen, weil wahrscheinlich ist, daß der Gegner ihn später besser gerüstet beginnen werde«, gab er seinem durch den Kriegslärm verstörten Kaiser zu bedenken. »Aber es ist auch nicht nützlich, dem Gegner die Sicherheit zu geben, daß man seinen Angriff jedenfalls abwarten werde.« Man greife aber nicht leicht jemanden an, dem der Degen locker in der Scheide sitze, erklärte er in vertrautem Kreise. Daher sei es wohl nicht ganz unnütz gewesen, daß er Miene gemacht habe, den Degen zu ziehen.
Auch martialische Gebärden ersparten ihm nicht die bittere Erkenntnis, daß er sich eine Blöße gegeben hatte. Von anderen ent-

täuscht und mit sich unzufrieden, ohnedies abgearbeitet und krank, zog er sich in die Wälder von Varzin zurück, um seine Wunden zu lecken und sich neue Kraft für die Bewältigung seiner Hauptaufgabe zu holen: die Sicherung des Reiches in und gegen Europa.

EIN PRÄVENTIVKRIEG mußte, wie sich eben gezeigt hatte, als Mittel zur Sicherung des Reiches ausgeschlossen werden. Um Angriffskriegen vorzubeugen, die sein Existenz gefährden könnten, blieb nur der Weg, gestützt auf eine starke Militärmacht, eine aktive und flexible Bündnispolitik zur Herstellung eines friedenssichernden Gleichgewichts zu betreiben. Koalitionen, die sich gegen Deutschland richteten, galt es zu verhindern, ihnen vorbeugend Koalitionen mit Mächten entgegenzusetzen, deren Interessen einigermaßen mit den deutschen übereinstimmten.
Eine Dreierkoalition der konservativen Mächte Deutschland, Rußland und Österreich erschien weiterhin als die sinnvollste und zweckmäßigste aller Möglichkeiten. Die Liaison zwischen Berlin und Petersburg war zwar seit der »Krieg-in-Sicht-Krise« getrübt, doch mehr das persönliche Verhältnis von Bismarck und Gortschakow als die sachlichen Beziehungen zwischen zwei ideologisch wie machtpolitisch weithin übereinstimmenden Kaiserreichen.
Indessen blieb Bismarck bewußt, daß nichts auf dieser Welt und schon gar nicht in der Politik von Dauer war. Auf längere Sicht konnte eine Kollision mit dem aggressiven Rußland nicht ausgeschlossen werden, und bereits unmittelbar stand ein Konflikt zwischen Rußland und Österreich ins Dreikaiserhaus, von dem auch der Mitbewohner Deutschland in Mitleidenschaft gezogen werden müßte.
Bismarck hatte zwar die Grundregel parat, man müsse die Beziehungen der anderen so manipulieren, daß man immer jeder der streitenden Parteien näher wäre als diese zueinander. Aber ihm war klar, wie problematisch Regeln, vor allem in der Außenpolitik, waren und daß es weit schwieriger war, sie anzuwenden als aufzustellen.
Bereits vor Jahren waren vom französischen Botschafter Benedetti mit mehr Weitsicht, als er bei der Behandlung französisch-deutscher Angelegenheiten an den Tag gelegt hatte, die Schwierigkeiten vorausgesagt worden, die das Kaiserreich mit dem Zarenreich bekommen würde: Bismarck könne nicht wünschen, daß Rußland sich auf

dem Balkan ausdehne, denn dann würde es mit Übermacht auf Europa drücken, zunächst auf Österreich-Ungarn und dann auf Deutschland. Jeder Konflikt im Orient berge für Bismarck die Gefahr, daß Rußland, das er als Gegengewicht gegen Frankreich benötige, ihn als Kraft gegen Österreich benütze, das er als Gegengewicht gegen Rußland brauche.

In der Tat: Konflikte im Orient könnten ihn vor eine Option zwischen Rußland und Österreich stellen, die es im deutschen Interesse zu vermeiden galt. Dieser Gefahr sah er sich schon bald ausgesetzt.

Auf dem Balkan wurde die geschichtliche Erfahrung bestätigt, daß zerfallende Reiche mehr Anlaß zur Beunruhigung als zur Beruhigung boten. Das Osmanische Reich, das einst seine Umwelt bedroht hatte, löste sich Stück für Stück auf. Die Frage, wer diesen oder jenen Teil bekommen sollte, führte zu Auseinandersetzungen zwischen europäischen Mächten, die Geiern zu gleichen begannen, die sich um einen Kadaver stritten.

Österreich, das seit Prinz Eugen in Richtung Balkan marschiert war und von Bismarck aus Deutschland nach Südosteuropa verwiesen worden war, versuchte Verluste dort durch Gewinne hier auszugleichen. England war gewillt, seine Mittelmeerposition auszubauen und – seitdem der Suezkanal in Betrieb war – den Seeweg nach Indien zu sichern. Frankreich, das in Nordafrika Fuß gefaßt hatte, engagierte sich in der Levante. Dabei gerieten die einzelnen Mächte aneinander, und alle stießen sich an Rußland, das den Bärenanteil der türkischen Hinterlassenschaft verlangte und seinen Anspruch mit Macht und Konsequenz verfolgte.

Der Zar hielt sich, zumindest was den europäischen Teil des Osmanischen Reiches betraf, für den Alleinerbberechtigten. Schon Katharina die Große, die sich erste Stücke aus der Türkei geschnitten hatte, pflegte ihren Tischgästen zu sagen: Obst könne sie ihnen erst anbieten, wenn sie ihre Gärten in Konstantinopel bekommen habe.

Moskau bezeichnete sich als »Drittes Rom«, dem es aufgetragen sei, das »Zweite Rom«, das von den mohammedanischen Türken eroberte Byzanz, zu rechristianisieren und auf dem Weg dorthin die orthodoxen und slawischen Balkanvölker zu befreien. Zum Kreuzzugsgeist war der Panslawismus gekommen und – das Zeitalter des Imperialismus begann – der Drang nach dem offenen Meer, der

Versuch – wie es Bismarck ausdrückte – »aus dem Rock mit den zugenähten Ärmeln« herauszukommen, den Zugang vom Schwarzen Meer zum Mittelmeer unter russische Kontrolle zu bringen.
Bismarck, der das Deutsche Reich für saturiert erklärt hatte, war nicht daran interessiert, sich in die Auseinandersetzungen um die Erbmasse des »kranken Mannes am Bosporus« einzuschalten und sich mit den Mächten, die sich für erbberechtigt hielten, anzulegen. »Ich werde zu irgendwelcher aktiven Beteiligung Deutschlands an diesen Dingen nicht raten, solange ich in dem Ganzen für Deutschland kein Interesse sehe, welches auch nur – entschuldigen Sie die Derbheit des Ausdrucks – die gesunden Knochen eines einzigen pommerschen Musketiers wert wäre.« Um die Rumänen schere er sich so viel wie um sein Glas, wenn es leer sei, und Glück oder Unglück der Bulgaren seien durchaus kein Interesse des Deutschen Reiches.
Von einigem Interesse schien es indessen zu sein, wenn Mächte, von denen er Deutschland latent oder gar akut bedroht sah, weit hinten in der Türkei aneinandergerieten und dadurch abgehalten wurden, ihre Energien auf das im Zentrum Europas gelegenen Reich zu konzentrieren.
Als »wünschenswerte Ergebnisse der orientalischen Krise für uns«, sah er 1877 »1. Gravitierung der russischen und der österreichischen Interessen und gegenseitigen Rivalitäten nach Osten hin, 2. der Anlaß für Rußland, eine starke Defensivstellung im Orient und an seinen Küsten zu nehmen und unseres Bündnisses zu bedürfen, 3. für England und Rußland ein befriedigender Status quo, der ihnen dasselbe Interesse an Erhaltung des Bestehenden gibt, welches wir haben, 4. Loslösung Englands von dem uns feindlich bleibenden Frankreich wegen Ägyptens und des Mittelmeers, 5. Beziehungen zwischen Rußland und Österreich, welche es beiden schwierig machen, die antideutsche Konspiration gegen uns gemeinsam herzustellen...«
Sein Hauptwunsch war eine »Gesamtsituation, in welcher alle Mächte außer Frankreich unser bedürfen, und von Koalitionen gegen uns durch ihre Beziehungen zueinander nach Möglichkeit abgehalten werden.« Dies stellte sich jedoch als Wunschdenken heraus. Sein Hauptproblem wurde es, daß der im Orient aufgebrochene Gegensatz zwischen Rußland und Österreich sich nicht zu

Gunsten des lachenden Dritten, Deutschlands auswirkte, sondern zuungunsten des Dritten im Dreikaiserbund, der – obwohl er beider Sicherheitspartner nicht entbehren konnte – schließlich für einen von beiden und den schwächeren dazu, nämlich Österreich, optieren zu müssen meinte.

Was sich nicht als Vorteil, sondern als Verhängnis für Deutschland herausstellen sollte, begann 1875. Im Sommer dieses Jahres kam es in Bosnien und der Herzegowina, im Frühjahr 1876 in Bulgarien zu Aufständen gegen die türkische Herrschaft. Serben und Montenegriner, die bereits eine weitgehende Selbständigkeit errungen hatten, zogen gegen das Osmanische Reich zu Felde. Rußland schickte sich an, den Christen und Slawen zu Hilfe zu kommen und als Preis das Protektorat über die befreiten Gebiete zu erlangen.

Die Genugtuung Bismarcks, daß die Orientkrise die »Krieg-in-Sicht-Krise« in Vergessenheit geraten ließ, hielt nicht lange an. Denn Gortschakow stellte ihm die Gewissensfrage, wie sich das Deutsche Reich, falls es wegen des zu erwartenden Zusammenstoßes russischer und österreichischer Balkaninteressen zu einem Konflikt zwischen den beiden Kaiserreichen käme, verhalten würde. Alexander II. drückte gegenüber Wilhelm I. die Erwartung aus, daß Deutschland wenigstens so wohlwollend neutral bleiben würde, wie es Rußland im deutsch-französischen Krieg gewesen war.

Bismarck geriet in das Dilemma, das im Dreiecksverhältnis angelegt war: Neigte er zu Petersburg, würde er Wien verprellen, neigte er zu Wien, würde er es sich mit Petersburg verderben. Wie auch ein in der Luft liegender Krieg zwischen Rußland und Österreich ausginge, Deutschland könnte dabei nur verlieren. »Unseren Interessen kann es nicht entsprechen«, bemerkte Bismarck, »wenn das Glück den russischen Waffen ungünstig wäre, die Machtstellung Rußlands wesentlich und dauernd geschädigt zu sehen; ebenso tief aber würde es die Interessen Deutschlands berühren, wenn die österreichische Monarchie in ihrem Bestande als europäische Macht oder in ihrer Unabhängigkeit derart gefährdet würde, daß einer der Faktoren, mit denen wir im europäischen Gleichgewicht zu rechnen haben, für die Zukunft auszufallen drohte.«

Was er auch tun wollte, es würde Nachteile bringen, wobei er allerdings die Wahl zwischen einem größeren und einem kleineren Übel hatte: Am schlimmsten wäre es, wenn er sich für die eine oder

andere Seite entschiede. Nicht ganz so schlimm, aber noch schlimm genug wäre es, wenn er bei dem Versuch, als Neutraler zwischen beiden zu vermitteln, es zumindest einem, vielleicht sogar beiden Kontrahenten nicht recht machen könnte.
Während sich Bismarck noch das Für und Wider überlegte und die Österreicher, wie so oft, noch zu keinem Entschluß gelangt waren, schuf der Zar Tatsachen, begann einen Eroberungskrieg gegen den Sultan. Im April 1877 überschritten die Russen den Pruth, im Juni die Donau; im Juli war der strategisch wichtige Schipka-Paß gewonnen, und im Januar 1878 standen die Russen vor Konstantinopel. Der Sultan ließ sich den Frieden von San Stefano diktieren: Souveränität für Serbien, Montenegro und Rumänien. Schaffung eines bis zum Ägäischen Meer reichenden Groß-Bulgariens, das zwar dem Sultan tributpflichtig, aber vom Zaren abhängig sein sollte.
England und Österreich rüsteten zum Krieg gegen Rußland. Bismarck war alarmiert: »Die Gefahr liegt darin, daß der Konflikt ein allgemeiner werden kann, und niemand weiß, was für Zwischenfälle in einem sich lange hinziehenden Kriege entstehen können.«
Alle europäischen Konflikte, auch wenn sie noch so weit entfernt begonnen und ausgetragen wurden, mußten früher oder später das zentral und exponiert liegende Reich tangieren. »Dementsprechend müssen wir unsere Politik einrichten, das heißt den Krieg nach Möglichkeit hindern oder einschränken, uns in dem europäischen Kartenspiele die Hinterhand wahren und uns durch keine Ungeduld, keine Gefälligkeit auf Kosten des Landes, keine Eitelkeit oder befreundete Provokation vor der Zeit aus dem abwartenden Stadium in das handelnde drängen lassen.«
Das war und blieb das Ceterum censeo Bismarcks. Im Jahre 1878 bedeutete dies, daß er sich weder an die Seite Rußlands noch an die Seite Österreichs und Englands ziehen lassen durfte, sondern versuchen mußte, von einer neutralen Mittelposition aus einen bewaffneten Konflikt zu verhindern und mit und in der Balance of power seine konservative Dreierkoalition zu erhalten.
»Die Vermittlung des Friedens denke ich mir nicht so, daß wir den Schiedsrichter spielen, sondern als die eines ehrlichen Maklers, der das Geschäft wirklich zustandebringen will«, erklärte er öffentlich und äußerte privat seine Sorge, daß es der Russe dem Vermittler kaum verzeihen würde, wenn er ihm, was unvermeidlich war, Früchte seines Sieges abverlangte.

Immerhin bot ein europäischer Kongreß im neutral gebliebenen Berlin, zu dem sich die Kontrahenten am 13. Juni 1878 zur Beilegung der Krise einfanden, dem Reichskanzler einige Vorteile. Als Präsident des Kongresses vermochte sich Bismarck vor dem Inland, in dem sich eine konservative Wende anbahnte, wie vor dem Ausland, das am Willen des Reiches, den Status quo in Europa zu erhalten, immer noch zweifelte, als Friedenswahrer in Positur zu stellen.
So präsentierte ihn das Kongreßgemälde Anton von Werners als neuen Metternich, der in Berlin, das Wien wie Paris als Kongreßstadt abgelöst hatte, den Österreich-Ungarn Andrassy, die Russen Gortschakow und Schuwalow sowie den Engländer Disraeli, ganz abgesehen von den Türken, Franzosen und Italienern, überragte und mit dem Gleichgewicht den Frieden in Europa bewahrte.
Thema des Berliner Kongresses war die Revision des einseitig zugunsten des Friedensbrechers ausgefallenen Friedensvertrages von San Stefano. Eine wichtige Vorentscheidung war bereits in London und ohne Bismarck gefallen: Rußland verzichtete auf die Errichtung Groß-Bulgariens und damit auf eine Beeinträchtigung der englischen Mittelmeer-Interessen, und die Türkei, die froh war, einen beträchtlichen Teil ihres europäischen Gebietes gerettet zu haben, trat Zypern an England ab. So kam Disraeli bereits als halber Sieger nach Berlin, das er als ganzer und als eigentlicher Sieger verlassen sollte.
Dem Reichskanzler blieb die Ehre des Vorsitzes und die undankbare Aufgabe, vor allem zwischen Rußland und Österreich zu vermitteln. Einen wirklichen »ehrlichen Makler«, meinte der Bankier Bleichröder, gäbe es überhaupt nicht, und Bismarck machte die Erfahrung, daß diese Auffassung, wenn schon nicht von dem ihm gewogenen Andrassy, so doch von dem ihm nun noch mehr abgeneigten Gortschakow geteilt wurde.
Dabei hatte Bismarck alle Register seiner diplomatischen Geschicklichkeit gezogen. Der Dreiundsechzigjährige erschien mit weißem Vollbart, mit dem er seine krankhaften Gesichtszuckungen kaschierte und sich als Friedenspatriarch profilierte. Die Sitzungen fanden im Reichskanzlerpalais Wilhelmstr. 77 statt, wo der Hausherr die Mittel bereithielt, um ins Stocken geratene Verhandlungen wieder in Fluß zu bringen: »Dann sage ich: Meine Herren, ich bin müde und durstig, und es kommt mir vor, daß ein Tropfen mir gut tun würde.

Und warum sollen wir nicht alle einen Schluck nehmen? Das bedeutet eine Stunde an meinem berühmten Büffet, und dann setzen wir uns wieder in viel besserer Laune zu Tisch.«
Dennoch lief nicht alles so, wie er es wollte, und er bekam mehr als genug zu tun, um Gegenläufigkeiten zu vermeiden. Er müsse jetzt acht bis zehn Stunden täglich in fremden Zungen über die intrikatesten (verwickelsten) Fragen reden, was sehr anstrenge, klagte er. Während des Kongresses habe er kaum geschlafen; ehe er zur Sitzung ging, habe er zwei bis drei Biergläser starken Portweins getrunken, »um das Blut ordentlich in Wallung zu bringen – ich wäre sonst ganz unfähig gewesen zu präsidieren«.
Nach einem Monat war endlich der »Friede von Berlin« unter Dach und Fach. Groß-Bulgarien, das Rußland als wichtigsten Balkan-Satelliten hatte haben wollen, war zu einem Klein-Bulgarien zusammengeschrumpft, ohne Zugang zum Mittelmeer. Österreich-Ungarn erhielt das Recht zur Okkupation – nicht zur Annexion – Bosniens und der Herzegowina, die unter türkischer Oberhoheit blieben. England hatte Zypern, nach Gibraltar und Malta die wichtigste Bastion zur Sicherung seiner Mittelmeerposition, erhalten. Rußland, das Abstriche von den Friedensbedingungen von San Stefano hinnehmen mußte, behielt den ihm in San Stefano zurückgegebenen Teil Bessarabiens und mußte sich in Asien mit Batum, Kars und Adaghan begnügen.
Der Makler ging nicht leer aus, auch wenn sein Gewinn nicht in Quadratkilometern und Populationen zu beziffern war. Bismarck hatte Europa demonstriert, daß seine Reichsgründung sich auch positiv auf den Frieden auswirken konnte und daß der Reichsgründer nicht nur mit dem Säbel, sondern auch mit dem Palmzweig zu hantieren verstand. Er nahm den Beifall als »ehrlicher Makler« entgegen und rieb sich die Hände, weil das »orientalische Geschwür« zwar behandelt, aber nicht geheilt war, so daß die Mächte, die er für gefährlich hielt, davon befallen blieben und er sich als Wunderdoktor in Bereitschaft halten konnte.
»Jetzt fahre ich Europa vierelang vom Bock«, soll er sich im Auswärtigen Amt gebrüstet haben. Doch nicht einmal die deutsch-russisch-österreichische Troika, geschweige denn das europäische Fünfergespann war in die gewünschte Richtung zu lenken.
Die Vorteile, die er aus seiner Vermittlerrolle zog, wurden von dem

Nachteil aufgewogen, den er sich dadurch einhandelte: die Störung der Beziehung zu Rußland, die nur noch notdürftig zu reparieren, aber nicht mehr zu beseitigen war.
Der Zar fühlte sich vom Makler übers Ohr gehauen, um Gewinne seines Sieges betrogen. Alexander II, der Neffe, schrieb an Wilhelm I., den Onkel, einen Beschwerdebrief, in dem er Bismarck beschuldigte, aus Feindschaft gegen Gortschakow mit den Interessen Rußlands diejenigen Deutschlands verraten zu haben. Dieser Vorwurf wurde dem Friedensvermittler nicht gerecht, dem gar nichts anderes übriggeblieben war, als zunächst den Friedensstörer zum Nachgeben zu bewegen.
»Rußland hat sich dem einzigen Freund gegenüber benommen wie ein asiatischer Despot, welchem der Bediente nicht schnell genug die Treppe herauflaufe«, grollte Bismarck, der die Russen wie ein Wirtschaftsmagnat einen schwächeren Konkurrenten zu behandeln begann.
Die Wende zur Schutzzollpolitik, die ihm konservative Freunde in Deutschland gewann, führte zu einer weiteren Entfremdung vom konservativen Partner Rußland. Bismarck meinte zwar, man müßte in den Außenbeziehungen politische und wirtschaftliche Interessen getrennt halten, man könnte mit einer fremden Macht im Zollkrieg liegen und gleichzeitig eng mit ihr verbündet sein. Aber diese Auffassung erwies sich, was das deutsch-russische Verhältnis betraf, als falsch.
Die Schutzzölle, vor allem auf landwirtschaftliche Erzeugnisse, schädigten das einen Agrarüberschuß erzielende und auf den Agrarexport zur Finanzierung seiner Industrialisierung angewiesene Rußland. Bismarck stand nicht an, die Handelsdifferenzen zum Handelskrieg zu steigern, während er gleichzeitig darauf setzte, mit Rußland erträgliche politische Beziehungen beizubehalten beziehungsweise wiederherzustellen.
Doch er konnte nicht beides haben, wirtschaftliches Niederhalten und politisches Wohlverhalten Rußlands. So wurde ein Prozeß beschleunigt, den er verhindern wollte. Das Zarenreich näherte sich der Französischen Republik, die ihm ökonomisch entgegenkam, ideologische Vorbehalte abzubauen und die Übereinstimmung hervorzuheben verstand, das Deutsche Reich unter Druck zu setzen.
Im Jahre 1878, als die konservative Wende in Deutschland begann

und der Berliner Kongreß das deutsche Ansehen in Europa hob, schien Bismarck auf der Höhe seiner Macht angelangt zu sein. Es war – wie im klassischen Drama – die Peripetie, das Erreichen des Gipfels und der Beginn des Abstieges, der Schicksalsumschwung. Ein Jahr zuvor, 1877, hatte Jakob Burckhardt vorausgesagt: »Es ist möglich, daß er etwa in einer großen europäischen Krisis, wenn sich eine solche an den bevorstehenden Türkenkrieg hängen sollte, noch einmal den Ton angibt, aber das Innere des Reiches kann er nicht mehr heilen.« Das innenpolitische System Bismarcks war durch die Hinwendung zu einer konservativen Interessentenpolitik nicht nachhaltig zu festigen. Und das außenpolitische System war auch durch den Erfolg des Berliner Kongresses, der nur ein Teilerfolg war und sich als Scheinerfolg herausstellte, nicht auf die Dauer zu sichern.

»Die größte Torheit meines politischen Lebens war der Berliner Kongreß«, bemerkte Bismarck rückblickend in bitterem Scherz mit tieferer Bedeutung. »Ich hätte Rußland und England sich raufen und gegenseitig auffressen lassen sollen, wie die zwei Löwen im Walde, von denen nur die Wedel übrig bleiben. Dann hätten wir jetzt mehr Einfluß, Ruhe und weniger Gefahr.«

Aber was wäre geschehen, wenn er nicht die Rolle des Friedensvermittlers übernommen, auf dem Berliner Kongreß – wie er später mit Galgenhumor sagte – nicht Politik »wie ein Stadtverordneter« gemacht hätte? Wäre dann vielleicht aus dem orientalischen Konflikt ein gesamteuropäischer Konflikt geworden, in dessen Strudel Deutschland hineingezogen worden wäre – das »Reich der Mitte«, welches, weil an allen Seiten verwundbar, einen großen Krieg am meisten zu fürchten hatte?

Deshalb hatte er sich dem Maklergeschäft nicht entziehen können und mit den Vorteilen die Nachteile, die damit verbunden waren, in Kauf nehmen müssen. Diese begannen jene zu überwiegen. Der Dreikaiserbund löste sich auf. Bismarck hatte eine Wahl zwischen den beiden Partnern zu treffen, die auf Österreich fiel, ohne daß er die Hoffnung aufgab, in einem erträglichen Verhältnis mit Rußland zu bleiben.

Das Spiel mit den drei und darüber hinaus mit den fünf Mächten begann, das sein ganzes diplomatisches Können und zunehmend artistische Gewandtheit erforderte.

Das Spiel mit den Kugeln

EINE ZWEIERKOMBINATION zwischen dem Deutschen Reich und Österreich-Ungarn konnte die Dreierkombination nicht ersetzen, aber sie war einem Zweibund mit Rußland vorzuziehen, in dem Deutschland der Juniorpartner gewesen wäre.

Eine Allianz mit einem Autokraten, einer halb barbarischen Nation, verhetzt durch den Panslawismus, sei an sich riskant, während die Allianz mit einem schwächeren Staat, wie Österreich, viele Vorzüge habe, erklärte Bismarck am 28. September 1879 im preußischen Ministerrat. Aus ihm sprach die Enttäuschung über Rußland, das er so lange für einen Wunschpartner gehalten hatte, wie die Erkenntnis, daß er sich zunächst Österreichs versichern müsse, um eine Karte für eine Erneuerung des Dreikaiserspiels in der Hand zu haben und um zu vermeiden, daß er – wie Friedrich der Große – von einer Koalition zwischen Österreich, Rußland und Frankreich übertrumpft würde.

Auf der Suche nach Erklärungen für seine Zuneigung zu Österreich entdeckte der Zerstörer des Deutschen Bundes von 1815 die Zweckmäßigkeit einer zeitgemäßen Erneuerung der mitteleuropäischen Ordnung als »eine Art von gegenseitiger Assekuranz-Gesellschaft für den Frieden« und – durch Schaffung einer Zollunion – zur Förderung gemeinsamen Wohlstandes und Gewinnung gemeinsamer Wirtschaftsmacht.

So weit gedachte Andrassy nicht zu gehen, der in einer von Preußen-Deutschland betriebenen und zu dessen Gunsten veränderten Neuauflage des österreichischen Mitteleuropa-Plans der Jahrhundertmitte die Führungsrolle Schwarzenbergs an Bismarck hätte abtreten müssen. So kam es lediglich zum Abschluß eines geheimen Verteidigungsbündnisses, das die Vertragspartner zu militärischem Beistand verpflichtete, falls einer von ihnen von Rußland angegriffen würde. Auf Bismarcks Ansuchen, die Beistandsverpflichtung auf einen französischen Angriff auszudehnen, war Andrassy nicht eingegangen.

Der Zweibundvertrag, der am 7. Oktober 1879 in Wien unterzeichnet wurde, brachte Österreich, das einen russischen Angriff mehr als Deutschland zu befürchten hatte, größeren Vorteil als dem Reich, das sich in erster Linie gegen Frankreich absichern mußte.

Bismarck sah darin keinen großen Nachteil; denn ihm kam es in erster Linie darauf an, durch Herstellung eines Gleichgewichts den Ausbruch von Feindseligkeiten zu vermeiden. Nachdem er sich auf das Zarenreich nicht mehr verlassen konnte und mit einer Koalition zwischen Rußland und Frankreich, womöglich mit Beitritt Österreichs, rechnen mußte, setzte er dieser Bedrohung eine feste Zweierkoalition entgegen. Dabei gab er die Hoffnung nicht auf, diese zu einer Dreierkoalition – wie sie ihm angesichts von fünf Großmächten wünschenswert erschien – erweitern zu können: durch einen Beitritt Englands, das Österreich gewogen und Rußland abgeneigt war, oder – was ihm nach wie vor am liebsten gewesen wäre – durch eine Rückkehr des Zarenreiches in den Dreikaiserbund.
Solchen Gedankengängen vermochte der alte Kaiser Wilhelm nicht zu folgen. In einem deutsch-österreichischen Bündnis mit antirussischer Spitze sah er einen Bruch mit der preußischen Vergangenheit und eine Gefahr für die deutsche Zukunft. Wolken, die seit dem Berliner Kongreß die besondere Beziehung zwischen den beiden Dynastien überschattet hatten, glaubte er bei einer Begegnung mit Alexander II. in Alexandrowo verscheucht zu haben. Daher werde er, ließ er seinen Kanzler wissen, einen Zweibundvertrag nicht unterschreiben.
Dieser Einspruch, den er als Vertrauensbruch wertete, habe ihn, bemerkte Bismarck, als Offizier, Untertan und Minister geschmerzt wie einen Ehemann, der die Untreue einer heißgeliebten Ehefrau entdeckt habe. Er beließ es nicht bei Denkschriften, in denen er die russische Gefahr an die Wand malte und eine Defensivallianz mit Österreich als unabdingbar hinstellte. Bismarck griff wieder einmal zu der in vielen Auseinandersetzungen mit Wilhelm I. bewährten Ultima ratio: Er stellte die Kabinettsfrage.
»Meine ganze moralische Kraft ist gebrochen«, ächzte der Monarch und ratifizierte am 15. Oktober 1879 den Zweibundvertrag. Um sein Gewissen, seine Dynastie und sein Reich zu salvieren, schrieb er Alexander II. einen Brief, in dem er ihm das gegen seinen Willen Geschehene mitteilte und herunterzuspielen suchte: Im Grunde sei der Zweibund nur eine Neuedition des Deutschen Bundes von 1815, der auf dem Einvernehmen der beiden mitteleuropäischen Großmächte beruhte und das Einverständnis des Zaren gefunden hatte.
Diese Privatkorrespondenz mit Petersburg war durchaus im Sinne

Bismarcks, der einen Bündnisverkehr mit Rußland bei der nächsten sich bietenden Gelegenheit wieder aufzunehmen gedachte. In der Erwartung, daß dies bis an den Zarenhof dringen würde, versicherte er seinem Monarchen: Ähnlich wie zur Zeit der Heiligen Allianz »würde auch künftig Rußland jederzeit der Dritte in diesem Bunde der beiden deutschen Mächte wiederum werden können, wenn es sich nur entschließen kann, ebenso wie zur Zeit des Deutschen Bundes auf seiner Westgrenze Frieden zu halten«.

Dazu meinte er mit dem Zweibund beigetragen zu haben; denn ein Rußland, das mit dem Widerstand Deutschlands und Österreichs, eventuell mit Unterstützung Englands, zu rechnen hätte und – wie 1878 – in Gefahr geriete, isoliert zu werden, würde wohl davon abgehalten werden, einen Krieg zu beginnen, und sich vielleicht veranlaßt sehen, wieder in die Dreikaiserfront einzuschwenken.

Er schien recht zu bekommen: Rußland ließ Entgegenkommen erkennen, Bismarck signalisierte in Richtung Petersburg seine Bereitschaft, das Dreikaiserverhältnis zu erneuern, und in Richtung des widerstrebenden Wien, daß ein Krieg mit Rußland weder für Deutschland noch für Österreich »ein erwünschtes Ereignis sein würde« und deshalb kein Mittel zurückgewiesen werden dürfe, einen solchen Krieg zu vermeiden.

Am 18. Juni 1881 kam der Dreikaiservertrag zustande: Das Deutsche Reich, Österreich-Ungarn und Rußland schlossen ein geheimes Neutralitätsabkommen auf drei Jahre: Bei einem Angriff einer vierten Großmacht auf einen Vertragspartner verpflichteten sich die beiden anderen zu wohlwollender Neutralität. Das bedeutete: Deutschland könnte bei einem Angriff Frankreichs und Rußland bei einem Angriff Englands mit der Nichteinmischung der Mitunterzeichner des Dreikaiservertrages rechnen. Alle drei gingen davon aus, daß es zwischen ihnen zu keinen Kriegshandlungen kommen dürfe.

Das war nicht viel, und bei näherem Zusehen wurde es noch weniger. Im Unterschied zum Dreikaiserabkommen von 1873, in dem vor Europa ein Bekenntnis zu den monarchischen Grundsätzen des »Bundes der drei schwarzen Adler« abgelegt worden war, wurde der Dreikaiservertrag geheimgehalten. Die russische Regierung, die inzwischen der konservativen Prinzipienpolitik eine imperiale Interessenpolitik vorgezogen hatte, wagte es nicht mehr, der russi-

schen Öffentlichkeit, die vom Panslawismus erfaßt war und ein Zusammengehen mit Frankreich erstrebte, eine Allianz mit dem Deutschen Reich und Österreich-Ungarn einzugestehen.
Die Annäherung Rußlands an Frankreich und damit die Gefahr eines Zweifrontendruckes auf die Mittelmächte war nur hinauszuschieben, nicht aufzuhalten. Auch der Wechsel vom feindseligen Gortschakow zum konzilianten Giers vermochte daran nichts Wesentliches zu ändern. Alexander III., der 1881 auf den einem Attentat zum Opfer gefallenen Alexander II. folgte, war dem Verwandten in Berlin weniger gewogen als der Vater. Als dieser von der Kaiserproklamation in Versailles gehört hatte, trank er auf das Wohl Wilhelms I. und forderte auch seinen Sohn, den Thronfolger, dazu auf. Dieser leerte sein Glas, zerschmetterte es und erklärte: Er habe dies getan, damit niemand mehr aus diesem Glas auf das Wohl des Deutschen Kaisers trinken könne.
Auf Franz Joseph I. war Alexander III. noch schlechter zu sprechen. Ein Zusammenstoß zwischen Rußland und Österreich blieb wahrscheinlicher als eine Auseinandersetzung zwischen Rußland und Deutschland. Auch wenn Bismarck erwartet haben mochte, er könnte als Vermittler Vorteile für sich, den Dritten im Bunde, erlangen, so mußte er doch bald feststellen, daß er zwischen Österreichern und Russen wie zwischen zwei bissigen Hunden stehe, welche stets aufeinanderstürzen würden, sobald er das Halsband losließe. Die Befürchtung war nicht von der Hand zu weisen, daß auch der Halter der Hunde von dem bissigeren der beiden, dem russischen, angefallen werden würde.
Immerhin vermochte er den auf drei Jahre befristeten Dreikaiservertrag 1884 für weitere drei Jahre zu verlängern. Doch er überschätzte den Wert dieses diplomatischen Werkes nicht, das einer Sanduhr glich, die unaufhaltsam ablief. Der Monarchist verfolgte diesen Verfall des Monarchenbundes mit prinzipiellem Bedauern. Der Außenpolitiker war gefordert, nach weiteren Möglichkeiten zur Ausbalancierung der Machtgewichte zu suchen. Und der Realpolitiker konnte und wollte sich dabei nicht von ideologischen Bedenken beirren lassen.
Außer Betracht ließ er vorläufig das republikanische und revanchistische Frankreich. Dagegen bezog er England in seine Überlegungen ein. Ungerührt ließen ihn die Forderungen deutscher Liberaler

und namentlich des anglophilen Kronprinzen, die sich von einer Hinwendung zum Mutterland des Liberalismus eine Liberalisierung ihres Vaterlandes versprachen. Bismarck schätzte England einzig und allein als Großmacht, die an der Balance of power in Europa interessiert war und die, falls erforderlich, für deren Erhaltung zu gewinnen wäre.

Zu den fünf Großmächten war Italien gekommen, das sich für die sechste hielt, indessen eine Macht mittlerer Größe blieb, doch auch als solche als Gewicht im Balancespiel eingesetzt werden konnte.

Von den Italienern hielt der Preuße wenig. »Sie haben früher Appetit als Zähne bekommen«, meinte er, und bezeichnete ihre Politik als »die des Schakals, der dem Löwen folgt, um sein Opfer aufzufressen«. Bismarck dachte daran, daß ihm 1866 Italien in den Krieg gegen Österreich gefolgt war, in dem es zwar militärisch nichts ausgerichtet, aber einen Beuteanteil beansprucht und bekommen hatte.

Der Reichsgründer sah darüber hinweg, daß Italien wie Deutschland durch die Waffen einer Führungsmacht und mit einem nationalrevolutionären Programm gegen das System von 1815 geeint worden war. Der Konservative gewahrte lediglich eine Monarchie, die steuerlos der Republik entgegentreibe und deshalb »für niemand eine potente Allianz« sein könne – am wenigsten für das deutsche Kaiserreich, dessen Kreator auch dessen Stabilisator zu sein und bleiben hoffte.

Weder von persönlichen Abneigungen noch royalistischen Befürchtungen ließ er sich abhalten, die italienische Karte in sein Sicherheitsspiel einzubringen. »Italiens Vertrauen zu Frankreich könne auf Grund geschichtlicher Erfahrungen niemals sehr groß sein«, bemerkte Bismarck, der in der Gegenwart ein Mißtrauen der Italiener gegen die koloniale Expansion der Franzosen in Nordafrika ausmachte. Bis auf weiteres schien dieses größer zu sein als jenes, das sie gegen die Österreicher hegten, die immer noch »unerlöste Gebiete« der Nation im Norden der Apenninenhalbinsel besetzt hielten.

In Italien meinte Bismarck einen Koalitionär gegen seinen Widerpart Frankreich und ein Korrektiv für seinen Zweibundpartner Österreich gefunden zu haben. Am 20. Mai 1882 wurde der Dreibund, ein geheimes Neutralitätsabkommen zwischen dem Deutschen Reich, Österreich-Ungarn und Italien geschlossen. Berlin legte den Hauptwert auf den Schutz vor französischen Angriffen gegen Deutschland wie Italien, Wien auf die Deckung seiner Südflanke im Falle von Verwicklungen mit Rußland, und Rom auf eine Förderung seiner Ambitionen jenseits des Mittelmeeres und der Adria durch den Zweibund.

Dazu war jedoch eine Unterstützung durch das die Meere beherrschende Britannien vonnöten, nicht nur für ein Fußfassen in Nordafrika, sondern auch zur Sicherung seiner eigenen langgestreckten Küsten. »Deshalb sehe ich«, bemerkte Bismarck, »Italien zur steten Rücksichtnahme auf England und dazu gezwungen, trotz seiner Zugehörigkeit zum Dreibunde stillschweigend Rückversicherung bei jenem zu nehmen.« Diese werde von London selbstverständlich nicht umsonst gewährt; es rechne darauf, daß Italien in kritischen Momenten die englische Politik unterstütze, »auch wenn dies nicht geschehen könne, ohne die deutsche Seite seiner Beziehungen zu kompromittieren.«

Bereits im Dreibundvertrag von 1882, der 1887 erneuert wurde, war ausdrücklich die Befreiung Italiens von seiner Bündnisverpflichtung für den Fall ausgesprochen, daß England in einem Kriegsfall an die Seite Frankreichs träte. Dieser Schwachstelle des Dreibundes, der von deutscher Seite primär gegen Frankreich gerichtet sein sollte, war sich Bismarck bewußt. Vorerst sah er keine Gefahr, daß England, das mit Frankreich wegen Ägyptens aneinandergeriet, sich an die Seite des Hauptgegners des Reiches stellen würde.

Aber sie konnte akut werden, wenn die Kontinentalmacht Deutschland sich anschickte, auch eine Kolonialmacht zu werden, durch eine Expansion in Übersee der Weltmacht England ins Gehege kam.

DER IMPERIALISMUS näherte sich seinem Gipfel, und das Reich hatte noch nicht einmal mit dem Anstieg begonnen. Aber auch in Deutschland drängte der Industrialisierungsprozeß zu Rohstoffquellen und Absatzmärkten in die Welt hinaus. Der ökonomischen Ausdehnung sollte, wie jener der Engländer und Franzosen, folgerichtig die machtpolitische Ausbreitung folgen. So war zu erwarten, daß die auch in dieser Beziehung zu spät gekommene Nation in Torschlußpanik durch zu heftiges Vorgehen mit den Mächten zusammenstoßen würde, die sich ihre Kolonialreiche bereits gesichert

hatten – in erster Linie mit Großbritannien, das für sich das imperiale Erstgeburtsrecht in Anspruch nahm.
Nun sprach Bismarck davon, daß außer dem Gleichgewicht in Europa auch ein »Gleichgewicht der Meere«, neben der kontinentalen eine globale Balance of power herzustellen sei, und während jene eine aus der Vergangenheit überkommene Aufgabe sei, stelle sich diese als Auftrag für die Zukunft. Als er dies 1884 dem französischen Botschafter sagte, dachte er freilich weniger an ein Mitspielen im überseeischen Wettlauf als an ein Ausspielen der Franzosen gegen die Engländer. Denn er blieb ein Kontinentaleuropäer, der mehr dem 18. als dem 20. Jahrhundert zugewandt war, letztlich ein Preuße, der das von ihm geschaffene Reich für den Nabel der Welt hielt.
Er wolle gar keine Kolonien, bemerkte er im Jahre 1871; denn Kolonien wären für die Deutschen »genau so gut wie der seidene Zobelpelz in polnischen Adelsfamilien, die keine Hemden haben«. Im Jahre 1881 erklärte er: »Solange ich Reichskanzler bin, treiben wir keine Kolonialpolitik. Wir haben eine Flotte, die nicht fahren kann, und wir dürfen keine verwundbaren Punkte in fernen Weltteilen haben.«
»Ich bin dagegen, aber ich lasse mich treiben«, bekannte er bald darauf, und begann mit halbem Herzen und mit kurzem Atem Kolonialpolitik zu betreiben. Was ihn trieb, waren innenpolitische Motive, und er ließ sich treiben, weil der Drang nach einem Engagement in Übersee, von dem mehr und mehr Deutsche erfaßt wurden, die Mühlräder seiner Systemerhaltungspolitik anzutreiben schien.
»Die ganze Kolonialgeschichte ist ja Schwindel, aber wir brauchen sie für die Wahlen«, erklärte er im Jahre 1884, als Reichstagswahlen anstanden, von denen er sich eine gefügigere Reichtagsmehrheit erhoffte. Dabei setzte er auf eine zunehmende Zahl von Deutschen, denen das Nationalreich in Europa nicht genügte, die ein Kolonialreich in Übersee erstrebten. Vor allem hatte er auf die staatliche Hilfe zur Überwindung einer neuen Depression und zur Verbesserung der Exportchancen erwartenden Wirtschaftskreise Rücksicht zu nehmen, auf die er sich seit der Wende zum Schutzzoll gesellschaftspolitisch wie staatspolitisch stützte. Nicht zuletzt mochte er hoffen, daß eine durch Erschließung neuer Märkte expandierende und florierende Industrie eine von einer unterbeschäftigten Industriearbeiterschaft drohende Sozialrevolution abwenden könnte.

Die Kolonialfrage sei deshalb »schon aus Gründen der inneren Politik eine Lebensfrage für uns«, befand Bismarck. »Die öffentliche Meinung legt gegenwärtig in Deutschland ein so starkes Gewicht auf die Kolonialpolitik, daß die Stellung der Regierung im Innern von dem Gelingen derselben wesentlich abhängt.« Dabei dachte er, wie immer, nicht zuletzt an die Erhaltung seiner eigenen Macht, die durch ein widerspenstiges Parlament beeinträchtigt war und von einem Volk, dem er nach Erfüllung nationaler Wünsche die Verwirklichung imperialer Träume in Aussicht stellte, befestigt werden sollte.

Deshalb ging er 1884 daran, die deutsche Flagge dem deutschen Handel folgen zu lassen, Territorien, in denen deutsche Kolonialpioniere Fuß gefaßt hatten, unter den Schutz des Reiches zu stellen beziehungsweise Gebiete direkt als Kronkolonien in Reichsbesitz zu nehmen. So entstand das nach dem englischen und französischen drittgrößte Kolonialreich, bestehend aus Deutsch-Südwestafrika, Deutsch-Ostafrika, Kamerun und Togo in Afrika, Kaiser-Wilhelms-Land, Bismarck-Archipel, Salomon- und Marshallinseln in Ozeanien. Nach Bismarck, noch im 19. Jahrhundert, kamen die Karolinen-, Palau- und Marianeninseln sowie Samoa im Pazifik und das Pachtgebiet von Kiautschou in China dazu.

Konflikte mit den anderen Kolonialmächten waren vorauszusehen, weniger mit Frankreich, das sich mehr auf Nordafrika als auf Westafrika verlegte, als mit England, das alle Meere und die ganze Welt als seine Interessensphäre beanspruchte.

Einwände, vielleicht Gegenzüge Londons hatte Bismarck einzukalkulieren. »Wir können England nicht dauernd schlecht behandeln, da es sich sonst wieder mit Frankreich zu einer Gruppe vereinigt, der sich dann auch noch andere anschließen würden«, bemerkte er 1884. Zu diesem Zeitpunkt hielt er jedoch eine begrenzte Konfrontation für nützlich. Dadurch wären die Beziehungen zu Rußland und sogar zu Frankreich zu verbessern, die beide mit England rivalisierten, jenes in Asien und dieses in Nordafrika.

Durch eine Belastung des Verhältnisses zu London versprach er sich auch Entlastung in Berlin. Mit dem baldigen Ableben des russophilen Kaisers mußte gerechnet werden. Auf der Stufe zum Thron stand ein Kronprinz, der kein Hehl aus seiner Absicht machte, in Entente mit England und mit Imitation von Englischem das diplomatische Spiel wie das konservative Beharren des allmächtigen Kanzlers zu konterkarieren. Dies gedachte Bismarck durch eine Abkühlung der Beziehungen zu London zu erschweren.

Der Primat der Innenpolitik war Bismarcks Imperativ, denn sein Tun und Lassen galt der Bewahrung der bestehenden Herrschaftsordnung und Gesellschaftsstruktur wie seiner eigenen Herrscherposition. Diesem Zweck diente auch und nicht zuletzt der wiederholte Hinweis auf einen Primat der Außenpolitik, mit dem er seine Politik der Systemerhaltung durch auswärtige Notwendigkeiten zu erklären und zu rechtfertigen suchte.

Das Reich wollte er so bewahren, wie er es und wozu er es geschaffen hatte: mit den Mitteln eines Machtstaates zur Gewährleistung des Monarchenstaates. Um diesen zu sichern, wandte er jene weiterhin an, aber nicht mehr, wie bei der Reichsgründung, die militärischen, sondern nun, bei der Reichserhaltung, die diplomatischen. Denn nur durch Friedenswahrung war der Fortbestand des Kaiserreiches in der Mitte Europas zu garantieren.

Am monarchischen Prinzip hielt er fest, aber bei dessen Konservierung hatte sich der Prinzipienpolitiker als Realpolitiker zu erweisen. Er hatte, weil er sich nach den Gegebenheiten richten mußte, pragmatisch, und weil die Gegebenheiten sich veränderten, flexibel zu verfahren.

Das galt auch für seine plötzliche Hinwendung zur Kolonialpolitik, der schon bald wieder eine Abwendung folgte. In der Mitte der achtziger Jahre jedoch schien diese mit innenpolitischen auch außenpolitische Vorteile zu bringen, jedenfalls neue Spielmöglichkeiten zu eröffnen.

Zum erstenmal sah er eine Chance, einen Modus vivendi mit Frankreich zu finden, die Dritte Republik von Revanchismus und Revisionismus abzulenken und von einer Annäherung an Rußland abzuhalten. Ausgangspunkt war ein gemeinsamer Gegensatz zu England, der durch die französische Kolonialexpansion schon vorhanden war und durch die deutsche Kolonialpolitik nun geschaffen wurde. Bismarck förderte Frankreichs nordafrikanische Ambitionen und demonstrierte deutsch-französisches Einvernehmen auf der im Dezember 1884 bis Februar 1885 in Berlin stattfindenden Kongo-Konferenz, die zu einem Londons Interessen zuwiderlaufenden Ergebnis gelangte: Verminderung englischer Einflußmöglichkeiten durch Anerkennung eines königlich-belgischen Kongo-Staates.

Bismarck, der bei den Einwirkungen in Übersee stets die Rückwirkungen auf Europa im Auge behielt, visierte eine Einbeziehung Frankreichs in die »europäische Friedens-Assekuranz« an. Es blieb eine Vision. Denn die in der Gegenwart versuchte Entspannungspolitik vermochte die in der Vergangenheit entstandene Hauptursache der Spannung nicht zu beseitigen. Die Franzosen sollten Sedan verzeihen, wie sie Waterloo verziehen hätten, sagte er zum französischen Botschafter, der entgegnete: Beide Niederlagen seien nicht miteinander zu vergleichen, denn 1815 habe Frankreich seine historischen Grenzen im wesentlichen behalten, während ihm 1871 das Elsaß und Lothringen und damit Teile der Nation entrissen worden seien.
Überdies wurde im Frühjahr 1885 Ministerpräsident Jules Ferry, der als Kolonialist ein Ansprechpartner Bismarcks gewesen war, durch den Linksnationalisten Georges Clemenceau gestürzt. Der Rechtsnationalist Georges Boulanger wurde Kriegsminister, und der Chauvinist Paul Déroulède betonte: »Nicht mit afrikanischem Sand und asiatischem Schlamm werden wir das Loch der Vogesen zustopfen.«
Wenn er sich mit Frankreich nicht zu verständigen vermochte, durfte er England nicht weiter brüskieren. Bismarck erklärte nun auch das deutsche Kolonialreich für saturiert, ohne vermeiden zu können, daß die Reichskolonialflagge dort, wo sie wehte und nicht mehr einzuholen war, den Engländern ein Dorn im Auge blieb und den Deutschen, die eine Erweiterung des Kolonialreiches verlangten, auf Halbmast gesetzt erschien.
»Hier liegt Rußland, und hier liegt Frankreich, und wir sind in der Mitte; das ist meine Karte von Afrika«, bedeutete Bismarck einem deutschen Kolonialenthusiasten. In Frankreich schwoll der Revanchismus an und in Rußland bekam der Panslawismus Oberwasser, und die Gefahr wuchs, daß eines Tages die Fluten aus West und Ost über dem »Reich der Mitte« zusammenschlagen würden.

DER EHEMALIGE DEICHHAUPTMANN, der die Elbe gebändigt hatte, sah sich nun vor eine ungleich wichtigere und schwerere Aufgabe gestellt: Der Reichskanzler hatte die Reichsdämme gegen die andrängenden Mächte und die anstürmenden Bewegungen zu festigen und zu halten.
»Die internationale Politik«, bemerkte Bismarck, »ist ein flüssiges

Element, das unter Umständen zeitweilig fest wird, aber bei Veränderungen der Atmosphäre in seinen ursprünglichen Aggregatzustand zurückfällt.« Der verantwortliche Außenpolitiker mußte versuchen, im Panta rhei, dem ständigen Fluß der Dinge, das Passende zusammenzuhalten und das Unpassende fernzuhalten, nützliche Bündnisse dauerhaft zu machen und schädliche Allianzen nicht entstehen zu lassen. Da er aber mit Heraklit meinte, daß es kein bleibendes Sein gebe, begann er an der Lösbarkeit seiner von Anfang an schwierigen und im Laufe der Zeit immer schwieriger werdenden Aufgabe zu zweifeln.

Die Friedenswahrung war notwendig, der Friedenswille war vorhanden, die diplomatische Kunst hatte er gelernt – doch ihre Ausübung glich immer mehr der Artistik. »Sie kommen mir manchmal vor«, sagte Wilhelm I. zu Bismarck, »wie ein Reiter, der auf seinem Pferde das Spiel mit fünf Kugeln spielt, die er immer wieder auffängt.« Aber wie lange konnte er noch durch die Manege traben und mit den Kugeln jonglieren? »Wie ein alter Jagdreiter«, bemerkte Holstein, »vermeidet er alle großen Sprünge, die nicht nötig sind«. Wie ein routinierter Akrobat warf er und fing er die Kugeln geschickt. Aber je länger das Spiel dauerte, desto größer wurde die Gefahr, daß die Nummer mißglückte.

Denn die alte Staatskunst griff immer weniger in einer Zeit, in der die alten Staaten, von Volksbewegungen erfaßt und von Volksvertretern mitbestimmt, immer unberechenbarer wurden. Die Kabinettspolitik wurde anachronistisch und die klassische Diplomatie obsolet. Selbst Bismarck, der in den Machtverhältnissen jede Kleinigkeit richtig einzuschätzen und jede Einzelheit stimmend einzusetzen verstand, vermochte dies auf die Dauer nur gelingen, wenn die Machtverhältnisse einigermaßen stabil und damit kalkulierbar wie hantierbar blieben.

Aber sie waren in Bewegung geraten, und Bismarck hatte dazu beigetragen. Er hoffte zwar, die Kräfte, die er zur Schaffung seines Reiches benötigt und benützt hatte, innenpolitisch unter Kontrolle halten zu können. Und er erwartete, daß er das Nationalreich, das er in die Mitte Europas gesetzt hatte, als Mitgaranten der traditionellen Mächtekonstellation einzurichten und zu erhalten vermöchte.

Doch die Dynamik der neuen Bewegungen war nicht in die Statik der alten Verhältnisse zurückzuführen, weder die monarchische

Herrschaftsordnung in Deutschland dauerhaft zu sichern noch die durch die Reichsgründung verursachte Verunsicherung der europäischen Situation aus der Welt zu schaffen. Denn die demokratischen und sozialen Massenbestrebungen waren nur für eine gewisse Zeit einzudämmen, aber nicht auf die Dauer aufzuhalten. Und die Störung des Gleichgewichts, die Bismarck durch eine ständige Balance of power zu beheben suchte, war eben nicht eine zu beseitigende Auswirkung, sondern die bleibende Ursache der Errichtung eines übergewichtigen Nationalreiches im Zentrum Europas.

So wurde Bismarcks Kugelspiel immer komplizierter und kühner. Die Schwierigkeiten, die in der Natur der Sache lagen, nahmen zu, die Fertigkeit des Artisten ließ nach, und Holstein, der ihn aus nächster Nähe beobachtete, fürchtete »mehr und mehr den Moment, wo die Welt merken wird, daß der Fürst keinen Raketensatz und keine Nerven mehr hat«.

Von Erfolgen verwöhnt und auf seine Routine vertrauend, glaubte er weiterhin, daß ihm für jede Situation das passende Mittel einfallen und er aus jeder Krise einen Ausweg finden würde. Schon immer hatte er sich auf das unmittelbar vor ihm liegende Problem konzentriert, es hier und heute lösen wollen, um sich dem Problem, das sich morgen stellte, zuwenden zu können. Über dem Tagesgesichtspunkt vernachlässigte er die Zukunftsperspektive, was kaum auffiel, solange seine Erfolgskurve nach oben zeigte, doch fragwürdig wurde, als sie nach unten zu weisen begann.

Denn immer weniger galt das staatsmännische Wirken der Gewinnung der Zukunft durch Veränderung der Gegenwart, und immer mehr der Erhaltung des innenpolitischen und außenpolitischen Status quo. Die Betriebsamkeit, die er dabei durch ununterbrochenes Jonglieren, unaufhörliches Improvisieren und immerwährende Suche nach Aushilfen an den Tag legte, konnte nicht darüber hinwegtäuschen, daß er sich in einer Tretmühle des Immobilismus betätigte.

So ähnelte er immer mehr einem Mandarin, der das »Reich der Mitte« in innerer Unbeweglichkeit zu erhalten suchte. Und er glich immer mehr dem alten Metternich, der aus dem Gebot seiner Reichsräson, in Bewegungslosigkeit zu verharren, eine europäische Tugend gemacht hatte.

»Friede ist die Ruhe der Ordnung«, sagte Augustinus. Doch der sich zuspitzende Meinungsstreit, welches die richtige Ordnung sei, gefährdete mit zunehmender Unruhe den inneren wie äußeren Frieden.

Der Deichbauer Metternich mußte die Erfahrung machen, daß angestaute Fluten mit aufgestauter Wucht den Damm durchbrachen. Dem Deichhauptmann Bismarck ersparte die Entlassung im Jahre 1890 die Beweisführung, daß er seinen Damm auch weiterhin hätte sichern können, und sein Tod im Jahre 1898 das Erleben des Dammbruches, des Ausbruchs des Ersten Weltkrieges und des Hinwegschwemmens der Hohenzollernmonarchie.

Das Nationaldenkmal

Bismarck im Park von Friedrichsruh. Photographie von 1886

Auf schwankendem Boden

ALS NATIONALER FESTTAG wurde der 70. Geburtstag Otto von Bismarcks am 1. April 1885 begangen. Den Reigen der Gratulanten eröffnete Wilhelm I., der ihm Anton von Werners »Kaiserproklamation in Versailles« schenkte, jene Version, in der Bismarck in Galauniform im Mittelpunkt des Monumentalgemäldes stand. Dieses Bild »vergegenwärtigt einen der größten Momente der Geschichte des Hohenzollernhauses, dessen niemals gedacht werden kann, ohne sich zugleich auch Ihrer Verdienste zu erinnern«, bemerkte der achtundachtzigjährige Kaiser. Der siebzigjährige Kanzler erinnerte sich daran, daß er den Hohenzoller »auf seinen Schultern auf den Kaiserthron« getragen und dieser ihm am 18. Januar 1871 nicht einmal die Hand gegeben hatte.

Im Gratulationsreigen folgten sämtliche Prinzen des königlichen Hauses, das er zu einem kaiserlichen Haus erhoben hatte. An der Spitze schritt Kronprinz Friedrich Wilhelm, der an diesem Tag auf Moll gestimmt war und nicht an die harten Auseinandersetzungen dachte, die er mit Bismarck gehabt hatte und noch haben würde. Nach ihm kam der Sohn, Prinz Wilhelm, der schon nicht mehr zum Vater und noch immer zum Kanzler aufschaute.

Sechzig Generäle marschierten auf, ohne Bismarck zu imponieren, doch sporenklirrend daran gemahnend, daß sein Reich mit Hilfe des Militärs geschaffen worden war und zusammengehalten wurde. Die angetretenen preußischen Minister musterte er mit der Gönnermiene des Chefs, der sie am Zügel hatte, aber nicht ohne Argwohn, ob nicht der eine oder andere willens wäre, ihm zu widersprechen und sich ihm zu widersetzen, oder gar in der Lage, ihn zu verdrängen und zu ersetzen.

Das Mißtrauen sei im umgekehrten Verhältnis zur Gefahr des Verdrängtwerdens gestiegen, bemerkte einer seiner engsten Mitarbeiter, Friedrich von Holstein. »Seine Besorgnis, daß irgend jemand übrig bleiben könnte, der imstande wäre, die politische Erbschaft oder einen Teil anzutreten, diese Eifersucht steigert sich.« Es sei möglich, »daß die Geschäfte, wenn Bismarck weg ist, besser gehen werden als heute, wo die Furcht vor ihm jede Initiative der anderen Minister lahmlegt. Aber die größte aller Aufgaben, das Zurückstauen der Revolution, wer soll das besorgen? Dafür ist kein Ersatz zu sehen, weit und breit.«

Dieser Auffassung war nicht nur der Monarch, der seinen greisen Diener, unter Küssen rechts und links bat, auch fernerhin auf seinem Posten auszuharren. Auch das deutsche Volk, jedenfalls in seiner Mehrheit, wünschte ihm und sich, daß der Reichsgründer noch lange als Reichsbewahrer erhalten bliebe. Solange der Eiserne Kanzler da war, schon wie sein eigenes Denkmal dastand, erschien die Beständigkeit des Erreichten verbürgt zu sein.

Vertreter des Volkes begrüßte der Jubilar auf dem von 11 Uhr bis 16 Uhr dauernden Gratulations-Frühschoppen mit Wohlwollen, vor allem die Studenten von siebzehn Universitäten, die in bunten Kneipjacken erschienen und ihm zu Ehren Salamander rieben. Die Volksvertreter, die unter Berufung auf das Volk, das sie gewählt hatte, ihm parlamentarische Weisungen zu geben suchten, ließ er bei aller aus Anlaß des Tages gebotenen Leutseligkeit spüren, daß er auf sie gar nicht angewiesen war. Der Reichskanzler glaubte – und er hatte Grund dazu –, der Repräsentant des Volkswillens, der Exekutor der Volksmeinung und der Interpret der Volksstimme zu sein, ähnlich wie Bonaparte in einem »plébiscite de tous les jours« als Leiter und Lenker der Reichspolitik bestätigt zu werden.

Das deutsche Volk stimmte ihm zu und sammelte für ihn, brachte zum 70. Geburtstag als »Otto-Pfennig« rund 2 Millionen 300000 Mark zusammen. Die Hälfte der Nationalspende zahlte der sozusagen in Gold aufgewogene Nationalheld unter anderem in eine Stiftung zur Förderung von Kandidaten des höheren Lehrfaches und in einen Fonds zur Unterstützung Bedürftiger unter seinen Gutsleuten ein. Die andere Hälfte wurde für den Rückkauf des 1830 veräußerten größeren Teils von Schönhausen verwendet.

Wie der Fürst Elsaß-Lothringen mit Deutschland wiedervereinigt habe, so werde nun der alte Familienbesitz wiedervereinigt, erklärte der Herzog von Ratibor, der Vorsitzende des Komitees für die Bismarckspende, der bei der Geburtstagsfeier die Besitzurkunde überreichte. Jetzt könne er erst mit Recht den Namen Bismarck-

Schönhausen führen, während er sich bisher Bismarck in Schönhausen hätte nennen sollen, bedankte sich der Fürst. Er habe Deutschland so viel erworben und genützt, daß er gegen die Annahme keine Bedenken habe, bedeutete er einem der Bankiers, welche die Differenz von 350000 Mark, die zwischen der Kaufsumme von 1500000 Mark und dem dafür verwandten Spendenbetrag von 1150000 Mark bestand, mit einer Hypothek deckten.

Gold und Eisen fügten sich wiederum gewinnbringend zusammen. Mehr noch als die Mehrung des Besitzes freute Bismarck die Wiedererlangung »des vollen ehemaligen Erbes meiner Väter«, das er den seinen weitervermachen konnte. Die Bismarck fernerhin als große Gutsherren zu sehen gab ihm die Befriedigung, die ihm die Aussicht auf eine bedeutende Staatskarriere seiner Söhne nicht zu geben vermochte.

Den Ältesten, Herbert von Bismarck, hatte er zwar im Auswärtigen Amt untergebracht, wo er ihn bis zum Staatssekretär beförderte, so daß gemunkelt wurde, der Kanzler betrachte den Staat als Erbhof, gedenke wie sein Gut so auch sein Amt dem Erstgeborenen zu vermachen. Doch die Diskrepanz in Bedeutung und Leistung war so auffällig, daß die Bedenken der Mißgünstigen geringer wurden und der Vater die Hoffnung fahren ließ.

Auch Wilhelm von Bismarck, genannt Bill, erreichte bei weitem nicht das Format des Vaters, auch wenn er der Begabtere der beiden Söhne war. Jurist wie sein Bruder, gab er sich Mühe, als Reichstags- und Landtagsabgeordneter die Politik seines Vaters parlamentarisch zu stützen, was dieser, der von der Volksvertretung wenig hielt, nicht als einen wesentlichen Beitrag zur Stärkung der Familienposition einschätzte. Im Familienkreis, der zunehmend einem Küchenkabinett glich, redete er mit. 1889 wurde er Regierungspräsident in Hannover, 1895 Oberpräsident von Ostpreußen.

Zum Clan gehörte auch der Schwiegersohn, Graf Kuno zu Rantzau, der dem Schwiegervater eine bescheidene diplomatische Karriere verdankte; zuletzt war er Gesandter in der niederländischen Hauptstadt Den Haag. Als Legationssekretär hatte der die dreißigjährige Marie geheiratet, die einzige Tochter Otto von Bismarcks, die dem alternden Vater eine wichtige und damit nicht einflußlose Stütze wurde.

Die »Magd seines Lebens« blieb seine Frau Johanna. Staatsgeschäftliches war für sie nur insoweit von Belang, als es das persönliche Befinden des Hausherrn und das familiäre Klima betraf. Politik im allgemeinen verabscheute sie, weil diese den Gemahl aus der Geborgenheit von Friedrichsruh und Varzin in die Berliner Arena entführte. Politiker im besonderen beurteilte sie danach, ob sie ihrem Otto und damit ihr das Leben erleichterten oder erschwerten.

Sie hätte sich ihm und ihr zuverlässigere Helfer gewünscht. Doch schon 1863 stellte sie fest: »Er hat ja fast keinen wahren treuen Freund – ich mißtraue ihnen allen – wenn's darauf ankommt, lassen sie ihn alle im Stich.« Inzwischen waren Freunde auch mit der Laterne kaum noch zu finden. Johanna wußte, daß ihr Mann daran nicht ganz unschuldig war, zumal anderen verborgen blieb, was sie entdeckt zu haben glaubte. Er scheine zwar »oft recht unfreundlich«, aber »innerlich ist er's bestimmt nie«.

»Im Amte aber wird es einsam um mich sein, je länger, je mehr; die alten Freunde sterben oder werden Feinde, und neue erwirbt man nicht mehr«, hatte er Roon geschrieben. Nun war der Kriegsminister, der ihn als Ministerpräsidenten vorgeschlagen hatte, schon sechs Jahre tot. Und der siebzigjährige Bismarck vertrug sich immer weniger mit dem fünfundachtzigjährigen Moltke, der ihm zwar nicht feindselig gegenüberstand – denn dies blieb Kriegsgegnern vorbehalten –, doch sich vom Staatsmann, der sich in militärische Dinge einmischte, wie vom Menschen Bismarck, welcher der Vorstellung Moltkes von edler und stiller Größe immer weniger entsprach, zunehmend distanzierte.

»Sein Selbstbewußtsein, gepaart mit einer starken Dosis Menschenverachtung«, hätten den Kanzler nicht selten dazu verleitet, »Freunde und Feinde zu unterschätzen«, bemerkte Christoph von Tiedemann, der ihm als Chef der Reichskanzlei diente. »Er sah in den Freunden dann nur willenlose Werkzeuge seiner Pläne, Schachfiguren, die er beliebig auf dem Brette seiner Politik hin- und herschieben und auch opfern konnte, wenn dies ins Spiel paßte, in seinen Feinden nur Schurken und Dummköpfe«.

Einem Gegner habe er nie volle Gerechtigkeit widerfahren lassen; denn »dazu war er zu leidenschaftlich, zu impetuos, zu kampflustig«, resümierte Tiedemann. »Jeder, auch der kleinste Angriff reizte ihn zur Gegenwehr, und er war stets bereit, einen Nadelstich mit einem Degenstoß zu vergelten.«

Nichts in der Welt sei dauernd, erklärte Bismarck; »Tempora mutantur et nos mutamur in illis« (Die Zeiten ändern sich und wir ändern uns in ihnen). Er selbst änderte sich nur insoweit, als das von Jugend auf Angelegte und im Mannesalter Gefestigte im Greisenalter mit immer schärferen Konturen hervortrat. Dies galt nicht nur für seine politischen Grundüberzeugungen, sondern auch für seine grundlegenden Charakterzüge.

»Vor seinem Genie hat jeder nach wie vor einen ungeheuren Respekt, auch seine Feinde«, bemerkte Theodor Fontane. »Aber die Hochachtung vor seinem Charakter ist in einem starken Niedergehen.« Ein »zynischer Zug«, störte Heinrich von Treitschke am »Charakter des großen Mannes«, und Lucius von Ballhausen beobachtete, »wie intensiv er Gedanken der Rache oder Wiedervergeltung für selbst erlittenes oder vermeintliches Unrecht pflegt«.

»Wenn ich schlaflos im Bett liege, kommen mir Gedanken über ungesühntes Unrecht, das mir vor dreißig Jahren widerfahren ist, dann werde ich förmlich heiß darüber und träume im Halbschlaf von der nötigen Abwehr«, bekannte Bismarck. Er wurde immer nachtragender und rachsüchtiger, mißtrauischer und mißgünstiger, eigensüchtiger und eigensinniger, reizbarer und unbeherrschter. »Ich habe zuweilen das Bedürfnis, mich zu ärgern, und wenn ich gerade im Augenblick nichts anderes habe, ärgere ich mich über einen Baum und lasse ihn umhauen.«

Doch immer mehr fehle ihm »der alte Hammerschlag«, bemerkte Wilhelm von Bismarck, immer häufiger mache er eine Faust, ohne zuzuschlagen, beobachtete Friedrich von Holstein. »Der Mann mit den Hyänenaugen«, wie der Kanzler seinen Mitarbeiter nannte, erkannte mit untrüglichem Blick für Verfallendes und Absterbendes: Der Chef habe seit Jahr und Tag »einen Ruck ins Alter hinein gemacht«, der Geist trockne ein, das Gedächtnis lasse nach, die Energie nehme ab und die Nerven seien einer Belastung kaum mehr gewachsen. Schon nach zwei Stunden Arbeit bekomme er einen roten Kopf und sei müde und abgeschlagen.

Der Chef, der sich selber nichts vormachte, versuchte seiner Umgebung vorzuspiegeln, daß er immer noch der Alte sei, der sich um alles, en gros wie en detail, kümmern müsse, sich jede Entscheidung, auch über die kleinsten Dinge, vorzubehalten habe. Je mehr Sprünge seine Autorität bekam, desto mehr legte er Wert darauf, sie als ungebrochen hinzustellen, sich als Autokrat zu gebärden.

Grenzen sah er sich weniger durch den Geist als durch den Körper gesetzt. Seine Gesundheit hatte er nicht nur durch zu viel Arbeit und Ärger, sondern auch durch eine unvernünftige Lebensweise ruiniert. Schob er früher Krankheiten gerne vor, um eine Durchsetzung von Vorhaben dadurch zu erleichtern, daß die einen aus Mitgefühl und die anderen aus Schadenfreude es an nötiger Aufmerksamkeit wie gebotenem Widerstand fehlen ließen, so wurde er nun selbst durch seine Krankheiten gehandicapt.
Durch Kuren in Kissingen, die er elfmal mit insgesamt achtmonatiger Dauer gebrauchte, konnte er seine Gebrechen nur vorübergehend lindern, nicht spürbar beheben: Magenverstimmungen, Gallenkoliken, Leberschmerzen, Gichtanfälle, Beinleiden, Ischias, Neuralgien. Ein Mann von weniger robuster Natur wäre dadurch schon längst in den Stand der Invalidität versetzt worden. Auch Bismarck wäre dies vielleicht passiert, wenn er nicht noch rechtzeitig den richtigen Arzt gefunden hätte.
Mit sechsundsechzig hatte er in Kissingen Dr. Ernst Schweninger kennengelernt, einen Altbayern, der den Preußen mit seiner Grobheit beeindruckte und den mit seinen Ärzten unzufriedenen Patienten durch seine gekonnt gestellten Diagnosen und seine konsequent angewandten Therapien überzeugte. Er bestellte ihn zum Hausarzt und unterwarf sich dem »schwarzen Tyrannen«, der ihm mitunter wie eine weiß-blaue Revanche für den schwarz-weißen Sieg von 1866 und den schwarz-weiß-roten Triumph von 1871 erscheinen mochte.
Es begann damit, daß er sich jeden Morgen wiegen und entsprechend auf Diät setzen lassen mußte. Wenn Schweninger nicht da war, suchte er das Versäumte nachzuholen, doch da dies regelmäßig zu Rückfällen führte, ließ er sich zunehmend herbei, die Anordnungen, wenn auch murrend und klagend, einigermaßen zu befolgen. »Mein böser Geist«, grollte Bismarck, als ihm bei einer parlamentarischen Soirée Schweninger das Glas aus der Hand nahm.
Der Leibarzt hielt den Verfall des Greises auf und verlängerte sein Leben. »Ohne Schweninger wäre er vielleicht tot, aber er wäre groß gestorben«, giftete Holstein 1886, zwölf Jahre vor dem Ableben Bismarcks. Alle Gewohnheiten, die seiner Gesundheit abträglich waren, wenn sie auch seiner staatsmännischen Wirksamkeit zugute kamen, vermochte der Arzt nicht abzustellen.
Der Fürst, beobachtete Schweninger, pflege jede Frage und jedes

Ereignis von jeder irgend möglichen Seite zu untersuchen und unter Zuhilfenahme seiner politischen Erfahrung wie seines geschichtlichen Wissens alle möglichen Konstellationen mit all ihren eventuellen Folgen bis ins einzelne durchzudenken. »Durch diese intensive Art des Nachdenkens, der er sich besonders auch abends im Bette hingab, kam dann sein Gehirn selbstverständlich zu einem so lebhaften Phosphoreszieren, daß von einer Schlafmöglichkeit nur in seltenen Fällen noch die Rede sein konnte.«
Auch der Greis, der auf seine Gesundheit hätte achten müssen, konnte nicht umhin, Tag und Nacht darüber nachzudenken, wie er als Staatsmann sein Werk erhalten könnte, auch wenn er darüber sein Leben verkürzte.
»Er will à tout prix möglich bleiben, jetzt und künftig, und zwar weil er wohl die Empfindung hat, daß der begonnene Bau unter dem Hohngelächter der Welt zusammenfällt, sobald er die Hand davon tut«, hatte Roon bereits 1870 erkannt. Manchmal spielte Bismarck mit dem Gedanken, die Hand abzuziehen, sich aus der Politik zurückzuziehen, denn »Freude habe ich wenig oder gar keine gehabt von allem, was ich getan habe, dagegen viel Verdruß, Sorge und Mühe.«
Einmal fragte er sich sogar, ob er nicht nur sich, sondern auch den anderen einen zu hohen Preis abverlangt habe. »Ohne mich hätte es drei große Kriege nicht gegeben, wären achtzigtausend Menschen nicht umgekommen, und Eltern, Brüder, Schwestern, Witwen trauerten nicht.« Doch ließ er diesen Ausspruch, den er bei Tisch gemacht hatte, nicht im Raume stehen: »Das habe ich indes mit Gott abgemacht«, fügte er hinzu, und überließ es den anderen, darüber zu rätseln, ob er sicher sei, Vergebung gefunden zu haben.
Keinen Zweifel ließ er daran, daß er seinen Bau auf schwankendem Boden stehen sah, Risse in seinem System entdeckte, einen Einsturz des Reiches für nicht ausgeschlossenen zu halten begann.
Das war der Hauptgrund, warum er auf seinem Posten ausharrte, weil er nach wie vor – wie es Roon erkannt hatte – sein Reich nicht nur aus objektiven, sondern auch aus subjektiven Gründen erhalten wollte, das Geschaffene nicht der Schadenfreude seiner Feinde und den Schöpfer nicht dem Hohngelächter seiner Gegner aussetzen wollte.
»Ich habe von Anfang meiner Karriere an nur den einen Leitstern gehabt: durch welche Mittel und auf welchem Wege kann ich

Deutschland zu einer Einigung bringen und, soweit dies erreicht ist, wie kann ich diese Einigung befestigen, fördern und so gestalten, daß sie aus freiem Willen aller Mitwirkenden dauernd erhalten wird«, erklärte der Reichskanzler vor dem Reichstag, in dem er innere Reichsfeinde sitzen, und vor Europa, wo er äußere Reichsfeinde am Werke sah.

»Hier bin ich, hier bleib' ich«, gab er allen kund und ließ alle wissen, daß er sich, wie bisher, so auch weiterhin nicht unterkriegen lassen werde. Sein Vorbild sei dabei der Schottenkönig Robert Bruce »in seiner Geschichte mit der Spinne, an deren stetem Wiederaufklimmen nach dem Herunterfallen er sich ermutigte, um seinerseits das, was er für recht und seinem Vaterland für nützlich hielt, auch bei den übelsten Aspekten nicht aufzugeben.«

DIE AUSSICHTEN, das Reich im Innern vollends zu einigen und nach außen dauerhaft zu sichern, waren im letzten Jahrfünft der Amtszeit des Reichskanzlers nicht gerade rosig.

In der Außenpolitik gefährdete eine neue Balkankrise das mühsam zustandegebrachte und zusammengehaltene Bündnissystem. Bulgarien, das mit russischer Hilfe zwar nicht so groß geworden war, wie es Protektor und Protegierte gewünscht hatten, immerhin zur Selbständigkeit gelangt war, begann diese auch gegenüber Rußland hervorzukehren und das großbulgarische Ziel auf eigene Faust anzustreben. Im September 1885 übernahm der Fürst von Bulgarien, Alexander Battenberg, auch die Regierung in Ostrumelien, das eine autonome türkische Provinz geblieben war.

Die Großmächte traten auf den Plan. England stellte sich hinter Bulgarien, während Rußland sich gegen den unbotmäßigen Schützling wandte, und Österreich-Ungarn benützte die Gelegenheit, seine Interessensphäre auf dem Balkan auszuweiten. Wien schickte die Serben gegen die Bulgaren vor, und als seine Alliierten zurückgeschlagen wurden, gedachte es militärisch einzugreifen. Dadurch fühlte sich Rußland herausgefordert, das zwar Bulgarien nicht zu eigenmächtig, aber auch Österreich-Ungarn nicht zu einflußreich sehen wollte. Petersburg griff in Sofia ein, ließ den Battenberger durch eine pro-russische Verschwörung stürzen und versuchte, Bulgarien wieder Satellitenzügel anzulegen.

Der Balkanknoten schürzte sich, nicht zum erstenmal und nicht

zum letztenmal, zu einem europäischen Konflikt. Bismarck, der Kriegsgefahr heraufziehen sah, versuchte sie herunterzuspielen. »Bulgarien, das Ländchen zwischen Donau und Balkan, ist überhaupt kein Objekt von hinreichender Größe, um daran die Konsequenzen zu knüpfen, um seinetwillen Europa von Moskau bis an die Pyrenäen und von der Nordsee bis Palermo hin in einen Krieg zu stürzen, dessen Ausgang kein Mensch voraussehen kann.«
Ungelegen wäre es ihm nicht gekommen, wenn sich Mächte, die er von einem Miteinander gegen Deutschland abzuhalten hatte, sich auf abgelegenem Schauplatz gegeneinandergestellt hätten. Aber er mußte erfahren und sich darauf einstellen, daß Zusammenstöße in Südosteuropa, auf das er offene wie intime Rivalen gerne abgelenkt hätte, auf Mitteleuropa zurückschlagen, Anti-Koalitionen zustande bringen und Pro-Koalitionen beeinträchtigen könnten.
Die Bulgarienkrise zeigte ihm, daß der Dreikaiservertrag wegen der erneut aufgebrochenen und kaum mehr zu bereinigenden Differenzen zwischen Rußland und Österreich-Ungarn erloschen war. Die Sicherung des Reiches erforderte jedoch die Aufrechterhaltung möglichst enger Beziehungen zu Österreich-Ungarn, mit dem es ohnehin im Zweibund verbunden blieb, wie zu Rußland, das es von einer Annäherung an Frankreich abzuhalten galt. Die Schwierigkeit lag darin, daß Wien wie Petersburg von Berlin erwarteten, daß es sich bei Balkankonflikten auf ihre Seite ziehen ließ, während es das Interesse des Reiches gebot, sich von keinem der beiden, wie Bismarck betonte, ein »Leitseil um den Hals werfen« zu lassen.
Da aber beide von ihm erwarteten, daß er sich für ihre Interessen einspannen ließ, mußte er jeden enttäuschen: weniger Österreich-Ungarn, das aus der Bulgarienkrise, dank der Rückendeckung durch England, gestärkt hervorging, und mehr Rußland, das seine Schlappe in erster Linie darauf zurückführte, daß es durch Deutschland keine Rückenstärkung erfahren hatte. Während das Verhältnis zu Wien nur vorübergehend abkühlte, näherte sich dasjenige zu Petersburg unaufhaltsam dem Gefrierpunkt.
Immer lauter wurde in Rußland eine Allianz von Slawen und Romanen gegen die Germanen, eine Koalition zwischen Rußland und Frankreich gegen die Mittelmächte verlangt. Aus Paris, wo Chauvinisten die Regierung übernommen hatten, war ein positives Echo zu vernehmen.

»Frankreich wird sicher losschlagen, sobald es der russischen Anlehnung sicher ist«, warnte Bismarck Ende 1886, wies jedoch darauf hin: »Solange die jetzige Haltung Rußlands bleibt, wird Frankreich uns mit berechneter Überlegung nicht angreifen.« Aber dieser Haltung mußte er sich, angesichts der Außerkraftsetzung des Dreikaiservertrages, erst wieder versichern.
Am 18. Juni 1887 schloß Bismarck den geheimen, auf drei Jahre befristeten Rückversicherungsvertrag mit Rußland. Die Unterzeichner versicherten sich gegenseitig wohlwollender Neutralität für den Fall, daß einer der Vertragspartner »sich mit einer dritten Großmacht im Kriege befinden sollte«. Dies sollte nur gelten, wenn Deutschland von Frankreich oder Rußland von Österreich angegriffen werden würde. Da der erste Fall als wahrscheinlicher als der zweite galt, mußte Bismarck den Russen weit entgegenkommen: Durch eine Anerkennung der »geschichtlich erworbenen Rechte Rußlands auf der Balkanhalbinsel«, auch und vor allem hinsichtlich Bulgariens. Und durch das im »ganz geheimen Zusatzprotokoll« gegebene Versprechen, den Zaren »moralisch und diplomatisch zu unterstützen«, falls dieser »sich in die Notwendigkeit versetzt sehen sollte, zur Wahrung der Interessen Rußlands selbst die Verteidigung des Zuganges zum Schwarzen Meere zu übernehmen«, um »den Schlüssel seines Reiches in der Hand zu behalten«.
Bismarck wußte, daß er mehr gegeben als bekommen hatte, ein Vertragspapier in Händen hielt, das ihm der nächste Sturm entreißen und fortwehen könnte. Dazu bedurfte es nicht erst der Hinweise des Staatssekretärs Herbert von Bismarck, daß der Rückversicherungsvertrag »uns im Ernstfall die Russen wohl doch sechs bis acht Wochen länger vom Hals, als ohnedem« halte, daß vielleicht »jene Abmachung nur getroffen sei, um uns die Hände zu binden, bis Rußland mit seiner Bewaffnung und Flotte fertig sei«.
»Wir müssen mit und ohne Vertrag auf einen Bruch gefaßt bleiben«, bemerkte Otto von Bismarck vor der Unterzeichnung, und danach bekannte er, daß sein »Vertrauen auf die Aufrichtigkeit der friedlichen Gesinnung auch des amtlichen Rußlands uns gegenüber erschüttert« sei. Doch er meinte, es sei besser, diesen Vertrag als keinen Vertrag zu haben, und glaubte, damit über ein diplomatisches Instrument zu verfügen, mit dem er Schlimmeres, wenn schon nicht abwenden, so doch hinauszögern und vielleicht abschwächen

könnte. Aber er stumpfte sein diplomatisches Werkzeug dadurch ab, daß er den politischen Entspannungsbemühungen wirtschaftliche Kampfmaßnahmen folgen ließ.

War Bismarck immer noch so fest der alten Kabinettspolitik verhaftet, daß er Diplomatie und Ökonomie auch weiterhin auseinanderzuhalten können glaubte? Oder hatte er im Zeitalter des Imperialismus dazugelernt, daß ein Wirtschaftskrieg die Fortsetzung einer Politik, die nicht zum gewünschten Ziele führte, mit anderen und erfolgversprechenderen Mitteln sei? Oder war seine Position bereits so geschwächt, daß ihm nichts anderes übrigblieb, als dem Drängen der Großagrarier und Großindustriellen, auf die er sich innenpolitisch und gesellschaftspolitisch stützte, nach Durchsetzung ihrer wirtschaftlichen Forderungen nachzugeben?

Jedenfalls verschlechterte er das Verhältnis zu Rußland, das er, wenn er es schon nicht verbessern konnte, so doch entschärfen wollte, durch wirtschaftliche Maßregeln. Schon die deutsche Schutzzollpolitik schädigte die auf Agrarexporte angewiesene russische Wirtschaft; 1885 wurden die Agrarzollsätze verdreifacht, 1887 noch einmal um beinahe das Doppelte erhöht. Im Jahre des Abschlusses des Rückversicherungsvertrages wurde die vom Kapitalimport abhängige russische Industrie empfindlich getroffen. Auf Bismarcks Veranlassung erließ die Reichsbank ein Verbot, russische Wertpapiere zu beleihen.

Der Schuß ging nach hinten los. Die Russen besorgten sich das für ihre Industrialisierung – wie für ihre Rüstung – benötigte Kapital, das sie sich in Deutschland nicht mehr beschaffen konnten, in Amsterdam und vor allem in Paris. So half Bismarck mit, eine Brücke zwischen Rußland und Frankreich zu bauen, auf der sich die beiden kontinentalen Randmächte über der Mitte zunächst finanzpolitisch und schon bald bündnispolitisch trafen.

Im Jahre 1887 war man an einer Station angelangt, zu der im Jahre 1879 die Weichen gestellt worden waren. Nun zeigte es sich, daß das Eingehen des Zweibundes mit Österreich-Ungarn unvermeidlich zu einer Entfernung von Rußland und zu einer Annäherung zwischen Rußland und Frankreich führte. Und neben der außenpolitischen wurde eine damit verbundene innenpolitische Kalamität offenkundig: Das Zusammengehen mit den industriellen und agrarischen Interessentengruppen führte zu außenwirtschaftlichen Konsequen-

zen, die einen außenpolitischen Prozeß förderten, den Bismarck eigentlich hatte aufhalten, zumindest abbremsen wollen.
Der Wirtschaftskrieg ging daneben, und einen Präventivkrieg, wie ihn der Generalstabschef verlangte, gedachte der Reichskanzler nicht zu führen. Moltke wollte einem in der Luft liegenden Zweifrontenkrieg durch einen offensiv gegen Osten und defensiv im Westen geführten Präventivkrieg zuvorkommen. Es sei »gegen Rußland angriffsweise vorzugehen«, eröffnete er am 30. November 1887 der politischen Führung. »Nur wenn wir frühzeitig losgehen, werden uns, wie die Verhältnisse nun einmal liegen, günstige Chancen begleiten.«
Bismarck blieb – wie 1867 und 1875 – bei seiner grundsätzlichen Ablehnung eines Präventivkrieges, die durch die Einsicht in die seitdem gesunkenen Erfolgschancen verfestigt wurde. Er unterband die von Moltke vorgesehenen preußisch-österreichischen Generalstabsbesprechungen für einen gemeinsamen Angriff auf Rußland, signalisierte mit diplomatischem Code seinen Friedenswillen und erklärte vor dem Reichstag, auf dessen Oppositionsbänken Befürworter eines Präventivschlages aus ideologischen, antizaristischen Motiven saßen: »Mein Rat wird nie dahin gehen, einen Krieg zu führen deshalb, weil er später vielleicht doch geführt werden muß.«
Aber er hielt es angesichts der Verschlechterung der Beziehungen zu Rußland für notwendig, »daß man im Interesse des eigenen Landes Vorsichtsmaßregeln auf den schlimmsten Fall trifft und sich gegen russisch-französische Koalitionsgespräche durch anderweitige Koalitionen zu sichern sucht«.
So förderte er das Zustandekommen des im Dezember 1887 zwischen England, Österreich-Ungarn und Italien abgeschlossenen Orientdreibundes zur Aufrechterhaltung des Status quo, zur Wahrung des türkischen Besitzstandes gegen eine russische Aggression, obwohl er für eine solche – im Zusatzprotokoll zum Rückversicherungsvertrag – seine moralische und diplomatische Unterstützung nicht ausgeschlossen hatte. Der Dreibund zwischen Deutschland, Österreich-Ungarn und Italien war im Februar 1887 erneuert worden. Als Defensivallianz gegen französische Angriffe abgeschlossen, wurde er, weil die Italiener eine Unterstützung ihrer Ambitionen in Nordafrika und auf dem Balkan verlangten, durch gegen Frankreich wie Rußland gerichtete offensive Elemente ergänzt.

»Wir werden uns, da wir uns um das Wohlwollen Rußlands vergeblich bemühen, die Aufgabe stellen müssen, durch Änderung unserer Politik das Wohlwollen anderer Mächte zu gewinnen, und diese anderen Mächte in ihren Neigungen zur antirussischen Politik zu ermutigen«, befand Bismarck. Das Antirussische schloß das Antifranzösische ein. Deshalb hatte er nicht nur die Bedingungen Italiens für die Erneuerung des Dreibundes akzeptiert, sondern suchte auch dessen stillen Partner England noch stärker an der Eindämmung des russischen Expansionismus wie des französischen Revanchismus zu beteiligen.

Eingeleitet wurde dieses Bestreben, das 1889 zu einem von England nicht angenommenen Bündnisangebot führte, durch einen Brief, den Bismarck am 22. November 1887 dem englischen Premier und Außenminister Salisbury schrieb: Deutschland und Österreich wie England, die saturierten und deshalb friedlichen Staaten, seien durch die nicht saturierten und deshalb kriegerischen Staaten Frankreich und Rußland permanent bedroht. Daraus ergebe sich nicht allein für Deutschland und Österreich, sondern auch für England die Notwendigkeit, »uns Bündnisse zu sichern, die sich uns in dieser Hinsicht auf die Eventualität bieten, gleichzeitig unsere beiden mächtigen Nachbarn bekämpfen zu müssen«.

Salisbury überlas diesen Kernsatz des Briefes, der als Bündnisangebot gemeint sein konnte, beteiligte sich zwar an dem gegen Rußland gerichteten Orientdreibund, weil er dessen Expansion in einem eigenen Interessengebiet aufhalten wollte, vermied es jedoch – trotz der Differenzen mit den Franzosen in Nordafrika –, sich in eine gegen Frankreich gerichtete Kombination hineinziehen zu lassen. Eine solche hätte hauptsächlich den deutschen Interessen gedient, der Sicherung der Kriegsbeute von 1871, der Stärkung des Deutschen Reiches. Dadurch wäre – aus englischer Sicht – die durch dessen Errichtung eingetretene Störung der Balance of power zu einer Dauereinrichtung geworden.

Bismarcks Bemühungen, das Reich durch Bündnisse abzusichern, stießen auf die Schwierigkeiten, die in seiner Schöpfung von vornherein angelegt waren und die der Schöpfer im nachhinein nicht zu beseitigen vermochte. Auch durch immer bedenklichere Versuche, die einen gegen die anderen auszuspielen, ein fieberhaftes Suchen nach Ersatzlösungen und zunehmend gewagter werdende Entlastungsmanöver war die Erblast der Gründung des mächtigen Reiches in der Mitte Europas nicht aus der Welt zu schaffen: die wirkliche oder vermeintliche Gefährdung der Nachbarn, die sich zu Gegenmaßnahmen veranlaßt fühlten, die Deutschland tatsächlich gefährdeten.

Ein Bündnissystem hatte er mit Müh und Not zusammengeknüpft. Doch keiner der Bündnispartner hatte sich verpflichtet, im Falle eines Krieges mit Frankreich an die Seite Deutschlands zu treten. Zwar waren die Allianzen zur Verhinderung und nicht zur Führung von Kriegen gedacht, aber da ein Ausbruch von Feindseligkeiten nicht ausgeschlossen werden konnte, klaffte im Sicherheitssystem eine bedrohliche Lücke.

Inzwischen waren auch die Kriegsverhütungsbündnisse brüchig geworden, und neue Allianzen zur Behebung der Schäden schienen ausgeschlossen zu sein. England versagte sich, auf Italien war kein Verlaß, Rußland wandte sich Frankreich zu. So blieb nur Österreich-Ungarn, mit dem ein Verteidigungsbündnis bestand, das jedoch geeignet war, einen Konflikt mit Rußland, den es vermeiden sollte, heraufzubeschwören – und damit, weil mit einem Anschluß Frankreichs an Rußland gerechnet werden mußte, die Gefahr eines Zweifrontenkrieges.

So kam es, daß Bismarck das Habsburgerreich immer weniger als Entlastung und immer mehr als Belastung empfand. Schließlich spielte er sogar mit dem Gedanken, den Ballast abzuwerfen, im Glauben, das »Mittel in der Hand zu haben«, um Rußlands Neutralität »im letzten Augenblick zu erkaufen, indem er dann Österreich fallen ließ und den Russen damit den Orient überlieferte«.

Doch er konnte auf den Zweibundpartner nicht in einer Konstellation verzichten, in der sich das panslawistische Rußland unaufhaltsam dem revanchistischen Frankreich näherte, eine Phase begonnen hatte, in der – da »die Leidenschaften stärker sind als die Berechnungen« – die Kalkulationen der alten Staatskunst wie die Methoden der klassischen Diplomatie immer wirkungsloser wurden.

Bismarcks Befürchtung wuchs, »daß wir in nicht zu ferner Zeit den Krieg gegen Frankreich und Rußland gleichzeitig zu bestehen haben werden«. Da er sich auf die Ratio seiner Reichssicherung durch Koalitionen nicht mehr verlassen konnte, griff er auf die preußische Ultima ratio zurück, die er immer in der Hinterhand behalten hatte: Heeresmacht und Kriegsbereitschaft.

»WIR DEUTSCHE fürchten Gott, aber sonst nichts in der Welt«, erklärte Bismarck am 6. Februar 1888 im Reichstag, an die Nation gewandt, die große Töne, die ihre Selbstzweifel minderten und ihr Selbstvertrauen stärkten, gerne vernahm. Zugleich gab ihr der Kanzler, der sich kein X für ein U vormachte, zu bedenken, daß nicht alle Befürchtungen aus der Welt geschafft waren.

»Wir liegen mitten in Europa. Wir haben mindestens drei Angriffsfronten«, verdeutlichte Bismarck. Die Deutschen seien »der Gefahr der Koalition nach der ganzen Entwicklung der Weltgeschichte, nach unserer geographischen Lage und nach dem vielleicht minderen Zusammenhang, den die deutsche Nation bisher in sich gehabt hat im Vergleich mit anderen, mehr ausgesetzt als irgend ein anderes Volk.« Deshalb müßten die Deutschen »so stark sein, daß wir mit dem Selbstgefühl einer großen Nation, die unter Umständen stark genug ist, ihre Geschicke in ihre eigene Hand zu nehmen«, jeder Eventualität mit Ruhe entgegensehen könnten.

Dazu sei zweierlei notwendig: Erstens müßten die Deutschen »in dieselbe Lage der Unzerreißbarkeit kommen, die fast allen anderen Nationen eigentümlich ist«, und zweitens müßte die bereits respektable deutsche Streitmacht zu einer »gewaltigen Maschine« weiterentwickelt werden, die jeden und alle Angreifer niederwalzen könnte.

Das war ein Appell an die Volksvertreter, der von der Reichsführung eingebrachten Heeresvorlage zuzustimmen und sich nicht dem Verdacht auszusetzen, daß ihnen an einer Fortdauer des beklagten »minderen Zusammenhanges« der deutschen Nation gelegen sei. Zugleich wurde den Parlamentariern bedeutet, daß eine Ablehnung der Heeresvorlage nicht nur einem Verrat an der Sicherheit des eigenen Landes, sondern auch einem Anschlag auf den europäischen Frieden gleichkäme, der nur durch ein hochgerüstetes Deutschland, das keiner anzugreifen wage und das selber keinen anzugreifen gedenke, zu garantieren sei.

Nicht zum erstenmal faßte Bismarck das Parlament am patriotischen Portepee, und auch diesmal wieder mit Erfolg. Die am 6. Februar 1888 zur Annahme empfohlene Heeresvorlage »betref-

fend Änderungen der Wehrpflicht« fand die gewünschte überwältigende Mehrheit. Bereits am 11. März 1887 waren die Mittel für die Erhöhung der Heerespräsenz um 41000 auf 468400 Mann genehmigt und auf sieben Jahre festgelegt worden.
Die Reichsführung hatte wiederum ein Septennat durchgesetzt. Von Abgeordneten war darauf verwiesen worden, daß dies gegen das parlamentarische Budgetrecht verstieß, das grundsätzlich eine jährliche Bewilligung der Staatsausgaben vorschrieb. Militärkredite müßten die Ausnahme von der Regel bleiben, widersprachen die Verfechter des preußisch-deutschen Militärregimes, die auch den Kompromißvorschlag des Zentrums und der Freisinnigen verwarfen, den Heereshaushalt auf drei Jahre festzusetzen. Dennoch wurde am 14. Januar 1887 das Triennat vom Reichstag mit 186 gegen 154 Stimmen angenommen.
Die Heeresverstärkung werde gemacht, »zur Not ohne den Reichstag«, erklärte Bismarck. Abzuschaffen vermochte er ihn nicht, denn seine diesbezüglichen Staatsstreichpläne zur Änderung der Reichsverfassung, vor allem zur Ersetzung der Reichstagsabgeordneten durch Landtagsdelegierte, waren und blieben Sandkastenspiele. Er konnte sich nicht »von dem Reichstage losmachen«, aber er konnte ihn auflösen. Das tat er noch am 14. Januar 1887, dem Tage der Annahme des Triennats und der Ablehnung des Septennats.
Der Wahlkampf für die auf den 21. Februar 1887 angesetzten Neuwahlen führte Bismarck mit Angriffen auf die sogenannten Reichsfeinde, die angesichts der von ihm plakatierten Kriegsgefahr die Reichssicherheit bedrohten sowie mit einem Rückgriff auf die Parole des Verfassungskonfliktes der sechziger Jahre: Es gehe darum, ob die Streitmacht ein Monarchenheer bleiben oder ein Parlamentsheer werden solle.
Der Zweiundsiebzigjährige nahm den Kampf wieder auf, den er mit fünfzig geführt hatte. Die Kondition, ihn zu führen, war schwächer, aber die Konfession, um derentwillen er ihn durchzustehen müssen glaubte, war stärker geworden. Denn im Alter traten nicht nur die Charaktereigenschaften, die in ihm angelegt waren, sondern auch die Grundüberzeugungen, mit denen er angetreten war, schärfer hervor.
Royalismus und Junkertum bestimmten mehr denn je sein Denken und Handeln in einer Zeit, in der er die beiden altpreußischen

Wesenselemente zunehmend gefährdet sah und die er forciert zu erhalten suchte: die Herrschermacht und die Befehlsgewalt des Monarchen, die in dessen Auftrag von Adligen geleitete Staatsverwaltung und das in dessen Namen von Adligen kommandierte Königsheer.

»Eine große Nation ist nur monarchisch regierbar«, erklärte er 1885, fügte 1888 hinzu: Die festeste Stütze der Monarchie liege in einem Königtum, dessen Träger entschlossen sei, »lieber mit dem Degen in der Faust auf den Stufen des Thrones für sein Recht kämpfend zu fallen, als zu weichen«. Einen solchen Herrn – meinte Bismarck, auf die zweite Stütze, das Königsheer, verweisend – »läßt kein deutscher Soldat im Stich, und wahr bleibt das alte Wort von 1848 ›gegen Demokraten helfen nur Soldaten‹«.

Als Reichsgründer nannte der Preuße noch eine dritte Stütze der »Sicherheit des Reiches und seiner monarchischen Institutionen«: die deutschen Fürsten, die mit dem König von Preußen den Fürstenbund geschlossen hatten. Diese größeren und kleineren Potentaten, die er mitunter als Zaunkönige anzusehen geneigt war, seien das konservative, das heißt dasjenige Element, welches das Reich zusammenhalte, erklärte er 1884, wohingegen die Parlamente das zersetzende Element seien.

Weniger häufig und eher versteckt verwies der Reichskanzler und preußische Ministerpräsident auf eine vierte Stütze, die er nicht für die unwichtigste hielt: nämlich sich selbst. Ludwig XIV. habe gesagt, l'état c'est moi; er könne von sich sagen, moi je suis l'état, ich bin der Staat, erklärte er 1884 dem Botschafter Hans Lothar von Schweinitz, der aus diesem Diktum ebensoviel Egoismus wie Patriotismus heraushörte.

Mit der Monarchenherrschaft suchte Bismarck seine Ministermacht zu erhalten, gegen die Ansprüche und Einsprüche der Volksvertretung. »Ich halte den Minister für einen elenden Feigling, der nicht unter Umständen seinen Kopf und seine Ehre daran setzt, sein Vaterland auch gegen den Willen von Majoritäten zu retten«, erklärte er 1885. Zwei Jahre später ging es ihm darum, eine Reichtagsmehrheit für das Septennat zu bekommen, und er hoffte sie dadurch zu erreichen, daß er den Wahlen den Charakter eines Plebiszites für Kaiser und Kanzler, für Reichssicherung und Friedenswahrung gab.

Er hatte richtig spekuliert. Angesichts der an die Wand gemalten

Gefahren schlossen sich Konservative, Reichspartei und Nationalliberale zu einem Wahlbündnis zusammen, das durch die Aufstellung eines einzigen Kandidaten in jedem Wahlkreis eine klare patriotische, sprich regierungsfreundliche, Mehrheit erwartete. Das Kartell, wie eine Studentenverbindung zur Verfechtung gemeinsamer Ideale und wie ein Unternehmensverband zur Vertretung gemeinsamer Interessen und zur Ausschaltung unangenehmer Konkurrenten zustande gebracht, erreichte das gesteckte Ziel.

Das Kartell gewann, obwohl ebenso viele Stimmen für die Opposition wie für das Regierungslager abgegeben worden waren, dank des Wahlbündnisses eine satte Regierungsmehrheit. Diese beeilte sich, das Septennat mit 227 gegen 31 Stimmen bei 84 Enthaltungen anzunehmen.

»Die neue Vertretung ist der wahre Ausdruck des deutschen Publikums«, resignierte Ludwig Bamberger. »Der deutsche Parlamentarismus war eine Episode.« Die Deutsche Freisinnige Partei, auf die entschiedene Liberale ihre Hoffnungen gesetzt hatten, verlor über die Hälfte ihrer Mandate, bekam nur noch 32 statt 67 Sitze.

»Nach diesen Wahlen fange ich an, an der Zukunft eines Volkes zu zweifeln, das seine besten Freunde so verunglimpfen läßt«, klagte Ludwig Windthorst, der – was das Abschneiden seiner eigenen Partei betraf – keinen Anlaß dazu gehabt hätte. Das Zentrum hielt sich mit 98 statt 99 Mandaten, blieb grundsätzlich in Opposition und ging nur mit der Regierung, wenn ein Mittelweg zwischen seinem Prinzipienprogramm und Staatserfordernissen zu finden war.

Dies verdroß den Kanzler um so mehr, als er im Kulturkampf schließlich doch nachgegeben hatte und mit dem Papst dessen politische Klientel gewonnen zu haben glaubte.

Bismarck hofierte Leo XIII., indem er ihn als Schiedsrichter in einem peripheren Streit zwischen Deutschland und Spanien über die Karolinen-Inseln in der Südsee anrief. Der Papst entschied ihn zugunsten Spaniens, wogegen Bismarck nichts einzuwenden hatte. Der Reichskanzler nahm, als erster Protestant, den päpstlichen Christus-Orden entgegen. Er revanchierte sich, indem er das Oberhaupt der katholischen Kirche, dem Italien den Kirchenstaat genommen hatte, wie einen Souverän mit »Sire« anredete.

Dies wiederum verdroß deutsche Protestanten und Freisinnige, die

vom Eisernen Kanzler erwartet hatten, daß er auch und gerade gegenüber Papismus und Ultramontanismus hart und unbeugsam bleiben würde. Sie erinnerten sich mit Wehmut daran, daß sie in Harzburg, einem Sitze Heinrichs IV., der nach Canossa gegangen war, eine Gedenksäule errichtet hatten, in der das Versprechen Bismarcks eingemeißelt war: »Nach Canossa gehen wir nicht!«
Er habe gehen müssen, entschuldigte sich der Kanzler am 21. April 1887, denn es sei weder wünschenswert noch durchführbar, »einen Teil unserer Landsleute ihres Bekenntnisses wegen dauernd zu vergewaltigen«. Das Zentrum hörte die Botschaft wohl, ohne ihr rechten Glauben zu schenken. Selbst ein dem Wunsche Bismarcks entsprechendes Schreiben des Kardinalstaatssekretärs, in dem der Widerstand der Zentrumspartei gegen die Heeresvermehrung mißbilligt wurde, vermochte romtreue, aber politisch eigenwillige deutsche Katholiken nicht auf Kanzlerkurs zu bringen. Die Mehrheit des Zentrums enthielt sich bei der Verabschiedung des Septennats der Stimme.
Bismarck hatte die Zustimmung des Zentrums erwartet, nicht nur der breiteren Mehrheit wegen, sondern auch deshalb, weil er es dann bei nächster Gelegenheit wieder als ultramontane Partei, die Weisungen aus Rom befolgte, hätte hinstellen können. Nach wie vor betrachtete er das Zentrum als eine reichsfeindliche, weil über die Reichsgrenzen hinausblickende Partei, welche die andere internationale Partei, die Sozialdemokratie, wenn auch nicht ganz, so doch halb unterstützte. Auf Antrag des Zentrums war 1886 das Sozialistengesetz nicht um fünf Jahre, wie es Bismarck gewollt hatte, sondern nur um zwei Jahre verlängert worden.
Die Sozialistische Arbeiterpartei Deutschlands, obwohl sie bei den Kartellwahlen von 24 auf 11 Reichstagsmandate abgesunken war, galt Bismarck weiterhin als Reichsfeind Nummer eins. Denn er hielt den Abstieg für eine vorübergehende Erscheinung, erwartete einen baldigen und anhaltenden Aufstieg. Er wußte, daß die Unterdrückung durch das Sozialistengesetz nicht die erwarteten Ergebnisse gebracht hatte, und er ahnte, daß die Lockung mit der Sozialgesetzgebung nicht die erwünschten Resultate zeitigen würde.

Die Reichsgründung war ihm gelungen, die äußere Reichssicherung blieb problematisch, und die innere Reichseinigung erschwerte

er dadurch, daß er Arbeiter und Katholiken, die sich zur Sozialdemokratie und zum Zentrum bekannten, ganze und große Bevölkerungsteile als Reichsgenossen zweiter Klasse oder gar als Reichsgegner erster Ordnung bezeichnete, abwertete und anfeindete.
Eine Integration wurde dadurch behindert. Parteien, die ohnehin zur Betonung von Eigeninteressen gegenüber dem Gesamtinteresse neigten, wurden durch Bismarcks caesaristische Methode des »Teile und herrsche« geradezu genötigt, ihre Besonderheiten herauszustellen, wodurch die Gegensätze untereinander verstärkt und eine gemeinsame Abwehr der ihnen allen von der autoritären Staatsführung drohenden Gefahren verhindert wurde.
Mehr oder weniger waren sie alle davon betroffen: selbst die Konservativen, die Prinzipien für Brosamen vom Regierungstisch hingegeben hatten, auch die Nationalliberalen, die vergebens auf Gegenleistungen für ihre Vorleistungen warteten, vor allem die Sozialdemokraten, deren Führer Bebel von Bismarck ein Kainszeichen eingebrannt worden war, und die Zentrumskatholiken und Linksliberalen, deren Führer Windthorst und Richter der Kanzler abqualifizierte: »Wir müssen uns nur hüten, diese Herren für ehrliche Mitarbeiter am Staate zu halten und zu behandeln.«
Weder politische Parteien noch soziale Klassen konnten in Bismarcks System integriert werden. Da er nicht nur der im fortgeschrittenen 19. Jahrhundert anachronistisch gewordenen Herrschaftsform des Monarchenstaates, sondern auch der mit fortschreitender Industrialisierung obsolet werdenden Gesellschaftsstruktur des Agrarstaates verhaftet blieb, verbreiterte sich unaufhaltsam die Kluft: zwischen Verfechtern der neuen Demokratie und Verteidigern der alten Monarchie, zwischen dem Adel, der sich immer noch als erster Stand gerierte, und dem Bürgertum, das diesen Rang beanspruchte, und schon zwischen der noch nicht auf ihren Platz gelangten Bourgeoisie und der nachdrängenden Arbeiterschaft.
Dem Staatsmann waren diese Risse und Spalten in seinem Werk, das er als Staatseinheit geschaffen zu haben meinte und als Staatsganzes bewahren zu müssen glaubte, nicht verborgen geblieben. Zur Reichsgründung hatte er die Koalition von adligen Royalisten und bürgerlichen Nationalliberalen geschaffen. Zur Reichserhaltung war er einen Bund zwischen adligen Großagrariern und bür-

gerlichen Schwerindustriellen eingegangen, in der Erwartung, daß dieser durch Mehrung des allgemeinen Wohlstandes und Verminderung sozialer Mißstände die Klüfte im Reiche schließen, zumindest verdecken würde.
Dies war eine Fehlkalkulation. Die in der Natur der Sache liegenden, auf die Dauer nicht zu überbrückenden Gegensätze zwischen Großindustrie und Großgrundbesitz führten nicht zu dem erhofften Ergebnis. Die wirtschaftlichen Planziele wurden wegen Wachstumsstörungen vorerst nicht erreicht, die sozialen Unterschiede nicht eingeebnet, und der Appell an den Erwerbssinn und das Gewinnstreben steigerte nur die materialistische Gesinnung, die am Ende dieses idealistisch begonnen Jahrhunderts ohnehin und überall anzutreffen war.
»Es kann einem jeden unter uns, auch dem Hoffnungsstärksten, die Seele erschüttern, zu sehen, wie in diesem Geschlecht zunimmt die Gewinnsucht, der Materialismus, die Abwendung von allen ideellen Gütern des Lebens«, klagte der Reichsherold Heinrich von Treitschke, der dem Reichsgründer daran eine Mitschuld gab: »Er besitzt, bei aller Kühnheit und Beweglichkeit seines Geistes, ein sehr geringes Verständnis für die sittlichen Kräfte des Völkerlebens. Diese Mißachtung der Ideen ist ihm gekräftigt worden durch die Verirrungen der öffentlichen Meinung in den letzten Jahren, da der Idealismus der Nation sich in Phrasen verflüchtigte.«
Auch daran war Bismarck nicht unschuldig. Auf der Suche nach Integrationsfaktoren für sein zwar nach außen, aber nicht im Innern geeintes Reich begann er stärker, als es ihm selber wünschenswert und vertretbar erschien, auf den Nationalismus zu setzen, ihn durch Reichstagsreden und Pressekampagnen anzustacheln.
Der nationale Gedanke sei selbst »Sozial- und anderen Demokraten« lieb und teuer, und daher, wenn schon nicht zu ihrer Gewinnung, so doch zu ihrer Neutralisierung tauglich. »Seien Sie einig und lassen Sie den nationalen Gedanken vor Europa leuchten«, rief er den Volksvertretern zu, nicht bedenkend, daß dieser Funke zu einem Brand werden könnte, der Europa und mit ihm Deutschland in Brand zu stecken vermöchte. Um das Feuer zu bekommen, auf dem eine innere Einheit zu schmieden wäre, fachte er den »Furor teutonicus« durch Beschwörung der angeblich vom französischen Erbfeind wie vom russischen Intimfeind drohenden Gefahren an,

unterstützt von dem mit Welfenfonds-Mitteln geschmierten und von Hilfswilligen bedienten Blasebalg der offiziösen Presse.

Bismarck mobilisierte den Nationalismus, um ein Bindemittel für seinen preußisch-deutschen Machtstaat und eine Massenbasis für seine caesaristische Herrschaft zu erhalten, die er zunehmend für das nicht unwichtigste Integrationselement hielt. Je älter er wurde, und je brüchiger ihm sein System vorkam, um so mehr festigte sich seine Überzeugung, daß nur er, ein schwarz-weiß-roter Bonaparte, in der Lage sei, die Nation vor demokratischen Unfällen zu bewahren und mit autokratischen, doch quasi-plebiszitär gebilligten Mitteln zu beglücken.

Auf die Dauer war dieser Caesarismus nicht durchzustehen. Denn einen Krieg als nationales Integrationsmittel schloß er aus, und mit andauerndem Frieden wuchs die Opposition gegen seine Herrschaftsform und seine Herrschaftsmittel. Weil er rückwärts gewandt blieb, begannen sich ihm die vorwärtsdrängenden Kräfte zu entziehen und sich gegen ihn zu stellen, im politischen, sozialen und – was ihm am meisten hätte zu denken geben müssen – im Reiche des Geistes.

Wie Napoleon I. hätte Bismarck sagen können, er habe die kleine Literatur auf seiner Seite und die große gegen sich. Persönlich genierte ihn das kaum. Seine kulturellen Neigungen waren mit fortschreitendem Alter dahingeschwunden. Immer seltener griff er zu schöngeistigen, philosophischen, selbst historischen Büchern. Neuerscheinungen, die ihm zugesandt wurden, ließ er in Friedrichsruh und Varzin im Keller oder in Gästezimmern deponieren. Ins Museum, behauptete er, sei er nur einmal in seinem Leben gegangen, bei Regen, weil er keinen Regenschirm bei sich hatte. Oper und Singakademie seien ihm unbekannte Aufenthaltsorte. »Musik zu hören«, erklärte er 1887, »habe ich aufgegeben, ich kann die Melodie nachher nicht aus dem Kopfe kriegen, und dann lockt mir die Musik Tränen aus den Augen, und es ermüdet mich sehr, wenn ich mich habe rühren lassen.« Von Richard Wagner hielt er ohnehin wenig, von dessen Person, die ihm zu auftrumpfend, wie dessen Musik, die ihm zu aufwühlend war. Gustav Freytag und Victor von Scheffel, die er als Reichsbarden hätte schätzen können, vermochte er nichts abzugewinnen, und zu Theodor Fontane, den er als altpreußischen Epiker hätte schätzen müssen, fand er keinen Zugang.

Die Naturwissenschaft, die in seinem Reiche aufblühte, blieb ihm ein unbekanntes Wesen, und einer der prominentesten Naturwissenschaftler, Rudolf Virchow, weil dieser sich in die Politik mischte, eine verhaßte Person. Die Rechtswissenschaft, die im Zeichen des Positivismus eine Stütze des Reiches und seiner Verfassung wurde, betrachtete der Reichskanzler mit Wohlwollen und als gescheiterter Rechtsreferendar nicht ohne Mißbehagen.

Der Geschichtswissenschaft stand er am nächsten. Unter den zeitgenössischen Historikern beeindruckten ihn der Franzose Hippolyte Taine, weniger die Deutschen Heinrich von Treitschke und Heinrich von Sybel, obwohl sie ihm bei der Reichsgründung behilflich gewesen waren. Im Reichsgebäude fühlte sich Leopold von Ranke nicht zu Hause, der Altmeister der deutschen Historiographie, der sich nach den »Halkyonischen Tagen« der Vorbismarckzeit zurücksehnte, in denen die alte, die schöne und gute Zeit stillgestanden zu sein schien.

Die Vertiefung in eine Zeit, die lange zurückliege, könne den Blick »für die sonnenbeschienene Gegenwart« vollständig trüben, tadelte Bismarck an Theodor Mommsen, der als Althistoriker noch viel weiter zurückblickte. Der Verfasser der »Römischen Geschichte«, der wissenschaftliche Erfahrungen über den Wechsel vom Republikanismus zum Caesarismus gesammelt hatte, beschuldigte den Reichsgründer, der Nation »das Rückgrat gebrochen« zu haben, und sah schwarz für die Zukunft des Reiches: »Der Schaden der Bismarckischen Periode ist unendlich viel größer als ihr Nutzen, denn die Gewinne an Macht waren Werte, die beim nächsten Sturme der Weltgeschichte wieder verloren gehen; aber die Knechtung der deutschen Persönlichkeit, des deutschen Geistes war ein Verhängnis, das nicht mehr gutgemacht werden kann.«

»Dem Zweckdienlichen alles unterordnen, ist überhaupt ein furchtbarer Standpunkt«, kritisierte Theodor Fontane an Bismarck, »und bei ihm ist nun alles noch mit so viel Persönlichem und geradezu Häßlichem untermischt, mit Beifallsbedürftigkeit und bedingtem Glauben an das Recht jeder Laune, jedes Einfalls und kolossaler Happigkeit.« Er stehe im »Dienste starker Grundtriebe« und sei »deshalb ohne Grundsätze«, erklärte Friedrich Nietzsche, der das Zeitalter Bismarcks als »Ära der deutschen Verdummung« bezeichnete und eine Exstirpation, also Ausrottung des deutschen Geistes

zugunsten des Deutschen Reiches befürchtete; denn »soweit Deutschland reicht, verdirbt es die Kultur«.
Wenn auch diese Aussprüche des Philosophen, wie so manche andere, seinem verdüsterten Wesen entsprangen und sein Kulturbegriff nicht die aufblühenden Erfahrungswissenschaften einschloß, so war doch unverkennbar, daß sich eine Kluft zwischen Geist und Staat aufgetan hatte, die noch unüberbrückbarer erschien als die Spaltungen in Politik und Gesellschaft.
Der Sozialwissenschaftler Max Weber begrüßte die Schaffung eines deutschen Nationalstaates und beklagte zugleich, daß der Geist seines Schöpfers zum Verhängnis für die Nation geworden sei. Das Werk sei »tief unter dem Niveau, welches sie in dieser Hinsicht zwanzig Jahre vorher bereits erreicht hatte«, zurückgeblieben, und Bismarck habe eine »Nation ohne allen und jeden politischen Willen« zurückgelassen, die er daran gewöhnt habe, »daß der große Staatsmann an ihrer Spitze die Politik schon besorgen werde«.
Jenes Urteil fällte Max Weber im Jahre 1918, als die Geschichte ein Verdikt über das Kaiserreich gesprochen hatte, und dieses im Jahre 1895, als Bismarck zwar nicht mehr im Amt, aber noch am Leben war: »Die Tragik, welche seiner staatsmännischen Laufbahn neben ihrer unvergleichlichen Größe anhaftet«, werde »die Zukunft wohl darin finden, daß unter ihm das Werk seiner Hände, die Nation, der er die Einheit gab, langsam und unwiderstehlich ihre ökonomische Struktur veränderte und eine andere wurde, ein Volk, das andere Ordnungen fordern mußte« als ihr »der letzte und größte der Junker« geben wollte und konnte. So sei nach der äußeren die innere Einigung der Nation nicht erreicht worden.
In seinem Geist und mit seinen Mitteln war der seinem Reich innewohnende Dualismus nicht zu lösen: zwischen der wirtschaftlichen und gesellschaftlichen Modernisierung wie deren politischen Konsequenzen einerseits, und dem Festhalten an monarchischen, feudalen und bürokratischen Traditionen andererseits.
Der sachliche Dualismus war auch deshalb nicht zu lösen, weil Bismarck seinen persönlichen Dualismus nicht zu überwinden vermochte: hier der Junker und Royalist – und dort der Staatsmann, der die Realitäten zwar erkannte, dessen Realpolitik aber die Prinzipien im Wege standen.
Die Folgen waren Stagnation und Immobilität, Unbehagen im

Volke, zumindest bei Volksvertretern, und Resignation des Machthabers, der sich im Status quo festgefahren hatte und als Konservativer nicht den Willen und als Greis nicht die Kraft hatte, über seinen Schatten zu springen und der Zukunft entgegenzuschreiten.
Mit zunehmendem Alter bemesse er seine Schritte immer kürzer; denn man könne nicht wissen, ob die Welt in zwei Jahren noch bestehe. Er dachte dabei weniger an die Welt im allgemeinen als an seine Welt im besonderen, die sich ihrem Ende näherte.
»Setzen wir Deutschland, sozusagen, in den Sattel! Reiten wird es schon können«, hatte er 1867, beim Schwungnehmen zur Reichsgründung, erklärt. Dieser Ausspruch, der seither in nationalen Kundgebungen volltönend wiederholt wurde, klang seinem Urheber immer mißtönender in den Ohren. »Dies Volk kann nicht reiten!« bemerkte er 1883. »Die was haben, arbeiten nicht, nur die Hungrigen sind fleißig, und die werden uns fressen. Ich sage dies ohne Bitterkeit und ganz ruhig: ich sehe sehr schwarz in Deutschlands Zukunft.«
Nicht einzusehen vermochte er, daß sein eigenes Verhalten einigen Anlaß zur Schwarzmalerei bot. Denn er ließ dieses Volk ja nicht selber reiten, wollte es partout und permanent im Zaume halten. Seiner Zügelführung, das wußte er, waren zeitliche Schranken gesetzt. Mit Kronprinz Friedrich Wilhelm stand ein Thronfolger bereit, der sich vorgenommen hatte, dem Volk einen gewissen Auslauf zu gestatten. Und hinter dem Vater stand der Sohn, Prinz Wilhelm, der selber die Zügel ergreifen wollte.

Der Sturz

ZUR GREISENHERRSCHAFT war die Reichsführung erstarrt. Das Jahr 1888, welches das Dreikaiserjahr werden sollte, betrat der Reichskanzler als Zweiundsiebzig-, Generalstabschef Moltke als Siebenundachtzig- und Wilhelm I. als Neunzigjähriger.
Als erster trat der Kaiser und König ab. Am 8. März 1888, nachmittags zwei Uhr, sprach der Kanzler zum letztenmal mit seinem Monarchen, der – wie Bismarck berichtete – seiner Erwartung Ausdruck gab, »daß ich in meiner Stellung verbleiben und seinen Nachfolgern zur Seite stehen würde«.

Am Tage darauf teilte der Kanzler im Reichstag mit, daß Seine Majestät am 9. März, vormittags halb neun Uhr, »zu Seinen Vätern entschlafen ist«. Nach seiner, immer wieder vor Schmerz stockenden, Rede sank er in seinen Sessel, bedeckte das Gesicht mit den Händen und weinte.

Die Szene hatte etwas von einer Tragödie der Antike oder einem Drama Schillers an sich, den Bismarck zitierte, als ihm der nicht minder ergriffene alte Moltke die Hand drückte: »Des Dienstes ewig gleich gestellte Uhr hält uns im Gleise.«

Der preußische Wallenstein hatte den König von Preußen, den letzten, der diesen Namen verdiente, überlebt. An diesem Tage mochte sich Bismarck weniger an die Auseinandersetzungen erinnern, die er mit dem Monarchen zu führen gehabt hatte, als daran, daß mit ihm der hauptsächliche Teil seines Lebens und ein wesentliches Stück seiner Welt ins Grab sank.

Zu seiner silbernen Hochzeit hatte ihm Wilhelm I. eine Vase geschenkt, »die eine dankbare Borussia darstellt und die, so gebrechlich ihr Material auch sein mag, doch selbst in jeder Scherbe dereinst aussprechen soll, was Preußen Ihnen durch die Erhebung auf die Höhe, auf welcher es jetzt stehet, verdankt«.

War Borussia nun nicht in Gefahr, beschädigt oder gar zerbrochen zu werden? Der Nachfolger, Friedrich III., hatte sich eigentlich Friedrich IV. nennen, an den mittelalterlichen Habsburgerkaiser Friedrich III. und nicht an den Hohenzollernkönig Friedrich II., den Großen, anknüpfen wollen. Im Gegensatz zum Vater galt ihm die preußische Königskrone weniger als die deutsche Kaiserwürde, die romantische Emotion mehr als die aufgeklärte Ratio, auf die der preußische Staat gegründet war, und das auf Systemveränderung bedachte liberale Bürgertum schien er dem systemerhaltenden Adel vorzuziehen.

Doch der sechsundfünfzigjährige Friedrich III., der so lange auf den Thron hatte warten müssen, bestieg ihn als ein vom Tode gezeichneter Mann. Der Kehlkopfkrebs hatte ihn bereits seiner Stimme beraubt und war dabei, ihm den Lebensfaden abzuschneiden.

Der Thronwechsel würde gleichbedeutend mit einem Systemwechsel und damit mit einem Machtwechsel sein, hatte Bismarck seit langem befürchtet. Zumindest eine Beeinträchtigung seiner persönlichen Herrschaft, vielleicht sogar seine Ablösung als Reichskanzler

und preußischer Ministerpräsident konnte nicht ausgeschlossen werden. »Der politische Grundgedanke des Kronprinzen ist nicht der meinige«, hatte Bismarck bereits 1867 feststellen und sich darauf einstellen müssen, daß ihm der Nachfolger Wilhelms I. den gewonnenen Spielraum zur Ausführung seiner gewohnten Politik kaum lassen würde. Dafür würde schon die Engländerin Victoria sorgen, die schon lange darauf wartete, ihren Gatten, den sie wie einen Prinzgemahl betrachtete, zu einem Trab in Richtung Liberalismus anzuspornen.
Zu Bismarcks außenpolitischen und innenpolitischen Alpträumen war nun noch die beklemmende Frage gekommen, was nach einem Thronwechsel aus ihm und seiner Politik werden sollte. Der Druck war durch die Aussicht, daß Kaiser Friedrich III. und Kaiserin Victoria nicht lange herrschen würden, keineswegs geringer geworden. Denn hinter dem todkranken Vater stand der Sohn, Kronprinz Wilhelm, der es kaum erwarten konnte, die Macht zu ergreifen und einen Marsch anzutreten, an dessen Ende – wie der alte Kanzler zu befürchten begann – nicht nur die alte Borussia, sondern auch die neue Germania in Scherben fallen könnte.
Inzwischen beschränkte sich der von Friedrich III., der einer Auseinandersetzung nicht mehr gewachsen war, in seinen Ämtern bestätigte Bismarck auf eine Stabilisierung seiner Stellung und der Schaffung einer günstigen Ausgangsposition zu dem für immer unvermeidlicher gehaltenen Konflikt mit dem der Machtübernahme immer näher rückenden Kronprinzen Wilhelm.
Zunächst suchte er die Fundamente seines Reiches zu festigen. Dem neuen Herrscher, der sich wie Kaiser Barbarossa fühlte, bedeutete der Ministerpräsident, daß er primär Fridericus Rex nachzueifern habe. Dem Bundesrat, dem die zentralistischen Neigungen Friedrichs III. Sorge bereiteten, erklärte der Kanzler, er bürge dafür, daß die vertragsmäßigen Rechte der verbündeten Fürsten und freien Städte wie bisher respektiert würden. Dem Reichstag, der sich von dem einer Parlamentarisierung aufgeschlossenen Monarchen vermehrte Befugnisse erwartete, gab er zu verstehen, daß im preußischen Deutschland nach wie vor der Monarch herrsche und dessen erster Minister regiere.
Am 11. März 1888 war Bismarck dem aus San Remo anreisenden Friedrich III. bis Leipzig entgegengefahren. »Haben Sie etwas

vorzutragen?« stand auf dem ersten Zettel, den der stimmlose Kaiser dem Kanzler reichte, der ihm ergebenst die Hand küßte und ihm unmißverständlich zu verstehen gab, was er nach eigener Beurteilung zu unternehmen vorhabe und wie er es nach eigenem Ermessen zu verrichten gedenke. »Seine Majestät vollzog willig alle Vorschläge«, notierte Lucius von Ballhausen, der Zeuge der bereits bei der ersten Begegnung erfolgten Kapitulation des schwachen Kaisers vor dem starken Kanzler war.

Zwei Tage später erklärte Bismarck im preußischen Staatsministerium: Er fühle sich von der großen Besorgnis, mit einem todwunden Mann gegen unzweckmäßige Absichten kämpfen zu müssen, bis zur Forderung der Entlassung, sehr erleichtert. Alles gehe leicht und angenehm mit dem hohen Herrn, wie ein *jeu de roulette*.

Victoria setzte als Kaiserin ihr Intrigenspiel gegen den ihr persönlich zu selbstbewußten und politisch zu selbstherrlichen Kanzler mit höherem Einsatz und größerer Erfolgserwartung fort. Bismarck spielte die Gegnerin aus: »Ich bin mit ihr als Kaiserin ganz gut ausgekommen. Ich habe ihr aus dem Kronschatz der Hohenzollern zwölf Millionen Mark zukommen lassen. Das hat sie überzeugt, daß ich ihr treuer Diener wäre.« Frau und Töchter, die jeden Tag damit rechnen mußten, Witwe und Waisen zu werden, erhielten aus dem hohenzollernschen Hausvermögen, über das der Monarch im Einverständnis mit dem Ministerpräsidenten verfügen konnte, genau 9 Millionen Mark; die Söhne wurden mit dem Pflichtteil bedacht.

Man könne von einem Dornbusch keine Trauben und von Disteln keine Feigen erwarten, seufzte Viktoria, und von Bismarck nicht das, »nach dem das moderne Deutschland hungert und dürstet: das heißt Friede zwischen seinen Gesellschaftsklassen, Rassen, Religionen, Parteien, gute und freundliche Beziehungen mit seinen Nachbarn, Freiheit und Achtung vor dem Recht anstatt der Gewalt, den Schutz der Schwachen gegen die Unterdrückung der Starken«.

Die Engländerin rechnete nicht mehr mit einem »Ministerium Gladstone« in Berlin, einer Liberalisierung Preußens und einer Demokratisierung des Reiches. Der allmächtig gebliebene Bismarck gestattete es dem sterbenden Kaiser nicht einmal, treue Anhänger, die mit diesem und dessen Frau auf andere Zeiten gehofft hatten, mit preußischen Orden zu dekorieren. Die Liberalen Georg von Bunsen und Karl Schrader strich er als »Leute ohne alles öffentliche

Verdienst, wenn nicht die scharf oppositionelle Haltung dahin zu rechnen sei«, von der Liste. Max von Forckenbeck, der freisinnige Oberbürgermeister des widersetzlichen Berlin, durfte nur die zweite Klasse des Roten Adlerordens »wegen seiner Verdienste um die Hochwassergeschädigten« entgegennehmen.
Auch amnestieren durfte Friedrich III. nicht, wen er wollte, vor allem nicht politisch Oppositionelle. Sein Vater, Wilhelm I., hatte 1861, als er König von Preußen, und 1871, als er Deutscher Kaiser geworden war, Straferlaß gewährt. 1888 befand Bismarck, es sei »ein sonderbarer Gnadenerweis, eine Verbrecherschar über das Land loszulassen«, insbesondere dürfe »von einer Begnadigung der Sozialdemokraten, von Hoch- und Landesverrätern nicht die Rede sein«. Dementsprechend unterblieb eine Amnestie für politisch Bestrafte.
Nur ein einziges Mal gestattete es der Ministerpräsident dem König, liberale Gesinnung zu demonstrieren und ein antikonservatives Exempel zu statuieren. Die Entlassung des Innenministers Robert von Puttkamer, der für Manipulationen bei der Landtagswahl verantwortlich gemacht wurde, ließ er wohl deshalb passieren, weil ihm angesichts der wachsenden Kritik an seiner Regierung ein reaktionärer Sündenbock nicht ungelegen kam.
Die Verhinderung einer liberalen Innenpolitik nach englischem Muster hielt ihn nicht davon ab, sein außenpolitisches Spiel mit England als Schachfigur gegen Frankreich wie Rußland fortzusetzen. Der Verantwortliche für die auswärtigen Angelegenheiten dürfe jedoch nur eine deutsche, nicht aber eine fremde, auch nicht eine englische Außenpolitik betreiben, bedeutete er dem anglophilen Kaiserpaar, das am liebsten die Steine beiseite geschoben hätte, die es einer Annäherung an das Land seiner Träume im Wege stehen sah.
Queen Victoria, die ihren todkranken Schwiegersohn noch einmal sehen und ihre unglückliche Tochter trösten wollte, kam am 24. April 1888 nach Berlin in das Schloß Charlottenburg, das schon eher einem Trauerhaus als einem Herrschersitz glich. Der Kanzler sprach bei der Queen vor, die dessen Verhalten gegenüber ihren Kindern »illoyal, schlecht und äußerst töricht« fand, und suchte um gutes Wetter nach. Beim Diner im Schloß nahm er zum Dessert »einen großen Bonbon, der mit einer Photographie der Kaiserin

geschmückt war. Es amüsierte mich zu sehen«, berichtete der englische Botschafter, »wie er die Aufmerksamkeit der Kaiserin mit einigen geschickten Worten darauf lenkte, seinen Rock aufknöpfte und die Photographie an seinem Herzen barg.«
Die Haupteigenschaften des Fürsten seien früher Schlauheit und Energie gewesen, bemerkte Holstein. »Die Energie ist weg. Die Schlauheit, mit der er jetzt allein die Sache machen will, geht in schnörkelhafte Übertreibung über.«
Auf den Hauptlinien, auf die er im Kronrat vom 23. März 1888 verwies, suchte er seine Außenpolitik fortzuschreiben. Sie müsse grundsätzlich darauf gerichtet sein, den Frieden zu bewahren und Koalitionen auswärtiger Mächte gegen Deutschland vorzubeugen. Am Bündnis mit Österreich sei festzuhalten, zugleich auf dieses einzuwirken, daß es nicht mit Rußland zusammenstoße. Denn dann wäre Deutschland gezwungen, »Österreich Hilfe zu leisten, da dessen ungeschwächte Großmachtstellung für uns ein Bedürfnis des europäischen Gleichgewichtes sei«. Andererseits habe Deutschland mit Rußland keine kollidierenden Interessen, auch nichts von einem glücklichen Krieg gegen das Zarenreich zu erwarten. Überdies würde ein solcher Krieg Frankreich auf den Plan rufen. »Nur als Verbündeter Rußlands sei Frankreich gefährlich und von dort drohe überhaupt die größte Gefahr.«
Im Interesse der Reichssicherung und Friedenswahrung sei also Einflußnahme auf Österreich und Rücksichtnahme auf Rußland geboten. Von letzterer schien er sich auch in der Affäre Battenberg leiten zu lassen. Victoria glaubte als Kaiserin die Vermählung ihrer Tochter Vicky mit dem beim Zaren in Ungnade gefallenen Exfürsten von Bulgarien durchsetzen zu können. Dies würde zu Komplikationen mit Rußland führen, betonte der Kanzler und drohte mit Rücktritt, falls man den Heiratsplan weiter verfolgte. Der Kaiser gab nach, die Kaiserin hatte sich zu fügen, und die Prinzessin wurde ohnehin nicht gefragt.
Der Kanzler habe etwas Komödie gespielt, bemerkte Holstein; »so arg ist das mit der russischen Gefahr nicht. Er will sich beim Kronprinzen schustern«. Wilhelm, der stolze Hohenzoller, hatte, von Bismarck darin bestärkt, dem dubiosen Battenberger zu verstehen gegeben: Wenn er weiterhin auf einer Einheirat in das Reichshaus bestehe, werde er ihn als Reichsfeind betrachten. Den Kron-

prinzen bewegten nicht nur persönliche, sondern auch politische Gründe: Mit dem Zaren müsse er immer Fühlung halten, dürfe er keinen Streit anfangen, hatte ihm – wie Bismarck berichtete – der Großvater auf dem Sterbebett aufgetragen.

Nun stand der Enkel vor den Toren der Macht, und der Kanzler, der Friedrich III. bereits abgeschrieben hatte, suchte sich dem künftigen Wilhelm II. als Toröffner und Machthüter unentbehrlich zu machen. Dies fiel ihm nicht leicht, und er sah Schwierigkeiten auf sich zukommen; denn Konflikte waren in den Personen wie in den Sachen angelegt.

Die Generation Friedrichs III. wurde übersprungen, Bismarck zählte sich zur Generation des Großvaters, der noch im 18. Jahrhundert geboren worden war, während der Enkel vorwärts in das 20. Jahrhundert schaute. Auf dem Weg in die Zukunft wollte Wilhelm die Spur des Vaters, die ihm als Abdruck von 1848 vorkam, umgehen und auf der Bahn Wilhelms I., des Siegers von Königgrätz und Sedan, den er Wilhelm den Großen nannte, weitermarschieren.

Dessen Paladin Bismarck sah er – wie der neunundzwanzigjährige Wilhelm zum 73. Geburtstag des Kanzlers erklärte – als Träger des Reichspaniers, doch nur für eine Übergangszeit, da der vorherige Regimentskommandeur gefallen war, der gegenwärtige im Sattel wankte und der in Bereitschaft stehende neue Befehlshaber mit dem Reichszepter auch das Reichspanier noch nicht zu ergreifen vermochte.

Bereits Ende 1887 – der Großvater lebte noch und der Vater war auf den Tod erkrankt – eröffnete Wilhelm dem Finanzminister: Ein paar Jahre brauche man den Kanzler noch, doch dann müßten seine Funktionen geteilt werden »und der Monarch selbst müsse mehr davon übernehmen«. Schon bald dachte er daran, nicht nur einige, sondern möglichst viele an sich zu reißen.

Friedrich II. wäre nie der Große geworden, wenn er einen Minister wie Bismarck gehabt hätte, wurde Wilhelm im Offizierskasino zugeraunt, wo sich der Soldatenprinz, der ein Soldatenkönig werden wollte, am wohlsten fühlte. So manches, was er seiner Umgebung anvertraute, kam Bismarck zu Ohren, zum Beispiel: Die Macht des Kanzlers, so wie sie jetzt sei, könne nicht dauern; er müsse einmal merken, daß es noch einen Kaiser gebe und solle nicht vergessen, »daß ich sein Herr werde«.

Bismarck war besorgt, aber nicht überrascht; denn er kannte seinen Pappenheimer. Das Unglück, als Stockpreuße mit einem verkrüppelten Arm auf die Welt gekommen zu sein, hatte Wilhelm von früh an mit selbstbewußtem Auftreten, selbstsicherem Gehabe und selbstherrlichen Allüren zu kompensieren gesucht. Seine Einbildung war größer als seine Bildung, und die persönliche Forschheit wie die sachliche Unbedarftheit verführten ihn dazu, das Auftrumpfen für ein erfolgversprechendes Mittel der Politik zu halten.

»Bei allem, was der Kanzler von jetzt ab tut oder unterläßt, kommen zwei Faktoren in Betracht: Morphium und Prinz Wilhelm«, notierte Holstein im Februar 1888. Bismarck nahm Schlafmittel, ohne den Nachtmahr loszuwerden, der ihn bedrückte, wenn er an die bevorstehende Thronbesteigung Wilhelms dachte.

Bismarck unternahm einiges, um den künftigen Herrn von Abwegen abzuhalten und in die richtige, in seine Bahn zu lenken. Als Wilhelm befand, die Bundesfürsten hätten dem Kaiser zu parieren, bedeutete ihm der Kanzler, daß diese »nicht Untertanen, sondern Bundesgenossen des Kaisers« seien und »die Sicherheit des Reiches und seiner monarchischen Institutionen in der Einigkeit der Fürsten« liege.

Als Wilhelm, gewissermaßen als Sprachrohr der Militärpartei, für einen Präventivkrieg gegen Rußland plädierte, entgegnete Bismarck am 9. Mai 1888: Schlage Deutschland los, würde Frankreich an die Seite Rußlands treten und das Reich einem Zweifrontenkrieg ausgesetzt sein, der ihm gefährlich werden könnte. Bereits am 23. März 1888 hatte der Kanzler in Anwesenheit des Prinzen im Kronrat erklärt: Er könne nur befürworten, »daß die deutsche Politik nach wie vor die Aufrechterhaltung des Friedens zum Ziel nehme«, auch deshalb, weil die starke Heeresorganisation »nur in einem allerseits als gerecht anerkannten, namentlich einem Verteidigungskriege zur vollen Wirksamkeit gelange«.

»Der junge Herr will eine Politik, wegen der ich mich wohl nach dem ersten Vierteljahr von ihm trennen werde«, erklärte Bismarck, aber selbstredend wollte er bleiben, »sich fest an seinen Stuhl halten und nicht gehen, selbst wenn man ihn herauswerfen wolle«.

Von Friedrich III. war das nicht mehr zu befürchten, aber von Wilhelm II., der noch vor der Thronbesteigung tönte: »Wehe, wenn ich zu befehlen haben werde!« Bismarck seufzte: »Wehe meinen Enkeln!«

WILHELM II., der am 15. Juni 1888 die Nachfolge des dem Krebsleiden erlegenen Friedrich III. antrat, eröffnete noch am selben Tage den Angriff auf das Vermächtnis des Vaters. Er ließ das Sterbehaus, das Neue Palais in Potsdam, umstellen und durchsuchen, in der Absicht, liberale und proenglische Papiere zu beschlagnahmen.
Bismarck hatte nichts dagegen. Am 23. Juni 1888 äußerte er sich im Ministerrat abfällig über das politische Urteil und Verständnis des verstorbenen Monarchen, und ein halbes Jahr später wurde er privat noch deutlicher: Den Leuten müsse erst noch klar werden, »daß Kaiser Friedrichs Liberalismus seiner unglaublichen politischen Schwachköpfigkeit entsprang«.
Als im Oktoberheft 1888 der *Deutschen Rundschau* Auszüge aus dem im Hausarchiv unter Verschluß genommenen Kriegstagebuch 1870/71 Friedrichs III. erschienen, griff Bismarck ein, den vor allem die Enthüllung störte, daß der damalige Kronprinz ein ganz anderes Reich als der Reichsgründer gewollt hatte. Dies entsprach zwar den Tatsachen, aber der Kanzler suchte sie zu seinen Gunsten zu beschönigen und Friedrich Wilhelm anzuschwärzen: Der Tagebuchschreiber habe gar nicht wissen können, was wirklich vorgegangen sei; denn es sei vermieden worden, mit dem Gemahl der Engländerin »über intimere Fragen unserer Politik« zu sprechen, weil »Indiskretionen an den von französischen Sympathien erfüllten englischen Hof« zu befürchten gewesen wären.
Diese Behauptung, die einer Behaftung Friedrichs III. mit dem Odium eines präsumtiven Vaterlandsverräters nahekam, ließ Bismarck im *Reichsanzeiger* publizieren. Er beantragte ein Landesverratsverfahren gegen den Verantwortlichen der Veröffentlichung in der *Deutschen Rundschau*. Professor Heinrich Geffcken, dem sein Studienfreund Friedrich Wilhelm Einsicht in das Tagebuch gestattet hatte, wurde jedoch vom Reichsgericht außer Verfolgung gesetzt.
Wilhelm II., der die Untersuchung genehmigt hatte, rückte von seinem Vater ab und stellte sich als Gefolgsmann seines Großvaters vor. »Meine Kräfte gehören der Welt, dem Vaterlande. Wahlspruch Wilhelm des Großen und auch der Meinige.« Doch er ließ die bisher im Palais Unter den Linden aufbewahrten preußischen Fahnen und Standarten in das Stadtschloß überführen. Hier und nicht in der schlichten Residenz des Großvaters nahm er Wohnung, weil er

Hohenzollernmacht zu demonstrieren und Hohenzollernpracht zu repräsentieren sich vorgenommen hatte.
Seine Welt, die größer und glänzender sein sollte, war nicht mehr die des Altpreußen Wilhelm I. und dessen »kurbrandenburgischem Vasallen«. Wilhelm II. erklärte zwar, er wolle wie Friedrich der Große »der erste Diener des Staates« sein. Aber er deutete an, daß er diesen Staat zu einem Imperium zu erweitern und wie ein Imperator zu beherrschen gedenke.
Bismarck war alarmiert. Er hatte sich bemüht, die durch die drei Einigungskriege aufgewühlten internationalen Wogen zu glätten, und nun wurde Wind gemacht, der sich zu einem Sturm steigern könnte. Dem zum Begräbnis Friedrichs III., seines Schwagers, gekommenen Prinzen von Wales, dem späteren König Eduard VII., gab Wilhelm II. zu verstehen, daß Anglophilie im Hohenzollernhaus nichts mehr zu suchen habe. Seinen ersten Auslandsbesuch machte er in Petersburg, wo er den Zaren säbelrasselnd hofierte. Dem italienischen Botschafter erklärte der junge Herr, was er nächst den Franzosen am meisten hasse, seien Diplomaten und Deputierte.
Mit jedem Herrschertag Wilhelms II. verstärkte sich Bismarcks Alpdruck der Koalitionen und wuchs seine Sorge, daß der Herrschaftsstil des neuen Kaisers dem Reich Schaden zufügen und die Stellung des Reichskanzlers gefährden würde.
Nun habe er ihn im Sattel, hatte Bismarck bei der Thronbesteigung Wilhelms II. gesagt. Aber er merkte rasch, daß in diesem Sattel künftig nicht mehr, wie bisher, für zwei, Kaiser und Kanzler, Platz sein würde. Der »junge und rasche« Monarch wollte allein reiten, in die Richtung, die er angab, in der Gangart, die er für angemessen hielt, gemäß den Parolen, die er ausgab.
Da er seine Krone vom Himmel genommen und nur dem Himmel Rechenschaft zu geben habe, sei er entschlossen, nach dem Prinzip des Gottesgnadentums zu walten und zu schalten. »Diejenigen, welche Mir dabei behilflich sein wollen, sind Mir von Herzen willkommen, wer sie auch seien; diejenigen jedoch, welche sich Mir bei dieser Arbeit entgegenstellen, zerschmettere ich.«
Zum Jahreswechsel 1888/89 schrieb Wilhelm II. seinem Reichskanzler und Ministerpräsidenten, er wünsche sich, daß es diesem noch recht lange vergönnt sein möge, mit ihm zusammen für die Größe und Wohlfahrt des Vaterlandes zu wirken. Doch ihre Vorstellungen,

was jener diene und dieser nütze, gingen immer weiter auseinander. Bismarck fragte sich, wie lange der Monarch noch seine Einwände ertragen würde und ob er selber es sich noch länger zumuten dürfe, einen Kurs mitzumachen, den er nicht mitverantworten könne. »Ich kann mit den Erfahrungen, die ich auf diesem Gebiete 40 Jahre lang gesammelt habe, nicht in Widerspruch treten und kann im letzten Akte meines Dramas nicht auf das gute Gewissen verzichten...«
Bei seiner Gewissenserforschung überschlug Bismarck den Umstand, daß er mit seiner sich auf das monarchische Prinzip berufenden Politik und durch die Art und Weise, wie er sie im Namen des Monarchen, aber auch und nicht zuletzt zum eigenen Machtgewinn und Machterhalt praktizierte, dem Vorhaben Wilhelms II. Vorschub leistete, ein persönliches Regiment des Kanzlers durch das persönliche Regiment des Kaisers abzulösen.
Der Monarch regiere, der Minister redigiere und exekutiere nur dessen Befehle, hatte Bismarck immer wieder betont, nicht bedenkend, daß ihn ein Monarch beim Worte nehmen könnte. Dies nahm sich nun Wilhelm II. vor, der die »Politik des Kaisers und Königs«, die der Kanzler und Ministerpräsident auszuführen vorgab, selber zu führen gedachte.
Die Werkzeuge hatte ihm Bismarck geschmiedet: Minister, die den Willen des Chefs erfüllten; eine Beamtenschaft, die Vorschriften ohne langes Fragen und Fackeln in Verfügungen umsetzte; ein Militär, das er zwar persönlich nicht sonderlich schätzte, aber als wesentlichen Pfeiler der Staatsmacht und wichtigsten Garanten der Reichssicherheit gestärkt hatte. Der Monarch könne machen, was er wolle, solange er über ein solches Offizierskorps verfüge, sollte Bismarck, auf die Offiziere im kaiserlichen Gefolge deutend, bei seiner letzten Begegnung mit Wilhelm II. sagen.
Instrumente für ein persönliches Regiment gab er Wilhelm II. in die Hand, und Hindernisse hatte er ihm weitgehend aus dem Weg geräumt, zumindest deren Überspringen oder Umgehen erleichtert. Den Parlamenten – Reichstag wie Landtag – hatte er eine Entwicklung zum Parlamentarismus verbaut, jedenfalls erschwert. Die öffentliche Meinung war daran gewöhnt, dem Mann an der Spitze zu akklamieren, und darauf präpariert, die Zustimmung vom einen auf einen anderen Machthaber zu übertragen.
Das »Ave Caesar« hatte lange dem Kanzler gegolten. »Während der

zehn oder zwölf Jahre, welche auf die ersten nach einem halben Jahrhundert von Preußen erfochtenen Siege folgten, wurde die Welt Zeuge des wunderbaren Schauspiels, wie ein einzelner Mann, den manche für verrückt, viele für tollkühn und dem Vaterlande für verderblich gehalten, fast alle aber bekämpft hatten, seine Feinde einen nach dem anderen niederwarf, die Widerstrebenden durch die Bewunderung, die er ihnen einflößte, zu Anhängern, die Massen zu fast willenlosen Werkzeugen machte«, notierte Hans Lothar von Schweinitz Anfang 1889. »Als aber noch zehn Jahre ins Land gegangen waren, da stand der große Mann fast ebenso vereinsamt da wie bei Beginn seiner Laufbahn.«

Nun näherte sie sich unaufhaltsam ihrem Ende. Dem alten Mann waren durch die Lebensdauer Grenzen gesetzt, und der große Mann erregte durch seine greisenhafte Starrheit in der Sache und Unbeweglichkeit in der Methode selbst bei jenen Anstoß, die sein Diktieren hingenommen und seine Diktate ausgeführt hatten.

Je mehr er seine Autorität dahinschwinden sah, desto stärker suchte er sie hervorzuheben. Je mehr er gewahrte, daß es auch ohne ihn gehen und gegen ihn laufen könnte, um so entschiedener hielt er sich für unentbehrlich und unersetzlich, ließ das andere wissen und spüren.

Seine »Sultanslaune« wurde immer unausstehlicher und sein Herrschaftsgebaren immer unerträglicher. Als Sultan duldete er keinen Mächtigen neben sich, und als Großwesir hatte er nicht daran gedacht, einen Nachfolger im Amte aufzubauen, der willens und in der Lage gewesen wäre, sein Werk fortzusetzen und dessen Widersachern entgegenzuwirken.

Auf seinen Sohn Herbert hatte er einige Hoffnungen, aber nicht allzu große Erwartungen gesetzt. Er war nicht aus dem Holze des Vaters geschnitzt. Als dessen Vertreter im Auswärtigen Amt suchte er mangelnde Festigkeit in der Sache durch übertriebene Härte im Stil wettzumachen. Damit vermochte er die Bedenken des Vaters nicht zu zerstreuen, aber die Besorgnisse anderer über das Haus Bismarck und deren Anstrengungen zur Verhütung einer Kanzlerdynastie zu vermehren.

In Friedrichsruh schien bereits ein Bismarckscher Nebenhof zum Hohenzollernhof entstanden zu sein. Der Reichskanzler und Ministerpräsident ließ sich immer seltener in der Hauptstadt und an seinem Amtssitz blicken. Vom 12. Juli 1888 bis zum 24. Januar 1890, also in eineinhalb Jahren, hielt er sich nur fünf Monate in Berlin auf. Das hätte seinen Gegnern, die endlich ohne ihn auskommen wollten, nur recht sein können, wenn er nicht darauf bestanden hätte, das Reichs- und Staatsorchester von seinem Gut aus zu dirigieren. Dank der Verläßlichkeit und Pünktlichkeit der Bahn und Post, erklärte er, sei dies durchaus möglich. »Wir sind nur vier Stunden vom Reichskanzleramt entfernt. Sechzig Bahnzüge verkehren täglich zwischen Berlin und Hamburg, darunter mehrere Schnellzüge. Ich bin also in fortwährendem Verkehr mit meinen Kanzleien; jeden Abend setzen mich dieselben bezüglich der Tagesgeschäfte aufs Laufende; und jeden Morgen schicke ich die Papiere zurück, die ich tags zuvor empfangen, die einen unterzeichnet, die anderen mit meinen Instruktionen.«

Am 31. Juli 1888 kam der Kaiser und König selbst nach Friedrichsruh, um dem Reichskanzler und Ministerpräsidenten persönlich Bericht über seine erste Auslandsreise nach Petersburg, Stockholm und Kopenhagen zu erstatten. Ende Oktober 1888 schaute er, aus Hamburg kommend, noch einmal im Sachsenwald vorbei. Dann glaubte er dem Reichsgründer genug an Reverenz erwiesen zu haben, zumal der Reichskanzler es zunehmend am schuldigen Respekt gegenüber dem Monarchen fehlen zu lassen schien.

Der Diener glaube der Herr zu sein, fand Wilhelm II. und wurde in dieser Meinung von seiner Umgebung bestärkt, die mit einer Entmachtung des Kanzlers die Verstärkung des eigenen Einflusses betrieb.

Zum Kasinokabinett des jungen Monarchen, der empfänglich für Schmeicheleien und offen für Einflüsterungen war, gehörte Graf Alfred Waldersee, den er nach seiner Thronbesteigung zum Nachfolger des fast achtundachtzigjährigen Generalstabschefs Moltke ernannt hatte. Für Bismarck war der sechsundfünfzigjährige Waldersee ein »Sanguiniker im Schwarz- wie im Rotsehen«, ein »konfuser Politiker«, der den Krieg wolle, »weil er fürchte, daß er zu alt werde, wenn der Friede lang daure«.

Als Haupt der Militärpartei, die für einen Präventivkrieg gegen Rußland plädierte, störte Waldersee das außenpolitische Spiel Bismarcks, der die russische Karte, auch wenn sie kein Trumpf mehr war, in der Hand zu behalten suchte. Wilhelm II., beeinflußt von

Waldersee, wollte sie ablegen, denn er hielt den Rückversicherungsvertrag mit Rußland nicht nur für wertlos, sondern auch für rücksichtslos gegenüber Österreich, dem er sich in Zweibundtreue verbunden fühlte.

Er würde Waldersee nicht über die Schwelle lassen, wenn er nicht im Auftrage des Monarchen käme; denn er habe bei dessen Besuchen immer das Gefühl, er wolle – oder solle – nachsehen, ob es schon Zeit sei, einen schicklichen Kranz zu bestellen, äußerte Bismarck privat und erklärte öffentlich: »Einiges kann ich noch leisten, aber nicht alles, was ich früher getan habe.« Die Aufgaben eines Außenministers freilich wolle und müsse er weiterhin erfüllen. »In allen anderen Beziehungen bin ich leicht ersetzbar. Die Summe von Vertrauen und Erfahrungen, die ich aber in etwa dreißig Jahren auswärtiger Politik mir habe erwerben können, die kann ich nicht vererben und nicht übertragen.«

DIE DIFFERENZEN mit Wilhelm II. spitzten sich in der Innenpolitik zu, in der Bismarck sich zwar für ersetzbar erklärte, aber sich auch hier für unersetzlich hielt. Der Konflikt entzündete sich an der sozialen Frage. Den Einfluß, den die Sozialdemokratie immer stärker auf die Arbeiterschaft ausübte, suchten Kanzler wie Kaiser einzudämmen. In der Frage, wie dies zu bewerkstelligen sei, gingen ihre Meinungen auseinander.

Wilhelm II. widersprach Bismarck nicht, als dieser am 18. Mai 1889 – in seiner letzten Reichstagsrede – den Gesetzentwurf über die Versicherung der Arbeiter gegen Alter und Invalidität mit »staatssozialistischen« Argumenten begründete. Dies war – nach der Krankenversicherung und Unfallversicherung – der dritte Teil seiner Sozialgesetzgebung, mit der er die Arbeiterschaft an den als Wohlfahrtsstaat deklarierten Obrigkeitsstaat heranführen zu können glaubte.

»Zum positiven Schaffen und Erhalten lebensfähiger Reformen ist bei uns nur der König an der Spitze der Staatsgewalt auf dem Wege der Gesetzgebung befähigt«, hatte Bismarck dem Prinzen Wilhelm gesagt, der ihn als König und Kaiser beim Wort nahm. Auch Wilhelm hatte eine Sozialpolitik durch den Staat und für den Staat im Sinn. Aber er wollte sie selber durchführen und einen Schritt weiter gehen als Bismarck. Der Monarch dachte an mehr Schutz für Arbeiter,

eine Beschränkung der Frauen- und Kinderarbeit, ein Verbot der Sonntagsarbeit und die Einführung von Gewerbeaufsichtsämtern.
Dies waren Tropfen auf ein heißes Problem. Ein Alarmzeichen war der Streik der Bergarbeiter, der im Frühjahr 1889 im Ruhrgebiet ausbrach und sich bis Schlesien und an die Saar ausbreitete. Nicht nur soziale, auch politische Forderungen wurden erhoben. Die in der Sozialistischen Arbeiterpartei Deutschlands organisierte Arbeiterschaft wollte sich nicht länger unter das Ausnahmerecht des Sozialistengesetzes stellen lassen.
Die Sozialdemokratie befinde sich mit dem Staate im Kriegszustand und müsse nach Kriegsrecht behandelt werden, erklärte Bismarck und legte dem Reichstag ein neues, im Unterschied zum bisherigen zeitlich unbegrenztes, also auf Dauer festgelegtes Sozialistengesetz vor. Dafür war selbst im Kartell keine Mehrheit zu finden. Der Kanzler wandte sich gegen »Schwanzklemmerei« und »Drückebergerei«, deutete an, daß man wieder an »Blut und Eisen« zu denken habe. »Vor der Hand halte ich innere Kämpfe für näher bevorstehend wie äußere Kriege«, schrieb er zum Jahreswechsel 1889/90 dem Kaiser, »und bedaure lebhaft, daß ich für dieselben nicht mehr so rüstig bin wie 1862.«
Weniger an die Austragung von Kämpfen als an eine Verhütung von Konflikten, mehr an Reform als an Repression dachte Wilhelm II. Er empfahl eine Wurzelbehandlung der Kalamität durch eine Schulerziehung, durch welche das Volk von Kindheit an »durch zweckmäßigen Unterricht darauf hingewiesen werden« solle, »daß die sozialdemokratischen Lehren unausführbar und jedem gleich gefährlich seien«. Bismarck erwiderte im Kronrat: Schließlich werde die Auseinandersetzung zwischen Staatsordnung und Sozialrevolution doch mit Gewalt ausgetragen werden müssen, und »hierbei entscheide alle Schulbildung nicht«.
Zur pädagogischen Prophylaxe hatte Georg Ernst Hinzpeter, der Erzieher Wilhelms, geraten, und das soziale Gewissen des Kaisers, das sich in einem Arbeiterschutzprogramm niederschlug, hatte ihm Adolf Stoecker geschärft. Der Hofprediger, der die Christlich-Soziale Partei gründete, war ein evangelischer Christ, der Nächstenliebe und Antisemitismus sowie die Ausübung seines Staatskirchenamtes mit der Aufreizung zum Klassenhaß vereinbar zu halten schien. Stoecker »steht an der Spitze von Elementen, die mit den Traditio-

nen Friedrichs des Großen in schroffem Widerspruch stehen und auf die eine Regierung des Deutschen Reiches sich nicht würde stützen können«, hatte Bismarck, der ohnehin alles, »was lange Röcke trage, Frauen, Pfaffen, Richter«, aus der Politik herauszuhalten suchte, den Prinzen Wilhelm vergebens gewarnt. Denn der Thronfolger hörte auch als Throninhaber auf Stoecker, und vergaß es dem Kanzler nicht, daß er ihn vom Missionar zu trennen und damit auch seinen eigenen missionarischen Eifer zu dämpfen versucht hatte.

»Der junge Monarch wolle alle Leute zufrieden machen«, bemerkte Bismarck. Der alte Mann wußte, daß es absolute Zufriedenheit für niemand in der Welt gebe, und der sich auf Aristokratie und Bourgeoisie stützende Staatsmann kritisierte, daß sich Wilhelm II. den Unzufriedensten zuwenden, sie mit einem Arbeiterschutzgesetz beglücken wolle. Damit würde er die Arbeiterklasse nicht gewinnen, die besitzenden Klassen dem Staat entfremden und das Königtum untergraben: Wenn Utopien verfolgt und vom Thron nach Popularität gehascht werde, so führe dies »zum Parlamentarismus und zum Niedergang der monarchischen Gewalt«.

Die Vorhaben des Kaisers und Königs führten jedenfalls zur Entmachtung des Reichskanzlers und Ministerpräsidenten. Am 9. Januar 1890 wurde er in Friedrichsruh vom Vizepräsidenten des preußischen Staatsministeriums, Karl Heinrich von Boetticher, von den sozialpolitischen Absichten des Monarchen in Kenntnis gesetzt, die nicht nur im Reichstag, sondern auch im preußischen Kabinett Billigung fanden. Bismarck beharrte auf seiner Ablehnung, sprach von »Humanitätsduselei« und nannte Boetticher, der ihm zum Einlenken riet, einen »Advokat des kaiserlichen Willens« und einen jener »Planeten, die von meiner Sonne ihr Licht bezogen haben« und nun sich der aufgegangenen kaiserlichen Sonne zuwandten.

Der Sonnenkaiser, der seines Mazarins überdrüssig wurde und seine Sozialpläne endlich verwirklichen wollte, berief einen Kronrat auf den 24. Januar 1890 ein. Bismarck, der vorher nicht gefragt worden war, blieb nichts anderes übrig, als von Friedrichsruh nach Berlin zu fahren, sein Reduit zu verlassen und sich, wie sich herausstellte, auf das Feld seines letzten Gefechtes zu begeben.

Der Monarch eröffnete die Auseinandersetzung mit der Vorlage seines Arbeiterschutzprogrammes und der Erklärung seiner Absicht, es möglichst sofort dem Volke zu verkünden. Bismarck ant-

wortete, die Sache müsse zuvor eingehend beraten werden, und die Minister, die er entsprechend präpariert hatte, schlossen sich dieser Meinung an.
Vom hinhaltenden zum offenen Widerstand ging Bismarck in der Frage des Sozialistengesetztes über. Er wünsche, erklärte der Kaiser, daß der Ausweisungsparagraph gestrichen werde; denn dessen Beibehaltung würde – angesichts der Ablehnung durch die Nationalliberalen – das die Regierung parlamentarisch stützende Kartell gefährden. Der Kanzler entgegnete in einem Ton, der gerade noch im Rahmen des gebotenen Respektes blieb: Er glaube, daß die Nachgiebigkeit des Monarchen verhängnisvolle Folgen haben werde, die er nicht mitverantworten könne. Wenn es zu sozialen Unruhen käme, müßten sie niedergeschlagen werden. Er dürfe seine ersten Regierungsjahre nicht mit dem Blute seiner Untertanen färben, erwiderte Wilhelm II., den die Rücktrittsdrohung Bismarcks unbeeindruckt ließ.
»Man ging mit ungelösten Differenzen, mit dem Gefühl auseinander, daß ein irreparabler Bruch zwischen Kanzler und Souverän erfolgt war«, notierte der Augen- und Ohrenzeuge Lucius von Ballhausen. Nun brach in rascher Folge ein Stück nach dem anderen aus der Machtstellung Bismarcks.
Am 25. Januar 1890 lehnte der Reichstag das von Bismarck verlangte permanente Sozialistengesetz ab; das bisherige, zeitlich begrenzte Sozialistengesetz wurde nach seinem Auslaufen am 30. September 1890 nicht mehr verlängert. Am 4. Februar 1890 wurden zwei Erlasse des Kaisers und Königs ohne Gegenzeichnung des Reichskanzlers und preußischen Ministerpräsidenten veröffentlicht: Wilhelm II. gab bekannt, daß ein Arbeiterschutzgesetz ausgearbeitet und über die Einberufung einer internationalen Konferenz über die Arbeiterfrage mit anderen Staaten verhandelt würde.
Am 20. Februar 1890 erlitt das Kartell der regierungsfreundlichen Parteien eine vernichtende Wahlniederlage. Die Nationalliberalen verloren über die Hälfte ihrer Reichstagsmandate, schrumpften von 99 auf 42 Sitze. Die Reichspartei wurde von 41 auf 20 Mandate halbiert. Die Konservativen – 73 statt 80 Sitze – konnten sich einigermaßen behaupten. Die Freisinnigen verdoppelten ihre Mandate, von 32 auf 66, und die Stimmenzahl der Sozialdemokraten stieg von 763000 und 7,1 Prozent auf 1427000 und 19,7 Prozent, die

Zahl der Mandate von 11 auf 35. Das Zentrum gewann 8 Mandate hinzu, zog mit 106 statt 98 Abgeordneten in den Reichstag ein.
Das Vertrauen des Monarchen hatte Bismarck verspielt und den Rückhalt im Reichstag verloren, nachdem er das Kartell durch seine eindeutige Antisozialisten-Strategie ruiniert hatte. Vielleicht hatte er es sogar mit einer zweideutigen Machterhaltungs-Taktik ruinieren wollen, in der Hoffnung, daß er, wenn es gegen eine regierungsfeindliche Parlamentsmehrheit anzusteuern gelte, für unersetzlich gehalten würde.
Das Volk, auf dessen Zustimmung der quasi-plebiszitäre Machthaber seit der Abkühlung seines Verhältnisses zum Monarchen mehr denn je angewiesen war, schien sich von ihm abzuwenden. Das Militär, diese wesentliche Stütze preußisch-deutscher Macht, stand nicht mehr geschlossen hinter ihm, seitdem er dessen Präventivkriegspläne durchkreuzt hatte.
Seine Minister schickten sich an, ihm den Rücken zu kehren. Als er sie, aus taktischen Motiven, mit der Erwägung überraschte, er wolle zwar Reichskanzler bleiben, aber als preußischer Ministerpräsident zurücktreten, blieb der erwartete Widerspruch aus. Sein Stellvertreter Boetticher setzte sogar zu einer Abschiedsrede an, sprach ihm den Dank für seine langjährige Wirksamkeit aus.
Mit dem Kartell, seiner parlamentarischen Stütze, verlor er an Unterstützung durch die hinter diesem stehenden Industriekreise. Wirtschaftsführer befürchteten, daß Bismarcks Kollisionskurs gegen die Arbeiterschaft das industrielle Wachstum beeinträchtigen könnte. Führer der Kartellparteien, vor allem der Nationalliberalen, waren alarmiert, als der Kanzler daranging, sich eine Reichstagsmehrheit durch eine Koalition zwischen den Konservativen und dem Zentrum zusammenzusuchen.
Bismarck begann einem Ertrinkenden zu gleichen, der nach jedem treibenden Ast greift. Um kaiserlichen Intentionen entgegenzukommen, berief er Hermann von Berlepsch, der als Oberpräsident der Rheinprovinz zwischen Unternehmern und Arbeitern vermittelt hatte, zum preußischen Handelsminister. Um kaiserlichen Maßnahmen entgegenzuwirken, ersuchte er den französischen Botschafter, seiner Regierung eine Absage an die von Wilhelm II. gewünschte internationale Arbeiterkonferenz nahezulegen. Schließlich suchte er sogar die Witwe Friedrichs III. auf, die er noch mehr als ihren

Gemahl bekämpft hatte, um sie zu bitten, beim Monarchen ein gutes Wort für ihn einzulegen. Sie habe keinen Einfluß auf ihren Sohn, beschied ihn Victoria, nicht zuletzt deshalb, weil Bismarck ihn ihr abgegraben habe.

Mit Kniffen konnte er sich nicht halten, und das Gewaltmittel eines Staatsstreiches, das er aus seinem Arsenal hervorzuholen gedachte, blieb eine Wunschwaffe, die in der Endphase seines Machtverfalls noch viel weniger als in den Hochzeiten seiner Machtausübung einsetzbar war.

Nicht die Bundesstaaten und ihre Landtage, wie einzelne Rechtsgelehrte behaupteten, sondern die Bundesfürsten hätten kraft ihrer Souveränität den Bundesvertrag geschlossen. Deshalb könnte und müßte dieser aufgelöst werden, wenn die parlamentarische Gesamtvertretung, der Reichstag, auf dem Wege des Parlamentarismus die Monarchensouveränität durch die Volkssouveränität zu ersetzen trachtete, erklärte Bismarck am 2. März 1890 im preußischen Staatsministerium. Der König von Preußen sei befugt, die deutsche Kaiserwürde niederzulegen und mit den anderen Fürsten ein neues Reich ohne demokratisches Wahlrecht und ohne renitente Volksvertretung zu gründen.

Der preußische Bonaparte dachte an einen deutschen 18. Brumaire, indessen an einen Staatsstreich nicht nur gegen die Volksvertreter, sondern letztlich gegen das Volk, das nicht nur nationalstaatlich geeint, sondern auch verfassungsstaatlich anerkannt sein wollte.

In seinem krampfhaften Bemühen, den ihm entgleitenden Mantel der Macht festzuhalten, schien der deutsche Kanzler eine Haupterrungenschaft seiner Reichsgründung, den nationalen Verfassungsstaat, fahren lassen und der preußische Royalist das oberste Gesetz des Monarchismus, den Willen des Monarchen, nicht mehr anerkennen zu wollen.

Unvermeidlich war der Zusammenstoß zwischen dem König und Kaiser, der auf das Monarchenrecht pochte und den Zeitgeist an seiner Seite sah, und dem Ministerpräsidenten und Reichskanzler, der seine Amtsgewalt mit Argumenten von Gestern zu verteidigen suchte, zuletzt noch mit dem Hinweis auf eine Kabinettsorder Friedrich Wilhelms IV. aus dem Jahre 1852, derzufolge ein Minister dem Monarchen nur Vortrag halten durfte, wenn er vorher Rücksprache mit dem Vorsitzenden des Staatsministeriums genommen hatte.

Bei dem sich zur Kollision steigernden Konflikt zwischen Wilhelm II. und Bismarck mußte der Zweite, der Schwächere und der Ältere aus der Bahn geworfen werden. Die Art und Weise, wie dies der Erste, der Stärkere und der Jüngere bewerkstelligte, wurde den historischen Verdiensten des Verabschiedeten nicht gerecht, war eines Monarchen, der nicht nur der Größte, sondern auch der Beste im Land sein wollte, nicht würdig, beschädigte das Ansehen der Monarchie.

DER LETZTE AKT begann mit einem Gespräch zwischen Bismarck und Windthorst. Der Kanzler hatte den Zentrumsführer, den er als innenpolitischen Erzfeind betrachtet und bekämpft hatte, am 10. März 1890 zu sich bitten lassen, um wegen einer Koalition mit dem Zentrum, samt Polen, Welfen und Elsaß-Lothringern, vorzufühlen. Windthorst war überrascht und betroffen. Nachdem er nach eineinhalbstündiger, ergebnislos verlaufender Unterredung die Tür hinter sich geschlossen hatte, sagte er: »Ich komme vom politischen Sterbebett eines großen Mannes.«
Das Ende war nahe. Die konservative Partei, der vorgesehene Koalitionär des Zentrums, wie der Kaiser lasen in der Zeitung, daß Bismarck eine neue innenpolitische Wende vorzubereiten schien – ohne Unterrichtung, geschweige denn Genehmigung des Monarchen, den er, im Prinzip, stets als den eigentlichen Regierungschef bezeichnet hatte.
Am Morgen des 15. März 1890 erschien Wilhelm II. bei Bismarck, zu einer Zeit, da dieser noch im Bett lag. Die Anmeldung des Monarchen hatte ihn am Vorabend nicht erreicht. Der Fünfundsiebzigjährige, der sich in aller Eile ankleiden mußte, war schlecht gelaunt, und der Einundreißigjährige mißgestimmt.
Der Kaiser warf dem Kanzler die Unterredung mit Windthorst vor. Bismarck gab zurück, er habe nicht nur das Recht, sondern auch die Pflicht, jeden Parteiführer, ja jeden Abgeordneten, der ihn zu sprechen wünsche, zu empfangen und anzuhören. Der König forderte den Ministerpräsidenten auf, die Kabinettsorder von 1852 zurückzuziehen, da durch diese seine monarchischen Vorrechte eingeschränkt würden. Bismarck erwiderte, er müsse darauf bestehen, daß seine Minister, jedenfalls in wichtigen Angelegenheiten, nicht ohne seine Zustimmung mit dem Monarchen verkehrten.

Bismarck trieb die Auseinandersetzung auf die Spitze, indem er Wilhelm II. einen Botschafterbericht zu lesen gab, in dem eine abschätzige Bemerkung des Zaren über den Kaiser stand: »C'est un garçon mal élevé et de mauvaise foi« - das ist ein schlecht erzogener und unzuverlässiger Bube.

Wilhelm II. ließ Bismarck in Ungnade zurück. Am 17. März 1890 ließ der Kaiser durch den Chef seines Militärkabinetts dem Kanzler sagen, er wünsche dessen Abschiedsgesuch endlich zu sehen. Er erhielt es am Tage darauf, keine Bitte in wenigen Zeilen, sondern eine Anklageschrift gegen den Monarchen und eine Rechtfertigungsschrift des Kanzlers.

Die Differenzen in der sozialen Frage erwähnte Bismarck mit keinem Wort, wohl ahnend, daß er hier nicht das letzte Wort behalten würde. Er konzentrierte sich auf zwei Streitfragen, von denen er annahm, daß in diesen seine Standpunkte vor der Geschichte bestehen würden. Der Ministerpräsident verteidigte sein Festhalten an der Kabinettsorder von 1852, weil gestern wie heute und morgen die Einheitlichkeit der politischen Leitung gewährleistet sein müßte. Der Kanzler unterstrich seine Auffassung, daß das Reich in Gefahr geriete, wenn – was er dem Kaiser unterstellte – die Erfolge in Frage gestellt werden sollten, »welche unsre ausw. Politik seit Jahrzehnten im Sinne der beiden Hochs. Vorgänger Ew. M. in unsren Beziehungen zu Rußland unter ungünstigen Verhältnissen erlangt hat«.

»Nach gewissenhafter Erwägung der Allerhöchsten Intentionen, zu deren Ausführung ich bereit sein müßte, wenn ich im Dienste bliebe«, könne er nicht anders, als um seine Entlassung aus allen seinen Ämtern »in Gnaden und mit der gesetzlichen Pension« zu bitten. Er bekannte, daß es für ihn »sehr schmerzlich« sei, aus der Politik, die sein Leben gewesen war, auszuscheiden. Und er schob die Verantwortung für alles, was sein Lebenswerk gefährden könnte, dem unerfahrenen Monarchen zu, der es verschmähte, »die Erfahrungen u. Fähigkeiten eines treuen Dieners« seiner Vorfahren zu benutzen.

Dieses Gesuch an Wilhelm II. war ein Appell an das deutsche Volk, das er daran erinnern wollte, was es dem Scheidenden verdankte, und das darauf hingewiesen werden sollte, was es vom Gebliebenen zu erwarten hatte. Doch die Veröffentlichung wurde verboten. Sie erfolgte erst – durch Moritz Busch – im *Berliner Lokal-Anzeiger* am 31. Juli 1898, einen Tag nach dem physischen Tod Otto von Bismarcks, acht Jahre nach dem politischen Ende des Reichskanzlers und Ministerpräsidenten.

»Ein Begräbnis erster Klasse«, sagte er bei seinem Abschied von Berlin. Wilhelm II. gewährte ihm am 20. März 1890 die Entlassung, bestellte den General der Infanterie Leo von Caprivi zu seinem Nachfolger, verlieh dem Verabschiedeten den Titel eines Herzogs von Lauenburg und ernannte ihn zum Generalobersten der Kavallerie mit dem Range eines Generalfeldmarschalls. Als der Kanzler außer Dienst am 29. März 1890 im Lehrter Bahnhof den Zug nach Friedrichsruh bestieg, rief das Publikum »Hurra« und »Auf Wiedersehen«.

Es gab keine Wiederkehr des alten Mannes, dessen Leben zu Ende ging, und des Staatsmannes, der sich überlebt hatte. Er scheiterte an der Monarchenmacht, die er im Sinne und mit Mitteln der alten Zeit gestärkt und erhöht hatte. Er wurde durch einen Monarchen gestürzt, der keinen Wallenstein in seinem Reiche duldete, einem jungen Kaiser, der in die Zukunft strebte, doch der Vergangenheit verhaftet blieb. Denn Wilhelm II. übernahm das System, das ihm Bismarck hinterlassen hatte, trat an dessen Platz am Ruder, ohne es, wie der alte Staatsmann, mit Umsicht und Vorsicht führen zu können.

»Das Amt des wachhabenden Offiziers auf dem Staatsschiff ist mir zugefallen«, verkündete Wilhelm II. »Der Kurs bleibt der alte, und nun Volldampf voraus.«

Noch acht Jahre lang mußte Bismarck vom Ufer aus beobachten, wie das Reichsschiff, das er bemannt, bestückt und unter Dampf gesetzt hatte, in einer unruhiger werdenden See zu schlingern begann.

Nachworte aus dem Sachsenwald

»ES IST EIN GLÜCK, daß wir ihn los sind«, kommentierte Theodor Fontane die Entlassung Bismarcks. »Es wäre ein Segen für das Reich gewesen, wenn er schon viel früher beseitigt worden wäre«, bemerkte Eugen Richter, und die *Frankfurter Zeitung* erklärte: »Ohne Furcht vor der Zukunft sieht das deutsche Volk den gewaltigen

Mann aus der Machtfülle scheiden, in der er für die innere Entwicklung seit Jahren ein unüberwindliches Hindernis geworden war.« Leider sei nicht zu leugnen, räumte eine Bismarck-Verehrerin, Baronin Spitzemberg, ein, »daß seit Jahren im Inneren ein furchtbarer Marasmus eingerissen war«.
»Gewiß war es ein Glück, daß Fürst Bismarck entlassen wurde. Aber daß es ein Glück war, das ist eben das Unglück«, sagte Ludwig Bamberger, voller Sorge, daß auf einen bedeutenden Mann mit zu großer Machtfülle ein mittelmäßiger Mann mit noch größerer Machtfülle folgte, der diese mit emotionalem Elan und ohne rationale Bremsen einsetzen würde. »Das ist der schwarze Punkt in der Zukunft«, befürchtete Chlodwig Fürst zu Hohenlohe-Schillingsfürst, der wilhelminische Romantik in die von Bismarcks Realismus im Lot gehaltende preußisch-deutsche Staatswelt hereinbrechen sah.
»Europa soll hören: Was sagt und denkt der Deutsche Kaiser und nicht, was ist der Wille seines Kanzlers«, verlautbarte Wilhelm II. Europa, das der Reichsgründer Bismarck beunruhigt, aber der Reichshüter Bismarck beruhigt hatte, war alarmiert.
Sein Sturz sei »ein ungeheures Unglück, dessen Folgen man in jedem Teile Europas fühlen wird«, äußerte der konservative englische Premiermister Lord Salisbury. »Bismarck war eine der hervorragendsten Kräfte geworden, die sich in unserem bis an die Zähne bewaffneten Europa der Entfesselung eines furchtbaren Krieges widersetzten«, kommentierte die französische Zeitung *Temps*, und die russische Zeitung *Nowoje Wremja:* Deutschland mit Bismarck sei eine klar zu bestimmende Größe gewesen, Deutschland ohne Bismarck sei ein Problem.
Ein Bild ging um die Welt, die Karikatur der englischen Zeitschrift *Punch*: Bismarck verläßt das Schiff, »der Lotse geht«. Zurück blieb Wilhelm II., der Kapitän, Steuermann und Lotse zugleich sein wollte, sich einbildete, das Reichsschiff allein durch die schwierigen Fahrwasser der Außenpolitik wie der Innenpolitik leiten zu können.
»Die alten Römer gingen freiwillig aus dem Leben, wenn sie vom öffentlichen Schauplatz ihres Wirkens abtreten mußten; für mich ist das aber nichts«, sagte Bismarck, der im Prinzip antike den maritimen Vergleichen vorzog. Er hatte sich vorgenommen, von seinem Tuskulum aus den Weg des Imperator Augustus zu beob-

achten, Senat und Volk auf Irrwege hinzuweisen und ihnen klarzumachen, welch sicheren Wegweiser sie mit ihm verloren hatten.
Als Machthaber hatte er nach diktatorischen Maßnahmen gegriffen, als Entmachteter neigte er zu apodiktischen Urteilen. Dem Groll, der sich in ihm angestaut hatte, ließ er in der Kritik an denen, die ihn gestürzt hatten, wie an jenen, die davon profitierten, ungehemmten Lauf.
In seinen Verdikten gegen Wilhelm II. überzog er das Maß, das seinem Unmut über eine unwürdige Behandlung angemessen war, schoß er über die Grenzen hinaus, die ein Royalist hätte respektieren müssen: Er habe sich nur deswegen gegen den Rücktritt gesträubt, »weil er die nichtnormale Geistesverfassung des Kaisers« gekannt und eine Katastrophe zu vermeiden gesucht habe.
Mit diesem Hohenzoller im besonderen wie mit den Hohenzollern im allgemeinen ging er ins Gericht. »Die unumschränkte Autorität der alten preußischen Königsmacht war und ist nicht das letzte Wort meiner Überzeugung«, behauptete er nach seiner Entlassung. Noch 1882 hatte er erklärt: »Und so ist für Preußen das monarchische Prinzip und das Königtum das Wertvollste.«
Zur Entwertung der preußischen Werte hatte er selber beigetragen. Wenn Theodor Fontane seinen Stechlin über das Verblassen der altpreußischen Primärtugenden wie Sekundärtugenden klagen ließ, so dachte er dabei nicht nur an die »Renommisterei« Wilhelms II., sondern auch an dessen in Ungnade gefallenen Kanzler: »Bismarck ist der größte Prinzipienverächter gewesen, den es je gegeben hat, und ein ›Prinzip‹ hat ihn schließlich gestürzt, besiegt – dasselbe Prinzip, das er zeitlebens auf seine Fahne geschrieben und nach dem er nie gehandelt hat: Die Macht des hohenzollernschen Königtums.«
Wenn er den gewaltigen Block des Hausmeiers wegwälze, war Wilhelm II. bedeutet worden, werde er darunter nur »plattgedrücktes Gewürm« vorfinden. Das Rückgrat so manchen Staatsdieners war gebrochen, ohne daß er dies für ein Gebrechen gehalten hätte. Denn es trat nicht ein, was Hans Lothar von Schweinitz angenommen hatte: »Wenn der große Kanzler einmal abtreten wird, dann werden sich viele Leute schämen und sich gegenseitig die Niedrigkeit vorwerfen, mit welcher sie sich seinem gewaltigen Willen gebeugt haben.«
Nun unterwarfen sie sich dem Willen eines Mannes, der – wie

Bismarck bemerkte – zwischen »Großmannssucht und Besorgnis« schwankte, jene durch forsches Auftreten zu demonstrieren und diese durch schneidige Worte zu verdrängen suchte. Ein Kraftmeier löste den Kraftmenschen ab, der – was Graf Emerich Széchenyi, dem Botschafter Österreich-Ungarns, an Bismarck aufgefallen war – bereits damit begonnen hatte, nach wiederholter Erprobung seiner Stärke »die Fähigkeit, sich zu mäßigen« zu verlieren.

»Ich habe nie nach Grundsätzen gelebt«, bekannte Bismarck ein Jahr nach seiner Entlassung, »ich habe zugegriffen und getan, was ich für nötig hielt.« Nachfolger und Nachbeter suchten es ihm nachzumachen, sich bei der Verfolgung von Machtzielen über Rechtsprinzipien hinwegzusetzen, ohne sein Augenmaß und ohne sein Maßhalten zu besitzen – plebejische Machiavellisten nun, die den aristokratischen Machiavellisten abgelöst und, nach Art der Parvenüs, zu übertreffen suchten.

»Über juristische Zwirnsfäden wird die Königliche Regierung nicht stolpern in der Ausübung ihrer Pflicht, für den Frieden des Staates zu sorgen«, hatte Bismarck 1869 erklärt. Diese und andere Kraftworte wurden von Wilhelminern im Munde geführt und zur Rechtfertigung für Schritte angeführt, bei denen sie ins Stolpern kamen, weil sie sich an Bismarcks Zynismus, jedoch nicht an dessen Sinn für das Nötige und Mögliche orientierten.

In der »unmittelbaren Leistung Bismarcks selbst war etwas, das auf der Grenze zwischen Heilvollem und Unheilvollem lag und in seiner weiteren Entwicklung immer mehr zum Unheilvollen hinüberwachsen sollte«, meinte der preußisch-deutsche Historiker Friedrich Meinecke, der die Katastrophe des Zweiten wie des Dritten Reiches erlebte.

Ein Zeitgenosse Bismarcks, der badische Liberale Franz von Roggenbach, schrieb bereits 1875: »Ging von der Persönlichkeit des Reichskanzlers auch der erste Anstoß zu dem rechts- und menschenverachtenden Verhalten der deutschen Politik aus; die deutsche Nation selbst hat zu laut und rückhaltlos derselben zugejubelt und in deren Gewalttätigkeit geschwelgt, als daß sie nicht selbst die Sühne zu geben hätte, die jeder Verschuldung nach ewigem Gesetze folgt und die auch ihr leider nicht erspart bleiben wird.«

AUS DEM ZUSCHAUERRAUM sehe die politische Welt anders aus, als wenn man hinter die Kulissen trete, hatte Bismarck schon 1867 gesagt. »Ich habe an mir selbst wahrgenommen, daß man die Politik anders beurteilt, solange man als Dilettant ohne das Gefühl schwerer persönlicher Verantwortlichkeit... an ihr mitwirkt, als wo man im Gegenteil einer vollen Verantwortung für die Folgen jedes Schrittes, den man tut, sich bewußt ist.«

Dies war nicht nur eine Kritik an seinen Kritikern, sondern auch eine vorweggenommene und vorausgeahnte Beurteilung seiner eigenen Situation, nachdem er gezwungen worden war, seine Bühnenposition mit einem Zuschauerplatz zu vertauschen.

Politik nicht mehr machen, nur noch kommentieren zu können, war bitter für einen Mann, der dieses Geschäft über vier Jahrzehnte lang, davon fast drei Jahrzehnte lang als Regisseur und Hauptdarsteller betrieben hatte. Seine Urteile über die Stücke, die seine Nachfolger boten, waren von dieser Bitterkeit geprägt, die ihn zum Zischen und Buhen verleitete und den Blick dafür trübte, daß er es gewesen war, der das Buch geschrieben und die Regieanweisungen gegeben hatte. Seine Kritiken, die meist Verrisse waren, ließ er über Zeitungen, in erster Linie über die ihm mit Haut und Haar ergebenen *Hamburger Nachrichten* verbreiten. Früher hatte er von ihm als Reptilien bezeichnete Journalisten mit Geldern aus dem Welfenfonds gefüttert, dessen Zinsen jetzt, wie Wilhelm II. nach der Entlassung Bismarcks verfügte, dem Hause Hannover ausbezahlt wurden. Nun warf der Exkanzler die Brocken seiner Schmähungen der Nachfolger und der Enthüllung von Regierungsgeheimnissen hin und verfolgte mit grimmiger Genugtuung, wie sie gierig aufgenommen wurden und im Inland wie im Ausland groß herauskamen.

Journalisten gaben sich in Friedrichsruh die Klinke in die Hand. Auch Maximilian Harden kam, den Feindseligkeit gegen Wilhelm II. mit dem Hausherrn verband, obwohl der Gründer der *Zukunft* dabei mehr als der Reichsgründer an das Morgen dachte. Bismarck lud den Publizisten, der das »System zwanzigjähriger Korruption«, also Bismarcks Werk von gestern, in liberalen Blättern angeprangert hatte, zu Tisch und leerte mit ihm die Flasche »Steinberger Kabinett«, die ihm Wilhelm II. mit einer ersten, noch bescheidenen Versöhnungsgeste übersandt hatte.

Der Entlassene und Gekränkte neigte dazu einzureißen, was er aufgebaut hatte. Er rüttelte an den preußischen Pfeilern seines Werkes, setzte die Geltung des Monarchen herab, bezeichnete Minister als »Drohnen, die uns regieren«, sprach von »Klebern und Strebern« in der Staatsdienerschaft und wandte sich gegen die von dem in dieser Hinsicht in seine Spuren getretenen Nachfolger Caprivi vorgeschlagene und durchgesetzte Heeresvermehrung.

Der Entmachtete und Verbitterte, der von Anfang an das Parlament bekämpft und gegen Ende sogar an dessen Beseitigung gedacht hatte, nannte nun den Reichstag den »Brennpunkt des öffentlichen Lebens«, sprach von der Notwendigkeit eines starken Parlaments, das die Regierung »kritisiert, kontrolliert, warnt, unter Umständen führt«, wie er auf dem Marktplatz von Jena erklärte. Den Chefredakteur der *Hamburger Nachrichten* instruierte er: »Ich halte jede Herabdrückung der Bedeutung des Reichstages durch dessen schwächliche Nachgiebigkeit gegen gouvernementale Wünsche für ein vaterländisches Unglück.« Fünftausend Anhänger aus Baden, Hessen, der Rheinpfalz und Thüringen rief er in Kissingen zu: »Wir brauchen den Reichstag, wir brauchen seine Autorität, wir müssen sie stützen und fördern.«

Dafür schien er persönlich sorgen zu wollen. Ein Jahr nach seinem Sturz kandidierte der Exkanzler, mit Hilfe der Nationalliberalen, für den Reichstag. Bei der Nachwahl im 19. hannoverschen Wahlkreis Kehdingen-Neuhaus a. d. Oste kam der Fürst mit dem Zigarrenarbeiter Schmalfeldt in die Stichwahl, gewann sie mit einer Mehrheit von 5058 Stimmen.

Der kategorische Imperativ, das von Immanuel Kant formulierte preußische Sittengesetz des unbedingten Pflichtgebots, habe dem Sechsundsiebzigjährigen befohlen, dem Staat und der Nation, wenn schon nicht mehr als Reichskanzler, so wenigstens als Volksvertreter zu dienen, verlautbarte die Hamburger Stimme des Herrn. Doch der Abgeordnete Bismarck ließ sich im Reichstag nicht blicken. Er sei nicht mehr rüstig genug, die Mandatspflichten zu erfüllen, eröffnete er seinen Wahlhelfern. Auch »die Aussicht auf peinliche Begegnungen mit früheren Freunden, die solche zu sein seit meinem Abgange aufgehört haben«, halte ihn davon ab, nach Berlin zu gehen. »Wenn ich im Reichstage den Mund auftäte, so müßte ich der herrschenden Politik schärfer entgegentreten, als ich es bisher meiner Stellung und meiner Vergangenheit angemessen finde.«

Indessen hatte er keine Hemmungen, Herrscher und Regierung in Marktplatzreden und Pressekampagnen anzugreifen. Die eigentlichen Gründe für sein Fernbleiben vom Reichstag waren in der Befürchtung zu suchen, daß seine gegenwärtigen Worte mit seinen einstigen Taten konfrontiert würden, und in der Vermutung, daß seine Reden wenig Zustimmung und seine Anträge keine Mehrheit finden würden. Er sah das richtig: Der Reichstag ging sogar so weit, seinem Erzfeind, der sich nun als sein Erzengel hinzustellen suchte, mit 163 gegen 146 Stimmen eine Beglückwünschung zum 80. Geburtstag zu verweigern.

Diese Mißachtung seiner Person und seiner Leistung verdroß ihn, aber verwunderte ihn nicht. Nach wie vor sah er im Reichstag katholische, sozialdemokratische und linksliberale Reichsfeinde am Werk, die er bekämpft, aber nicht besiegt hatte. Weiterhin hielt er die Konservativen, die ihn unterstützten, für Intimfeinde, und die Nationalliberalen für ebenso unvermeidliche wie unangenehme und unsichere Koalitionspartner.

Er hatte sie zunächst für die preußische Staatsbühne und dann für das deutsche Reichstheater engagiert, in der Absicht, sie als Statisten in den vom Publikum gewünschten Massenszenen einzusetzen, sie im Chor seinen Handlungen zustimmen zu lassen, und in der Annahme, sie nach getaner Schuldigkeit in der Versenkung verschwinden lassen zu können. Doch dies hatte er selber nicht zuwegegebracht, und der neue Prinzipal konnte und wollte es nicht fertigbringen.

Nachdem der gewaltige und gestrenge Regisseur gegangen war, schlugen – wie dieser als Zuschauer wahrzunehmen meinte – alle über die Stränge, zog jeder in eine andere Richtung, redeten sie noch mehr als bisher durcheinander und gegeneinander: Klasse gegen Klasse, Partei gegen Partei, Parlament gegen Regierung, Staat gegen Volk und Volk gegen Staat.

Nun wurde offenkundig, was in seinem System von Anbeginn angelegt gewesen war: daß der Primat des Erhaltens das Desiderat einer Evolution bis zum Zustand des Immobilismus gehemmt hatte, der, weil unangemessen und unhaltbar, in ein Stadium der Revolution überzugehen drohte.

Der »Cauchemar des révolutions« drückte den entlassenen Staatsmann noch mehr als den amtierenden Staatsmann. »Mein Schlaf ist keine Erholung, ich träume weiter, was ich wachend denke, wenn ich überhaupt einschlafe. Neulich sah ich die Karte von Deutschland vor mir, darin tauchte ein fauler Fleck nach dem anderen auf und blätterte sich ab.« Dies hatte er bereits ein Jahr nach der Reichsgründung gesagt; zwanzig Jahre später fügte er hinzu: »Es stört mir den Schlaf, wenn ich denke, daß sie das Gebäude, an welchem ich gebaut und gebastelt, wieder abbröckeln, da kommt die Gedankenjagd des Nachts.«

Dabei schien ihm nicht der Gedanke zu kommen, daß er die sich vertiefenden Risse im Reich der Statiker mitzuverantworten hatte. Und der Architekt schien nicht zu bedenken, daß das Reichsgebäude, das er auf mitteleuropäischem Baugrund hochgezogen hatte, auf diesem Platz und in seiner Konstruktion wachsenden Gefahren von außen ausgesetzt war.

Der »Cauchemar des coalitions« lastete auf dem Reichskanzler im Ruhestand noch stärker als auf dem Reichskanzler im Dienst. Bismarck schaute mit wachsender Besorgnis seinen Nachfolgern zu, die nun durch die internationale Manege galoppierten und mit den Bällen der Bündnisse jonglierten, wobei er jeden Augenblick erwartete, daß die Gesellen das Spiel des Meisters verpatzten.

Dieses sei so kompliziert gewesen, daß nur Bismarcksche Kunst es zu beherrschen vermochte, gestand einer von ihnen ein. Und manch einer fragte sich, ob es dem Meister selbst noch länger gelungen wäre, die Tour de force durchzuhalten und den Balanceakt zu vollbringen.

Dies war ihm, obwohl er sich noch leistungsfähig gefühlt hatte, von einem Monarchen, der es genauso gut, wenn nicht noch besser machen zu können glaubte, verwehrt worden. Nun saß der Meister als Zuschauer in der Manege und bemerkte: Man könne »einem Reiter in der Bahn die besten Hilfen zurufen; wenn er es nicht in sich hat und sie nicht der Natur seines Pferdes gemäß ausführt, wird es ihm nichts nützen, und schließlich wird ihn der Gaul abwerfen.«

Von der Unzulänglichkeit der neuen Reiter überzeugt, unterließ er fachmännische Zurufe, versagte den Nachfolgern seinen Rat, verfolgte mit vernehmlich geäußerter Besorgnis und mit verhaltener Schadenfreude, wie sie sich ungeschickt anstellten und ins Straucheln kamen.

Im allgemeinen bemühten sie sich, auf der von Bismarck eingeschlagenen Bahn zu bleiben und das von ihm begonnene Spiel fortzusetzen. In einem besonderen, allerdings wesentlichen Punkt wichen sie davon ab: Der nach dreijähriger Frist ablaufende, von Bismarck geschlossene Rückversicherungsvertrag mit Rußland wurde nicht erneuert, obwohl Petersburg seine Bereitschaft zu einer Verlängerung oder zum Abschluß eines neuen Abkommens bekundet hatte. Die neuen Herren, die vor der Machtergreifung ihre Abneigung gegen das Zarenreich bis zu der von Bismarck vereitelten Absicht eines Präventivkrieges gepflegt hatten, scheuten nun vor einer außenpolitischen Konfrontation mit Rußland nicht zurück. Im Unterschied zu Bismarck, der Bündnisverträge vornehmlich zur Friedenssicherung geschlossen hatte, begannen die Nachfolger diese nach deren Kriegstauglichkeit zu bewerten. Da ihnen ein Zusammengehen zwischen Rußland und Frankreich unvermeidlich schien, strebten sie, was mißlang, eine Verbindung mit England an und setzten voll und ganz auf den Zweibund mit Österreich-Ungarn, was sich als verhängnisvoll erwies.

Wilhelm II. beschwor die Nibelungentreue, die Bismarck in der Außenpolitik nicht nur für verfehlt, sondern auch für verderblich hielt, und versagte sich ein Mindestmaß an Loyalität gegenüber dem langjährigen Diener seines Hauses. »Du weißt«, schrieb er Franz Joseph I., »daß ein Hauptstück von ihm der geheime Vertrag à double fonds mit Rußland war, der, hinter Deinem Rücken geschlossen, von mir aufgehoben wurde.«

Mit diesem Hinweis legte der deutsche Kaiser dem österreichischen Kaiser nahe, den »ungehorsamen Untertan« nicht zu empfangen, der sich im Juni 1892 auf die Reise nach Wien begab. Anlaß war die Vermählung des Grafen Herbert von Bismarck mit der Gräfin Marguerite Hoyos. Der Sohn, der nach der Entlassung des Vaters als Staatssekretär zurückgetreten war, wurde in Sippenhaftung genommen. Reichskanzler Caprivi wies den Botschafter in Wien an, einer Einladung zur Hochzeit, von der Wilhelm II. keine Notiz nehmen werde, einschließlich des Botschaftspersonals auszuweichen.

Als Grund war im Erlaß angeführt, daß es noch zu keiner Annäherung zwischen dem Fürsten Bismarck und dem Kaiser gekommen sei, und daß eine solche, selbst wenn sie erfolgte, niemals so weit gehen könne, »daß die öffentliche Meinung das Recht zur Annahme erhielte, Fürst Bismarck hätte wieder auf die Leitung der Geschäfte irgend welchen Einfluß gewonnen«.

Wilhelms II. Brief an Franz Joseph I., der Bismarck die Tür zur Hofburg verschloß, wurde erst nach dem Ende der beiden Kaiserreiche bekannt. Der Erlaß Caprivis, der die offiziellen Kreise von der Hochzeit Herberts fernhielt, wurde am 7. Juli 1892 im *Reichsanzeiger* veröffentlicht.

Bismarck setzte auf die groben Klötze gröbere Keile. »Alle Brücken sind abgebrochen«, erklärte er in Wien der *Neuen Freien Presse*. In Berlin stünden jetzt Männer im Vordergrund, die er früher im Dunkeln gehalten hätte, und diesen wäre ein Fehler nach dem anderen unterlaufen, der größte, als sie den Draht nach Rußland abreißen ließen. Von seinem Rückversicherungsvertrag, den er hinter dem Rücken der Österreicher geschlossen hatte, sprach er in Wien wohlweislich nicht. Doch vier Jahre darauf konnte er nicht mehr an sich halten und ließ am 24. Oktober 1896 durch die *Hamburger Nachrichten* das Geheimnis des Rückversicherungsvertrages enthüllen, an seine überlegene Staatskunst erinnern und auf die Stümper verweisen, die ihn vor sechs Jahren nicht erneuert hatten.

An das Staatsgeheimnis fühlte sich der außer Dienst gestellte Staatsmann nicht mehr gebunden, der darangegangen war, an seiner Legende zu weben und den Mantel des Vergessens über die Tatsache zu breiten, daß er Probleme, die seinen Nachfolgern zu schaffen machten, selber geschaffen hatte.

Selbst er hatte den Rückversicherungsvertrag für einen Notbehelf gehalten, der den Zweifrontendruck auf die von ihm in die Mitte Europas postierte Großmacht nur vermindern, aber nicht abwenden könnte. Er hatte durch Wirtschaftspressionen gegen Rußland den Annäherungsprozeß zwischen dem Zarenreich und der Französischen Republik beschleunigt. Auch er hatte dagegen ein Bündnis mit England setzen wollen, aber den Weg dazu durch die Expansion in Übersee zu verlegen begonnen.

Und er hatte den Zweibund mit Österreich-Ungarn geschlossen, mit einem zerfallenden Vielvölkerreich und einer abbröckelnden Großmacht. In deren kaum vermeidbaren Konflikt mit dem panslawistischen Zarenreich – das vermochte sich Bismarck immer weniger zu verhehlen – würde wahrscheinlich das Deutsche Reich hineingezogen werden, ohne von Österreich-Ungarn den notwendigen Bei-

stand in dem sich daraus ergebenden Zweifrontenkrieg mit Rußland und Frankreich erwarten zu können.
Ein solcher Krieg würde – das wußte Bismarck – kein Staatenkrieg mehr sein, sondern ein Nationalkrieg werden, der die Dämme, die der Deichhauptmann zu errichten sich bemüht hatte, durchbrechen und die alte, seine Welt hinwegspülen würde. Um dies zu verhindern, jedenfalls hinauszuschieben, hatte er mit alter Staatskunst den europäischen Frieden zu sichern versucht und auch zu sichern verstanden. Dabei hatte er nicht hinreichend einkalkuliert, daß die von ihm zur Errichtung des Deutschen Reiches herangezogenen Kräfte sein konservatives System sprengen und den europäischen Frieden gefährden könnten.
»Der Staatsmann muß die Dinge rechtzeitig herannahen sehen und sich darauf einrichten«, erklärte Bismarck. »Versäumte er das, so kommt er mit seinen Maßregeln meistens zu spät. Ist der Zug über die falsche Weichenstellung hinaus, und auf die schiefe Ebene geraten, sind die Bremsschrauben gelöst, so wird keine Gewalt ihn mehr vor dem Zerschellen bewahren.«
Außer Dienst kritisierte er die unbesonnen Lokomotivführer des Reichszuges, ohne zu bedenken, daß er im Dienst die Weichen in die Richtung, in die sie forciert fuhren, gestellt hatte, und ohne sich einzugestehen, daß er in seinen alten Tagen, auf Zustimmung der immer ungeduldiger werdenden Passagiere bedacht, den Zug mit nationalistischen Parolen anheizte.
Das hatte er nie getan und auch niemals tun wollen. Nun aber förderte er es, duldete es jedenfalls, daß deutsche Nationalisten ihn als einen der ihren in Anspruch nahmen. Jetzt ließ sich der Bremser einer Ausbreitung in Übersee als »kolonialer Bahnbrecher« feiern und befürwortete in einem Schreiben an Admiral Tirpitz die Verstärkung der Flotte. War er früher allen pangermanischen Versuchern entgegengetreten, so scheute er nun nicht davor zurück, die Ehrenmitgliedschaft des Alldeutschen Verbandes anzunehmen, der publizistischen und politischen Sturmtruppe eines deutschen Imperialismus in Europa und in der Welt.
»Das ist eine neue Zeit, eine ganz neue Welt«, sagte der achtzigjährige Bismarck, als ihm im Hamburger Hafen die neuen Dampfer gezeigt wurden. Auf diesen führen Deutsche aus dem sicheren und ruhigen Port des saturierten Bismarckreiches auf die Meere hinaus,

imperialistischen Zielen und den »herrlichen Zeiten« entgegen, die Wilhelm II. den Deutschen versprach, die sich – anmaßend, unbescheiden und unersättlich, wie sie geworden waren – mit dem Erreichten nicht mehr begnügten.

DER ALTE BISMARCK, der ihnen das Reich geschaffen hatte, das sie zu überziehen begannen, mußte dabei als Wegweiser herhalten. Ein Sternbild wurde zwar nicht nach ihm benannt, wie es die Zeitschrift *Der Volkserzieher* gefordert hatte, damit sich die Deutschen auch in dunklen Zeiten an ihm orientieren könnten. Aber überall in Deutschland, bis tief nach Bayern hinein, entstanden Bismarcktürme, auf denen Richtfeuer angezündet wurden.

Über dem Hamburger Hafen, in dem er seine Welt dahinschwinden gesehen hatte, stand er als kolossaler Roland des Reiches da. Vor diesem Denkmal wurde so mancher Deutsche von Gefühlen bewegt, von denen der Student Fritz Hupfer beim Anblick des noch lebenden, doch schon monumentalisierten Bismarck in Friedrichsruh überwältigt worden war: Einen jener Riesen glaubte er vor sich zu haben, »die zu Zeiten der Not über diese Männererde schreiten, mit dem Scheitel die Ewigkeit berührend und das Auge in die Unendlichkeit gerichtet, der Nachwelt ihren Feueratem einzuflößen und den Heldensinn der Väter«.

»Ich wäre in der größten Verlegenheit«, hatte Bismarck 1881 im Reichstag gesagt, »mit welchem Gesicht ich an meiner Statue vorbeigehen sollte«, denn es störe ihn, »wenn ich gewissermaßen fossil neben mir dastehe«. Der Alte im Sachsenwald ließ die Deutschen aller Generationen und Stände, die zum Exkanzler nach Friedrichsruh wie zu Barbarossa im Kyffhäuser pilgerten, ohne Befangensein an sich vorüberziehen. Er genoß die Genugtuung, von den Deutschen mehr als vom Deutschen Kaiser gewürdigt, vom Volke mehr als von Volksvertretern geachtet zu werden, auch nach seinem Sturz ein Machtfaktor geblieben zu sein.

Doch er fragte sich, ob er seiner Person wie seinem Werk einen Dienst erweise, wenn er es hinnehme und sogar dabei mitwirke, daß der Mythos Bismarck über den historischen Bismarck obsiege. Und er befürchtete, daß die Deutschen, die sich auf das von ihm mitstilisierte Bismarcksche Nationaldenkmal ausrichteten, das Bismarcksche Nationalreich gefährdeten.

Die Aussicht, auch als Toter noch Geschichte zu machen, wurde durch die Gewißheit getrübt, daß in einer anderen Zeit und in einer anderen Welt Geschichte anders gemacht werden würde, als er es getan hatte und auch fernerhin für tunlich gehalten hätte.
Aber sein Leben wie das von ihm verlängerte System ging dem Ende zu. Seine Mahnungen seien »rückwärts gerichtet«, hatte bereits 1891 der Student Graf Kessler erkannt, als er dem großen alten Mann in Kissingen begegnet war: Das Licht der Vergangenheit habe über seinen Erzählungen gelegen, und dazu habe die Romantik seiner Erscheinung gestimmt, »seines tief gefurchten, wie von tausend Stürmen zerrissenen Gesichts, seiner sonderbar großen, durch einen greisenhaften Schleier noch wetterleuchtenden Augen«.
So porträtierte ihn Franz Lenbach. Seine Bilder waren Ikonen, Kultbilder eines Heroen und zugleich Konterfeis eines von Tragik umwitterten Menschen. Der Maler schien, ohne es als Bismarckverehrer einzugestehen, erkannt zu haben, was der Bismarckkritiker Kessler aussprach: »Er war, wie schmerzlich in die Augen sprang, kein Anfang, sondern ein Ende, ein grandioser Schlußakkord.«

»DAS VERWIRRTE EUROPA« zeigte ein Druck von 1677, den Bismarck zum 80. Geburtstag bekam. Schon Tage vorher, am 26. März 1895, war Wilhelm II., der wie Ludwig XIV. ohne Mentor auszukommen glaubte und Deutschland wie Europa aus der Fassung zu bringen begann, mit zwei Schwadronen Kavallerie, einer Kompanie Infanterie und einer Batterie Artillerie in Friedrichsruh erschienen und hatte mit 21 Kanonensalven dem Gestürzten salutiert.
Bismarck hatte im Jahr zuvor den ersten Schritt zu einer Aussöhnung unternommen, war nach Berlin gekommen, wo ihm der Kaiser entgegenkam, keineswegs aus Reue, sondern mit dem Vorsatz, an der Popularität, die der Entlassene gewonnen hatte, zu partizipieren.
Als Bismarck sich am 26. Januar 1894 in der Reichshauptstadt sehen ließ, kam es nicht allen Deutschen so vor, »als öffne der Sachsenwald wie ein moderner Kyffhäuser seine Tiefen«. Max Weber zum Beispiel teilte diese Empfindung nicht. »Denn es schien, als sei in der Luft des Januartages der kalte Hauch geschichtlicher Vergänglichkeit zu spüren.«
Zum 80. Geburtstag sandten alle regierenden deutschen Fürsten –

mit Ausnahme Heinrichs XXII. von Reuß älterer Linie – ihre Gratulationen dem Jubilar, der das Reich als Fürstenbund gegründet hatte. Der Deutsche Reichstag wie die Berliner Stadtverordnetenversammlung lehnten es ab, den Reichskanzler a.D., der die Volkssouveränität mißachtet und die Volksvertreter verachtet hatte, zu beglückwünschen. Doch das Volk, an das der deutsche Bonapartist über die Köpfe der Volksvertreter hinweg appellierte, feierte seinen Ehrentag als Nationalfest.

Aus allen Ecken des Reiches und Schichten des Volkes gingen Adressen und Geschenke ein. Dem Reichsgründer und Reichserhalter huldigten viele: Hamburger Bürger, die ihm einen Fackelzug darbrachten, rheinische Männer, die ihm einen silbernen Prunkbecher überreichten, und schlesische Frauen, die einen Teppich für ihn geknüpft hatten; Industrielle, die er gefördert hatte, und Agrarier, zu denen er gehörte; Vertreter der Mittelschichten, die mit dem Pensionär die Unzufriedenheit über die wirtschaftliche und soziale Entwicklung teilten; Künstler, die ihm Eichenlaubkränze wanden; Historiker, welche die deutsche Geschichte nach ihm auszurichten begannen; Naturwissenschaftler, die ihn zum Ehrendoktor ihrer Tübinger Fakultät ernannten; Professoren, welche die deutschen Universitäten zu Horten einer Gesinnung zu machen versprachen, die sie für die Bismarcksche hielten, und über fünftausend Studenten, die ihr Bismarck-Lied »Hoch, Sturmesflügel rauschen« sangen und nach jeder Strophe ein dreifaches Hurra schmetterten.

Wie er selber seine Person und sein Werk gesehen und gedeutet wissen wollte, hatte er in seinen Lebenserinnerungen niedergelegt: »den Söhnen und Enkeln zum Verständnis der Vergangenheit und zur Lehre für die Zukunft«. Wie Napoleon Bonapartes »Mémorial de Sainte-Hélène« sollten Otto von Bismarcks »Denkwürdigkeiten von Friedrichsruh« Geschichte nicht nur beschreiben, sondern auch Geschichte gestalten.

Nachdem es ihm versagt worden war, vom Präsidentenplatz im preußischen Staatsministerium und von der Tribüne des Bundesrates und Reichstages aus seine Politik zu betreiben, wollte er den Nachfahren vorschreiben, wie sie in seinem Sinne fortzuführen sei. Als sich sein Leben zu Ende neigte, ging er daran, für sein Nachleben zu sorgen, indem er der Nachwelt seine Intentionen und Taten als leuchtende Beispiele vor Augen hielt.

Dabei schien er versucht gewesen zu sein, wilhelminischen Deutschen eine Brücke zu seiner anderen Gedankenwelt zu bauen, indem er sich, zumindest in einer anziehenden Überschrift, so hinstellte, wie sie ihn am liebsten gesehen hätten: als Wotan. Seine »Gedanken und Erinnerungen« sollten ursprünglich »Erinnerung und Gedanke« heißen. Dieser Titel klang an die Namen der beiden Raben an, die der Sage nach jeden Tag über das Erdenrund fliegen und Wotan Nachrichten zubringen: Hugin (»Gedanke«) und Munin (»Erinnerung«).

Der Inhalt freilich bot eine Darstellung der alten Staatskunst und eine Rechtfertigung des Staatsmannes, der sie noch einmal praktiziert hatte. Zu machiavellistischen Methoden, die der Politiker angewandt hatte, griff auch der Memoirenschreiber: Er blieb bei der Wahrheit, wenn ihm dies nicht schadete, und wich von ihr ab, wenn ihm dies nützte. Er machte seine Gegner herunter und hob seine Freunde hervor, doch nie so hoch, daß er in ihren Schatten geriet. Er stellte heraus, was ihm Lob, und unterschlug, was ihm Tadel einzubringen vermochte.

»Bei nichts, was mißlungen ist, will er beteiligt gewesen sein«, stöhnte sein Adlatus Lothar Bucher, der ihm bei der Abfassung der Denkwürdigkeiten zur Hand ging und sich dabei nach Möglichkeit bemühte, den Autor nicht zu weit vom Pfade der historischen Wahrheit abweichen lassen. Beide erlebten die Veröffentlichung nicht mehr. Band eins und zwei der »Gedanken und Erinnerungen« erschienen 1898, sechs Jahre nach Buchers Tod und unmittelbar nach Bismarcks Hinscheiden. Band drei, eine Streitschrift gegen Wilhelm II., konnte erst nach dem Ende des Kaiserreiches publiziert werden.

Das Urteil der deutschen Historiker schwankte zwischen dem Spruch des Bismarck-Anhängers Erich Marcks: »Kein Kunstwerk, aber es ist Bismarck«, und dem Spruch des Bismarck-Kritikers Erich Eyck: »Eines der größten Meisterwerke der Weltliteratur«. Jedenfalls erhielten die Deutschen ein von ihrem großen Mann großartig geschriebenes politisches Hausbuch, aus dem sie indessen nicht immer das herauslasen, was der Verfasser für sie hineingeschrieben hatte.

Das »Mémorial de Friedrichsruh« war Bismarcks letzte politische Tat und sein letztes finanzielles Geschäft. Cotta bezahlte ihm

100 000 Goldmark pro Band im voraus, den höchsten Betrag, den ein deutscher Verleger bis dahin für einen Autor ausgeworfen hatte. Sein Ruhestandssessel wurde dadurch noch besser gepolstert, als er es ohnehin schon war. Im Jahre seiner Entlassung bezog er ein Gesamteinkommen von 332 000 Mark, 27 000 Mark Pension und 40 300 Mark an Zinsen plus die Erträge seiner Güter.
Doch mit Gold war das Unglück, nicht mehr regieren zu dürfen, nicht aufzuwiegen. Als er noch im Geschirr gewesen war, hatte er sich ausgemalt, wie schön es werden würde, wenn er sich in seinem Garten, das Okuliermesser in der Hand, mit der Pflanzenwelt beschäftigten könnte, welche »für die ihr gewidmete Pflege empfänglicher und dankbarer als die Politik« wäre.
Als es jedoch so weit war, konnte er der aufgezwungenen Ruhe und der auferlegten Beschränkung auf das Gutsherrnleben kaum etwas abgewinnen. »Mit den Leidenschaften verhält es sich wie mit den Forellen in meinem Teich: eine frißt die andere auf, bis nur mehr eine dicke alte Forelle übrig bleibt. Bei mir hat im Laufe der Zeit die Leidenschaft zur Politik alle anderen Leidenschaften aufgefressen« – und Politik konnte er nun nicht mehr amtierend gestalten, nur noch kommentierend begleiten.
Die Stille regte ihn auf, die Natur besänftigte ihn nicht, und im Wald, dem Grün seines Lebens, gewahrte er nur noch verwehendes Herbstlaub. In der frischen Luft wurden ihm die Augen feucht, das Jagen hatte er schon lange aufgegeben, aufs Pferd konnte er nicht mehr steigen, und Reisen, die ihm seit jeher mehr Ungemach als Vergnügen bereitet hatten, beschränkte er, wie weiland Pfarrer Primrose, auf die Reise aus dem braunen Bette in das blaue. »Mich verlangt nach einem Wohnraum, den ich nur im Sarge zu verlassen brauche.«
»Das Glück in unsrem Alter besteht in erster Linie in Gesundheit, und die meinige bröckelt rapide ab mit zunehmenden Störungen des Schlafes und des Behagens«, klagte er wenige Monate nach seinem 80. Geburtstag. Was in dem zur Neige gehenden Lebensbecher verblieb, suchte er mit vollen Zügen auszukosten, was Dr. Schweninger an den Rand der Verzweiflung brachte und seinem unvernünftigen Patienten mehr Reue als Genuß einbrachte.
»Was mir blieb, war Johanna, der Verkehr mit ihr, die tägliche Frage ihres Behagens, die Bestätigung der Dankbarkeit, mit der ich auf 48

Jahre zurückblicke. Und heute alles öde und leer«, schrieb er seiner Schwester nach dem Tode seiner Frau am 27. November 1894. »Das ist doch noch ein größerer Abschluß als damals 1890«, bekannte er an ihrem Sterbetag. »Das greift doch noch tiefer in die Gestaltung meines Lebens ein.«

Mit der »Magd seines Lebens« war sein Schutzengel dahingegangen, der ihn zum Glauben geführt und nun mit all seinen Glaubenszweifeln, die er nie verloren, aber unter ihrem Einfluß zurückgestellt hatte, ganz allein zurückließ.

»Das irdisch Imponierende und Ergreifende, was mit menschlichen Mitteln für gewöhnlich dargestellt werden kann, steht immer in Verwandtschaft mit dem gefallenen Engel, der schön ist, aber ohne Frieden, groß in seinen Plänen und Anstrengungen, aber ohne Gelingen, stolz und traurig.« Dies hatte er 1847 an seine Braut Johanna geschrieben und damit eine Bilanz seines Lebens vorweggenommen.

»Für mich gibt es nur noch einen glücklichen Tag, und das ist der Tag, an dem ich nicht mehr aufwachen werde«, sagte der uralte Bismarck. Am 30. Juli 1898 wurde ihm dieses Glück zuteil. Otto von Bismarck entschlief vier Monate nach seinem 83. Geburtstag, infolge eingetretener Lungenlähmung, wie der Arzt attestierte.

Wilhelm II. brach eine Nordlandreise ab, um der Einsegnung beizuwohnen. Den Lebenden hatte er nicht mehr an seiner Seite geduldet, den Toten gedachte er, um an dessen Andenken teilzuhaben, neben den Hohenzollern im Berliner Dom beizusetzen. Aber Bismarck wollte im Sachsenwald, in den ihn Wilhelm II. verbannt hatte, bestattet werden und auf seinen Sarkophag die Inschrift gesetzt haben: »Fürst von Bismarck, geb. 1. April 1815, gest. 30. Juli 1898. Ein treuer deutscher Diener Kaiser Wilhelms I.«

Über seine letzten Worte gibt es drei Mitteilungen, von denen jede auf einen Wesenszug Bismarcks verweist. »Danke, mein Kind«, sagte er zur Tochter, dem Mitgliede seiner Familie, die er immer geschätzt und für die er stets gesorgt hatte. Andere wollten das Wort »Staatsräson« gehört haben, das die Leitidee seines politischen Wirkens zum Ausdruck gebracht hätte. »Gott schütze das Deutsche Reich«, soll er zuletzt gebetet haben, auf seine Lebensleistung hinweisend und seine Sorge andeutend, daß das von ihm gegründete Reich zugrunde gehen könnte.

»Für den Politiker selbst gibt es keinen Zeitpunkt, wo er sich sagen kann: Du hast einen guten Abschluß gemacht«, hatte er ein Jahr vor seinem Tode gesagt. Der Frieden, den er zu bewahren verstanden hatte, hielt noch bis zum Jahre 1914. Das Kaiserreich, das er geschaffen hatte, war 1918, nach dem Ersten Weltkrieg, am Ende. Der deutsche Nationalstaat, der den Sturz der Monarchie überstand, wurde 1933 im Dritten Reich übersteigert, 1945, nach dem Zweiten Weltkrieg, verkleinert und geteilt und 1990 erneuert.

»Es kann ja sein, daß Gott für Deutschland noch eine zweite Zeit des Zerfalles und darauf eine neue Ruhmeszeit vorhat, auf einer neuen Basis der Republik«, sagte der alte Bismarck voraus, ohne sich das Ergebnis vorstellen zu mögen: ein demokratisches, parlamentarisches und föderales, mit Europa vereinigtes Deutschland.

Zeittafel

1815	1. April: Otto von Bismarck in Schönhausen (Altmark) geboren; Gründung des Deutschen Bundes.
1832–35	Student in Göttingen und Berlin.
1839	Landwirt in Kniephof (Pommern) und – nach dem Tode des Vaters 1845 – in Schönhausen.
1847	Abgeordneter im Ersten Vereinigten Landtag in Berlin; Vermählung mit Johanna von Puttkamer.
1848	Revolution; Abgeordneter im Zweiten Vereinigten Landtag.
1849	Abgeordneter in der Zweiten Kammer des preußischen Landtags.
1850	Schriftführer im Erfurter Unionsparlament.
1851–59	Preußischer Bundestagsgesandter in Frankfurt am Main; Krimkrieg (1854–56).
1859–62	Gesandter in St. Petersburg; Krieg Frankreichs und Sardinien-Piemonts gegen Österreich (1859).
1862	Gesandter in Paris; Preußischer Ministerpräsident und Minister der Auswärtigen Angelegenheiten; Beginn des Verfassungskonfliktes.
1863	Deutscher Fürstentag in Frankfurt ohne Preußen.
1864	Krieg Preußens und Österreichs gegen Dänemark (erster deutscher Einigungskrieg).
1865	Bismarck wird in den Grafenstand erhoben.
1866	Krieg Preußens gegen Österreich und weitere zum Deutschen Bund stehende Staaten (zweiter deutscher Einigungskrieg); Auflösung des Deutschen Bundes; Preußen annektiert Hannover, Kurhessen, Nassau, Frankfurt am Main und Schleswig-Holstein; Ende des Verfassungskonfliktes (Indemnität).
1867	Gründung des Norddeutschen Bundes (Bundeskanzler Bismarck); Erwerb des pommerschen Gutes Varzin mit Dotation; Luxemburg-Krise.
1868	Deutsches Zollparlament in Berlin.
1870	Hohenzollernkandidatur in Spanien; Emser Depesche; Deutsch-Französischer Krieg (dritter deutscher Einigungskrieg), Sieg bei Sedan und Belagerung von Paris; Verträge mit den süddeutschen Staaten zur Gründung des Deutschen Reiches.

1871	Wilhelm I. wird Deutscher Kaiser und Bismarck Reichskanzler und Fürst, erhält den Sachsenwald (Friedrichsruh); Vorfriede von Versailles und Friede von Frankfurt (Annexion Elsaß-Lothringens); Beginn des Kulturkampfes gegen katholische Kirche und Zentrumspartei.
1873	Dreikaiserabkommen (Franz Joseph I., Alexander II., Wilhelm I.); Wirtschaftskrise (Gründerkrise).
1875	Krieg-in-Sicht-Krise; Gründung der Sozialistischen Arbeiterpartei Deutschlands.
1877	Krieg Rußlands gegen die Türkei.
1878	Attentate auf Wilhelm I.; Sozialistengesetz; Berliner Kongreß: Bismarck als »ehrlicher Makler«.
1881	Dreikaiservertrag zwischen dem Deutschen Reich, Österreich-Ungarn und Rußland.
1882	Dreibundvertrag zwischen dem Deutschen Reich, Österreich-Ungarn und Italien.
1883	Beginn der Sozialgesetzgebung: Krankenversicherung.
1884	Unfallversicherungsgesetz; Gründung der Deutschen Freisinnigen Partei; deutsche Kolonien in Afrika.
1885	Nationalspende zum 70. Geburtstag Bismarcks; Beginn der Bulgarischen Krise.
1887	Ende des Kulturkampfes; Heeresvermehrung (Septennatsgesetz); Rückversicherungsvertrag mit Rußland.
1888	Dreikaiserjahr: Tod Wilhelms I., 99-Tage-Herrschaft Friedrichs III., Thronbesteigung Wilhelms II.
1889	Ruhrarbeiterstreik; Gesetz über die Invaliditäts- und Altersversicherung.
1890	Niederlage Bismarcks bei den Reichstagswahlen; Bruch zwischen Wilhelm II. und Bismarck, Entlassung als Reichskanzler und preußischer Ministerpräsident, Verleihung des Titels eines Herzogs von Lauenburg; Nichterneuerung des Rückversicherungsvertrages mit Rußland; Ende des Sozialistengesetzes.
1894	Offizielle Aussöhnung zwischen Wilhelm II. und Bismarck; Tod Johannas.
1895	Der Reichstag lehnt eine Glückwunschadresse zum 80. Geburtstag Bismarcks ab.
1898	30. Juli: Otto von Bismarck stirbt in Friedrichsruh bei Hamburg.

Auswahlbibliographie

Diese auf dem gegenwärtigen Forschungsstand basierende Bismarck-Biographie ist für einen weiten Leserkreis geschrieben. Deshalb enthält sie keinen wissenschaftlichen Apparat und nur Angaben über eine ausgewählte, den interessierten Leser weiterführende Literatur.

Bismarck

Die gesammelten Werke (Friedrichsruher Ausgabe). 15 in 19 Bdn., Berlin 1924–1935. – Werke in Auswahl. Jahrhundertausgabe zum 23. September 1862. Hrsg. von Gustav Adolf Rein, Wilhelm Schüßler, Alfred Milatz, Rudolf Buchner, Eberhard Scheler, Georg Engel. 8 Bde., Stuttgart 1962–1983.

Gedanken und Erinnerungen. Mit einem Essay von Lothar Gall. Berlin 1990. – Bismarck Gespräche. Hrsg. von Willy Andreas unter Mitwirkung von Karl Franz Reinking. 3 Bde., Bremen 1963–1965.

Stolberg-Wernigerode, Albrecht Graf zu: Bismarck-Lexikon. Quellenverzeichnis zu den in seinen Akten, Briefen, Gesprächen und Reden enthaltenen Äußerungen Bismarcks. Stuttgart – Berlin 1936. – Klemm, Max: Was sagt Bismarck dazu? Ein Wegweiser durch Bismarcks Geistes- und Gedankenwelt. 2 Bde., Berlin 1924.

Deutsches Historisches Museum (Hrsg.): Bismarck. Preußen, Deutschland und Europa. Ausstellungskatalog. Berlin 1990.

Gall, Lothar (Hrsg.): Das Bismarck-Problem in der Geschichtsschreibung nach 1945. Köln 1971.

»Biographies universitaires«: Gall, Lothar: Bismarck. Der weiße Revolutionär. Frankfurt-Berlin 1980 (die wissenschaftliche Standard-Biographie). – Engelberg, Ernst: Bismarck. Urpreuße und Reichsgründer; Bismarck. Das Reich in der Mitte Europas. Berlin 1985 und 1990 (positive Würdigung durch einen DDR-Historiker). – Eyck, Erich: Bismarck. Leben und Werk. 3 Bde., Erlenbach-Zürich 1941–1944 (liberale Kritik).

Muralt, Leonhard von: Bismarcks Verantwortlichkeit. Göttingen 1955. – Rein, Gustav Adolf: Die Revolution in der Politik Bismarcks. Göttingen 1957. – Lösener, Albrecht: Grundzüge von Bismarcks Staatsauffassung. Bonn 1962. – Hillgruber, Andreas: Bismarcks Außenpolitik. Freiburg 1972. – Fischer-Frauendienst, Irene: Bismarcks Pressepolitik. Münster 1963. – Noell von der Nahmer, Robert: Bismarcks Reptilienfonds. Mainz 1968.

Der Junker

Marcks, Erich: Bismarck (1815–1848). Stuttgart-Berlin 1909. – Schmidt, Georg: Schönhausen und die Familie von Bismarck. Berlin 1897. – Thadden-Trieglaff, Reinhold von: Der junge Bismarck. Eine Antwort auf die Frage: War Bismarck Christ? Hamburg-Berlin 1950. – Baumgarten, Otto: Bismarcks Glaube. Tübingen 1915. – Kürenberg, Joachim von: Johanna von Bismarck. Bonn 1952.

Der Konservative

Marcks, Erich: Bismarck und die deutsche Revolution (1848–1851). Hrsg. von Willy Andreas. Stuttgart 1939. – Lenz, Max: Bismarcks Plan einer Gegenrevolution im März 1848. Berlin 1930. – Bigler, Kurt: Bismarck und das Legitimitätsprinzip bis 1862. Winterthur 1955. – Valentin, Veit: Geschichte der deutschen Revolution von 1848–1849. 2 Bde., Berlin 1930–1931 (Neudruck Köln 1970).

Der Realpolitiker

Mayer, Arnold Oskar: Bismarcks Kampf mit Österreich am Bundestag zu Frankfurt 1851–1859. Berlin 1927. – Meyer, Alfred: Der Zollverein und die deutsche Politik Bismarcks. Frankfurt 1987. – Nolde, Boris: Die Petersburger Mission Bismarcks 1859–1862. Leipzig 1936. – Mittelstädt, Annie: Der Krieg von 1859. Bismarck und die öffentliche Meinung in Deutschland. Stuttgart 1904. – Geuss, Herbert: Bismarck und Napoleon III., Köln–Graz 1959. – Hammer, Karl und Peter Claus Hartmann (Hrsg.): Der Bonapartismus. Zürich-München 1977.

Der Großpreuße

Hess, Adalbert: Das Parlament, das Bismarck widerstrebte. Zur Politik und sozialen Zusammensetzung des preußischen Abgeordnetenhauses der Konfliktszeit 1862–1866. Köln-Opladen 1964. – Gugel, Michael: Industrieller Aufstieg und bürgerliche Herrschaft. Sozioökonomische Interessen und politische Ziele des liberalen Bürgertums in Preußen zur Zeit des Verfassungskonfliktes 1857–1867. Köln 1975. – Machtan, Lothar und Dietrich Milles: Die Klassensymbiose von Junkertum und Bourgeoisie. Das Verhältnis von gesellschaftlicher und politischer Herrschaft in Preußen-Deutschland 1850–1878/79. Frankfurt-Berlin 1980.

Heyderhoff, Julius und Paul Wentzcke (Hrsg.): Deutscher Liberalismus im Zeitalter Bismarcks. Eine politische Briefsammlung. 2 Bde., Bonn-Leipzig 1925–1926. – Winkler, Heinrich August: Preußischer Liberalismus und deutscher Nationalstaat. Studien zur Geschichte der Deutschen Fortschrittspartei 1861–1866. Tübingen 1964. – Ritter, Gerhard: Die preußischen Konservativen und Bismarcks deutsche Politik 1858–1876. Heidelberg 1913. – Mayer, Gustav: Bismarck und Lassalle. Berlin 1928.

Lenz, Max: König Wilhelm und Bismarck in ihrer Stellung zum Frankfurter

Fürstentag. Berlin 1929. – Schoeps, Julius H.: Bismarck und sein Attentäter. Der Revolveranschlag Unter den Linden am 7. Mai 1866. Frankfurt-Berlin 1984. – Groote, Wolfgang von und Ursula von Gersdorff (Hrsg.): Entscheidung 1866. Der Krieg zwischen Österreich und Preußen. Stuttgart 1966. – Craig, Gordon A.: Königgrätz. Wien-Hamburg 1966. – Frauendienst, Werner: Das Jahr 1866. Preußens Sieg, die Vorstufe des Deutschen Reiches. Göttingen 1966. – Wandruszka, Adam: Schicksalsjahr 1866. Graz-Köln 1966.

Der Reichsgründer

Böhme, Helmut (Hrsg.): Probleme der Reichsgründungszeit 1848–1879. Köln 1968. – Ders. (Hrsg.): Die Reichsgründung. München 1967. – Becker, Otto: Bismarcks Ringen um Deutschlands Gestaltung. Hrsg. und ergänzt von Alexander Scharff. Heidelberg 1958. – Schoeps, Hans Joachim: Der Weg ins Deutsche Kaiserreich. Berlin 1970. – Maatz, Helmut: Bismarck und Hannover 1866–1898. Hildesheim 1970. – Doeberl, Michael: Bayern und die Bismarcksche Reichsgründung. München 1925. – Franz, Eugen: Der Entscheidungskampf um die wirtschaftspolitische Führung Deutschlands 1856–1867. München 1933. – Böhme, Helmut: Deutschlands Weg zur Großmacht. Studien zum Verhältnis von Wirtschaft und Staat während der Reichsgründungszeit 1848–1881. Köln 1966.

Kolb, Eberhard (Hrsg.): Europa vor dem Krieg von 1870. München 1987. – Dietrich, Richard (Hrsg.): Europa und der Norddeutsche Bund. Berlin 1968. – Lutz, Heinrich: Österreich-Ungarn und die Gründung des Deutschen Reiches 1867–1871. Frankfurt-Berlin 1979. – Dittrich, Jochen: Bismarck, Frankreich und die spanische Thronkandidatur der Hohenzollern. München 1962. – Kolb, Eberhard: Kriegsausbruch 1870. Göttingen 1970. – Ders.: Der Weg aus dem Krieg. Bismarcks Politik im Krieg und die Friedensanbahnung 1870/71. München 1989. – Groote, Wolfgang von und Ursula von Gersdorff (Hrsg.): Entscheidung 1870. Der deutsch-französische Krieg. Stuttgart 1970. – Herre, Franz: Anno 70/71. Köln 1970.

Schieder, Theodor und Ernst Deuerlein (Hrsg.): Reichsgründung 1870/71. Stuttgart 1970. – Hofer, Walter (Hrsg.): Europa und die Einheit Deutschlands. Köln 1970. – Valentin, Veit: Bismarcks Reichsgründung im Urteil englischer Diplomaten. Amsterdam 1937. – Schieder, Theodor: Das Deutsche Kaiserreich von 1871 als Nationalstaat. Köln 1961.

Der Systemerhalter

Stürmer, Michael (Hrsg.): Bismarck und die preußisch-deutsche Politik 1871–1890. München 1970. – Ders. (Hrsg.): Das kaiserliche Deutschland. Politik und Gesellschaft 1870–1918. Düsseldorf 1970. – Ders.: Regierung und Reichstag im Bismarckstaat 1871–1880. Cäsarismus oder Parlamentarismus. Düsseldorf 1974. – Morsey, Rudolf: Die oberste Reichsverwaltung unter Bismarck 1867–1890. Münster 1957. – Binder, Hans-Otto: Reich und Einzelstaaten während der Kanzlerschaft Bismarcks 1871–1890. Tübingen 1971. – Wehler, Hans-Ulrich: Krisenherde des Kaiserreiches 1871–1918. Göttingen 1970. – Pflanze, Otto (Hrsg.): Innenpolitische Probleme des Bismarck-Reiches. München 1983. – Kehr, Eckart: Der Primat der Innenpolitik. Gesammelte Aufsätze. Hrsg. von Hans-Ulrich Wehler. Berlin 1965.

Stern, Fritz: Gold und Eisen. Bismarck und sein Bankier Bleichröder. Frankfurt-Berlin 1978. – Rosenberg, Hans: Große Depression und Bismarckzeit. Wirtschaftsablauf, Gesellschaft und Politik in Mitteleuropa. Berlin 1967. – Varain, Heinz Josef (Hrsg.): Interessenverbände in Deutschland. Köln 1973.

Buchheim, Karl: Ultramontanismus und Demokratie. Der Weg der deutschen Katholiken im 19. Jahrhundert. München 1963. – Lill, Rudolf: Die Wende im Kulturkampf. Leo XIII., Bismarck und die Zentrumspartei 1878–1880. Tübingen 1973. – Conze, Werner und Dieter Groh: Die Arbeiterbewegung in der nationalen Bewegung. Die deutsche Sozialdemokratie vor, während und nach der Reichsgründung. Stuttgart 1966. – Wehler, Hans-Ulrich: Sozialdemokratie und Nationalstaat. Nationalitätenfragen in Deutschland. 1840–1914. Göttingen 2/1971. – Pöls, Werner: Sozialistenfrage und Revolutionsfurcht in ihrem Zusammenhang mit den angeblichen Staatsstreichplänen Bismarcks. Hamburg-Lübeck 1960. – Pack, Wolfgang: Das parlamentarische Ringen um das Sozialistengesetz Bismarcks 1878–1890. Düsseldorf 1961. – Vogel, Walter: Bismarcks Arbeiterversicherung. Braunschweig 1951.

Der Friedenswahrer

Hildebrand, Klaus: Deutsche Außenpolitik 1871–1918. München 1989. – Hillgruber, Andreas: Kontinuität und Diskontinuität in der deutschen Außenpolitik von Bismarck bis Hitler. Düsseldorf 1969. – Ders.: Deutsche Großmacht- und Weltpolitik im 19. und 20. Jahrhundert. Düsseldorf 1977. – Ders.: Die gescheiterte Großmacht 1871–1945. Düsseldorf 1980. – Zechlin, Egmont: Bismarck und die Grundlegung der deutschen Großmacht. Stuttgart 2/1960. – Winckler, Martin B.: Bismarcks Bündnispolitik und das europäische Gleichgewicht. Stuttgart 1964. – Noack, Ulrich: Bismarcks Friedenspolitik und das Problem des deutschen Machtverfalls. Leipzig 1928. – Ziebura, Gilbert (Hrsg.): Grundfragen der deutschen Außenpolitik seit 1871. Darmstadt 1975.

Puntila, L. A.: Bismarcks Frankreich-Politik. Göttingen 1971. – Deininger, H.: Frankreich-Rußland-Deutschland 1871–1891. München-Wien 1983. – Müller-Link, Horst: Industrialisierung und Außenpolitik. Preußen-Deutschland und das Zarenreich von 1860–1890. Göttingen 1977. – Geiss, Imanuel (Hrsg.): Der Berliner Kongreß 1878. Protokolle und Materialien. Boppard 1978. – Aretin, Karl Otmar von (Hrsg.): Bismarcks Außenpolitik und der Berliner Kongreß. Wiesbaden 1978. – Melville Ralph und Hans-Jürgen Schröder: Der Berliner Kongreß von 1878. Die Politik der Großmächte und die Probleme der Modernisierung in Osteuropa in der zweiten

Hälfte des 19. Jahrhunderts. Wiesbaden 1982. – Windelband, Wolfgang: Bismarck und die europäischen Großmächte 1879–1885. Essen 1940. – Kennan, George F.: Bismarcks europäisches System in der Auflösung. Die französisch-russische Annäherung 1875–1890. Frankfurt-Berlin 1981.
Wehler, Hans-Ulrich: Bismarck und der Imperialismus. Köln 1969. – Bade, Klaus J. (Hrsg.): Imperialismus und Kolonialmission. Kaiserliches Deutschland und koloniales Imperium. Wiesbaden 1982. – Jeismann, Karl-Ernst: Das Problem des Präventivkrieges im europäischen Staatensystem mit besonderem Blick auf die Bismarckzeit. Freiburg-München 1957.

Das Nationaldenkmal

Rassow, Peter: Die Stellung Deutschlands im Kreis der großen Mächte 1887–1890. Mainz 1959. – Hallmann, Hans (Hrsg.): Zur Geschichte und Problematik des deutsch-russischen Rückversicherungsvertrages von 1887. Darmstadt 1968. – Zechlin, Egmont: Staatsstreichpläne Bismarcks und Wilhelms II. 1890–1894. Stuttgart 1929.
Gagliardi, Ernst: Bismarcks Entlassung. 2 Bde., Tübingen 1927–1941. – Schüßler, Wilhelm: Bismarcks Sturz. Leipzig 1922. – Hofmann, Hermann: Fürst Bismarck 1890–1898. 3 Bde., Stuttgart 1913–1914. – Hank, Manfred: Kanzler ohne Amt. Fürst Bismarck nach seiner Entlassung 1890–1898. München 1977. – Stribrny, Wolfgang: Bismarck und die deutsche Politik nach seiner Entlassung 1890–1898. Paderborn 1977. – Röhl, John C. G.: Deutschland ohne Bismarck. Die Regierungskrise im Zweiten Kaiserreich 1890–1900. Tübingen 1969.

Zeitgenossen

Schoeps, Hans Joachim (Hrsg.): Bismarck über Zeitgenossen – Zeitgenossen über Bismarck. Berlin 1972. – Marcks, Erich und Karl Alexander von Müller (Hrsg.): Erinnerungen an Bismarck. Aufzeichnungen von Mitarbeitern und Freunden des Fürsten. Stuttgart 1915.
Bamberger, Ludwig: Erinnerungen. Hrsg. von Paul Nathan. Berlin 1899. – Bismarcks großes Spiel. Die geheimen Tagebücher L. B., Hrsg. von Ernst Feder. Frankfurt 1932.
Bebel, August: Schraepler, Ernst: A. B., Göttingen 1966.
Bennigsen, Rudolf von: Oncken, Hermann: R. v. B., 2 Bde., Stuttgart 1910.
Beust, Friedrich Ferdinand von: Aus drei Viertel-Jahrhunderten. Erinnerungen und Aufzeichnungen. 2 Bde., Stuttgart 1887.
Bismarck, Herbert von: Aus seiner politischen Privatkorrespondenz. Hrsg. von Walter Bußmann. Göttingen 1964.
Busch, Moritz: Tagebuchblätter. 3 Bde., Leipzig 1899.
Delbrück, Rudolf von: Lebenserinnerungen 1817–1867. 2 Bde., Leipzig 1905.
Ernst II., Herzog von Sachsen-Coburg-Gotha: Aus meinem Leben und aus meiner Zeit. 3 Bde., Berlin 1888–1889.

Eulenburg-Hertefeld, Philipp Fürst zu: Ph. E. politische Korrespondenz. Hrsg. von John C. G. Röhl. 2 Bde., Boppard 1976–1979.

Friedrich I., Großherzog von Baden: G. F. I. v. B. und die deutsche Politik von 1854–1871. Briefwechsel, Denkschriften, Tagebücher. Hrsg. von Hermann Oncken. 2 Bde., Stuttgart 1927. – G. F. I. v. B. und die Reichspolitik 1871–1907. Hrsg. von Walter Peter Fuchs. 2 Bde., Stuttgart 1968–1975.

Friedrich III.: Das Kriegstagebuch von 1870/71. Hrsg. von Heinrich Otto Meisner. Berlin-Leipzig 1926. – Tagebücher von 1848 bis 1866. Hrsg. von Heinrich Otto Meisner. Leipzig 1929. – Herre, Franz: Kaiser Friedrich III., Stuttgart 1987.

Friedrich Wilhelm IV., Bußmann, Walter: Zwischen Preußen und Deutschland. F. W. IV., Berlin 1990.

Gerlach, Ernst Ludwig von: Von der Revolution zum Norddeutschen Bund. Politik und Ideengut der preußischen Hochkonservativen 1848–1866. Hrsg. von Hellmut Diwald. 2 Teile. Göttingen 1970. – Schoeps, Hans Joachim: Das andere Preußen. Stuttgart 1952.

Gerlach, Leopold von: Denkwürdigkeiten aus dem Leben L. v. G., 2 Bde., Berlin 1891–1892.

Hatzfeld, Paul Graf von: Botschafter P. G. v. H. Nachgelassene Papiere 1838–1901. Hrsg. von Gerhard Ebel und Michael Behnen. 2 Bde., Boppard 1976.

Hohenlohe-Schillingsfürst, Chlodwig Fürst zu: Denkwürdigkeiten. Hrsg. von Friedrich Curtius. 2 Bde., Stuttgart-Leipzig 1906.

Holstein, Friedrich von: Die geheimen Papiere F. v. H., Hrsg. von Norman Rich, M. H. Fisher und Werner Frauendienst. 4 Bde., Göttingen 1956–1963.

Keudell, Robert von: Fürst und Fürstin Bismarck. Erinnerungen aus den Jahren 1846 bis 1872. Berlin-Stuttgart 1901.

Lasker, Eduard: Laufs, A.: E. L., Göttingen 1984.

Lassalle, Ferdinand: Na'aman, Shlomo: L., Hannover 1970.

Lucius von Ballhausen, Robert von: Bismarck-Erinnerungen. Stuttgart-Berlin 1920.

Ludwig II.: Hüttl, Ludwig: L. II. König von Bayern. München 1986. – Herre, Franz: L. II., Sein Leben – Sein Land – Seine Zeit. Stuttgart 1986.

Mittnacht, Hermann von: Erinnerungen an Bismarck. Stuttgart-Berlin 1904. – Erinnerungen an Bismarck. Neue Folge. 1877–1889. Stuttgart-Berlin 1905.

Moltke, Helmuth von: Kessel, Eberhard: M., Stuttgart 1957. – Herre, Franz: M., Der Mann und sein Jahrhundert. Stuttgart 1984.

Napoleon III.: Herre, Franz: N. III., Glanz und Elend des Zweiten Kaiserreiches. München 1990.

Orloff, Katharina: Orloff, Nikolai Fürst: Bismarck und K. O., München 1936.

Philipp, Ferdinand: Bismarck-Gespräche. Dresden 1928.

Richter, Eugen: Im alten Reichstag. 2 Bde., Berlin 1894–1896.

Roggenbach, Franz von: Heyderhoff, Julius: Im Ring der Gegner Bismarcks. Denkschriften und politischer Briefwechsel F. v. R. mit Kaiserin Augusta und Albrecht von Stosch 1865–1896. Leipzig 1943.
Roon, Albrecht Graf von: Denkwürdigkeiten aus dem Leben des Generalfeldmarschalls Kriegsministers G. v. R., 3 Bde., Breslau 1892.
Schweinitz, Hans Lothar von: Denkwürdigkeiten des Botschafters General v. Sch., Hrsg. von Wilhelm von Schweinitz. 2 Bde., Berlin 1927. – Briefwechsel des Botschafters General v. Sch., Hrsg. von Wilhelm von Schweinitz. Berlin 1928.
Spitzemberg, Hildegard von: Das Tagebuch der Baronin Sp., geb. Freiin von Varnbüler. Aufzeichnungen aus der Hofgesellschaft des Hohenzollernreiches. Hrsg. von Rudolf Vierhaus. Göttingen 1960.
Stosch, Albrecht von: Denkwürdigkeiten des Generals und Admirals A. v. St., Briefe und Tagebuchblätter. Hrsg. von Ulrich von Stosch. Stuttgart-Leipzig 1904.
Tiedemann, Christoph von: Aus sieben Jahrzehnten. Erinnerungen. 2 Bde., Leipzig 1905–1909.
Treitschke, Heinrich von: Bußmann, Walter: T., Sein Welt- und Geschichtsbild. Göttingen 1952.
Unruh, Hans Victor von: Erinnerungen. Hrsg. von Heinrich von Poschinger. Stuttgart 1895.
Waldersee, Alfred Graf von: Denkwürdigkeiten des Generalfeldmarschalls A. G. v. W., Hrsg. von Heinrich Otto Meisner. 3 Bde., Stuttgart-Berlin 1923–1925.
Westphal, Ernst: Bismarck als Gutsherr. Erinnerungen seines Varziner Oberförsters. Leipzig 1922.
Wilhelm I.: Marcks, Erich: Kaiser W. I., Leipzig 1897. – Herre, Franz: Kaiser W. I., Der letzte Preuße. Köln 1980.
Wilhelm II.: Ereignisse und Gestalten aus den Jahren 1878–1918. Leipzig-Berlin 1922. – Balfour, Michael: Der Kaiser. W. II. und seine Zeit. Berlin 1967. – Röhl, John C. G.: Kaiser, Hof und Staat. W. II. und die deutsche Politik. München 1987.
Windthorst, Ludwig: Hüsgen, Eduard: L. W., Sein Leben, sein Wirken. Köln 1911.

Allgemeine Geschichte

Schnabel, Franz: Deutsche Geschichte im neunzehnten Jahrhundert. 4 Bde., Freiburg 1929–1937, umfaßt leider nur das erste Drittel des 19. Jahrhunderts. Wie eine Fortsetzung gestaltet worden wäre, lassen die vom Studentenwerk München herausgegebenen Skripten seiner Vorlesungen erkennen: »Das Zeitalter Bismarcks«. 2 Teile (1949) und »Das Zeitalter des Imperialismus«. 2 Teile (1950).
Nipperdey, Thomas: Deutsche Geschichte 1800–1866. München 1983. –

Ders.: Deutsche Geschichte 1866–1918. 1. Band: Arbeitswelt und Bürgergeist. München 1990. – Lutz, Heinrich: Zwischen Habsburg und Preußen. Deutschland 1815–1866 (Die Deutschen und ihre Nation). Berlin 1985. – Stürmer, Michael: Das ruhelose Reich. Deutschland 1866–1918 (Die Deutschen und ihre Nation). Berlin 1983. – Wehler, Hans-Ulrich: Das Deutsche Kaiserreich 1871–1918. Göttingen 1973. – Ziekursch, Johannes: Politische Geschichte des neuen deutschen Kaiserreiches. 3 Bde., Frankfurt 1925–1930. – Preußen. Versuch einer Bilanz. Katalog zur Ausstellung der Berliner Festspiele. 5 Bde., Hamburg 1981.

Wehler, Hans-Ulrich: Deutsche Gesellschaftsgeschichte. 2. Band: 1815–1845/49. München 1987. – Pöls, Werner (Hrsg.): Deutsche Sozialgeschichte. Dokumente und Skizzen. Band 1: 1815–1870. München 1973. – Ritter, Gerhard A. und Jürgen Kocka (Hrsg.): Deutsche Sozialgeschichte. Dokumente und Skizzen. Band 2: 1870–1914. München 1974. – Pöls, Werner (Hrsg.): Historisches Lesebuch 1. 1815–1871. Frankfurt 1966. – Ritter, Gerhard A.: Historisches Lesebuch 2. 1871–1914. Frankfurt 1967.

Böckenförde, Ernst-Wolfgang (Hrsg.): Moderne deutsche Verfassungsgeschichte 1815–1918. Köln 1972. – Huber, Ernst Rudolf: Deutsche Verfassungsgeschichte seit 1789. Bd. 1–4. Stuttgart 1957–1969. – Ders.: Dokumente zur deutschen Verfassungsgeschichte. Bd. 1 und 2. Stuttgart 1961 und 1964. – Ritter, Gerhard A. (Hrsg.): Die deutschen Parteien vor 1918. Köln 1973. – Nipperdey, Thomas: Die Organisation der deutschen Parteien vor 1918. Düsseldorf 1961. – Ritter, Gerhard: Staatskunst und Kriegshandwerk. Das Problem des ›Militarismus‹ in Deutschland. Bd. 1: Die altpreußische Tradition 1740–1890. München 2/1959. – Messerschmidt, Manfred: Militär und Politik in der Bismarckzeit und im Wilhelminischen Deutschland. Darmstadt 1965.

Winkler, Heinrich August (Hrsg.): Nationalismus. Königstein 1978. – Sell, Friedrich C.: Die Tragödie des deutschen Liberalismus. Stuttgart 1953. – Sheehan, James J.: Der deutsche Liberalismus. Von den Anfängen im 18. Jahrhundert bis zum Ersten Weltkrieg. München 1983. – Kohn, Hans: Wege und Irrwege. Vom Geist des deutschen Bürgertums. Düsseldorf 1962. – Herre, Franz: Nation ohne Staat. Die Entstehung der deutschen Frage. Köln 1967. – Weidenfeld, Werner: Der deutsche Weg. Berlin 1990.

Personenregister

Bildquellenverzeichnis

1, 2, 3, 4, 5, 7, 8: Bildarchiv Preussischer Kulturbesitz, Berlin
6: Archiv für Kunst und Geschichte, Berlin